浙江警官职业学院行业服务能力提升工程
《狱内案件侦查研究》课题研究成果之二

狱内案件侦查实务

徐天合　主编

（政法机关　内部发行）

ZHEJIANG UNIVERSITY PRESS
浙江大学出版社

图书在版编目(CIP)数据

狱内案件侦查实务/徐天合主编.—杭州:浙江
大学出版社,2013.4(2020.10重印)
ISBN 978-7-308-11074-7

Ⅰ.①狱… Ⅱ.①徐… Ⅲ.①监狱—刑事侦查学
Ⅳ.①D918

中国版本图书馆 CIP 数据核字(2013)第 020628 号

狱内案件侦查实务

徐天合　主编

责任编辑	石国华
文字编辑	王洁倩　沈　洁
封面设计	刘依群
出版发行	浙江大学出版社
	(杭州市天目山路 148 号　邮政编码 310007)
	(网址:http://www.zjupress.com)
排　　版	杭州星云光电图文制作工作室
印　　刷	广东虎彩云印刷有限公司绍兴分公司
开　　本	787mm×1092mm　1/16
印　　张	22
字　　数	543 千
版 印 次	2013 年 4 月第 1 版　2020 年 10 月第 2 次印刷
书　　号	ISBN 978-7-308-11074-7
定　　价	59.00 元

版权所有　翻印必究　印装差错　负责调换

浙江大学出版社市场运营中心联系方式:0571-88925591;http://zjdxcbs.tmall.com

司法警官职业教育系列教材
编委会

主　任　黄兴瑞

副主任　金　川

委　员　（按姓氏笔画为序）

马　强　　白　彦　　李龙景

严浩仁　　杨　林　　张志成

郭　明　　赵　英　　祝成生

徐荣昌　　钱跃明

序

　　为了适应司法警官高等应用性专门人才培养的客观需要,适应司法警官高等教育改革和发展的要求,浙江警官职业学院组织编写出版了一套司法警官职业教育系列教材。

　　本套教材分为刑事执行、行政执行、司法警务、安全防范、法律事务、警务基础等六大类。教材编写根据司法警官高等职业院校人才培养目标和教育部对高等职业院校"突出实践应用能力培养、理论知识以必需够用为度"的教学要求,着重解决司法警官院校特有专业教材缺少的问题,同时积极进行精品(重点)课程教材建设,努力培育特色教材。在教材内容上,力求体现:

　　1. 时代性。本套教材以最新法律规范的规定为依据,努力吸收当前国内相关的最新学术理论研究成果,注重借鉴国外有关的研究成果,结合社会和行业实际发展,具有较强的时代性。

　　2. 实用性。本套教材在编写过程中贯彻实用性原则,坚持理论联系实际,采取理论研究与行业实际及实例说明相结合的形式,强调尽量满足学以致用和职业技能训练要求。在实例的选用上,均注重选用相关行业的实际案例,并经分析、整合、提炼后体现在文本中,以便学习者更易于接受。

　　3. 系统性。本套教材充分考虑到学科知识体系的相对完整性,注重对相应学科中的基本概念、基本原理和基本实务问题的分析和阐述,力求释义准确,论点明确,重点突出,结构严整,逻辑严密,便于学生系统学习和掌握相关知识点。

　　4. 通俗性。教材作者立足警官院校的实际,针对高职学生的特点,力求运用通俗易懂、简明流畅的言语或简单的案例来阐述理论,尽量做到可读、易懂。

　　本套教材适用于全日制警官高等职业院校相关专业,也可供其他院校及相关行业从业人员作为教学、业务培训、自学用书。

　　由于编写教材是一项复杂的系统工程,任务繁重,时间紧迫,因此不足之处在所难免,我们真诚地希望得到广大师生、从业人员、读者的厚爱、谅解、批评和指正,以使本套教材不断修改、充实和完善,更好地为警官高等教育事业服务。

编委会

前　言

为适应监狱人民警察教育培训工作的需要,适应司法警察院校高职高专学生教学,根据应用型人才培养目标的要求,《狱内案件侦查实务》编写中,即注意内容上突出了时代性、实用性、系统性、通俗性,又保持教科书的品格,立足于坚持理论联系实际、因材施教,体现启发式和"授人以渔"的教学理念,注重启迪和提高学生的思维能力,侧重让学生掌握本学科的"基本理论、基本知识、基本原理、基本技能",以适应形势的发展和监狱案件侦查实践的需要。本书适用于全日制司法警察高职高专院校监狱管理、刑事执行及相关专业,也可供其他院校和相关专业及行业从业人员作为教学、业务培训、自学用。

《狱内案件侦查实务》分为十四章,主要有狱内案件侦查概述,狱内案件侦查程序,狱内案件现场勘查,狱内案件侦查措施与手段,狱内侦查技术,狱内侦查情报,狱内耳目建设,狱内案件侦查讯问,狱内犯罪防控,危害监管型案件的侦查,狱内暴力型案件侦查,狱内财产型案件侦查,危害公共安全型案件的侦查,狱内突发案件应急处置等,编写过程中应用"知识目标、能力目标",便于学习中把握要点,明确任务。"知识链接、阅读延伸"等栏目,便于拓宽视野,了解和掌握相关的知识。通过"案例导入、案例评析、能力训练"使学生在学习中掌握分析问题、解决问题的基本方法,给学习者更多的应用知识的空间,以充分调动学习的积极性和主动性。

本书在编写过程中得到了浙江省监狱管理局、乔司监狱、第二监狱、第三监狱、第四监狱、湖北监狱管理局、襄北监狱等单位在调研、座谈和案例收集等方面的大力支持与协助,浙江警官职业学院培训部在全国狱内侦查培训班开展的问卷调查、交流座谈和相关专题讲座,浙江警官职业学院科研处"2011年服务能力提升"立项资助。在编写中主要参考了《刑事侦查学》、《狱内侦查学》、《狱内侦查实务》、《新时期狱内侦查问题研究》、《犯罪现场勘查》、《侦查措施与策略》、《监狱管理经典案例》、《浙江狱内案例汇编》等资料,吸收了相关专著、论文关于监狱管理、狱内案件侦查工作的最新研究成果和新鲜经验,在此一并谨致衷心的感谢。

本书由徐天合教授统稿,参加各章编写的人员有:徐天合(第一章、第三章、第五章、第八章),徐倩(第二章、第四章),王桔成(第六章),张炜(第七章),刘金华(第九章、第十一章),常立才(第十章、第十二章、第十三章),张绪梁(第十四章)。

由于新内容和案例较多,资料不足,作者的文风不尽一致,加之时间仓促、水平所限,难免有疏漏和不妥之处,敬请专家、同仁指教,也请读者在使用中批评指正。

作　者

2012 年 10 月

目　录

第一章　狱内案件侦查

知识目标 *ZhiShiMuBiao*

- 了解狱内案件侦查的概念、特点、方针和原则；
- 了解狱内案件侦查地位和作用；
- 了解狱内案件侦查权的构成和案件管辖。

能力目标 *NengLiMuBiao*

- 能掌握狱内案件侦查概念、方针和原则的含义；
- 能明确狱内案件侦查的主体和任务；
- 能掌握狱内案件侦查权构成的含义和案件管辖权限。

本章引例 *BenZhangYinLi*

三名在押犯劫持民警，企图暴力越狱

　　2012年5月1日晚6时45分，湖南A监狱13号监室在押人员向正在巡视的监狱值班民警(狱医)廖某报告："周某阑尾炎发作了，疼得很厉害！"廖某立即把情况告诉带班民警邓某。随后，邓和廖二人一起将周某从监室带至医务室。廖为周某打了两支止痛针并开了几片止痛药，留置观察了一会。之后，见其病情稳定，并无大碍，邓把周某送回13号监室。开锁之际，周某突然用左手臂锁住邓的脖子，右手摸出早预谋好随身携带磨尖了的一双竹筷子，刺入邓的右边脖子，企图劫持邓逃跑。危急时刻，武警出身的邓用左肘部猛击周某的左肋，但因脖子被锁住，筷子插入喉部，力量受限，没能挣脱。监内在押人员刘某见状，从门缝里挤出来(因门上有铁链，门不能完全打开)，用力掰开周某勒在邓脖子上的左臂。邓、廖趁机合力击退周某，周某立即转身沿着监房过道往外逃跑。邓不顾已经渗出血的脖子，邓一路追击。此时，13号监室在押人员资某、伍某主动帮助维持监内秩序，并观察监内动静，发现同监室的周某某脱掉马褂，怀疑是同谋，便把周某某控制在监室后面。廖果断命令在押人员刘某、资某、伍某守住门口，并将门落锁。周某慌不择路，逃至院内东侧楼房的二楼，之后往西跑到过道的顶棚，再逃往监房的楼顶。正在监区巡视的值班领导罗某听到报告后，马上组织警力进行围捕，邓和同事谭某快步赶到楼顶，见周某正在攀爬电缆线企图脱逃。见此情形，邓抓起身边的一个水桶，用力砸去，将周某从电缆上打下，正在围墙内围捕的民警魏某将其抓获。

　　经调查，这是由在押人员周某、周某某、黄某在4月20日开始策划、28日企图杀害民警没有得逞之后，于5月1日组织的一起有组织、有预谋、有行动的暴力越狱事件。面对突发事件，民警临危不惧，在其他在押人员协助下，有效制止了3名在押人员的暴狱脱逃。

第一节　狱内案件侦查概述

一、狱内案件侦查的概念

狱内案件侦查,是指监狱根据法律规定,为防范和办理服刑人员在监狱内又犯罪案件而实施的,由专门的调查工作和有关强制性措施组成的刑事司法活动。

监狱是国家的刑罚执行机关,其基本任务是执行刑罚、惩罚和改造罪犯。在监狱执行刑罚过程中,存在着一个客观现实,就是有的罪犯在监狱服刑期间又实施犯罪行为,而国家对这样的犯罪是必须要追究的。国家法律将对这一类案件的侦查任务授权给了监狱。这样,作为国家刑罚执行机关的监狱,就成了国家刑事侦查活动的主体之一,在对罪犯实施惩罚和教育改造的同时,对罪犯在监狱内的犯罪案件依法行使侦查权。

"狱内案件侦查"一词,有时还指公安、国家安全等机关为了查清案情而在犯罪嫌疑人、被告人被羁押的看守所等监管场所实施的侦查活动。这种情况下使用的"狱内案件侦查",实际上是刑事侦查的一种手段和方法。

二、狱内案件侦查工作的特点

(一)侦查主体的特定性

《刑事诉讼法》第二百九十条第二款和《监狱法》第六十条均规定,对罪犯在监狱内又犯罪的案件,由监狱进行侦查。监狱是国家的刑罚执行机关,也是国家的刑事侦查活动的主体之一,依法实施对管辖内的刑事案件的侦查。

监狱是狱内案件侦查工作的主体,监狱的侦查活动,由监狱的狱内案件侦查工作机构具体实施。这一工作机构,由监狱的狱内案件侦查科或狱内案件侦查处、各监区的专职和兼职的狱内案件侦查人员组成。监狱上级管理机关的相关业务部门对监狱的狱内案件侦查工作进行指导。

(二)侦查管辖的确定性

在我国刑事侦查体系中,各个侦查机关都有其刑事案件的管辖范围,监狱侦查的管辖范围也是明确的。根据《刑事诉讼法》和《监狱法》的规定,监狱的刑事案件管辖范围是:罪犯在监狱内的犯罪案件。监狱刑事案件侦查管辖,要同时满足两个条件:一是犯罪的行为主体,是正在监狱内服刑的罪犯;二是案件的发生地在监狱内,即案件发生在监狱的常设监管区域内(在监狱押解罪犯的途中发生的案件也应由监狱侦查)。如不能同时满足以上两个条件,则不属于监狱的侦查管辖范围。有的案件虽然发生在监狱内,但是犯罪嫌疑人不是服刑罪犯,而是监狱的工作人员或是其他人员,这种案件不由监狱管辖,而应按规定由公安机关或人民检察院进行侦查;有的案件犯罪嫌疑人是罪犯,但是案件发生地不在监狱内,而在监狱外,如罪犯在暂予监外执行期间或在假释考验期的犯罪,一般也不由监狱立案侦查。

(三)侦查任务的双重性

狱内案件侦查工作的内容是专门的调查工作和采取的有关强制性措施。侦查,在刑事诉讼法中,被定义为有权机关在办理刑事案件中进行的"专门的调查工作"和"强制措施"。

狱内案件侦查自然也不例外,从内容上看,一是指监狱为防范和办理狱内又犯罪案件而进行的专门调查工作,如现场勘验、询问、讯问、侦查实验、搜查、检查、扣押、鉴定等;二是指监狱在防范和办理狱内又犯罪案件时使用的强制措施。而监狱的侦查工作则是"有案查案,无案防案"。可以说,狱内案件侦查的防范和办理案件的双重任务,以及重在预防的特点,是狱内案件侦查区别于其他机关刑事侦查之所在,也突出体现狱内案件侦查的特色。

（四）侦查手段的特殊性

《刑事诉讼法》第二百九十条第三款规定:"监狱办理案件,适用本法规定。"这就是说,狱内案件侦查,作为国家刑事侦查的组成部分,与其他机关的侦查一样,依法使用法律规定的侦查手段和侦查措施。由于狱内案件侦查带有许多特殊性,特别是狱内案件侦查强调对案件的防范,因此,狱内案件侦查也形成了一些自己独特的侦查手段和侦查措施。这些侦查手段的使用,使狱内案件侦查工作得以顺利实施。

三、狱内案件侦查工作的性质

狱内案件侦查工作的性质,即狱内案件侦查工作的本质属性,是狱内案件侦查这一工作区别于其他工作的最显著特征。狱内案件侦查工作充分体现了国家的专政职能,在监狱行刑工作和国家刑事侦查工作中发挥着不可替代的作用。

（一）狱内案件侦查是监狱行刑工作的重要组成部分

狱内案件侦查是监狱的一项法定的职能活动,与狱政管理、刑罚执行、教育改造和罪犯生活卫生管理等一样,是监狱执法的重要组成部分。

1.狱内案件侦查是保证监狱安全的一项专门工作。在监狱执法和各项管理活动中,安全是第一要务,丧失了安全保障,就丧失了做好一切工作的基础。因此,监狱安全,历来被视为监狱管理的基本问题,包括监狱内的人员(监狱管理人员、其他工作人员和服刑罪犯)的人身安全、监狱的国家财产、设施和场所的安全等内容。狱内又犯罪是客观存在的一种犯罪现象,直接危及监狱的安全。从我国监狱的实际情况看,狱内又犯罪案件,特别是罪犯在监狱内实施的伤害、杀人、爆炸、投毒、放火等案件,直接危及监狱人民警察、监狱其他工作人员和服刑罪犯的人身安全,危及监管改造场所的安全。为保证监狱安全,监狱要建立综合防范和处置系统,涉及狱政管理、刑罚执行、教育改造、生活卫生管理、狱内案件侦查等许多方面的工作。狱内案件侦查是保证监狱安全非常重要的一环,可以采取法律授权的侦查行为,拥有非常独特的工作方式,通过狱内犯罪情况调研、重点控制、隐蔽工作等方式,发挥着保证监狱安全的屏障作用;通过已发案件的及时侦破,达到减少损失、稳定秩序的作用。

2.狱内案件侦查是保证刑罚公正、准确执行的重要环节。监狱执行的刑罚,自身带有强制性和惩罚性,罪犯必须承受依法被剥夺人身自由的痛苦和损失,在此基础上接受教育改造和劳动改造。有的罪犯在监狱内服刑期间,试图逃避国家的刑罚惩罚,从而实施脱逃、组织越狱、暴力越狱等犯罪。监狱通过对上述案件的防范和侦破,制止和打击罪犯逃避惩罚的行为,从而维护正常的监管秩序,使刑罚得以公正、准确执行。

3.狱内案件侦查是保证改造罪犯顺利进行的前提。"惩罚与改造相结合,以改造人为宗旨",是监狱工作方针,监狱的各项工作包括狱内案件侦查都必须服从和服务于对罪犯的改造。狱内案件侦查在改造罪犯的过程中,发挥着自己独特的作用。首先,通过狱内案件侦查对狱内又犯罪的控防,保证监狱安全,维护正常的监管秩序,为改造罪犯提供必要的良好的环境。其次,狱内案件侦查是监狱管理人员人身安全的一道屏障,使监狱管理人员安心工作,把主要精力放在教育改造罪犯工作上。其三,狱内案件侦查也是服刑罪犯人身安全的屏障,使罪犯安心服刑,积极改造。

(二)狱内案件侦查是国家刑事侦查工作的有机组成部分

1. 狱内案件侦查是我国刑事侦查体系中的组成部分。侦查,在我国又称"犯罪侦查"、"刑事侦查",是指我国公安机关、国家安全机关、人民检察院、军队保卫部门和监狱,在办理犯罪案件过程中,为了查明案情、搜集核实证据、查缉犯罪嫌疑人,依照法律规定进行的专门调查工作和有关的强制措施。

我国侦查工作是由法律所确定的专门机关实施的。没有法律的明确授权,任何机关、团体、单位和个人都不能实施侦查活动。有法律明确授权的机关,也必须严格依照法律所规定的案件管辖范围进行侦查。监狱是我国法律明确授权的侦查机关,其管辖范围也是有法律明确规定的。监狱的侦查活动,是我国刑事侦查体系的组成部分,在刑事侦查工作中占有不可替代的一席之地。

2. 狱内案件侦查是具有明显特色的刑事侦查活动。狱内案件侦查与其他机关的侦查活动相比,其突出的特色在于以下几个方面:一是加大了防范力度,实现侦查活动的重心前移,把对刑事案件的干预重点,由事后的侦查破案,转移到事前的防范和控制。二是对犯罪活动,实施全过程防控和处置。在事前,强调防范和控制,力求避免危害后果的产生和损失的出现,加强预防和临场处置,力争减少危害,减轻损失;在事后,强调迅速破案,及时追查犯罪嫌疑人的刑事责任,并尽量挽回犯罪活动所造成的损失。三是强调整体预防,在监狱安全防范体系中,狱内案件侦查是一个重要组成部分。

3. 狱内案件侦查与其他侦查相互协调,共同完成我国的刑事侦查任务。虽然我国侦查机关各有其自己的管辖范围,分工负责,但是,侦查活动的目的是一致的,侦查机关之间也是相互协同的。狱内案件侦查与其他的侦查之间的协同,表现在以下几个方面:第一,相通信息。由于监狱关押的罪犯可能知晓一些社会的犯罪线索,通过狱内案件侦查,可以为其他侦查机关破获社会上的犯罪案件提供线索和帮助。在执法实践中,有许多这方面的成功事例。监狱在防范和办理狱内又犯罪案件时,也可以得到其他侦查机关提供的线索和帮助。第二,相互配合。在侦查狱内罪犯与其他人共同实施的犯罪案件时,根据有关规定,犯罪地在监狱的,由监狱侦查,公安机关配合;犯罪地在监狱外的,由公安机关侦查,监狱配合。在抓捕脱逃罪犯时,由监狱即时实施抓获,不能即时抓获的,由公安机关追捕,监狱密切配合;在侦查罪犯在监狱内的危害国家安全的案件时,监狱要争取国家安全机关的配合。第三,相互支援。在侦查活动中,各个侦查机关可以在警力、物力上相互支援。

第二节 狱内案件侦查工作的任务、方针和原则

一、狱内案件侦查工作的任务

根据司法部《狱内侦查工作规定》第三条规定,狱内侦查工作的主要任务,是在监狱党委和行政首长领导下,依靠全体监狱人民警察,运用隐蔽斗争与公开监管控制相结合的手段,开展调查研究,了解、掌握罪犯思想动态和行为动向,及时发现敌情线索;严密防范、控制罪

犯中可能发生的暴狱、行凶、脱逃、纵火等各种预谋犯罪活动；查清犯罪嫌疑线索，侦查破获罪犯中已发生的各类案件；对重新犯罪嫌疑分子进行预审、结案；对侦查终结的案件依法移送人民检察院审查决定；依法深挖在押罪犯未交代的余罪及其他犯罪线索，及时转递给有关司法机关。具体任务是：

（一）预防、控制狱内犯罪活动

防范和控制狱内在押罪犯的犯罪活动，这是狱内侦查工作的首要任务。我国的狱内侦查工作强调防范为主，预防、侦破并重。包括狱内犯罪动向、苗头的情报搜集与处理，针对罪犯中的危险分子进行排查与控制，对要害部位和重点场所的控制以及对监狱容易发生的案件的事前控制。因此，狱内侦查工作必须首先着眼于防范，尽可能降低狱内犯罪案件的发案率，才能真正保障监狱的监管安全和正常改造秩序。

（二）侦查、破获狱内犯罪案件

侦破狱内犯罪案件，是我国狱内侦查工作的核心任务。狱内又犯罪案件不仅严重影响监狱正常的改造秩序，而且在社会上造成极为恶劣的影响。因此，对于特大案件，特别是严重暴力犯罪案件，要快速反应，抓住战机，集中优势兵力，速战速决，力争发生一起侦破一起；对于重大案件，要积极组织力量进行专案专办，应根据案件的不同情况综合运用各种侦查措施和手段，及时获取证据，迅速破案；对于一般案件，要积极依靠监区或分监区广泛提供的侦查线索，认真查破。及时侦破狱内又犯罪案件，是监狱改造秩序稳定的需要，是维护监狱作为国家刑罚执行机关的社会形象的需要，是社会的稳定与发展的需要。

狱内侦查任务体现在防范和打击两个方面，在贯彻执行狱内侦查任务时，应正确处理好二者之间的关系。

二、狱内案件侦查工作的方针

狱内案件侦查工作方针是指监狱组织实施狱内案件侦查工作的指导理念，是狱内案件侦查工作的行动指南和宏观要求。我国现行的狱内案件侦查工作方针是"预防为主，防破结合；及时发现，迅速破案"。这一方针是在分析现实工作情况、总结基本经验的基础上，首先在全国狱内案件侦查工作会议上提出，并写入《狱内案件侦查工作细则》（试行）之中。这十六字方针，一是表明了我国监狱狱内案件侦查工作的"预防"和"侦破"两项任务和工作；二是提出了我国狱内案件侦查工作的重心由以破案为主转移到了预防为主；三是指出了狱内案件侦破工作强调早期干预、速战速决的特点和要求。这十六字方针是一个有机联系、不可分割的整体。它体现了狱内案件侦查的指导思想，反映了狱内案件侦查的规律、特点，提出了对狱内案件侦查工作的基本要求。

（一）"预防为主"是狱内侦查工作的基点

"预防为主"，就是把预防狱内案件，防范狱内在押犯的又犯罪活动作为狱内案件侦查工作的主要任务。"预防为主"主要有两个层面的意思。一是从战略角度看，狱内案件侦查工作要从根本上消除又犯罪的隐患，即消除狱内又犯罪的各种诱因；二是从战术角度看，要做好各种危险分子的控制和防范，使其不能又犯罪。狱内案件侦查工作由于处于监狱行刑的特殊环境，而且所面临的都是正在服刑的罪犯。如果在战略上不确定先发制人、预防为主、防患于未然的指导思想，不仅难以引导狱内案件侦查工作对狱内又犯罪活动实施积极的预防和严密的防范，而且势必会形成坐以待发的消极工作局面，预防和打击狱内的又犯罪就会处于放松、疏漏的状态，最终导致狱内犯罪案件的恶性循环，造成狱内案件侦查工作的被动局面。

监狱将侦查的中心由办理案件转到预防案件,而且预防已经不是抽象的目的意义这样一个层面上预防,而是形成了具体的、业务上的日常工作,充分发挥侦查在预防犯罪方面的作用,这应当说是我国狱内案件侦查的一个重要的突破,是将理想变为现实的创举,可以把这称作"重心前移"。预防为主,不仅充分体现我国监狱狱内案件侦查工作的特色,也凝聚着几十年来与狱内犯罪作斗争的基本经验和斗争艺术。实践证明,狱内案件侦查实行"预防为主",不仅必要,而且可行。我国监狱坚持惩罚与改造相结合,以改造人为宗旨,坚持管理与教育相结合,坚持人民警察对罪犯的直接管理,所有这些围绕改造人的宗旨而展开的一系列工作,都为实现安全防范提供了可靠的保证。另外,狱内案件侦查将预防犯罪作为自己的日常性工作,也是充分利用侦查资源,保证监狱安全的需要。监狱内的犯罪是一个客观现实,所以需要狱内案件侦查,但是,由监狱的特点所决定,狱内又犯罪并不常发,监狱的侦查活动如果只限于侦破已经发生的刑事案件,势必造成侦查资源的浪费。

(二)"防破结合"是狱内侦查工作的关键环节

"防破结合"就是预防与侦破、防范与打击,"防"是狱内侦查部门与监狱相关部门协同作战,对狱内又犯罪活动所进行的疏而不漏的预防工作制度与防范应对措施;"破"是狱内侦查部门对正在预谋的犯罪活动或狱内已经发生犯罪活动及时揭露和打击,"防"是重点,"破"在于快和准。两者紧密联系、互相配合。这是对狱内案件侦查工作两个方面的任务,即预防与侦破二者之间关系的规定,也是做好狱内案件侦查工作的成功经验的总结。预防与侦破互相配合、互相制约、互相影响。积极的预防和严密的防范,不仅可以有效降低发案率,而且可以及时发现在押罪犯又犯罪活动的迹象,为侦破、打击狱内又犯罪活动提供线索;同时,迅速侦破案件、及时打击犯罪,又可以为进一步做好预防和防范工作创造有利条件。

(三)"及时发现"是狱内侦查工作的基本要求

一般说来,一个完整的犯罪过程,要经由一个从犯意形成、犯罪预备、着手实施到完成犯罪的发展过程。例如,故意杀人罪,一般会先有杀人的念头,再准备杀人凶器,然后实施杀人行为,直至把被害人杀死。"及时发现",就是指及时发现犯情、案情和又犯罪活动线索。它是为实现狱内案件侦查工作的既定目标而应遵循的主要指导原则。包括两层含义:一是对狱内又犯罪活动要及时发现,即争取在犯意形成和犯罪预备阶段就能发现,及时疏导、教育、处理,尽量避免又犯罪发生;二是对已经发生的狱内又犯罪案件要及时发现、控制,避免事态扩大或引起其他恶性反应,把狱内又犯罪的危害与影响降到最低限度。"及时发现"所处的环节实际是预防、控制与侦破的结合部,"及时发现"的要求既有防范和控制的内容,同时又包含着侦破,是对狱内案件侦查工作整体功能高标准的要求。

(四)"迅速破案"是狱内侦查工作的目的

迅速破案是狱内案件侦查部门对已经暴露或发现的狱内又犯罪活动,要及时进行勘验、查证,获取证据,尽快查获又犯罪嫌疑人的一项工作要求。"迅速破案"体现了侦查工作中速战速决的指导思想。迅速破案要求狱内案件侦查部门对发现的各类与犯罪有关的情况和线索要及时进行查证和处理,力争将狱内又犯罪活动破获在预谋阶段,防止贻误战机,造成危害。

总之,"预防为主,防破结合;及时发现,迅速破案"的狱内侦查工作方针,即对狱内侦查工作作了宏观上的概括要求,同时又对狱内侦查的具体任务作了微观上的规范要求,集中体现了狱内侦查的指导思想和工作宗旨。

三、狱内案件侦查工作原则

狱内案件侦查工作原则是在狱内案件侦查的具体实施过程中,用来指导、协调和制约管理活动的一般性准则。狱内案件侦查工作原则应该具备以下三个方面的含义与特征:一是指导性,即存在于狱内案件侦查的活动当中,对狱内案件侦查起指导作用;二是全局性,即存在于全部狱内案件侦查活动当中,对全部的狱内案件侦查工作起约束作用;三是始终性,即存在于狱内案件侦查的始终,是狱内案件侦查的各个环节都必须遵循的规则。

司法部《狱内侦查工作规定》第五条规定,狱内案件侦查工作的原则主要有以下内容:

(一)依法办事原则

狱内案件侦查工作必须严格依照宪法、刑法、刑事诉讼法、监狱法等法律和《狱内案件侦查工作规定》、《狱内刑事案件立案标准》等规章办事。具体讲,狱内案件侦查工作必须做到以下几点:

1.狱内案件侦查人员要知法、守法。作为一名合格的狱内案件侦查人员自身必须具有一定的法律素养,即首先要有守法意识,要具备相关的法律知识;同时要具备一定的法律人格,即他本身是公正的、廉洁的、充满人格魅力、让人敬仰的人。

2.预防与控制措施要合法。对在押犯所实施的预防和控制措施不能侵犯国家法律赋予在押犯的权利,预防与控制措施的实施者只能是狱内案件侦查人员或经授权的监狱其他人民警察,决不容许让在押犯实施预防和控制犯罪的任何措施。

3.侦查程序和措施要合法。监狱侦查部门应按照法定的管辖范围和《狱内刑事案件立案标准》的规定,对属于自己管辖的达到狱内刑事立案标准的案件进行立案,组织人力进行现场勘查,依程序法规定运用侦查措施和手段进行侦查,依法查清犯罪事实,抓获犯罪嫌疑人后,对证据进行审查,整理卷宗、移送起诉等。整个的侦查程序必须严格依照刑事诉讼法的规定进行。

4.证据的搜集要合法。对各类证据的发现、显现、固定、提取、记录、分类、保存等各个步骤的操作人员所采用的方法、所使用的器材等都要符合相关的规定。只有这样获取的证据才可靠,也才能真正起到证实犯罪的作用。

5.监狱侦查活动要接受法律监督。监狱对罪犯在监狱内犯罪案件的侦查活动,要接受人民检察院的监督。

(二)实事求是原则

1.坚持实事求是,一切从实际出发。罪犯在狱内的又犯罪活动,情况错综复杂,只有坚持实事求是,一切从实际出发,才能查明事实真相,准确、及时地揭露犯罪、打击犯罪,防止出现冤、假、错案。具体讲,狱内案件侦查必须深入实际,调查研究,在占有真实材料的基础上,正确分析研究,作出符合实际的判断。

2.重证据,不轻信口供,严禁刑讯逼供。重证据,不轻信口供,严禁刑讯逼供是我国刑事诉讼活动的一条重要原则,也是狱内案件侦查工作必须遵循的一项重要原则。重证据,就是要遵循客观事实,根据客观事实对待问题、认定案情和处理案件。在狱内案件侦查工作中,分析研究案情、侦查破案,都必须依照客观、全面搜集到的,能证明罪犯有罪或无罪、罪重或罪轻的各种证据。不轻信口供,不是不要口供,而是不要轻信没有经过核实的口供,更不能只凭口供作为对待问题、认定案情和处理案件的唯一根据。严禁刑讯逼供是为了防止造成冤、假、错案。要求狱内案件侦查人员必须依法办案、文明办案。

（三）保守秘密原则

狱内案件侦查工作的大部分内容都是隐蔽斗争工作，只有严格保守侦查工作的秘密，善于隐藏自己，才能战胜隐蔽狡猾的罪犯。这就要求每一个狱内案件侦查工作人员和参与工作的人员都要严格遵守保密纪律，严防失密、泄密事件的发生。

阅读延伸 YueDuYinShen

狱内案件侦查的前瞻性思考

1. 科学认识狱内侦查工作，准确定位

（1）科学界定狱侦部门在监狱安全中的地位。做任何工作只有定位准确、目的明确、措施得力，才可能保障工作顺利开展。狱内侦查工作也不例外，必须对监狱整体工作进行恰当的定位，既不能夸大其工作职能，又不能忽视狱内侦查工作的作用，才能保证狱内侦查工作健康有序地开展。许多监狱都认同这一观点，即"监狱安全狱内侦查系于一半"，狱侦工作对维护监狱安全稳定起着核心作用。但监狱安全是全体监狱民警的共同任务和责任，维护监狱安全，需要各部门共同努力。如在狱情分析方面，除了狱侦民警主动去掌握狱情外，其他监管民警也要积极主动地去掌握犯情，不能片面地理解狱侦工作就是狱侦科的事情，搜集掌握犯情信息是全体监狱警察应尽的基本义务和职责，要调动基层警察的积极性，强基固本，稳扎稳打，形成人人关心、参与狱侦工作的侦查格局。

（2）科学认识狱侦部门和其他职能部门的关系。确保监狱安全工作是监狱所有职能部门的共同任务，狱内侦查、狱政、教育、生活卫生等部门都占有自己的位置。因此科学界定狱内侦查的地位，关键是如何在监狱安全问题上界定与其他各职能部门的关系。由于狱内侦查工作的性质和内容在监狱安全工作中较为特殊，在整个的安全防范体系中，狱内侦查部门和监狱其他职能部门的关系是指导、分工、协作的关系，在有关安全防范方面，狱侦部门可以对其他部门进行合理的业务指导。

（3）科学认识狱侦的业务工作方法。狱侦业务工作的定位是开展狱侦工作的基础，在工作内容上，狱内侦查工作的内容可以分为维护监狱的治安、从事侦查破案工作、落实狱内侦查专有工作三部分。在工作形式上，狱内侦查专有工作方面的内容如敌情调研，布置构建有效秘密力量，对重点部位、重点时段进行监视布控，对脱逃、自杀、重大恶性事件的防范工作等，这类工作绝大部分属于隐蔽工作内容，只有工作人员身份隐蔽，工作方法、内容不为侦查对象所知的情况下，才能发挥效用。

2. 建立健全狱内侦查机构，提高侦查人员的素质

（1）建立健全狱内侦查的机构。侦查组织是侦查活动开展的载体，因此，完善的侦查机构体系是侦查工作开展的前提。监狱系统应建立纵向的侦查体系，即一套完整的狱内侦查组织体系，它应包括：

①司法部监狱管理局应设立侦查处（作为全国狱内侦查的总体指挥和领导机构）；

②省监狱管理局应设立侦查处（作为统一协调和指挥全省狱内侦查工作的部门）；

③各基层监狱设立侦查科（具体负责监狱的侦查工作），以促进狱内侦查工作的进一步发展。

司法部监狱管理局每年应召开一次全国性的狱内侦查会议，开展狱内侦查工作的理论研究和探讨，加强各省狱内侦查部门之间的经验交流和相互合作。同时狱内侦查专门机构要注重与相关部门的横向合作。包括与其他狱内侦查专门机构的协作及与公安机关、国家安全机关、军队保卫部门的横向联系与协作,加强与上述侦查机关的学习与交流,以期在相互联系与协作,相互学习与交流的过程中拓宽视野、增强见识、改进工作方法、增强工作实效。

(2)切实有效地提高狱内侦查人员的素质。狱内侦查工作队伍基本素质的高低,决定着狱内侦查工作质量的效果和水平。因此,切实有效地提高狱内侦查人员的基本素质,是做好狱内侦查工作的组织保障。随着国家法制化进程的加快,狱内罪犯犯罪形势的新变化,对狱内侦查工作的要求越来越高,这就迫使狱内侦查民警必须不断地加强学习和锻炼,努力提高自己的各项基本素质。

①在监狱建立一支稳定的专职侦查人员的队伍是当前紧迫的任务之一。

②要加强各类业务培训,以保证狱内侦查队伍适应不断发展变化的需要。

③要充分利用地方公安机关资源优势,通过"走出去、请进来"的形式,通过定期和不定期相结合的方式,选派部分狱内侦查民警到地方公安机关跟班作业,不断提高侦查人员的素质。选派狱侦民警到公安机关接受培训,充分利用公安刑侦的各种优势,在较短的时间内,提高狱侦民警的专业理论素质和业务技能,开辟狱侦民警培训的新途径。

④针对狱内侦查人员流失严重的现象,监狱系统应对狱内侦查工作的性质和要求从整体上进行把握。针对狱内侦查工作的经验性要求,监狱系统应改革狱内侦查人员的晋升办法,基位定在狱内侦查人员能乐于本职、积极钻研,可以参照公安系统对刑警的晋升办法,对狱内侦查人员根据其工作年限和工作表现给予相应的职称和级别待遇。

3.加强狱内侦查的法制化,提高工作的可操作性

针对目前狱内侦查工作中,没有法规细则的操作规程,司法部应结合全国狱内侦查工作的实际,参照《公安机关办理刑事案件程序的规定》,制定《监狱办理刑事案件程序规定》用以规范监狱办案的程序。另外,针对狱内侦查权的模糊区域的问题,建议司法部和相关的政法部门联合作出司法解释,对监狱在适用刑事诉讼法的相关规定和漏罪侦查等侦查权问题上作出明确的规定,便于狱内侦查权的良性运作。根据监狱工作法制化、科学化、社会化的要求,在修改《狱内侦查工作细则》的基础上,制定《狱内侦查工作规定》。

(摘自孙延庆、徐为霞:《狱内侦查工作的现状与前瞻》,《新时期狱内侦查问题研究》,中国市场出版社2010年版。略有删减)

第三节 狱内案件侦查权

狱内案件侦查权,是监狱根据国家法律的授权,在执行刑罚中,对在押罪犯监狱内又犯罪行为实施预防和侦查工作的刑事司法权力。

一、狱内案件侦查权的由来

监狱侦查权的由来,可以追溯到新中国监狱工作初期,自那时起,监狱的侦查权的依据一直是明确的。

在新中国监狱工作初期,监狱工作主管部门即要求监狱进行狱内案件侦查活动。1950

年12月公安部在《关于加强监狱工作的指示》中明确指出:"必须认真加强狱内案件侦查工作,配合公开的看守工作,对照研究材料,达到随时了解掌握狱内情况,特别是了解掌握主犯与坏分子的思想及活动情况,及时揭露与打击一切反革命活动。"这是新中国成立以来,最早见诸行政规章文件的关于狱内案件侦查的规定。以后,监狱工作主管部门在决议、报告、批复、会议纪要中,多次谈及监狱的狱内案件侦查活动。

1979年,《刑事诉讼法》颁布,虽然在刑事诉讼法当中没有明文规定监狱的侦查权,但由于当时的监狱归属公安机关管理,因此,监狱的侦查权实际上是规定在公安机关的侦查权当中。在公安部根据刑事诉讼法制定的公安机关刑事案件的管辖规定当中,明确规定了监狱的侦查管辖范围。

1983年,中央决定将监狱工作整体移交司法行政部门管理,同年8月,最高人民法院、最高人民检察院、公安部、司法部在《关于严厉打击劳改犯和劳教人员在改造期间犯罪活动的通知》中明确规定:"劳改、劳教工作移交司法行政部门管理后,劳改机关原有的侦查权应当继续行使。"

1994年12月,全国人民代表大会常务委员会通过了《中华人民共和国监狱法》,该法第六十条明确规定:"对罪犯在监狱内犯罪的案件,由监狱进行侦查。"这是我国法律首次用专门的条款明确规定监狱的侦查权。

1996年3月,第八届全国人民代表大会第四次会议通过的新的《中华人民共和国刑事诉讼法》对监狱的侦查权作出了明确规定,该法第二百二十五条第二款、第三款分别规定,"罪犯在监狱内犯罪的案件,由监狱进行侦查","……监狱办理刑事案件,适用本法的有关规定"。至此,监狱的侦查权有了基本法律的明确依据。

2012年3月14日,第十一届全国人民代表大会第五次会议《关于修改〈中华人民共和国刑事诉讼法〉的决定》(第二次修正),该法第二百九十条第二款、第三款分别规定,"罪犯在监狱内犯罪的案件,由监狱进行侦查","……监狱办理刑事案件,适用本法的有关规定"。

二、狱内案件侦查权的构成

(一)狱内又犯罪的预防权

监狱对狱内又犯罪的预防权,指狱内案件侦查部门对狱内刑事案件的事前防范与控制的职权。预防权的主要内容是犯情和案情的调研权、隐蔽力量的使用权、对危险分子的控制权、对要害部位和重要场所的监控权等。

1. 狱内犯情和案情的调研权。开展狱内犯情和案情调研,掌握狱内又犯罪的苗头、动向、趋势,排查狱内潜在的危险因素,摸清底数,是监狱安全工作的起点,是监狱安全的一道无形屏障。狱内犯情和案情调研活动,需要监狱各个部门、各个有关单位的参与,是监狱安全防范的一项经常性工作。根据有关规定,狱内案件侦查部门一是通过自己的情报系统,通过狱内案件侦查人员的实地调查研究,搜集狱内犯情和案情的最新资料;二是负责汇总来自各个方面的犯情和案情材料;三是负责组织对狱内犯情和案情的综合分析;四是根据狱内犯情和案情的分析结果,作出相应的处置,并在犯情和案情处理中负责各个部门单位之间的协调工作和监督处理决定的落实情况。

2. 隐蔽力量的使用权。根据监狱侦查工作的实际需要,按照司法部《狱内侦查工作规定》第十七条的规定,狱内耳目是监狱从在押罪犯中建立和使用的秘密力量;是在干警的直接管理下搜集、掌握罪犯思想动态和重新犯罪活动线索,获取罪证,侦查破案的专门手段之一,是狱内侦查工作的一项重要业务建设;是为获取情报和实施控制而使用的隐蔽力量。

3.对危险分子的控制权。监狱对于在押犯中排查出的危险分子,可以通过布置警力进行控制,即指定人民警察负责对危险分子的控制;也可以使用表现好、有责任心、有一定能力的罪犯布置在危险分子的周围,对危险分子进行不间断的控制。对于有现实危险的罪犯,可以按规定使用戒具和隔离设施进行控制。

4.对要害部位和重要场所的检查控制权。对要害部位和重要场所进行检查控制,是狱内案件侦查的重要职权之一。通过定期检查和不定期检查相结合、全面检查和重点检查相结合的方式对监狱的警戒设施、监管设施、罪犯的活动场所等进行安全检查,以确保上述部位和场所的安全。

(二)立案管辖权

1.监狱立案管辖。监狱的立案管辖是指对已经发生的狱内刑事案件和已经发现的罪犯漏罪案件的侦查管辖。根据刑事诉讼法和监狱法的规定,监狱对又犯罪案件的立案管辖范围,是罪犯在监狱内的犯罪案件。狱内案件侦查管辖,要同时满足两个条件:一是犯罪的行为主体,是正在监狱内服刑的罪犯;二是案件的发生地在监狱内,即案件发生在监狱的常设监管区域内,在监狱押解罪犯的途中发生的案件也应由监狱侦查。如不能同时满足以上两个条件,则不属于监狱的侦查管辖范围。

2.一般案件的管辖。根据狱内又犯罪的特点,监狱发现罪犯又犯罪的,应当立案侦查。监狱的一般立案管辖范围为:一是危害国家安全罪;二是危害公共安全罪;三是侵犯公民人身权利、民主权利罪;四是侵犯财产罪;五是妨害社会管理秩序罪;六是其他需要立案侦查的案件。

3.重大案件的管辖。罪犯在监狱内涉嫌的严重犯罪,由省、自治区、直辖市司法厅(局)管辖。

4.特别重大案件的管辖。特别重大案件,由司法部认定。

5.特殊管辖。在监狱侦查工作中,有些案件属于服刑罪犯与其他人员共同实施的。对这些案件的管辖,有两种处理方法,一是属地管辖,即服刑罪犯与他人共同作案的,作案地或者主要作案地在监狱的,由监狱侦查,公安机关配合;作案地或者主要作案地在监狱外的,由公安机关侦查,监狱配合。二是属人管辖,即服刑罪犯与他人共同作案的,主犯是服刑罪犯的,案件由监狱侦查,公安机关配合;主犯是其他人的,由公安机关侦查,监狱配合。现在采用的是第二种处理方法。

另外,在监狱立案侦查罪犯危害国家安全罪的案件后,在侦查中,要主动争取国家安全机关的配合。

6.监狱对漏罪的立案管辖。漏罪,这里是指在监狱内服刑的罪犯,犯有判决时所没有被发现、未经判决的罪行。监狱对罪犯的上述罪行,应移交人民检察院处理。

(三)调查取证权

侦查是国家侦查机关在办理案件中的专门调查工作和强制措施。而专门调查工作的核心是行使国家法律赋予的在办案中的特有的调查取证权。监狱是国家法律规定的侦查主体之一,根据《刑事诉讼法》第二百九十条第三款的规定,监狱办理案件,适用该法的有关规定。因此,监狱在狱内案件侦查活动中,拥有法律授权的调查取证权。

监狱的侦查活动,围绕着证据进行。调查取证,就是监狱依照法定程序,搜集能够证实犯罪嫌疑人有罪、无罪、犯罪情节轻重的各种证据。

监狱的调查取证权,主要包括对犯罪嫌疑人的讯问,对证人的询问,勘验、检查,侦查实验,搜查,扣押物证、书证,鉴定,提请通缉等权力。

(四)采取强制措施权

狱内案件侦查中的强制措施,主要是隔离审查,这与公安、检察等机关的强制措施有很大的不同。由于狱内案件侦查中的犯罪嫌疑人主要是在押犯,而在押犯本身就是处于监狱的控制之下,所以,监狱对于已经确认的犯罪嫌疑人,不用拘留、逮捕、取保候审、监视居住等强制措施,而是将其与其他罪犯隔离,以保证对其的刑事诉讼的顺利进行。

在实践中,有时会遇到罪犯刑期届满,但又犯罪案件尚未审理结束的情况。对于这种情况,符合逮捕条件的,可以在罪犯现有刑期执行完毕之前,由监狱向人民检察院提请批准逮捕,在罪犯刑期结束之日,首先办理释放手续,然后宣布对其逮捕,羁押于监狱,接受审理。对于不符合逮捕条件的,在办理释放手续后,可以采取取保候审、监视居住等强制措施。这样既可以保证按时依法释放,又可以保证对又犯罪案件的正常审理。

(五)其他侦查权

监狱的侦查权还有讯问权、撤销案件权与建议起诉权等。

1.讯问权。为了确认又犯罪,进一步调查证实又犯罪,对于已经被确认或已经采取强制措施的犯罪嫌疑人,监狱的侦查部门可以行使讯问权。

2.撤销案件权。在狱内案件侦查中,出现法律规定的情形,监狱可以撤销案件。

3.建议起诉权。对于经过侦查,确认符合起诉条件的犯罪嫌疑人,监狱有权向人民检察院建议起诉,以追究刑事责任。

阅读延伸 YueDuYanShen

关于监狱侦查权的立法思考

1.监狱侦查权的主要问题

(1)对涉案人的管辖权冲突。监狱一方面对在押的罪犯享有绝对的侦查权,另一方面对狱案涉嫌的社会公民却没有明确的法律规定,享有相对的侦查权。如内外勾结盗窃与组织越狱、社会不法人员与监狱罪犯从事秘密毒品犯罪、关系人对在逃犯藏匿与包庇等。监狱侦查权的属人管辖权的局限性与侦查措施的延伸性存在法律冲突(如狱外人员给狱内人员送毒品吸食,狱内人员又卖给狱内人员,侦查中狱内人员好控制、审查,但对涉案的狱外人员就存在管辖上的限制)。

(2)对涉案地的管辖权限制。监狱侦查措施的空间效力原则上只作用于监狱内部环境,司法实践中的重新犯罪地在狱内,行为地或结果地发展到狱外的案件屡见不鲜。监狱侦查措施无法延伸到社会层面或狱外空间,无法对涉案人强制到案,无法对赃款物强制追缴等。刑事诉讼法规定的搜查、扣押与勘验、检查等措施不能对监狱外部环境的涉案人、事、物、场所进行侦查调查。

(3)侦查时效的阻断性。监狱侦查措施的时间适用效力,应从狱案侦查开始到预审终结与起诉为止。一方面犯罪嫌疑人的作案过程由其主观意志或客观条件来控制;另一方面监狱侦查权的使用只能滞留在狱内的侦查时间段。如果继续跟踪调查与侦查则与现行的公安刑侦权在法律上"撞车"。似乎监狱侦查权的立法一开始,就被人为地拉回了侦查权时效属性的"缰绳"。

(4)侦查措施的局限性。从监狱侦查权属人管辖、属地管辖、侦查时效三方面的冲突与矛盾中，其实已经看出监狱侦查措施的适用是有很大的局限性的；换句话说，监狱侦查权的立法只是停留在"形同虚设"的条文当中。相关的刑事强制措施，《刑事诉讼法》只是象征性地赋予了监狱的"有关规定"，缺乏具体的操作条文。因此，监狱侦查权的法律适用尤其是侦查措施的采取是不完整、不合理的，它不能保证监狱的侦查效能。

(5)技侦手段的滞后性。刑事TQ、刑事技术、侦察技术作为侦查工作的三大手段，监狱除了狱内EM手段相对成熟外，刑事技术手段的运用，显得十分有限。对技侦手段的运用则几乎是监狱侦查立法的一个盲点或空白。事实上当前监狱隐蔽斗争的日趋复杂化，可能出现非法组织与敌对势力的渗透；通过手机、电脑等通讯与信息设备，在押犯可能利用监狱管理的漏洞与罪犯互动等。危及国家安全与监狱稳定的秘密情报战，警示我们加强监狱滞后的技侦手段已刻不容缓。

(6)刑侦协作的闭塞性。监狱不能像军队保卫部门那样，由全国人大常委会专门通过了它行使侦查、拘留、逮捕等职权的法律规定。对监狱侦查史的比较研究，发现监狱与武警部队互涉案件的侦查，这方面协作分工规定的比较详细具体；而监狱与公安的刑侦协作却一直没有可操作的具体法规，两家的协作较为闭塞、生疏甚至僵化。《监狱法》关于追捕逃犯的"即时抓获"有关条文只能是监狱单方的一厢情愿。监狱没有像公安那样，有一个《公安机关办理刑事案件的程序规定》；也没有同公安协商侦查权的管辖分工与侦查协作等司法程序问题。反正《刑诉法》是给了监狱"适用本法的有关规定"这一侦查权的。

(7)狱侦职能的随意性。1997年11月17日，司法部发布了《狱内侦查工作规定》。多年来这一规定对监狱开展狱侦预防与犯罪侦查起到了较好的指导作用。但全国各地监狱情况各异，受监狱行政体制、狱侦机制、长官意志、经费投入等因素的制约，监狱内部狱侦职能存在较大的随意性。具体表现在：机构设置不统一、狱侦经费不能专项列支或严重短缺、狱侦民警编制不稳定、技术装备不发展、基础业务建设规划不能适应现实斗争、狱侦地位不突出、狱侦民警"打擦边球"，政治待遇过低等。就其根本原因，主要在于监狱缺乏侦查工作的行政立法，有的领导甚至把它作为监狱行政管理的一种附庸。

2. 监狱侦查权的立法思考

(1)强制措施权的行政立法。监狱同公安一样，具有行政管理与刑事司法的双重属性，侦查强制措施权被《刑诉法》赋予侦查部门之后，如何协调侦查程序上的各种矛盾与冲突需要监狱从行政立法的角度去积极关照与解决。一是由司法部报请国务院，由公安、检察、法院与司法联合协商，由国务院颁布《关于监狱行使侦查权若干问题的决定》(条件成熟时可提交人大讨论通过)，公告社会各界。二是由司法部起草有关监狱侦查权的提案报中央政法委，由其召集相关司法部门讨论通过《关于监狱行使侦查权的司法解释》。

(2)监狱侦查程序的具体化。对监狱侦查程序的具体化，实质上是对其法律化与规范化。在上述提案颁布后，司法部的《狱内侦查工作规定》应作相应调整或补充完善。更名后的《监狱侦查工作程序规定》，要围绕监狱侦查权的适用范围、对象、案件、立案、侦查、证据、强制措施、侦查终结、起诉等程序环节作出明确规定。该规定既要理顺监狱内部纵横层面侦查权的使用关系；又要理顺监狱与其他司法部门、社会相对人的侦查权利义务关系。当然应保留或完善狱侦预防方面的各项内部规程。

(3)监狱技术侦察手段的加强。由于监狱侦查手段立法的滞后，我们一直未能正视监狱现实斗争对技术侦察手段的需要。对危害国家安全的敌对势力，对涉黑、涉爆、涉毒、涉枪等严重犯罪集团或团伙的骨干分子与首要成员，对重特大在逃案犯必须使用WZ、HZ、监视、邮检、MS、外线等技侦手段获取罪犯同狱外或境外不法分子、其他关系人的情报交流信息,真正做到监狱情报侦察"目有所视、剑有所指"。

(4)监狱侦查法律文书的规范。监狱侦查权职能范围的扩大,无疑对监狱警方预防犯罪与办理刑事案件提出了新的更高要求。如对犯罪现场勘查出示的《刑勘证》,对涉案场所与人身进行检查要出示《搜查证》;对不愿合作的犯罪嫌疑人或知情人出示的《拘传证》;对重新犯罪的在押犯刑满之时而案件尚未侦查终结的应下达《拘留证》等。刑事强制措施不再是公安的专利,好比国安、海关、检察、军队等具有侦查权的部门,它们有自己一套独立的办案程序与法律文书,监狱也应当如此。

(5)侦查机构与人员编制的改革。为适应现代情报导侦警务战略的发展要求,监狱侦查体制与人员结构必须改革。监狱侦查权的国家职能与司法公正的执法理念决定了改革的必然趋势。监狱"以块为主"的狱侦科室应变革为"以条为主、条块结合"的垂直式侦察机构。各级监狱根据不同规模分设侦察支队或大队、监区(分监区)设大(中)队或探组。监狱侦察部门还应内设情报、行动、技术、侦察等机构。人员编制不再是监狱管办的兼职与副职,按垂直原则选拔任用侦察指挥员与情报、技术、侦察人员。

(根据作者原刊发于《中国监狱学刊》1998年第3期有关信息整理)

第四节　狱内案件侦查的基础建设

一、狱内案件侦查工作队伍建设

(一)狱内案件侦查工作机构

狱内案件侦查机构,是监狱应用隐蔽和公开手段,防范和打击在押罪犯狱内犯罪活动的重要职能部门。根据《狱内侦查工作规定》的要求,我国狱内侦查工作的组织机构设置、职责分工、工作联系等,必须针对现阶段狱内侦查工作的形势和特点,按照司法部关于监狱体制管理的要求,监狱必须建立狱内案件侦查的四层级运行管理机构,这些机构具体行使法律授予监狱的侦查权,专门负责狱内案件侦查各项业务工作的开展,其他未经授权的机构和人员,不得行使此项权力。

狱内侦查工作机构包括:司法部监狱管理局狱内案件侦查处,负责指导全国监狱的狱内案件侦查工作;省、自治区、直辖市监狱管理局狱内案件侦查处,负责指导全省监狱的狱内案件侦查工作;监狱所设立的狱内案件侦查职能部门,如狱内案件侦查科(处),在监狱主管领导的指挥下开展狱内案件侦查工作;监区(分监区)所设立的专职或兼职的狱内案件侦查工作人员,如狱内案件侦查干事,负责本监区(分监区)的狱内案件侦查工作。

监狱侦查专门机构在业务活动中,要注重与监狱其他执法部门和押犯单位的协作,并注意与公安机关、国家安全机关、军队保卫部门的横向联系与协作。

(二)狱内案件侦查工作人员

1. 狱内案件侦查人员应具备的素质。

(1)政治素质。每一个狱内案件侦查人员都必须立场坚定,旗帜鲜明,严格执行国家的法律,认真贯彻执行监狱工作的方针、政策和监狱法的规定,大公无私、廉洁奉公、秉公执法、文明办案。

（2）业务素质。作为一名狱内案件侦查的人民警察，除政治素质过硬外，还应具备一定的业务素质，包括熟知相关的法律、法规知识、熟悉对突发事件的处理办法和侦查程序、熟练掌握必备的侦查技能等素质，通过专业学习培训，应具备和取得狱内侦查资格。

（3）心理、智能素质。心理、智能素质是对狱内案件侦查人员的一项重要的素质要求。一名狱内案件侦查人民警察在事业上能否成功，关键是由这一素质决定的。具体讲，它要求狱内案件侦查人员要具有敏锐的观察能力，良好的视觉记忆能力，灵活的思维能力和沉着的应战能力。

（4）身体素质。身体素质也是对狱内案件侦查人员的一项基本素质要求。首先要求狱内案件侦查队伍的年龄结构合理化。同时，要加强军事体能训练，经常开展文娱、体育活动，以增强狱内案件侦查人员的体质。

2.狱内案件侦查人员的管理。

（1）选拔录用。狱内案件侦查工作人员不仅要会做狱内案件侦查基础业务工作，还要会操作一些高、精、尖的仪器、设备，会提取分析各类痕迹、物证。监狱在选择狱内案件侦查工作人员时要注意从学历、专业、个人素质三个方面重点考核，严格把关，力求做到选进的每一个狱内案件侦查工作人员都能很快适应现有工作，对新的仪器、设备的原理、使用方法、注意事项等能在短期内掌握。

（2）教育培训。在对狱内案件侦查人员培训时，除做好基础业务培训外，重点在于加强对已发案件侦破中的各类刑事技术工作的系统培训；同时要注意对各种用于破案的高科技手段的知识的培训。监狱通过培训弱化监狱侦查人员的口供思维，强化其物证意识。

（3）考核奖罚。监狱要对狱内案件侦查人员进行定期或不定期的考评和测定，以增强人民警察的工作责任感，提高狱内案件侦查人民警察队伍素质。考核的内容主要是狱内案件侦查人员的职业责任感、工作态度、业务能力等方面。在考核的基础上，对狱内案件侦查人员执行严格的奖罚制度。

二、狱内案件侦查工作的技术装备建设

监狱管理部门应分期分批地给监狱侦查部门配备高质量的、相应数量的侦查取证的仪器和设备。必要时监狱可加强同公安机关或检察机关的技术部门的联系，利用公安机关或检察机关技术部门的仪器、设备来提高监狱对各种现场物证的采证能力。

现代光电、声电和信息技术的飞速发展，已能保证监狱实施全面监控的要求。针对监狱预谋案件较多、防范任务较重的特点，监狱应大力加强现代监控装备，提高监控设施的取证能力，从而使监狱能将罪犯的每一个犯罪行为以影像资料的形式记录下来，起到其他证据不可替代的作用。

三、狱内案件侦查工作档案建设

（一）狱内案件侦查工作档案的概念

狱内案件侦查档案是指狱内案件侦查机关内部掌握的带有秘密性质的有关罪犯和狱内又犯罪案件方面的图文资料的总称。

（二）狱内案件侦查工作档案的类型

1.个人档案。个人档案包括罪犯的自然情况（如姓名、出生年月、籍贯、性别、身高、体重

等),心理测试结果,原犯罪方法、手段、类型,罪犯的指纹、足迹、笔迹、血型等。注意:罪犯的个人档案最好按刑事相貌学的编码要求进行编号,这样可防止伪装,更科学、更便于查找。

2.信息档案。这里的信息档案包括各种可记录罪犯人身或其他各类信息的档案。如指纹专类档案,足迹专类档案,笔迹专类档案,罪犯心理测试专类档案,血型专类档案,犯罪手法专类档案等。建立专类信息档案,便于对现场勘验、检查或搜查过程中发现的各类痕迹、物品进行快速查找、比对,有利于缩短破案时间,提高破案率。

3.案件档案。案件档案是指对按时间顺序发生的各个狱内刑事案件进行整理、存档,以便于统计和总结。每一个案件档案都应包括:立案记载、勘查记载、侦查计划、公布案情记录、调查访问记录、鉴定副本、辨认记录、侦查实验记录、破案计划、各次讯问记录等内容。

4.特殊档案。特殊档案是指监狱侦查部门为特殊犯人专门建立的档案。目的是为了有针对性地、有效地开展狱内案件侦查工作。特殊档案包括:耳目档案,重点犯、危险犯档案,又犯罪人档案三类。对于特殊档案,要进一步加强管理制度。

(三)狱内案件侦查档案的管理

1.整理。狱内案件侦查档案整理工作的基本任务是:将狱内侦查情报资料组成一个体系,通过分析、编码,使其按不同的类别固定下来,为检索利用提供方便条件。其具体内容包括:编排登记、分析(分类编码)、校核、储存(编排归档)、档案清理等。

2.保管。狱内案件侦查档案的保管过程中要避免损毁、妥善保管。在保管中要注意环境的温度和湿度、有害气体、灰尘、光线、各种有害物质、机械作用等因素对档案的影响。对于档案库房的设计建造,其规格和标准主要以监狱的押犯数量来确定。

3.利用。狱内案件侦查档案的利用方式有手工检索和计算机检索两种。通常情况下,狱内案件侦查人员根据侦查破案和缉捕逃犯的需要,对已存储的档案材料进行检索,从中发现案件资料、对象资料、样本资料和线索资料,以便于开展侦查和缉捕工作。

案例评析 AnLiPingXi

河北省 A 监狱王某脱逃案

1. 案情简介

2011 年 9 月 11 日早晨 6 时左右,河北省 A 监狱在押犯人王某(男,籍贯河南省郸城县,因犯盗窃罪于 2010 年 6 月归案,2011 年 1 月被判有期徒刑 10 年)越狱脱逃。据河北警方公布越狱细节称:王某住在第二监区的二楼 202 房间靠门口位置的上铺。9 月 7 日左右,下了一场清雾,可能给他提了一个醒。在 9 月 11 日凌晨,又有一场大雾。因监舍的门没有上锁,王某就翻下床走出监舍,走到监区大门,用提前自制的变压器芯上的小金属片磨制成梯形的工具打开监区的门。见两名值班狱警和两名值班犯人都在睡觉。打开监区大门后,王某走到监区西侧的垃圾站,垃圾站的门是开着的,而且门很破旧,可以拆下来。当时小电网是有电的(后来测得电压是 6300 伏),王某在垃圾站捡到一根聚乙烯管,他把垃圾站的铁栅栏门拆下放在墙头边上,用聚乙烯管支开电网翻出小电网。王某继续走到西南侧大墙旁,在大墙内侧有一道隔离区,隔离区的铁栅栏上有一道滚网(螺旋状的铁丝网),王某在翻越滚网时刮伤了左脚。在隔离区,有一个浇水用的水管,长约 9 米,王某用水管缠住监狱大墙照明灯支架,靠水管的帮助翻上大墙。在王某逃跑处,电网与围墙间的空隙较大,有 35～40 厘米,他个子较小,便钻出电网,顺着水管滑下。在王某离地面还有不到 2 米时,被一名在墙外隔离区巡逻的武警发现,但他很快就钻进了附近的玉米地。武警追了一段,发现无法找到,便向领导汇报。监狱也开始组织人力抓捕。

王某越狱脱逃,引起省委、省政府领导的高度重视,相继作出批示,要求全力以赴、尽快将该犯缉捕归案。以省公安厅副厅长为总指挥进行抓捕工作,总指挥部迅速调集公安、司法干警和武警部队精干力量展开集中围捕和查控工作。追捕人员除在本省开展查控、线索核查外,还在河南、新疆、山东等地深入开展摸排和查缉工作。9月22日,抓捕工作总指挥部移师河南,组织省公安厅有关警种和衡水市公安局、深州监狱警力多方开展摸排、查控。在河南省公安厅大力支持下,两省警方紧密围绕逃犯王某密切关系人和可能藏匿的地点,采取多种侦查措施,准确获取了王某的藏匿地点。24日凌晨2时许,在河南省郸城县某村庄王某一位熟人家中,王某被警方成功捕获。据审讯,抓捕过程中,王某在包围圈里被围困了3天,但最终还是逃了出去,一路扒车,十几天后回到老家河南郸城即被抓获。

2. 深思与探讨

监狱罪犯脱逃事件,暴露了监狱工作中存在的一些深层次问题。这其中既有历史的问题,也有现实的问题,既有客观问题,也有监狱管理中的问题。监狱物防、人防不到位,技防装备没有跟上,领导和干警心存侥幸心理这四个因素导致王某越狱事件发生。

导致发生王某越狱事件首先是物防不到位。A监狱始建于1970年,年久失修,不符合现代监狱的管理要求。从十几年前就一直准备对该狱进行搬迁,但因征地等方面原因迟迟拖延,直到2010年初才决定在附近建设改造。因为一直在准备搬迁,所以投入非常少。其次是技防没跟上,同样因为面临随时可能搬迁,为避免资金浪费,照明、通讯等设施多年来没有再投入,监控、报警设施甚至一片空白,技防装备也没有跟上。再是警力不足,A监狱是全省警囚比例最低的监狱之一,距离国家规定有较大差距。警力严重不足导致干警处于超负荷状态,使得人防不到位。最后是一些领导和干警也存在侥幸心理,相关制度、责任落实不到位,给王某的越狱提供了可乘之机。

河北司法部门表示,发生犯人越狱事件后,已免去了原监狱长以及主管改造工作的党委副书记和政治处主任职务。此外,河北省司法厅、监狱管理局纪委组成的联合调查组正在对该狱事故责任进行调查核实,根据调查结果将对相关责任人员严肃追究党纪政纪处分。监狱2名值班干警已被检察机关批捕,监区大队长和指导员已被免职。

11月2日,河北省某市法院经审理对王某脱逃一案作出一审判决,认为王某在服刑期间逃离改造场所,其行为已构成脱逃罪,该市检察院指控的犯罪事实清楚,证据确实、充分,根据其犯罪的事实、性质、情节以及对社会的危害程度,依照《中华人民共和国刑法》第三百一十六条、第六十九条和第七十一条之规定,判处王某有期徒刑4年,连同前罪余刑8年8个月21天,并处罚金15万元,剥夺政治权利2年,决定执行有期徒刑12年8个月,并处罚金15万元,剥夺政治权利2年。

实训项目 XiangMuShiXun

狱内侦查工作的任务、方针和原则

(一)实训目的

理解和掌握狱内侦查工作的任务、方针和原则,并能在实际工作中加深对侦查权的理解和运用。

(二)实训说明

请认真阅读下面给出的案例,并结合案例分析、归纳总结狱内侦查工作的任务、方针和原则。

(三)实训内容

【案例】 2011年10月26日,辽宁省沈阳A监狱重型犯朴某(男,49岁,朝鲜族,沈阳市东陵区人,2009年12月因犯故意伤害罪被沈阳市中级人民法院判处无期徒刑,关押在沈阳第二监狱)监外就医期间被暴力劫走。辽宁省监狱管理局提供的文字材料称,"2011年10月14日罪犯朴某因突发心肌梗塞被120急救中心紧急送入沈阳市242医院救治。经医院会诊,决定对其施行心脏搭桥手术。2011年10月26日13时50分许,戒护警察带朴犯前往医院门诊进行检查,行至住院楼外时,被两名青年男子拦截殴打,朴犯及其妻子趁机脱逃"。

调查发现,脱逃犯人朴某在监狱内和监外就医期间,曾频繁使用手机与外界联系,往监外打电话、发短信,过年过节,他还会用手机给朋友群发节日短信。据通话和短信记录,10月上旬、中旬与外界联系频繁,甚至在脱逃前晚(10月25日),朴某还用手机给朋友发过一条短信。

朴某脱逃后,由于4名参与劫持人员未得到朴某承诺的每人2.5万元费用,他们轮流给朴某打电话,因朴某的电话已被监听监控,于是顺着这个线索警方将4名参与劫持者抓获。朴某在脱逃14天后,于9日上午在吉林省落网。

思考题 SiKaoTi

1.简述狱内案件侦查概念、方针和原则的含义。

2.简述狱内案件侦查的主体和任务。

3.简述狱内案件侦查权的构成。

4.简述狱内案件的管辖权限。

5.简述狱内案件侦查人员应具备的素质。

第二章　狱内案件侦查程序

知识目标 *ZhiShiMuBiao*

- 了解狱内案件立案的标准、程序；
- 了解制定侦查方案的内容和规范；
- 了解侦查取证、发现、认定犯罪嫌疑人的方法；
- 了解破案的条件、侦查终结的要求。

能力目标 *NengLiMuBiao*

- 能掌握狱内案件立案标准、程序的含义；
- 能制定侦查方案并适时修改完善；
- 能正确使用侦查取证的方法，发现、认定犯罪嫌疑人；
- 能正确把握破案的条件、侦查终结的要求。

本章引例 *BenZhangYinLi*

罪犯王某劫持民警脱逃案

2004 年 4 月 26 日 20 时 45 分，浙江 A 监狱六监区在押犯王某（男，汉族，1984 年 2 月 8 日出生，初中文化，甘肃省兰州市人。2003 年 5 月因犯故意杀人罪被人民法院判处死刑、缓期 2 年执行）在收工列队回监舍途中以汇报思想为由接近管教民警应某，后以扼颈、持刀胁迫等暴力手段劫持人质，最后被应某和另一带队民警邵某及其他在场罪犯当场制服并抓获。经连夜突审：该犯在 2004 年 3 月中旬，收到父母亲的来信后，对改造失去信心，开始考虑通过挟持民警实施脱逃。调入六监区后，经过观察发现中班出收工从不进行人身检查。且从 4 月 10 日起，每天 20：30 都有零星收工回监，人数较少。4 月 19 日晚王犯将生产用的锉刀在砂轮机磨尖，套进自制的铁套，放在裤子后口袋中。4 月 20 日把缝制枕头和捆棉絮用的两根绳子和磨好的锉刀一起携带在身上。计划在 4 月 23 日实施劫持人质，因当时未达到收工人数请不出假放弃。4 月 25 日王犯将自己的班与他犯调换至 4 月 26 日，4 月 26 日早上王犯将他犯电子表藏在身上。于 20：00 向值班民警应某以肚子疼痛的名义请假收工回监，20：45 在收工队伍行进到生产区主马路时，王犯以找应警官谈心为由，穿过队列，从后面用左手扼住应警官的脖子，右手用磨尖的锉刀顶住应警官的脖子，挟持人质，后被应警官和另一名带队民警邵某以及其他一起收工的罪犯制服。2004 年 12 月 21 日，罪犯王某犯绑架罪，判处有期徒刑 10 年，剥夺政治权利 1 年，并处罚 2000 元。本判决生效以后，经最高人民法院核准，罪犯王某属死刑缓期 2 年执行期间又犯罪的，对被告人王某执行死刑。

第一节　立　案

一、立案的意义

立案,是指狱内案件侦查部门对于受理的案件,经过初查,认为有犯罪事实存在,应当追究刑事责任并且属于自己管辖时,依据法定程序决定立为刑事案件进行侦查的一项侦查活动。

(一)有利于实现刑事诉讼法赋予监狱的侦查任务

刑事诉讼法赋予监狱的侦查任务是揭露和证实犯罪事实,而监狱受理的报案、控告、举报和自首的材料是各式各样的,这些材料有的真实,有的虚假;有的构成犯罪,有的不构成犯罪;有的应追究刑事责任,有的不应追究刑事责任。通过立案程序,把那些认为存在犯罪事实并且应当追究刑事责任的事件立为刑事案件进行侦查、起诉,这有利于及时揭露和证实犯罪。

(二)有利于保障在押犯的合法权益

按照司法部部颁标准进行立案,经过受案、初查、立案三步审查,只有确定了有犯罪事实且需要追究又犯罪嫌疑人刑事责任的事件才立为案件进入诉讼程序,才能对当事人使用刑事强制措施。并且进入诉讼程序的又犯罪嫌疑人本身又享有刑事诉讼法赋予的各项权利,立案就标志着案件进入了诉讼程序,同时也表明又犯罪嫌疑人享有诉讼权利的开始。这有利于对又犯罪嫌疑人人身和名誉等相关权利的保护。

(三)有利于搞好司法统计,为分析犯罪情况、指导司法实践提供重要依据

通过对立案材料的审查、统计和分析,可以使监狱及时掌握狱内各种违法犯罪活动的情况、特点和规律,并适时调整防范的方法和策略,为司法机关制定、修改法律提供依据。

二、立案的标准

狱内案件的立案标准,应严格遵照司法部2001年3月9日发布施行的《狱内刑事案件立案标准》执行。这一标准是根据中华人民共和国《刑法》、《刑事诉讼法》、《监狱法》的有关规定而制定的。这一标准中将需要立案侦查的案件分为三类:普通刑事案件、重大刑事案件、特别重大刑事案件。

三、立案的程序

狱内案件侦查部门要将某一事件立为刑事案件,通常要经过一定的程序,具体讲就是要经历受案、初查和立案三个阶段。

(一)受案

受案,这里是指狱内案件侦查部门依法接受公民扭送、报案、控告、举报或者犯罪嫌疑人自首的一项侦查活动。受案是我国《刑事诉讼法》所规定的一项重要的接受报案制度。监狱在受理案件时要详细询问有关情况,如案件的基本情况、犯罪嫌疑人的情况、被害人的有关情况等,并且对问明的情况要依法制作笔录或录音,填写《狱内受理刑事案件登记表》。

狱内案件侦查部门在受案时应注意的问题有：如果有犯罪现场，应立即派人赶赴现场，及时采取相应措施加以保护；发现有受伤人员时，应当迅速采取救治措施；犯罪嫌疑人正在逃跑并且有条件堵截时，应当马上采取措施进行追击堵截；对于正在实施危害行为的，要立即采取措施予以制止。

（二）初查

1.初查的内容。初查是决定应否立案的关键环节和必经步骤，监狱必须重视这一环节的工作。初查的内容主要包括三个方面：即审查有无犯罪事实存在；审查应否追究刑事责任；审查是否属于自己管辖。

2.初查的方法。狱内案件侦查部门对受理的案件进行初步审查时，主要采用材料审查和调查两种方法。材料审查即对报案人、扭送人、控告人、举报人和又犯罪嫌疑人提供的有关情况进行分析研究。材料审查是初查的一种基本方法。通过对有关材料的审查，搞清有关情况的性质，确定材料的真实性和可靠性，理清情况的来龙去脉。调查即在材料审查的基础上，进行勘验、检查、询问等。有些案件，仅凭材料审查还难以确定案件的性质等有关情况，还需要狱内案件侦查人员根据案件具体情况采取相应的措施进行必要的调查。如有犯罪现场的，应当及时进行现场勘查，以获得相应证据，便于进一步明确受案的情况；有证人的，应当及时进行询问，以进一步掌握案件的具体情况等。

3.初查的结果。经过初查，监狱应当根据情况分别对受理的案件作出处理决定：认为有犯罪事实，应当追究刑事责任，并且属于自己管辖范围的，应当予以立案；认为有犯罪事实并且应当追究刑事责任，但不属于自己管辖的，应当在二十四小时内，经本监狱负责人批准，签发《移送案件通知书》，移送有管辖权的机关受理；认为没有犯罪事实或依法不需要追究刑事责任的，接受单位应当制作《呈请不予立案报告书》，经本监狱负责人批准，不予立案，但必须据情作出相应的处理。

对于有控告人的案件，监狱决定不予立案的，应当制作《不予立案通知书》，在七日内送达控告人。控告人对不立案决定不服的，可以在收到《不予立案通知书》后七日内向原决定的监狱申请复议。原决定的监狱应当在收到复议申请后十日内作出决定，并书面通知控告人。

对于人民检察院要求说明不立案理由的案件，监狱应当在七日内制作《不立案理由说明书》，经本监狱负责人批准后，通知人民检察院。人民检察院认为不立案理由不能成立，监狱收到人民检察院要求立案的通知后，应当在十五日内决定立案，并将立案决定书送达人民检察院。

（三）立案

监狱经过初查，认为有犯罪事实，应当追究刑事责任，并且属于自己管辖范围的，应当予以立案。需要立案侦查的案件，监狱应当制作《狱内案件立案表》。对于表格中的内容要逐项填写清楚，特别是案情简介部分，要依据案件发生、发现的经过，简明扼要地叙述清楚，以便领导核查审批。

狱内案件侦查人员制作完《狱内案件立案表》后，应及时报经本监狱负责人审查，予以立案。

四、立案时应注意的问题

（一）立案要及时

狱内案件侦查部门受理案件后，应当尽快地对报案情况进行审查，认为需要追究责任的,要及时办理审批手续,予以立案。受案之后,不得搁置不理,或者久审不立,否则不仅会贻误侦查战机,还可能会使报案人、举报人、控告人的积极性受到打击。

(二)立案要真实

狱内案件侦查部门所立的案件必须真实,即所审查的事实根据要真实可靠,审查的法律依据要准确得当,没有偏差失误。只有立案真实,侦查活动才有可靠的基础;立案虚假,必然导致侦查活动的失败。

阅读延伸 *YueDuYanShen*

狱内刑事案件立案标准

第一条　为了及时打击狱内在押罪犯的又犯罪活动,确保监狱的安全稳定,根据中华人民共和国《刑法》、《刑事诉讼法》、《监狱法》的有关规定,针对狱内又犯罪活动的特点,制定本标准。

第二条　监狱发现罪犯有下列犯罪情形的,应当立案侦查:

(1)煽动分裂国家、破坏国家统一的(煽动分裂国家案)。(2)以造谣、诽谤或其他方式煽动颠覆国家政权、推翻社会主义制度的(煽动颠覆国家政权案)。(3)故意放火破坏监狱监管设施、生产设施、生活设施,危害监狱安全的(放火案)。(4)爆炸破坏监狱监管设施、生产设施、生活设施,危害监狱安全的(爆炸案)。(5)投毒破坏生活设施,危害监狱安全的(投毒案)。(6)非法制作、储存或藏匿枪支的(非法制造、储存枪支案)。(7)以各种手段窃取枪支、弹药、爆炸物的(盗窃枪支、弹药、爆炸物案)。(8)抢夺枪支、弹药、爆炸物的(抢夺枪支、弹药、爆炸物案)。(9)故意非法剥夺他人生命的(故意杀人案)。(10)过失致人死亡的(过失致人死亡案)。(11)故意伤害他人身体的(故意伤害案)。(12)过失伤害他人致人重伤的(过失致人重伤案)。(13)以暴力、胁迫或者其他手段强奸妇女的(强奸案)。(14)奸淫不满14周岁幼女的(奸淫幼女案)。(15)以暴力、胁迫或者其他方法强制猥亵妇女或者侮辱妇女的(强制猥亵、侮辱妇女案)。(16)煽动民族分裂、民族歧视,情节严重的(煽动民族仇恨、民族歧视案)。(17)盗窃公私财物,数额在500～2000元以上的;盗窃数额不足500～2000元,但一年内盗窃三次以上的(盗窃案)。(18)诈骗公私财物,数额在500～2000元以上的(诈骗案)。(19)抢夺公私财物,数额在500～2000元以上的(抢夺案)。(20)敲诈勒索他人财物,数额在500～2000元以上的(敲诈勒索案)。(21)由于泄愤报复或者其他个人目的,毁坏机器设备、残害耕畜或者以其他方法破坏生产经营的(破坏生产经营案)。(22)聚众斗殴,情节严重的。聚众斗殴,致人重伤、死亡的,依照故意伤害罪、故意杀人罪论处(聚众斗殴案)。(23)有下列破坏监管秩序行为之一,情节严重的:①殴打监管人员的;②组织其他被监管人员破坏监管秩序的;③聚众闹事,扰乱正常监管秩序的;④殴打、体罚或者指使他人殴打、体罚其他被监管人的(破坏监管秩序案)。(24)狱内在押罪犯以各种方式逃离监狱警戒区域的(脱逃案)。(25)罪犯使用各种暴力手段,聚众逃跑的(暴动越狱案)。(26)罪犯组织、策划、指挥其他罪犯集体逃跑的,或者积极参加集体逃跑的(组织越狱案)。(27)罪犯在服刑期间明知是毒品而非法销售或者以贩卖为目的而非法收买毒品的(贩卖毒品案)。(28)非法持有鸦片200克以上、海洛因或者甲基苯丙胺10克以上或者其他毒品数量较大的(非法持有毒品案)。(29)为牟取不正当利益,向监狱警察赠送财物,价值人民币2000元以上的(行贿案)。(30)以语言、文字、动作或者其他手段,向他人传授实施犯罪的具体经验、技能的(传授犯罪方法案)。

(31)其他需要立案侦查的案件。

　　第三条　情节、后果严重的下列案件,列为重大案件:(1)组织从事危害国家安全活动的犯罪集团,情节严重的。(2)放火、决水、爆炸、投毒或以其他危险方法危害监狱安全,造成人员伤亡或者直接经济损失 5000～30000 元的。(3)非法制造、储存枪支、弹药、爆炸物的。(4)故意杀人致死或致重伤的。(5)故意伤害他人致死的。(6)强奸妇女既遂,或者奸淫幼女的。(7)以挟持人质等暴力手段脱逃,造成人员重伤的。(8)煽动民族仇恨、民族歧视,情节特别严重的。(9)盗窃、诈骗、抢夺、敲诈勒索,数额在 5000～30000 元。(10)十人以上聚众斗殴或者聚众斗殴致三名以上罪犯重伤的。(11)破坏监管秩序,情节恶劣、后果严重的。(12)罪犯三人以上集体脱逃的。(13)尚未减刑的死缓犯、无期徒刑犯脱逃的;剩余执行刑期 15 年以上的罪犯脱逃的;其他被列为重要案犯的罪犯脱逃的。(14)暴动越狱的。(15)贩卖鸦片 200 克以上不满 1000 克、海洛因或者甲基苯丙胺 10 克以上不满 50 克或者其他毒品数量较大的。(16)非法持有鸦片 1000 克以上、海洛因或甲基苯丙胺 50 克以上或者其他毒品数量较大的。(17)省、自治区、直辖市司法厅(局)认为需要列为重大案件的。

　　第四条　情节恶劣、后果特别严重的下列案件,列为特别重大案件:(1)组织从事危害国家安全活动的犯罪集团,或进行其他危害国家安全的犯罪活动,影响恶劣,情节特别严重的。(2)案件中一次杀死二名以上罪犯,或者重伤四名以上罪犯,或者杀害监狱警察、武装警察、工人及其家属的。(3)暴动越狱,造成死亡一人以上,或者重伤三人以上的,或者影响恶劣的。(4)盗窃、抢夺、抢劫枪支弹药的。(5)放火、爆炸、投毒,致死二人以上或者造成直接经济损失 30000 元以上的。(6)盗窃、诈骗、抢夺、敲诈勒索、故意毁坏公私财物,数额在 30000 元以上的。(7)强奸妇女,致人重伤、死亡或者其他严重后果的,或者轮奸妇女的。(8)挟持人质,造成人质死亡的。(9)贩卖鸦片 1000 克以上、海洛因或者甲基苯丙胺 50 克以上或者其他毒品数量大的。(10)司法部认为需要列为特别重大案件的。

　　第五条　本规定中的公私财物价值数额、直接经济损失数额以及毒品数量,可在规定的数额、数量幅度内,执行本省(自治区、直辖市)高级人民法院确定的标准。

　　第六条　本标准由司法部解释。

　　第七条　本标准自发布之日起施行。司法部于 1987 年发布的《司法部关于狱内案件立案标准的规定(试行)》同日废止。

第二节　开展侦查

　　狱内案件侦查部门在对属于自己管辖范围的刑事案件立案后,就进入了对该案件的侦查阶段,在侦查阶段的工作主要围绕着查明犯罪事实和搜集犯罪证据这两方面的任务开展。

一、查明犯罪事实

(一)初始侦查阶段

　　1.审查材料。审查材料是初始侦查所采用的确定事件性质的方法之一,也是初始侦查的工作内容之一。审查材料的方法可分为两个方面:一方面是对材料自身进行审查,包括对材料自身前后内容的叙述是否相一致,材料与材料之间的描述是否相吻合的审查;另一方面是通过勘验、检查、询问、讯问、搜查、扣押、鉴定、辨认、侦查实验等方式对材料的真实性、可靠性进行审查、验证。

2.实施勘查,寻找证据与线索。现场勘查是侦查阶段的一项重要的发现线索、寻找物证、书证和其他证据材料的阶段性工作。对于现场勘查工作,我们不能把它理解为就是实地勘验或就是实地勘验加调查访问。现场勘查包含着丰富的内容,除了上述的实地勘验和调查访问两项重要内容外,它还包括现场保护、紧急措施、外围搜索、法医检验、技术勘查以及在现场勘查过程中必须采用的搜查、扣押、辨认、侦查实验等侦查措施的内容。

3.召开现场分析会。现场勘查结束后,对于需要进一步实施侦查的刑事案件,要由现场勘查指挥员、组成人员(不含见证人),汇集访问、勘验搜索等获得的信息和资料,通过会议讨论的方式进行分析研究和推理判断,以便对临场情况和案件的主要情节,有一个比较客观的认识。从某种意义上说,现场分析是对现场勘查的总结,也是对现场思维上的恢复再现,是侦查破案的始发点。

(1)划定侦查范围。划定侦查范围主要依据对案件的现场勘验和调查访问获取的线索、材料及对案情的分析判断材料。具体划定又犯罪嫌疑人范围的依据是:案件的性质,作案的时间和地点,现场遗留的痕迹和物品,已确认的犯罪嫌疑人特征,赃款赃物情况,行为人对现场的熟悉程度等。在划定侦查范围时,总的要求是"不宜过大,也不宜过小",要划得尽量适中,尽量符合案件的实际情况。对于划定的侦查范围,要通过侦查工作的不断深入,案件材料的不断增多,人们认识的不断深入,及时进行调整和修正,使之不断地由大变小。

(2)选择侦查途径。选择侦查途径就是选择侦查破案的道路和方法。在实际办案中,可供选择的侦查途径主要有:从犯罪嫌疑人的体貌特征入手;从犯罪嫌疑人的损伤特征入手;从作案的手法入手;从现场遗留的痕迹、物品入手;从控制赃款、赃物入手;从排查作案时间入手;从调查因果关系入手;从查对犯罪情报资料入手;从侦查手段措施入手;从审查其他犯罪嫌疑人入手。狱内案件侦查人员在针对个案进行侦查途径选择时,首先要把案件中可供选择的侦查途径全部梳理出来,看有多少条可供选择的侦查途径;然后从中选择最科学、最合理、最能突出重点的途径作为主要侦查途径,而将其他途径作为辅助途径,并将主辅途径有机结合起来,全面运用于侦查中。

(3)制定侦查计划。侦查计划,是指在刑事案件侦查中所制定的指导侦查工作的具体目标和实现目标的安排。侦查计划应包括如下内容:对案情的初步分析和判断,包括对线索来源可靠程度和涉嫌范围的测定;侦查方向和侦查范围;为查明案情应当采取的措施;侦查力量的组织和分工;需要有关方面配合的各个环节如何紧密衔接;侦查所必须遵循的制度和规定;如属预谋案件,还应提出制止现行破坏和防止造成损失的措施。为保证侦查工作的顺利进行,制定侦查计划时,必须严肃认真、反复斟酌、周密设计,使侦查计划具有明确性、可行性、及时性和合法性。

(二)推进侦查阶段

1.搜集侦查线索。侦查线索,是指与刑事案件有关的人、事、物以及时间和地点等能够推进破案工作的情况。搜集侦查线索是狱内刑事案件侦查的一项最基本的任务,是寻找确定案件重点嫌疑人的一项基础工作。只有广泛开辟线索来源,并根据线索去开展侦查与调查,才可能暴露出案件的重点嫌疑人。这项工作具有广泛性、群众性和复杂性的特点。搜集侦查线索的渠道主要有:询问被害人和事主;访问知情人;使用秘密力量;采取阵地控制,打击现行;查对犯罪情报资料;运用技侦手段等。

2.综合采用各种侦查措施,发现又犯罪嫌疑人。狱内案件侦查破案工作全面展开之后,在广泛搜集侦查线索的过程中,犯罪嫌疑人会处心积虑地逃避侦查和打击,狱内案件侦查人员则要因案施策,综合采用相应侦查措施,积极发现重点犯罪嫌疑人。

3.确定重点嫌疑人。确定重点嫌疑人就是确定侦查目标,也称侦查对象。在通常情况下,具备下列条件之一者应考虑确定为案件的重点嫌疑人:

(1)具备作案时间、因素条件,暂时尚未取得有关证据的人;

(2)具备因素条件,具备部分间接证据,暂时尚未查清作案时间的人;

(3)具备某些间接证据,而作案时间和因素条件暂时尚未查清的人;

(4)具有重大预谋犯罪嫌疑的人。对于确定的重点嫌疑人。如果有逃跑、自杀、毁证或继续作案可能的,应请示领导批准对其采取必要的强制措施。

(三)深入侦查阶段

在侦查的推进阶段,如果对于确定的重点嫌疑人经侦查已获得了确凿的证据,就可实施破案,直接转入终结侦查阶段。如果没有获取确实的证据,案件的侦查就进入了深入侦查阶段。这一阶段的主要工作内容是:根据确定的重点嫌疑人的具体情况,运用必要的侦查措施、手段和谋略,深入开展侦查活动,尽快获取确凿证据,揭露和证实犯罪。

1.深入查证重点嫌疑人。在深入查证重点嫌疑人时,可以从以下几个方面入手:查证现场遗留物;查证现场遗留痕迹;查证赃款赃物;查证攻守同盟;诱敌暴露;密捕突审。

2.侦查僵局的出现及突破对策。在狱内案件侦查实践中,有相当一部分狱内案件经过一段时间的调查和侦查后仍然毫无进展。有的确定不了重点嫌疑人;有的虽然确定了重点嫌疑人,但难于获取证据,出现了僵持局面或停滞状态。

侦查僵局的主要表现是:在刑事案件现场无行为主体遗留的痕迹和物品,也没有提供情报的证人,作案动机不明显,侦查方向和侦查范围难以确定;案情虽然可能分析判断正确,但在确定的侦查范围内一直没有发现任何有价值的线索;经过一个阶段的调查和侦查,虽然发现和调查到了一些线索,但有的线索中断了,有的线索被查否,有的线索被全部查清后尚未发现新的线索可供再查;虽然已初步确定了重点嫌疑人,但没有获取证据的方法和途径;已抓获了嫌疑对象,但不供认犯罪,或供认了犯罪但证据不足难以认定等。

侦查工作陷入僵局后,狱内案件侦查人员要认真分析陷入僵局的原因,针对具体原因可考虑使用如下对策对侦查僵局进行突破:

(1)重新摸底排队。侦查工作初期,因为立案根据不实或摸底排队的条件把握不严密,导致对犯罪嫌疑人失排漏查的现象。对于这种情况,应重新核实立案根据,严格把握摸底排队条件,经过反复研究查证和过滤筛选,最后做出正确的决定。

(2)认真复查现场。这是根据现场勘验不细造成侦查僵局而提出的推进措施。具体讲,就是根据案件的具体情况对现场进行部分重点复查或全面复查。必要时可扩大勘验的范围,组织必要的侦查实验,以证实现场中的某些现象和结果。要将现场原来的勘验材料重新核实,并与复查材料一起作为重新分析判断案情的依据。

(3)重新分析案情。这是根据现场分析不准,案情判断有误造成侦查僵局而提出的推进措施。要将案件现场的原来材料和现场复查材料汇集在一起,对作案时间、作案地点、作案工具、作案人数、又犯罪嫌疑人特征、又犯罪嫌疑人与被害人关系、作案的方法手段、作案的动机目的、案件性质等重新进行分析认识,尤其要注意分析某些容易被忽视的案情细节、零散信息在侦查破案中的作用。

（4）调整侦查计划。这是根据侦查计划制定的不切合案件实际情况而造成的侦查僵局提出的推进措施。要根据案件的具体情况对原侦查计划进行认真审查，要考虑侦查方向的修正、侦查范围的调整、侦查途径的转换、侦查手段的运用、侦查策略的改进等。使侦查计划更加完善，更富有针对性。根据调整后的侦查计划重新部署侦查工作。

（5）调整侦查队伍。这是针对侦查队伍不适应侦查工作需要造成侦查僵局而提出的推进措施。根据侦查破案的需要，可以对侦查队伍进行适当的调整和充实，加强侦查力量，特别是加强侦查指挥工作，这样才能保证侦查计划的实施。

（四）终结侦查阶段

查明了重点又犯罪嫌疑人和主要又犯罪事实，并取得了确凿证据，狱内案件侦查工作就进入了终结侦查阶段。这一阶段的主要任务是：制定破案计划，拘捕又犯罪嫌疑人，开展讯问，审查证据，整理案件卷宗等。

二、搜集犯罪证据

（一）搜集犯罪证据的要求

搜集证据是侦查的一项重要工作，它贯穿于整个狱内案件侦查活动的始终，从受理狱内刑事案件开始，直到侦查终结，都要搜集证据。为了发现和搜集确实、充分的证据，应该严格遵循以下要求：

1. 明确目的。明确目的包含两层意思：一是狱内案件侦查人员事先要明确依照法定的程序，运用法定的方法，需要获取哪些证据；二是狱内案件侦查人员事先要明确对获取的证据要达到什么样的要求。

2. 迅速及时。证据虽然是客观存在的，但是在其未被搜集固定之前，很容易受到各种因素和条件的影响而发生变化，从而降低甚至丧失证据应有的效力。在搜集证据时，只有做到迅速及时，才能抓住战机，获取更多准确的证据。

3. 客观全面。所谓客观，就是要从案件的客观实际情况出发，按照证据的本来面目去搜集证据。所谓全面，就是要从不同的角度去搜集证明案件全部事实的证据。只有做到这一点才能使证据之间有条件相互印证，并且构成证明力较强的证据体系，从而有利于证明案件事实。

4. 认真细致。证据的表现形式多种多样，既有实物的，也有言辞的；既有口头的，也有书面的；既有宏观清晰可见的，也有微观不易发现的。要搜集到真实可靠的证据，就必须在搜集证据的过程中坚持认真细致的要求，既要有严肃的态度，又要有缜密的作风。

5. 科学可靠。科学可靠的要求主要体现在三个方面：一是搜集证据采用的方法和手段要科学可靠；二是搜集证据的过程要科学可靠；三是搜集证据的结果要科学可靠。只有真正做到了这三个科学可靠，才能确保搜集证据任务的圆满完成。

6. 严格依法。严格依法也有三层含义：一是搜集证据必须由法定机关的法定人员进行；二是搜集证据的方法、手段和过程必须依法进行；三是搜集证据的结果必须符合法律的要求。如果不具备上述三点要求，不仅搜集证据的活动非法，而且搜集到的证据也是无效的。

（二）搜集犯罪证据的方法

1. 勘验、检查。是指狱内案件侦查人员对于与又犯罪有关的场所、物品、痕迹、尸体等进行实地勘查、调查和了解，以发现和搜集犯罪活动所遗留下来的各种痕迹和物品的一种侦查方法。勘验、检查是一种十分重要的侦查手段,是获取与案件有关的第一手材料的重要途径。实施现场勘验和人身检查,都应当按照规定的程序和勘查方法、要求进行。

2.询问证人。是指狱内案件侦查人员依照法定程序,向除又犯罪嫌疑人和被害人之外的了解案件情况的第三人进行面对面的询问的一种侦查方法。证人是由于案件事实的发生而形成的,是客观存在的,既不可任意制定,也不能随意选择和更换。由于证人是了解案件情况的第三人,与案件之间没有明显的利害关系,一般都能比较客观的陈述自己耳闻目睹的有关案情,因此,通过询问证人就可以获取到真实的证言。这对于查明案情、证实犯罪、正确处理案件具有十分重要的作用。询问证人应当遵守规定的程序。

3.讯问又犯罪嫌疑人。是指狱内案件侦查人员为了获取又犯罪嫌疑人的真实供述和辩解,进而查明案情,证实又犯罪,而依法对又犯罪嫌疑人进行讯问的一种侦查活动。讯问又犯罪嫌疑人是一项十分重要的搜集证据的方法。讯问又犯罪嫌疑人既是狱内案件侦查人员获取口供证据的重要手段,又是犯罪嫌疑人坦白交代,揭发立功的重要机会,还是又犯罪嫌疑人依法行使辩护权,保护自己合法权益的机会。因此,在侦查办案中,必须高度重视和严肃使用这种侦查方法。

4.搜查、扣押、鉴定、辨认。搜查是监狱在侦查办案中经常使用的一种十分重要的侦查方法,它对于狱内案件侦查人员有效地发现又犯罪嫌疑人,搜集又犯罪的痕迹、物证以及其他犯罪线索,具有十分重要的作用。实施搜查,应当按照法定的程序进行。扣押被经常运用于搜查、勘验、检查以及扣押邮件、电报等活动中。实施扣押时,首先应当办理有关的法律手续;其次,应根据扣押的物品的不同,分别与有关部门联系,实施扣押;最后应当认真制作《扣押物品清单》。鉴定是指狱内案件侦查部门依法指派或聘请具有专门知识和技能的人对案件中的专门性问题进行鉴别和判断,并且作出书面结论的一种侦查方法。随着科学技术的不断进步和发展,又犯罪分子利用现代科学技术实施又犯罪的案件也逐渐增多,由此,鉴定在狱内案件侦查中的作用也越来越重要。辨认是通过辨认人对特定的人、尸体、物品、文件和场所等进行识别,从而确定他们与案件或特定事物之间关系的一种侦查方法。狱内案件侦查人员在组织辨认时,首先应当做好认真的准备;其次,按照有关法律规定和辨认的具体要求进行辨认。

(三)审查核实证据

搜集证据最直接的目的,在于运用证据认定案件。审查核实证据对于确保证据的质量具有十分重要的作用。狱内案件侦查人员对于搜集到的证据事实,必须通过认真细致地审查核实,才能确定其客观性、相关性、合法性、整体性、一致性和唯一性。

审查核实证据包括对单个证据的审查核实和对全案证据的综合审查核实。

【案例】　某年9月19日,A监狱第二监区劳动点发生一起罪犯因口角而伤害致死的案件。监狱领导立即指派狱侦、狱政、纪检监察等职能部门会同监狱所在地的检察机关共同对本案进行调查、取证,并邀请了市公安局刑事技术鉴定中心法医对死亡服刑犯罗某的尸体进行解剖,经法医鉴定:确定为被害人罗某因头部受到钝器猛烈打击后,脑血管破裂直到窒息死亡。

狱侦民警对当时案发现场的服刑犯进行了调查访问,经访问查明:9月18日,该分监区劳动点(4名干警,30名服刑犯)全部在关押的地点休息。服刑犯相互邀约在一起打扑克,并以输赢香烟刺激兴趣。当天下午罗某、吴某赢了殷某和张某的烟。晚饭后4人又继续打扑克,结果罗、吴两人各输一包"天下秀"香烟。当时说定由罗某一人暂欠于殷、张每人一包。次日(9月19日)下午收工后,殷、张等人喝啤酒,约30分钟后,殷某烟瘾发了,而自己的烟又抽光了,便对张说:"罗某不是说要给我们烟吗?你把他喊过来。"于是张把罗某喊到殷某等人喝酒的地方,问其还烟。这时罗某回答说:"烟钱我已经用了。"双方遂发生口角,罗某立即从地上抓起一个装酱菜的瓷碗向张某砸去,张某用手臂挡开,然后张与罗互相抓扯。这时旁边的殷某从地上操起一空啤酒瓶冲上前去对准罗某的头部猛地砸下去,啤酒瓶当即粉碎。殷、张对罗某拳打脚踢。因头部受到打击后又继续遭受殴打,罗某已经感到身体在晃动,便跑离现场。殷、张仍不放过,追赶罗某7米多将其按倒在陈某的床上,拳打脚踢,并用茶杯击打罗某头部,直至罗某不能动弹为止。正在犯人宿舍楼下值班的民警和该劳动点负责人闻讯赶到现场,制止了殷和张的行为,发现罗趴在陈某床上已奄奄一息,便立刻安排人员将罗某送往最近的医院进行抢救,终因伤势过重,抢救无效,于21时许死亡。

　　案件侦破后,某地区人民检察院于1999年11月28日对殷某、张某以故意伤害致死人命案诉讼至中级人民法院。

第三节　破　案

一、破案的意义

　　破案,这里是指狱内案件侦查部门对所立刑事案件,经过侦查,在有证据证明又犯罪事实确实存在并且确系又犯罪嫌疑人所为的基础上,依法揭露又犯罪,抓获又犯罪嫌疑人或主要又犯罪嫌疑人的一项侦查活动。

　　(一)破案是对立案成果的完善和发展

　　立案是破案的前提和基础,破案是立案的必然延伸和深化。没有立案,就没有破案;反之,只有立案没有破案,立案同样失去应有的意义。破案是对立案成果的固定,又是对立案成果的发展。

　　(二)破案是狱内案件侦查部门深挖余罪,扩大战果的前提条件

　　犯罪嫌疑人往往是数罪在身,在侦查破案之前,狱内案件侦查部门所掌握的只是其部分或少数犯罪事实,大部分的犯罪事实及其他重要的犯罪线索,需要在其被抓获之后,借助讯问的方式来解决。

　　(三)破案是顺利开展诉讼活动,依法追究又犯罪嫌疑人刑事责任的关键环节

　　通过破案,可以搜集到证明又犯罪嫌疑人又犯罪事实的确凿证据,查明其又犯罪的主要事实。这就为狱内案件侦查部门进一步开展侦查活动,为检察机关顺利起诉,为人民法院正确审判打下坚实的基础。破案环节搞得好坏,将会直接影响到刑事诉讼活动能否顺利进行。

二、破案的条件

　　(一)犯罪事实已有证据证明

　　这一条标准有四层含义:一是通过侦查已经搜集到了一定的证据,这些证据的数量不一

定充分,但是质量必须确实;二是已经搜集到的证据可靠地证明案件的犯罪性质;三是已经搜集到的证据能够证明犯罪事实的基本情况;四是被证明的犯罪事实并不一定是犯罪的全部事实,它可以是全部,也可以是部分。

（二）有证据证明又犯罪事实是又犯罪嫌疑人实施的

这一标准是第一条标准的进一步延展和深化。他要求所搜集的证据不仅能够证明有又犯罪事实存在,而且还应当确凿地证明是何人所为。虽有证据证明有又犯罪事实,但无证据证明是某人所为的情况下,依靠狱内案件侦查人员的主观猜测或草率推断为某人所为,进而破案,是不符合该标准的本质含义的。

（三）又犯罪嫌疑人或者主要又犯罪嫌疑人已经归案

对于一人又犯罪的案件,应当将该又犯罪嫌疑人抓获归案;两人以上共同又犯罪的案件必须将主要又犯罪嫌疑人抓获归案;又犯罪集团作案的,首要分子和主要实施又犯罪的犯罪嫌疑人必须抓获归案。将又犯罪嫌疑人或主要又犯罪嫌疑人抓获归案是破案的一条重要标准。如果没有抓获又犯罪嫌疑人或主要又犯罪嫌疑人,就不能称之为破案。

三、破案的实施

（一）办理刑事强制措施的法律手续

狱内案件侦查人员应当根据案件的性质和又犯罪嫌疑人的具体情况,分别决定对又犯罪嫌疑人采取何种强制措施,并且按照法律、法规的规定,办理相应的法律手续。

（二）合理地组织破案力量

对于狱内案件侦查来讲,合理地组织破案力量主要是针对脱逃案件的,对于这类案件,狱内案件侦查人员应当充分考虑到又犯罪嫌疑人的人数、性别、个人特点、体质情况、反抗程度等,并且根据上述情况来认真地组织破案力量,必要时可以请武警予以协助,严防又犯罪嫌疑人逃跑、自杀、行凶和毁灭证据等行为的发生。

（三）抓获又犯罪嫌疑人

在确定了强制措施的种类、办理了有关法律手续、组织了破案力量的基础上,应当立即采取既定措施,及时地限制或剥夺又犯罪嫌疑人的人身自由。对于那些本身羁押于监狱,不需要采取强制措施的,也必须采取适当的方式方法,使其行为有效地控制在狱内案件侦查人员的手中,不得放任自流,以免造成不应有的后果。

（四）制作《狱内案件破案报告表》或《狱内案件破案报告书》并申请报批

《狱内案件破案报告表》是狱内案件侦查人员认为具备破案条件时制作的,报请领导审批的表格式文书。在该表中应写明又犯罪嫌疑人的基本情况、案件侦查的结果、破案的理由和根据、破案的组织分工和方法步骤、其他破案措施和下一步工作意见等。《狱内案件破案报告表》适用于一般案件,如果是重大或特别重大案件还应当制作《狱内案件破案报告书》。报告书的内容和报告表的内容大致相同,只是要比报告表更详细、更具体。《狱内案件破案报告表》或《狱内案件破案报告书》制作完毕后,应报请监狱负责人批准后方可实施。

（五）隔离、讯问又犯罪嫌疑人

对于又犯罪嫌疑人采取强制措施后,应当及时与禁闭室取得联系,将又犯罪嫌疑人安全送进禁闭室隔离关押,按照刑事诉讼法的规定对又犯罪嫌疑人进行第一次讯问。

阅读延伸 *YueDuYanShen*

侦查程序规范化

在现代法治国家的视野内,作为一种惩罚权力机制,侦查制度本质上就是国家权力机关运用侦查权力调查案件的一套程序。这一程序性结构的产生根源于两项社会功能:一是权力制约功能。侦查权具有较强的扩张性和攻击性,侦查权的行使往往伴随着对公民个人权利的强制性侵犯,在这样背景下,侦查程序的设置就起着限制侦查权恣意行使的"限权"功能。因此,基于保障公民个人权利的现实顾虑,必须谋求制约侦查权的可行方案。经验表明,要制约侦查权,一方面,必须在实体层面上塑造"以权力制约权力"的体制,通过其他诉讼权力如检察权和审判权来对侦查权形成分权与制衡;另一方面,必须建立"以程序来制约权力"的制权机制,即为侦查权的行使设置严格的程序。严格的程序设置可以将侦查权的运行规制在合理的制度框架之内,避免侦查权的无序行使和恣意妄为。这就像为火车铺设铁轨,固定的铁轨为飞速行进的火车预定了行进的路线和终点,从而可以有效地防止火车的无意脱轨或有意越轨。侦查程序的这一权力制约功能,对于防范侦查机关滥用权力、保障涉讼公民的基本人权具有重要意义。侦查程序的第二项功能是权力正当化功能。侦查权的行使因程序的设置而受到约制,反过来,一项受到约制的权力也更容易赢得公众的信任和依赖,侦查权因此而具备了合法性基础或正当性。因此,建立科学、合理的刑事侦查程序是现代法治国家的普遍共识和理性抉择。

然而,科学的侦查程序的建构面临着一系列价值和技术上的难题。首先是因为,在刑事侦查程序中,国家维护秩序的需要和保障公民个人自由的利益分殊与价值冲突尤为剧烈,形成了一种此赢彼输的"零和博弈":要维护社会的秩序和安全,就要求强化国家惩罚犯罪的权力机制,这又会对公民的个人自由造成严重威胁;而要伸张和保障公民个人自由,就要求对国家权力尤其是强制性权力加以约制,而这又会损害国家追究犯罪、惩罚犯罪的能力。由于内在规定性的不同以及实现目标的手段和资源的有限性,相互冲突的价值之间往往不可兼得,因此只能通过价值的选择与平衡来寻求侦查程序在国家和个人之间的合理定位。

为此,侦查程序的发动、运行和终结始终应当受到程序法的严格控制,必须依循刑事诉讼法明文规定的程序和规则进行。从现实来看,侦查程序正是在这种相互矛盾、冲突又不断得到调适、平衡的理念的支配下,启动、运行直至终结的。

(摘自万毅:《程序正义的重心:刑事侦查程序论——兼论我国侦查程序改革》,无忧论文网,略有删减。)

第四节　侦查终结

一、侦查终结的概念

侦查终结,是指狱内案件侦查部门对于立案侦查的案件,经过一系列的侦查活动之后,认为已经达到结案条件或依法应当销案时,而依法结束侦查并对案件做出相应处理的一项侦查活动。狱内案件侦查部门侦查终结的案件有两种情形,即结案和销案。

二、侦查终结的条件

(一)结案的条件

狱内案件侦查部门决定侦查终结的案件,必须符合如下条件:

1. 又犯罪事实清楚。又犯罪事实清楚是侦查终结的首要条件。所谓又犯罪事实清楚,是指经过侦查,认定案件中确有又犯罪行为发生,此犯罪行为确系某又犯罪嫌疑人所为;某又犯罪嫌疑人实施某又犯罪行为的时间、地点、目的、动机、手段、情节、过程和后果等都已查清。如果上述问题未能查清,则不能终结侦查活动。

2. 证据确实、充分。证据确实、充分是确保办案质量的关键,是侦查终结的基本条件。所谓确实,是对证据从质的方面的要求。要求证据必须真实无误,不能有半点的怀疑。所谓充分,是对证据从量上面提出的要求。要求所搜集的证据在数量上要足以证明案件的全部事实和情节。

3. 又犯罪性质和罪名认定准确。对又犯罪性质和罪名的准确认定是保证侦查办案质量的重要因素。所以狱内案件侦查人员在查清了又犯罪事实,搜集到了确实、充分证据的基础上,还应当依照有关的法律,就又犯罪嫌疑人行为的性质和侵犯的罪名做出准确认定。

4. 法律手续完备。法律手续完备也是侦查终结所必须具备的重要条件。这一条件要求狱内案件侦查人员在侦查终结前,必须详细检查应当制作的法律文书和应当履行的手续是否已经齐全、完备,已经完成的法律文书和手续其内容、项目和履行的程序是否符合要求,对于不完备的、不符合要求的要进行补充和修正。

以上四个条件是一个相互联系的有机整体,四个条件必须同时具备,才能依照程序决定结案。

(二)销案的条件

销案即撤销案件,是指狱内案件侦查部门经过侦查,发现所立案件具有《刑事诉讼法》第十五条规定的情形之一,而依法撤销案件的一项侦查活动。通过依法销案可以使无罪者免受刑事追究,亦可避免造成刑事诉讼活动的无畏运作和浪费。监狱立案侦查的案件符合下列条件之一的,应当依法撤销案件:即没有又犯罪事实的;情节显著轻微、危害不大,不认为是犯罪的;犯罪已过追诉时效期限的;经特赦令免除刑罚的;犯罪嫌疑人死亡的;其他依法不追究刑事责任的。

三、对案件提出处理意见

狱内案件侦查部门对于自己侦查终结的案件,应当根据情况分别做出以下两种处理:

(一)提出起诉意见

对于依法应追究又犯罪嫌疑人刑事责任的,狱内案件侦查人员应当提出起诉意见,并制作《起诉意见书》。《起诉意见书》的内容包括四部分,即又犯罪嫌疑人的基本情况、又犯罪嫌疑人的又犯罪事实、移送起诉的理由和法律依据、附注部分《起诉意见书》一式三份,经监狱负责人批准后,一份存入《侦查卷》,两份随《诉讼卷》和证据一并移送同级人民检察院。案件移送后,如果发现不应当起诉或人民检察院退回补充侦查,经过补充侦查认为不应当起诉的,应及时撤回起诉意见书;如果发现又犯罪嫌疑人有新的罪行或应当追诉的同案犯,可根据案情,重新制作起诉意见书或补充起诉意见书。

（二）提出撤销狱内案件的意见

狱内案件侦查人员遇有《刑事诉讼法》第十五条规定的情形之一时，应当及时制作撤销案件报告，写明又犯罪嫌疑人的基本情况、原采取强制措施的根据、侦查的结果、撤销案件的理由和根据。经监狱负责人批准后，依法撤销案件。其中对已采取强制措施的，要立即撤销强制措施；对于刑期已满，经人民检察院批准逮捕在押的要依法制作《撤销案件通知书》，通知原批准逮捕的人民检察院，并且填写《释放证明书》，立即释放又犯罪嫌疑人。对于不够刑事处罚但需要予以行政处理的，应当依法给予相应的行政处理。

四、补充侦查，要求复议，提请复核

在刑事诉讼过程中，监狱移送人民检察院提请批准逮捕、提出起诉意见的案件，有时检察机关作出退回补充侦查或者不批准逮捕、不起诉的决定。监狱认为检察机关的决定不当或者有错误时，可以按照法定程序，向人民检察院提出复议或复核。

（一）补充侦查

根据刑事诉讼法的规定，监狱对于检察机关不批准逮捕并通知补充侦查的，应当按照检察机关补充侦查提纲的要求补充侦查，补充侦查完毕认为符合逮捕条件的，应重新提请批准逮捕。

监狱对于移送检察机关审查起诉而检察机关退回补充侦查的案件，应当在收到检察机关退回补充侦查的法律文书后，按照补充侦查提纲要求，在一个月内补充侦查完毕，补充侦查以两次为限。对于检察机关退回补充侦查的案件，监狱侦查部门应当对案件事实、证据和定性处理意见进行认真、全面的审查，分析研究检察机关退回补充侦查的意见，根据不同情况，报监狱主管领导批准，分别作出如下处理：

1. 原认定又犯罪事实清楚、证据确实充分的，在补充证据后，制作《补充侦查报告书》，移送检察机关审查；对有些证据无法补充的，应当作出说明。

2. 在补充侦查过程中，发现新的同案又犯罪人或者新的罪行，需要追究刑事责任的，应当重新制作《起诉意见书》，移送检察机关审查。

3. 发现原认定的又犯罪事实有重大变化，不应当追究刑事责任的，应重新提出起诉意见，并将处理结果通知退查的检察机关。

4. 原认定又犯罪事实清楚、证据确实充分，人民检察院退回补充不当的，应说明理由，移送人民检察院审查。

（二）要求复议

要求复议，这里是指监狱对同级人民检察院不批准逮捕决定或不起诉决定认为有错误时，依法要求同级人民检察院对其原决定重新进行审议的一种活动。根据《刑事诉讼法》第九十条和第一百七十五条的规定，监狱要求复议有两种情况：

1. 监狱认为人民检察院不批准逮捕决定有错误时，可以要求同级人民检察院复议。按照有关法规要求，监狱在收到人民检察院不批准逮捕的决定后，应当依法释放在押的又犯罪嫌疑人或变更强制措施，并将执行回执在收到不批准逮捕决定书后的三日内送达作出不批准决定的人民检察院。对于人民检察院不批准逮捕的决定，认为有错误需要复议的，应当在五日内制作《要求复议意见书》。意见书中应写明案由、要求复议的理由、提出复议的法律依据和要求等，报经监狱主管领导批准后，送交同级人民检察院复议。

2. 监狱认为人民检察院不起诉决定有错误时，可以要求同级人民检察院复议。按照有关法规要求监狱在收到人民检察院作出不起诉的决定后,应当在七日内制作《要求复议意见书》,报经监狱主管领导批准后,送交同级人民检察院复议。

（三）提请复核

提请复核。这里是指监狱对于人民检察院不批准逮捕或不起诉的决定认为有错误时,向同级人民检察院要求复议未被同级人民检察院接受后,而提请上一级人民检察院重新核查案件的一种侦查活动。提请复核也有两种情况:

1. 监狱要求同级人民检察院复议不批准逮捕决定的意见未被接受,而向上一级人民检察院提出的复核。监狱要求复议的决定未被同级人民检察院接受后,认为需要复核的,应当在五日内制作《要求复核意见书》,报经监狱主管领导批准,连同同级人民检察院的《复议决定书》一并送交上一级人民检察院复核。

2. 监狱要求同级人民检察院复议不起诉决定的意见未被接受后,而向上一级人民检察院提出的复核。按照有关法规要求,监狱要求复议的决定未被同级人民检察院接受的,如果认为有复核的必要,应当在七日内制作《要求复核意见书》,报经监狱主管领导批准后,连同有关材料一并报请上一级人民检察院复核。

案例评析 AnLiPingXi

川中A监狱死囚越狱杀人案

1. 案情简介

2004年3月28日,四川省川中A监狱发生一起震惊公安部和司法部的"死囚越狱案"。在押犯陈某(男,38岁,四川壤塘县人,2001年在成都某宾馆酒吧滋事,持刀杀死1名保安,杀伤1名经理。2001年9月17日,成都中院以犯故意杀人罪,判处陈某死刑,缓期2年执行)与洪某(男,31岁,福建南安市人,2001年6月18日因犯抢劫、绑架罪被成都中院判处死刑,缓期2年执行)精心预谋,自制滑动跳板,于3月28日晚8时许,两人潜入监狱罪犯生活区育新学校301教室,锯断窗户护栏,将滑动跳板搭在对面的围墙上翻墙脱逃。

2. 追逃过程

陈、洪二人从监狱越狱逃跑后,一直被悬赏缉拿。陈犯可谓罪行累累:1998年7月20日晚,陈某在内江市万家镇某歌舞厅和人喝酒,借着酒兴,他走到老熟人万某酒桌前敬酒。两人因言语不和发生争吵后打斗起来。败下阵来的陈某跑回家中,喊来自己"兄弟"邓某、曾某,带上两把滑膛枪返回酒吧,陈某一拳将万某打倒在地,曾某趁势上前,朝万的右腿开了一枪(万因股动脉受损大出血而死亡)。与此同时,邓某将枪口抵在万某的儿子左胸部,在万某儿子的叫饶声中扣动了扳机,万某儿子当即毙命。事后,陈某一行人逃到成都、西藏,此后不久,陈又把武警军官打成重伤,逃入深山。尽管有重兵围捕,陈仍成功逃脱,然后潜回成都。

陈某潜回成都期间化名"李进剑",由于没有生活来源。陈某经过多方打探,得知成都人魏某很有钱,就决定向魏"讨"点钱花。1998年12月19日晚上,他和曾某各持一把仿"五四"式手枪,乘车赶到成都某饭店门前,待魏某出来踏上汽车正欲启动时,突然从车后蹿出来。两把乌黑的枪口立刻对准了魏某太阳穴。魏将头一低,避开枪口跳车而逃。陈某见事已败露,随即冲上前去,对准魏某胸部连开两枪,魏当即饮弹身亡。没弄到钱,陈、曾两人都不解气,在离开现场时,曾某还对魏某汽车驾驶室连开两枪。2001年7月的一天晚上12点左右,陈某一伙(七男两女)来到成都的一家名叫"渔人码头"酒吧的包间里唱歌、喝酒、吸食摇头丸,李进剑(陈某)认为音响效果不好,音响师调整几次后,他们感觉很不满意,就和音响师发生口角。继而他们七男两女,其中有四个人,包括李进剑,对音响师进行殴打。当保安赶来阻止时,李进剑转而持刀向保安猛刺过去,在连续的追杀中,保安身中数刀,当场死亡,前来阻止的酒吧经理也重伤倒地。企图逃走的李进剑没跑多远,就被当场擒获。案发后,李进剑(陈某)被成都市公安局金牛区分局抓获。他隐瞒了之前的案子。2001年底,被以李进剑的身份被判处死刑,缓期2年执行,关押于川中A监狱。

在监狱中,陈某遇到了在金牛看守所认识的"熟人"洪某。洪某2001年6月18日因犯抢劫罪、绑架罪被判死刑,缓期2年执行,服刑期间,陈、洪两人一起与外界涉黑人员勾结准备越狱。李进剑先后与故意杀人在逃的黄某及其他涉黑人员频频联系。邱某是李进剑逃亡拉萨时认识的,之后往来频繁。邱某在一次赌博时被仇家追杀,李进剑为他挡了一枪。在李进剑服刑期间,邱某多次前去探望,并送钱送衣物,最后一次探望就在2004年春节前。

在监狱中,李进剑被允许在监区内的"育新学校"内上课。他发现,越过育新学校教室窗外不足4米远的武警巡逻天桥,再跳下高达6米多的监狱围墙,就可成功逃脱。于是他疯狂地用各种手段搜集槽钢、铁板、木板、钢锯和螺杆等工具。经过近1年时间,制作成了长达6.1米的轴承滑盒式3节跳板。此后,他通过各种手段骗得开门钥匙。2004年3月28日晚,他乘狱警没有注意,成功穿越十监区大门、学校大门、学校卷帘门和教室门3道关口。陈某到4楼资料室用双面镜观察武警哨兵的巡逻情况,天黑后,他用事先准备好的钢锯和醋等锯断钢筋,并搭建好了3节滑板。随后,他与洪某迅速利用滑板越过武警巡逻道,纵身跳下6米多高的监狱围墙,越狱而去。在此期间,他又从西藏购来两把手枪,和洪某一道狼狈为奸,曾勒索双流人洪某3000多元,并与社会闲散女子杜某成为情人。杜某的丈夫和他的二哥许某得知后非常气愤。陈某听说许某扬言要收拾他,便先下手为强,于2005年3月9日晚上10点,在温江区柳城镇大街,用仿"五四"式手枪朝许某的腿脚开了四五枪,致其轻伤。

经过坚持不懈的努力,2008年3月18日,成都市公安局专案组获悉一群涉黑成员将在当日上午到"凤凰故园"公墓为内讧的"兄弟"赵某下葬,越狱逃犯陈某也将到场。便衣民警化装后在墓地设伏,20余名特警埋伏在公墓外围。很快,涉黑成员邱某、孙某、李某等人从不同方向聚集到公墓中心地带,精心乔装、换了发型、戴上平光眼镜的陈某也混杂其中。特警直扑陈某,将其掀翻在地。陈某边疯狂吼叫,边起身掏枪。特警猛力将其举起的枪口压向地面,子弹击穿陈某自己的左脚踝。穷凶极恶的陈某拼死挣扎着跳了起来,举枪对准一名特警企图再次扣动手枪扳机,特警魏某眼疾手快拔枪射击,子弹从陈某后颈打入,左耳穿出。陈某应声倒地。已经倒下的陈某突然又猛地用力一蹬地面,企图站起来逃跑,特警赶紧一拥而上将他按倒在地。接着民警从他身上缴获制式手枪一支、压满子弹的弹夹两个。

陈被抓获后,川中A监狱和成都市公安局丝毫没有放松对另一名逃犯洪某的追捕,对洪所有社会关系进行梳理后,警方没有发现他的行踪。经分析,警方认为洪应该还在成都,联想到陈曾在双流、温江等地出现过,6月29日,川中A监狱追捕民警会同成都警方对该市双流县辖区内的出租房进行了秘密排查。排查中,民警发现一个叫"蔡怀兴"(音)的人租住在双流县东升镇长治路一居民房,而之前被捕的陈就曾用过"蔡怀兴"这个化名,警方于是推测洪会不会就在此居住。经房东介绍和辨认,警方初步确定房屋虽然不是洪本人出面租下的,但他却一直住在里面。7月5日上午11时许,警方根据地形以及越狱死刑犯可能负隅顽抗等情况制订了抓捕方案和应急措施。下午1时许,一名穿着蓝色T恤的男子快速从居民楼走了出来,参战民警们一眼就认出了此人就是洪某。指挥员果断下达抓捕指令,参战民警分

3路包抄上去。"不许动！警察！"洪不仅没有停下来，还将手伸进右边裤包做掏枪的动作。面对如此猖狂的歹徒，特警队员果断开枪射击。洪被击伤倒地后，经现场辨认及盘问，警方再次确认此人正是越狱逃犯洪某。随后，警方从洪的暂住地搜出了子弹31发和手铐等物品。至此，震惊全国的川中某监狱"3·28"死囚越狱案的两名死刑逃犯全部落网。

3. 反思与探讨

以陈某为首的涉黑团伙在犯下数起大案后被摧毁。法院对陈某等涉黑团伙的主要成员作出一审判决，陈某、曾某被判处死刑，另一成员洪某被判处无期徒刑。宣判后，气焰嚣张的陈某仍在法庭上威胁受害人家属。震惊公安部和司法部的四川省川中A监狱死囚陈某、洪某冲破重重关卡越狱一案，牵出的民警涉嫌失职，构成过失致使在押人员脱逃罪，均被法院判刑。

(1)卷帘门钥匙，竟交犯人管理。监狱值班民警违反规定，将只能由民警管理使用的育新学校卷帘门钥匙交给犯人监督岗的陈某(监狱犯人)，致使钥匙脱管。3月28日，陈某从陈某手中骗取了钥匙，陈某、洪某得以进入育新学校教室，锯断教室窗户钢条，逃之夭夭。

(2)狱警围观罪犯下棋。3月28日，十监区值班民警组织罪犯吃罢晚餐，到监区巡查巡视，围观罪犯下棋，导致监区大门值班室长时间脱管，罪犯陈某在此期间趁机溜出监区大门。

(3)值班岗哨，形同虚设。3月28日，八监区2名值班民警均在值班室值班，但是没有认真履行职责，没有严格监控，罪犯溜出门，狱警没发现，导致罪犯洪某溜出八监区大门。

实训项目 *XiangMuShiXun*

【案例】

2005年7月27日下午,B监狱一大队服刑犯人汝某(男,29岁,因抢劫罪被判有期徒刑10年)在监狱劳动现场作业时,因使用工具与同监服刑人员吴某发生纠纷,互相殴打,吴某持劳动工具铁锹将汝某砍伤,管教民警随即将吴某控制隔离,并组织人员将汝某紧急送到监狱医院抢救,在对现场进行严格保护的同时并向监狱侦查科报告,要求迅速派人勘查现场。监狱侦查科接到报案后,第一时间赶到现场对现场进行了详细勘验和检查,提取了吴某砍人的凶器铁锹,现场留下的血迹,对现场进行了拍照,对现场报案人、见证人、保护人进行了询问,制作了现场勘查笔录、询问笔录,并绘制了现场图。凶手吴某被隔离审查后,侦查人员对其进行了讯问,吴某对自己的罪行供认不讳。综合分析现场勘查提取的证据和调查获取的材料,认为吴某持械伤害他人构成重伤,已触犯刑法,构成伤害罪,应追究刑事责任,监狱侦查科决定立案进行侦查。

根据上述案例,完成下列实训:

实训项目一:制作立案报告

(一)实训目的

理解和掌握立案的具体标准和立案报告的制作规范要求,并能在实际工作中加以运用。

(二)实训说明

请认真阅读上面给出的案例,并根据立案报告的制作规范要求,填写立案报告表、制作立案报告。

实训项目二：制作刑事拘留报告

(一)实训目的

理解和掌握刑事拘留的具体条件和刑事拘留报告的制作规范要求,并能在实际工作中加以运用。

(二)实训说明

请认真阅读上面给出的案例,并根据刑事拘留报告的制作规范要求,填写刑事拘留表、制作刑事拘留报告。

实训项目三：制作起诉意见书

(一)实训目的

理解和掌握制作起诉意见书的规范要求,并能在实际工作中加以运用。

(二)实训说明

请认真阅读上面给出的案例,并根据起诉意见书的制作规范要求,填写破案报告表、制作起诉意见书。

思考题 SiKaoTi

1.狱内案件立案标准、程序有哪些?

2.侦查方案制定的内容主要有哪些?

3.如何侦查取证?

4.如何发现、认定犯罪嫌疑人?

5.破案的条件、侦查终结的要求是什么?

第三章　狱内案件现场勘查

知识目标 ZhiShiMuBiao

- 了解狱内案件现场勘查、现场保护、实地勘验、现场访问的概念；
- 了解狱内案件现场保护、实地勘验、现场访问的方式和方法；
- 了解狱内案件现场分类、现场保护、现场访问的内容和要求。

能力目标 NengLiMuBiao

- 能掌握狱内案件现场勘查、现场保护、实地勘验、现场访问概念的含义；
- 能制定狱内案件现场保护、现场访问的方案并适时修改完善；
- 能正确实施狱内案件现场保护、实地勘验、现场访问；
- 能正确把握狱内案件现场分析、勘验记录的制作。

本章引例 BenZhangYinLi

2004年8月15日9时，C监狱狱侦科接到一监区教导员电话报告："监区罪犯李某，在井下劳动过程中打伤两名罪犯，伤者的伤情可能很严重，李犯现已被控制在上平硐井口调度室，具体情况不清，请求进行现场勘验。"接到报案后，狱侦科一面报告监狱领导，一面组织侦查人员即时赶赴现场。

在调度室，通过询问监区长以及讯问嫌犯李某，初步了解了本案的基本情况：该监区是担任煤矿通风维修任务的专业队伍，其劳动力的配置点多面广，监区在管理上采取的方式是重点监控与巡回检查相结合。当日8时35分，监区长在井下巡查至车场时，罪犯李某从27度坡巷道走来，到监区长面前时，对监区长说："我在井下打倒人了，你枪毙我都可以。"说完后，李犯便向井口方向走去，监区长尾随李犯出井后，便立即控制李犯并报了案。侦查人员入井后直奔李犯劳动地点。经现场勘验查明：案发现场位于煤矿井内，距井口约1500米的巷道区域，在第四道风门内水沟旁，发现了第一现场——被害犯人何某的尸体以及随身携带的劳动工具，何某的头后枕部被钝器物品多次打击，头枕骨粉碎性骨折，损伤面积为10厘米×12厘米，血迹及脑组织喷溅在头部四周1平方米的范围内……提取了第一现场的有关物证后，侦查人员又进入下段巷道，在距第一现场296米的巷道中段的左侧，发现了第二现场——第二具尸体，经辨认是被害犯人张某，张某的头枕部与何某的头部损伤情况相同，系钝器物品多次打击所致……在现场勘查过程中，侦查人员对案发区域进行了全面认真的搜查后，没有发现作案工具，遂通知留在井口调度室讯问李犯的侦查人员，井口调度室的侦查人员立即讯问李犯，问清凶器的下落后，押解李犯到发案现场，找出了李犯作案后，藏于距离第二现场130米的27度坡巷道矸石渣中、带有血迹的作案工具——一把铁榔头。随后，在李犯的衣服上即时提取了喷溅的血迹证据。把讯问李犯的全过程进行全程录像，固定音像证据。分别提取铁榔头上的血迹检材、第一现场尸体的血迹检材、第二现场尸体的血迹检材供检验。

专案组人员对案件进行了全面、认真的分析，根据现场勘查情况以及掌握的证据判定，被害犯人何某、张某系他杀无疑。经侦查查明：罪犯李某，在案发之前，因对张某、何某向干部反映其违规一事一直怀恨在心，遂有报复生事的念头。案发日早晨 8 时 30 分，李犯与犯人组长何某在上班入井的路途中，因对何某安排的劳动不满，与何某发生争执，顿起杀人恶念。进入劳动地点后，趁何某不备之机，用随身携带的劳动工具铁榔头猛击何某头部数下，致其倒地后，又连续猛击何某头部，致其当场死亡。而后，李犯又窜至犯人张某劳动处，将同张某一起劳动的犯人熊某支走，趁张某不备，用铁榔头猛击张某头部数下，致其死亡。李犯作案后，藏好作案工具向入井口方向走去。

第一节　狱内案件现场勘查概述

狱内案件犯罪现场，是指又犯罪事件发生或怀疑有又犯罪事件发生的处所以及犯罪嫌疑人实施犯罪过程中可能遗留与犯罪有关的痕迹、物品的场所。

一、狱内案件犯罪现场的特点

构成狱内案件犯罪现场有三个基本要素：时空要素、行为要素、被侵害对象及物质环境的变化要素。它们是狱内案件犯罪现场区别于其他现场的客观依据，也决定了狱内案件犯罪现场的特点。

（一）现场上储存有关犯罪和犯罪人的信息是客观的

又犯罪行为人在一定时间、空间范围内实施又犯罪行为，引起有关物体出现不同于原先的变异形态，如被侵犯对象的变化，现场客体物的增减，现场上原有客体物的位置、形状及其组合状态的改变。人们认识或发现现场的依据正是基于现场这一客观存在的诸种表象。无论怎样狡猾的犯罪分子，只要进行犯罪，就一定会在现场留下犯罪活动的行迹和其他物证。

（二）现场上保留着犯罪证据是可知的

犯罪证据是证明犯罪真实情况的一切事实。又犯罪活动在一定场所发生，作用于一定的犯罪对象，从而形成一定的案件现场。这种犯罪现场呈现出的现象、态势以及犯罪行为所引起的动态变化是明显的，都是证明犯罪事实存在的证据。如杀人案现场上的尸体、血迹，盗窃案现场上的撬压、破坏痕迹，强奸案现场上的打斗、撕咬、精斑、毛发等。

（三）现场原始状态是易变的

案件发生到实施勘查前，总要经历一个时间段，加之案件发现人、现场保护人、围观群众、被害人等对现场保护的方法、措施以及抢救人命、清点物品等，又犯罪行为所引起的动态变化容易受到自然的、人为的、动物的等各种因素的影响而改变原有的状态。

二、狱内案件犯罪现场的分类

（一）主体现场与关联现场

按照现场在犯罪发展过程中所处的地位和作用不同，可将现场分为主体现场和关联现场。主体现场是又犯罪嫌疑人针对侵害对象实施主要侵害行为的处所。主体现场遗留痕迹、物品比较集中，而且大多能较充分地反映又犯罪嫌疑人的又犯罪行为，能为狱内案件侦查人员提供认识犯罪和揭露犯罪的主要情况。这对于判明案件的形成，分析案件的性质，刻画又犯罪嫌疑人的条件，发现侦查线索，搜集破案证据，确定侦查工作的方向和范围，都具有十分重要的作用。

关联现场是与又犯罪嫌疑人实施侵害行为有关的场所。如预谋场所、藏赃毁证、移尸埋尸场所等。关联现场有一个突出的特点，即不容易被发现，有的关联现场还容易被忽视。由于所有的关联现场都与又犯罪嫌疑人实施侵害行为有着直接的因果关系，通过对关联现场的寻找、发现与勘查，可以获得更多的侦查线索和破案证据，有利于及时揭露犯罪和揭发犯罪人。狱内案件侦查人员对发现的任何关联现场，都必须及时、认真地进行勘查，充分发挥此种现场在侦查工作中应有的作用。

（二）原始现场与变动现场

按照现场形成之后有无变动情况，可将现场分为原始现场和变动现场。原始现场是指现场形成后至现场勘查前，现场的状态没有发生改变而保持案件发生时原始状态的现场。原始现场能够真实地反映出又犯罪嫌疑人实施又犯罪行为的方法、手段、犯罪动机及整个犯罪活动的过程，较好地保全了有关证据和侦查线索，这类现场无论对于现场勘查还是破案都是极为重要的。

变动现场是指现场形成后至现场勘查前，现场的状态发生了部分或全部改变的现场。由于不同程度和范围地改变了现场的原始状态，现场上真相与假象共存，给正确勘查和分析造成了一定的难度。现场产生变动的原因有两个方面：一是人为故意因素和非故意因素；二是自然因素。对于变动现场的勘查，应首先分清现场状态发生改变的真正原因，结合现场的具体特点，认识真相，合理排除和解释假象，以使现场勘查工作有所突破。

（三）真实现场与伪装、伪造现场

以现场现象的真假为依据，可将现场分为真实现场和伪装、伪造现场。真实现场是指确实发生了刑事案件的现场。有的又犯罪嫌疑人作案后对于自己留在现场上的又犯罪行为未加任何掩饰，这类现场直接反映了又犯罪嫌疑人实施侵害行为的情况，这对于分析判断案情，发现采集犯罪痕迹和其他物品有着重要意义。

伪装现场则是指又犯罪嫌疑人作案后，为了掩盖其又犯罪行为、转移侦查视线或嫁祸于人而故意加以伪装、掩盖的现场。由于又犯罪嫌疑人的伪装行为本身即为其犯罪心理、犯罪手法特点的外化表现，是现场的重要组成部分，所以，伪装现场对于我们分析又犯罪嫌疑人在现场上的行为过程，刻画又犯罪嫌疑人等方面也具有重要的意义。

伪造现场又称为假现场，是指当事人为了达到某种目的或又犯罪嫌疑人为了掩盖自己的其他行为而有意布置的假案现场。这类现场不能反映案件的存在，当事人陈述的"案情"是虚构的。对于伪造现场，狱内案件侦查人员只要进行深入的调查取证工作，利用当事人陈述与现场事实不相符作为突破口，经过科学分析，是完全可以及时揭露出事件真相的。

对现场还有其他的分类方法。如根据现场所处的空间位置不同分为露天现场和室内现场；根据案件性质不同分为杀人现场、盗窃现场、抢劫现场、爆炸现场、重大责任事故现场等；按照又犯罪嫌疑人活动的先后顺序不同分为第一现场、第二现场、第三现场等；按照又犯罪嫌疑人行为所处的阶段不同分为预谋准备现场、实施作案现场、逃避侦查打击现场等。以上各种分类，有助于狱内案件侦查人员在进行现场勘查时开阔视野，全面考虑，充分估计到可能出现的各种情况,以便针对现场的不同特点,采取相应的勘查方法。

三、狱内案件现场勘查的概念

狱内案件现场勘查,是指狱内案件侦查人员为查明案情,搜集犯罪证据,依照法律规定,运用一定的策略方法和技术手段,对案发现场进行勘验、检查的一项侦查措施。《刑事诉讼法》第一百二十六条规定:"侦查人员对于与犯罪有关的场所、物品、人身、尸体应当进行勘验或者检查。在必要的时候,可以指派或者聘请具有专门知识的人,在侦查人员的主持下进行勘验、检查。"

（一）现场勘查的实施主体只能是狱内侦查人员

根据我国《刑事诉讼法》的规定,现场勘查的主体只能是具有侦查主体资格的侦查人员,其他任何单位和个人都没有勘查犯罪现场的权力。对于狱内又犯罪案件现场勘查,其实施主体只能是狱内侦查人员。《公安机关刑事案件现场勘验检查规则》第十七条规定:"人民法院、人民检察院和国家安全机关、军队保卫部门、监狱等部门的自办案件,需要公安机关协助进行现场勘验、检查,并出具委托书的,有关公安机关应予协助。"

（二）现场勘查的内容和范围是特定的

现场勘查是一项综合性的侦查措施,其勘查的内容相当广泛。但现场勘查的内容和范围又是法律所规定的,《公安机关刑事案件现场勘验检查规则》第五条规定:"刑事案件现场勘验、检查的内容包括:现场保护、现场实地勘验检查、现场访问、现场搜索与追踪、现场实验、现场分析、现场处理、现场复验与复查等。"本身具有特定性。现场勘查必须以现场为特定的研究对象,时刻把握"案发现场"这一核心。

（三）现场勘查是技术性很强的一项侦查措施

现场勘查要达到其目的,必须综合运用各种形式的技术手段和方法,《公安机关刑事案件现场勘验检查规则》第七条规定:"公安机关现场勘验、检查人员,应当具备现场勘验、检查的专业知识和专业技能,具有现场勘验、检查资格。"遇有某些技术问题或者专门性问题时,还要聘请其他学科中具有专门知识的人协助进行勘查。

（四）现场勘查是程序性很强的侦查措施

程序性强主要是指现场勘查必须遵照法律所规定的现场勘查程序来进行。《公安机关刑事案件现场勘验检查规则》第八条规定:"现场勘验、检查工作应当严格遵守国家法律、法规的有关规定,不受任何单位、个人的干扰和阻挠。"

四、狱内案件现场勘查的意义

（一）现场勘查是狱内案件侦查工作的起点和基础

又犯罪案件的侦查工作中有一部分是由事到人的侦查过程,这类侦查工作的客观依据往往是呈现在案发现场上的又犯罪事件。从现场上的客观情况出发,通过一系列的侦查活动,找出与犯罪相联系的人、事、物,直到揭露又犯罪和揭发又犯罪嫌疑人,这就是侦查破案的全过程。从这一过程看,侦查破案是从现场勘查开始的。

（二）现场勘查获取的情况是侦查工作自始至终的客观依据

又犯罪案件的侦查,首先必须对案情有充分的认识,即在现场勘查的基础上,对案情作出比较全面和比较准确的分析判断,才能指导侦查工作顺利开展。勘查现场获取的情况越多,越客观全面,对案情的分析判断就会越准确,对又犯罪嫌疑人的人身形象和其他个人特征的刻画就越具体,确定的侦查方向和侦查范围就有了坚实可靠的基础。

（三）现场勘查是发现侦查线索和搜集破案证据的重要手段

又犯罪行为一旦发生,依据微量物质转换定律,又犯罪嫌疑人必然会在现场上带走某些物品或遗留某些痕迹。引起现场上客观事物的变化。现场上的变动情况以及与又犯罪有关的人、事、物,都可以作为侦查工作的线索,有的是揭露与证实又犯罪的重要证据。因此,现场勘查是发现侦查线索和搜集破案证据的重要手段。

五、狱内案件现场勘查的任务

《公安机关刑事案件现场勘验检查规则》第五条规定:"刑事案件现场勘验、检查的任务是,发现、固定、提取与犯罪有关的痕迹、物证及其他信息,存储现场信息资料,判断案件性质,分析犯罪过程,确定侦查方向和范围,为侦查破案、刑事诉讼提供线索和证据。"

（一）查明事件性质

查明事件性质是现场勘查的首要任务。狱内案件侦查工作的开展是以犯罪事件为前提的,只有通过现场勘查,才能查明是自杀、他杀、意外死亡、病理死亡还是自然死亡;是失火、放火还是自然起火;是盗窃、谎报盗窃还是误报盗窃等。狱内案件侦查人员只有在确认了是又犯罪行为引起的事件,并且达到了刑事案件立案标准的情况下,才能立案侦查。

（二）查明犯罪活动情况

现场勘查过程中主要查明以下犯罪活动情况:作案时间、犯罪地点、又犯罪嫌疑人的情况、又犯罪行为及后果、又犯罪嫌疑人实施侵害行为的过程、现场上的反常情况等。要根据具体案件的现场情况,对于应当查明的问题尽量查明,避免疏漏。

（三）发现、提取犯罪证据

现场勘查的过程也是发现和搜集证据的过程。把又犯罪嫌疑人在现场上留下的各种各样的证据,尽可能毫无遗漏地搜集起来,是现场勘查的一项重要任务。但这些痕迹、物品,有的容易被发现,有的不容易被发现,在勘查时必须仔细搜寻。对于发现的痕迹、物品,要采取适当的方法提取,否则便会失去证据效力。

（四）记录现场情况

现场上所获得的各种情况和材料都是重要的证据来源,应当用现场勘查记录的方法加以固定。现场勘查记录是法定的证据之一。在实施勘查中,运用文字笔录、绘图、照相、录像等方法,将现场客观情况以及勘查所见、勘查工作过程,如实客观地记载下来,形成完备的现场勘查记录,这是现场勘查的重要任务。

六、狱内案件现场勘查的要求

（一）及时、全面、细致、客观

及时的意义在于不失时机:它要求执行勘查的狱内案件侦查人员在接到勘查现场的通知后,应当立即赶赴现场,快速开展现场勘查工作。全面要求勘查人员在勘查现场时,凡是与犯罪有关的场所都要勘查,凡是能够认定和证实犯罪及对侦查破案有价值的材料,都要全面搜集,凡是与案件有关的事实都要全面分析。为了做到全面的要求,有的现场需要反复勘查,有的现场要请各方面专家"集体会诊"。细致就是要求狱内案件侦查人员在现场勘查的过程中,要精心、仔细、认真,不仅要注意明显的痕迹、物品和情况,而且要注意发现那些与案件有关的只字片纸或细情末节。细致与全面密不可分,细致是全面的基础,全面是细致的保障。客观就是要求狱内案件侦查人员在勘查时,要按照事物的本来面目去认识现场,现场勘查一定要有实事求是的科学态度,要防止主观臆断。狱内案件侦查人员对现场勘查中搜集的证据进行分析所得出的结论必须符合现场的客观实际,具有真实可靠性。

（二）严格遵守国家的法律和制度

现场勘查工作自始至终都要按照国家的法律和现场勘查的规定办事。《刑事诉讼法》第一百二十八条规定:"侦查人员执行勘验、检查,必须持有人民检察院或者公安机关的证明文件。"现场勘查时,必须首先出示《现场勘查证》,同时要邀请两名与案件无关的见证人参加,在实际工作中,要坚决杜绝"重实体,轻程序"的错误做法,使现场勘查全面进入法制化的轨道。

七、狱内案件现场勘查的基本程序

（一）接受任务

现场勘查指挥员接到勘查任务后,应仔细查看报案记录,对报案情况作出分析判断,迅速确定和调动现场勘查人员赶赴现场勘查。指挥员在确定勘查人员时,在指导思想上必须明确两点:一是参加现场勘查的人员的多少必须与勘查任务相适应;二是要有一个合理的人员结构,如勘查命案现场和强奸案件现场,应通知法医参加。

（二）赶赴现场后的常规处理

1.了解掌握现场情况。指挥员到达现场后,首先要做的是迅速了解案件和现场情况,弄清对现场的处置和有关工作的进展,取得指挥主动权。指挥员了解、掌握现场情况的方法有如下几种:一是听取先期到达现场的勘查人员和基层人民警察的汇报;二是直接询问被害人、事主、发现人和报案人;三是在现场保护人员的陪同下,对现场进行巡视。

2.检查现场保护情况。指挥员在听取汇报、巡视现场的同时,应检查现场的保护情况。如果发现应当保护的地方未予保护或保护措施不当的,要立即进行保护或纠正;保护力量不足的,要进行补充;保护范围过大或过小的,要适当进行调整;未划保护圈的,要进行补划,并让无关的人员退出保护圈;对重要的又极易受到破坏的痕迹、物品应重点保护;对极易消失的痕迹要立即提取。此外,还应指定专人维护好现场周围的秩序,防止来往行人、车辆堵塞交通或造成人员伤亡。

3.掌握重要知情人。在现场围观人员中,往往有了解犯罪有关情况的重要知情人。勘查人员赶赴现场后,应抓住时机,弄清事件发生时哪些人在场,哪些人目睹过又犯罪嫌疑人及其实施犯罪的经过,知道案件的情况,并将这些知情人的姓名、住址、联系方式等逐一登记。掌握重要知情人除用一般的调查访问的方法外,也可以通过照相或录像的方法,将现场围观的人员拍下来,这也是寻找知情人的一个重要途径。

4.邀请见证人。为了保证现场勘查的客观性和合法性,使发现的痕迹和其他物品以及记录具有充分的证据作用,在实地勘查以前,必须邀请两名与案件无关、为人公正的公民作见证人。见证人到场后,在实施勘查之前,狱内案件侦查人员应向见证人交代法律规定的权利和义务。

5.聘请具有专门知识和技能的专家和技术人员。现场勘查涉及的知识范围很广,经常会遇到一些专门问题和技术难题。因此,可根据《刑事诉讼法》第一百二十六条的规定,指派或聘请具有专门知识的人参加勘验、检查,以解决某些方面的专门问题和技术难题。现场勘查人员应向指派或聘请的具有专门知识的人员讲明其职责和纪律,并主动向他们介绍情况,提供必要的工作条件。

6.做好勘查前的其他准备。为了确保现场勘查的质量,提高现场勘查的效率,指挥员应根据案情概况和现场实际,对参加勘查的人员进行恰当分工,做到职责明确、协调配合。对于重大、特大案件现场,现场勘查指挥员赶赴现场后,应迅速开通以现场为中心的通讯网,便于相互联络、互通情报、调整警力、协同作战。

(三)现场勘查活动的开展

1.进行实地勘验。实地勘验,这里是指勘查人员运用感觉器官和刑事科学技术手段,对与犯罪有关的场所、痕迹、物品、尸体和人体进行拍照、固定、记录、采集、检验。实地勘验是侦查阶段搜集证据,特别是搜集物证的重要手段。

2.现场访问。现场访问,这里是指狱内案件侦查人员通过对发现人、报案人、受害人及其他知情人的询问,发现与案件有关的信息和线索,以便为制定侦查计划和采取侦查措施提供依据。

3.现场复验和现场实验。现场上某些情况不能一次认识确定的,现场勘查指挥人员可以决定对现场进行复验。如果有些问题仍然搞不清楚,可以进行现场实验。

(四)结束现场勘查

1.结束现场勘查的条件。结束现场勘查必须具备的条件有:现场主要情况已经查明和研究清楚;侦查范围、重点和应采取的侦查措施已经确定;相关的法律手续齐备。决定结束勘查前,勘查人员应按上述三个条件对现场勘查活动进行一次全面的检查、复核,发现不足之处,要及时补正。必要时,还可以对现场进行复验、复查。

2.结束勘查的善后处理。善后处理工作主要包括以下几个方面:撤销现场保护;运送有关痕迹、物品;对现行抓获的人员和又犯罪嫌疑人的处理。

第二节 现场保护和紧急措施

一、现场保护

现场保护,是在进行现场勘查之前,对现场的所在范围进行警戒、封锁,以保证现场本身的各种状况不受破坏。根据《刑事诉讼法》第一百二十七条规定:"任何单位和个人,都有义务保护犯罪现场,并且立即通知公安机关派员勘验。"

(一)现场保护的任务

1.封锁现场,布置警戒。保护现场,首先是根据现场所处的地理位置,现场的环境状况和报案情况等,结合现场上已经发生事件的性质,划定保护范围,加以封锁、警戒,以防止围观者和其他别有用心的人进入现场,改变或破坏现场。对保护范围的划定,原则是宁大勿小,同时兼顾正常的改造和生产的需要。保护范围划定后,应采取一切可能的手段,严密封锁现场,进行警戒,防止一切可能对现场造成破坏的情况发生。现场封锁以后,参与现场保护的人员不得擅自进入警戒的范围,不得在现场周围随意走动,更不能擅自勘查现场。在保护现场的同时,应及时通知侦查部门派员勘查。在封锁现场的过程中,现场保护人员除了防止其他人员随意接近或进入现场外,可根据具体情况,采取妥当的措施,对可能遭受其他因素破坏的痕迹、物品或尸体进行必要的保护。

2.及时了解案件发生、发现的情况。封锁现场后,参与现场保护的工作人员,应尽快了解现场情况,对现场进行判断,以便及时修正保护范围;记录下现场上细小的,特别是转瞬即逝的情况;同时,应围绕现场上发生的情况,及时开展对事主、被害人以及报案人的初步调查、了解。做好这三项工作不仅有利于现场保护,而且将会为现场勘查工作的开展提供条件。为此,参与现场保护的人民警察,应养成万事做笔录的良好习惯,以利于现场勘查及时而有针对性地开展。

3.有针对性地采取紧急措施。现场保护阶段常见的紧急情况,主要有排险、救护、防止犯罪后果的继续扩大。当出现紧急情况时,保护工作要让位于救急,此时的保护工作不意味着停止,而意味着保护人员如何有针对性地采取相应的紧急措施,既能有效地排除紧急情况,又能尽量地不破坏现场,或为勘查阶段尽量恢复现场提供条件。

4.对又犯罪嫌疑人进行监控。对于现场上存在的已确认的又犯罪嫌疑人,应选择现场外的某一专门场所,由专人看管;对于已发现而尚未确证的又犯罪嫌疑人,应部署专人进行监视,但必须采用适当的方法,将其调离现场,防止其制造新的痕迹和观察现场上的详细情况;对于已脱逃的又犯罪嫌疑人,应根据情况组织人员进行追捕;对于负隅顽抗的又犯罪嫌疑人,应组织警力就地包围,并对其进行说服教育。

5.向勘查人员汇报情况。在现场勘查人员到达现场进行勘查前,现场保护人员应主动及时汇报案件现场发现、发生的经过,保护的措施和方法,现场发生变动、变化原因及情况等,以便勘查人员采取相应的勘查对策和补救措施。

(二)现场保护的方法

1.室内现场的保护方法。室内现场是指在非露天的建筑物内发生的各类刑事案件的地点和留有痕迹、物证的场所。室内现场通常涉及的范围小,遗留的痕迹物证相对集中,在划定保护范围和封锁保护范围方面都要容易一些。因为房间的外墙能明确地显示现场的中心部位,只是存在外围划界大小问题的考虑。在确定外围划界大小时,主要考虑又犯罪嫌疑人可能经过或可能留下潜在痕迹的部位,将这些部位一并划入保护范围。在划定保护范围后,对中心现场用一定力量封锁住出入口,对现场的外围,可用绳子、木板、划石灰线或从现场找来的其他物品,设置于保护范围之外,隔离现场。为了更好地封锁现场,可在保护界外,设置相应的岗哨,岗哨的设置应与相关的门窗、孔洞、道口之间相距一定的位置,以防破坏其附近地面上潜在的痕迹。

2.室外现场的保护方法。室外现场的保护必须考虑室外现场所处的位置和环境条件,对处于人员活动频繁的生产区和生活区的现场,则要注意留出必要的通道。现场保护范围一旦划定后,就应采取一切可行措施,对现场进行封锁。对于保护范围较小的现场,可以使用绳索或用石灰等划出明确的保护界,应根据需要在界外设立固定岗哨进行警戒;对于保护范围较大的室外现场,可根据情况,设置必要的路障和设立固定的岗哨,在保护界外派专人警戒。对于院落内空地上的现场,可将大门紧闭,若确需出入的,在不破坏痕迹的情况下划出通道。

3.现场痕迹、物证的保护方法。参与现场保护人员的职责不仅是有效地封锁现场,还包括如何尽力使现场的痕迹、物证保持原始状态。对现场痕迹、物证保护归纳起来讲有四种方法:

(1)利用标示的方法加以保护。是指在发现有痕迹、物证的区域,用粉笔等圈划起来,以免痕迹、物证遭到破坏。

(2)利用记录的方法加以保护。是指在保护过程中,由于抢救人命、扑灭火险等需要,而必须移动现场物品时,将移动前的状况详细记录下来。

(3)利用遮盖的方法加以保护。是指由于气候因素变化,而在现场上痕迹、物证将受到破坏时,用洁净的遮盖物加以掩盖。注意不要用有浓烈气味的器皿和物品。

(4)利用转移的方法加以保护。是指在现场保护过程中,如果一些明显的与犯罪有关的痕迹物证即将遭受破坏,为保全它而将其用适当的方法转移到安全地点进行保护。

4.现场尸体的保护方法。无论何种现场尸体,在保护过程中都应特别注意对尸体及其附着物的保护,因为在认定尸体身份的过程中,它将起到举足轻重的作用。

二、紧急措施

紧急措施,指在现场保护和现场勘查过程中,遇有紧急的情况,为了减少人民生命财产的损失、保全犯罪证据材料、发现犯罪线索,防止又犯罪嫌疑人逃跑、销赃和再次实施犯罪活动,而采取的应急处理方法。

(一)急救抢险

1.抢救人命。当现场上遇有受伤者或生命垂危的人时。应立即组织人员进行现场急救或及时送往附近医院抢救。组织抢救时,要尽可能使现场少受破坏,并要标明受伤人的原始位置和姿态,记明有关物品的原貌状况和现场状态。

2.排除险情。现场遇有爆炸物品、危险建筑、有毒气体等险情时,应立即组织人员或紧急邀请行业专门人员排除险情。在排险时,要尽量使现场的变动小一些,并要记明和拍照或录制现场原貌以及变动情况。

(二)现场搜索

现场搜索,指在现场勘查时,为了紧急搜寻可能隐藏在现场或现场周围未及远逃的又犯罪嫌疑人、痕迹、物品而采取的一项重要紧急措施。

1.对又犯罪嫌疑人的搜索。鉴于又犯罪嫌疑人身份情况和隐藏的地点环境不同,采取的搜索方法也因人而异,因地制宜。可分别采取重点搜索、划片搜索、扩展搜索、追踪搜索等方式。在对有凶器或爆炸物的又犯罪嫌疑人搜索时,无论采取何种方式,一要周密、谨慎行事;二要提高警惕、注意安全;三要讲究策略、措施得当,防止贸然行事发生意外。

2.对痕迹、物品的搜索。现场勘查过程中,为了寻找、发现更多的痕迹、物证,一般要由中心现场向外围现场进行搜索。通常的做法是:根据中心现场遗留的足迹、血迹、交通工具痕迹等向外围现场扩大范围搜索;根据现场进出口、线路上遗留的痕迹、物证向外围沿线追踪搜索;根据现场遗失物或遗留物向外围搜索,寻找遗弃物、其他遗留物和痕迹;根据现场上遗留的痕迹、物证特点向外围寻找形成痕迹的客体物。

第三节　实地勘验

一、实地勘验的概念

实地勘验,指狱内案件侦查人员(包括被聘请的具有专门知识的人)对于与又犯罪有关的场所、物品、人身、尸体运用科学技术手段,发现、提取、分析和检验,研究其形成、发生和与又犯罪的关系。

实地勘验是现场勘查的一种方法,是同现场访问同步进行的。它是勘查各类犯罪现场必须采取的不可替代的一项最基本的专门手段,是侦查过程中获取线索和证据的重要途径。实地勘验的对象:一是犯罪场所;二是犯罪痕迹;三是犯罪遗留物;四是人身;五是尸体。

做好实地勘验工作可以为分析案情提供物质根据;为现场访问提供正确方向;为证实又犯罪提供证据;为追缉堵截提供可靠的嗅源;为技术鉴定提供良好的条件。

二、实地勘验的步骤

实地勘验是一项复杂而细致的工作,通常分整体勘验、局部勘验、个体勘验三个阶段。

(一)整体勘验

整体勘验也称静态勘验或巡视现场,指勘查人员不进入现场,围绕着现场的外围,对整个现场进行观察。它是实地勘验的第一步,处于勘查人员临场准备完成后,进入现场内部进行局部和个体勘验之前。整体勘验一般由实地勘验的指挥人员,带领参加实地勘验的狱内案件侦查人员、技术人员及记录人员进行。在进行整体勘验过程中,勘查人员可根据现场的环境和现场内部的情况,拟定勘验计划,确定勘验的起点、勘验的重点、勘验的顺序和进入现场的路线,勘验的方式、方法以及划定勘验的范围等。通过整体勘验,应着重解决三个问题:

1.划定勘验范围。通过对现场中心及其周围环境的观察,明确现场空间的范围,弄清现场方位,搞清主体现场部位和关联现场涉及面。将现场中心和可能遗留有与犯罪有关的痕迹、物证的场所,都划入现场勘验的范围。勘验初期可以范围大一些、面宽一些,随着勘验的实施,视现场勘验的实际进展,随时调整勘验范围,既要有的放矢、重点突出,又要照顾全面。

2.确定勘验顺序。勘验顺序是指对现场进行勘验的起始点。实践中,通常采用的勘验顺序主要有以下几种:

(1)由中心向外围进行勘验。此种方法主要适用于现场范围不大,中心部位比较明显,痕迹、物证相对集中的现场。

(2)由外围向中心进行勘验。遇有现场中心不明显,痕迹、物证较为分散,特别是遇到天气发生变化,某些痕迹、物证可能受破坏或变化的,可以由外围向中心勘验,或者是中心和外围同步进行勘验。

(3)沿着又犯罪嫌疑人行走路线进行勘验。遇有现场的入口明确或来去路线明显的,为防止痕迹、物证遭破坏,可以由进出口为起点,或沿又犯罪嫌疑人的来去路线勘验、检查。

(4)沿着自然界限延伸勘验。遇有现场范围较大,自然界限较为明显的江河、湖泊、沟渠、傍山小道、道路、围墙等现场,可以沿着这些界限进行勘验。

(5)沿着警犬追踪的路线进行勘验。遇有现场嗅源良好用警犬进行追踪的案件现场,可以一方面组织人员沿警犬追踪路线进行搜索式勘验;另一方面,可同时对现场中心进行勘验,对于警犬追踪路线上发现的可能是又犯罪嫌疑人停留、隐蔽或罪证的地点,应进行仔细的搜索和检查。

(6)从现场的某个特定部位开始勘验。遇有现场不可能封闭或无法封闭;或者为了采取紧急措施,需要迅速查明与采取紧急措施有关的现场情况;或已知现场的某个部位存在潜在危害等情况时,可采用从现场的某个特定部位开始的勘验顺序对现场进行勘验、检查。

(7)分片分段进行勘验。由于现场范围比较大,或者现场呈狭长地带,或者现场范围涉及多个地点、几个楼层，或者现场环境十分复杂，为了便于迅速地寻找和发现痕迹、物证，特别是一些微小的物品、物质等，可采用分片分段的方法对现场进行勘验、检查。

3.选择进入现场的路线。无论采用何种方式，何种顺序勘验现场，都必须选择一条通道进入现场开展工作。在具体选择时，应由现场勘验指挥员指定一名有经验的勘查人员为先导，根据现场的环境状况，现场痕迹、物证的分布状况和勘验的需要选择一条作为后续人员进入现场的通道。选线的原则是不改变现场的原始状况，不破坏现场的痕迹、物证。

（二）局部勘验

局部勘验是在不变动现场原始状态的情况下，按照整体勘验所确定的勘验范围、顺序，沿着预先选定的勘验路线，进入现场内部，把现场分为若干个部分进行观察、研究、记录的一种侦查活动。

现场局部的划分，既可以根据现场上的痕迹、物证间的相互联系进行划分，也可按现场物质环境的不同空间范围进行划分。在具体进行静态勘验时，首先应对各个局部本身情况进行记录和固定；其次是对各个局部间的相互位置关系进行记录和固定。在记录和固定后，则要集中注意力对局部范围内的痕迹、物证的位置、状态、相互关系等进行观察、分析，查明哪些是原有的，哪些是新出现的；新出现的痕迹、物证中，哪些可能与案件有关，哪些与案件无关。进而判明痕迹、物证的形成原因，为进一步推断又犯罪嫌疑人在现场上的活动情况提供依据。

（三）个体勘验

个体勘验可分为个体静态勘验和个体动态勘验两种：

个体静态勘验是在静态勘验的一般原则的要求下，对局部勘验中所发现的痕迹、物品、物质的个体，进行观察、记录、固定。其目的是保持该痕迹、物品、物质的原始状态，防止个体本身遭到人为破坏，为进一步分析、判断其与犯罪的关系提供依据。个体静态勘验中，应注意对每一个物体上是否存在痕迹，痕迹本身的具体位置、形态，其与周围其他痕迹、物证的相互关系，其与又犯罪行为的关系等进行观察、固定和分析判断，为动态勘验提供对象，为分析、判断案件性质、案情提供依据，为甄别、获取证据提供支持。在个体静态勘验中，若发现了对查明案情有重要意义的痕迹、物证，应进行测量，并按照证据的要求对其位置、状态、特征等进行全面固定和记录。

个体动态勘验是指在静态勘验的基础之上，对物体进行翻转移动式的勘验、检查。其目的是要利用一切可利用的勘验手段，对每一个静态勘验所发现的具体痕迹、物证的特征、形成原因、变化状态进行研究，对痕迹、物证与犯罪的关系进行判断，寻找和发现不易见的痕迹和微量物质，并将它们记录、提取、固定，以供进一步的检验和作为诉讼证据。狱内案件侦查人员在进行个体静态勘验时应戴上手套，从一般人不习惯或不常触摸的部位入手，以防形成干扰或造成破坏。在具体进行个体动态勘验时，可以对物体的具体位置进行变动，并可按由低到高、由外向内、由表及里的顺序，对被勘验客体进行分层次的勘验、检查。检验各种易见痕迹、不易见痕迹和微量物质时，应以配光观察为主，当然也可利用其他手段和方法去显现；在提取时，应以照相为主，制模为辅。

在实际操作中，当整体勘验结束后，应立即进行局部勘验，当局部勘验结束后，应立即着手对每一个已发现的痕迹、物证本身进行静态和动态相结合的勘验。在实践中，严格按照勘验的顺序进行勘验，不仅有利于勘验工作的有序化、系统化，提高对痕迹、物证的发现率、采证率，而且有利于对案情的分析判断，它是提高勘验质量的重要保证。

三、实地勘验的方法

（一）实地观察

实地观察是指勘查人员利用感觉器官，对与案件有关的场所、痕迹、物品、尸体进行感性认识的一种勘验方法。它是实地勘验最基本的勘验方法，它不仅适用于动态勘验，更适用于静态勘验。主要做法：一是充分运用各种感觉器官，细心体察。把反映事物某一个方面特性的各种感觉组合在一起，形成反映事物各个方面特性的完整形象，使勘查人员能够在以后的判断、研究中，从思维上再现现场物质环境中的各个组成部分及痕迹、物证。二是用比较的方法进行观察。把被观察的局部现象或单个痕迹、物证与现场其他部分的现象或其他痕迹、物证进行比较，把被害人、事主及其家属的陈述或他们对事件所作的解释与现场现象进行比较，将该案现场又犯罪嫌疑人遗留的痕迹、物证和现场上反映出的作案的手段、方法与以往同类案件现场的痕迹、物品和作案手法相比较，将被勘验对象自身的状况与事物发展的一般规律作比较，以发现反常迹象。三是设身处地，从发案时的条件进行观察。在全面占有现场内外各种情况的基础上，站在又犯罪嫌疑人的角度，去推测处于现场这样的环境，在这样的事件条件下，运用这样的工具，采用什么样的方法才能既迅速达成犯罪的目的，又能从现场顺利脱身，逃避打击。

（二）技术检验

实地勘验有效地运用技术手段和方法，能够帮助侦查人员观察、推断和验证走向深入。技术手段在勘验中的运用主要集中体现在对各种痕迹、物证的发现、显现、固定、提取和初步检验等环节，多在对痕迹、物品、人身、尸体进行动态勘验时使用。

（三）现场搜索

现场搜索是在实地勘验过程中，对现场周围进行公开搜查的一种勘验方式。为了搜集犯罪证据，查获犯罪嫌疑人，可以采取现场搜索措施，进行现场搜索要求因案制宜、服从命令、密切配合，要有范围、有重点，按照相应的步骤和采用多种方法进行。

（四）现场实验

现场实验，是指在实地勘察过程中，对与本案有关的某些事实，按照某一事件发生时的条件进行实验性重演，以判明在特定情况下能否发生相同事实，或者造成某种特定的后果的一种勘查活动。比如证实被害人或证人在某种条件下，能否听到或看到；证实受害人对案件的陈述是否真实，能否发生；确定在某种情况下是否能够完成某种行为；确定在某种条件下，某种工具痕迹能否形成；确定现场进出口能否是作案人出入口；确定某种物品在何种条件下，需要多少人才能搬运拿走；确定某个作案对象是否具有作案时间；确定某种爆炸物的性能和在某种条件下能否自爆、自燃等。

第四节 现场访问

现场访问，是指狱内案件侦查人员在现场勘查过程中，为了查明案情，发现搜集侦查线索和证据，依法深入作案地点及其周围，就与案件有关的问题进行查访询问的一项侦查活动。

一、现场访问的对象、内容

（一）现场发现人、报案人

发现人和报案人中多数是被害人，值班、执勤人员或在现场周围工作及路经现场的人员等。一般来讲，他们是现场情况的最早目击者，较为了解现场的最初情况。对其访问重点内容是：发现案件的时间、地点和详细经过；发现案件时的现场状况，有无变动，变动的原因及变动后的状态；在现场采取了哪些保护措施；谁在现场或进出过现场，在现场的活动情况；犯罪嫌疑人的面貌、身高、体态、衣着特征、行踪去向等。

（二）事主、被害人

事主、被害人通常比较了解现场上发生的变化、变动情况，有些被害人往往亲眼所见、亲耳所闻、亲身经历了现场的一切情况，对受害经过、案件发生的情景比较清楚，是现场访问的重点。对被害人的访问重点是：案件发生的情况；犯罪分子的人数及体貌特征；财务损失的情况；犯罪遗留物的情况；被害人本人的情况；有无作案的嫌疑对象；怀疑的根据是什么等。

（三）知情人

知情人通常是指知道与案件有关的某些情况，与被害人无亲无故的"局外人"。他们往往知道案件的点滴情况、部分情况或全部情况。对其访问的重点是：发案时或发案前后看到或听到的情况；有关被害人及其家属、亲友的政治态度、工作表现、道德品质、生活作风、经济情况、交往人员以及案发前后的言行、表现、情绪、行踪；在现场周围是否看到或捡到凶器及其他可疑物品；对案件的看法以及别人对案件的议论和反映；其他可疑情况。

二、现场访问的步骤和方法

（一）现场访问前的准备

1.寻找被访问对象。现场访问之前狱内案件侦查人员首先要确定访问的对象，弄清其与案件、被害人的关系，与犯罪嫌疑人的关系等情况，以便确定访问的方式。现场访问中通常需要花大力气寻找知情人。寻找知情人的方法有：从现场围观的人中寻找；从在现场附近居住、工作、停留的人中寻找；从途经现场的来往人员中寻找；在寻找知情人的过程中，可通过谈话探听法、赃物寻觅法、物证寻源法等方法寻找发现知情人。

2.确定访问的顺序。如果一个案件有多个访问对象，应确定访问的顺序。一般来讲，应当先访问的人员有：案件的发现人、报案人、被害人；能够回答紧急调查事项的知情人；属于"流动对象"的知情人；直接感知案件情况的知情人。

3.选择访问的地点。确定现场访问的场所，通常考虑到不妨碍现场勘验工作的正常进行，有利于保密，比较肃静，便于联络，不影响被访问对象的正常情绪等条件。

4.邀请应当参加访问的人。在进行现场访问时，一般不应有外人参加。但遇到特殊情景，应依法考虑邀请下列有关人员参加：翻译人员；通晓哑语的人；医护人员；家长或教师。访问前应对他们讲明注意事项，并在笔录上注明参加人情况。

5.做好访问的思想和心理准备。这项工作是对狱内案件侦查人员的要求，狱内案件侦查人员必须在思想上和心理上做好必要的准备。如了解被访问对象的情况，估计能从他处得到哪些与案件有关的线索，能对哪些问题进行查证，如何提问，如何使用已掌握的情况对被访问人的陈述进行验证等。

（二）现场访问的步骤

现场访问通常是两人一组进行工作，一人负责提问，一人负责记录或录音。现场访问一般分四个阶段进行：

1.表明意图。狱内案件侦查人员在向被访问对象表明意图时，要注意主题要鲜明，主题的覆盖面要适当，以便对象准确地把握访问的目的。对于不了解究竟发生什么事的被访问对象，要介绍有关案件的梗概，以免除其猜疑，引起其重视。

2.自由陈述。自由陈述可以保证被访问对象按照所知道的事实的逻辑顺序进行叙述，避免和减少差错，只要不是情况特别紧急或特别需要，一般要给被访问对象以必要的自由陈述时间。在被访问对象陈述过程中，不要对其谈话进行干预或提出问题。

3.提出问题。在被访问对象自由陈述之后，狱内案件侦查人员应就其陈述中没有讲到的事实或者虽然讲到，但陈述不充分、不确定或者有矛盾，需要进一步询问的细节，向其提问。在提问中要注意被访问对象的态度，提问应科学、突出重点。

4.核实笔录。访问结束后，狱内案件侦查人员应将询问笔录交给被访问对象核对，经核对如果有遗漏或不准确的地方，应进行补充或修改。

（三）现场访问的方法

1.自由陈述法。这种方法常常在访问的第二阶段中运用。

2.启发联想法。启发联想法是向访问对象提醒问题，帮助访问对象产生联想、唤起回忆的一种询问方法。实践中往往用于态度积极的询问对象。

3.质证提问法。质证提问法是巩固被访问对象陈述的一种询问。

4.广泛交谈法。广泛交谈法是狱内案件侦查人员对被访问对象进行范围较大的询问。

（四）现场访问笔录

现场访问笔录是一种法律文书，一般有两种形式：一是狱内案件侦查人员根据访问对象陈述制成口供笔录；二是由访问对象亲笔书写的文书材料。

现场访问笔录有前言、陈述和结尾三部分组成。其中前言部分主要记载访问的时间、地点、访问人和被访问人的简况及访问的主要问题；陈述部分主要记载访问对象关于访问内容的陈述；结尾部分记载访问对象审阅访问笔录的记载情况的判定。最后由访问人、被访问人和其他在场人签名盖章。

第五节　现场分析

一、现场分析的概念

现场分析，是指现场勘查人员在对现场进行勘验、检查和调查访问以后，在现场勘查指挥人员的主持下，根据勘验、检查和调查访问所获得的材料，对在现场上发现的各种情况进行充分的讨论，并力求作出符合客观实际的分析判断的活动。

现场分析是现场勘查的重要环节，现场分析不仅是对前期工作的总结、反省，更是为后期侦查工作的开展奠定基础，在现场勘查与侦查之间，发挥着重要的承上启下的作用。具体地讲，现场分析是对整个现场勘查活动的全面验证，它为正确认识案情提供物质依据，为正确地划定侦查范围提供导向。

二、现场分析的内容

(一)判明事件性质

就实践中的报案情况看,狱内案件侦查部门所接受的报案中,并非都是刑事案件,有时是犯罪与非犯罪事件并存。因此,现场分析在汇集、评断现场访问,实地勘验的所有材料后,首要的任务是根据这些材料对事件性质进行认真分析研究,并得出结论。一般说来,根据现场勘验所掌握的各种材料,事件性质是比较容易确定的,解决是否立案的问题并不困难。但是,由于各种原因,或者材料不足,或者犯罪嫌疑人不明确,给确定事件性质造成了困难,但只要认真勘查现场,全面获取各种材料,以犯罪构成为理论依据,仍然有可能判明事件性质。

确定事件性质的依据,主要有以下几方面:勘验、检查的情况;现场访问情况;现场实验的结果;检验、鉴定的结果等。一般说来,经过对以上几方面情况的分析、研究,事件性质即可确定,但是由于情况十分复杂,一时难以界定事件性质的,可以不必急于立案侦查,不立案不等于放任不管,对这类事件仍应积极调查,待掌握了充分的事实依据后,再决定是否立案,是否侦查,这样做可避免或减少差错。

(二)分析判断案情

1. 对案件性质的分析判断。立案后,尽管已解决了事件性质,但从侦查工作的角度讲,它也只解决了侦查前提,真正对侦查起推进作用的,还在对于具体案件性质的分析判断。确定案件性质的客观依据主要有:犯罪嫌疑人作案的动机、目的;犯罪嫌疑人与事主、被害人事前有无固有的矛盾冲突;犯罪嫌疑人的行为方式;犯罪嫌疑人是什么样的人等几方面。

2. 对作案时间的分析判断。作案时间,是指实施犯罪活动所经历的时间段,即从开始实施犯罪到犯罪行为结束所持续的时间。判断作案时间的主要依据有:根据事主、被害人和知情人提供的情况进行推断;根据现场遗留的各种痕迹及其变化情况进行推断;根据现场上物品的状况进行推断;根据现场上具有时间标志的物品进行推断;根据尸体现象及胃内容物等进行推断;根据被害人的生活习惯进行推断。

3. 对犯罪地点的分析判断。对犯罪地点分析判断的重点在于研究地点与犯罪嫌疑人的关系,研究犯罪嫌疑人所选择的地点与周围环境、作案时间、犯罪目标之间的联系,目的在于确定侦查方向和范围。

4. 对凶器和犯罪工具的分析判断。对凶器和犯罪工具的分析判断,可以以物找人,发现犯罪嫌疑人。

(三)刻画犯罪嫌疑人

1. 对犯罪嫌疑人人数的分析判断。主要依据现场痕迹、失物的体积、重量、数量,犯罪嫌疑人所使用的交通工具情况,事主、受害人及有关群众提供的情况。此外,当事主、被害人同犯罪嫌疑人有直接接触,或其他群众曾目击了作案的过程或曾发现过疑人疑事,他们所提供的情况,也有利于迅速判明作案人数。

2. 对犯罪活动情况的分析判断。对犯罪嫌疑人犯罪活动进行分析判断,主要依据现场的痕迹,物品的位置、状况和事主、被害人、知情人提供的情况。

3. 对犯罪嫌疑人特征的分析判断。对犯罪嫌疑人特征的分析判断,又叫做"给犯罪嫌疑人画像"。其内容主要包括对犯罪嫌疑人人身形象的分析判断和其他个人特征的分析判断两个方面。

（四）确定侦查方向和侦查范围

1.确定侦查方向的依据。凡是与犯罪嫌疑人有关的情况,尤其是与个人动机、个人特点及个人在犯罪过程中的动向等方面的情况,均可作为确定侦查方向的依据。

2.确定侦查范围的依据。确定侦查范围的依据主要有:以犯罪时间为依据确定侦查范围;以犯罪嫌疑人和犯罪现场的关系确定侦查范围;以犯罪嫌疑人的穿戴、语言、遗留物品确定侦查范围;以犯罪的手段、方法确定侦查范围。

三、现场分析的步骤

（一）汇集材料

现场分析由现场勘验指挥员或主侦案件的指挥员主持。首先,按现场参与人员的分工,分别汇报情况。由先期到达现场的狱内案件侦查人员,汇报发现案件情况和到达现场后采取的保护措施和现场前期处置工作情况;由狱内案件侦查人员汇报现场访问工作和初步调查及侦查工作的部署情况;由现场勘验、检查人员汇报现场勘验结果和获取的痕迹、物证情况;凶杀命案现场,由法医汇报尸体情况或检验意见。

然后,就分别汇报的各方面情况和材料进行议论。提出补充、修正;开展质疑、答询;进行梳理、汇集,以便使所有临场讨论的人员,对整个现场勘验所获得的各种信息和材料,对整个案件有一个初步的、概括性的认识。

（二）分析综合

分析过程应掌握三个要点:一是分析材料的可信度;二是分析材料与犯罪的关联性;三是分析材料的证明力及其应用价值。如对勘验提取的足迹分析,要分析足迹自身的本质,即形成的原因(包括形成动作、形成的物质和承受客体);足迹的特性(形态、种类、大小、特征);足迹是否为犯罪遗留,即与案件的关系;足迹的鉴定价值和证明力,即足迹的同一认定条件和推断鞋号、身高、年龄、体态等。综合是在分析的基础上,把汇集的材料各部分连成一个整体加以考察研究。通过由此及彼,由表及里,从现象到本质进行比较、印证、概括、综合,最后认识案件的总体本质和内在联系。

现场分析是一个科学认识过程,在未得到新的材料之前,已占有的材料决定一切思想,在分析的基础上,将分析的结果综合起来,以便逐步了解与案件有关的主要问题和对案件的一些重要情节有初步掌握。分析和综合,要抓住重点、解决关键、依照逻辑顺序、群策群力,力求搞清一个“为什么”。对于一时弄不清的问题放在侦查实践中去认识,切忌细节问题争论不休和讨论抓不住重点。

（三）论断决策

现场分析的第三步就是在分析综合的基础上,最终由指挥员集中大家的意见,对整个案情作出分析综合、论断决策,对立案侦查和开展侦查工作的思路、现场处理以及侦查部署等方面作出评论和提出实施方案。

第六节　现场勘验记录

现场勘验记录,是指如实反映狱内刑事案件现场的客观状态和勘查人员执行勘验情况的法律文书及相关图像资料。它主要由现场勘验笔录、现场绘图、现场照相三部分组成。有条件的还可以制作现场录像。

现场勘验记录是分析研究案情的重要依据;是校正侦查方向、推进侦查的重要依据;是揭露和证实犯罪的有力证据;是刑事诉讼不可缺少的法律文书。

一、现场勘验笔录

（一）现场勘验笔录的内容

1.前言部分。主要包括如下六项内容:接到报案的情况;勘验的时间;现场保护情况;勘查人员情况;邀请见证人情况;勘验时的现场条件。

2.叙事部分。主要包括如下四项内容:现场的地址;现场所处的地理位置;现场情况;勘验情况。

3.结尾部分。结尾部分的内容是:现场勘验结束的时间;采集痕迹的名称、数量;提取物品的名称、体积、重量以及物品上的特殊标记;现场拍照的内容、数量,录像带的时间量,是否录音及录音的情况;绘制现场图的种类、数量;现场勘验的指挥员和工作人员及见证人签名。

（二）制作现场勘验笔录应遵循的规则

1.笔录的顺序应当与勘验的顺序一致,提取的痕迹、物品要与笔录相吻合;笔录与绘图、照相、录像的内容应当一致;同一客体在笔录中使用的名称前后应一致。

2.现场勘验笔录的内容必须具有客观性。

3.现场勘验笔录的用语必须准确,符合统一标准。

4.在实地勘验中,凡进行了法医尸体检验、现场实验、人身搜查等内容的,均应单独制作笔录。

5.凡属多次勘验的现场,应制作补充笔录;一案多个现场的,应分别制作笔录。

二、现场绘图

现场绘图是侦查人员运用制图学的原理和方法,通过几何图形固定和反映现场状态的一种记录形式。

（一）现场绘图的种类

1.按表示的内容不同分类

（1）现场方位图。用以表示现场的地理位置和周围环境以及与现场有关的场所,遗留有痕迹和其他物证的地点,又犯罪嫌疑人来去现场的道路和方向等的图形。

（2）现场全貌图。主要用以反映整个现场的情况。

（3）现场局部图。现场局部图是反映现场重点部位的痕迹、物品的分布位置、相互距离关系以及侵害对象特点的图形。

2.按表示的形式不同分类

（1）现场平面图。平面图采用正投影（正俯视）原理绘制。它一般只反映描绘对象一个面的情况。

（2）现场立面图。现场立面图是利用平面绘图的形式,采用平视的方法描绘立体物正对绘图者的一面,通常在表现物体外形或立面上的痕迹、物证时采用。

（3）现场剖面图。剖面图是利用剖切的方法制作的图形。现场剖面图主要用于贯穿性现场,反映现场楼上楼下、室内室外、地面地下等的联系。

（4）现场立体图。立体图反映物体三维空间（即长、宽、高）。立体图又分为轴测图和透视图。

(5)现场速写图。现场速写图是以简练、生动的线条,迅速勾画出现场物体形象的一种绘图形式。

(6)现场综合图。综合图是对一些环境复杂、案情重大的案件的最有效的表现方法。

3.按表示的比例不同分类

(1)现场比例图。比例图是一种严格按照一定的倍数关系,缩小或放大描绘对象而绘制的。

(2)现场示意图。示意图与描绘对象实体之间不是完全严格按照比例绘制,它只大概地反映描绘对象。

(3)现场比例示意结构图。这类图一般是现场中心部位较小范围按比例绘制,而现场外围较大范围按示意图的方式绘制。

(二)现场图的基本制作方法

1.熟悉案情,确定现场的范围。测绘现场图之前,首先要全面熟悉案情,掌握案件的基本情况,认真巡视现场,明确应表示的现场范围、痕迹、物品及重要物体的分布状况,确定绘制的重点及应反映的主题内容。

2.确定图的种类,构思画面。根据现场情况和具体的案情,确定要表现清楚现场情况所需的现场图的种类和数量以及绘制的先后顺序等。

3.选准标向,确定比例。绘图人员要先用指北针确定现场的方位,并使之与图纸上的方位统一起来。图的方位标示应规范,然后根据现场的实际情况结合所要绘制的部位确定现场图的比例。

4.选定参照物,迅速绘制草图。室外现场通常以现场中心部位为起点;室内现场通常以某一墙角为起点,选定参照物后,应抓紧时间绘制草图。

5.认真核对,仔细描图。在完成现场图初样后,要认真与现场情况进行核对,确定无误后,就可以描图。

6.书写图题,填写图例。图题一般包括案件代号(或案件名称)、表现内容、表现形式三个部分。图例在现场图中用来解释说明现场图未能表示清楚的内容,最后,由绘图人签名,现场勘验指挥人审签并注明绘图日期。

(三)现场图的计算机制作

应用计算机软件进行现场图的制作,有助于实现现场绘图的标准化、规范化。计算机绘图的基本程序是:安装现场绘图软件;进入绘图系统,建立新文件;编辑、修改现场图;存盘、出图、退出系统。

三、现场照相

现场照相,是指在现场勘验的过程中,狱内案件侦查人员运用普通照相的基本方法,结合案件特点,把又犯罪现场的状况、各种犯罪痕迹和现场物品的特点、位置及其相互关系及时、准确地记录和固定下来的各种照相方法的总称。

现场照相的目的是研究案件性质,分析作案动机、手段、过程,进行现场复查、侦查实验、审讯等侦查活动,提供影像资料,为技术检验鉴定提供条件,为侦查、起诉、审判提供揭露和证实犯罪的证据。

四、现场录像

现场录像客观真实性强,能够将图像逼真连贯、动态地记录下来,还可以将录好的资料进行编辑整理,录像材料可长期保存,录像带可重复利用。另外,录像用的摄像机镜头还可作高倍放大拍摄。现场录像的内容与现场照相的内容相同。

案例评析 *AnLiPingXi*

服刑罪犯李某强奸、杀人案

1.案情简介

2000 年 5 月 2 日,C 监狱五支队机务队 30 余名罪犯在该支队 4 号排灌站修建泄洪水道,由于工程时间紧,任务量大,且工地离机务队较远,因此,施工罪犯均在工地吃午饭。中午 11 时左右,机务队大伙房勤杂犯李某(男,28 岁,初中文化,金寨县人,1990 年 6 月因抢劫罪被判有期徒刑 7 年,1990 年 10 月投入改造)骑自行车携带饭菜前往施工地送中饭。午饭时,工地罪犯赵某在该排灌站工人周某家购买 1 瓶白酒和 2 瓶啤酒,与李某共饮。

下午 1 时许,李某骑车返回机务队,当李行至五支队废弃的砖窑西边 160 米处时,遇到马厂乡挑担卖水果的妇女姚某,李随即把姚拦住,要求与其发生性关系,姚不从,李强行将姚摔倒在大坝堤下,欲行强奸。姚大声呼救,李威胁道:"你要喊叫和乱动,我就捅死你。"随后,李用手捂住姚的嘴,将姚挟持到废窑洞内,对姚实施强奸。

下午 2 时许,五支队六中队菜园罪犯曹某放牛到废窑处,发现了李某的犯罪行为,便向住在窑厂边的监狱工人朱某反映此事。随后,朱带曹某前去制止李的犯罪行为,朱准备用绳索把李捆绑押回机务队交给监狱民警处理。五支队机务队内勤民警付某接到报案后,立即骑自行车赶往事发地点处理此事。受害人姚某向付某告发李某强奸她,付叫李某跪下,准备用绳索捆住李押到五支队狱政股处理,李不从,跑下大坝堤下,向支队部方向逃跑,付即骑车在大坝上追赶李。

李在逃跑途中拾起一根竹棍上了大坝堤。付骑车追上李,李用竹棍击打付,后继续逃跑。这时,机务队在押犯高某、顾某已闻讯赶来,付便命令他俩在前面抓住李。李又用竹棍击打高、顾二人,躲过他们俩直接跑到支队部杀猪在押犯葛某住处,用脚踢开门,见室内无人,便取出一把剔骨刀冲出室外。李右手持刀,左手持竹棍,返回迎上民警付,高、顾二人见状前去阻拦李,李挥刀不让他俩靠近,并叫道:"我干一个是一个,干两个赚一个。"高、顾二人边拦边退,付为了制止李行凶,便冲上去夺李的凶器,当付抓住李手中的竹棍时,李却用剔骨刀刺入付的右下胸部,付用手捂住伤口对高、顾讲:"一定要把他逮住。"说完即口鼻出血倒在地上。当李准备再一次行凶时,被赶来的其他民警和在押犯及时制止并抓获。

民警付某身负重伤被立即送到五支队卫生所抢救,但终因右肺气管、血管被刀刺裂,导致急性血气胸造成失血性休克而献出年仅 21 岁宝贵的生命。

2.反思与探讨

(1)对勤杂犯申报、审批制度不严。罪犯李某在改造期间表现一般,本不应该从事勤杂劳动,但中队认为其会屠宰,而让李在大伙房从事勤杂劳动。李在勤杂劳动期间,时有违规违纪行为,都未能得到及时排查,带来姑息养奸的隐患。

(2)带工民警擅自离开工作岗位,导致罪犯脱管。5 月 2 日,机务队罪犯在排灌站工地劳动,中午 11 时左右,带工干部因故离开工地,将管理罪犯的职权交给工地一工人代为负责,由于该工人责任心不强,不但对工地罪犯酗酒情况不闻不问,而且还与其他罪犯一起喝酒。

(3)对罪犯中的违禁物品,查禁不力,管理不严。一是检查清监不到位,致使少数罪犯私藏现金,酗酒引发案件;二是违反监狱禁止外宿犯单独居住和工具管理规定。案发前罪犯葛某一直在支队附近单独居住,而且私自保管屠宰刀等违禁物品,致使罪犯李某能轻而易举地获得凶器。

(4)C 监狱是位于二县交界处的露天监狱,老百姓容易进圩,管理难度大。监狱与周围地方农村仅有一河之隔,附近老百姓进圩偷盗和贩卖违禁物品等现象屡禁不止,虽然 C 监狱和地方政府也发布通告禁止老百姓擅自进圩,但收效甚微,老百姓进圩严重地干扰了监狱监管改造秩序,给监管改造工作埋下了很大的隐患。

(5)结合本案情况,谈谈现场如何分类、如何确定现场勘验的顺序。

(6)在现场勘查中应着重对哪些地点进行重点勘查?如何发现、固定、提取、分析痕迹和遗留物?

实训项目 XiangMuShiXun

命案现场的设计与勘查

(一)实训目的

实训的目的是培养学生综合运用所学现场勘查知识和刑事科学技术知识,独立完成现场勘查的操作能力和独立思考问题、解决问题的思维能力,使学生增强现场勘查的指挥意识,提高指挥艺术,掌握现场勘查的一般步骤方法,学会寻找、发现、提取有关痕迹物证常用的技术和方法;明确临场分析所要解决的主要问题和分析判断案情的基本要求及其依据。

(二)实训方法

综合性实验,以命案现场为勘验对象。10 人一组,分别进行。

(三)实训器材

现场勘查箱、静电吸附器、石膏粉、照相器材、通讯器材、交通器材、照明器材、绘图工具、作案工具、凶器、绳索、保护现场所用的器材及有关侦查文书表格、函头纸和现场勘查证等。

(四)实训内容

1.设计案情,布置现场。

2.现场勘查的实施。

(五)实训要求

1.填写受理刑事案件登记表。

2.全面细致地发现、提取现场的痕迹、物证。

3.绘制现场方位图和平面图各一张。

4.拍摄现场方位、概貌、重点部位、细目照片。

5.按设计确定的现场访问对象和内容进行现场访问,并写出规范的询问笔录。

6.现场分析报告一份。

7.制作并完成一套规范的现场勘查记录。

8.实训结束后三天内送交上述侦查文书及现场提取的有关痕迹物证。

思考题 *SiKaoTi*

1.简述狱内案件现场勘查、现场保护、实地勘验、现场访问的概念。

2.简述狱内案件现场保护的方法主要有哪几种？

3.简述狱内案件现场访问的方法主要有哪几种？

4.简述狱内案件实地勘验的步骤。

5.简述狱内案件现场分析的内容和方法。

6.简述狱内案件现场勘验记录制作的格式和内容。

第四章　狱内案件侦查措施与手段

知识目标 ZhiShiMuBiao

- 了解狱内案件各种侦查措施与手段的概念；
- 了解狱内案件各种侦查措施与手段运用的条件；
- 了解狱内案件各种侦查措施与手段运用的方法；
- 了解狱内案件各种侦查措施与手段运用的具体要求。

能力目标 NengLiMuBiao

- 能掌握各种侦查措施与手段概念的含义及特点；
- 能熟练分析判断在狱内案件侦查中应采取的措施与手段的种类；
- 能正确实施侦查措施与手段的运用；
- 能熟练把握各种侦查措施与手段运用的方法和要求。

本章引例 BenZhangYinLi

罪犯周某预谋挟持人质逃脱案

　　2001 年 6 月 21 日 12 时,浙江省 A 监狱滤清器厂监区七分监民警谢某,在巡视生产现场时,发现罪犯周某(男,汉族,1979 年 1 月 23 日出生,初中文化,浙江省玉环县人。2001 年 1 月 9 日因犯抢劫、盗窃罪被人民法院判处有期徒刑 13 年)在操作砂轮机磨制物品,并见周犯神情紧张,把手中物品扔进砂轮机旁水罐中,引起民警重视,经上前查看,并在水罐中查获一块 2cm×8cm 的铁片,背面刻有六个字"陈建伟之灵(墓)位"。在周犯劳动岗位的操作平台下,查获自制匕首两把:其中一把长 21cm,另一把长 15cm。经监狱立案侦查,查明周犯自 2001 年 4 月底、5 月初产生脱逃念头,先后预谋四种脱逃方案:(1)利用监区生产区大门开关频繁,强行冲出大门脱逃;(2)利用外来车辆进出生产区,躲在车上混出大门脱逃;(3)翻越监墙脱逃;(4)挟持人质强行脱逃。周犯经过多次窥察和了解,放弃了前三种脱逃方案,在 2001 年 5 月中旬选定了挟持人质强行脱逃的方案,并于同年 6 月初开始选择挟持对象、制作匕首。该犯交代将利用仓库女保管员于某经常单独在滤清器厂生产区 3 号厂房南门内侧仓库卸货验收之机,采用突然上前,用刀架在于某脖子上的手段,挟持于某为人质,胁迫门卫开启生产区大门,逼迫民警提供车辆,乘车挟持人质往江西方向逃窜,到偏僻荒凉之处,弃车脱逃,后利用中俄边境治安不佳,偷越国境,逃往俄罗斯。如果挟持人质后,脱逃不能成功,周将立即杀害人质后自杀。周曾于 2001 年 6 月 18 日、20 日、21 日三次企图实施持刀挟持仓库女保管员强行脱逃,均因当时仓库女保管员身边有民警和其他职工,条件不成熟未实施。

第一节 调查询问

调查询问,又称调查访问,是指狱内侦查人员在侦查活动中,以查明案件事实真相、搜集犯罪证据、揭露和证实犯罪活动为目的,向有关人员和知情群众了解、查证与案件有关问题的一种侦查措施。

调查询问贯穿整个侦查过程的始终,是专门工作和群众路线相结合的基本形式,调查询问是侦查人员应当掌握的基本功,是审查立案根据的方法之一,是搜集发现嫌疑线索的重要途径,是获取犯罪证据的重要手段,是使用其他措施的基础,是任何案件都普遍使用的侦查措施。对于审查立案根据,发现嫌疑线索,筛选嫌疑重点,获取犯罪证据,具有重要意义。

一、调查询问的对象和内容

(一)案件的事主、被害人

案件的事主、被害人是调查询问的重点。对其进行调查询问时,要以在现场询问中得到的情况为基础,进一步了解、验证案件事主、被害人的自身情况,被害前后的活动情况,被害的经过,现场遗留痕迹、物品情况,以及案件的嫌疑人情况等。

(二)案件的知情人和案发时的目睹人

案件的知情人和案发时的目睹人是狱内案件侦查过程中获取犯罪证据的主要对象。主要向其了解其知道或目睹的有关案件的可疑人的体貌特征、着装特征、活动情况等;有关案件的可疑事,如事情的发现经过,发生、发展和变化过程等;有关案件的可疑的痕迹、物品的详细情况。

(三)案件的揭发检举人

案件的揭发检举人是指那些知道某些犯罪事实并已向监狱机关作了揭发检举的人。对其调查询问的主要内容是:他们所知道的犯罪事实,犯罪事实的来源,有无证据,他们与被检举人的关系等。

(四)案件有关问题的专业人员

当侦查工作涉及某种行业或某些专门技术问题需要解决时,应向有关专家或某种行业的专业人员进行调查询问。询问的主要内容有:某种物品的规格、性能、制作工艺、产地、销售和使用范围等;某种现象的产生和形成原因,形成过程和发展变化的结果等;某种痕迹的特征、形成原因、形成机制、反映的职业范围,形成该种痕迹物体的特征等。

(五)案件的嫌疑对象

对于在侦查中发现的嫌疑对象,在犯罪嫌疑人未被采取强制措施以前也可以采用调查询问的方式查明其情况和问题。对其调查询问的重点是:嫌疑对象的个人信息、性格特点、爱好特长、生活经历、经济状况、社会交往、犯罪情况;在发案时间的行踪去向,有谁能够证明等。

二、调查询问的方法

调查询问的形式有两种:一是公开的调查询问;二是秘密的调查询问。侦查中由于对象和任务不同可采取不同的调查询问方式。

（一）公开调查询问

公开调查,是指狱内案件侦查人员以公开的身份出现,依照法律要求被询问人就案件的有关情况做出回答。侦查破案中具体运用的公开调查有:

1.个别询问。个别询问是指狱内案件侦查人员就有关问题进行个别调查询问。个别询问可以给被询问对象安全感,保证其自由陈述,有利于被询问人如实陈述,同时也便于狱内案件侦查人员观察被询问人对案件的反映。

2.集体座谈。集体座谈是指召集有关人员对案件的某些情况进行调查。比如,案情公布后,召集有关人员开座谈会,回忆案发前后的可疑情况,以提供线索。有时为了解决某一专门问题,邀请具有专门知识的人员在一起研究。集体座谈能集思广益,发挥群体优势,进行深入讨论。

（二）秘密调查询问

秘密调查询问是指狱内案件侦查人员针对询问对象和调查内容的特殊性,在不暴露侦查意图的情况下所进行的调查询问。秘密调查询问通常是在向犯罪嫌疑人或者与其关系比较密切的人进行调查时采用,其他不宜采用公开方式调查的人也可运用秘密调查询问。侦查破案中运用的秘密调查询问有:

1.直接秘密调查询问。直接秘密调查询问是指狱内案件侦查人员以其他身份、其他名义为掩护,直接与被询问人接触,进行有目的、有策略的调查询问。

2.间接秘密调查询问。间接秘密调查询问是指狱内案件侦查人员委托他人与被询问人接触,了解所要调查的问题。采用这种方法时,选择的人一定要可靠,有接近被询问人的条件,并且能够胜任。事先要明确调查询问的任务、交代方法,并教育其严守秘密。

三、调查询问的一般要求

（一）必须为调查询问对象提供客观作证的条件

狱内案件侦查人员主要是在调查询问的时间、地点、气氛方面给调查询问对象创造一个畅所欲言的进行陈述的条件。如应抓住发案不久,人们记忆犹新的有利时机及时调查询问。调查询问时应依法出示侦查机关的证明文件。

（二）严禁刑讯逼供和以威胁、引诱、欺骗等非法手段搜集证据

实践早已证明,以威胁、引诱、欺骗和刑讯逼供的方法搜集证据,有百害而无一利。因此,狱内案件侦查人员在调查询问中,一定要遵守以事实为依据,以法律为准绳的办案原则,坚决同刑讯逼供或以威胁、引诱、欺骗等非法搜集证据的方法划清界限,保证不侵害公民的人身权利和民主权利。

（三）调查询问证人应当单独进行

同一案件有两个以上的证人时,调查询问应当个别进行,其他证人和无关人员不能在场。不得把几个证人召集在一起,进行集中调查询问,更不能采取开座谈会的方法搜集证人证言。单独进行调查询问,既有利于被调查询问对象自由陈述,又有利于保守案件的秘密。

（四）要告知被调查询问对象作证的义务和责任

根据刑事诉讼法的规定,知道案件情况的被调查询问对象,其作证的义务主要是:一是在接到侦查机关通知后,有义务到指定地点接受调查询问;二是必须如实陈述所知道的案件事实;三是对于狱内案件侦查人员调查询问的情况和本人陈述的内容,按要求保守秘密。

（五）要尊重被调查询问对象依法享有的诉讼权利

为了保证证人在接受调查询问时,能够如实地、充分地陈述有关案件的事实,调查询问人员必须尊重证人依法享有的各种诉讼权利。根据刑诉法的规定,证人有使用本民族语言作证的权利,有对狱内案件侦查人员的侵权行为提出控告的权利及要求在侦查期间为其作证行为保守秘密等权利。

（六）必须保守调查询问秘密

《刑事诉讼法》第一百零九条第三款规定:"报案人、控告人、举报人如果不愿公开自己的姓名和报案、控告、举报的行为,应当为他保守秘密。"这是为证人保守秘密的重要规定,调查询问人员应当认真贯彻执行。

四、调查询问的实施

（一）调查询问前的准备

1. 了解调查询问对象的有关情况。首先根据侦查工作的需要,确定被询问对象。在调查询问前可以通过被询问人的单位或行刑部门、有关人员或有关材料,了解被询问人的基本情况,如个人履历、前科劣迹、改造情况、交往情况、心理特点及其与案件有关的人、事、物的关系情况,做到在调查询问时心中有数。

2. 选择适当的调查询问时间和环境。在询问时间上,从侦查的角度来讲应该是越早越好。时间拖得越长就越容易记忆不清。但要考虑到被询问人的具体情况,除一些特殊紧急情况需要立即调查询问外,通常要选择被询问人比较方便的时间或空闲时间,以保证被询问人专心致志地接受询问。在选择询问的环境时既要考虑有利于保密,又要考虑被询问人容易接受,可以无拘无束地交谈,以确保调查询问的顺利进行。

3. 拟定调查询问方案。调查询问的内容主要是调查询问的时间、地点;被询问人的情况;调查询问需要查清的主要问题;调查询问中采用的方法;在调查询问中可能出现的问题和解决问题的方法等。其中调查询问的方法和内容十分重要,应作周密思考安排,在调查询问中要根据进展情况灵活运用。

（二）实施调查询问的一般步骤方法

1. 接触被询问人。是指狱内案件侦查人员在提出具体的问题之前,与被询问人进行的语言交流和心理接触,这对调查询问能否顺利进行有重要的影响。根据接触被询问人的内容不同,可分为以下三个层次:恰当的称谓;良好的心理接触;说明来意、告知法律权利和义务。

2. 让被询问人自由陈述。就是狱内案件侦查人员提出总的思维命题,让被询问人就其所了解的与案件有关的情况,进行系统的陈述。向被询问人提出的思维命题的范围,可根据调查询问的目的和实际需要来确定。可供选择的范围有以下几种:只提所要调查的事件,让被询问人对该事件进行自由陈述;只提调查对象的名字,让被询问人对调查对象的各方面情况进行自由陈述;提出调查对象的名字和陈述的范围,让被询问人就某个方面的内容进行自由陈述。

3. 具体提问。就是在被询问人自由陈述之后,狱内案件侦查人员针对被询问人陈述的内容,根据调查询问计划,提出具体问题,让被询问人作出回答,这是进行深入调查询问的重要阶段。主要应包括以下几个方面的情况:被询问人提供的情况的有关细节及来源;被询问人在陈述中遗漏的本应知道的有关情况;需补充或审查调查询问的问题。

4.结束调查询问。调查询问达到预期目的后,就应当结束调查询问。这是调查询问的收尾阶段。结束调查询问应当包括以下几项工作:核对笔录;保持与被询问人的心理接触;要求被询问人在侦查期间对调查询问活动和调查询问内容予以保密。

（三）稳定调查询问对象的情绪

对被害人及其家属进行调查询问时,一般应从关心、同情入手,使其思想逐渐集中到所发生的案件上来,然后再逐步地调查询问所要了解的问题。对其他人进行询问时,狱内案件侦查人员应以诚恳、和蔼的态度,取得询问对象的支持。

（四）消除调查询问对象的思想障碍

对于思想有顾虑的询问对象,在询问中,要对他们进行耐心的疏导和启发,根据被询问人的不同心理特点,启发他们的思想觉悟,使他们消除思想障碍,说出实情。之后,再进行与案件有关问题的调查询问。

（五）促使调查询问对象的思想转化

在调查询问中,常常会遇到有意包庇、袒护犯罪嫌疑人的知情人、家属、亲友;为犯罪嫌疑人提供作案条件、销过赃、毁过证或从中得过某些好处的人;曾与犯罪人一道进行过违法活动的人等。对于这些询问对象,必须反复进行法制教育和政策教育,讲明知情不举,包庇犯罪,出示伪证应负的法律责任,同时也可穿插实例进行教育,使他们认识到只有揭发检举才是唯一出路。

（六）推动调查询问对象回忆

调查询问的过程实际上是要询问对象回忆他从前曾感知过的事物的过程。有时由于间隔的时间较长或者被询问人的记忆力差,往往一时记忆不清。在这种情况下,就需要狱内案件侦查人员寻找一定的线索推动询问对象回忆。推动回忆的方法一般有:接近回忆、相似回忆、对比回忆、关系回忆。

五、对几种不同对象的询问

（一）对被害人及其家属询问

1.被害人及其家属情绪不安,不易如实陈述。遇到这种情况,狱内案件侦查人员要根据被害人及其亲属的心理状况特点,安定其情绪,引导他们的注意力转移到为侦破案件提供情况和线索上来,针对有些被害人及其家属的担忧和顾虑的消极心理,应做好安慰和转化工作,帮助解决一些实际困难,打消顾虑和忧虑,使其冷静地陈述问题。

2.被害人受重伤或生命垂危,不能正常回答问题。被害人受重伤,应紧急送医院抢救,并在医生的协助下,寻找时机进行调查询问。如遇被害人生命垂危,现场抢救时或送医院抢救中,要抓紧时机,想方设法简短地调查询问最关键性的问题。不能言语时,可让其打手势、点头或摇头示意的方式表达有关情况。

3.被害人与犯罪人有牵连,不敢讲真实情况。遇有这种情况,应当先耐心听其陈述,不要过早地揭开矛盾,然后调查询问具体情节,从中发现矛盾和漏洞,再进行法制教育,思想感化,促使其勇于实事求是地讲出事件的真相。

（二）对知情人的询问

1.对不敢讲真情的知情人的调查询问。某些知情人怕受打击报复、怕受牵连而不敢讲出真情。调查询问时,要耐心做好思想转化工作,反复宣讲政策和法律,鼓励他们打消顾虑,同时,侦查机关要为其保守秘密和保护其人身安全,促使其讲出真情。

2.对不愿讲实情的知情人的调查询问。某些知情人存在少管闲事、少说为佳、少惹麻烦等超然心理而不愿讲出实情。调查询问时,一方面要有的放矢地进行说服和解释,言之有理,热情感化;另一方面可间接地做好心理转化工作,激励他们自觉地据实反映情况。

3.对不能具体表达情况的知情人的调查询问。某些知情人由于记忆力差、言语障碍、智能不健全,所谈问题模糊不清。询问时,要耐心,要善于启发回忆,可通过书面语言或手势比划进行,不能急于求成。

4.对有失职行为的知情人的调查询问。询问案件中涉及的部分值班、值勤人员或其他工作人员,由于案件的发生与其失职行为直接相关,为了使自己免受处分,在接受调查询问时他们往往有意隐瞒或编造一些与案件有重要关系的事实和情节,给案件的侦破造成阻碍。在调查询问这类人时,要邀请其直接领导到场,为其解除思想顾虑,让其自由陈述。

5.对与犯罪有牵连的知情人的调查询问。这类人由于怕受法律制裁,往往强调客观,不讲真话或虚构情节,来推卸自己的责任。调查询问时,一要耐心进行教育,讲明利害关系,促其认清形势;二要缓和对立和对抗情绪,要启发和鼓励他们如实地讲出真情;三要做好转化、分化工作,促其讲出真实情况,交代自己的问题和检举他人的问题。

（三）对不同性别、年龄的人询问

1.对女性的询问。询问女性时应尽量选用女侦查人员或有女性工作人员参加,提问要委婉;询问时要耐心启发其觉悟,鼓励其积极揭发、检举犯罪;询问中要注意调整询问的节奏,注意用语;提问要简单、明了,使其容易理解和回答;询问时,不要使用有暗示或引诱的言词。

2.询问未成年人。针对未成年人的特点在询问时应注意:应选择他们所熟悉或习惯的场所进行询问,必要时可通知其法定代理人到场或邀请教师参与询问;要努力建立同未成年人的心理接触;要从他们感兴趣的问题问起,逐步把谈话引入正题;使用未成年人熟悉和理解的语言、文字及表达方式;针对未成年人因片面认识而拒证或伪证,通过教育加以纠正;对未成年人要特别注意防止引诱、暗示性的询问。询问笔录要保持未成年人的语言风格和特点。

3.对老年人的询问。询问老年人应注意以下几点:对老年人应尽可能登门（或就近）询问;要注意尊重老年人,与其建立信任和合作关系;要放慢询问节奏,交谈的声音要洪亮,让他们听清、听懂;问题要简明扼要,避免过多的解释,以免引起厌烦情绪和不必要的顾虑;发现错误避免斥责和争论,否则会伤害其自尊心而不愿意陈述。

六、调查询问记录

调查询问记录,是狱内案件侦查人员在调查询问中对被询问人陈述的记载。凡是进行公开调查询问的都应作记录。

（一）座谈会记录

座谈会记录,除要记明座谈会的时间、地点,参加座谈人员的姓名、单位、职务,参加调查的狱内案件侦查人员姓名、座谈内容外,重点记录每个参加座谈人员讲述的主要内容,以便作为研究调查情况的依据和日后备查。

（二）访问记录

访问记录,除记明被询问人的姓名、性别、年龄、住址、工作单位,询问时间、地点,参加询问的狱内案件侦查人员以外,重点应记录被询问人的讲述内容。

（三）调查询问笔录

调查询问笔录内容,除按规定的格式要求逐项填写清楚外,重点应记录被询问人提供的详细情况。即按照何时、何地、何事、何人、何故、何法、何果的"七何要素"进行调查询问和详细记录。如果被调查询问人有书写能力,可让其亲笔书写证言,狱内案件侦查人员调查询问被询问人或被害人时可以录音,但录音不能代替调查询问笔录。

七、对调查询问所得证据材料的评断

（一）对其可靠性进行评断

1. 材料的来源。被调查询问对象陈述的真实性,从主观因素分析,在很大程度上与日常的政治思想表现,与案件和被害人、犯罪嫌疑人的关系有关。因此,在对调查询问所得证据材料的真实性进行评断时,必须查明陈述人与案件、被害人、犯罪嫌疑人的关系,弄清陈述人平时的思想品德和日常表现,看其有无伪证动机,有无夸大其辞或故意编造事实情节的可能。调查询问中还要问明陈述人提供情况的来源,如是亲自听到、看到还是从别处知道的,或是主观猜测的。

2. 材料中所表明情况的实际可能性。材料中所表明情况的实际可能性是从客观方面对调查询问所得证据材料的真实性进行分析评断。如果陈述人提供的情况是亲自听到或看到的,应问明当时的环境条件,分析在当时的情况下,能否听到、看到,必要时可进行侦查实验;如果陈述人提供的情况是间接知道的,要问明是在什么情况下知道的,怎样知道的,以便组织进一步调查询问;如果陈述人提供的情况是自己的怀疑,应着重了解其怀疑的根据,以便确定其价值。

（二）对其准确性进行评断

1. 对感知能力的分析。感知能力健全是被调查询问对象陈述准确度的基础。在具体评断时,必须观察和了解调查询问对象的五官感知能力,审查其反映事物的准确程度如何;分析某些影响调查询问对象感知的客观因素。如感知事物的时间、地点、光线、距离、气象、温度、噪音、环境等因素是否会影响感知;分析调查询问对象的个性特点,以判断其陈述的可靠性。

2. 对注意力的分析。审查调查询问对象对陈述事实的注意力,首先,是审查事件发生时,调查询问对象的意识是否处于注意状态,是无意注意状态中,还是有意注意状态中,注意的稳定性如何,是否受到外部干扰或自身心理因素的影响;其次,是审查调查询问对象对此事件的兴趣和是否熟悉被注意的客观事物。

3. 对记忆力的分析。审查调查询问对象记忆的能力,主要是对调查询问对象陈述中,关于回忆案件有关情况和认知与案件有关人和物的可信度进行评判。在具体操作时要考虑以下几个基本要素:一是记忆的形式。要分析是动作记忆、形象记忆、语言文字记忆还是情感记忆;二是记忆的程度。要注意区分是有意的用心记忆还是无意的不在意记忆;三是记忆的实效。认识事物距回忆的时间越短,则越能准确地回忆和充分地再现和再认,否则相反;四是记忆的印象和强弱。这一因素与人的职业、工种、年龄、健康程度、心理特点都有一定的关系。

4. 对表达力的分析。调查询问所得证据材料是被调查询问对象的陈述记录,它是通过陈述人的表达实现的。所以,在评断调查询问所得证据材料的准确性时对陈述人的表达能力进行分析就显得尤为重要了。在分析陈述人的表达能力时,注重了解其文化程度、语言习惯、职业特点和性格特征。

【案例】

调查询问　证实邱某诈骗案

2006 年 5 月 8 日,浙江省 B 监狱四分监区罪犯冯某检举,同分监区罪犯邱某(女,1961 年 12 月 31 日出生,汉族,浙江省象山县人,因诈骗罪,2000 年 12 月经人民法院判处有期徒刑 10 年 6 个月,并处罚金人民币 20000 元)向同监在押犯顾某要钱,已经有 6 次。获悉后监狱立即成立了专案组,根据司法部《狱内刑事案件立案标准》和《监狱法》第六十条规定予以立案,制定侦查计划与措施如下:一是立即对罪犯邱某进行隔离审查、调查取证;二是对顾某、冯某进行询问,调查取证;三是调取汇款通知单等凭证;四是对相关工作人员进行情况调查;五是对顾某丈夫李某及其妹夫胡某进行询问,调查取证;六是对监狱管教民警及相关人员询问调查。

经过专案组工作人员对罪犯邱某的讯问、对在押罪犯顾某、冯某、顾丈夫李某及其妹夫胡某的询问,以及对民警罗某等相关工作人员的情况调查,从中获取邱某的供述,顾、冯的陈诉,证人李某、胡某和民警罗某的证言,到相关邮政部门提取汇款收据凭证、邮政汇款通知单,在监狱提取罪犯存款收据、犯人存折、顾丈夫李某的来信等书证,查明罪犯邱某在服刑期间涉嫌诈骗。主要事实如下:罪犯邱某在向同监区罪犯顾某谎称其与分监区长罗某系亲戚关系,以能帮其办理减刑、保外就医为名,于 2004 年 10 月至 2006 年 2 月骗取顾的信任,让家人汇款共计人民币 4800 元给邱某作拉关系用。2006 年 4 月 27 日,邱以同样的名义骗得顾让家人再汇款人民币 1000 元给其拉关系用,此款因案发被监狱拦截。邱某骗取的赃款中部分已被其在狱内用以购买日用品。根据《中华人民共和国刑法》第二百六十六条规定,已涉嫌诈骗罪,2006 年 6 月该地人民检察院提起公诉,法院作出对邱某以诈骗罪判处有期徒刑 8 个月,并处罚金 20000 元处罚,决定执行有期徒刑 3 年 7 个月,并处罚金人民币 21000 元。赃款人民币 4800 元责令邱某退赔。

第二节　摸底排队

摸底排队,是指狱内侦查机关在又犯罪案件发生后,经过现场勘查、案情分析,在确定侦查方向和侦查范围之后,按照已刻画的作案人的条件,在一定范围内对可疑人、事、物逐个进行排查,从中发现犯罪嫌疑线索和犯罪嫌疑人的侦查措施。

摸底排队是侦查机关在侦查活动中最广泛使用的一项侦查措施,也是侦查人员必须掌握的基本功。案件发生后如何确定犯罪嫌疑人,从哪里下手去寻找,成为侦破工作的先决条件,解决这一问题的基本措施就是摸底排队。犯罪嫌疑人往往隐蔽、混杂于罪犯或群众之中,若要及时发现和揭露他们,就必须进行深入、细致地调查,全面地摸底排队,进而发现犯罪嫌疑人,并为破案提供事实证据。现在,情报资料、重点犯控制、犯情分析等基础业务加强、完善并实现电脑管理之后,摸底排队将向更科学的方向发展。

一、摸底排队的范围

摸底排队的范围,是指在什么空间范围内查找犯罪嫌疑人,准确确定摸底范围是促进案件侦破的关键,没有具体范围的盲目排查是难以取得理想效果的。摸底排队的范围不是任意确定的,范围划小有可能把犯罪嫌疑人漏掉,范围过大就会分散力量,贻误战机。

（一）依据现场情况确定范围

一般来讲,犯罪现场的位置和环境往往与犯罪人居住、隐藏、活动区域有着必然的联系,有的联系十分紧密且明显。因此,在确定摸底排队范围时,应以现场为中心向外扩展,尽量将与现场所在地有联系的地区和部位纳入摸底排队的范围。对于现场遗留的各种物品,侦查人员应对其产地、销售地、使用范围,结合其自身特征确定摸底排队的空间范围。

（二）依据案件性质确定范围

案件性质反映了犯罪人侵害了一定的社会关系,指明了具体的犯罪客体,为确定什么人可能作案提供了依据。案件性质在一定程度上决定了摸排范围的大小,不同性质的案件,其摸排范围不同。

（三）依据犯罪人特征确定范围

在现场勘查和现场询问中,有的案件可以确定犯罪人具有某些特征。比如体貌特征、口音特征、前科劣迹特征、技能特征或某种心理特征等。这些特征可以使侦查人员对犯罪人有一个深入的认识,从而在一些特定的范围内摸排犯罪嫌疑人。

摸底排队的范围并不是一成不变的。随着侦查工作的不断深入、案情的不断发展、掌握材料的不断增多,侦查人员对案情就会有新的认识。如果认为原来确定的摸底排队范围不适合案件的侦破,应该根据实际情况进行相应的调整,以适应侦查工作的需要。

二、摸底排队的条件

摸底排队必须要有明确、具体的嫌疑条件,而条件确认得是否准确,是能否及时发现犯罪嫌疑人的关键。摸底排队依据的条件主要有以下几个方面:

（一）具备作案时间条件

任何一起案件都是在一定时间内发生的,一个人在特定的时间内只能从事一项活动,不可能在同一时间内进行其他的活动。只有具备了作案时间条件,才能进一步考虑其他作案条件,因此,有无作案时间是确定犯罪嫌疑人的重要依据。在摸底排队中要特别警惕犯罪嫌疑人在作案时间上制造的种种假象。

（二）具备作案空间条件

空间具有排他性的特点。任何一起案件的构成都必定占有一定的空间。因此,在案件发生时是否接触、进入现场空间范围,就是排查犯罪嫌疑人的一个重要条件。如杀人碎尸的空间一般是独门独户、室内有血迹或粉刷痕迹等。

（三）具备因果关系条件

狱内犯罪案件的发生,都有一定的因果关系。即犯罪嫌疑人与被害人存在着某种矛盾或利害冲突而加害被害人,还有一些案件存在着报复社会、变态等因素。因此,从结果去追查原因、从被害人去追查加害人,因果关系就成为摸排的条件。

（四）具备作案工具和物品条件

犯罪人作案往往要借助一定的工具和物品,如杀人凶器、毒物、爆炸物、刀枪、交通工具等,这些工具和物品与犯罪人之间存在着必然的内在联系,可以反映出使用人所在地区、职业特点、专门知识、动作习惯等其他特征,可以为摸底排队提供重要依据。

（五）具备犯罪痕迹物证条件

犯罪嫌疑人实施犯罪，不可避免地会留下一些犯罪痕迹和物证，如手印、足迹、工具痕迹、枪弹痕迹、车辆痕迹、牙齿痕迹、开锁痕迹、玻璃破碎痕迹以及血迹、精斑、毛发、唾液等。犯罪现场留下的痕迹物证，不仅能反映出犯罪人的作案活动过程，也反映出犯罪人的某些个人特点，可以通过技术检验、鉴定，为摸底排队提供重要的依据条件，应在摸底排队中充分利用。

（六）具备赃款赃物条件

在盗窃、抢劫、诈骗等侵财案件中，犯罪人一般都持有赃款赃物，凡是持有赃款赃物的人，或多或少都应该与案件有一定关联，因此，应当把赃款赃物作为摸排的条件，一旦发现赃款赃物，就可以从物到人追查作案人。

（七）具备作案人体貌特征条件

犯罪人在现场作案，必然要将自己的某些特征留于现场或留于某些目击者的头脑中。如性别、年龄、身高、体态、肤色、眼睛、嘴巴、发型、疤痕等特征，以及口音，走路姿势，动作习惯，衣服颜色、式样、质地、新旧程度等。如果这些特征分析和鉴定得准确，就可以成为摸底排队的重要条件，可以在具备这种特征的人员中发现犯罪嫌疑人。

（八）具备知情条件

有些犯罪案件从犯罪人侵犯的目标、作案过程和现场情况来看，所选择的作案时机恰当、目标准确、动作熟练，是了解内情、知道底细、熟悉情况的人作案。在某些特定情况下，犯罪人只有在知情知底的条件下才能作案。这种知情知底情况就应作为摸底排队的依据。

（九）具备反常表现条件

犯罪人作案后，其心理活动处在一定程度的恐惧、变态和不安之中，常常出现各种反常表现，这些反常条件应作为摸底排队的一个条件。但是，要持慎重态度，注意具体分析，研究其是否真反常，查清反常的原因，切忌直观臆断把侦查引入歧途。

上述条件在摸底排队过程中不一定全部具备，有的案件反映的可能多一些，有些可能少一些，一般而言，条件充足，摸排工作的准确度相对较大，因此，在摸排工作中尽可能的充分利用摸排的条件。

三、摸底排队的方法

（一）搜集线索、普遍排查

搜集线索、普遍排查就是在已经确定的摸排范围内，根据摸底排队的条件，依靠发动各类人员，利用各方面的力量，全面搜寻有关犯罪嫌疑人的线索，逐个排查，以发现犯罪嫌疑人。

1.公布案情，发动监狱警察、群众、在押犯提供线索。摸底排队范围确定之后，根据条件及时公布案情，有利于动员监狱警察、群众为侦查破案提供线索，提高人民警察、群众的警惕性；有利于使多数罪犯受到教育，积极协助狱内案件侦查部门做好破案和预防工作；同时，在罪犯发动起来之后，形成强大政治攻势，促使犯罪嫌疑人走自首的道路。当然，公布案情不是任何案件都可以采用，也不是任何情节都可以公布的，而是应当有目标、有领导、有控制地进行。有目标，是指应当在有可能摸排到犯罪嫌疑人的范围内进行。不能没有范围地、盲目地公布，在决定公布前一定要对案情作出准确的判断。有领导，是指某一案件能否公布案情，在什么情况下公布，怎样公布，应经领导批准，应从侦查破案的整体出发，侦查人员不能自行决定，以免出现负面影响。有控制，是指公布哪些案件和公布案件的哪些情节应有选择,不能不加区别地全部予以公布。比如涉及保密、隐私等案件与情节不能公布,特别是勘查现场和个别调查中获得的各种作案细节更不应该在群众、罪犯中公布或泄漏。

公布案情应当迅速及时,有步骤地进行。案情公布后要有计划、有准备地组织罪犯座谈讨论,引导他们回忆案发前后的可疑情况,并毫不保留地提供出来。涉及重要线索的要个别进行。

2.利用犯罪情报资料线索排查嫌疑。根据案情分析确定的体貌特征、作案手段、作案工具、侵害对象及现场遗留的痕迹物证等,从犯罪情报资料中检索排查嫌疑。犯罪情报的搜集可以从档案资料、狱情统计、狱情分析汇报、检查信件、会见在场、会议和谈话以及监控技术等途径来进行。一经发现相同或相似的犯罪嫌疑人或案件,侦查工作就有了明确、具体的对象,将会加快侦破工作向前推进。

3.进一步做好知情人的工作,争取其提供有关情况。知情人多数与犯罪嫌疑人关系密切,顾虑多、怕牵连、怕报复、讲义气,狱侦人员要针对不同的情况,做好深入细致的思想教育工作,提高认识、划清界限、解除顾虑,鼓励他们大胆揭发,争取立功受奖。做好知情人的工作,首先是发现知情人,知情人通常指以下几种:耳闻目睹与作案有关的人;曾帮助或代为存放、销售赃物的人;曾经掩护或给犯罪嫌疑人某种帮助的人;发现与案件直接有关等重大情况的人;间接知晓案件某一情况的人。

(二)查证核实、重点排查

通过公布案情,在搜集线索、普遍排查的基础上,会发现一定数量的嫌疑对象。在此,运用公开和秘密相结合的方法,对照摸排条件一一分析研究,按疑点的大小,依轻重缓急,组织侦查力量分片包干,逐人逐小组对线索进行查证核实,对嫌疑人进行反复筛选,逐个澄清核实,科学地进行分析判断,做到怀疑有理由、否定有根据,以便确定重点嫌疑人。

确定重点嫌疑人。重点嫌疑人是从一般嫌疑人中筛选出的疑点比较突出的人。在审查中,对于疑点突出集中,嫌疑根据充分的嫌疑人应集中主要精力进行审查。重点抓住时间、动机、证据等基本条件。任何一起案件的犯罪人,必然具备犯罪时间、犯罪动机、犯罪证据。在对嫌疑人的查证中,要紧紧围绕这些基本条件,通过认真细致地调查访问,进行核实、印证,并及时准确地作出确定与否定的结论,重点嫌疑人一般具有三个条件:一是比其他嫌疑人的疑点突出;二是具有一个直接证据和几个彼此吻合的间接证据;三是没有合理解释的无罪证据。具备以上条件,即可确定为重点嫌疑人,进行重点审查,同时可以排除和降低其他嫌疑人的嫌疑。

第三节　搜查、扣押

我国《刑事诉讼法》第一百三十四条规定:"为了搜集犯罪证据,查获犯罪人,侦查人员可以对犯罪嫌疑人以及可能隐藏罪犯或者犯罪证据的人的身体、物品、住处和其他有关的地方进行搜查。"

一、搜查

搜查,是指侦查人员为了发现或搜集犯罪证据、查获犯罪嫌疑人,依法对可能隐藏案犯或犯罪证据的人的身体、物品、住处和其他场所进行搜寻检查的一项侦查措施。

搜查是一种诉讼行为,搜查的主体是监狱的侦查人员。狱内案件侦查中的搜查不同于狱政管理中的检查,搜查必须严格按照刑事诉讼法规定的程序进行。狱政管理的检查是一种管理行为,遵循相关的监狱管理法律、法规进行。

搜查的对象是可能隐藏犯罪嫌疑人和犯罪证据的人身和场所。凡是有可能藏匿罪证和罪犯的人身和场所,都可能成为搜查的对象。介入社会的,应由公安机关协助。

（一）搜查的目的

1.直接查获犯罪嫌疑人。通过对可能隐藏犯罪嫌疑人场所的搜查,发现犯罪嫌疑人落脚藏身的处所,甚至直接查获犯罪嫌疑人。

2.发现和取得检验鉴定样本。通过搜查发现犯罪时使用的工具,如鞋子、衣服、撬压工具、凶器等。与犯罪嫌疑人身体直接相联系的痕迹,如指纹、毛发、唾液、气味等。

3.发现和确认犯罪现场。在杀人移尸、杀人碎尸案件中,可以通过搜查来发现被害者的血迹、组织碎片等和实施犯罪活动的蛛丝马迹,进而去寻找、确定杀人现场。

4.扩大侦查范围。通过搜查,不仅可以发现、获取本案的线索、证据,同时也可以发现一些积案、预谋案件和私藏违禁物品的线索、证据,扩大侦查的范围。

5.发现和获取各种犯罪证据。通过搜查,可以依法起获被犯罪行为所侵占,乃至已被转移的赃款赃物。

（二）搜查的基本程序

为了保证狱侦人员搜查行为具有法律效力,狱侦人员在执行搜查任务时必须遵循法定程序:

1.持《搜查证》搜查。搜查应由两名以上狱侦人员负责进行;搜查妇女的身体应当由女性工作人员进行。

2.搜查对象是罪犯,可直接进行;如果搜查狱外场所或罪犯以外的人,协助搜查的公安人员需持有公安机关签发的搜查证。

3.搜查应当有被搜查人或其他见证人在场。

4.搜查的情况应当制成笔录;发现与案件有关的物证、书证等应当扣押,并填写《扣押物品清单》。

（三）搜查前的准备

1.明确搜查目的物。在具体的案件搜查中,搜查的目的物是多样的。如有的案件重点是搜查犯罪的赃物;有的案件重点是搜查和发现犯罪工具;有的案件则是为了发现同犯罪有关的痕迹物证。执行搜查人员在搜查前都必须了解案件的有关情况,明确通过搜查要达到什么目的,明确搜查目标是什么,要掌握寻找目标的特征等,以便有目的地进行搜查。

2.调查搜查对象,了解搜查环境。在进行搜查前,执行搜查人员不仅要了解搜查的重点和目的,还应该对被搜查人的情况进行全面调查,如被搜查人的性别、年龄、爱好、生活方式等便于正确判断罪证处所。同时,要对被搜查人的住处或相关地点进行详细的调查,如房屋结构、出入通道、周围环境等,便于正确判断罪犯可能隐藏的部位和罪证可能藏匿的地点,以便搜查时合理布置搜查力量,正确确定搜查重点和搜查方法。

3.组织搜查力量,明确人员分工。为了保证搜查行动的效率和有序性,应当根据案件的性质和搜查的目的确定参加搜查的人员及其分工,这对顺利完成搜查任务具有重要的意义。参加搜查的人数应根据工作量的大小决定。参加搜查的人员必须二人以上,不允许一人单独执行搜查。如果需要大量的体力工作或细致的查找工作,应适当吸收辅助人员参加协助搜查。执行搜查要组织足够的搜查力量,如搜查人员、记录人员、警戒人员等,同时要明确落实每个人的任务和职责。对脱逃案件或内外勾结的犯罪案件且主犯是罪犯,若需要搜查的,公安机关应派员持搜查证协助搜查。

4.拟定搜查方案。根据搜查目的和被搜查对象的具体情况,要拟定好搜查的方案。搜查方案的主要内容应包括:执行搜查的组织分工,如谁看守进出口和通道,谁负责警戒,谁执行搜索等;搜查的目的、时间、重点部位;搜查的顺序,可能出现的情形及其紧急处理等。

5.搜查工作的物质准备。搜查前应根据案件的性质和搜查的目的,准备必要的器材工具。搜查常用的器材工具一般有以下几类:照相、摄影器材;照明工具;探测工具,如探针、小型X光机、紫外红外线灯、金属探测器;用于提取、包装检材的器材;搜查文书,如搜查笔录、扣押物品清单等;交通、通讯工具及武器、戒具等。

6.选择搜查的时机。搜查,作为一种侦查措施在案件侦查的各个环节中均可应用。一是在拘留、逮捕犯罪嫌疑人的同时;二是在侦查过程的某一阶段;三是在预审过程中;四是通过秘密侦查手段发现了重要犯罪证据时,应迅速进行搜查。

(四)搜查的方法

搜查的方法和搜查的种类有关。根据对象不同,搜查可分为人身搜查、室内搜查和室外搜查。

1.人身搜查的方法。人身搜查是对狱内又犯罪嫌疑人、罪犯或其他犯罪嫌疑人的人身进行搜寻和检查。在对犯罪嫌疑人的住所进行搜查或抓捕罪犯时,通常要对其人身进行搜查。人身搜查也可以单独进行。为了防止被搜查人的反抗,进行人身搜查的人员一般不能孤身一人。当一人进行搜查时必须有另外的人在一旁武装警戒。对妇女进行人身搜查时由女性工作人员进行,见证人也应该是女性,同时要选择适当的搜查场所。

2.室内场所搜查。室内场所搜查是侦查人员对可能隐匿罪犯,隐藏犯罪证据的私人住宅、监舍、车间、仓库等场所进行的搜查检查。搜查是应根据场所的特点,布置警戒人员,切断场所与外界的联系,然后根据搜查目的和场所环境确定重点搜查部位,搜查的目的不同,搜查的重点部位也将不同。另外,在进行搜查时,还要注意观察在场的被搜查人的神态。

3.室外场所搜查。室外场所搜查通常是指狱侦人员对庭院、菜园、路边等野外可能隐藏罪犯或罪证的场所进行的搜索和检查。室外搜查涉及的范围大,环境情况复杂,目标分散,搜查的工作量及难度也大。因此,室外搜查前应根据案情的需要,划定适当的搜查范围,在划定搜查范围时,不能划的过小,否则就会造成遗漏。如果划的范围过大,漫山遍野的寻找,会造成财力的大量浪费,也难以细致进行搜查。对室外场所的搜查一般可以采取以下方法:

(1)分区定位搜查法。先对场所进行巡视,了解大致情况,然后根据地形把整个场所分为几片,划定搜查范围,指定专人专门负责某一特定区域的搜查,这样可以做到临场不乱、不遗漏的效果。

(2)包抄收缩搜查法。就是搜查人员先将搜查地域包围起来,再由外围逐渐向中心进行搜查。此方法适用山地、树林、田野等视野受限、罪犯易于藏身的场所,为防止其逃跑。可先将其包围起来,逐渐缩小包围圈,最后将案犯抓获。

(3)逐渐扩张搜查法。就是由现场中心逐渐向外扩大搜查范围。此法可以无限地向外扩展,直至达到搜查目的为止。

（4）螺旋式搜查法。采用这种搜查方法，可以先从现场中心为起点，螺旋式向外扩展，也可以从外进行方向搜查。

（五）搜查笔录的制作

搜查结束后应制作搜查笔录。笔录的主要内容包括：搜查单位和搜查人员的姓名；搜查的依据；被搜查人的情况；搜查的范围和过程；搜查中发现和提取的物品和文件及其发现的地点；搜查开始和结束的时间等。笔录上要有被搜查人、见证人和搜查人员的签名和盖章，如果拒绝署名，应当在笔录上注明。

二、扣押

扣押是指侦查机关依法向持有人强制提取、留置同案件有关的物品或文件的侦查措施。扣押通常是在搜查和现场勘查过程中进行的，有时也可单独进行。由于扣押是一种具有强制性的调查措施，直接关系到公民的合法权益是否受到非法侵害，因此，扣押必须依法进行。

（一）扣押的程序

《刑事诉讼法》第一百三十九条规定：在侦查活动中发现的可用以证明犯罪嫌疑人有罪或者无罪的各种财物、文件，应当查封、扣押；与案件无关的财物、文件，不得查封、扣押。

对查封、扣押的财物、文件，要妥善保管或者封存，不得使用、调换或者损毁。

1.扣押必须经过有关机关的负责人批准。在执行扣押时，需要有两名以上的有权扣押的人员进行。在现场勘查和搜查过程中是否需要扣押有关的物品，由现场勘查指挥人员决定。

2.扣押只限于与查明案件事实有关的、具有证据意义的物证和其他证据。但是，在执行扣押的过程中，如果发现了违禁物品，不论其是否与案件有关，都应予以扣押。对于需要扣押的物品，物品的持有人没有正当理由而拒绝交出的，应强制扣押。

3.对于扣押的物证和其他证据，侦查人员应会同在场的见证人、被扣押物证的人共同清点，写明名称、规格、数量、质量、特征及其来源。当场开列清单一式两份，签名或者盖章。如果不愿在扣押清单上签名或者在逃的，不影响扣押的执行，但应在清单上注明。

4.需要扣押犯罪嫌疑人的邮件、电报时，应经过公安机关、人民检察院、国家安全机关的批准。根据案件侦查的需要，可以按照规定查询、冻结犯罪嫌疑人的存款、汇款。

5.对于扣押的物品、文件、邮件、电报或者冻结的存款、汇款，经过查证确实与案件无关的，应在3日内解除扣押、冻结，退还原主或者邮电机关。

（二）扣押的具体范围

1.搜查中发现的一切可以用来证明被搜查人有罪或者无罪的各种物品和文件；

2.被搜查人主动交出的与犯罪有关的物品和文件；

3.可用来补偿因犯罪行为而造成损失的现金、有价证券和各种财物；

4.违禁物品及国家法律规定不允许个人使用、持有的物品。有时在人身搜查中发现的一些物品，虽然同犯罪无关，但应暂时扣押，待结案以后再作处理。

（三）扣押物品的处理

对于已经扣押的物品、文件应妥善保管或者封存，不得使用、毁损或丢失。应当扣押但又不便马上提取的物品，应封存等候提取。对于不能封存的，应责令被扣押物品的持有人或其亲属暂时保管，并先行将该物品拍成照片附入案卷。

第四节　辨　认

辨认是指在办理刑事案件过程中，狱内侦查人员组织被害人、证人或犯罪嫌疑人对与犯罪有关的物品、文件、未知名尸体、场所或犯罪嫌疑人等客体进行辨别和确认的一种侦查措施。

一、辨认的作用

在狱内案件侦查中，正确运用辨认措施，对于发现犯罪线索，缩小侦查范围，澄清嫌疑或认定犯罪嫌疑人等方面，均有重要作用：

一是可以澄清嫌疑或确定犯罪嫌疑人，为缩小侦查范围、查获犯罪嫌疑人提供依据；

二是可以查明未知名尸体的身份，为分析案情、确定侦查方向提供依据；

三是可以搞清现场遗留物、作案工具和与案件有关的物品为何人所有，为发现侦查线索、查获犯罪嫌疑人提供依据；

四是可以搞清侦查中所获赃物是否案件损失之物，为发现线索、审查犯罪嫌疑人提供依据；

五是可以区别某一场所是否是实施犯罪的地点或与案件有关的地点，为正确分析案情提供依据。

二、辨认的种类

（一）根据辨认主体进行的分类

辨认主体即辨认人。根据主体与案件的关系不同，辨认可以分为受害人辨认、被询问人辨认和被告人辨认三种。这种分类有助于正确评断和使用辨认结论。

（二）根据辨认客体进行的分类

辨认客体即辨认活动中主体进行识别的对象。根据客体不同，辨认可分为人身辨认、物体辨认和场所辨认。

1.人身辨认。人身辨认是以解决人身是否同一为目的而进行的辨认。它包括对活人的辨认和对尸体的辨认。在狱内案件侦查中，对活人的辨认主要是指对犯罪嫌疑人或者作案嫌疑人的识别。对尸体的辨认主要是指对与案件有关的无名尸体的识别。人身辨认对肯定或否定嫌疑、查明被害人有特别重要的意义。

2.物体辨认。物体辨认是以解决物体是否同一为目的而进行的辨认。物体辨认的对象包括作案工具、赃物和现场遗留物等。物体辨认往往是发现嫌疑线索和查明案情的重要途径。

3.场所辨认。场所辨认是以解决场所是否同一为目的而进行的辨认。场所辨认的对象包括作案现场和相关场所，后者主要是指犯罪嫌疑人在作案前后曾带领或劫持受害人去过的场所。场所辨认对确定侦查方向和发现嫌疑人都有重要意义。

（三）根据辨认方式进行的分类

1.公开辨认。公开辨认是由侦查人员组织辨认人在被辨认人或被辨认物的持有人知晓的情况下进行的辨认。对物体的公开辨认要请见证人参加。公开辨认结束后应制作正式的辨认笔录,并可作为案件中的诉讼证据公开使用。

2.秘密辨认。秘密辨认是由侦查人员安排辨认人在被辨认人或被辨认物的持有人并不察觉的情况下进行的辨认。秘密辨认无需请见证人参加,也不用制作正式的辨认笔录。但秘密辨认的结果只能供侦查人员参考,不能作为诉讼证据使用。若需将该结果用作证据,则应重新组织公开辨认。

(四)根据辨认方法进行的分类

1.直接辨认。直接辨认是辨认人通过对客体的直接观察或感知而进行的辨认。由于直接辨认对客体特征的感知比较真实、全面,大多数辨认都采用直接辨认的方法。

2.间接辨认。间接辨认是辨认人通过某种中介了解客体特征并以此为基础进行的辨认。在那些不能或不便进行直接辨认的情况下,可以采取间接辨认的方式。

(五)根据辨认特征进行的分类

1.静态辨认。静态辨认是依据客体形象特征进行的辨认。形象特征是指客体的外表结构、形状、图像、花纹、颜色等方面的特征。绝大多数的辨认都以客体的形象特征为依据采取静态辨认的方式。

2.动态辨认。动态辨认是依据客体的习惯特征进行的辨认。习惯特征是指客体在运动过程中体现出来的规律性或习惯性特征。目前在辨认中可以利用的主要是人的动作习惯特征和语言习惯特征。

三、辨认的规则

(一)个别辨认

个别辨认有两层含义:其一,当案件中有两个以上辨认人对同一个辨认对象进行辨认时,应该让他们分别单独进行,以免辨认人之间相互影响而失去辨认的客观性;其二,当案件中有两个以上辨认对象要同一个辨认人进行辨认时,也应该让辨认人分别进行,以免辨认对象之间互相干扰而影响辨认的专一性。

(二)混杂辨认

在对活人或物体进行辨认时,应将辨认对象混杂在若干个无关但有其相似性的人或物中间,不能把辨认对象单独提供给辨认人进行辨认,以保证辨认的客观性。在选择混杂辨认陪衬的对象时,应以辨认对象的特征为依据。当辨认对象是物体时,混杂客体的种类、形状、型号、颜色等应与辨认对象相同或相似。对录音、录像的辨认也应遵循对象混杂的规则;对无名尸体和场所的辨认不适用对象混杂的规则;对犯罪嫌疑人的秘密辨认无法安排混杂客体,但此类辨认对象实际上往往处于自然混杂的状态中。

(三)客观辨认

任何辨认都应保证辨认人独立自主地进行,严禁侦查人员在辨认之前或辨认之中以任何方式对辨认人进行暗示或诱使辨认人按其意图进行指认。在辨认之前,侦查人员不能让辨认人事先看到辨认对象或指导辨认对象的情况。在辨认过程中,侦查人员可以帮助辨认人全面细致地观察客体的特征,也可以进行必要的解释,但必须保持客观的态度。如果侦查人员在组织辨认时有诱使或暗示的行为,该辨认结果不得作为证据使用。为保证客观辨认,也不能让辨认人事先了解有关被辨认人的情况,这一点在对犯罪嫌疑人的秘密辨认中尤为重要。

四、辨认的方法

(一)辨认前的准备

1.选择辨认的时间和地点。一般来讲,公开辨认的时间和地点可有较大的选择余地,因此应尽量安排在符合辨认人原感知条件,并且外界干扰较小的环境中进行。秘密辨认要特别注意不能让被辨认人察觉,在安排辨认时间和地点时,既要考虑辨认人的感知条件,又要考虑辨认的保密性。

2.制定辨认的实施方案。辨认应当有组织、有步骤地进行。因此,在组织辨认之前应制定出具体的行动方案,包括人员的分工、行动步骤和方法、辨认中可能遇到的问题及相应的对策等。

3.询问辨认人。在辨认前应对辨认人进行询问。询问的内容包括辨认对象的具体特征和辨认人感知辨认对象时的具体条件。询问时应尽量详细,并应制作笔录,以便与辨认结果核对。侦查人员不能简单地认为辨认人在接受询问时讲不出辨认对象的具体特征就认为其后来作出的辨认结论不可靠。通过询问,侦查人员既可以了解辨认人掌握的辨认对象的各种情况,也可以了解辨认人的感知能力、记忆能力和表达能力,从而为正确组织辨认和评断结果提供依据。此外,侦查人员在询问时还应根据辨认人的具体情况作必要的思想工作,并告知其具有的权利义务,要求其客观真实地进行辨认。

应当注意的是,实践中常常出现这样的情况:辨认人在回答侦查人员的询问时,由于陈述能力有限,无法准确、详细地描述人、物品或场所的具体特征,但在辨认时,却能够准确地指认犯罪嫌疑人或者与犯罪有关的物品、场所。因此,询问中如果发现辨认人不能具体地说明犯罪嫌疑人或物品、场所的特征或作出辨认结论的依据,侦查人员不能轻率地作出取消辨认的决定,或者主观地认为已经作出的辨认结果是不可靠的,而应当结合辨认人的具体情况,分析出现这种情况的真实原因。

4.辨认条件的准备。就辨认的条件而言,应从以下方面进行准备:选择符合条件的混杂陪衬人员;对进行辨认活动的场所进行布置;向辨认人宣布辨认的要求和辨认中应注意的问题以及要求辨认人认真对待辨认活动。

(二)辨认的实施

1.对人的辨认方法。

(1)对自然人的辨认。对自然人的公开辨认应遵守混杂辨认的原则。在辨认中,通常应选择在光线较好的室内进行。要注意选择适当的距离,以能看清被辨认人各部位细微特征为准则;辨认时间要充分;必要时可以辨认被辨认人的动态特征或其他特征。秘密辨认时,如果有特定的嫌疑人,可以安排某种活动为掩护进行辨认;如果在没有特定的嫌疑人,可以选择在犯罪嫌疑人容易出没的地方,进行秘密的寻查辨认,并向辨认人交代清楚,发现被辨认人时,要沉着冷静,不要慌乱。

(2)对照片的辨认。照片辨认时,首先应考虑被辨认人的照片在拍照时间上尽可能接近发案时间,尽量少用或不用艺术照片,以保证辨认的可靠性。辨认中要遵守混杂辨认的原则,混杂的照片的式样、规格、色彩等力求相似。

(3)对语音的辨认。语音辨认是利用辨认人的听觉对被辨认人的语音进行辨别和确认,可分为实音辨认和录音辨认。实音辨认是让辨认人直接对被辨认人的声音进行辨认。在辨认时应选择多个说话的声音,执行混杂辨认的原则,尽量在原现场进行。录音辨认是让辨认人直接对被辨认人的录音进行辨认。制作辨认录音时既要注意录音效果的清晰度,又要注意录音条件的一致性。一致性包括两点:一是辨认录音的条件要与案件原始声音的条件相一致;二是犯罪嫌疑人的录音条件要与混杂人员录音条件相一致。由于人识别语音的能力较低,录音辨认的结果一般只能作为确定侦查对象的参考依据。

(4)对录像的辨认。录像辨认是指辨认人通过观看有关嫌疑人的录像进行的辨认。它既有直接辨认的直观性,又具有照片辨认的方便性,而且有利于消除辨认人的顾虑和紧张心理。摄制录像时要保证画面清晰,防止失真,辨认时也应该按各项规则进行。

2.对尸体的辨认方法。对尸体的辨认应在法医的帮助协助下进行。对尸体的辨认不适用混杂辨认的规则,但如果是多人进行辨认,则应使用个别辨认的规则。

在进行具体的辨认之前,首先应在法医的帮助下,对尸体做好必要的清理整容,发现、记录尸体的各种特征。对于尸体要作出年龄、身高、性别等方面的分析,要确认尸体有关部位有哪些特定性的特征;对于腐败尸体、毁容尸体或白骨应恢复生前相貌;对于面部受伤、变形的,应作必要的清洗和整容;对于尸体上存在的用肉眼无法直接观察的各种特征,不宜在辨认前向辨认人公布,而应该在辨认人进行辨认的过程中,向辨认人查明这些特征,并作为评断辨认结论的依据。如果是为了及时地引起认识死者的人的注意,以便他们及时地参与辨认,也可以对这些特征作有限制、有保留地公布。

在侦查实践中,常常是将尸体、尸体照片和死者的遗留物结合进行。对尸体进行辨认,距离尸体较近者,可以组织群众直接辨认尸体和死者的遗留物品;距离尸体较远者,可以组织群众辨认尸体照片和死者的遗留物品。如果辨认人认出死者是谁,应深入进行查证核实,以便确认身源。

3.对物品的辨认方法。对物品的辨认通常有三种情况:一是对不知名尸体的衣饰和随身携带的物品的辨认;二是对现场遗留物品的辨认;三是对犯罪工具、赃物的辨认。

在物品辨认中,一般应遵守混杂辨认的原则。将被辨认客体混杂于种类相同、特征相近的物品中。如果被辨认物品比较特殊,难以找到同类物品混杂或者是被辨认客体的特定性特征十分明显,也可以将被辨认客体单独提交辨认人辨认。组织辨认的侦查人员应先对辨认人进行询问,问清被辨认客体的具体特征,尤其要问清有否标志性的特征,应给辨认人提供良好的环境和充分的时间,以保证辨认结果的可靠性。

4.对场所的辨认方法。对场所辨认,主要是让被害人、知情人或犯罪嫌疑人确认犯罪地点或与犯罪案件有关的场所。在组织辨认中,侦查人员首先应让辨认人回忆该地点的大体位置、环境条件和具体的方向和部位,然后再组织辨认。由于场所环境往往比较复杂,加之辨认人记忆的偏差,有时辨认人指认的地点也并不是真正的犯罪地点,为防止发生漏错,侦查人员在辨认后,应认真进行勘验,并结合辨认人事先作出的关于犯罪事件的陈述,评断辨认结果的可靠性。

(三)辨认记录

1.辨认笔录的制作。公开辨认应制作正式的辨认笔录,这种笔录可以作为诉讼证据使用;秘密辨认的结果也应记录下来,供侦查人员参考,如果需要用作诉讼证据,应组织公开辨认,以取得正式的辨认笔录。辨认笔录的内容包括以下几个方面:

(1)辨认的时间、地点和条件;

(2)辨认人的姓名、性别、年龄、文化、职业、工作单位或所在监区;

(3)被辨认人的姓名、性别、年龄、文化、职业、工作单位或监区,被辨认物的种类、型号、形状、数量等；

（4）混杂辨认人员的姓名、性别、年龄、文化、职业、工作单位或监区，混杂辨认物体的种类、型号、形状、数量等；

（5）辨认前的询问；

（6）辨认过程及辨认结果；

（7）辨认人、被辨认人，被辨认物的持有人、见证人以及主持辨认的侦查人员的签名或盖章。

2. 辨认照相、录音、录像。

（1）辨认照相。公开辨认之前，应当先把被辨认对象和混杂陪衬对象逐个进行拍照；公开辨认过程中，应当把被辨认对象与混杂对象相混杂的情况、辨认人辨认的过程用照相机分别拍照。

（2）辨认录音。根据案情的需要，也可以在辨认过程中进行录音，录音的主要内容包括侦查人员对辨认的时间、地点及被辨认对象情况的介绍，对混杂陪衬对象情况的逐一介绍，辨认前的询问情况侦查人员对辨认人的解释说明，辨认人对辨认情况的口头结论等。

（3）辨认录像。公开辨认中，应将整个辨认过程，包括辨认场所、辨认前的询问、混杂的对象和被辨认对象的混杂情况，辨认人的辨认过程，辨认人辨认的动作神态，侦查人员的组织活动等情况，全部用摄像机拍摄下来。辨认录像必须坚持客观真实的原则，不应带有任何倾向性，不能随意取舍。

五、辨认结果的分析与评断

辨认是一种错综复杂的认识过程，受各种主客观因素的制约，在使用辨认结果时必须认真评断，要全面考察可能影响辨认结果的各种因素，以便正确地判断其可靠程度。在侦查实践中，一般可以从以下几个方面进行评断：

（一）辨认主体方面因素

1. 考察辨认人的感知能力、记忆能力、辨识能力。既要注意辨认人一般的认识能力，如有无近视、色盲、夜盲、听力减弱或健忘等，还要注意其对某类事物的特殊认识能力的强弱，后者往往与职业和爱好有关。考察时要注意了解辨认人的文化程度、生活经历、职业特点和兴趣爱好，必要时可通过实验来验证。

2. 考察事件发生时辨认人的心理状态。一般而言，辨认人处于正常的心境，就能够正确地感知他所观察的事物。但有时应考虑辨认人是否由于犯罪人的侵害，或者突然袭击而精神高度紧张、恐惧、愤怒，以致认识发生偏差，出现错觉。因此，应考察辨认人在接触辨认客体时，精神是否紧张，神态是否清醒，心态是否正常。

（二）辨认人主观方面因素

1. 考察辨认人与案件及案件的当事人有无利害关系，有无弄虚作假、包庇犯罪嫌疑人的可能等。

2. 考察辨认人对案件的侦查和辨认的态度，是积极主动的还是消极敷衍的，辨认人对辨认的各个环节是否认真等。

（三）辨认客体方面因素

1. 考察辨认客体的特征是否明显突出，能否得到充分的暴露。辨认客体的特征越明显突出，辨认结果的可靠性相对就高。

2.考察辨认客体的特征是否稳定,特别要注意客体的特征有无伪装、有无人为的改变。

3.考察辨认客体的特征是否属于特殊特征。如果是特殊特征,辨认结果的可靠性就大;如果是一般特征,辨认的可靠性就差。

(四)辨认客观方面因素

1.考察感知客体的时间、地点和环境条件。辨认人是在什么时间、多长时间、什么地点、什么环境条件下接触、感知被辨认客体的,是否能充分、准确地看清被辨认客体,留下的记忆是否清楚、准确。

2.考察辨认的时间、地点和环境条件。在组织辨认时,辨认的时间是否充分;辨认的地点是否符合辨认的条件;辨认环境如距离、角度、方向、光线等是否和感知时的条件一致。

3.考察辨认的过程是否符合辨认规则。组织辨认实施的过程有无违反辨认规则的情况;组织实施方法是否科学;辨认笔录的记载是否客观、准确;辨认过程中有无其他因素的干扰或影响等。

4.考察辨认结论与其他证据的关系。如果辨认结论与其他的证据相符合,说明辨认结论是准确、可靠的。如果辨认结论与其他证据不一致,就要进一步研究甄别。

由于辨认结论具有直观性,即“眼见为实”,所以容易得到人们的信赖。然而在侦查实践中,辨认错误的情况时有发生,有些还造成了十分严重的后果。因此,在使用辨认结论时必须格外慎重,既不能仅凭辨认的肯定结论就认定罪犯,也不能仅凭辨认的否定结论就排除嫌疑。换言之,辨认结论不能单独作为认定案件事实的根据,必须与案件中的其他证据材料相互印证,结合使用。

【案例】

秘密辨认　确定盗窃毛坯案犯

2004年9月13日下午3时,浙江E监狱侦查科接到派出所电话:派出所查获该镇拖拉机驾驶员胡某勾结监狱分监区罪犯盗窃毛坯零件2吨多;该犯已接受胡某现金500元、茶花香烟2条等物。

接到协查报告后,狱侦科当即派人去派出所查看材料,并通过派出所将胡某传来,在监狱毛坯仓库门口暗中进行辨认,当即认定罪犯李某为内贼。经过对李某进行教育和搜身检查,当场从该犯身上搜出现金20元。后经审讯,该犯对勾结监外人员共同盗窃毛坯零件的犯罪事实供认不讳,并交代出工具箱内存放的450元现金和托人购物的30元现金。同时,还交代了给F汽配厂职工刘某毛坯零件250公斤左右,接受3条杭州牌香烟的情节。经查证属实。

李某服刑期间,被分配在仓库分监区改造,指定在生产科毛坯仓库劳动,负责进料发料的点数。4、5月份,外协单位Y机械厂雇用的拖拉机驾驶员胡某来毛坯仓库拉料,向李某要一些废品零件,李某未予答应。7月5日,胡某又来拉零件,问李某有无报废的零件,李某问有什么用,胡某回答当废铁卖掉,到时给你点香烟,李某答应下次来时给他一点。8月11日又来运料时,李某即给他零件一吨多,胡某拉第二车时,给他带来茶花香烟1条,一次性打火机4只。李某还对胡某说:“废铁卖给你多少钱一吨?”胡某说:“400元。”李某说:“好的”。9月8日胡某再次来运料时,带给李某一条茶花香烟(内装现金500元)、菜油2斤、小麦10斤左右。李某又给他运走了一吨多毛坯零件。前后两次共计2430公斤,价值7776元。另外,F汽配厂职工刘某来领料时曾说过少发零件,要求补回一点。7月20日,李某对他说:“要零件下次香烟带点来。"8月23日,刘某带来了杭州牌香烟三条,李某送给他零件约250公斤左右,价值867元。上述二起盗毛坯总价值8643元。

监狱接到派出所情况通报后,狱内侦查部门非常重视,在查看材料的基础上,为慎重起见,将犯罪嫌疑人带进监狱,采取秘密辨认的方式,很快确定在押犯李某即为犯罪人。案件破获值得反思:一是劳动现场缺乏管理。生产科毛坯仓库和供应科木箱仓库有一名民警负责现场管理,由于木箱仓库有10多名罪犯,又是重点部位,因此管理力量主要放在木箱仓库。毛坯库不仅造成了脱管现象,而且给了罪犯直接与外界接触的机会。二是过分信任和信赖罪犯。李某连续2年被评为劳动积极分子,在该仓库的3名罪犯中一直当骨干使用。原来生产科有1名工人在现场负责业务,后来看到几名罪犯对毛坯仓库的业务已很熟悉,因此在5月份,生产科将该工人调走,进出料点数等劳动全部由罪犯担任。三是缺少监督制约机制。该仓库进出零件数量的单据均由李某经手,清点与核查均无人过问。库存量的盘点工作也未经常性的开展,业务部门缺少监督。四是仓库清点制度不严。铸工、热处理等车间送入仓库的毛坯零件,双方清点的数字有差异时,往往以仓库方清点的数字为准,不愿再复核,缺乏制约手段。

第五节　追缉堵截

追缉堵截是指侦查人员在罪犯逃跑不久时,根据其逃跑方向和路线,组织力量进行跟踪缉捕和设卡堵截的一项侦查措施。所谓的追缉,就是沿着犯罪嫌疑人或犯罪嫌疑人可能逃跑的方向和路线进行追捕。所谓堵截,就是在犯罪嫌疑人或犯罪嫌疑人逃跑时可能行经的关卡道口进行拦捕。由于这两种方法常同时使用,所以被人们统称为追缉堵截。

追缉堵截是查缉犯罪嫌疑人的一种紧急措施。它具有时间性强、对抗性强和机动性强的特点。它既可以在现场勘查前后或同时采取,也可以在侦查活动中结合其他侦查措施进行。

一、追缉堵截的作用

在押罪犯一旦脱逃,逍遥法外,多数将会继续重新作案,严重威胁社会安全,同时也极大地影响了狱内改造秩序的稳定。因此,在狱内一旦发生脱逃案件,就应迅速组织力量开展追缉堵截,迅速捕获罪犯。

(一)及时有效地进行追缉堵截可以防止罪犯脱逃

迅速将罪犯缉捕归案,不仅可以有力地打击脱逃的犯罪嫌疑人,对其他在押犯也能起到震慑作用。所以,追缉堵截也是一种积极的预防脱逃措施。

(二)加强追缉堵截可以及时捕回罪犯

及时捕回罪犯,对稳定社会治安秩序和制止犯罪嫌疑人继续作案也有十分重要的意义。一些罪犯,特别是严重暴力犯逃跑后可能继续作案,以发泄对社会的不满并报复社会。为此,必须迅速采取追缉堵截措施,及时把犯罪嫌疑人缉拿归案。

(三)迅速追缉堵截,可以提高狱内案件侦查部门的快速反应能力和整体作战能力,有助于侦查协作的积极开展

追缉堵截是一项时间性、机动性非常强的工作,同时,追缉堵截又往往涉及多部门、多警

种、跨地区的联合作战。因此,成功的追缉堵截工作,无不是快速反应、协调配合、联合作战的完美体现。

二、追缉堵截的条件

（一）案件发现及时,罪犯逃跑不远

如果罪犯脱逃的时间久了,就有可能隐蔽起来或远走他乡,不利于追堵的实施。因此,狱内案件侦查人员到达现场后,应迅速向有关人员了解案发时间和发现的时间,结合其他条件决定是否实施追缉堵截。

（二）罪犯逃跑的方向和路线明确

追缉堵截是一种带有方向性的查缉措施,因此,狱内案件侦查人员在采取这项措施时,必须了解犯罪嫌疑人可能的逃跑方向和路线。了解的途径通常有:询问看到或知道罪犯逃跑方向和路线的受害人或目击人;研究罪犯在现场和逃跑途中留下的足迹、车辆痕迹或其他痕迹;根据罪犯的脱逃动机、生活经历、谋生技能、社会关系等情况,结合脱逃案件的一般规律进行判断。

（三）罪犯的体貌特征、物品特征明显

特征条件是采取追缉堵截的基本条件之一,需要了解的罪犯特征主要有三类:

1.罪犯的体貌特征。包括罪犯的性别、年龄、身高、口音、相貌、衣着等特征;

2.携带物品特征。通常是指罪犯携带的作案工具或其他物品;

3.附加特征。附加特征是指罪犯在犯罪过程中新形成的特征,如衣服的破损、身上沾有的血迹、身体受伤等。

以上情况可以通过监狱警察、在押犯、目睹人等了解获得,还可以从有关档案中获取照片。

三、追缉堵截的方法

（一）追缉的方法

1.单路尾追。单路尾追就是根据罪犯逃跑的方向和路线,组织力量采取直接从后面紧逼尾追缉捕的一种战术方法。这种方法适用于罪犯体貌特征明显,逃跑的方向路线明确,地理环境、交通状况不太复杂的情况。当我方力量较少,通讯、交通不便时也应采取此种方法。单路尾追法在具体实施中可以针对具体的条件和情况结合调查追踪、步法追踪、警犬追踪等方法进行。

调查追踪主要针对罪犯在逃跑过程中,可能随时改变其逃跑方向路线或改变其特征(如衣着特征)而使追缉行动暂时失去目标,侦查人员应采取边调查、边搜索、边追捕的战术方法,以保持正确的追缉方向,有效地开展追缉行动。但调查要迅速及时、简明扼要、有策略地进行,不能一味强调调查,而失去追缉良机。

步法追踪是利用步法特征进行识别、追捕罪犯的一种技术方法。它是以罪犯逃跑过程中留下的可以反映其行走规律的足迹特征为基础进行的。

警犬追踪是利用专门训练的警犬,在警犬驯导员的指挥下,进行循迹追踪罪犯的一种技术方法。运用得好可以及时给追缉工作提供方向、发现罪证,甚至直接发现和捕获罪犯。

2.迂回包抄。根据罪犯在逃跑过程中,依据地形地物,施展南逃北窜、东躲西藏以及绕弯子等伎俩时，追缉人员采取中路尾追和两线策应的战术方法，以防止罪犯逃脱。或者是根据罪犯可能的逃跑方向，把追缉力量分成若干个追缉小组，多路迂回包抄前进直到抓获罪犯。

3. 循迹追踪。这是针对现场上追缉堵截或较长时间工作中没有抓获罪犯时，狱侦部门通过研究罪犯逃跑的行为规律，组织力量到罪犯可能逃往的地区进行循迹追捕的一种方法。实施循迹追踪法的关键在于寻找罪犯潜逃躲藏的蛛丝马迹，确定其可能潜逃的地区。因此，全面地了解掌握罪犯的心理特征、脱逃动机、社会经历及社会关系等是进行循迹追踪的基础，狱侦机关在此基础上制定一个切实可行的缉捕方案，组成专门力量深入到罪犯可能躲藏的地区，在当地侦查机关的配合下开展追捕工作，把罪犯缉捕归案。

4. 立体追踪。立体追踪就是指运用陆、海、空交通工具，采取地面、海面追堵与空中侦查指挥相结合的立体化缉捕方法。这种方法是使用现代化的海、陆、空交通运输工具，使地面、水面的追缉堵截和空中的观察控制及指挥高度紧密地结合起来，把犯罪嫌疑人控制在一个特定的空间范围内，或始终将犯罪嫌疑人的行踪纳入追捕人员的视线内，最后将其捕获。

空中观察控制罪犯，对地面人员进行指挥调度主要使用小型直升机。通过无线电通讯，把犯罪嫌疑人逃跑的方向、路线、藏身的地点，使用的交通工具，携带的物品、武器以及犯罪嫌疑人的体貌特征、衣着变化等情况，通告给地面、水面，指挥地面追捕人员的行动，或在必要时协助调度追缉力量。地面（水面）的追捕人员则根据空中观察了解的情况，有方向、有目标地接近犯罪嫌疑人，或在逃跑的前方准确地布置堵截围捕。

（二）堵截的方法

1. 设卡堵截。设卡堵截就是根据罪犯逃跑的方向路线，在其前方要道设置卡点，组织警力拦截抓获罪犯的紧急行动。这种方法适合于特征条件明显、逃跑方向路线明确或驾车潜逃的案件。

2. 监控堵截。监控堵截是指在罪犯可能逃往的地区，与当地公安机关协作，采取公开治安管理和秘密力量控制相结合的方法，加强对车站、码头、旅店等场所的监控，从而发现、查缉罪犯的一种堵截方法。

四、追缉堵截的组织实施

（一）追缉堵截的组织指挥

追缉堵截通常是多警种、多方面力量的联合行动，行动的机动性强，具有紧迫性甚至危险性。追缉堵截人员既要分头行动，又必须彼此呼应，行动上协调一致。所以，追缉堵截的组织指挥至关重要。

1. 追缉堵截必须打破常规，以快制胜。在现场勘查、案件侦破过程中，发现犯罪嫌疑人逃跑等紧急情况时，不要按部就班依照办案的一般程序一步一步地开展侦查工作，而是要在现场勘查、调查访问的同时，及时组织追缉力量，迅速通知有关堵卡网点，立即展开对犯罪嫌疑人的追缉堵截。

2. 统一指挥，打破条块界限。在追缉堵截中，要实行统一指挥，统一部署，统一行动。为此，不能受部门、单位之间权限的限制，一经接到紧急通报，即应就近组织力量进行追堵，而不应层层请示或坐等上级出面协调，监狱及有关机关都应昼夜保持一定的机动力量，遇到紧急情况，立即按既定的预案和预定的措施展开活动。

3.根据情况的变化,适时指挥。指挥人员应力争亲临第一线,加强具体的指挥,对各追缉小组、各堵卡网点、追缉堵截中的力量配置、所在位置、发现的线索和预备行动的方案等情况,要全面及时地了解掌握。为此,指挥人员与各方面都要保持畅通的通讯联络,做到信息传递的及时、准确。发现有关情况,指挥人员要及时通报有关方面的人员,针对出现的紧急情况,指挥人员当机立断,善于作出正确的判断和相应的决策,始终掌握主动权。

(二)追缉堵截的实施

1.快速布置,及时做好准备。侦查人员到达现场或接到紧急情况后,首先应及时通过被害人或目击者了解和掌握罪犯的基本情况、突出的体貌特征及因实施犯罪而形成的新特征;其次应仔细观察和牢记犯罪嫌疑人留在现场上的痕迹,并根据痕迹特征对犯罪嫌疑人的人身特点作出尽可能准确的判断;同时,应准备好追缉所需的交通、通讯工具和武器。在组织力量时,最好吸收能指认犯罪嫌疑人的人参加。如果知道犯罪嫌疑人,在条件具备时,还应当带上犯罪嫌疑人的近期照片,以便在追缉途中让群众辨认识别和提高堵卡人员盘问的针对性。

在侦查过程中,一旦获悉犯罪嫌疑人已经逃跑,指挥人员因及时组织力量,轻装上阵,快速追缉,同时,迅速通知前方有关地区、有关组织、有关单位,落实堵截措施,将犯罪嫌疑人围在追缉堵截的范围中。

2.正确选择追缉路线、方式。组织追缉堵截时要根据知情人或目击者提供的情况、犯罪痕迹、遗留物及其他有关情况,对犯罪嫌疑人逃跑的方向、路线迅速作出判断,组织力量,进行有针对性的追缉堵截。

追缉过程中要注意访问群众。对群众提供的情况,要随时加以比较分析,对重要的情况还应及时报告指挥人员及参加追缉堵截的其他人员。

3.加强各部门的配合,协同作战。追缉堵截的行动,常常涉及到不同地区和范围,不同的参战单位和警种。因此,在加强指挥的前提下,各参战地区、各参战单位、各警种、各执行小组之间要加强纵向、横向的联系,互通情报,互相支援,充分发挥各机关的整体作战优势和协同作战的威力,缉获犯罪嫌疑人。

4.堵截时,要提高警惕,讲究策略。堵截行动应注意动静结合。堵截行动不能成为一味被动的静守,堵截的范围也并非一成不变,根据案情的变化,堵截的卡点不仅应及时相应地调整,堵截的范围也可以做局部的延伸。

在堵截守卡时,遇到持枪犯罪嫌疑人,常常会发生堵截人员的伤亡。其主要原因在于"敌暗我明"。双方交火前的准备,通常犯罪嫌疑人较主动和充分,而堵卡人员多只是一般性的准备,不可能有随时针对每一个目标做好应战的充分准备。因而,犯罪嫌疑人多是首先试图能蒙混过关,行为败露后则先发制人,抢先使用暴力。因此,堵截活动应尽可能地以秘密的形式为主,设法以其他身份和名目为掩护,隐蔽堵卡的真实目的。

5.缉获、盘查嫌疑人时应讲究策略。追缉堵截犯罪嫌疑人,尤其是持枪或持有其他凶器的犯罪嫌疑人,应随时警惕其可能行凶拒捕、劫持人质强闯关卡。侦查人员应当做到周密设计、措施得当、统一指挥和多方配合。

对于已取得可靠证据的犯罪嫌疑人,抓捕时也要讲究方式方法,以免犯罪嫌疑人乘隙脱逃,或激化成不必要的搏斗和枪战,造成人员伤亡和物资损坏。

阅读延伸 *YueDuYanShen*

追缉堵截过程中的人质保护

在追缉堵截中遇到犯罪人劫持人质时,一定要以保证人质安全为原则,决不能为了缉捕犯罪嫌疑人而使人质受到伤害。在缉捕的过程如遇劫持人质的犯罪嫌疑人应当用以下方式保护人质,缉捕犯罪嫌疑人:

1. 利用谈判的方法缉捕犯罪嫌疑人

在缉捕劫持人质的犯罪嫌疑人时,人质的存在极大地限制了缉捕措施的选择余地。因此,围控格局形成后,要力争以和平的方式结束战斗。和平解决的方式有两种:首先,应立足于政策的感召、亲情感化,使犯罪嫌疑人迷途知返,中止犯罪活动,放出人质,争取宽大处理。其次,要求通过谈判达到和平目的。谈判小组可由若干名经验丰富的干警组成,有条件的可邀请有关心理专家参加,现场指挥员也可亲自参加这项工作。谈判中,我方需要作出一定让步,使犯罪嫌疑人在一定条件下中止犯罪;如果犯罪嫌疑人的要求具有一定的合理成分,我方可以答复在其交出人质后予以解决,但不能就原则问题让步。

谈判还可做缓兵之计,稳定犯罪嫌疑人的情绪,保护人质不受伤害,同时借以发现或造成犯罪嫌疑人防守上的破绽,为武力解决创造战机,为筹备各种战术措施赢得时间。因此,谈判应贯穿于处置活动的始终,对犯罪嫌疑人提出的非分要求不宜立即拒绝,而应以"可以商量、可以考虑"之词,假托目前条件不允许,巧妙与之周旋。

2. 利用战术谋略的方法缉捕犯罪嫌疑人

在武力缉捕劫持人质的犯罪嫌疑人时,为了保护人质的安全,只能用突袭、偷袭等方法智取,不能以公开、正面的攻击方法解决问题:

(1)声东击西,偷袭敌人。即采取一定方式吸引犯罪嫌疑人的注意力,然后以其他方式暗度陈仓,将其制服。

(2)示假隐真,攻其不备。即可以提供食品、医疗、交通通讯条件等方式,接近犯罪嫌疑人,乘机突袭制敌。

(3)利用时空上间隙实施突袭或布设神枪手点射。对峙过程中,随着时间的推移,犯罪嫌疑人的紧张程度会有一定程度的减弱,犯罪嫌疑人与人质之间的位置关系也会出现一定的分离,对人质的控制就会呈现弱化的状态或暂时的失控。我方应充分利用这一机会,或快速行动将其制服,或者将其击毙。为保证射击的准确性,尤其在有两名以上犯罪嫌疑人的情况下,应组织多名狙击手,以二对一同时射击目标。

除以上几种方法外,在缉捕堵截的实战中还可根据案例具体情况,使用以下方法解救人质,捕获犯罪嫌疑人:

(1)欲擒故纵,易地缉敌。在当场处置有难度时,可以一边谈判,一边在外围设新的缉捕网。然后,网开一面,诱使犯罪嫌疑人进入新的伏击网后,再凭借地形和准备上的优势制取罪犯,救出人质。

(2)削弱其所凭优势,相机制敌。具体方法有:借其所欲,巧撤人质;偷梁换柱,以"人"易人;欲取先予,以物换人。待其放出人质后,再采取措施进行缉捕。

(3)利用非致命性武器制敌。即用非致命性武器如催泪弹、麻醉枪等,使犯罪嫌疑人暂时失去抵抗能力,再乘机突袭制敌。

第六节　通缉、通报

通缉、通报是侦查机关在侦查破案的过程中，为取得相关地区公安机关或其他部门的支持与协助而采取的一项紧急侦查措施。侦查实践中运用通缉、通报，目的在于查寻犯罪嫌疑人的行踪，并将其缉捕归案。但二者在适用对象、管理权限以及实施主体等方面存在区别，因此，在侦查实践中，不能将二者混淆。

一、通缉

《刑事诉讼法》第一百五十三条规定：应当逮捕的犯罪嫌疑人如果在逃，公安机关可以发布通缉令，采取有效措施，追捕归案。各级公安机关在自己管辖的地区以内，可以直接发布通缉令；超出自己管辖的地区，应当报请有权决定的上级机关发布。通缉是公安机关在侦查破案的过程中，为取得相关地区公安机关或其他部门的支持与协助而采取的一项紧急侦查措施。

（一）通缉的作用

1. 及时发布通缉令，有利于抓住战机，及时破案，抓获罪犯。对于监狱脱逃案件的侦查而言，其最终的目的是获取证据，将罪犯缉捕归案。通缉令的适时发布，可以有效地调动有关地区及广大人民群众的整体力量协同行动，既弥补了负责案件侦查的狱侦部门、公安机关受各种因素限制所造成的缉捕力量的不足，还可以使在逃的犯罪嫌疑人处于一种无法隐藏的境地，有利于及时发现和抓捕罪犯。特别是在现场勘查或案件侦查初期，如果能够在案件发生不久，罪犯外逃不远，还处于一种惊魂不定的状态，无法有效地构筑反侦查的防线，无法从容藏身的有利时机发布通缉令，可以及时有效地缉捕罪犯，有效地缩短发现、缉捕罪犯的时间，节省大量的人力、物力。特别是在发布通缉令的同时，配合追缉堵截等措施，将更有力地推动案件侦查的进程。

2. 适时发布通缉令，可以有效防止新的犯罪发生。因出于潜逃后生存的需要，或为了顺利逃亡和隐匿，罪犯可能继续疯狂犯罪，特别是一些亡命之徒，更可能在潜逃期间疯狂犯罪，这些都将给社会治安带来潜在的、重大的危险。适时发布通缉令，特别是有针对性地向罪犯有可能藏身的地区发布通缉令，可以迅速形成一种强大的进攻态势，使罪犯处于一种风声鹤唳的境地，敲山震虎，从而震慑罪犯，使其收敛，不敢犯罪。另一方面，各有关地区和部门在接到通缉令后，既可以有效地启动各种预防措施，加强有关部位的预防，消除可能有利于罪犯重新犯罪的条件和途径，使罪犯无法重新犯罪，又可以有针对性地组织缉捕，使罪犯早日落网，从根本上消除犯罪隐患。同时，通缉令在有关地区部门的发布、公开张贴，可以对广大公民起预警作用，既可以使他们早做防范准备，免遭犯罪的侵害，又可以有效地获取群众的支持，使专门工作和群众工作结合起来，有力推动缉捕罪犯的工作进程。

（二）通缉的对象

根据《刑事诉讼法》第一百五十三条、《公安机关办理刑事案件程序规定》第二百五十二条和第二百六十条规定，通缉的对象为：

1. 已经依法拘留、逮捕的犯罪嫌疑人，在押解和关押期间以及在讯问时逃跑的；

2.正在侦查的刑事案件,已经确定该案的犯罪嫌疑人,应拘留或逮捕但已潜逃的;

3.在服刑期间潜逃的劳改犯;

4.在重大和特别重大案件的侦查中,嫌疑有据但已潜逃的重大犯罪嫌疑人。

(三)通缉前的准备

通缉令的发布一定要有明确的针对性,只有认真搞好通缉前的调查工作,才能保证通缉令的内容明确具体、通缉令的发布地区准确。

在发布通缉令之前,监狱应切实查明被通缉人的以下几方面的情况:

1.查明被通缉人的全部社会关系。查明了被通缉人的社会关系,就能明确通缉令的发布方向。获取被通缉人的社会关系情况主要通过案犯的档案材料,或向被通缉人的同监罪犯、亲友、邻居及其他知情人等进行调查访问来获取,必要时还可以考虑利用搜查相关场所的方法进行。

2.提供被通缉人的照片和指纹。对于监狱罪犯的脱逃案件,监狱一般可以通过档案材料获取被通缉人的照片和指纹。照片的选用上,应尽可能选用被通缉人近期所摄的照片。

3.确认被通缉人的体貌特征和衣着特征。这方面的材料根据罪犯脱逃的时间来进行具体的确认。要通过向沿途的群众调查访问进行了解或利用有关的痕迹、遗留物进行分析判断。至于长期外逃的罪犯,可以通过知情人或见过罪犯的人员进行了解。

(四)通缉令的制作

通缉令的内容要明确,文字应精简,特征描述应尽量使用统一规范的语言,以便对罪犯进行识别。监狱根据具体的情况向有关发布通缉令的机关提供相关的材料。

通缉令的格式及主要内容一般包括以下几方面:

1.标题部分。包括题目(通缉令)和发文号。

2.内容部分。

(1)案件的基本情况。包括案件的性质、发案时间、地点及简单案情以及犯罪的手段、方法,实施了何种犯罪,造成了何种后果,逃跑的方向和方式。

(2)被通缉人的基本特征。这是通缉令的主要内容,应详细描述。具体内容应写明被通缉人的姓名、性别、年龄、籍贯、住址、脱逃时的衣着打扮、外貌特征等。有照片的要附以照片,以便核准查对。

(3)被通缉人出逃时携带物品的特征。

(4)通缉要求和联络方法。这包括通缉令发布的有关地区在接到通缉令后,落实查缉工作的要求,缉捕罪犯应注意的问题,以及缉拿后的联系方法和单位,如联系人、联系电话、传真号码等。监狱应把通缉令需要的内容及时提供给发布通缉令的公安机关。

3.结尾部分。应包括发文单位(加盖公章)及发布日期。

(五)通缉令的发布

通缉的发布机关是公安机关。《刑事诉讼法》第一百五十三条明确规定:"应当逮捕的犯罪嫌疑人如果在逃,公安机关可发布通缉令,采取有效的措施,追捕归案。"只有公安机关才有权采用通缉措施,监狱虽然具有侦查权,但监狱不具有发布通缉令的权力。《监狱法》第四十二条规定:"监狱发现在押罪犯脱逃,应当即时将其抓获,不能即时抓获的,应当立即通知公安机关负责追捕,监狱密切配合。"监狱如需对在逃罪犯进行缉捕时,可提请有关公安机关批准,再由该机关发布。

发布通缉令的权限,由通缉的范围决定。公安部通缉令分为 A、B 两个等级。A 级通缉令是在全国范围内发布的级别最高的通缉令,是为通缉公安部认为应该重点抓捕的在逃人员而发布的命令。B级通缉令是公安部应各省公安机关的请求而发布的通缉在逃人员的命令。发布的范围和形式可以在地方报纸、电台、电视台公开通缉在逃的犯罪嫌疑人,也可以在犯罪嫌疑人逃跑可能经过的车站、码头、机场以及其他主要道口;犯罪嫌疑人可能出现的地点张贴,还可以在公安部计算机网络上发布,进行网上追逃。通缉令发布后,如获得新的情况,可以再发补充通报。罪犯一经抓获,要立即撤销通缉。必要时先用电话通知有关单位和人员。

二、通报

（一）通报的概念

通报是狱内案件侦查部门将发生案件和侦查过程中发现的有关情况,通告有关地区的监狱、公安机关,以便引起注意或协助侦查的一项侦查措施。

通报是通报犯罪情报,请求协查、协控的措施。通报可以用文字材料形式或传真、电话的形式。使用何种形式,视具体案情而定。

（二）通报的种类

通报有两种,包括狱情通报和案情通报,反映狱情动态和大要案情,以便各单位之间互通狱情信息,加强联络,共同研究对策。

在各监狱之间的通报由省以上监狱管理局视情发布。某些重大案件的侦查,需要公安机关给予协助的,可报请公安机关发布通报。监狱系统各部门不得直接向公安机关发布通报。通报属于内部文件,同通缉有所区别,一般不公布。

通报的内容要准确简明,语言要规范,发出通报的单位要写上单位的名称,加盖公章,并注明文号、电话号码及联系人。以便接收单位联系和回复。

三、通缉、通报的实施要求

（一）对发出单位的要求

1.通缉通报要及时。一是发出要及时。发生案件后,针对犯罪嫌疑人作案快、逃跑快的特点,如需要采取通缉通报措施的,应抓紧时间及时发出,以防贻误战机。二是补充、修正要及时。通缉通报发出后,随着侦查工作的深入,发现新情况需要对原有的通缉通报内容进行补充、修正的,要及时发出补充、修正通报。三是撤销要及时。犯罪嫌疑人自首、被击毙或被抓获,经核实无误后,原发布机关应当在原通缉通报的范围内,及时撤销通缉通报。撤销通知,可以采用函件的形式,也可以采用电话和电传的形式。补充、更正和撤销的通缉通报应注明日期和编号,以便准确查对。

2.通缉通报的内容要准确。通缉通报的材料是协助单位开展工作的依据,如果材料含糊不清、模棱两可甚至有误,那么,协助单位就难以开展工作,严重的还会使协助工作走入歧途。因此,通缉通报的材料要表述准确,用语恰当,通俗简明。对特征的描述要具体,人像、指纹和物品照片要清晰,使人一目了然。

通缉通报应有文号,注明联系地址、电话和联系人,以便接收单位回复和联系。

3.通缉通报的范围要适当。需要发布通缉通报的,应尽量把涉及的地区和范围了解清楚,力求做到有的放矢,减少盲目性,注重实际效果。否则,不仅会给接收单位增加不必要的负担,还会影响协查单位的积极性,从而削弱通缉通报在侦查破案中的作用。

（二）对接受单位的要求

1.引起重视，专人负责。通缉通报作为一项侦查措施，需要不同机关和部门的通力合作，密切配合。只有这样，才能收到较好的效果。并且监狱及公安机关之间的这种协作是相互的和经常的。因此，监狱应安排专人负责此项工作，以使通缉通报措施落到实处。

2.迅速转发，及时查证。有关机关接到通缉通报后，应迅速张贴或转发。对需要查证和布控的，应迅速组织力量进行查证和布控。遇到重大案件或布控携带枪支、爆炸物的罪犯时，各级领导要亲自指挥，精心设计，严密组织。既要落实好监控查缉措施，又要注意保护群众和缉捕人员的安全。

3.发现线索，及时反馈。在查证和布控工作中，若发现侦查线索，应及时反馈给发出单位，以便发出单位汇集情况，进行综合分析和作出进一步查证。抓获被通缉犯罪嫌疑人后，要迅速通知通缉令发布机关，并报经抓获地县以上公安机关负责人批准后，凭通缉令羁押。原通缉令发布机关立即进行核实，并及时依法处理。

4.建立档案，搞好研究。通缉通报材料作为犯罪情报资料的一个重要组成部分，要建立档案，专人管理，并经常进行清理和分析研究，为监狱预防犯罪和发现案件线索服务。监狱对外来的通缉通报，至少半年清理一次，对时间较长又未接到撤销通知的，可主动向原发出单位查询，以及时撤销已查获或查清的通缉通报，提高协作效能。

【案例】

通报协查　抓获重刑脱逃犯

2006年5月10日上午，浙江G监狱三监区组织罪犯在生产区进行正常劳动。11时30分左右，重型犯李某乘在劳动现场吃中饭，分监区管理民警相对较少的空隙，用事先准备好的攀登工具翻越生产区北面有电网的围墙脱逃。经现场勘察发现：李犯准备的脱逃工具绝缘材料有8.2米，用被单布和被面撕成布条后接成的绳子1根；有长14.28米、粗2毫米的尼龙绳一根，尼龙绳一头与布绳连接，另一头系上1把40毫米的保安锁，将锁抛过电网铁架子后，即可将布绳拉上电网架固定；该犯还准备了3件塑料雨披和一条塑料雨披改制的裤子；一双包上塑料胶带纸的合成革手套，在翻越电网时作为绝缘材料。该犯翻出围墙后将囚服等物品抛弃在墙边。11时50分左右，分监区发现李犯不见了，当即组织搜索，后发觉山坡围墙上挂着布绳，估计已脱逃，监狱组织民警、武警，按应急方案分工，投入紧张的围堵、搜查、设卡、追捕工作，但没有效果。随后由公安机关发出通缉通报，请求有关地区开展追捕，经过3个多月的严密布控，该犯于8月23日归案。

该犯归案后受到加刑的处理，但深刻的教训值得反思：一是民警存在着严重的麻痹轻敌思想，忧患意识、敌我意识淡薄。思想上对防止罪犯脱逃的认识不足，认为该犯平时老实听话就不会脱逃，被表面现象所蒙蔽。对罪犯的思想动态不能及时准确掌握，对有危险因素的罪犯不能及时落实包夹控制。二是劳动现场的管理存在问题。中午民警轮流吃饭时，现场管理人员相对减少，警力不足。在这种情况下，没在落实有效的管理措施控制现场，给罪犯脱逃提供了机会。三是狱内耳目不灵。李犯准备的脱逃物品、工具等需要一定的时间和场地进行制作，但一直未被发觉。这说明狱内耳目没有发挥作用，平时对罪犯的管理缺少一定的相互监督机制，还留有空当和"死角"。四是三人连号包夹形同虚设，只连不包，使李犯有机可乘。五是犯情分析不深不透，对原有脱逃史的李犯，没有排摸出来加以控制，以致发生这一脱逃事故。

第七节　控制赃物

控制赃物是指在侦破盗窃、诈骗等有赃物案件时，为了尽快查获犯罪嫌疑人，狱内侦查人员在有关部门和人员的配合下，通过控制赃物的转移、销售和挥霍使用，进而发现、收缴赃物，从物到人，查获犯罪嫌疑人、及时破案的一项经常性侦查措施。

这项侦查措施的工作主体是侦查机关，而不是一个或几个侦查人员。因此，有赃物可查的案件发生后，就要从速布置各路侦查人员及时开展控制赃物的工作。工作的客体是与案件有关的赃物。工作的目的是为了发现赃物的下落和侦查线索，有时还能直接发现、抓获犯罪嫌疑人。

一、控制赃物的作用

（一）及时发现侦查线索，迅速破案

盗窃、抢劫、诈骗等案件的犯罪嫌疑人，一旦作案得逞，总是想方设法尽快转移隐藏或变卖销赃，以便挥霍享受，并消除自己身边的罪证，无论如何处置，都会留下蛛丝马迹，通过严密控制，侦查人员就可以发现赃物和犯罪嫌疑人线索，达到迅速破案的目的。

（二）为证实犯罪、确定嫌疑人提供证据

赃物是重要的犯罪证据，通过现场勘查和调查询问，迅速判明犯罪嫌疑人盗抢的赃物的特点，研究他们销售转移赃物的动向和方法，及时采取措施、进行控制，获取赃物，取得有力可靠的犯罪证据。

（三）减少财产损失，保护合法利益

通过控制销赃，使犯罪赃物在变卖、转让、使用和处理过程中被查获，可以及时挽回和减少国家、集体和公民个人的财产损失。同时，通过赃物的退还等工作，又可以教育群众，加强防范，积极同犯罪嫌疑人作斗争。

二、处置赃物的方法

犯罪嫌疑人通过犯罪获取赃物后，都有采取各种手段对赃物进行处置的过程。对赃物的处置目的，一方面是满足犯罪嫌疑人的非法需求，使其获取一定的物质利益；另一方面通过对赃物的处置，割断赃物与自身的直接联系，从而逃避侦查。犯罪嫌疑人处置赃物的方法主要有：

（一）销售赃物

销售赃物是指犯罪嫌疑人通过销售变卖兑换成现金，以便挥霍、藏匿和逃避侦查。其销售的方法多种多样：

1.低价销赃。犯罪嫌疑人将赃物以低廉价格销售给买主，目的是为了将赃物迅速出售脱手，避免被发现或招致嫌疑；

2.利用他人代为销售。为了防止暴露，一般不亲自销售，而是寻找相关的人代销。另外，鉴于监狱严密的管理，销赃相对困难，因此会物色一些能够销赃的人员，如周围群众、外役犯或其他进出的人员代为销售。

（二）隐藏赃物

犯罪嫌疑人在实施犯罪后,有时因监狱严格的管理或者侦查工作紧密开展的压力,不敢销售或转移;另外,有时犯罪嫌疑人找不到合适的人选可以帮助其完成处置赃物,也会将赃物隐藏起来,相机处理。

（三）转移赃物

转移赃物,是犯罪嫌疑人心理和监狱客观环境决定的。犯罪嫌疑人手持赃物总是惊恐不安,总是要考虑如何将赃物转移到安全的地方。可能利用会见、外出劳动的机会将赃物转移出去。有时,迫于侦查工作的压力,还可能将赃物作为礼品无偿赠与其关系人。

（四）挥霍使用赃物

赃物都具有使用价值,犯罪嫌疑人实施犯罪获取赃物的主要目的之一就是为了挥霍享受。有些赃物,如现金、日用生活消费物品,犯罪嫌疑人往往挥霍使用。对于赃物的挥霍使用,侦查一般难以控制,但可以通过深入地调查工作,发现犯罪后的反常现象和行动的反常情况,进而发现和查获赃物。

（五）销毁或抛弃赃物

这是犯罪嫌疑人最后迫不得已采取的办法,由于监管严密以及侦查人员行动迅速,有时来不及将赃物转移或销售,又怕暴露,只好将赃物秘密抛出或销毁,将其放置于较为显眼的地方,企图希望侦查机关在查获赃物后放弃对犯罪人的查找工作。

三、控制赃物的范围

控制赃物的范围是指犯罪嫌疑人在监狱内外销售、挥霍、使用、转移、隐藏赃物所要涉足的场所和行业。控制赃物的重点范围主要是依据犯罪嫌疑人处置赃物的规律和特点而确定。在监狱的侦查实践中,控制赃物的范围:

一是罪犯个人身体、箱子、床铺、被褥夹层等处;

二是监舍的隐藏处和罪犯生产劳动、学习场所;

三是野外可藏匿赃款、赃物的处所;

四是可能帮助转移、隐藏、销售赃款、赃物的就业人员、职工和零星分散劳动的罪犯,驻地周围有联系的个别群众;

五是邮汇、邮寄给亲友,利用家属接见等机会转移。

四、控制赃物的方法

对于不同的狱内侵财案件,不同的赃款赃物,不同的侵害客体,不同的犯罪嫌疑人,采用不同的控制方法:

一是利用个别检查、清监、卫生检查等名义,对罪犯人身、监舍和生产的有关场所进行检查。对零星分散劳动、外宿的犯人更应仔细搜查;

二是使用隐蔽力量,秘密发现赃物。对于重大和特别重大案件,要及时进行大面积秘密控制,严密注意发现控制赃物;

三是观察、控制有嫌疑的就业人员、职工和零星分散劳动人员的行踪,注意发现赃款、赃物的去向。对出监的车辆、可疑人员、外来人员进行细致的检查,避免罪犯利用车辆和其他来监的人员转赃出监;

四是加强同监狱周围的群众的联防工作,发动群众对赃物进行控制。赃款、赃物如果转

移、销售到社会上,应及时与公安机关、保卫、邮电、商业、工商等有关部门、基层组织取得联系;协同控制,追缴;

五是注意罪犯家属、亲友接见时的监督。对犯人亲属的探监更应注意监视,严防罪犯利用此机会将赃物转移至监外;

六是加强管教工作,严明纪律。无论是监狱在押犯还是其他工作人员,都应按章行事,出入携带证件。严禁他们进行赌博活动或地下交易,控制一切可能销赃、藏赃或转赃的渠道。

另外,为了做好对赃物的控制工作,除了询问被害人或事主,详细了解赃物的各种特征,采取以上方法进行及时的控制外,还应针对不同的对象采取相应的对策。只有这样,进行全面分析,灵活运用,才可能尽快查明案情,获取证据或发现线索,缉捕案犯。

总之,布置控制赃物后,狱侦部门要指派专人负责此项工作,采取的各项措施要迅速的落到实处,不失良机,以免赃物几经辗转,查获困难,甚至被毁坏灭失。

第八节　侦查实验

侦查实验,是指侦查人员为了确定和证实某犯罪行为或现象是否可能发生或存在,而模拟当时的条件,将该行为或现象重新加以演示的一项侦查措施。

《刑事诉讼法》第一百三十三条规定:为了查明案情,在必要的时候,经公安机关负责人批准,可以进行侦查实验。侦查实验应用很广泛,既可以在现场勘查中使用,也可以在侦查过程中使用。

一、侦查实验的目的

侦查实验作为取得证据、核实证据、查明案情的一种行为,在侦查中:

一是确定在一定条件下能否看见某种事物,或能否听到某种声音;

二是确定在某种条件下,某种事实或现象能否发生,发生的条件和原因;

三是确定在某种条件下或在一定的时间内能否完成某种行为,或完成某种行为需要多长时间;

四是确定在某种条件下,使用某种工具能否形成与犯罪现场上的痕迹相同的痕迹;

五是确定在某种条件下,使用某种工具能否形成某种损伤;

六是确定在某种条件下,某种行为能否发生,具备该种行为的条件;

七是确定对案件所作的分析判断是否正确等。

二、侦查实验的规则

(一)侦查实验应尽可能地选择和案发当时环境相同的条件下进行

实验的地点尽可能在案件发生的原地进行,时间与案件发生的时间相一致。只有如此,侦查实验才可能达到良好的效果。时间条件容易保持一致,但原有地点的具体条件却很难恢复。对此若原来条件无法恢复,则应当在相似的条件下进行。其他条件,如光线、距离、风力风向、实验器材等也应与案件发生时的条件相同。

（二）侦查实验应对同一情况进行反复实验

为了正确估计由于客观条件的变化对实验结果可能发生的影响，发生因条件不同而出现的差异，必须坚持对同一情况在变换条件下进行反复实验，以便对实验结果作出全面的、非常近似于实际的评断。

（三）侦查实验不得造成危险结果、侮辱人格或有伤风化

侦查实验是一项严肃的执法活动，必须遵守有关的法律和法规，不得随意实施。对于不择手段，不及后果，不顾影响的侦查实验，应当禁止。实验时若遇到民族习俗问题应尊重当地民族习俗习惯。

三、侦查实验的组织实施

（一）制定侦查实验计划

在侦查实验前，一般是先对案卷材料进行认真研究。如有必要，可进一步询问事主、被害人或有关被询问人或者讯问被告，把要通过实验解决的问题确定下来然后制定实验计划，否则，实验将会出现盲目性。侦查实验计划的内容主要包括：侦查实验的目的；进行侦查实验的时间和地点；进行侦查实验必须要求的环境条件、光线条件、气候条件及其他有关条件；进行侦查实验必须准备的工具、器材和其他有关物品；参加试验的人员及其分工；进行侦查试验的内容、步骤与方法；侦查实验记录方式方法，每种方法的具体安排；侦查试验的安全和警戒等。

（二）确定参加人员

1. 确定侦查实验的主持人。侦查实验的主持人一般由实施本案件侦查的负责人担任，为了查明一些重大或特别重大案件的一些关键情节或审查一些重要证据时，也可以由主管狱侦部门的领导人直接主持。

2. 确定执行实验的人员。实验的执行者应当是与案件无关、为人公正的社会人士，侦查人员和见证人不能执行具体的实验活动。如果实验的目的是为了审查当事人或被询问人的有关陈述是否真实，可以在自愿的前提下，让当事人或者被询问人亲自参加实验。

3. 聘请实验的翻译人员。如果参加实验人员需要翻译或者是聋哑人，应当为他们聘请翻译人员到场翻译。

4. 聘请有关专家。如果实验涉及到某些专门问题，要请求专家的帮助。

5. 邀请侦查实验的见证人。侦查实验必须邀请两名为人公正的公民作见证人。如果理解实验目的和内容要求需要一定的专门知识，则应邀请具有这种知识的人作为见证人到场。侦查实验的见证人应当自始至终在场。

（三）侦查实验的具体实施

在进行侦查实验之前，对于实验场地要布置警戒，防止无关人员进入实验场地；实验主持人要对实验场所及环境进行巡视，审查是否符合案件发生时的条件，是否存在隐患，如果存在应及时采取措施排除和补救。要对实验使用的器材、设备等逐个清点，审查是否符合实验要求；要对参加实验人员、实验场地情况、环境条件、气候条件等作如实记录，然后才可以进行实验。

侦查实验应按计划，有组织、有步骤地进行。在具体实验中，要统一指挥，分工负责，密切配合。在实施过程中有一些实验内容，如在一定条件下是否听到呼救声，实验是否由墙洞进出等，应当让犯罪嫌疑人、被告或当事人自己表演，侦查人员不要自己表演或让被询问人

去表演。实验全部结束后,对实验的内容和结果应当严格保密,对实施地点的公共财产应予以爱护。

（四）侦查实验的记录

侦查实验记录,可以采取多种方式进行,比如笔录、绘图、照相、录像、录音等。而其中最主要的记录方式是笔录。侦查实验记录必须准确客观,主要包括以下内容:

1. 前言部分。主要记录案件发生的时间、地点及简要的案情等;侦查实验的内容和目的、实验人员的简况。

2. 叙事部分。主要记录实验的方法、过程、结果以及实验的次数,实验条件是否变换,每次变换有无差异,结果如何,等等。

3. 结尾部分。主要记录侦查实验的起止时间,以及在场实施这项行为的一切人员的签名或盖章。

四、对侦查实验结果的评断

评断实验结果有两个相互联系的过程组成:一是评断实验结果的科学可靠性;二是评断实验结果的证据意义。

（一）评断实验结果的科学可靠性

不能不加审查就盲目地轻信侦查实验结果,因此,要对侦查实验结果进行必要的审查。主要审查:是否严格按照侦查实验的规则进行,特别是实验的条件是否与受审查事物的条件相同;实验的组织实施是否正确;实验人是否具有某种职业知识、专业技能,有无解决问题的能力;实验人与案件有无利害关系,能否公正地进行实验;实验人的生理、心理状态是否正常;实验结果同案内其他证据有无矛盾等。

在评断侦查实验的否定结果时,还应考虑受审查事物的一些特殊条件和与受审查的事物有关的规律。

（二）评断实验结果的证据意义

评断实验结果的证据意义,就是要确定这种结果对侦查的意义,它在案件中搜集到的证据体系中的地位。根据实验结果所确定的事实,可以得出两种结论。一种结论是根据实验的否定结果,可以得出确定可靠的肯定性结论。如实验结果得出不能从某个洞出入的结论,就可以得出没有从此洞爬出脱逃的确实可靠的肯定性结论。另一种结论是根据实验的肯定结果所作的或然性结论。例如,通过实验确定了可以通过某障碍物进入室内;在一定的条件下可以看见某个事物,可以听见某种声音等。这种实验结果只是证明了一种可能性。但可能性不等于现实性,实际上是否进入室内,是否确实看到或听到了什么,还要联系案件中其他证据进一步研究。

第九节　守候监视

守候监视是指狱内侦查人员在案件侦查过程中,在侦查对象的落脚点或经常出入的场所以及可能进行隐身藏赃、预谋犯罪接头和与案件有关的场所周围,选择适当的隐蔽地点,事先预伏,设立秘密监视点对侦查对象进行监视控制的一种侦查手段。

一、守候监视的作用

守候监视属于一种静态监视,是对特定地区、特定人物进行的秘密监视。对狱内案件侦查有着极其重要的作用:

（一）可以发现和捕获在逃罪犯

罪犯脱逃后,根据调查访问或其他手段所掌握的情况,分析罪犯可能回家或逃往某一处,在这些地方隐蔽起来进行守候,便可捕获罪犯。

（二）可以发现和捕获现行犯

根据掌握的情报,在犯罪嫌疑人预谋犯罪的地点预伏守候,秘密监视。当犯罪嫌疑人重新犯罪时将其当场抓获。但要注意的是,守候并不是等候犯罪,而是要获取罪证和扩大线索,抓获现行。

（三）可以人赃俱获,迅速破案

狱内发生盗窃案件,一般情况下转手销赃比较困难,罪犯往往事先选好藏赃地点,事后将赃物隐藏起来,待机销赃。由于这些罪犯经验比较丰富,作案手段十分狡猾,行动诡秘,欲破案需从发现赃物入手。狱侦人员可隐蔽在藏赃点的附近,待罪犯取赃时人赃俱获。

（四）核实印证情报信息

搜集罪犯检举、揭发材料,同案犯的口供核实真实性。

二、守候监视的准备

守候监视是一项非常艰苦的工作,同时具有一定的危险性,要求侦查人员时刻保持一种临战状态,处理好各种复杂的环境和问题。为了保证圆满完成侦查任务,防止打草惊蛇甚至发生伤亡事故,事先必须做好充分的准备。

（一）组织力量,明确分工

执行守候监视任务必须挑选精干的侦查人员担任,明确分工,把具体任务落实到每个侦查人员的身上。根据守候的情况的不同,决定警力的多少,要明确分工,落实任务。布置任务时要具体充分估计到各种可能出现的情况,周密地制定应变对策,做到统一思想,统一行动,听从命令,服从指挥,临场不乱,各自保证完成任务。

（二）熟悉案情,掌握对象的情况

对监视控制或准备抓捕的对象,必须明确监视守候的作用,事先熟悉案情,了解监视对象的有关情况。包括侦查对象的人身特征和性格、习惯,犯罪活动的规律和特点,有无凶器及凶器的种类;监视地点的地理位置、周围环境、房屋结构、出入路线、交通状况等。还要掌握与其有犯罪关联的人、事、物,做到心中有数,因人因时施策,防患于未然。

（三）实地观察,选择适当的监视点

实施守候监视前,要对守候处的周围环境、交通情况、场所的出入口等进行实地勘查了解,必要时要制作立体图或进行模拟实验,选择恰当的地点作为监视点,配合相应的守候人员。守候监视人员依据当地群众或相关人员的生活情况和特点,进行相应的化装,或根据周围可以利用的掩护条件进行各种职业化装,组织守候力量。

（四）拟订方案,做好充分的物质准备

要确定侦查人员监视小组的班次和换班时间,并根据具体的情况尽量少换班次,换班的次数越多,越容易暴露目标。确定好进点守候监视的名义,规定好通讯联络的方式和暗语手势。做好必要的物质准备,如通讯联络器材、拍录器材、野外衣物、望远镜、枪支弹药、夜视仪、交通工具等。并做好用前检查,确保性能良好,在特定的情况下,还应根据情况备有一定数量的食品饮料等生活用品。

三、守候监视的实施方法

守候监视的方法要针对不同的案件、不同的对象、不同的地点和不同的时间而定。一般来讲,守候的方式有以下几种:

(一)定点守候

定点守候是在罪犯的落脚点附近,选择、建立秘密的守候点,由狱侦人员化装身份以守候点为掩护对罪犯进行守候监视。这种方式一般是用来缉拿罪犯的,是一种比较常用的守候方式。根据时间的不同,可分为长期守候和短期守候两种;根据地点的不同可以分为住所守候、野外守候、特定场所守候等。监视点一般选择在侦查对象住地的侧面为好,也可以选择在侦查对象的必经之地。另外,还可以通过群众、罪犯或秘密力量进行监视侦查对象的活动。这种方法主要因无法设立监视点或侦查人员不好掩护自己的身份而采取的,使用时要仔细向有关的监视人员交代具体的任务和完成任务的方法及应注意的事项。

(二)伏击守候

伏击守候,主要是指为了保护可能被犯罪嫌疑人侵害的目标,或在犯罪嫌疑人经常活动或连续发生同类案件的地方,选择秘密的守候点,派狱侦人员进行埋伏守候,捕捉现行犯罪嫌疑人的守候方法。其主要作用是打击现行犯罪活动,防止犯罪活动的再发生。这种守候是根据案件的特点,估计罪犯可能进行的活动而采取的。如在罪犯可能销赃的场所进行守候,以发现赃物;在犯罪嫌疑人可能藏匿犯罪工具、罪证的处所进行守候,以当场捕获,人赃俱获。

(三)巡查守候

巡查守候,又叫活动性守候。就是在犯罪嫌疑人可能出没活动、落脚藏身的地点选择几个隐藏的潜伏点,采取流动监视、分散守候等方法进行。巡查守候常常同追缉堵截措施一起使用,边守候边追缉寻查,根据犯罪嫌疑人的体貌特征,发现、捕捉犯罪嫌疑人。这种守候方法,可邀请被害人、目击者或其他熟知犯罪嫌疑人的人参加。因为他们与犯罪嫌疑人有过正面接触,知道其体貌特征。巡查守候有较强的追寻犯罪嫌疑人的目的性,其实施方式有以下几种:

1.以人找人。即利用被害人、目击者或熟知犯罪嫌疑人的特征,见面时能认出犯罪嫌疑人的条件,侦查人员带领这些人,到犯罪嫌疑人可能出没、活动的场所、路线上守候,寻找发现犯罪嫌疑人踪迹。

2.以物找人。利用犯罪现场遗留物的特定来源,守候观察,发现犯罪嫌疑人的线索。

3.以照片找人。即根据罪犯照片或通缉令上的通缉对象的照片和文字描述的案犯特征,在车站码头、可能落脚的社会关系处守候,堵截抓获犯罪嫌疑人。

【案例】

严密监视　破获集体脱逃案

2007年2月12日下午,浙江H监狱基建分监区罪犯许某(男,29岁,盗窃、抢劫罪,原判有期徒刑18年)向该分监区民警汇报,有1名在四监区二分监区服刑的罪犯(系老乡),在中午跟他讲过了要逃跑。该分监区立即向狱侦科汇报这一情况。狱侦科立即布置民警找汇报此信息的罪犯谈话,进一步了解情况,同时将情况通报给涉案罪犯的分监区领导,派人了解涉案罪犯的情况。经两方面材料汇总,案件有了基本脉络:涉案罪犯陶某因企图向其他罪犯行凶,曾被列为分监区危险犯,且该犯多次对抗管教,消极怠工,抗拒劳动,思想情绪极不稳定。虽然该犯的反常行为已引起分监区的重视,但其脱逃信息未被掌握。在接到狱侦科的敌情通报后,分监区领导极为重视,根据狱侦科的安排,布置民警加强监管,布置积极改造的罪犯对其严密监视,并且相应地采取了防范措施。为了使陶犯在证据面前低头认罪,进一步弄清有无其他涉案罪犯,狱侦科与监区、分监区进行协商,采取了欲擒故纵的方法,严密监视该犯的言行。春节期间,值班民警发现陶犯与罪犯王某、黄某时常纠集在一起,遂引起警觉,向值班的狱侦科领导汇报这一现象。为了防止突发事件的发生和避免打草惊蛇,春节后一上班,按照事先的布置,陶犯所在的监区即以抗拒劳动为由,将其送往严管队进行严管。该犯到严管队后,以为自己企图脱逃的行为已败露,于3月1日下午向护监犯流露出自己有重大事情要坦白。狱侦科在接此消息后,综合该犯的表现即感事关重大,一方面向监狱领导汇报,一方面立即组织人员展开调查,突击审讯陶犯。在强大的政策攻势下,该犯交代了另外两名企图脱逃的罪犯王和黄。根据该犯的交代,狱政科调集人员分头突审三名罪犯。经分头审讯,三犯一致供认曾多次预谋采用梯子爬围墙,然后沿铁路线分头逃窜外地。他们认为三人集体脱逃如被抓住,将会加重刑罚,如果分头逃窜,即使被抓住,只要一口咬定是单独逃跑,没有他人,这样就是加刑,最后合并执行还是无期徒刑,大不了二年不能减刑。此外,三犯曾为脱逃准备了一些食品,因害怕被察觉而清理掉了。经过近20天的严密监控和长达6个小时的突击审讯,三名重刑罪犯集体脱逃的案件被及时侦破。

第十节　隔离审查

隔离审查是指在押犯又犯新罪和发现余罪的情况下,狱内侦查部门为查明案情,搜集证据把又犯罪嫌疑人隔离关押,同时运用其他侦查手段进行调查审理的一项综合性侦查措施。

司法部《狱内侦查工作规定》第三十五条规定:在侦查狱内案件中,对有证据证明有重新犯罪嫌疑的罪犯,应当立即采取措施,对案犯进行隔离审查,对重要案犯应单独关押,并立即实施预审工作。应当通过预审工作进一步核查案情,搜集证据,查清犯罪事实。预审工作应讲究讯问的策略和方法,做好笔录。第三十六条规定:审理狱内案件中,对案犯单独关押的期限一般不超过二个月,案情复杂、期限届满不能终结的重大疑难案件,可以经省(自治区、直辖市)监狱管理局批准延长一个月。届时仍不能结案的,应采取其他措施。应当避免久侦不破,禁止以押代侦。

一、隔离审查与禁闭

隔离审查不同于禁闭,但又与禁闭息息相关。

（一）目的不同

禁闭从严格意义上讲,是对罪犯最严厉的行政惩罚措施。它通过将罪犯单独关押。严格限制其人身自由,责令独自在禁闭室内闭门思过,促使罪犯反省悔改。隔离审查是一项侦查措施,其针对的对象是又犯罪嫌疑人,隔离关押的目的是审查案件的真相。

（二）对象不同

从行政惩罚的角度,禁闭只适用于严重违反监狱法规,严重破坏监管改造秩序但尚未构成犯罪的服刑人员。而隔离审查作为一项侦查措施,针对的对象是狱内犯罪嫌疑人。

（三）期限不同

禁闭作为一种行政惩罚措施,按照《监狱法》规定对罪犯实行禁闭期限为7～15天,而隔离审查作为一项侦查强制措施,对又犯罪嫌疑人单独关押的期限一般不超过二个月,案情复杂、期限届满不能终结的重大疑难案件,可以经省（自治区、直辖市）监狱管理局批准延长一个月。

但隔离审查的实施又有类似禁闭的地方,隔离审查的隔离关押一般关押在禁闭室内,适用于禁闭的相关规定。

二、隔离审查的作用

（一）防止犯罪活动的继续,保证监管安全

隔离审查是监狱内为查明案情而将犯罪嫌疑人单独关押的措施。在监狱内,一旦发现预谋案件即罪犯有逃跑、杀人等犯罪的迹象时,为保证监狱的安全和保障罪犯人群的人身安全,隔离关押可以防止罪犯继续进行犯罪活动。在侦查已发生的案件中,当发现犯罪嫌疑人后,为及时查明案件,防止罪犯铤而走险,为逃避惩罚而脱逃或重新犯罪,也有必要将罪犯单独关押。另外,在团伙犯罪如集体脱逃或暴狱案件中,将罪犯单独关押还有利于防止他们之间预谋一起犯罪活动的发生。

（二）便于案件的调查,保证侦查活动顺利进行。

将罪犯隔离关押,有利于运用相关侦查手段对罪犯进行审查,有助于罪犯的反思和化解罪犯的犯罪思想,保证侦查活动顺利进行,有助于案情的查明。

（三）有利于隐蔽力量和监控手段的使用。

罪犯处于一种便于控制的境界,使审讯和监控容易进行。而且隐蔽力量也可相机使用。这些手段的运用使审查罪犯可以顺利开展。

三、隔离审查的实施

（一）隔离关押犯罪嫌疑人

案件侦破过程中,一旦发现又犯罪嫌疑人,一般都具有较大的人身危险性,极易形成危害监狱安全的因素,有必要将其关押,进行隔离审查。隔离审查一般将罪犯关押于禁闭室内,禁闭室的使用必须按照有关法律、法规的规定进行,由监狱人民警察直接管理。对又犯罪嫌疑人的关押,应严格依法进行,其审批程序和手续以及关押的期限参照禁闭措施的相关规定。

（二）使用隐蔽力量,获得犯罪线索

罪犯隔离关押后,针对案件的具体情况,考虑是否使用隐蔽力量。罪犯隔离关押,使罪犯极易想知道外面的情况,也想和别人进行交流。狱侦人员可利用这种心理选择合适的隐蔽力量和罪犯关押在一起,使其赢得案犯的信赖,进而了解案情,查找案件线索和有关的证据。

（三）使用监听监视，获得犯罪信息

隔离审查中应对罪犯进行监视和监听，随时掌握罪犯的活动和思想。禁闭室内应安装电子监控装置和安全报警器，以便于对每一个禁闭室进行监控。监视监听所获得的有关犯罪信息，应进行仔细分析，从中挑选出有价值的部分，以配合其他侦查手段的开展。监视监听还有利于防止罪犯行凶或自杀，也可获得部分犯罪证据和犯罪线索。

（四）配合审讯，搜集犯罪证据

罪犯被隔离关押有利于对罪犯的审讯工作，因此罪犯隔离审查时，狱侦人员可以根据案件侦破的情况，随时选择有利的时机审讯罪犯，使狱侦人员始终处于主动的状态。隔离关押使罪犯处于一种被隔离的状态，不能参与其他活动，可以防止罪犯之间串供，防止罪犯破坏毁灭犯罪证据，而狱侦人员可以边审讯边调查，搜集案件的线索和证据，这对罪犯的审讯工作更有利。

【案例】

及时隔离审查   破获暴力越狱案

2000春节刚过，浙江 C 监狱六监区在押犯杨某与高某之间接触增多，行为反常，引起了该监 18 分监区民警的注意，分监区决定指派"耳目"接近案犯获取真实情况。"耳目"通过"接触"提供了案犯可能制造枪支和图谋脱逃的情况。4 月 8 日分监区指导员王某在劳动现场巡查时，发现罪犯陈在机床上加工一支可以拆装的扁铁，陈回答是杨要其制作的专机上的塞铁。民警辨认不是塞铁（案发后杨犯交代是匕首）。为了彻底查清此事，民警除对杨犯重点控制外，采取了各种方法获取证据。4 月 13 日约 19 时，杨写了一张"方警官你早晨不要坐在值班室里，具体情况过几天细谈"的纸条，通过护监犯交给民警。方副监区长收到此条后当即找杨犯了解情况，因杨不愿讲真情，就将此事交分监区研究，分监区决定由方找杨犯进一步了解真实情况。4 月 20 日杨被采取强制隔离措施，在强有力地控制追问下，被迫递交了一份《自白检举材料》。至此，整个案件明朗化，4 名涉嫌案犯被采取紧急禁闭，隔离审查。

经侦查查明，杨为此案首犯，高为此案主犯。杨年初就主动与许接触，得知许犯存在逃跑思想，即于同年 3 月将自己绘制的枪支部件图交许犯，按图做好 2 支枪管。当杨继续叫许加工其他部件时，许感到有点害怕，没有再帮其加工，把加工好的 2 支枪管也扔掉了。7 月，杨犯因病住院期间企图搞到药物，自配炸药，此事不成之下，又多次向医务犯讨到火柴达 30 余盒，用来制造子弹。杨犯出院后在 11 月间，继续在罪犯中观察物色共同犯罪的对象。当得知高和陈也有逃跑的动机，就想方设法拉拢，共同形成了 4 人预谋犯罪团伙。

在策划过程中，杨犯首先提出要制造凶器（指枪支弹药和刀等物），4 人表示赞同。然后杨把做枪的图纸交陈犯，并叫陈做 2 支，给高犯 1 支，自己也做 2 支，给许犯 1 支。从 3 月份开始制作枪支零部件，于 4 月 5 日做成完工，陈犯将做成的 2 支枪藏在工具箱的回丝堆里，杨犯的 1 支枪于 11 月左右做好，另一支尚差几个部件，他把做好的枪拆成部件分 4、5 个点暗藏。

3 月 15 日，案犯杨、高、陈 3 人在分监区阅览室研究策划了两个方案：一是从监舍内实施脱逃。利用白天收工将做好的枪支凶器等物带入监舍，待晚上熄灯铃响后先把护监犯捆起来，用布塞住嘴。而后通过监舍内的有线对讲器向内看守值班民警通话，谎称分监区出事，目的是将内看守民警骗至分监区，采用同样的手段，用枪和匕首顶住民警，剥下警服捆绑起来，剃下头发，用 502 胶水将剃下的头发粘在自己的光头上，穿上警服，混出监房大门。接着把武警从岗亭上叫下来夺枪后迅速逃离。二是企图在车间劳动现场脱逃。乘上中班天黑以后晚餐之前这段时间,4人一起行动,将值班民警从岗亭上引开,以减少警力。而后铐起一名民警做人质,采取汽油焚烧配电间切断电源,使车间一片漆黑,把电话线切断,使之与外部中断联系。将事先准备好的电瓶车开过来装上氧气、乙炔瓶和人质,将门反扣,锁住民警和罪犯,以阻止追击,然后冲出车间大门冲向中心门楼逃跑。

案例评析 AnLiPingXi

罪犯陈某脱逃杀人案

1. 案情简介

1998年8月15日夜11时许,一个幽灵般的黑影窜进位于D监狱分局机关西南侧的先进大队贺屋村民组。

他,就是上午从D监狱分局老残大队二中队脱逃的罪犯陈某(男,40岁,汉族,文盲,安徽人,家住怀远县E农场。1985年因犯盗窃罪被判处有期徒刑1年6个月,1987年刑满;1990年6月又因强奸罪被怀远县人民法院判有期徒刑13年,剥夺政治权利5年,送阜阳监狱改造,1991年11月调D监狱分局老残大队二中队改造,1994年曾被减刑1年2个月)。陈犯在服刑期间通过母亲探监,得知妻子与兄弟因房子问题发生矛盾。多次写信回家无回音,又因在监外割鱼草劳动期间,有经常脱离互监组单独行动和窥视女厕所等违纪违法行为,经中队研究,1998年8月12日被调换工种,下菜园组劳动。由此陈犯产生脱逃念头,并做了准备,他从中队菜园组仓库偷窃了一把篾刀和一瓶农药,藏于野外草丛中。8月15日上午乘劳动之机脱逃,随身携带一把篾刀和一小瓶农药,撬开民妇吴某家的堂屋门欲行窃时被发现。他又窜至村民贺某家门前,见屋内亮着灯,透过堂屋门缝见堂屋内仅贺某之妻吴某带着5岁的儿子和2岁的女儿在地上睡觉,顿起奸淫之念,遂翻窗入室,先脱光自己的衣服,手持篾刀来到熟睡的吴某身边,左手掐住吴的脖子,向其说道:"起来,给我拿钱,不要吱声,要不我砍死你。"当遭到吴某的极力反抗和呼救时,陈犯竟凶残地用刀砍吴头、面部数下。同时,还将被惊醒哭叫的两个孩子砍倒,而后欲对昏迷的吴某实施奸淫,闻讯赶来的贺某(吴某丈夫)手持铁锹,破门而入,与陈犯展开搏斗,陈犯用刀又砍伤贺的手臂,赤身裸体冲出贺家,慌忙逃窜。

被害人吴某、贺的儿子和女儿经抢救无效身亡,后经法医鉴定,死者系被他人用篾刀打击头面部致严重颅脑损伤死亡。

2. 追捕经过

1998年8月15日上午出工后,陈某与同组十名犯人从事挑粪劳动。劳动期间,陈犯乘带工干警都在菜园工地,而粪池边无人看守,同犯都在休息时,取出藏好的篾刀和农药,实施脱逃,他先躲藏在局机关私人菜园的黄豆地丛中,以躲过追捕干警的搜捕,等到夜深时窜出豆地,继续逃窜,上午9时50分,D监狱分局狱政科接到D监狱分局老残大队报告,该大队二中队罪犯陈某从劳动工地脱逃。分局领导当即组织警力追捕,并采取了如下措施:一是通知全局各押犯单位及时上岗,并布哨35处;二是分局领导及时了解情况布置追捕方案,并亲率干警37人,分13个组,以先进大队为重点进行逐村搜捕、走访,张贴协查通报21张;三是老残大队安排24名干警,分12个小组,深入先进大队内部走访搜捕,当晚还安排了18名干警，分9个小组，在先进大队一带设暗哨守候；四是分局分管领导带领管教部门干警检查各哨值班情况。

当晚11时30分左右，逃犯陈某横穿局机关西侧公路时，被巡查人员发现追捕未获，分局值班室当即通知老残大队守候人员向发现目标区域靠拢搜捕（陈犯已经窜至贺屋村民组，并开始杀人作案）。8月16日零时35分，G公安局值班室接到H先进村村民石某的电话报案："贺屋组村民贺某家发生了凶杀案，请速派员处理。"接到报案后，局长立即组织警力赶赴现场（此时，犯罪嫌疑人陈某已被群众及追捕干警在距贺家约400米远的棉花地里捕获）。监狱分局狱政部门连夜突审犯罪嫌疑人陈某。在强大的政策攻心下，陈犯交代了脱逃杀人的犯罪事实。天亮后监狱、公安刑侦技术人员即开始对杀人现场进行勘查并对死者尸体进行检验，搜集了包括凶器在内的大量证据。

经过D监狱分局狱侦、公安、检察部门艰苦细致的调查和审讯，结合市公安局法医鉴定和省公安厅的法医鉴定结论，大量事实充分证明了犯罪嫌疑人陈某脱逃后窜进村民贺某家，见男主人不在家，遂起奸淫之念，在向民妇吴某要钱并欲行强奸遭反抗时，竟持刀将吴及两个未成年的孩子杀害，其行为已构成故意杀人罪、逃脱罪、强奸（未遂）罪，至此全案告破。

3. 反思与思考

1. 专政意识、忧患意识严重淡薄。本案发生之前，该分局发生一起罪犯黄某杀死罪犯赵动群的重大案件。省局领导和业务部门，多次到监狱分局检查指导，要求认真吸取案件教训，指出该分局在监管安全工作中存在的问题和潜在的隐患，并提了整改要求，分局虽然采取了一些措施，但老残大队等少数基层领导抓监管安全"雷声大、雨点小"，最终导致"8·16"案件的发生。

2. 干警思想麻痹，监控措施不落实。陈犯原在中队从事割鱼草零星劳动，因其在割鱼草时，经常单溜，与老百姓接触频繁，窥视女厕所，中队发现后，只是将其调整到菜园组劳动了事，未对陈犯采取任何包夹和监控措施。陈犯8月12日下组劳动，15日上午从劳动工地脱逃，互监小组的犯人也不知道，互监组实际成了聋子的耳朵。

3. 干警责任心不强，劳动现场管理不到位。8月15日该队组织罪犯出工，由一名干部一名工人带领10名罪犯到菜园从事挑粪劳动。两人都站在菜园一边，而对取粪的化粪池没有进行现场巡查，更没有认真落实分局规定的"15分钟一点名，30分钟一汇报"的工作查人制度，致使陈犯脱逃，最终酿成恶果。

4. 狱侦工作薄弱，敌情不明。陈犯为二进宫犯人，第二次犯强奸罪时，便是采取暴力将被害人打伤后，实施强奸。同时，该犯得知妻子与兄弟因房子发生矛盾后，多次写信回家询问无回信，也无人接见，曾暴露出了逃跑的念头。对这样的罪犯按规定中队应将其列为危险犯控制，中队不仅没有这样做，反而违反规定将其安排从事零星割鱼草劳动，致使其长期托管失控，熟悉了监狱附近情况，为其顺利脱逃，打下了基础。

5. 中队领导班子不团结。长期以来，该队领导班子不团结，队长、指导员各行其是，安排生产或抽调犯人从事劳动很少商量，只要生产需要即可随意抽调犯人，这为陈犯外出割鱼草提供了方便，更为监管安全埋下了重大的隐患。

6. 危险物品管理措施不到位。罪犯陈某脱逃前，就做了充分的准备，在菜园劳动期间，从菜园工具保管室偷取了一把篾刀和一瓶农药，以备脱逃所需。由此可以看出，危险物品的管理没有落实专职干警负责，检查制度不落实。并且工具房钥匙由犯人组长掌管，并随意给犯人开门拿东西，用后是否收回也无人问津，导致工具、农药被盗，中队一无所知，为血案的发生埋下了隐患。

7.追捕时机的延误和追捕决策的失误。一是大队向分局汇报不及时,罪犯脱逃一个多小时后,才向分局汇报,延误了围捕的最佳时机;二是掌握线索后把搜捕的重点放在先进村而对化粪池附近的田间、地头、菜地没有进行彻底搜索;三是老残大队夜间虽然组织了10名干警,分布在7个村民组守候而偏偏漏掉了吴某居住的贺屋村民组。

实训项目 XiangMuShiXun

实训项目一:调查访问

(一)实训目的

1.领会调查访问的概念、作用、要求、原则和程序。

2.使参训学生掌握调查访问的方式、不同案情访问的内容以及针对不同心理的访问对象所采取的不同访问方法。

3.学会制作访问笔录,并能对调查访问结果进行审查评断。

(二)实训素材

1.一起故意伤害案案例

2.相关法律法规

(三)实训方式

学生10人一组,分为侦查人员7名、被害人1名、被害人亲属1名、知情群众1名;实训内容在教室或实验室等场所完成。

(四)实训内容和要求

1.选择3位走访对象,分别向他们详细介绍模拟案例案情(或分发案例材料)。

2.以2～3名参训学生为一个访问小组,向他们分发案件材料,组织其根据案件不同情况及所涉及问题拟定访问提纲。

3.在指导教师的指导下,各访问小组到达访问对象住处进行访问,并且制作询问笔录,条件允许的要进行录音。

访问过程中,要针对访问对象的不同心理特点以及案件的具体情况采取不同的访问方法。

4.各访问小组对本组访问材料进行审查评断。

(五)实训作业

每组实训学生制作询问笔录一份。

实训项目二:摸底排队

(一)实训目的

理解和掌握摸底排队的范围、条件和方法及要求,并能在实际工作中加以运用。

(二)实训方式

以5～6人为一组,将学生分成若干个小组。每个小组确定一名组长负责该小组的摸底排队及材料的搜集整理工作。

(三)实训内容和要求

【案例】

1998年6月5日7时20分,监狱民警江某上班途中,被两名歹徒用斧子击伤头部致昏,抢走"五四"式配枪一支,子弹10发。江某送医院经抢救无效死亡。

据4名目击者反映,两名骑自行车歹徒在居民胡同内拦住江某,一人拦腰抱住江,另一人从腰间拿出斧子猛击江头部,对话中说出"打的就是警察"等语言,将江某打倒后抢走配枪往东逃跑。两名歹徒一高一矮,高个在175厘米左右,体态中等,身着"八三"式旧警服;矮个身高在170厘米左右,体态偏胖,上身穿灰白色夹克衫,内着绿色衬衣。两歹徒均操当地口音。

根据以上案例材料,确定摸底排队的范围,摸底排队条件,摸底排队中应注意的问题。

实训项目三:室内搜查

(一)实训目的

1.掌握搜查前应做的准备工作。

2.掌握搜查的法律程序、执行程序,掌握室内搜查的程序、方法、策略以及搜查扣押过程中应注意的问题。

3.学会制作关于搜查扣押的相关法律文书。

(二)实训方式

以5~6人为一组,将学生分成若干个小组。每个小组确定一名组长负责该小组的搜查工作。

(三)实训内容和要求

1.布置模拟室内搜查现场。

2.确定被搜查的现场,向学生介绍案情。

3.由小组长带队进入现场实施搜查。

(四)实训作业

每人制作搜查笔录一份、扣押物品文件清单一份。

实训项目四:缉捕逃犯

(一)实训目的

1.掌握监狱一旦发生犯罪逃脱,作为监狱指挥人员及狱侦干警缉捕逃犯的基本步骤方法。

2.学会通过了解逃犯情况,分析逃犯逃跑方向,确定逃犯藏匿地点。

3.学会如何进行组织指挥。

(二)实训素材

1.一起越狱逃跑案例

2.相关法律法规

(三)实训方式

学生10人一组,分为指挥人员1名、侦查人员4名、服刑人员3名、工人2名;实训在教室或狱侦实验室等场所完成。

（四）实训内容和要求

1.指挥员在案发后能迅速对侦查人员进行分工,搜集逃犯情况,确定追逃方向。

2.侦查员能够将自己分管工作迅速进行调查,并将搜集到的情报信息上报。

3.对搜集到的情报信息进行分析汇总,确定追逃方向或地点。

（五）实训作业

要求每位学生写出实训报告或心得。

实训项目五:追缉堵截

（一）实训目的

理解和掌握追缉堵截的步骤和规范要求,并能在实际工作中加以运用。

（二）实训说明

请认真阅读下面给出的案例,结合案例归纳追缉堵截的规范要求。

（三）实训内容

【案例】

1990 年 12 月 26 日凌晨 1 时 30 分,坐落在贵州省黔南州罗甸县城的武警中队发生一起盗抢杀人案,6 名犯罪嫌疑人杀死司务长并盗走 4 支"五六"式冲锋枪、1 支"五六"式半自动步枪和 721 发子弹后逃窜。凌晨 2 时许,罗甸县公安局接到报案后,一面向上级报告,一面组织力量追捕 6 名盗枪案犯。4 时许,省公安厅接到报告,立即成立了省、地、市三级领导组成的指挥部,作出如下部署:

(1)通报了全省公安机关及铁路、民航公安机关,火速调集警力,设卡堵截,配合黔南州公安部门尽力将案犯控制在该州范围内。

(2)向云南、广西等毗邻省份公安机关通报案情,请求协查,防止案犯窜出边境。

(3)贵阳市公安机关立即组织力量设卡堵截,坚决阻止案犯进入市区。

(4)省武警总队立即派出一支 30 多人的小分队赶赴现场,配合邻近市、县追缉堵截。

(5)省厅刑侦处组织精干力量前往现场协调追堵行动。

上午 7 时许,被案犯租用的出租车司机驱车赶到罗甸县公安局报告情况:他们 5 时许在惠水县毛家苑乡政府门前下车,并声称要去贵阳……8 时许,省厅指挥部根据这一情况召开紧急会议,制定并部署了一下处置措施:

(1)以惠水毛家苑为中心,形成严密的包围圈,同时依靠当地党政机关,深入发动群众堵卡、搜索。

(2)贵阳市以花溪为重点部署堵卡,黔南州以毛家苑为重点部署围捕;邻近县、市从外设堵卡,形成大包围圈。省公安厅、武警派出 800 余名公安干警、武警战士前往惠水。

(3)省公安厅及贵阳市公安局加强要害部位的守护工作,并组织力量加强贵阳市区的巡逻。

(4)处置原则:设卡围堵,开展政治攻势,分化瓦解,迫使 6 名案犯缴械投降。如遇顽抗,就地围歼,尽量减少伤亡和损失。

到中午 12 时,以毛家苑为中心的前线兵力已达到 1000 多人,外围兵力也已达到 4000 多人。下午 5 时 30 分,6 名案犯在小龙寨附近的公路上劫持了一辆载有乘客的中巴车,在劫持过程中与赶到的公安干警相遇,在驾车逃窜时打死打伤多名堵截干警和路旁群众。下午 7 时许,6 名案犯被干警围堵在贵阳至罗甸公路 93 公里处,一名下车排除路障的案犯受伤后被抓获。经审查得知：中巴车上有20名人质，5名案犯被围住之后心情比较紧张。遵照省厅指挥部"确保人质安全，开展政治攻势，迫使5名案犯缴械投降"的精神，前线指挥部对5名案犯实施了强有力的攻心战："你们都还年轻，放下武器投降才是唯一的出路，顽抗到底只有死路一条。""黄某，你父亲已经来啦，你好好想想，这样干下去对得起你父亲吗？主动投降吧。"27日凌晨3时50分，5名案犯要求进行谈判并提出3个条件：①提供一辆汽车；②撤离包围圈；③要见中队长。根据当时案犯心理状态分析，前线指挥部决定：谈判可以，但不能附加任何条件。6时50分，5名案犯答应取消3个条件，进行谈判。我方立即同意，案犯之一的黄某先放下武器从中巴车中走出与我方代表及武警支队副支队长谈判，经说服教育后黄某终于跪下投降。7时30分，另一案犯张某走出中巴车来谈判，经教育后拒不投降。前线指挥部命令：拖住张某，不让其返回车中。8时许，另3名案犯见张某未回来，更加惊慌，相继离开中巴车前来投降。至此，案犯全部抓获，中巴车上的人质安全脱险。

思考题 SiKaoTi

1. 调查询问的概念、对象，调查询问的内容和要求有哪些？
2. 摸底排队的条件和要求有哪些？
3. 简述搜查的概念、程序、方法。
4. 搜查的时机如何把握？
5. 辨认的概念、原则有哪些？
6. 简述辨认的方法和对辨认结果的分析。
7. 追击堵截应具备哪些条件？
8. 简述追击堵截的方法和要求。
9. 追击堵截应注意哪些事项？
10. 通缉通报应具备哪些条件？
11. 简述通缉通报的方法和要求。
12. 简述控制赃证的措施与要求。
13. 简述侦查实验的方法和要求。
14. 简述守候监视的方法和要求。
15. 简述隔离审查的实施方法。

第五章　狱内侦查技术

知识目标 ZhiShiMuBiao

- 了解现场照相的概念和分类；
- 了解手印、足迹、工具痕迹、枪弹痕迹的概念；
- 了解寻找手印、足迹、工具痕迹、枪弹痕迹的重点部位；
- 了解手印、足迹、工具痕迹、枪弹痕迹的发现、提取、固定的方法和要求；
- 了解笔迹检验特征的一般原理；
- 了解法医技术的一般原理；
- 了解监控技术的一般原理。

能力目标 NengLiMuBiao

- 能掌握刑事照相的一般方法与技术；
- 能掌握手印、足迹、工具痕迹、枪弹痕迹遗留的部位与勘查重点；
- 能熟练分析手印、足迹、工具痕迹、枪弹痕迹与犯罪的关系；
- 能正确实施手印、足迹、工具痕迹、枪弹痕迹发现、提取、固定的方法；
- 能熟练掌握各种细小痕迹、残缺痕迹的发现、提取、分析和运用；
- 能掌握笔迹检验的一般方法与技术。

本章引例 BenZhangYinLi

　　2000 某年 9 月 2 日深夜，A 监狱服刑人员刘某(34 岁)及其同监舍的张某(50 岁)在监舍中被杀。犯罪分子将被害人刘某和张某的贵重物品洗劫一空，并用死者的血迹在墙壁上写下了一行字："为李某报仇"(李某为已被处决的抢劫集团首犯)。案发后，经过深入的调查访问，发现被害人同监舍的周某是重要知情人，他向破案组提出了重大嫌疑人章某，并列举诸多可疑之点。为了证实章某是否为犯罪分子，破案组设计取得了章的字迹，并通过密搜、密取的方法获取了被害人刘某和张某被章洗劫的贵重物品。经笔迹鉴定确认杀人现场墙上用血迹写成的字迹为章书写，经知情人周某辨认，从章处密搜、密取所获贵重物品均为刘某和张某所有。据此，证实章即为犯罪人。

第一节　刑事影像技术

　　刑事影像技术是指侦查机关依法运用摄影、摄像以及相关影像处理技术，记录、显现和检验与犯罪有关的客体影像的一门科学技术，包括刑事照相、刑事摄像和数字影像处理技术。刑事影像技术的作用总的来说包括记录作用与检验作用，其在侦查中的具体作用有以下几点：记录犯罪现场；显示、提取和固定潜在的痕迹物证；鉴别物质异同和进行人身同一认定；搜集、储存各种犯罪资料。

一、刑事照相

刑事照相是指运用照相方法，对与犯罪有关的客体影像进行显示、记录和固定的一门科学技术。在狱内侦查实践中，根据刑事照相的目的和对象不同，可以把刑事照相分为现场照相、辨认照相和物证照相三大类。

（一）现场照相

1. 现场照相的概念。现场照相是指以照相的方式，对刑事案件现场以及有关痕迹、物品进行客观、准确、全面的固定和记录的一种专门照相技术。通过现场照相，不仅可以通过照片的形式直观、全面地反映刑事犯罪现场的真实状态，还可以对相关的犯罪痕迹、物证进行及时的发现和固定。狱内侦查中，现场勘查照片不仅是侦查人员分析认识案情的重要依据，还是重要的诉讼证据。

现场照相必须严格遵循客观、及时、形象、全面、规范的要求。而且，在现场照相过程中，还应遵循先易后难、先急后缓、先地面后上面的基本拍照步骤和原则进行拍照。

2. 现场照相的分类。现场照相按照拍照内容和目的的不同，一般可分为现场方位照相、现场概貌照相、现场重点部位照相和现场细目照相四类。

（1）现场方位照相。现场方位照相是记录和反映案件现场所处的位置及其与周围环境联系的照相，以整个现场和现场周围环境为拍摄对象。通过现场方位照片，应力图把整个犯罪现场及其周围环境的特征和重要标志客观、真实地反映出来，使现场的地形、来去路线、现场所处的具体位置及其与周围事物的关系等得到清晰全面的表现。

现场方位照片的拍照地点应尽量选择较高、较远的地方，尽可能一次取景就能反映出现场全貌。在取景构图时应尽量把案件中心现场、对案件有重要意义的景物安排在画面的前景、中心或醒目的位置上，同时应将可以清楚显示现场方位的永久性标志物，如监舍、道路、大门等作为背景或陪衬拍摄进照片中。此外，现场方位照相应尽可能在白天利用自然光线进行拍照。如确需在夜间拍照的，可利用月光、闪光灯、现场勘查灯、探照灯等作为光源进行拍照。同时，为客观真实地反映现场在发案时的气候和气氛特征，还可采用多次移动闪光法来进行拍照。

（2）现场概貌照相。现场概貌照相是指以案件现场以及现场中心地段为拍摄内容，说明现场自身状况，反映现场与整体状况的照相。通过现场概貌照相，不仅能真实记录现场全貌，还能客观反映案件情况、现场痕迹物证所在部位以及彼此间的联系等。现场概貌照相以现场内的物品、犯罪痕迹特征及其遗留位置为主要拍照内容，拍照的本质在于全面反映刑事案件现场的内部状况及其相互间的关系。因此，在拍照时应注意合理取景，主次分明，不能产生前后遮挡、互相重叠的现象。为保证构图的完整性，应尽量选择较高、较远的拍摄位置进行拍照，尽可能将整个现场的范围和现场内所有与案件有关的痕迹、物品、尸体、凶器、血迹等客观、真实、全面地拍摄下来。

（3）现场重点部位照相。现场重点部位照相也称现场中心照相，是记录案件现场的局部状况，反映与案件有关的主要物体的所处位置、主要特点及其与其他物体、痕迹的相互关系的照相。进行现场重点部位照相时，要抓住被摄对象的特点，合理选择拍照的角度、高度和距离，同时要根据具体案件的类型准确确定拍照的内容和重点。此外，在进行现场重点部位照相时,不仅要着重反映重点部位的真实状况,还要注意突出重点部位与邻近物的关系。而且拍照时要尽量使用标准镜头,取景适当,以保证拍摄影像的清晰、不变形。

(4)现场细目照相。现场细目照相是记录和固定案件中发现或提取的各种具体的痕迹和物品的细节特征、案件现场的细微局部状况的照相。现场细目照相以犯罪现场上具有检验、鉴定和证据意义的各种犯罪痕迹物证以及案件的细微局部作为其拍照对象,拍照时不仅要准确地反映拍照对象所在的位置,还应重点突出拍照对象的细节特征,为后续的分析检验奠定良好的基础。进行现场细目照相时,为保证所拍照片清晰、完整不变形,拍照时必须使拍摄物面、镜头、感光材料的像面三者保持平行并垂直于光轴。同时,为使观察者能从照片上根据比例尺来推断所拍痕迹物证的实际尺寸,在进行现场细目照相时还应注意遵守比例照相的原则,在拍照对象的同一水平面上放置比例尺,一同在照片中反映出来。

3.现场照相的常用拍照方法。实践中,刑事照相常用的拍照方法主要有单向拍照法、相向拍照法、多向拍照法、回转连续拍照法、直线分段拍照法五种。

(1)单向拍照法。单向拍照法是指仅从现场某一方向进行拍照即可完整反映拍摄对象情况的拍照方法。单向拍照法主要用于一些场面较小、环境简单、内容较少的现场方位、概貌的拍照以及部分案件现场重点部位和细目照相等。在采用单向拍照法进行现场照相时,应根据拍照的内容、目的以及拍照对象的具体特点准确选择拍照的地点并恰当取景构图,以取得最佳的拍照效果。

(2)相向拍照法。相向拍照法是指以现场中心部位或某一拍摄对象为中心,选择两个方向相对的拍照点对现场进行拍照的方法。相向拍照法主要适用于长方形的房间、商场、庭院等较为狭长的现场或其他从两侧或两端方向进行拍照更为恰当的拍照对象。在采用相向拍照法进行现场照相时,应尽量选择与中心部位或具体拍照目标距离相等、角度一致的两个相对的地点作为拍照点,而且所拍的两组照片应尽量在曝光、冲洗、扩印等环节保持条件一致。此外,为减少逆光和反光的影响,拍照时应尽量避免逆光拍摄,并通过加遮光罩、滤色镜等方式尽可能减少或消除干扰光的影响。在拍摄时,应注意合理取景,如果拍摄对象是尸体,应从尸体两侧进行相向拍照,不能从尸体头和脚的方向取景拍摄。

(3)多向拍照法。多向拍照法是指从三个以上的拍照方向对拍照对象进行拍照的方法。多向拍照法能最为充分、全面地反映现场的全貌、重点部位以及与案件有关的痕迹物证等,在现场方位照相、现场概貌照相、现场重点部位照相时常采用此种拍照方法。根据现场的具体情况,可选择三向交叉拍摄法或十字交叉拍摄法进行拍摄。在采用多向拍照法进行拍照时,为保证所拍照片影像的大小一致,所选择的多个拍照点应与拍摄对象的中心距离相等。为更好地发挥多向拍照法所拍照片的组合效果,每组照片在拍摄、冲印等各个环节的控制条件一致,并按拍照对象的前后、左右等实际位置进行合理编排。

(4)回转连续拍照法。回转连续拍照法是固定相机位置,只改变相机拍照角度,将拍摄对象从水平或垂直方向进行分段,逐段进行连续拍摄,然后将所拍照片拼接成为一幅完整照片的拍照方法。回转连续拍照法主要适用于场面较大,拍照点又无法后退的现场。拍照时,应恰当选择拍照地点,固定相机位置并保持水平,画面衔接点应避开现场重点物,前后相邻的两个画面应略为重叠。一组回转连续拍照法获得的照片,在拍摄及后期制作过程中,应保证曝光、色调、放大倍率等相关条件保持一致。

(5)直线分段拍照法。直线分段拍照法是在保持相同物距的情况下,将照相机主光轴垂直于被拍对象的平面,并保持镜面与物面平行、等距,将被拍对象按纵向或横向进行直线分段并分段拍照,然后将所拍照片拼接为一幅长条形照片的拍照方法。直线分段拍照法主要适用于狭窄的现场、成趟的足迹、血迹、长条形的车轮痕迹、较长的标语字迹等对象的拍摄。直线分段拍照法一般只适用于地理位置相对平坦而且最好是平面客体的拍摄。在采用直线分段拍照法时,应根据被摄对象和所用相机镜头合理确定拍摄物距和现场分段,而且应以相同的调焦、曝光、物距进行连续分段拍摄,以保证所拍影像大小一致。

4.现场照片的制卷。现场照片的制卷是指在具体的现场拍照工作完成后,对所拍摄的各种现场照片进行客观、系统的整理,组成一套完整的、符合要求的现场照片的工作程序。在对现场照片进行制卷时,必须坚持实事求是的原则,力求真实地反映现场的客观事实,不得主观任意选弃与案件有关的照片;必须严格按照相关法律规定和现场照相规则进行,要求整套照片重点突出,层次分明,互相印证;对现场照片所进行的文字性说明要与现场勘查笔录和现场访问笔录相印证。

(二)辨认照相

辨认照相是运用照相技术记录与犯罪有关的人、尸体的体貌特征、特殊特征以及与犯罪有关的物体的特征,为辨认提供依据的一种专门照相。根据拍照对象和目的的不同,辨认照相可分为人身辨认照相、尸体辨认照相、颅像重合照相和人像组合照相四大类。

1.人身辨认照相。人身辨认照相是为了查缉犯罪嫌疑人、进行刑事登记或辨别人身而对在押犯或其他犯罪嫌疑人的面貌、体态等特征进行拍照记录的一种专门照相。

人身辨认照相要清晰、真实、全面地反映被拍对象的面貌、体态以及斑、疤、痣等可供辨认的特征。拍照时,要在拍照对象背后悬挂标有纵横等距的厘米格线的浅色背幕,在拍照对象的胸前适当位置放置胸牌,将被拍对象的编号、拍照地区、拍照单位、拍照时间等信息标注在胸牌上,必要时可在被拍对象的枕骨与背幕之间衬垫头托。

人身辨认照相一般要拍摄正面和右侧面照片各一张(半身)。拍照时相机固定在三脚架上,镜头对准背幕中线,其高度以镜头对准被拍对象下颌中点为准。拍摄正面照片时,要求被拍对象以立正姿态站立在背幕前,枕骨紧贴头托,双肩平衡,双手自然下垂,两耳平均外露,双眼平视相机镜头。背幕中线、前额中心、下额中心、胸牌中线四点形成一条线。拍摄右侧面照片时,要求拍照对象在拍正面照片的基础上原地左转90度,能清楚看到前额、鼻子、下额。如果拍照对象左侧面有特殊标记或习惯化妆的,应加拍左侧面和化妆后的照片。

人身辨认照相的配光要光照均匀、柔和,相貌轮廓反映清楚,富有层次和立体感。在使用电子闪光灯时,应注意恰当选择闪光灯的灯位。

2.尸体辨认照相。尸体辨认照相是为查明不知名尸体的身源,而对不知名尸体体貌进行拍照的一种专门照相。尸体辨认照相的拍照对象是现场发现的、具有一定辨认条件的尸体。为客观、全面地记录现场尸体状况,同时又使所拍照片具有较好的可辨性,在拍照时一般应先拍尸体原始照片,再拍适当修整后的照片。所拍照片不仅要能清楚地反映死者的特殊体貌特征,还要能清楚地反映死者随身所佩戴的具有辨认价值的饰物特征。

在拍照时应先以现场照相的方法和程序拍摄尸体的原始状态,再根据拍摄需要适当变动尸体体位进行拍摄。一般说来,在拍尸体原始正面半身照片时,应将尸体脸面朝上平躺,头下垫以浅色衬垫物作为背幕进行拍摄。对于局部伤痕、血痕及特殊物品,应以特写的形式进行局部拍照。对于面部辨认特征遭到毁损的尸体,为提高可辨性,还要对其进行适当整容,尽可能还原其生前的面貌状况,拍摄专门用于群众辨认的尸体辨认照相。在进行尸体辨认照相时,还应对一些可作为辨认依据的随身携带物和其他特征进行拍照。

3.颅像重合照相。颅像重合照相是运用照相的方法,将不知名颅骨与被鉴定人的生前头像照片进行比较,通过颅骨和照片重合的方式实现人身同一认定目的的一种辨认照相方法。实践中,颅骨重合照相主要运用于已经高度腐败甚至白骨化、丧失了面部辨认条件的不知名尸体的身源认定。

4.人像组合照相。人像组合照相是根据目击者或被害人对犯罪嫌疑人体貌特征的描述,对犯罪嫌疑人的面貌特征进行模拟重组,以获取犯罪嫌疑人面貌、为侦查提供排查依据的特殊辨认照相方法。人像组合照相主要有手工描绘法、手工相貌组合仪组合法和计算机组合法三类组合方法,其中计算机组合法已经逐步取代前两种方法,成为实践中运用最为广泛和重要的人像组合方法。

(三)物证照相

物证照相是指运用翻拍、脱影等照相手段显现、记录、检验案件相关物证的一项专门照相,是刑事照相的重要组成部分。包括近距照相、翻拍、脱影照相、分色照相、偏正光照相、显微照相等多种照相类型。

1.近距照相。近距照相也称为放大照相,是通过一定的方式将较小的客体拍摄制作成较大影像以便于观察和鉴别的一种特殊照相方法。近距照相可以很好地表现较小物体细微的结构、纹理、质地和色彩等特征,是固定和保全微小物证最为重要的方法。根据近距照相的原理和所采用的器材,近距照相技术可划分为延长像距法、改变焦距法、微距镜头拍照法、镜头反接法等。

2.翻拍。翻拍是利用照相技术和翻拍架、三脚架、滤光镜、近拍接圈等近拍设备对有关痕迹、文书进行复制拍照的一种专门照相方法。在翻拍时,要根据客体的色调采用恰当的翻拍方法。在进行翻拍时,配光要均匀、明亮,在垂直方向不产生反光现象,而且镜头的光轴要垂直于被摄客体平面,被摄客体的中心、感光片中心、镜头光学中心要保持一致。

3.脱影照相。脱影照相是指通过特定的配光设备和配光技术消除被拍客体阴影的照相方法。目前应用较多的主要有灯箱脱影、环形灯脱影、散射光脱影、隔离投影脱影、偏振镜脱影、衬底脱影等。

二、刑事摄像

刑事摄像是指利用电视摄像的器材和方法,对与刑事执法活动相关的人、事、物以及活动过程的视频、音频信息进行连续、全面记录、固定的一种特殊的刑事技术。在侦查实践中,刑事摄像主要包括刑事现场摄像、辨认摄像、刑事物证摄像、侦查过程摄像以及刑事监控摄像等。与其他记录固定方式相比,刑事摄像能对与案件相关的音频、视频信息进行连续的记录,不仅连续完整、直观形象,而且所摄画面能即时在监控器中显示出来,一旦发现拍摄效果不理想,可以即时重拍。因此,刑事摄像逐渐成为侦查中极为重要的一种记录、固定方式。

三、数字影像处理技术

数字影像是指将自然界景象以计算机数字代码的形式进行记录存储,形成计算机可接受和处理的影像文件。

数字影像是现代信息技术的产物,具有获得影像方便快捷、存储介质广泛、耗材成本低、用途广泛且易于深度处理等优点。随着数字技术的高速发展,数码照相、数码摄录逐步成为刑事照相、摄像的主要方式,侦查中越来越多的影像数据以数字图像的形式呈现。数字影像处理技术成为刑事影像技术的重要组成部分。下面主要对常见的数字影像处理技术进行简单的介绍。

（一）数字影像数据的获取

数字影像数据的获取可通过数码照相（摄像）机拍摄、扫描仪扫描、U盘等存储设备传输和直接抓取屏幕上的图像等途径获取。

侦查实践中，常常需要从视频监控设备所拍摄记录的动态视频画面中获取与案件相关的人、事、物的静态影像，为案件侦查提供重要的线索或证据。如犯罪嫌疑人的人身特征、案件所涉机动车车牌等。这时就需要通过从计算机屏幕上直接抓取图像的方式来获取。抓取计算机屏幕上的图像，主要有两种方法：一种是利用计算机的 Print Screen 键将当前屏幕内容复制到剪贴板中进行获取；另一种是利用 Hyper Snap、SnagII 等专门的抓图软件来获取。

（二）数字影像处理技术的主要内容

数字影像处理技术是指利用计算机以及相关处理软件，对已有的数字图像进行处理和编辑，以去除影像噪点、进行图像增强、复原、分割、特征提取等处理的方法和技术。

数字图像处理技术主要包括以下四个方面的内容：

1. 数字图像增强。数字图像的增强主要是通过一定的处理技术对存在噪点过多、边缘不清、对比度差等问题的影像进行处理，以改善图像视觉效果。常用的图像增强技术主要有对比度调整、直方图修正、降噪处理、边缘增强以及傅立叶变换处理等。实践中常用的各类图像处理软件一般都包含图像增强处理技术。

2. 数字图像复原。数字图像复原通过一定方式纠正数字图像在采集、存储、传输和显示过程中所产生的变质和失真，以保持图像本来面目的图像处理技术。图像复原必须先分析图像退化的原因，建立图像变质模型，然后按照其退化的过程进行逆向恢复。实践中常借助专业的模糊图像处理软件来进行处理。

3. 数字图像识别。图像识别主要是对图像进行特征抽取，然后根据所提取的特征对图像进行分类，并对整个图像作结构上的分析以实现客体识别的技术。实践中常用的指纹自动识别系统、监控画面中运动目标的追踪等就是通过图像识别技术实现的。

4. 数字图像编码。数字图像编码的目的主要是解决数字图像占用存储空间较大，尤其是传输时占用频带过宽的问题。数字图像编码的主要方式是图像压缩。

常用数字影像处理软件有：Image-Pro Plus 专业图像分析软件，Cognitech（识慧）模糊图像、模糊视频处理系统，影博士模糊图像处理系统。

第二节　痕迹检验技术

在狱内侦查中，与犯罪活动有关的痕迹被称为犯罪痕迹，也就是与刑事犯罪相关的造痕主体在力的作用下，在承受客体上所遗留下来的印象或形象。犯罪痕迹可分为广义犯罪痕迹和狭义犯罪痕迹。广义犯罪痕迹泛指犯罪行为留下来的一切印象、形象。狭义犯罪痕迹也称为形象痕迹，是指犯罪行为使造痕体与承痕体产生接触或分离，从而在相应部位上出现的形象反映。痕迹检验中所指的痕迹一般特指狭义痕迹。

痕迹检验是运用痕迹检验学的理论和方法，依法对案件中的相关痕迹进行发现、提取、检验和分析,从而确定痕迹与案件相关人或物的关系的鉴定技术。根据检验对象的不同,痕迹检验可分为手印检验、足迹检验、工具痕迹检验、枪弹痕迹检验以及特殊痕迹检验等几大类。痕迹检验的程序包括预备检验、分别检验、比较检验、综合评断和制作鉴定书五个环节。

一、手印检验技术

（一）手印概述

手印是手指、手掌两部分印痕的总称。即人的手指、手掌表面接触物体时,在物体表面所留下的痕迹。它能反映手的外形结构和手掌表面皮肤花纹结构的形象特征。其中人手的外形结构特征包括手的长短、大小、指头的个数、手掌的形状等。手掌面皮肤花纹特征包括乳突花纹、屈肌褶纹以及皱纹、脱皮、伤疤等的形态特征。由于指纹具有人各不同、终身基本不变、触物留痕、认定人身等特点,是运用最为广泛和准确的人身同一认定依据,在案件侦查中有着“证据之首”的作用。

按不同的分类标准,可以对手印作多种划分。按手印的形象反映可以分为立体手印和平面手印;按手印附着物的变化情况可分为加层手印和减层手印;按手印的色泽和反映情况可分为有色手印和无色手印;按手印物质成分可分为汗液手印、血液手印、粉尘手印、油垢手印等。

（二）手印特征

1. 手指乳突纹线花纹。由于真皮乳突层的形成,皮肤表面呈现与之相应的凸凹结构,由许多乳头突起排成的线条和乳头突起纹线,即称乳突纹线。它们平行波浪式的分布在皮肤中,乳头状突起沟的凹陷部分（即与乳突线并列的凹线）称为犁沟线。

乳突线的单一形态:是指单根纹线的几何形态,根据其表现形态可分为弓形线、箕形线、环形线、螺形线、曲形线、弧形线、波浪线7种。

乳突纹线的系统和三角:以许多相同形态和流向的一组纹线排在一起叫系统。以几种不同系统的纹线相组合,构成了一个完整复杂的图案花纹,绝大多数指纹具有三个系统。按各系统纹线所处的部位,定之予不同的名称,即:内部花纹、外围纹线、根基纹线。三个系统的纹线常在一处汇合,构成三角状,故称三角。三角的数量有一个的、两个的或两个以上的。

乳突纹线的细节是构成指纹特征的基础,是进行指纹同一认定的根据。乳突纹线的细节,不一定在每个指纹中都同时具备,但每个指纹中肯定会有几种细节出现。乳突纹线的细节按照各自的形态主要有九种:纹线的起点、终点、分歧、结合、小勾、小眼、小桥、短棒、小点等。

指纹的基本类型:以指纹中心花纹纹线的基本形式,三个系统的完备程度和三角数量的多少为依据,将指纹分为弓型纹、箕型纹、斗型纹、混杂型纹四大类,各类型又按其内部花纹结构、形状不同,分为若干种。

2. 指节乳突花纹。指节乳突纹线的形态结构与指头纹线有明显的区别,主要表现为指节花纹形态极为简单,一般仅由一些弧形线、斜直线组成。根据指节中段纹线的形态可分为平弧型、倾斜型和混合型三种。

3. 手掌乳突花纹。手掌的乳突花纹按花纹所在手掌位置的不同,可以分为指根区乳突花纹、内侧区乳突线花纹、外侧区乳突线花纹三种。其中,指根区乳突花纹多构成箕型纹和弓型纹;内侧区乳突线花纹纹线多为凸向掌心的纵向圆弧,弧度由掌心向拇指根侧逐渐变小,至指根附近基本趋于平直;外侧区乳突线花纹纹线始于食指根部及两侧,斜流经掌心后至外侧边缘。

4.屈肌褶纹与皱纹。屈肌褶纹是手指,手掌关节及手掌掌面上所有的粗大、明显的宽而长的空白线条状沟纹。屈肌褶纹从胎儿时期就形成,并在出生后因其关节部位的屈伸活动而深化。可分为手指屈肌褶纹、手掌屈肌褶纹。皱纹是由于皮肤的松弛或活动所形成的细短而不规则的空白浅表的沟纹,可分为手指皱纹和手掌皱纹。

5.伤疤、汗孔。伤疤是指皮肤受伤后由于新生成的纤维细胞和结缔组织纤维,繁殖、增添而形成的一种疤痕,具有很强的特定性和稳定性,检验价值很高。汗孔是排泄汗液的出口,绝大多数汗孔都分布在乳突纹线上。汗孔在印痕中主要表现为空白小点状。汗孔的大小、形态、分布等具有较强的稳定性和特定性,是手印鉴定中的重要辅助特征。

(三)现场手印的发现与提取

1.发现现场手印的重点部位。发现手印的重点部位主要是犯罪活动的中心区域,即犯罪活动的目标所在之处及有关的物体、进出现场的通道等。重点在出入现场过程中可能接触的物体、现场存放财物的部位、作案过程中可能触碰和变动过的物品、作案工具以及现场遗留物等部位寻找和发现现场手印。寻找和发现现场手印一般可利用自然光线进行观察寻找,也可借助蓝光灯、紫外灯等特殊光源和一些光学仪器进行观察寻找,以及通过"呵气法"进行寻找。

2.潜在手印的常用显现方法。现场遗留的无色潜在手印,必须通过一定的方式进行显现才能从无色转化为有色,从而被观察和提取到。潜在手印的显现方法应根据手印主要形成物质以及手印遗留载体的具体情况进行针对性的选择。目前,潜在手印的显现方法主要有物理显现法、化学显现法两大类。其中物理显现法主要有粉末显现法、熏染显现法、光学显现法以及小颗粒悬浮液显现法等。化学显现法主要有硝酸银显现法、茚三酮(宁西特林)显现法及502胶黏合剂、四甲基联苯胺显现法等。实践中常用的显现方法主要有以下几种:

(1)粉末显现法。粉末显现法是利用手印物质与粉末的物理吸附和静电吸附作用,使粉末附着在手印纹线上从而将汗潜手印显现出来的方法。为保证良好的显现效果,粉末要求松散干燥,细度在400目以上,渗透力适当,而且与手印承受物面有明显色差。实践中,常用的手印显现粉末主要有金粉(青铜粉)、银粉(铝粉)等普通粉末以及荧光粉、磁性粉等。

粉末显现法适用于显现光滑物面上的新鲜汗液手印,显现时应根据手印遗留面的光滑程度、渗透性以及物面颜色,恰当选择显现粉末。一般说来,金粉、银粉主要适用于显现玻璃、电镀制品、搪瓷、不锈钢制品等干燥、光滑的硬质客体上的汗液手印和油质手印;磁性粉适用于所有表面无油的光滑客体,包括光滑皮革、非黏性人造皮革、竹器、光滑纸张及光滑木质体等客体上的手印显现;荧光粉末则因颜色鲜艳且色彩繁多,可满足不同颜色物面的手印显现需要。

粉末显现的操作方法主要有毛刷刷显法、抖显法和磁性刷刷显法等。

(2)碘熏法。碘熏显现法是利用碘易于升华的特性,升华的碘蒸气不仅能与手印物质产生物理黏附作用使手印染色显出,还能与手印物质中的不饱和脂肪酸发生化学反应,生成褐色的二碘硬脂酸而将手印显出。碘熏法主要适用于显现浅色纸张、蜡纸、塑料、竹木、白墙、复写纸、细纱纺织品等承载客体上的无色汗液手印,尤其是比较陈旧的手印,用碘熏法也能较好地显现。由于碘熏显现的手印极易挥发,应及时进行拍照提取或采用其他固定方法进行固定。

(3)"502"胶显现法。"502"胶是以 α-氰基丙烯酸乙酯为主体,掺入少量对苯二酚、二氧化硫等阻聚剂制成的黏合剂。由于 α-氰基丙烯酸乙酯单体（502 单体）中氰基具有很强的吸电子性，所以它们很容易在水或氨基酸等的引发下进行阴离子型聚合成白色的聚合物。由于纹线上含有大量的水分和一些氨基酸，从而使纹线上的聚合物明显多于客体表面而显出手印纹线。"502"胶显现手印是一种灵敏度较高、适用范围较广的显现方法，主要适用于塑料、金属、玻璃、瓷器、胶木、橡皮、油漆制品、皮革、尼龙布等吸湿性差的物体表面上的新鲜或较陈旧的手印。"502"胶显现主要有冷熏法、强碱催化法、加热熏显法、滤纸贴附法以及熏显柜自动熏显法等。实践中，由于"502"胶有着极强的挥发性，"502"胶显现法对汽车、房间等较大空间内的手印显现效果较好，是目前大空间显现的主要方法。

（4）茚三酮显现法。茚三酮又称水合茚三酮，是一种白色结晶粉末，有毒，溶于水、乙醚、丙酮、醋酸丁酯等溶剂，但难溶于酒精。茚三酮与手印形成物质中 a-氨基酸发生氧化还原反应，产生氨、二氧化碳、醛和还原茚三酮，同时过量的茚三酮与产生的氨、还原茚三酮三者发生缩合反应，生成蓝紫色络合物，从而显现出潜在手印。茚三酮显现法主要适用于各种纸张、牛皮纸、人民币、木制品上新鲜或陈旧的汗液、体液手印的显现。显现方法主要有涂液法、浸泡法、喷雾法、自动熏显柜熏显法等。

（5）四甲基联苯胺显现法。四甲基联苯胺是目前显现潜在血手印常用的方法。其显现原理主要是利用血液中存在过氧化氢酶和血卟啉与四甲基联苯胺接触时，对四甲基联苯胺产生氧化反应，生成蓝绿色的四甲基联苯胺蓝，血手印即成蓝绿色而被显现出来。

3.现场手印的提取。现场手印主要通过照相的方式进行提取。对于经相应显现方法显现出来的潜在手印，则应根据具体的显现方法确定恰当的提取方法。实践中，较为常用的提取方法有照相提取、透明胶带纸粘取、制作立体模型、原物提取等。

（四）现场手印的甄别

现场勘查所发现和提取的手印，不一定都是作案人所留，还可能是被害人、事主和其他无关人员所留。因此，发现和提取手印后，一定要根据现场手印的具体情况进行认真的甄别，准确判断现场手印是否为作案人所留。分析时，可结合现场手印的遗留情况以及通过排查接触现场人员，排除无关人员手印等方法进行分析。

（五）现场手印检验

手印检验，是将现场手印与所搜集的样本手印进行种类细节特征是否同一的比对、论证，得出现场手印是否某人某手某指某部位所留的结论，提供证实作案人的证据。分别检验现场手印和样本手印，比较现场、样本手印的各种特征。对手印特征进行综合评断，提出结论。综合评断，就是在分别检验、比较检验的基础上，从手印特征的总合上研究手印特征符合点和差异点的性质，进尔作出认定或否定的结论。具备下列条件，就可作出认定结论：手印花纹类型相同，个别特征相符，少数差异点证明其他因素影响形成的非本质差异。具备下列条件，就可作出否定结论：手印花纹类型不同，或种类虽然相同，但个别特征总合不符，少数特征相似证明是偶然巧合。

二、足迹检验技术

（一）足迹的概述

足迹是人在站立或行走时，在其接触的客体表面留下印迹的统称。包括赤足足迹、穿袜足迹、穿鞋足迹。足迹检验是指检验人员运用现代科学理论和技术手段，通过研究足迹所反映的遗留人的人身特点和行走动作规律，对与案件有关的足迹物证进行发现、提取、分析、鉴定,为侦查提供线索,为揭露和证实犯罪提供证据的一门刑事技术。足迹按承痕客体的变化状态可以分为立体足迹、平面足迹;按造痕体可以分为赤足足迹、穿袜足迹和穿鞋足迹;按作用力不同可以分为动态足迹和静态足迹。

(二)现场足迹的发现和提取

寻找发现现场足迹应主要从犯罪现场的进出口包括罪犯的来去路线、现场的中心位置、罪犯藏身预伏、伺机作案的地点、现场遗留物周围、抛尸、埋尸或赃物藏匿处、罪犯使用的交通工具停放处等重点部位进行寻找。

发现现场足迹应根据不同的地面条件,采用相应的观察方法。在室内条件下,最好能遮蔽自然光,用人工光源从各角度进行观察。如果是在自然光线下进行观察,则应逆光或侧光观察。必要时可运用静电复印法、物理、化学显现法进行寻找和发现。

实践中,现场足迹的提取主要应根据现场足迹的具体情况,使用照相提取法、原物提取法、静电复印提取法、石膏制模提取法、染色提取法等方法进行提取。

(三)足迹特征

根据研究的对象不同,可分为足迹形象特征和步法特征两大类:

1.足迹形象特征。足迹的形象特征也称为足迹的结构特征,是指足迹中反映赤足和鞋袜接触部位的外部形态结构的形象特征。按造痕体的不同,分赤足印特征、鞋印特征和袜印特征。

赤足印特征包括一般特征和细节特征。其中赤足印的一般特征主要包括足迹各部分的大小、形状、脚趾的分布状况以及脚掌乳突纹线的类型。赤足印细节特征包括脚趾大小及其比例关系、脚掌乳突纹线的细节特征以及脚掌上的伤疤、鸡眼等其他特征。

鞋印反映的主要是鞋底花纹形态结构的特点,在某些情况下,也可能留下鞋帮的印痕。鞋印的一般特征包括鞋印的形状、鞋印的长度和宽度、鞋底图案花纹的种类、鞋底的质料等。鞋底的细节特征主要包括在生产过程中形成的鞋底的切割形式、针脚断线、跳线、接头,针帽的形状、大小、位置等相关特征和穿用过程中形成磨损、孔洞、断裂、龟裂、修补等特征。

袜印的一般特征主要有袜底原料、编织方法、织线密度、花纹类型、袜底标记等。袜印的细节特征主要有编织中的跳线、断线、接头的位置、数量及其相互关系;磨损、破洞的形状、大小、位置;织补、补丁的形状、大小、位置、工艺特点、针脚特征、花纹图案等。

2.步法特征。步法特征是指赤足足迹和穿鞋、袜足迹中,所能反映的在整体运动制约下,人足动态平衡功能各个形态的具体形象的总称。它包括步态特征和步幅特征。步态特征是指足迹中反映出每只足在行走、站立时,各部位运动力的大小、方向和作用点在承痕体上留下的各个形态的具体形象。根据足迹的形成过程和形成步态特征的力的三要素,大致可以划分为起足、落足和支撑三大系列。各系列均有必然出现的主体特征及可能出现的伴生特征。

步幅特征是指在连续行走的、四个以上的成趟足迹中,反映左右脚之间相互关系的特征,包括步长、步宽和步角。

(四)足迹鉴定

足迹的形态特征鉴定是通过对现场足迹和嫌疑人足迹样本所反映出的造痕客体接触部位的形态结构特征进行检验,从而判断现场足迹是否某人赤足或某鞋、袜所留。足迹的形态特征鉴定遵循痕迹鉴定的一般步骤和方法,分为预备检验、分别检验、比较检验、综合评断和制作鉴定书五个环节。

足迹的步法特征鉴定是通过对现场足迹和嫌疑人足迹所反映出的行走习惯特征进行检验,从而做出现场足迹是否是某人所留结论的分析活动。

三、工具痕迹检验技术

(一)工具痕迹概述

工具痕迹是指作案人在利用工具破坏某种客体时,在接触部位上形成的能够反映工具接触部位外部结构形态特征的变形痕迹。工具痕迹具有多发性、立体性、多变性等特征,而且工具痕迹往往有着较多的附着物和遗留物,能够为侦查提供重要的线索和证据。

工具痕迹的形成是客体在工具的作用下,作用力超过了客体能承受的最大极限,从而改变了客体内部的组织结构,使客体产生塑性变形或断裂的结果。工具痕迹的形成是机械运动的结果,其形成要素包括作用力、造痕体、承痕体以及工具与客体的接触方式四个方面的基本要素。其中力是决定性的因素。工具痕迹按痕迹的形态,可以分为凹陷痕迹和线状痕迹;按作用力方式可以分为撬压痕迹、打击痕迹、擦划痕迹、剪切痕迹、刺切痕迹和割削痕迹六种。

(二)工具痕迹的特征

1.凹陷痕迹特征。凹陷痕迹包括痕起缘、痕止缘、痕底和痕壁四个部分,特征可分为一般特征和细节特征两类。凹陷痕迹一般特征是痕迹的轮廓和形态,可以反映出工具接触部位的几何形态和尺寸。主要包括痕迹的一般形状;痕迹的宽度、深度、长度、直径;线条的类型、齿纹或螺纹的种类、方向、间距、数量等;相邻两条边棱的夹角大小,各边的长度等。凹陷痕迹细节特征包括反映在工具刃口、边棱接触面上,因加工、使用或维修而造成的弯曲、磨损、缺角、卷刃、裂纹、缺口、凹凸不平的点或线以及它们的形状、大小、方向和数量等;工具附带其他物质造成的痕迹,如固定铁锹或镐头的钉帽、钳柄上的塑料包皮等;各细节特征的分布位置及相互关系。

2.线形痕迹特征。线形痕迹是工具与客体滑动接触状态下形成的痕迹,它对工具接触部位是一种动态反映。线形痕迹包括痕起缘、痕止缘和痕迹面三个部分。线形痕迹特征也可分为一般特征和细节特征两类。线形痕迹一般特征包括客体被分离断面的形状,锋刃角的大小拉断面的位置及宽度等;断面上的凹凸线条的方向、粗细、数量和密度、线形痕迹的总宽度;断面上有无加工花纹痕迹,其形状及分布特点;痕迹面的形状等。线形痕迹细节特征是工具痕迹鉴定的主要依据。主要包括明显、粗大、连续的凹凸线条的位置、形状、宽度、深度和长度,以及与其他特征的相互关系;各种、各个线条的分布特点,它们之间距离等相互关系;罕见特征如斜线、短线、弧形线等出现的部位、形态及与其他特征之间的关系等。

(三)工具痕迹的发现与提取

工具痕迹多为立体痕迹,而且周围大多伴随有手印、足迹等痕迹,或者有明显的破坏现象,因此一般都能较为容易地观察到。在勘查中,应主要从中心现场、被破坏的障碍物、现场进出口和作案人来去路线等部位进行重点发现和寻找。

现场工具痕迹的鉴别是在犯罪现场寻找到的工具痕迹中,确定哪些是作案人作案时所遗留的。在侦查实践中,应注意将工具痕迹与动物破坏造成的痕迹、自然现象造成的痕迹相区别。此外,还要通过向报案人、被害人等有关人员询问、取样比对、分析现场痕迹的新旧程度等判别痕迹是否为案发前所留。

工具痕迹的提取方法主要有照相提取法、原物提取法、制模提取法。其中,原物提取法是提取工具痕迹最常见的方法。提取时,对于体积大的物体,可拆卸提取其局部,如果不便提取,应暂时封闭现场,保护痕迹。

如果采用制模法进行提取,则应根据痕迹的大小和深浅不同,选用不同的材料和制模方法进行提取。目前使用较多的有醋酸纤维素薄膜提取、硅橡胶提取、打样膏提取以及石膏或橡皮泥纸模提取等方法。

(四)工具痕迹的检验

工具痕迹检验是以痕迹检验的基本理论、方法为指导,通过对与犯罪有关的工具痕迹进行提取、分析、鉴定,为侦查提供线索,为揭露和证实犯罪提供证据的一门刑事技术。工具痕迹进行检验,可以为分析作案手段、作案人的职业特点等提供依据;可以通过分析现场工具痕迹的异同串并案件;可以利用工具痕迹揭露伪造的现场;可以推断作案工具的种类和对作案工具进行同一认定等。

在对工具痕迹进行检验时,应根据工具痕迹的具体类型,遵循痕迹检验的一般方法和步骤,对所反映出的痕迹特征选择有效方法进行检验分析,以得出正确的检验结论。工具痕迹检验的常用方法主要有对照比对法、拼接比对法、重叠比对法等。根据工具痕迹的不同情况,检验可借助放大镜、体式显微镜、比对显微镜等显微观察设备来进行。

四、枪弹痕迹检验技术

(一)枪弹痕迹概述

枪弹痕迹是指枪支在射击过程中在子弹和被射击物体上形成的各种痕迹。枪弹痕迹主要包括弹头、弹壳痕迹、弹着痕迹、射击残留物三类。

弹头、弹壳痕迹是枪支在射击过程中在弹头、弹壳上所形成的线条类和凹陷类痕迹。这种痕迹可以反映射击枪支中有关机件作用部位的形态结构特征,是枪弹痕迹鉴定最为重要的依据。

弹着痕迹是弹头击中物体时在被射击物体上形成的弹孔、弹道、弹着点等痕迹。弹着痕迹反映了弹头的直径和形状、飞行方向、距离等弹头的结构特点和弹道特性。

射击残留物是射击过程中产生的发射药、击发药燃烧产物、未燃尽的火药颗粒、油液和金属碎屑等微小残留物。射击残留物是分析射击时间、距离和弹药的种类等问题的重要依据。

(二)枪弹痕迹特征

1.弹头上的痕迹特征。枪支发射过程中反映在弹头上的痕迹主要有进膛痕迹、坡膛痕迹、线膛痕迹和拨弹痕迹四种。其中,线膛痕迹的数量、宽窄、旋转方向和倾斜角度等特征是枪弹痕迹鉴定的主要对象,是区分射击弹头、发射枪种、射击枪支的主要依据。

2.弹壳上的痕迹特征。弹壳上的痕迹主要包括以下三类痕迹:装弹过程中留下的弹匣扣痕迹、枪机下表面痕迹、弹膛后切口痕迹、拉壳钩痕迹以及指示杆痕迹;击发过程中形成的击针痕迹、弹底窝痕迹、弹膛指示杆痕迹、弹膛内壁痕迹等;退壳过程中形成的拉壳钩痕迹、抛壳挺痕迹和抛壳口痕迹。

(三)枪弹痕迹的发现和提取

寻找和发现枪弹痕迹,应根据弹道特点,采用直接观察寻找或借助仪器搜索、相关物理、化学方法进行寻找和发现。实践中,枪弹痕迹主要运用照相提取法、原物提取法以及复印提取法等进行恰当提取。

（四）枪弹痕迹的检验

枪弹痕迹检验是运用枪械、子弹和弹道学的基本知识，以及痕迹检验的原理和技术方法，发现、提取、检验刑事案件中枪支、弹药、枪弹痕迹和射击残留物的一项刑事技术。枪弹痕迹检验的根本任务是为刑事案件的侦破提供证据和材料。具体任务可分为以下五个方面：通过检验射击弹头、弹壳上的痕迹，认定或排除嫌疑枪支；通过检验弹着痕迹、弹道，确定弹头的射入口和射出口，测算射查击距离，判明射击方向，推断射击的时间顺序等；通过对嫌疑人手、面等部位射击残留物的检验，判别嫌疑人是否发射人或触摸过发射枪支；对射击残留物进行成分测定，帮助判明发射弹种及配用枪种；对射击残留物的分布、面积、色泽等进行分析，推断射距、射角、出口、入口等。通过检查枪支、枪弹的性能、状况，为分析提供依据；建立、管理和查对枪弹痕迹档案；为查明枪支的所属地区，枪支、枪弹的来源和进行并案侦查提供依据。

（五）其他痕迹检验技术

其他痕迹主要包括车辆痕迹、整体分离痕迹、开锁痕迹、玻璃破碎痕迹、纺织品痕迹、牙齿痕迹、牲畜蹄迹等。这些痕迹在日常工作中虽然出现率不是很高，但一旦发现，对案件的侦破与其他物体痕迹一样，同样起着重要的作用。

第三节　文件检验技术

文件检验，简称文检，又称文书检验。它是运用文件检验学的理论和技术方法，研究违法犯罪案件中的文件物证，确定文件与案件事实、与当事人或犯罪嫌疑人的关系的一种技术侦查和司法鉴定手段。

文件检验的主要任务是通过对具体案件的文件物证的研究，揭示文件与案件事实、文件与当事人或嫌疑人的关系，以便为案件的侦查、起诉和审判工作提供线索和证据。具体说来，文件检验的任务主要有以下几个方面：对文件制作人的分析和鉴别；对文件形成相关工具的分析和鉴别；对文件物质材料的分析和鉴别；对文件真伪的分析和鉴别；对被污染、损坏文件内容的显现与辨读；对文件的制成时间与形成时序的分析和鉴别。

文件检验的方法众多，检验时可结合检材、样本情况、检验目的和要求以及所具备的检验条件进行恰当选择。目前，文件检验的方法主要有观察法、显微检验法、图像比对法、物理检验法、化学检验法以及仪器分析法等。

一、笔迹检验

（一）笔迹检验概述

笔迹是手写文字符号的表现形式，是书写动作的有形反映，是书写人根据文字符号和其他符号的书写动作规范，通过书写运动器官，运用书写工具，在书写面上运动所形成的动态痕迹。笔迹的本质是书写人书写技能和书写习惯的反映。而书写习惯是书写人经反复的书写练习，而巩固和形成的个人书写的习惯性特点，其本质上是一种动力定型，具有特殊性、稳定性和反映性。因此，我们能通过对笔迹所表现出的书写习惯的分析比对，认定或否定书写人。

　　笔迹检验是通过比较分析检材笔迹和样本笔迹的特征总和,确定两者是否同一人书写习惯体系的反映,从而认定检材文件的书写人的检验活动。笔迹检验的真正客体是书写人的书写习惯。而分析认定书写人书写习惯是通过分析比较检材、样本的笔迹特征来实现的。因此,对笔迹特征的准确分析和把握是笔迹检验顺利进行的前提和基础。

　　(二)笔迹特征

　　笔迹特征是个人书写习惯特性在其笔迹中表现出的各种笔迹征象,是书写人书写习惯的反映形象。而且,与书写习惯的非规范性相对应,笔迹特征也可以说是个人笔迹中那些脱离了书写规范而形成的个性化的笔迹征象。

　　根据书写动作习惯的特征反映形式可以将笔迹特征分为书写动作的一般状况特征、书写动作的局部特征、文字布局特征三大类。

　　1.书写动作的一般状况特征。书写动作的一般状况特征是书写技能和书写动作习惯一般状况特点的综合反映。主要包括笔迹熟练程度特征、字体特征、字形特征、字的大小特征、字的倾斜程度特征和笔迹的抑压力特征六类特征。

　　2.书写动作的局部特征。书写动作的局部特征是单字书写动作局部习惯的直接反映,是实在而具体的书写动作习惯所反映出来的特征表现形式。它是书写动作的空间位置特点、动作形态特点、动作顺序特点和若干书写动作所构成的文字结构特点的综合反映。书写动作的局部特征是同一认定书写人最主要的依据,也称为笔迹细节特征。书写动作的局部特征主要包括运笔特征、笔画交叉、搭配与连接特征、字的结构特征、笔顺特征以及特殊字特征等。

　　3.文字布局特征。文字布局特征是书写动作习惯和空间位置习惯的综合反映安排。主要包括以下几类:字行的方向和形态;字间距、行间距;字行与格线的相对位置关系;提行和空格特征;字幅与纸面的关系;程式语和标点符号的位置;信封文字的分布位置。

　　(三)笔迹检验的基本程序

　　笔迹检验除应遵循文书检验的一般程序和方法进行外,还应注意按以下检验步骤进行检验:分析检材笔迹的形状;分析样本笔迹是否满足比对条件;认真选取笔迹特征;对检材和样本进行比较检验,确定笔迹特征的异同;科学评断检材、样本笔迹特征的异同,得出检验结论。

二、印章印文的检验

　　(一)印章印文检验概述

　　印章是国家机关、社会团体、企事业单位或个人制作的署有本单位或个人名称的一种印模。印章又称图章、印戳等,历史上还称为印信、关防、朱记、花押等。印章由印柄和印面两部分构成。印文是印章印面盖印形成的痕迹,也称印记,它是印章印面结构的反映形象。文书上的印文是文书真实性与有效性的凭证。印文包括盖印印文、压凸印文和印刷印文三类。

　　印章印文检验是通过对可疑印章印文与真印章印文的特征进行比对分析,从而解决可疑印章印文的真伪、确定伪造变造印章印文的方法手段等问题的文书检验方法。

　　(二)印文特征

　　印文特征是印章的印面形态结构在印文中的反映,是进行印章印文检验的具体依据。根据印章印文特征形成的原因及其在检验中的运用价值,可将印章印文特征分为一般特征和细节特征两大类。

1.印章印文的一般特征。印章印文的一般特征是指印章印文的形态状况及其组成部分的一般状况特征。印章印文的一般特征包括：制成方式特征；形态特征；印章印文的大小特征；图文内容特征；图文内容的排列形式特征；文字形体特征；边框类型及形态特征；图文、线条的规范程度特征。

2.印章印文的细节特征。印文细节特征是印章在制作、使用、修补等过程中形成的印面结构的细微特点在印文中的反映。由于每一个印章印文的细节特征体系都是特定的，因此印章印文的细节特征是鉴别印文真伪、进行印章同一认定的主要依据。

印章印文的细节特征主要有以下几类：图文、线条的细节特征；磨损、修补特征；暗记特征；盲字；制作工艺细节特征。

（三）影响印章印文特征变化的因素

印文的形成是一个动态盖印的形成过程。不仅印章使用过程中所发生的种种变化会带来印文特征的相应变化，即便是同一枚印章，在不同盖印条件下所形成的印文也会有不同的反映。实践中，因材质的涨缩变化以及使用过程中的磨损、老化、磕碰等原因而导致的印章印面自身的变化、盖印力和承受面的影响、印染物质的种类和所蘸印染物的多少、印章洗刷前后的变化以及印文盖印后的变化等都会导致印章印文的特征发生相应的变化，检验时应注意识别和科学评断。

（四）印章印文的检验步骤和方法

在正式实施检验前，需做好以下准备：审查检材印文的检验条件；恰当收取印章印文样本；制定检验方案；准备检验材料和所需器材。

对于检材印文，首先应判明是否有伪造、变造的事实和手法。然后按照先检材后样本、先一般特征后细节特征的顺序，仔细全面地观察印文特征，并对观察到的印文特征进行认真记录。对印章印文进行分别检验的常用方法主要有几何测量法、几何构图法、特征标示法等，可根据检验需要灵活采用。

在分别检验的基础上，应对检验中发现的检材印文和样本印文的特征进行认真的比较，发现和确定其特征的异同。在对可疑印文比较检验时，可采用仪器检验或手工检验的方法。其中，仪器检验可采用专用仪器或计算机辅助人工比对的方法进行。手工检验则方法较多，在实际案件中可以分别使用某一单一检验方法，也可以同时使用以相互印证。常用的手工检验方法主要有透光重叠比较法、特征标示法、测量比较法、透明胶片覆盖比对法、显微比较法等几种。

第四节　法医技术

法医技术是应用医学、生物学及其他自然科学的理论和技术，研究和解决法律实践中的有关医学问题的一门科学。法医技术是现代刑事科学技术的重要组成部分，其主要研究内容包括法医病理、法医物证、法医临床、法医精神病以及法医毒理等。法医技术不仅可以为揭露犯罪提供侦查线索，还能为认定犯罪提供科学证据，在侦查实践中有着极为重要的地位和运用。法医技术以司法实践中需要进行检验的尸体、活体和有关的现场、物证为主要研究对象，在狱内侦查中有着极为重要的作用。

　　法医技术所提供的相关信息是侦查中分析犯罪时间、犯罪手段、犯罪工具和犯罪过程、确定死因、判明案件性质的重要依据;法医技术是查明和揭露在押罪犯自伤自残、自杀、装病等问题的重要手段;法医技术是解决狱内医疗纠纷、认定罪犯服刑能力、劳动能力的重要方法和手段;法医技术对相关问题的鉴定结论是狱内侦查中认定案件有关人和物的重要证据。

一、死亡和尸体现象

(一)死亡

　　死亡是指生物体生命机能终结和消失的现象。其主要标志是生物体心跳和呼吸不可恢复的完全停止或全脑功能不可逆转的永久丧失。根据引起死亡的原因不同,可将死亡分为正常死亡和非正常死亡。其中,正常死亡是指因疾病或衰老引起的死亡;非正常死亡又称为暴力死亡,是指由外界物理、化学或生物因素作用于人体而引起的死亡。按引起死亡的暴力的来源不同,非正常死亡可分为自杀、他杀和意外。

　　死亡是一个逐步发展的过程,是人体生命功能逐步减弱直至消失的过程,死亡过程分为濒死期、临床死亡期和生物学死亡期三个过程。濒死期是死亡的开始过程,表现为生命活动的低下和功能紊乱;临床死亡期心跳、呼吸先后停止,血液循环中断,神经反射消失,脑部功能进行性减退。根据传统死亡标准,在临床死亡期,死亡已经发生。在生物学死亡期,整体生命活动已经消失,但构成人体的细胞、组织和某些器官仍然保持着一定的生命迹象并可对外界刺激发生一定反应(即超生反应)。

　　生活反应是指在尸体上存在的、生命体活着时遭受外界刺激所发生反应的迹象。生活反应是识别生前伤的重要指标和依据,一般说来,凡是具有生活反应的损伤都是生前伤。根据生活反应发生和存在的范围,生活反应可分为全身性生活反应和局部生活反应。全身性生活反应主要有尸体呈现贫血状态、全身感染、血液中一氧化碳含量增多、脏器中检出硅藻、孢粉或泥沙、空气或脂肪栓塞等。局部生活反应主要有出血、1、2度烧伤、呼吸道吸入异物、吞咽异物、创口哆开以及局部组织的酶活性改变等。

(二)尸体现象

　　尸体现象是指尸体在物理、化学、生物等因素的作用下而发生的一系列有规律的变化现象。根据出现时间的长短,尸体现象分为早期尸体现象和晚期尸体现象。其中,死后24小时以内出现的尸体变化称为早期尸体现象,包括肌肉松弛、尸冷、尸斑、尸僵、尸体痉挛、皮革样化、角膜混浊和自溶等;而死后24小时以后出现的变化叫做晚期尸体现象,包括腐败、白骨化、毁坏型尸体和保存型尸体等。尸体现象是确认死亡最确切的依据,是推断死亡时间的重要依据。同时,查尸体现象还能帮助重构死时体位和判断尸体有无移位等,在案件侦查中有着非常重要的作用。

(三)死亡时间的法医学推断

　　死亡时间是指被害者死亡到法医进行尸体检验的时间。推断死亡时间对于分析案发时间,确定犯罪嫌疑人的条件,缩小侦查范围有着极为重要的作用。常用的推断死亡时间的法医学方法主要有:

　　1.根据尸体现象推断死亡时间;

　　2.根据法医昆虫学知识推断死亡时间;

　　3.根据胃内容物的消化和排空情况推断进食最后一餐到死亡的时间;

　　4.根据死后的生化改变推断死亡时间;

5.根据超生反应推断死亡时间。

二、机械性损伤

机械性损伤是人体遭受外来的机械力作用后形成的人体解剖结构破坏或功能障碍。其表现形态受作用力、致伤物的特性和受伤部位人体组织结构三个基本因素的互相影响。主要有表皮剥脱、挫伤和皮下出血、创伤、骨折和关节脱位、内脏器官震荡或破裂、肢体断裂、体内出血等几种形式。机械性损伤的法医学鉴定的主要内容有确定致命伤、致伤物、损伤时间推断、案件性质判定以及损伤程度认定等。

（一）生前伤和死后伤的鉴别

生前伤是指呼吸和心跳完全停止前所造成的损伤。死后伤则是指呼吸和心跳完全停止后所造成的损伤。侦查中，准确区分生前伤、致命伤和死后伤是法医检验的重要任务，对判明案件性质、作案手段等都有重要的意义。法医检验区别生前伤和死后伤的主要依据是出血、创口哆开、炎症、轻度烧伤、空气或脂肪栓塞等生活反应。

（二）确定损伤性质

机械性损伤的性质包括他伤、自伤、意外事故三类。机械性损伤中的意外事故由于大多有明显的意外或事故背景可查，相对容易判明。实践中需要区分的主要是自伤和他伤。鉴别自伤与他伤可从损伤特征、具体案情以及现场情况进行综合判断。

（三）致伤物的分析推断

在他杀案件中，作为犯罪工具的致伤物不仅是重要的诉讼证据，也是侦查中发现和审查犯罪嫌疑人的重要依据。因此，对致伤物的推断与认定是侦查学最为关注的问题之一。实践中，对致伤物的分析推断应结合损伤形态、创内残留物、衣服上的相关痕迹、致伤物上的附着物等进行。

三、机械性窒息

机械性窒息是指生物体由于机械性外力作用引起呼吸障碍，从而导致体内缺氧、二氧化碳蓄积，引起组织代谢和功能紊乱甚至危及生命的现象。根据机械性外力的作用方式不同，机械性窒息可分为压迫性窒息和堵塞性窒息。

（一）机械性窒息死亡的一般尸体征象

因机械性窒息而死亡的尸体由于体内严重缺氧和二氧化碳潴留，机体外部和内部均可发生一些特殊的形态变化，这些变化是认定死者生前曾遭受机械性窒息损害的重要依据。机械性窒息死亡的尸体征象主要有以下几种：

尸体外表征象主要有：颜面青紫肿胀，尸冷缓慢，尸斑出现快而强，眼结膜常可见针头大小或孤立或群集而融合的点状出血，呼吸道分泌物增多，常有大小便、精液排出等。

尸体内部征象主要有：血液呈暗红色流动性、不凝结，内脏淤血，内脏浆膜面和黏膜面常见散在性分布点状出血，急性肺气肿和肺水肿，脾缺血，脑充血水肿并有散在性出血点等征象。

（二）常见的机械性窒息死亡

1.缢死。缢死是利用全部或部分自身体重下坠，使套在颈部的绳索或其他物体收紧，压迫颈项部而引起窒息性死亡，俗称吊死。缢死的致死机制主要是呼吸道闭锁所致的外窒息和脑循环障碍，部分也可由颈部神经受压引起反射性心脏骤停导致死亡。缢死的尸表征象主要有:颈项部出现提空的缢沟、颜面苍白或青紫肿胀、舌肿胀发紫且舌尖挺出、四肢下部尸斑坠积和体表手足碰撞伤等;缢死的尸体内部征象主要有:颈部皮下和肌肉出血,颈总动脉内膜横裂,舌骨或喉软骨骨折,胸锁乳突肌撕裂,咽后壁可见圆形或类圆形的黏膜下出血等。缢死是最为传统的一种自杀手段,也是监狱罪犯自杀的最常见方法之一。一般说来,缢死多为自杀,但特殊情况下也可能是意外或他杀,而且还可能出现死后悬尸的犯罪伪装,实践中应注意结合是否有缢死的尸体征象、相应部位是否有生活反应以及案件现场情况认真识别。

2. 勒死。勒死是指以带状物缠绕颈项部,有手或其他方法收紧绳索绞勒颈项部,导致颈部器官被压迫所引起的窒息死亡,又称绞死。勒死的死亡机制与缢死基本相同。勒死的尸表征象主要有颈项部出现闭锁环形的勒沟,颜面部明显的青紫肿胀,体表常有出血等损伤;内部征象主要是颈部皮下软组织和肌肉广泛出血,甲状软骨板、环状软骨等骨折,也可出现颈总动脉内膜横裂等。监狱内发生的勒死多为他杀。自勒方式自杀极少见。精神病人被保护性捆绑偶尔可发生意外勒颈致晕死。实践中应注意根据具体案情、现场情况以及尸体征象进行综合判断。

3. 扼死。扼死是指犯罪人用手压迫被害人颈部而引起的窒息死亡,俗称掐死。扼死只可能是他杀所致,自扼不可能导致死亡。意外扼死则极为罕见。扼死的案件中,现场常有搏斗动乱迹象,被害人尸体处于异常位置,手足呈挣扎、抵抗姿态,常有抵抗伤,衣服不整或撕破;现场多有其他犯罪痕迹,尸体颜面青紫肿胀,颈部较疏松,皮肤常出现广泛的局灶性出血,还可伴有鼻黏膜、牙龈、口腔黏膜和耳鼓膜充血、水肿或出血,舌骨和喉软骨常有骨折。

4. 溺死。溺死是水或其他液体被吸入呼吸道所引起的窒息死亡,俗称淹死。溺死尸体的外表征象主要有:尸斑浅淡、口鼻部有蕈状泡沫,死者手中常抓有水草泥沙等水中异物,竖毛肌收缩,皮肤呈鸡皮样改变。因长时间被水浸泡,手足皮肤白皱甚至呈手套袜套样脱落。溺死尸体内部征象主要有:呼吸道内充满白色泡沫或溺液等水中异物,肺呈水性肺气肿,状如大理石,消化道内可见泥沙溺液等水中异物,左心血比右心血淡,内脏及骨骼中可检见硅藻。而且,溺死的尸体还会出现呼吸肌、颞骨椎体等处出血。在实践中,对于水中发现的尸体,除了要根据尸体的死亡原因和尸体征象区分生前入水和死后入水外,还应结合入水点的具体情况和案情分析溺死者的死亡性质(自杀、他杀、意外)。

四、高温、低温及电流损伤

(一)烧伤(死)

高温损伤是指人体接触过高的温度所引起的局部和全身的病理改变。其中,由火或其他高温固体等作用于人体所引起的损伤称为烧伤,活体因严重烧伤导致死亡称为烧死。由高温液体和蒸汽等所引起的损伤称为烫伤,因烫伤而死亡者称为烫死。

烧伤通常按局部的形态改变和严重程度分为四度。其中,一度烧伤表现为皮肤红斑;二度烧伤,损害到皮肤全层,形成水泡,可有疤痕形成;三度烧伤,伤及皮肤全层、皮下组织,局部组织、肌肉发生凝固性坏死,形成黄褐色或褐色痂皮;四度烧伤表现为组织烫化或灰化。

烧死的死亡机制主要有烧伤性休克致死、一氧化碳中毒致死、窒息死亡和其他有毒气体中毒死亡四个。烧死的外部征象主要有死者衣着、毛发被烧毁和各种不同程度的烧伤。在全身烧伤炭化时,尸体可收缩呈拳击姿势。烧伤的内部征象主要表现为喉头、会厌及气管、支气管黏膜出现热作用呼吸道综合症;心脏和大血管血液碳氧血红蛋白增多;食道及胃肠黏膜表面有烟灰和炭末沉积;颅内硬脑膜外形成热血肿及内脏退行性改变等。

生前烧死和死后焚尸的鉴别主要是根据尸体上是否出现烧死的征象来判断的。死后焚尸的尸体上往往没有烧死的征象，而只能查见其他死因。而且生前烧死的烧伤可分布于全身，而死后焚尸的身体与地面接触部位一般没有烧伤。

（二）冻伤（死）

因低温作用而导致的人体损伤，称为冻伤；因严重冻伤而导致的死亡称为冻死。冻死主要是由于低温使人体体温下降，引起新陈代谢功能减退和组织窒息而导致死亡。冻死一般要经历兴奋期、兴奋减弱期和完全麻痹期三个阶段。

冻死的尸体常表现出以下征象：尸体呈卷缩状，皮肤苍白，外露皮肤呈鸡皮状改变，尸斑呈鲜红色或淡红色，尸僵发生迟缓而强硬，腐败过程缓慢；尸体脑及脑膜充血水肿，颅内血液量增多，右心扩张，血色暗红，左心血则呈鲜红色，胃黏膜下有褐色点状出血等。

（三）电伤（死）

电伤（死）指电流通过人体引起组织、器官的损伤。因电流损伤致死者称为电击死。监狱电击伤（死）多属于生产和日常生活中的意外事故，偶可遇到自杀他杀等案例，也可见电警棍引起的电击伤（死）。电击死机理主要是：电通过心脏，导致心室纤颤。电流通过颈髓或脑干，引起呼吸中枢麻痹，导致呼吸停止；电流直接作用于呼吸肌，导致呼吸停止。呼吸麻痹后可呈假死状态，有复苏可能。

体表改变主要有电流通过皮肤形成形似火山口的特殊损伤，称为电流斑；电极金属在高温下溶化和挥发，金属微粒沉积于皮肤形成金属电镀现象；此外，还可见电流烧伤，电流出口损伤及电击纹等。体内改变主要见心、脑等脏器的变性或坏死等非特异性改变。快速死亡者可见窒息死的一般征象。

五、中毒

毒物指在一定条件下，以较小剂量与机体相互作用，引起机体功能性或器质性损害的一类化学物质。中毒是指某些物质进入人体后，通过理化作用，引起机体功能性或器质性损害而出现的状态，因中毒而引起的死亡称为中毒死，引起中毒的物质则称为毒物。毒物是否引起中毒主要取决于毒物的吸收状况、毒物的量以及个体差异。狱内中毒案件多为自杀，也可见意外事故或故意投毒。常见毒物中毒有：有机磷农药中毒、一氧化碳中毒、氰化物中毒。

有机磷农药是一类广谱杀虫、杀菌剂。可通过消化道、皮肤、呼吸道、血液及髓腔注射等多种途径造成中毒。根据对人体的毒性，分为剧毒类、高毒类、中等毒类和低毒类。有机磷主要是抑制体内胆碱酯酶活性，使组织内乙酰胆碱大量举蓄积，胆碱能使神经持续过度兴奋，最后抑制、衰竭。经消化道进入机体的潜伏期大约有数十分钟。有机磷农药中毒的主要表现有：腹痛、恶心、呕吐、口吐白沫、多汗、瞳孔缩小等毒蕈样作用；肌肉震颤、全身痉挛和松弛性瘫痪等烟碱样作用；中枢神经系统症状，晚期转入抑制、昏迷、呼吸麻痹、血压下降、大小便失禁等。有机磷农药中毒的尸体征象：尸斑明显，瞳孔缩小，口鼻腔内有白色泡沫，有时小腿腓肠肌和肱二头肌显著痉挛，口唇指甲青紫。切开胃后可闻到有机磷的大蒜味，胃壁血管扩张、充血及点状出血，肺淤血水肿等。对怀疑是有机磷农药中毒致死者，应提取胃内容物、血液、尿、肝等做毒物化验。

一氧化碳中毒主要通过与血红蛋白结合生成碳氧血红蛋白，失去与氧结合的能力，使组织缺氧而窒息。空气中一氧化碳含量达 12.5% 时即有发生爆炸的危险。一氧化碳致死血浓度为 55%～60%。一氧化碳轻度中毒者（血中一氧化碳浓度为 20%～30%），先有头沉重感,前额发紧,进而剧烈头痛,视力朦胧、恶心、呕吐、无力、共济失调。现场勘查时,经常发现中毒者向门口爬行的姿势。此时如及时抢救,吸入新鲜空气后,症状迅速消失。重度中毒者,意识逐渐丧失,大小便失禁,脉搏、呼吸增快,最后进入昏迷,呼吸衰竭而死亡。一氧化碳中毒的尸体征象:尸斑、血液和内脏均呈樱红色,脑软化,心、肝、肾可出现不同程度的变性坏死。怀疑为一氧化碳中毒致死者,应注意科学搜集血液作为检材进行检验。

氰化物最主要的有氰化钾(KCN)和氰化钠(NaCN)。其中毒机理主要是氰离子(CN⁻)入血后能抑制组织细胞内40多种酶的活性,其中最主要的是细胞色素氧化酶,阻断呼吸链,导致机体缺氧窒息。中毒剂量大时,可在几秒钟内突然意识丧失,痉挛,发生"闪电式"死亡。较小剂量时,初有咽喉紧缩感,头疼、眩晕、恶心、胸闷、视野发黑,心跳呼吸加快,而后意识丧失,肌肉痉挛,最后转入麻痹,呼吸心跳停止而死亡。氰化物中毒的尸体征象:尸斑、肌肉及血液可呈鲜红色或紫红色。各器官,特别是脑膜及脑充血,血液呈流动性。口服中毒者可出现胃糜烂和出血。体腔内散发出苦杏仁气味,以颅腔和脑气味最浓。对怀疑为氰化物中毒的案件,应注意搜集胃内容物、脾、肺、肝或脑等作为毒物化验检材进行检验。

中毒的法医学鉴定任务包括确定中毒与否、毒物种类、毒物剂量、毒物进入人体的时间及中毒的性质等。中毒案件现场勘查的重点是物证的搜集,主要是搜集可供化验的检材。勘验时应积极抢救中毒者,详细记录中毒者、目击者提供的情况;全面搜集剩余食物、呕吐物、排泄物、洗胃液、可能盛装毒物的器皿、物品的包装;认真检查书信及中毒现场环境状况;科学搜集可供毒物化验的检材,及时送检。

六、法医物证检验

法医物证是指与犯罪有关、有助于查明案件真实情况的人体组织、器官、体液、分泌物或排泄物等,也称为生物物证。实践中,常见的法医物证主要有血液、精液、阴道分泌物、唾液、毛发、脏器组织块等,有时还包括某些外观类似人体组织的动物残体。

法医物证检验是运用生物学、人类学及遗传学等多种技术和方法,对案件中的各种法医物证进行检验,研究解决法律上有关人体组织和排泄物的种属及个人异同的科学。当今的法医物证检验包括常规生物物证检验和法医 DNA 分析技术。

(一)法医学物证的发现、提取和送检

法医物证检材主要是在现场勘查中搜集的,也有的是在搜查嫌疑对象、检查被害人、对尸体进行检验时发现的。不论从何种途径发现,都应当根据具体案件情况,区别不同的现场,综合利用各种刑事科学技术,进行有预见的寻找和发现。法医物证的提取应注意保证检材的质量不变,并且要有足够的数量,尽量不破坏物证的整体,并且主要提取必要的对照样本。同时,对所发现的法医物证,应先采用拍照、笔录等形式进行科学记录后,才能进行相应的提取工作。对于提取方法,则应根据不同的物证种类及附着物情况、载体情况采用不同的方法进行提取。提取时应注意避免对检材造成任何形式的污染和破坏,不能直接用手抓取、触碰毛发、斑迹等现场物证。在现场需要提取某种物品时,应在见证人和物品持有人见证下,查点清楚,开列清单,由侦查人员和法医,见证人和持有人签名或盖章,才可提取。经查明与案件无关的,应迅速退还原主。

对提取到的法医物证,应按不同的种类和发现部位分别进行包装。包装一般选择干净的袋、瓶、试管或其他适宜的器皿进行包装,同时应注意在包装物外面要注明物品名称、来源、数量和采集日期等重要信息。提取到的法医物证应妥善保存并及时送检,在送检物证的同时,应根据案件的不同情况附送必要的对照标本。

（二）血迹检验

血迹是血液黏附在有关客体上所形成的斑迹。血迹是有人身伤亡的案件中最常见、最重要的法医物证,血迹检验是法医检验实践中最常见的工作。其目的是鉴别现场提取到的可疑印迹是否血迹、是否人血、血迹的个人识别以及出血时间、出血量、出血部位等问题。血迹检验的具体程序包括肉眼检验、预备试验、确证试验、种属试验、血型测定和DNA个体识别等。

（三）毛发检验

毛发长期不朽,又能测定血型。毛发分毛尖、毛干、毛根三部分。人的毛发需要与纤维（植物、矿物、化学）及兽毛进行区别,可用肉眼和显微镜检查。毛发在法医学上的主要作用是:第一,根据毛发形状判定有无毛发损伤,并根据损伤的种类推断暴力类型,如头部被锐器所伤时,毛发断端锐利、光滑整齐;第二,判定男女、年龄、职业和血型及个体认定;第三,通过毛发的毒物含量分析,可分析是否摄毒（药）,摄吸毒（药）的时间和历史。

（四）DNA检验技术

DNA即脱氧核糖核酸,是生物体最主要的遗传物质。生物体在进化过程中,由于DNA复制时核苷酸排列顺序的改变、染色体的分离和自由组合甚至基因突变,形成了人类各个体之间遗传物质的千差万别,从而形成了DNA的多态性。DNA图谱具有高度的个体特异性,除了孪生子外,每个人的DNA图谱是各不相同的。因此,DNA检验成为人身同一认定最准确的方法之一。

DNA检验技术在侦查中有着广泛的运用。在侦查中,可通过检验多种检材的DNA多态性,从而进行个体识别,甚至能直接认定罪犯。DNA指纹还具有较好的稳定性,人类体细胞和生殖细胞中的DNA比较稳定,不易变性、降解,只要含有一定量的大分子DNA的检材,如血液（痕）、唾液（斑）、精液（斑）、毛发、软组织、石蜡包埋组织、牙齿、骨骼等,均可作DNA指纹分析。

目前,DNA检验的方法主要有DNA分子杂交技术（包括萨森应印迹杂交、斑点杂交、凝胶原位杂交等）和DNA聚合酶链反（简称PCR）。

第五节　监控技术

监控技术是指运用现代监控设备,对相关的人、场所进行监视、监听和控制,并对所发现的异常情况进行报警提示的现代技术手段。现代监控技术主要包括监视、监听技术、入侵探测报警器、数字视频监控系统等。监控技术是监狱对狱内犯罪进行技术预防的最重要的手段和方式,在狱内侦查中发挥着极为重要的作用。

一、监控报警器

（一）监控报警器的概念及组成

监控报警器是运用现代监控设备,对相关的人、场所进行监视和控制并对所发现的异常情况进行报警提示的现代技术手段。

监控报警器由入侵探测器、传输系统及报警控制器三部分组成。其中，入侵探测器通过探测现场某种物理变化发现入侵者，并发出信号，经传输系统传送到报警控制器，报警控制器则以声、光等形式发出报警提示，并提示入侵的位置。在整个监控报警系统中，入侵探测器是最为关键的环节，入侵探测器的探测范围、探测灵敏度、误报率、漏报率等技术参数在很大程度上决定着报警系统的性能指标。

监控报警系统是监狱技防系统的重要组成部分。通过在监狱围墙、大门、重要生产、生活设施所在地、重点复杂场所合理安装监控报警装置，不仅能极大地提高监狱防脱逃、破坏和其他突发事件的应急处置能力，还能对在押罪犯形成强大的震慑力。

（二）监控报警器的类型

根据入侵探测器的种类、信号传输方式、探测器的警戒范围、工作方式及应用场合等，可以对监控报警系统进行不同的类型划分。常见的监控报警器主要有以下类型：

1.按入侵探测器的感应方式划分，监控报警器可分为开关报警器、感应报警器、声控报警器、振动报警器、玻璃破碎报警器、主动和被动红外报警器、微波报警器、超声波报警器、双技术报警器、视频报警器、激光报警器以及各种电缆周界入侵报警器等。

2.按探测范围分类，监控报警器可分为点控制报警器、线控制报警器、面控制报警器、空间控制报警器及周界控制报警器。

3.按入侵探测器与报警控制器之间的信号传输方式划分，监控报警器可分为本机报警器、有线报警器和无线报警器三种。

4.按入侵探测器的工作方式分类，监控报警器可分为主动式报警器和被动式报警器两大类。

（三）几种常见的监控报警器简介

1.开关报警器。开关报警器是以机械的开关动作触发传感器的通、断，从而控制电路进行报警的监控报警器。

开关报警器是结构最简单、应用最早的一种点控制报警器。其主要工作原理是通过传感器将机械动作转变为电信号，再由报警电路将电信号转变为声、光信号进行报警提示。开关报警器成本低，使用简单，可靠性高，主要用于门、窗、抽屉、贵重物品、重要场所的监测和控制。根据所用传感器的不同，开关报警器可分为磁控开关报警器、微动开关报警器、压力垫开关报警器、拉线开关报警器等。

2.声控报警器。声控报警器是通过探测入侵者入侵时所发出的各种声响而发出警报的报警装置。声控报警器一般由声音探测器和报警、监听控制器两部分构成。其工作原理是由安装在监控现场的声音探测器将现场的声音转换为相应的电信号，并通过传输系统传送给控制器，从而发出报警提示，接到报警提示后，操作人员可通过监听控制器对监控现场的声音情况进行复核判断。声控报警器结构简单，价格便宜，而且具有报警复核功能，被广泛应用于罪犯生产生活的一些狱内重要场所的监测控制。

3.振动控测报警器。振动控测报警器是通过探测入侵者活动时引起的振动而发出报警的装置。振动探测报警器主要由振动传感器与信号处理电路两大部分组成。振动探测报警器的核心装置是振动传感器，根据振动传感器的不同，目前常用的振动探测报警器有机械式振动探测报警器、电动式振动探测报警器等。

4.微波探测报警器。微波探测报警器是利用多普勒效应的原理，通过微波探测入侵者活动而发出报警提示的监控报警器。微波探测报警器一般是通过微波发射源向一定的空间发射微波进行封锁控制,当入侵者进入这一空间范围活动时,反射微波产生多普勒频移,微波接收机测出多普勒频移后发出报警提示。由于微波的传播基本不受空气流动、光、热、湿的影响,稳定性好,并对非金属物体具有一定的穿透能力,因此微波探测报警器可以伪装,隐蔽性好,且可用一个探测器同时监控几个独立空间。目前,微波探测报警器主要有雷达式微波探测报警器和微波墙式探测报警器两种。

5. 超声波探测报警器。超声波探测报警器是利用超声波对室内移动目标进行探测,当有移动目标入侵控制区域时,及时发出报警提示的监控报警装置。超声波探测报警器的工作原理与微波探测报警器的工作原理相同,均是主要利用多普勒效应进行工作。超声波探测报警器主要有多普勒超声波探测器和声场型超声波探测器两类。

6. 红外线探测报警器。红外线探测报警器是利用红外线来探测入侵者入侵活动而引发报警提示的监控报警器。目前,红外线探测报警器主要有主动红外线探测报警器和被动红外线探测报警器两类。其中,主动式红外探测报警器是指由探测报警器的发射装置向监控区域发射红外线,接收装置准确进行接收,一旦入侵者入侵时阻隔了红外线的正常传输,报警器就发出报警提示的入侵探测报警设备;而被动式红外探测器不需向外发射红外线,它是依靠探测入侵者本身的红外辐射所引起的特定场所红外辐射能量变化而进行报警提示的监控报警装置。

7. 双技术入侵探测报警器。双技术入侵探测报警器又称复合探测报警器,是由两种不同探测原理的探测装置组合而成,只有在两种探测装置同时探测到目标时,才会发出报警信号。其最大优点是大大降低了误报率。双技术入侵探测报警器能有效降低误报警,扩大探测器的适用范围。

8. 视频探测报警器。视频探测报警器又称图像探测报警器,是利用电视摄像机作为报警探测器,通过检测监控区域的图像变化来触发报警的一种装置。视频报警器同时具有报警功能、电视监控功能、报警复核及图像记录、取证等多种功能,是当前最为先进的监控报警器。视频报警器可分为模拟式视频报警器和数字式视频报警器两种类型。

二、闭路电视监控系统

闭路电视监控技术是将闭路电视技术应用于监控的一种现代化技术防范手段。闭路电视监控系统、入侵探测报警系统和出入口管理系统是现代化安防系统的三个重要组成部分,而闭路电视监控系统是其中最为重要的一个组成部分。闭路电视监控系统能够形象、直观、远距离地监视各种可视目标,及时获取监控现场的动态图像信息,可以极大地提高监控工作的效率。近年来,随着监狱现代化脚步的加快和数字化监狱理念的提出,各监狱均纷纷安装和使用了闭路电视监控系统,闭路电视监控系统在狱内犯罪预防与侦破中发挥着越来越重要的作用。

(一)闭路电视监控系统的组成

现代电视监控系统由前端摄像系统、图像传输控制系统和图像显示与处理系统三个子系统组成。

1. 前端摄像系统。前端摄像系统由摄像机、云台、支架或吊架、镜头、指令解码器和摄像机防护罩等设备及户外摄像系统的雨刷、风扇和化霜器等器件构成。其功能是接受中央控制主机的指令,按指令摄取图像信号,将监控目标的光学图像分解转化为电信号并将其传送至相关设备。

2.图像传输控制系统。图像传输控制系统由控制主机、画面分割器、视频矩阵切换控制器、遥控器、编码器和字符选加器以及与其他系统相连接的界面接口设备等构成。其功能是向前端摄像系统发送指令,并接受其发送回来的图像信号,同时将收到的图像信号分配给相关设备进行分析处理。

3.图像显示与处理系统。图像显示与处理系统的功能是将所接收到的视频信号和音频信号转化为图像和声音,并在监视器上予以重现和记录,并进行相应的后期处理。

(二)闭路电视监控系统中的主要设备

闭路电视监控系统的主要组成设备有以下几种:

1.摄像机。摄像机是电视监控系统中最前端的设备。其功能是将监控目标的光学图像分解转化为视频电信号。摄像机是整个电视监控系统的信号源,其质量指标在很大程度上决定着监控系统的图像质量。摄像机主要由光学镜头、摄像管、视频处理电路、同步电路和电源组成。其中光学镜头、摄像管是摄像机的成像器件,是摄像机最重要的组成部分。目前摄像机成像器件主要使用CCD固体成像器件,故而多称为CCD摄像机。

2.云台。云台是用来支撑摄像机、调整控制摄像机的方位和角度的设备。云台主要有固定云台和电动云台两大类。

3.监视器。监视器是电视监控系统中的接收装置,是将所接收到的视频信号和音频信号还原为声音和图像并在显示屏上显示出来的装置。摄像机主要有黑白、彩色两种类型。在实际使用中,要根据摄像机的成像清晰度和监控要求,选配与之相适应的监视器。

4.录像机。录像机是记录、保存前端摄像机发送的电视图像的专业录像设备。

5.控制主机。控制主机是集中管理电视监控系统的操作设备。专用电视监控器一般带有微处理器。它有多功能接口,可以完成控制、报警、录像、录音以及同系统间的联网等各种操作。微机控制器可设置各前端摄像系统中摄像机、镜头、云台以及防护罩除尘等一系列程序,切换各监视器所显示的图像并操作录像机记录等工作方式。

6.传输电缆。传输电缆是用以连接各种设备、传输各种信号并给各部分供电的设备。监控系统中需要传输的信号主要有电视图像信号和各种控制信号两种,其传输方式以有线为主,所使用的传输电缆主要有同轴电缆、绞合线和光缆三种。

三、监听系统

监听系统是安装于特定场所,用以秘密获取相关语音信息并进行记录的技术设备。监听系统主要运用于监舍、车间、禁闭室、会见室等狱内特定场所,以获取相关的声音信息,从中发现重要情报线索资料,为狱内犯罪侦查提供有力支持。监听系统主要由侦听器和录音设备两大部分组成。

侦听器是对声音信息进行秘密获取的技术设备。侦听器的种类繁多,常用的主要有无线侦听器、有线侦听器和红外激光侦听器三种。

(一)无线侦听器

无线侦听器是将所接收到的声音信号,以无线电波的形式发送后再利用接收装置予以接收,还原为声音信号而实现监听的侦听器类型。无线侦听器一般由调频发射机和调频接收机两部分组成。

(二)有线侦听器

有线侦听器是将接收到的声音信号经由专门的导线传送至侦听点的专门侦听装置。

（三）红外激光侦听器

红外激光侦听器是通过向安装有玻璃的监控区域发射红外激光光束，经玻璃反射回来的激光光束反映了玻璃因室内谈话声音影响而产生的轻微变化，通过特定装置将这种变化解调出来，还原为声音信号，从而实现监听的专门监听设备。

案例评析 *AnLiPingXi*

湖南 G 监狱罪犯邓某袭警案

1. 案件简介

2006 年 5 月 6 日晚 21 时许，湖南 G 监狱八监区管教民警朱某在该区三楼管教室找罪犯邓某（男，1978 年出生，桂东县人，曾被判刑 3 年，劳教 1 年，2004 年 5 月，又因犯盗窃罪，被判处有期徒刑 10 年）进行个别谈话教育时，邓某趁民警朱某不备，用一根方木突然袭击其后脑，致其当场倒地昏迷不醒，邓犯脱下朱的警服穿在自己身上，拿走了朱的警官证、监狱花名册、两部手机、2000 余元现金以及一串钥匙。为避开可能遇到的检查盘问，邓卸下了一台电脑主机，扛在肩上遮挡别人的视线。当晚 9:31，邓从监狱大门值班室警察专用通道脱逃。

2. 临场处置

当晚 9:40，昏迷在地的朱某被值班民警发现，送至该市人民医院抢救。监狱方面发现罪犯邓某暴力袭警脱逃后，立即拉响警报，紧急启动《处置监管安全突发事件应急预案》，全面部署开展追捕工作。朱因伤势过重，于 5 月 6 日晚 11:59 牺牲。当晚 11:50，省监狱管理局接到监狱的报告后，连夜召开紧急会议，成立案件应急处置指挥部。5 月 7 日凌晨 2:00，监狱经侦查获得重要情报，邓某乘出租车到了该市后，上了惠州至武昌的 K436 次列车。监狱方面立即向衡阳铁路公安处和衡阳市公安局通报情况，请求协查支援。接到监狱的请求后，衡阳铁路公安处立即部署沿线各所队开展清查堵截工作，查堵过程中，耒阳火车站派出所值勤民警李某反映，凌晨 3:26 许，惠州至武昌 K436 次列车停靠车站时，发现一名身着短袖警服、剃平头、身高约 1.7 米的男子从二站台尾部上了 K436 次列车。据此，衡阳车站派出所集结警力在该站全面部署查缉工作。凌晨 4:07，K436 列车次停靠衡阳火车站二站台，值班所长岳某发现一身着警服的可疑男子往出站地道口走去，立即边追赶边用电台呼叫其他民警合围，最终与其他民警一起在地道口将其抓获并带至值勤室审查。民警从其身上当场搜出朱某的警官证一个、监狱花名册一本、手机两部、现金 2000 余元及钥匙一串等物。经审查并与监狱核实认定，该男子即为 5 月 6 日晚袭警越狱逃跑的罪犯邓某。

3. 得失点评

（1）成功经验

①快速反应，情报准确。罪犯逃狱 10 分钟，监狱发现异常后，立即启动紧急反应机制，在组织抢救的同时开展了紧急追捕、协查、外围调查等工作，省监狱管理局迅速成立应急处置指挥部协调多方面工作，及时获取了邓某外逃动向的准确情报，为后续处置行动确定了方向，提供了情报保障。

②多方配合，协同行动。获取邓某已乘 K436 次列车外逃的情报后，监狱方面立即与相关部门联系组织协查，铁路公安机关、地方公安机关大力配合，快速反应、组织得当，短时间内迅即调动沿线多个所队开展查堵工作，情报传递到位、协查措施落实，为锁定、抓捕罪犯提供了条件，提供了组织保障。

③素质过硬,组织得当。铁路公安机关协查过程中,民警以强烈的责任感、敏锐的战术意识发现、确定了罪犯行踪,抓捕行动组织得当,情报沟通迅捷准确,战术运用合理有效,最终在罪犯逃狱仅 6 小时后,成功将其抓捕归案。

(2)失误与教训

①防范戒备意识不强。邓某在监区是"管事犯人",从其平时表现看,邓很配合狱警的工作,且与管教民警朱某相处"融洽"。对犯人进行谈话教育是管教民警的经常性工作,邓某看似"服从管教"、"配合工作"的日常表现迷惑了民警,使民警放松了戒备和防范。单独谈话使民警陷入一对一的境地,缺乏必要的支援配合,为邓某突然袭警创造了可乘之机。

②监管制度落实不够。按照有关规定,出入监所大门须主动示证,接受值班人员的检查。邓某换穿警服、肩扛物品进行伪装,值班人员放松警惕,未按规定进行必要检查,致使邓某顺利脱逃。

实训项目 XiangMuShiXun

实训项目一:刑事现场照相

(一)实训目的

1.掌握现场照相的基本方法。

2.掌握现场照片的制作方法。

(二)实训器材

照相机、胶卷、三脚架、电子闪光灯、比例尺、模拟现场。

(三)实训要求

1.学生每 4 人为一个实训小组轮流进行拍照实训,实训时间为 4 课时。

2.实训时要严格按照现场照相的要求,根据现场具体情况进行客观、完整的拍照记录。

3.现场照片卷的制作应规范进行。

(四)实训内容和步骤

1.对所布置现场按照方位照相、概貌照相、重点部位照相、细目照相的顺序进行认真拍摄。注意体会不同的拍照方法。

2.对所拍照片进行冲洗和放大。

(五)实训作业

每位同学制作一套完整、规范的现场照片卷。

实训项目二:汗潜手印的显现与提取

(一)实训目的

1.掌握汗潜手印的常用粉末显现法。

2.掌握汗潜手印"502"熏现显现法。

3.掌握胶带纸黏面手印的方法。

(二)实训器材

玻璃、胶带纸、白纸、金粉、银粉、磁性粉、毛刷、磁性刷、碳素墨水、502 胶、高速定性滤纸等。

（三）实训要求

1.学生每 4 人为一个实训小组进行实验,实训时间为 3 课时。

2.实验前应认真复习相关知识,做好实训准备。

3.实训时要遵守实训规则,按照操作过程认真进行。

（四）实训内容和步骤

1.指导教师对每种显现法的具体操作方法进行讲解,并演示。

2.学生 4 人为一组,参照指导教师的演示逐一进行各种显现方法的操作显现。

3.对所显出手印及时提取,并进行编号,注明手印的遗留客体和显现方法。

（五）实训作业

对同一客体上不同显现方法的显现效果进行记录,并认真完成实训报告。

实训项目三:笔迹检验的步骤和方法

（一）实训目的

1.掌握笔迹鉴定的方法、步骤。

2.掌握检验记录表、特征比对表、笔迹鉴定书的制作方法。

（二）实训器材

普通铅笔、红蓝铅笔、直尺、放大镜、白纸、检验记录表、特征比对表、空白鉴定书、实训笔迹材料若干。

（三）实训要求

1.每 2 人为一个实训小组,认真进行,实训时间为 2 课时。

2.实训时应对笔迹一般特征、笔迹细节特征进行逐一认真分析并恰当标示。

3.认真制作检验记录表、特征比对表和笔迹鉴定书。

（四）实训内容和步骤

1.对笔迹材料的笔迹性状进行分析,以判断是否存在伪装。

2.按照先检材后样本的顺序分析笔迹的一般特征、细节特征,并记录在检验记录表中。

3.进行比较检验,并选择价值较高的特征记录在特征比对表中。

4.对差异点和相同点进行综合评断,在评断的基础上得出鉴定结论。

5.制作符合法律要求的笔迹鉴定书。

（五）实训作业

对所给案例笔迹进行检验,规范制作检验记录表、特征比对表、笔迹鉴定书,并认真撰写实验报告。

思考题 *SiKaoTi*

1.寻找手印的要求和重点部位是什么?

2.观察法寻找手印有几种方法?

3.常用的显现粉末种类和适用的客体是哪些?

4.粉末显现手印的方法和要求是什么?

5.粉末显现手印应当注意哪些问题?

6.提取手印常用的方法和应当注意的问题有哪些?

7.足迹的概念和作用是什么?

8.寻找足迹的部位和方法有哪些?

9. 提取足迹有哪些方法？

10. 提取平面足迹比较好的方法是什么？

11. 灌制石膏足迹应当注意哪些问题？

12. 工具痕迹的概念和作用是什么？

13. 寻找工具痕迹的重点部位有哪些？

14. 怎样认定犯罪遗留工具痕迹？

15. 枪弹痕迹的概念和作用是什么？

16. 怎样寻找发射弹头和弹壳？

17. 提取射击弹头、弹壳和枪支的方法有哪些？

18. 笔迹检验的特征和基本程序是什么？

19. 笔迹检验的步骤和方法是什么？

第六章 狱内侦查情报

知识目标 ZhiShiMuBiao

- 了解狱内侦查情报的概念和特点；
- 了解狱内侦查情报的搜集与传递；
- 了解狱内侦查情报的分析与运用；
- 了解狱内侦查情报分析的方法；
- 了解狱内侦查情报分析的内容。

能力目标 NengLiMuBiao

- 能掌握狱内侦查情报概念的含义及特点；
- 能熟练掌握狱内侦查情报的搜集与传递；
- 能正确实施狱内侦查情报的分析与运用；
- 能正确掌握狱内侦查情报分析的方法；
- 能全面把握狱内侦查情报分析的内容。

本章引例 BenZhangYinLi

英国囚犯用黏土造万能钥匙险酿千人越狱

在美国热门电视剧《越狱》中，囚犯以肥皂为模具，制作了一把通往自由大门的钥匙，而这一幕居然在英国真实上演：一名英国"兰比监狱"的诈骗犯曾利用黏土为模具，悄悄复制出一把能够打开狱内所有牢房的"万能钥匙"，险些让上千名囚犯逃之夭夭。所幸的是，由于警方情报及时、分析准确、措施得力，才让这场潜在的"英国史上最大越狱案"胎死腹中。

据报道，发生越狱险情的这家监狱是位于英格兰诺丁汉郡雷特福德郡附近的"兰比监狱"（Ranby Prison），这座始建于 20 世纪 70 年代的监狱前身是座兵营，后来几经扩建和改建，如今专门用来关押重刑男犯。该监狱一名狡猾的诈骗犯不知是否受到美国电视连续剧《越狱》的启发，竟然利用黏土为模具，悄悄拓下一把"万能钥匙"的形状，然后将此模板送出监狱，请工匠加工制作，再托人将复制好的金属钥匙偷偷运回监狱。

让人咋舌的是，这把"万能钥匙"几乎可以打开"兰比监狱"里所有牢房。而这里不仅关押着包括这名主谋在内的 100 名诈骗犯，而且还同时关押着其他约 1100 名杀人犯和强奸犯。一旦越狱事件上演，势必酿成"英国史上最大越狱案"，后果不堪设想！

据悉，"兰比监狱"为了防患于未然，随后更换了所有牢房的门锁，仅此一项便花费了 78000 英镑（约合 87 万元人民币）。

第一节　狱内侦查情报概述

在监狱安全工作中,情报是开展对敌工作的重要依据。目前,监狱工作中对情报工作也相当地重视,各地监狱都进行了相关的监狱情报搜集和分析工作,其中重点是以狱情分析会为载体开展的相关情报工作。

一、狱内侦查情报的概念

从狱内侦查情报工作的实际出发,结合情报本身的特性和特点,可以把狱内侦查情报定义为:通过各种合法及有效的手段和方法获得的,供狱内侦查部门及其他有关部门打击和预防狱内犯罪而使用的,包含有一定的犯罪或与犯罪有关情况的信息。狱内侦查情报的定义,可以从它的目的、内涵及方法、手段等方面作具体的理解。

（一）狱内侦查情报的目的

狱内侦查部门依据国家法律和国家赋予的权力,通过发现、揭露、控制、打击和防范狱内犯罪活动,行使维护监狱安全的职能。狱内侦查情报正是围绕着这一职能,为狱内侦查提供线索,为预防犯罪提供依据,从中体现出情报自身的价值。这种体现价值的过程就是实现情报及其情报工作的目的过程。从狱内侦查情报定义中可以明确地看出,狱内侦查情报工作的目的就是为了打击和预防狱内犯罪活动。

（二）狱内侦查情报的内涵

情报以其内涵而互相区别。狱内侦查情报正是以其独特的内涵而决定了它和其他情报的不同。在定义中明确地指出狱内侦查情报是包含有一定的犯罪或与犯罪有关情况的信息。"犯罪或与犯罪有关情况"就是狱内侦查情报的内涵。对这内涵应作广义的理解,即狱内侦查情报不但包括与犯罪有直接关联的情况,也包括与犯罪有间接关联的情况。从狱内侦查情报工作的实践看,狱内侦查情报既包含侦查破案中的有关情况,也包含在预防犯罪、防范控制中的以及监狱各部门的某些日常工作中的有关情况。具体包括与具体案件侦查中的人、事、物有关的情况;与预谋案件和危险分子有关的情况;与防范控制中的疑人疑事有关的情况;与预防狱内犯罪有关的狱情、敌情;其他与侦查破案和预防犯罪有直接或间接关系的情况。

（三）狱内侦查情报的手段、方法

所谓狱内侦查情报的手段、方法,主要是指发现、搜集狱内侦查情报的手段与方法。手段是指对狱内侦查情报发现、搜集过程中所采取的具体处理方式。方法是指发现、搜集狱内侦查情报的手段、措施、途径以及谋略的一种综合运用。发现、搜集狱内侦查情报的手段、方法很多,狱内侦查情报定义中对手段、方法作了总的界定:合法有效的手段、方法。从中可以看出,发现、搜集狱内侦查情报的手段、方法,没有从形式上进行明文列项和规定,凡是只要合法的,且能有效地发现和搜集到侦查情报的手段、方法,都可理解为是狱内侦查情报的手段和方法。

二、狱内侦查情报的分类

狱内侦查情报有不同功能、不同来源、不同载体、不同使用范围、不同加工整理环节,因此,有必要进行科学的分类。狱内侦查情报的分类原则和其他情报的分类原则一样,即有利于实际操作,有利于充分发挥情报的功效,有利于整个狱内侦查情报的管理。

(一)根据情报的对象范围,分为狱情、犯情、敌情

1.狱情,指监狱重点要害部位、零星分散劳动岗位的管理控制情况以及监狱周边社区环境情况。

2.犯情,指罪犯中的思想动态、行为动向及押犯构成等情况。

3.敌情,指有犯罪现实危险或嫌疑的罪犯以及少数抗拒改造罪犯的情况。

(二)按情报的使用价值,可分为战略情报和战术情报

1.战略情报,又称宏观情报。就监狱来讲,是指重大的、带全局性的或对全局决策有重大影响的狱内侦查情报。如,为制定同狱内犯罪活动作斗争所需要的有关狱内犯罪活动的规律、特点、变化趋势等情况以及犯罪统计数据等。就某一案件的侦破来说,是决定全案侦查进程的重大线索,即牵一发而动全身的情报。战略情报是进行犯罪趋势预测和作出打击犯罪决策的依据,是制定监狱工作的方针、政策、策略、原则和规划,采取重大侦查措施、手段的客观依据。它在监狱机关领导活动中是不可缺少的,在侦查破案过程中也是极为重要的。

2.战术情报,亦称微观情报。是相对于战略情报而言的,是指一般的反映局部情况或某一方面情况的犯罪情报。如,为侦破具体案件而提供的线索。战术情报是战略情报的基础,在一定条件下,战术情报可转化为战略情报。在狱内侦查工作中,狱内侦查人员随时随地都在获取战术情报。战术情报对于发现犯罪活动,确定侦查重点和方向,划定侦查范围,扩大侦查线索,都是非常重要的。

(三)按情报的属性,可分为线索型情报、预测型情报和资料型情报

1.线索型情报,是指通过各种途径获取的狱内各种犯罪嫌疑线索。也是指能为狱内犯罪案件侦查,特别是预谋案件侦查提供线索的情报,属于动态性情报。它是开展狱内侦查的基础和前提,对于侦破预谋案件尤其重要。线索型情报的主要内容是提供有关犯罪的可疑人、事、物的线索。可分为:行为线索、语言线索和物证线索。线索型情报的来源主要有:现场勘查、调查访问、揭发检举、守候监视、跟踪盯梢、秘密力量、情报交流、狱政管理、审讯犯罪嫌疑人等。线索型情报有一定的模糊性和或然性特点,所以,必须进行认真的分析、判断、鉴别,提高情报的准确度。

2.资料型情报,是指以各种载体形式,如卡表、实物、磁带、硬盘等储存起来的,能为侦查破案提供依据的情报,它属于静态档案情报。具体说,是指将通过各种渠道搜集的情报、资料,按一定的规则和方法进行加工整理,形成各种情报资料体系储存起来,为侦查破案、制定侦查对策提供情报支持。资料型情报主要来源于罪犯登记、痕迹物证登记、样品资料登记、已破获的各类案件资料,也包括一些未破案的资料等。因此,资料型情报,可以为狱侦工作提供比较全面、系统的情报信息。

3.预测型情报,亦称决策性情报,是指为预测犯罪趋势所必需的狱内侦查情报。如,各种有犯罪统计数字、情况报告、典型报告以及各种与狱内犯罪活动相关的监狱和社会情报。预测型情报是制定战略和战术决策的依据。

（四）按情报的地域来源，可分为狱内情报和狱外情报

1. 狱内情报，是指狱内各监区、各部门、各系统、各单位搜集的与狱内案件侦查密切相关的情况。

2. 狱外情报，是指狱外直接或间接与狱内犯罪活动有关的社会情报，特别是社会犯罪的情况趋势，它具有向狱内渗透的特点。

（五）按情报搜集的手段和方法，可分为公开情报和秘密情报

1. 公开情报，是指在搜集过程中，搜集人员以公开身份，直接搜集的情报。如通过审讯、巡逻、公开管理等手段搜集的情报。

2. 秘密情报，是指搜集人员在不公开身份和搜集意图的情况下所搜集的狱内侦查情报。如通过技术侦查手段获得的情报（即技侦手段和秘密力量搜集的情报）。

（六）按情报的载体形式，可分为文字情报、声像情报和实物情报

1. 文字情报，是指用文字记录下来的情报资料，如罪犯档案、犯罪情报资料卡片等。文字情报有利于储存、传递和交流，是人类情报活动发展到一定阶段的产物。文字情报是狱内侦查情报的主要方式之一。

2. 声像情报，是指用声音及图像进行传递和储存的情报。如录音带、录像带、胶卷等。声像情报形象、真实，便于利用，在监狱活动中，具有很高的利用价值。

3. 实物情报，是指以各种实物作为传递和储存载体的情报。如各种被盗物品，现场遗留物，作案工具以及样品资料等。实物情报是发现犯罪嫌疑分子的重要途径，也是认定犯罪行为的罪证。实物情报往往受时间或条件限制，储存和传递时有较高的要求，以便防止实物被人为地或自然地损坏。

此外，按狱内侦查情报的来源渠道分，有直接情报和间接情报；按情报的密级范围分，有秘密情报、机密情报和绝密情报；按情报的形成过程分，有一次情报、二次情报、三次情报等。

三、狱内侦查情报的特点

（一）可知性

狱内侦查情报作为狱内犯罪的现象或征兆，它是伴随监狱关押罪犯而产生的，由于关押惩罚罪犯的监狱的存在，决定了改造与反改造斗争的长期性。因此，不论监狱在押犯的预谋犯罪计划多么周密，行动多么诡秘，手段多么巧妙，它都必然会暴露出蛛丝马迹和破绽，只要采取正确的方法进行深入细致的调查研究，狱内的敌情动态是可以发现的。

（二）复杂性

狱内侦查情报的复杂性是由监狱工作的性质决定的。首先，监狱工作涉及各条战线、各个部门、各个阶层和各种社会活动，它所需要的情报是多种多样的，造成了监狱情报的复杂性。其次，在对敌斗争中，敌对势力和罪犯总是要制造假象、伪造情报、毁灭罪证，这样便造成了识别情报真伪的复杂性。这就要求我们获取情报时要以辩证唯物主义和历史唯物生义作指导，善于辨别真伪，取精弃粗。

（三）隐蔽性

所谓情报的隐蔽性是指情报缺乏透明、不易觉察或没有显现。在现实工作中，罪犯为了逃避打击，在实施违法活动中，往往用合法、公开的手法掩盖非法的秘密活动，以假乱真，转移民警和人民群众的视线，当监狱民警发现某个潜在的情报明显化的同时，案件也已经发生了，这时民警所收到的情报，往往滞后于案件发生的时间。由此可以认为，监狱机关在打击

犯罪、侦破案件中的滞后现象,一般情况下是由于情报的滞后造成的。而造成滞后的原因之一是情报的隐蔽性,所以在监狱工作中特别强调要善于抓苗头,要有预见性。如少数不思悔改的罪犯,在犯罪活动的方式方法和手段上,监狱严格的管理使其比以前变得更狡猾隐蔽。尽量避开民警的视线,摆脱包夹,秘密进行接头联络,制定作案方案,准备作案工具,寻找作案时间,条件不成熟时,他们不会轻易暴露自己,因此监狱的敌情具有较强的隐蔽性。

(四)时效性

情报的时效性是由事物发展变化的速度所决定的。事物发展变化的速度慢,情报时效性就长;事物发展变化的速度快,情报时效性就短。狱内侦查情报往往具有极强的时效性,如不及时捕捉,就会丧失战机,贻误工作。例如一个案件现场,如能及时勘查,就有可能较为容易地取得重要证据、线索,达到顺利破案的目的。反之,行动迟缓,时过境迁,现场就有可能受到人为的或自然的破坏,给搜集犯罪情报的工作带来重重困难。一个预谋案件及时侦破,可以免除一场灾祸。反之酿成事实,就会造成严重后果。监狱情报的时效性,要求监狱系统常备不懈,保持良好的运转状态。

(五)保密性

监狱工作有相当一部分属于隐蔽性或半隐蔽性斗争,而且大部分狱内侦查情报直接涉及监狱、社会和广大人民群众的安全利益,从对内、对外的工作需要出发,要求在一定的时间、范围内保守机密,以保证工作的顺利进行和监狱情报的自身安全运转,充分发挥正常作用。所以,狱内侦查情报流通过程和各个环节(搜集、传输、处理、存储、使用)都需要做到安全保密,防止人为或自然因素的破坏。

阅读延伸 *YueDu YanShen*

构建情报主导的监狱安全模式

在监狱安全工作中,情报是开展对敌工作的重要依据。目前,监狱工作中对情报工作也相当地重视,各地监狱都进行了相关的监狱情报搜集和分析工作,其中重点是以狱情分析会为载体开展的相关情报工作。但总体而言,对情报工作缺少系统的、模式化的分析与利用,使情报难以发挥确保监狱安全的主导作用。传统监狱安全模式主要是以人防、物防、技防为主,在向现代警务机制转变过程中,情报起到切入点的关键作用。传统的监狱安全中,防范措施具有被动和静态的缺点,往往在危害监狱安全的事件发生后才进行控制与处置,具有很大的滞后性,并且,人防、物防和技防主要是从静态的角度对可能出现的危机事件进行防范,缺少灵活性。事实上,传统监狱安全警务的各项日常工作,也都离不开情报信息。但实施情报主导监狱警务,更加凸显情报在全部监狱安全警务活动中的主导作用。这不仅是一种现代警务理念,更是一种科学工作方法,是现代监狱安全警务区别传统警务的一个重要标志。其关键是要把"主导"二字体现好、落实好。实施情报主导监狱安全模式的总体原则是,各项警务工作都要围绕情报信息来展开,充分体现情报在全部安全警务活动中的主导地位和灵魂作用。一方面要全方位、多层次地搜集、研判各种情报信息,做到见事早,反应快,以增强主动性、预见性;另一方面制定决策、开展工作都要依据、运用情报信息,确保决策科学、运行高效,以增强针对性、实效性。

第二节　狱内侦查情报的搜集与传递

一、狱内侦查情报的搜集

（一）狱内侦查情报搜集的要求

狱内侦查情报来源就是与犯罪有关情报的存身之所，是狱内侦查人员借以获得狱内侦查情报的出处。研究狱内侦查情报的来源，对于狱内侦查工作有着重要意义。具体表现在它可以使侦查人员掌握与犯罪有关情报存身之所的规律与特点；便于狱内侦查情报搜集工作顺利进行；能保证及时、有效地获取狱内侦查情报，为狱内侦查工作服务。狱内侦查情报搜集要求主要有：

1.实事求是。在狱内侦查情报搜集的过程中，监狱民警要自始至终地贯彻实事求是的原则。搜集资料，要尽可能地排除各种非客观的因素，以求得到真实可靠的资料。如果所得到的资料不真实，那么整个狱内侦查情报也就失去了意义。这就要求每个监狱民警必须以向党和人民高度负责的精神，坚持深入监狱进行调查研究。侦查情报往往牵涉到人的利害得失，又常常会出现假象掩盖真相的情况。因此，要注意进行辩证分析和具体分析。为了保证情报搜集的真实性，要特别强调把好第一关，即把握原始情报不走样变形。

2.及时准确。及时，是对搜集狱内侦查情报在时间上的要求。狱内侦查情报本身就有很强的时间性，特别是敌情时间性极强，如果敌情特别是重要敌情，如预谋严重暴力犯罪敌情，不能及时了解掌握，就不能先发制敌，一旦其阴谋得逞，后果不堪设想。所以，搜集狱内侦查情报一定要及时。准确，是对搜集狱内侦查情报质量上的要求，就是搜集的狱内侦查情报必须真实，狱内侦查情报的价值首先在于真实。要实事求是，不能主观臆断，道听途说，捕风捉影，不能存在任何人为的扩大和缩小。一条不准确的狱内侦查情报，很可能给监狱带来重大损失。所以，搜集狱内侦查情报必须及时、准确，这是最基本的要求。

3.主动积极。狱内侦查情报是时时处于动态当中的，时时刻刻都在发生变化，而且许多问题恰恰出在变化当中。为此，要求经常、持久地开展狱内侦查情报调查，时时处处留心，积极搜集狱内侦察情报，并形成一种制度和习惯。

4.遵纪守法。狱内侦查情报的搜集，必须严格遵守宪法、有关法律，按照法律程序进行，遵守有关规定，履行法律手续，依法进行。不得侵犯公民人身权利、民主权利，不得违背法制原则。同时，还必须强调遵守党纪、政纪。

5.注意保密。搜集狱内侦查情报工作，相当一部分是属于隐蔽或半隐蔽斗争，而且直接涉及监狱及人民群众的安全、利益，无论对内、对外，它都要求在一定时间、范围内保守机密，不准将搜集、掌握的狱内侦查情报特别是敌情向外泄露。

（二）狱内侦查情报搜集的方法

狱内侦查情报搜集的具体方法很多，下面仅介绍几种常用的方法：

1.观察法。观察是指情报搜集者通过自身的感觉器官或借助于科学仪器，有计划、有目的地感知被搜集对象（人、物、特定的空间等）所发出的情报的过程。

观察是认识事物的起点，也是智力活动的源泉。在狱内侦查实践中，无论是来自人的形象情报,还是来自物的形象情报,都是通过观察获得的。一旦离开观察,不仅那些稍纵即逝的情报会一闪而过,从自己眼前"溜走",就是那些明摆着的痕迹、物证也会视而不见,失之交臂,无法搜集到第一手感性材料,更无法通过现象去认识事物的本质。所以,观察在搜集情报的诸种方法中占首席地位。

观察的方法,按照在观察目的物时,是否借助于科学仪器来分,可分为肉眼观察和借助于科学仪器观察两种。根据具体操作方法上来说,可分为有意观察、反复观察、连续观察、系统观察、比较观察、追踪观察、隐蔽观察、公开观察等方法。一般来说,这些具体观察方法是综合运用的。但也不是绝对的,比如,观察已判刑的罪犯的体貌特征则无须连续的、隐蔽的方法。运用观察方法应把握的主要环节有:一是无论是凭肉眼观察,还是借助于仪器观察,都要同时配合以积极的思维活动,通俗地说,就是"察看"与"思考"互动、互用,相互配合,同时并用,才能保证观察结果的客观性、全面性、准确性。二是观察必须目的明确,即通过观察要解决哪些问题,搜集什么情报,必须心中有数。只有目的明确,才能注意力集中,达到预期观察的效果。三是观察事物时,要全面、细致。全面、细致是相辅相成的。全面是细致的前提,而细致是全面的基础,只有把两个方面有机地联系起来才能取得最佳效果。因此,观察时,要精心、仔细,要全面扫描,不丢三落四,不走马观花。四是观察主体要充分发挥主观能动性。

2.现场勘验法。犯罪现场是犯罪分子实施犯罪行为的地方和遗留与犯罪有关的痕迹、物证的场所。它储存和负荷着大量与犯罪有关的人、事、物的情报。这些犯罪情报的发现与获取是通过现场勘验来获得的。所谓现场勘验法,是侦查机关运用科学技术方法对实施犯罪行为的有关场所、物品、痕迹、人身、尸体等进行的观察、检验、记录和分析研究活动。

现场勘验的方法有:现场照相、测绘制图、文字记录、录像等。通过运用这些方法来搜集与犯罪有关的人、事、物的情报和证据。因此,通过现场勘验可以搜集到缩微型、视听型、文字型、实物型情报资料。

3.调查访问法。调查访问是指情报搜集者用口头的方式向有关人员调查了解与刑事犯罪有关的人、事、物等方面的情况、线索的一种方法。这种方法灵活、方便,情报来源广泛,可以获得有关人员方面、案件方面、线索型等情报,是搜集情报基本的常用的方法之一。根据获取情报的方式,可分为公开调查访问和秘密调查访问两种。

4.秘密力量搜集法。使用秘密力量搜集情报是搜集情报的一种秘密手段。

5.侦查技术手段获取法。侦查技术手段,是指狱内侦查机关运用科学技术方法和仪器设备对危害国家安全、危害监狱秩序的犯罪团伙和重大犯罪嫌疑分子所进行的秘密监视、控制和获取情报的一种秘密手段。使用技术手段获取情报具有其他方法无法比拟的优点,但需要相关部门审批。

6.讯问法。讯问是指侦查机关依法对犯罪嫌疑人采取审问的方式获取所需情报的重要方法。讯问法与其他方法相比较突出的特点是:讯问是讯问者与被讯问者面对面进行的,且正面接触的时间较长、次数不止一次,能够获得其准确的情报资料。通过讯问者有目的、有计划、有策略的发问、追问、反问、说服、教育、利用矛盾等方法迫使其不仅把现行犯罪事实,以往未被发现的犯罪事实交代清楚,而且还可以促使其揭发同伙的犯罪事实,以及交代或提供犯罪团伙的组织及活动的情况,还有其他有关犯罪活动人、事、物的线索。通过讯问所获得的各种犯罪事实和各种犯罪线索等,都是人员、案件、犯罪组织、实物型、线索型等情报资料表卡中各项目所需要的内容。所以,通过讯问来获取各种情报资料的来源,是一条重要的途径和方法。

7.情报交流法。情报交流是指用自己单位拥有的情报资料与其他有关单位进行交换，双方互通有无，是情报单位广泛搜集情报的重要方法。狱内侦查情报的交流，主要是指监狱机关上下级之间，各级监狱机关之间，按照有关规章制度所进行的纵向和横向的情报交流，以及与有关机关进行的情报交流。如人民法院、人民检察院、公安部门、司法行政部门、国家安全等部门进行情报交流，也要按有关规章制度进行。

二、狱内侦查情报的传递

狱内侦查情报的传递是指情报传递者借助共同的符号系统和信号，通过一定的载体或媒介把情报传递给情报接收者的过程。一切犯罪情报只有通过传递，才能实现其使用价值。在狱内侦查中，从搜集各种侦查线索、制定侦查对策到采取侦查措施，无不依赖狱内侦查情报传递的各个过程。狱内侦查情报传递的方式有：直接传递、中介传递、技术传递、工作传递等。狱内侦查情报传递的要求是：及时、保真、保密。

（一）狱内侦查情报传递的方式

1.直接传递。情报的直接传递，主要是指通过人与人之间的直接见面、接头来实现情报传递过程的方式。通过人自身的力量，将情报载体传送给情报的使用者。这是一种最传统、最原始的传递方式，由于其保密性好，机动灵活，所以仍然广泛采用。它的缺点是有一定的危险性、易被监视性，传递速度较慢。具体方式常见的有：暗示传递、口头传递、秘密接头传递等。

2.中介传递。中介传递也可称为间接传递，主要是指通过一定的中介方法，例如通过邮递、物品夹带、秘密交接点、秘密交通员等方法进行的情报传递方式。这种传递方式往往要对情报进行保密加工，如密写、密码、暗语、符号等。这种方式有利于保护隐蔽情报人员，但是增加了可能失密的环节。

3.技术传递。技术传递是指有效利用狱内的现代通信联络技术手段，例如各种电子技术、电子信息、邮件等进行情报传递的方式。

4.工作传递。工作传递是指对于机密性不是很强的或公开获得的情报资料。例如各种统计报表、档案卡片、总结汇报材料、谈话会议记录等，通过正常的工作渠道进行传递的方式。

（二）狱内情报传递的要求

1.及时。由于狱内的特殊环境和条件，对狱内犯罪的反应必须迅速、果断，这就要求情报的传递首先要及时，发现蛛丝马迹或可疑动态都要有所反应，狱内侦查是以预防为主的工作，一定要把事件防止在萌芽状态。通过侦查或调研获得的情报迅速地、快捷地传递到使用者的手里，对于科学的、及时的预防决策和侦查破案都有着重要的作用。有时候这对于狱内侦查部门争得预防和侦破工作的主动权，有着至关重要的作用。

2.保真。由于情报可以直接影响到狱内侦查工作的决策，影响到当事罪犯的合法权益，影响到监狱的安全稳定，所以要求狱内情报在传递过程中必须要注意保真。保真首先要做到准确，情报应当什么时候传递，怎样传递，传递给谁，都必须准确有序地进行，在传递过程中要力求排除人为的失误或监控器械的误差，力求减少搜集和调研环节的失误，力求情报的准确性。保真还要做到传递过程中的不失真，一方面要防止放大效应，一件较小的事，越传越神，越传越大，造成不必要的紧张。另一方面也要防止耗散效应，本来是一件重大事件的或重大事故的情报或线索,由于各种主观因素或其他原因在作怪,越传越小,越传越轻,到决策人那里已经微不足道,导致战机的贻误。

3. 保密。狱内情报工作是狱内侦查工作的重要方面,是与狱内犯罪作斗争的重要手段。在狱内严格监控的条件下,犯罪分子往往以狡猾、隐蔽的手段进行违法活动,这就决定了狱内情报工作必须具有机密性和隐蔽性。狱内情报必须安全,这才能有效地为预防和侦破案件提供有效的作用,同时也是保护当事人合法权益和人身安全的重要措施。通过严格的保密措施,保护情报的安全,保护当事罪犯的安全,保护情报传递渠道的安全,同时也保护了狱内侦查工作人员的安全。因此,作为狱内侦查工作人员,一定要树立正确的情报观念,强化保密意识,遵守工作纪律,确保情报传递中的机密、安全,使情报实现其最大价值。

阅读延伸 *YueDuYanShen*

秘密情报传递应注意的问题

所谓密级,概括地说,就是对情报内容的秘密程度所划分的等级,分为绝密、机密、秘密三个等级。每一级都有相应的知密范围。

绝密情报,是侦查工作的核心机密,一旦泄露或被盗、被截,就会给侦查工作造成极严重后果,甚至威胁到情报搜集者、情报使用者、情报传递者的人身安全。因此,接受绝密情报的范围极窄,只限于特定的个别人(如有权阅读和使用该情报的领导和侦查人员)和特定的专案组,如果超越了范围就视为泄密。

机密情报,是侦查工作的重要秘密,一旦泄露会使侦查工作受到重大损害。接受情报的范围也比较窄,也只限于有权阅读和使用该情报的个人和有关的侦查业务部门、专案组等。

秘密情报是侦查工作的一般秘密,一旦泄露会使侦查工作受到一定程度的损害。接收此种情报的范围较上述范围宽。

由此可见,情报的密级本身包含着知密范围,即接收情报对象的范围,还包含着情报本身的价值,即对工作所起的作用,同时,也表明了若泄密、失密将给工作造成的危害程度。

因此,传递情报者应知道,什么是密级及其所包含的作用,如何根据"密级"来选择传递情报的方式、方法,这都是极为重要的。比如,绝密情报决不允许扩大范围,在刑事侦查中,有不少情况需要采取"一对一"的直接方式,如守候中的相互联络、同内线侦查人员之间的联络、与秘密力量接头等,常常需以人力方式传递。传递一般秘密情报,由于接收范围较广,则可通过内部专用电话或专用电报、机要邮寄等方式。

第三节 狱内侦查情报的分析和运用

狱内侦查情报分析,是一项高层次的情报服务工作,是为了服务于打击、防范狱内又犯罪的需要,在广泛搜集、积累情报资料及必要的实地调查所获得的材料基础上,运用科学的分析方法和必要的数据处理,对情报进行分析并取得新的情报成果的一项专门工作。狱内侦查情报分析不是对单份情报的分析,而是一种情报资料的重组和开发工作。它是根据解决特定问题的需要,把分散在各种情报资料上的相关情报,进行定向选择和科学抽象的分析活动,其分析成果是情报工作和科技工作相结合的产物。所谓定向选择,就是根据特定需要,搜集与之相关的情报、资料(包括相关的统计数据)进行深层次的加工整理,使之达到知识密集化、综合化、系统化、准确化。所谓科学抽象,就是对定向选择的情报、资料进行分析、比较、综合、归纳、推理、判断,揭示其本质、规律和联系的思维过程。通过定向选择和科学抽象的结果必然会形成新的情报或情报集合,即情报分析成果。

一、狱内侦查情报分析的特点

(一)针对性

狱内侦查情报分析工作的主要目的,是为防范和打击狱内又犯罪进行决策时提供依据和论证,是一种有明确目的的应用性分析工作。所以,狱内侦查情报分析工作都是针对特定情报用户的需求进行的,并且只有走在决策行动的前面,才能实现它的功能,发挥它的参谋作用。

狱内侦查情报分析工作要做到有明确的针对性,需要具备以下条件:

1.情报分析人员必须具有专业知识和专业技能;

2.情报分析人员必须思路宽广,目光敏锐,反应迅速,善于抓住关键性问题,开展分析工作;

3.情报分析人员要能够直接接触各级情报用户,及时了解决策的需要;

4.情报分析人员应当通过有效的情报渠道获得当前国内或国际上正在进行中的情报分析课题,以免重复劳动。

(二)综合性

狱内侦查情报分析的综合性特点,主要表现在两方面:一方面是由狱内侦查情报分析自身的性质所决定的。因为情报分析的目的是为狱内侦查工作的科学决策提供依据和论证,而一个科学决策的作出,既要考虑决策的先进性,又要考虑经济上的合理性和狱内侦查实践上的可行性,因此,在分析时,必须把先进性、适用性、可行性等有机地结合起来。同时,在分析过程中,还要将宏观与微观、主观与客观、理论与实践有机地结合起来。以上几个方面的有机结合,使得情报分析具有很强的综合性。另一方面,狱内侦查情报分析的综合性还在于情报分析的目的性,就是要使有关分析课题的情报资料系统化。狱内侦查情报分析要将分散在各种大量文献上的零星、片面、无序和不完整的有关分析课题的情报资料,汇集起来进行加工整理,使之系统、有序、完整。

(三)预测性

预测是根据事物运动、发展的客观规律和法则,在分析现在和过去的情报、资料的基础上,对事物发展趋势和未来情景进行合乎逻辑的推测。诸如狱内又犯罪活动的现状及未来发展趋势和狱内侦查工作规划的制定,都涉及一个预测问题。在每一重大决策作出之前,必须进行深入的情报、资料分析,不仅从当时、当地的条件和执行这一决策所产生的影响和效果来判断其是否正确,是否切实可行,还必须预测未来的效果、发展和可能产生的影响。所以,预测性是为决策服务的狱内侦查情报分析工作的又一特点。

(四)科学性

狱内侦查情报分析的科学性主要表现在:狱内侦查情报分析活动必须坚持一切从调查客观事实出发,在鉴别情报真伪的前提下,采取定性与定量分析的方法,进行对比分析、逻辑推理、数据运算,辨明现象的本质,掌握客观事实的内在规律,形成科学的、正确的判断。因为,狱内侦查情报分析是在占有狱内又犯罪活动的数据和事实,以及狱内侦查机关同狱内又犯罪作斗争经验的大量情报资料的基础上,进行科学分析的,这就极大地制约和避免了主观片面性,使分析成果既反映了客观事实的准确性,又展现了分析过程的科学性。

（五）服务性

狱内侦查情报分析,是围绕着防范和打击狱内又犯罪而展开的,其基本任务就是:在占有大量情报和资料的基础上,分析狱内又犯罪活动的发展变化情况;预测将来发展趋势或者特定课题的历史和现状并作出评价;总结狱内侦查机关同狱内又犯罪作斗争的正反两面的经验,从而提出有参考意义的和使用价值的情报分析成果,为侦查决策提供良好的服务。

阅读延伸 *YueDuYanShen*

犯罪情报分析的基本模式

犯罪情报的分析模式是根据情报分析的目标而定的,不同的分析目标有其不同的分析模式,从总体上看所有的分析都是围绕着案件分析、犯罪行为人分析和犯罪控制途径分析三个层面展开的,每一层面的分析都分别包括战略性和战术性的分析。

1. 针对刑事案件而展开的情报分析

（1）战略性分析。针对刑事案件而展开的情报分析在战略性分析的层面上主要包括犯罪趋势分析、犯罪特点分析、犯罪手段分析等,这类分析不是针对某一起案件的犯罪特点和手段,而是针对某一时间段在某一区域发生的某类案件的总体而进行的分析。对于此类分析,通常的模式是运用图表法、统计法等进行,最后的结论以分析报告的形式呈现。

（2）战术性分析。针对刑事案件而开展的情报分析在战术性分析的层面上主要包括案件的案情分析、刑事案件的并案分析等。

第一,案情分析。案情分析是每起案件侦查过程中必不可少的重要环节,是对侦查人员搜集到众多与案件有关的犯罪信息进行集成的主要途径,能帮助侦查人员重建刑事案件的发生过程和犯罪行为的先后顺序,为确定侦查方向和划定侦查范围提供强有力的依据。

每一起刑事案件发生后,侦查人员都需要从各种渠道搜集与案件有关的信息,包括通过现场勘验搜集到的相关的犯罪痕迹、物证,通过调查访问搜集到的证人证言等。在案情分析时需要将所有侦查人员搜集到的信息通过一定的方式整合到一起,信息通过集成后能使侦查人员在众多纷繁复杂的线索中理清头绪,对案件的情况有系统和准确的认识。

在侦查实践中,案情分析往往以会议讨论的形式进行,每个侦查人员将所搜集到的信息以介绍与汇报的方式表述出来,然后再针对这些信息进行分析和研究。而在情报分析的模式下进行的案情分析,一般会利用物品流向图、事件图、行为图、事件分析图、组织结构图等图表形式进行展示,在此基础上进行分析研究能使侦查人员对案件的认识更为清晰,分析也更为准确。

第二,并案分析。并案分析是侦破系列案件的重要途径,侦查人员在集成个案信息的基础上,分析案件的特点,并对以往所发生的类似案件进行比较分析,以判断是否为同一个或同一伙犯罪嫌疑人所为。在侦查实践中,侦查人员可以利用计算机系统地进行并案,也可以通过对一些相似的案件进行列表比较,最后以并案报告的形式呈现结论。

在案件数据库的基础上,利用计算机专用并案软件系统进行相似案件的检索和寻找,将是未来并案的基本方法。侦查人员一般会利用作案时机、发案时间、作案目标、发案地点、案件名称、作案手段、现场痕迹、现场遗留物等在案件数据库中进行检索,寻找相类似的案件,对检索结果再进行分析研究,但最后还是要通过人工进行分析和比较才能得出科学准确的并案结论。

2. 针对犯罪行为人而展开的情报分析

对犯罪行为人的分析在案件侦查过程中显得非常重要,在侦查实践中,有时也被称为给犯罪行为人画像。侦查人员对犯罪行为人的认识越深入,侦查思路就会越清晰,正所谓"知己知彼,百战不殆"。因此,围绕着犯罪行为人进行的情报分析可以从各个层面去刻画犯罪行为人的特征,为明确侦查方向、缩小侦查范围提供依据。

(1)战略性分析。主要是对犯罪行为人共性特征的分析,即通过分析发现实施同一类型犯罪行为的犯罪嫌疑人的共性特征,最后用统计数据和分析报告的形式呈现结论。

(2)战术性分析。对犯罪行为人的战术性分析主要包括两个方面的内容,即对犯罪团伙特征和对犯罪行为人个性特征的分析。

第一,犯罪团伙特征的分析。对犯罪团伙特征的分析主要是通过搜集一个已知的犯罪团伙的相关信息,搞清犯罪团伙内部的组织结构和每个成员在集团中的角色。

第二,对犯罪行为人个性特征的分析。对犯罪行为人个性特征的分析是指通过犯罪事件的特点和有关的背景情况,构造出犯罪事件中的犯罪嫌疑人的各种特点。这种分析不仅需要犯罪情报分析专家参与,还需要犯罪心理学家的帮助。

3. 针对犯罪控制途径而展开的情报分析

对犯罪控制途径的战略性分析主要是对犯罪控制途径的宏观分析,对犯罪控制途径的战术性分析主要是指侦查途径的分析。

(1)战略性分析。犯罪控制途径的宏观分析是评价正在实施的犯罪控制途径的优劣,以便在以后的打击、预防、控制犯罪过程中更好地使用,其中也包括在一些具体的打击、控制、预防工作中的工作流程方面的优劣评价。

(2)战术性分析。对侦查途径的分析是指通过评价正在实施的侦查措施和曾实施过的侦查措施,用以指导以后的侦查工作。有效的侦查途径的使用分析能指导和评价侦查过程并为如何有效地使用侦查措施指明方向,确定侦查的切入点。

二、狱内侦查情报分析的任务

搜集、掌握罪犯思想动态和行为动向,从中筛选有用的情报,做到犯情明了,敌动我知;及时发现和深入挖掘狱情线索,发现不安定因素和潜在的危险隐患,排查危险分子和重点人头;及时查清各种犯罪嫌疑线索,为立案侦查提供依据,准备条件;切实加强对危险分子、重点、要害部位的管理、控制,严防、控制罪犯中可能发生的暴狱行凶、脱逃、纵火等各种预谋犯罪活动;研究狱内犯罪的特点、动向及其规律,及时制定防范对策,确保监狱的安全。

三、狱内侦查情报分析的内容

狱内侦查情报分析的内容有三个方面,具体包括情报来源的可靠性分析、情报内容的真实性分析、情报内容的重要性分析。

(一)来源的可靠性分析

狱内侦查情报的来源是否可靠是极其重要的,它直接影响着狱内侦查情报的准确性,最终影响到狱内侦查情报的价值。狱内侦查情报来源分析标准可分为完全可信、一般可信、不可信、无法判断其可信度。完全可信是指狱侦部门对狱内侦查情报来源无任何怀疑,即情报提供者有可靠的信誉,情报提供者以前所提供的情报被证实都是真实可靠的。一般可信是指狱侦部门对情报来源的可靠性和信任程度有所怀疑,但提供者以前所提供的情报可靠的数量大于不可靠的数量或可靠与不可靠的数量各占一半。不可信是指狱侦部门对情报来源认为无可信度,提供者以前所提供的情报不可靠的数量大于可靠的数量或全部不可靠。无法判断其可信度是指无论从提供者的历史记录或根据经验都无法判断其可信度如何。狱内侦查情报来源可靠性的分析,就是分析人员要将获取的情报从其来源的角度对其进行分级。对情报来源进行可靠性性分析,是狱内侦查情报分析的一个非常基础性的工作。

（二）内容的真实性分析

内容的真实性分析是指对狱内侦查情报反映的线索和情况是否符合客观实际和一般性规律的分析判断,也是对狱内又犯罪情报内容是否确实的一种分析判断。可以说,狱内侦查情报内容的真实性分析,是判断狱内侦查情报资料积累工作是否有效的重要依据。对狱内侦查情报内容真实性的分析,通常要运用一般逻辑分析原理,还要结合狱内又犯罪现实状况来进行。一般情况下,可将其分为完全真实、可能真实、不真实、无法判断其真实性。完全真实,是指某一狱内侦查情报内容得到了其他有关情报的证实,并且在逻辑上无矛盾;可能真实,是指某一狱内侦查情报内容未得到其他相关情报的证实,但从逻辑分析上比较合理;不真实,是指某一狱内侦查情报内容与相关的数据资料矛盾,不合逻辑,反映的内容与客观现实差距较大;无法判断其真实性,是指对狱内侦查情报的内容无法以其他相关情报和数据资料进行验证和判断。

（三）内容的重要性分析

内容的重要性分析,也称等级分析,即对狱内侦查情报价值的评判。由于狱内侦查情报面向不同层次、不同实战部门,因此,同一个狱内侦查情报会由于需求的不同而产生不同的价值判断,但其核心是同一的,即其价值就是指狱内侦查情报满足最终使用者的程度。满足最终使用者程度高的,其价值就大,反之其价值就小。为了更为确切地评估狱内侦查情报的价值,可以将其细分为几个标准进行研究:一是从时间标准上进行评估,即某一特定的狱内侦查情报的时间价值性如何,是过去有价值、现在有价值,还是将来有价值;二是以情报内容的重要程度为标准进行评估,即某一特定的狱内侦查情报的重要性如何,是非常有价值、比较有价值,还是一般有价值。

四、狱内侦查情报分析的方法

（一）比较法

比较法,又称比对法,是确定事物之间共同点和差异点的思维方法。事物间的差异性和同一性是进行比较的客观基础,无共同点和差异点的事物是无法进行比较的。

对比有两大类型,即纵向对比和横向对比。所谓纵向对比又称动态对比,就是对同一事物在不同时期的状况(如数量、质量、性能参数、速度、效益等特征指标)进行对比,从而认识事物的过去和现在以及未来的发展趋势。这是同一事物在时间上的对比。如今年脱逃案件的立案数字同去年脱逃案件立案统计数字相比较。所谓横向对比又称静态对比,就是对不同国家、不同地区、不同部门的同类事物进行对比,以找出差距,判明优劣。这是同类事物在空间上的对比。在实际分析工作中,经常要进行既有纵向又有横向的综合对比。

在具体比较时,应把握:进行对比的事物必须有共性的基础,即必须具有可对比性。比较法的表达方式可以是数字、曲线图或文字描述,分别称为数字对比、图示对比和描述对比。比较法在情报分析中起着重要作用。例如:对比事物在不同时期的状况,可了解其过去和现在,判明其发展动向,为制订规划提供依据,或为总结经验教训,采取措施提供依据;对比不同方案,可判明优劣,为选优提供依据;对比同类事物的各项特征或属性,可找到差距,为判断提供依据;等等。

(二)综合分析法

综合分析法,是把与分析课题有关的点滴、分散、众多的情况、数据、素材进行归纳、综合,把事物(分析课题)的各个部分、各个方面和各种因素联系起来考虑,从错综复杂的现象中,探索它们之间的相互关系,以达到从整体的角度通观事物发展的全貌和全过程,获得新的知识、新的结论的一种逻辑方法。综合分析法在情报分析中的主要作用,可归纳为三个方面:

一是加工素材。在分析素材过程中,对各部分进行剖析和探索则为分析,而通过分析揭示它们之间的相互联系,找出总体的规律、重点和方向则为综合。

二是揭示事物的本质和规律。人们从感性认识上升到理性认识的过程中,经历着具体——抽象——具体这样的一个辩证过程,而在这个过程中主要依靠分析和综合实现的。例如,为了分析狱内又犯罪活动的规律,通过对构成案件的基本要素、导致犯罪的相关因素、产生狱内又犯罪的基本原因等方面的情报、资料分析(感性具体),对每一方面都作出基本的结论和估计(抽象规定),然后抽象上升到具体思维(综合)即反映狱内又犯罪活动所具有的规律。

三是形成观点。在情报分析过程中。对某一问题的观点的形成,离不开分析与综合。因为情报分析始于提出问题和分析问题,通过对问题的分析,认清问题的实质,然后,通过综合使问题得以解决

(三)因果关系分析法

因果关系分析法也称因果联系法,是根据狱侦部门掌握的某一情况与另一情况之间产生与被产生的关系,分析研究其产生的原因或导致结果的一种分析方法。因果关系分析法在实践中运用较为广泛,这是由于狱内又犯罪的各个环节之间因果关系较为模糊,不容易被发现和利用,因此,狱内侦查人员要善于根据罪犯行为反映出的蛛丝马迹,来分析与犯罪之间的内在因果关系。

(四)联系推导分析法

联系推导分析是指在狱内侦查情报分析工作中,分析人员运用辩证唯物主义的普遍联系观点,根据事物的本质属性、内在联系和发展规律,分析推断出一些未知的情况,预测狱内又犯罪的发展趋势。运用联系推导分析法的关键,要求分析人员必须对有关狱内的违法犯罪特点较为熟悉,了解其内在的一般性规律和带有普遍性的发展规律,以此为基础推断出的一些情况,这样才有较高的实际价值。

阅读延伸 YueDuYanShen

把好犯情分析环节

犯情分析是监狱安全防范工作的基础,是发现监管安全隐患与漏洞的基本方法,是构建监管安全长效机制的核心。提高民警的犯情分析水平,是监狱的一项基础性工作,是开展民警岗位技能训练的重要内容。

一、犯情分析环节

在搜集了犯罪信息之后，需要进行分类分析，去粗取精，去伪存真。不同的犯情表现对应不同的危险可能，狱内案件的防范重点主要有以下三大类。

1. 自杀的迹象

(1)情绪消沉,忧郁寡言。(2)食欲不振,夜难入眠。(3)精神恍惚,心不在焉。(4)东拿西忘,言行呆板。(5)暗中哭泣,抒怀伤感。(6)欲想登高,接近电源。(7)贮藏药物,独自思量。(8)要求亲属,速来会见。(9)扣分无谓,钱物送人。(10)怀旧唠叨,绝笔留言。(11)寻刀藏利,准备绳索。(12)停止书信,食品吃完。

【案例一】

罪犯袁某,男,大专文化,1963年出生。1995年因犯盗窃罪被杭州市中级人民法院判处无期徒刑,同年12月6日在省某监狱改造,担任监内医院医务犯。表现良好,性格开朗,余刑7年。2005年凌晨采取给自己脚腕处静脉注射氯化钾的方式自杀。

原因分析：

(1)典型的双重人格。表面上性格开朗,爱说大话、俏皮话,爱面子,自视清高。但在日记中反映出其心胸狭窄,斤斤计较,容易记仇,自卑感强。

(2)亲情极度缺乏,对前途失望。从小由诸暨被领养到杭州,养母领养后因养父死亡又改嫁于一离休干部。养母贪财不管他。岳母一直看不起他,坐牢后怂恿妻子与他离婚。女儿出国后无音讯,使其感觉极度失望。

(3)临近刑释,心情复杂。首先觉得兄弟姐妹和养兄都事业有成,唯有其家破人亡,感到自卑。觉得回去之后再给人以推拿维持生计而脸上无光,又不愿意投靠没有什么感情基础的同胞兄弟姐妹,觉得这样是寄人篱下。极度自卑所导致的极度自尊,产生了轻生的念头。

征兆：与另一罪犯产生矛盾,在日记中称要与之决斗,将大量书籍、物品送人,但未引起其他罪犯警觉,民警也未引起重视。此案警示我们,不能用习惯思维来分析罪犯的危险程度,要特别重视罪犯把贵重物品送人所隐含的深层次原因。

2. 脱逃的典型迹象

(1)合衣睡觉,频繁起床。(2)集队走路,东张西望。(3)脱离队伍,鬼祟隐藏。(4)窥视地貌,琢磨大墙。(5)注意内外,行驶车辆。(6)刺探询问,警戒情况。(7)匿藏现金,贮藏食品。(8)涂抹记号,衣着反常。(9)工具绳索,私藏备用。(10)隐瞒身份,住址说谎。(11)时坏时好,变化失常。(12)几人聚合,暗干私活。

脱逃犯罪的规律,以某监几年来脱逃案件发生的情况作统计:一是从入监的时间看,入监时间不到两年的是脱逃犯罪高发人群。20名脱逃的罪犯中有18名是入监不足两年的新犯,占90%。二是从脱逃罪犯的刑期看,20名脱逃罪犯中原判10年以上的有17名,达到85%。三是从脱逃罪犯的原犯罪类型和经历看,20名脱逃罪犯中,两次以上改造的有10名,占50%,因盗窃入狱的有16名,占80%。四是从脱逃的时空上分析,以出、收工时,就餐时,夜间等时段为主,共有15名,占75%。主要利用了民警管理的薄弱环节。

【案例二】

1998年9月7日罪犯高某在监舍内怀揣事先准备好的绳子(用被单撕成条接成长8米的绳子)借故去厕所将厕所窗栅栏撬起(9月6日19时高犯已借同样的理由在厕所用断的钢锯条事先锯断),把绳子系在窗户铁栅栏上,钻出窗后沿墙体而下(高犯住在四楼),滑到二楼时被护监发现,高犯掉地,起来后窜到离监舍200米远的教学楼二楼,攀到窗户上从监舍区跨越监墙通往习艺区的四条绝缘电线,用脚踩着两条、用手抓着两条做平衡,像高空走钢丝似的翻出大墙,虽被武警发现鸣枪警告,但高犯仍然冒险逃跑。后因在跳墙时摔伤了脚,行动不便,被追捕民警包围后抓获。该犯脱逃原因:父母亲为建房欠下高利贷,放心不下,改造中不顺利,得不到民警信任。此案存在的隐患:钢锯条带入监舍未被发现,被单撕成条未被发现,上厕所无人监督。

3.行凶等暴力犯罪的迹象

罪犯的性格特点:(1)性格暴躁,脾气恶劣。(2)心胸狭窄,生性多疑。(3)情感冷漠,冷酷残忍。(4)人生经历,曲折坎坷。(5)家庭残缺,无所顾忌。

二、犯情的评估与判断环节

1.建立评估标准

由于监狱已建立罪犯危险程度评估体系,评估标准综合了大量现实案例,在分析统计的基础上建立起来的,共有28项61条与罪犯危险相关的信息。这些信息分为三大类:一是罪犯基本情况,包括罪犯刑期、刑种、入监时间、年龄、前科情况。二是罪犯危险程度静态表现,包括具体犯罪情节、人生成长和家庭情况、价值取向和服刑态度、心理生理状态、服刑期间异常表现。三是罪犯危险程度动态表现:以罪犯发生的严重违规、家庭重大变故、罪犯与民警、亲属和罪犯出现的矛盾等改造和生活事件作为危险程度动态系数。将前两项的数值乘以动态系数即为危险分值。依据不同的危险分值分为脱逃、自杀、行凶三类。评估值达12分的为具有一定危险,评估值达18分的为具有现实危险,评估值在24分以上的具有紧急性危险。

2.评估的时间

(1)新犯入监进行初始评估。

(2)分监区每月进行一次评估,主要对有情况变化的进行调整性评估。

(3)有异常情况即时评估。

三、犯情的运用环节

1.一般犯情实行日收日解制度,发现的矛盾和问题不过夜。根据公开信息员反映的情况,由当日值班民警进行教育疏导,存在有现实危险的要落实包夹措施。

2.对有现实危险的罪犯实行跟踪控制。

采取秘密包夹与公开帮教相结合的方式进行。我省某监狱推行"和谐101工程",就是对通过危险程度评估筛选出来的危险罪犯,选择能为我所用、保守秘密,又能接近危险罪犯的作为帮教犯。根据受助罪犯危险性质挑选帮教犯:对脾气暴躁有暴力危险的受助罪犯,配以人际沟通能力强、情绪控制力好的罪犯;对悲观绝望有自杀危险的受助罪犯,配以情绪良好、意志坚强的罪犯;对经济条件差的受助罪犯,配以经济条件好的罪犯。

3.对存在紧急危险的罪犯,投入高警戒度管理区进行改造。

4.对带有普遍性、倾向性的问题,采取编制"犯情分析简报"、"犯情动态预报"等方式进行预警。

(摘自王桔成:《如何做好犯情分析工作》,《新时期狱内侦查问题研究》,中国市场出版社2010年版,略有删减。)

阅读延伸 YueDuYanShen

规范和完善狱情分析会议制度的建议

狱情分析是一项综合性很强的工作,涉及犯罪学、心理学、统计学等多个学科。面对当前狱情的严峻形势,必须坚持以科学发展观为指导,紧密结合国家刑事政策、省监狱布局调整、押犯结构变化等实际情况,积极主动地开展工作,必须将公式化的狱情分析制度有机地与动态狱情管理融合在一起,才能真正做到"敌思我知、敌动我打、防患未然"。为正确地实施教育改造提供真实的依据。

1. 在指导思想上,必须牢固树立科学意识

狱情分析要在科学上狠下工夫,这是一个基本的方向问题。监狱工作发展到现阶段,在时间、空间都发生了深刻的变化,必须善于发现带有规律性的现象,并从中发现深层次的问题,以便采取根本性的措施。每次狱情分析会议,对于基层反映的狱情问题,要进行客观、科学的分析,善于从一些表面现象中发现带有规律性、普遍性的问题,然后制定有针对性的措施,标本兼治,重在治本,解决问题。参加狱情分析的民警和领导要开动脑筋,经常性地开展调查研究,开展分析讨论,否则一些问题就有可能屡禁不止,得不到根本解决。月月分析、季季分析一些常见的突出问题,这些问题没有得到及时有效的解决,等于没有分析。因此,在狱情分析问题上一定要有落脚点,要找准重点单位、重点时段、重点现场,透过现象看本质,对突出问题抓整改,每个季度重点研究解决一个问题或当前最突出的问题。

2. 在分析制度上,必须牢固树立坚持和改革意识

现行的狱情分析会议制度经过检验是行之有效的,对于及时准确掌握狱情,采取针对性措施,促进监管安全起到了积极作用。因此一方面,必须常抓不懈,始终坚持,不能半途而废;另一方面,要在坚持的基础上,不断地改革和完善,认真落实狱情的研究分析。

3. 在分析程序上,必须牢固树立规范意识

狱情分析是狱内侦查工作的重要工作,也是监狱工作的重中之重,在程序上必须规范。具体就是要做到"18要":会前要调研、准备要充分、人员要广泛、内容要全面、方法要创新、形式要多样、渠道要畅通、排查要到位、成绩要肯定、问题要明确、重点要突出、原因要分析、分析要透彻、狱情要预测、警情要分析、工作要布置、会后要检查、问题要整改。

4. 分析质量上,必须牢固树立责任意识

实施狱情分析的主体是监狱民警,狱情分析的客体或对象是监狱狱情,具体方式是狱情调研和召开狱情分析会,目的是全面掌握罪犯动态,维护监狱安全稳定,提高改造质量。狱情分析质量高不高,能不能有效发挥作用,关键在民警。公式化狱情分析制度与动态狱情管理的矛盾,表面上看是狱情分析的形式与内容、手段与目的之间的矛盾问题,是基层民警工作不够扎实、作风不够深入的问题,实质上是部分基层民警的思想观念、业务素质和能力不能很好适应当前工作要求的问题。为了解决公式化狱情分析制度与动态狱情管理之间的矛盾,必须解决这一问题的关键——民警问题。具体是做到"三要":一要解放思想,提高认识。二要深入调研,把握狱情。三要认真思考,总结方法。

5. 在信息搜集上,必须牢固树立全员意识

在狱情信息的搜集上必须畅通渠道,形成人人参与、全员搜集的格局。全面搜集狱情,必须跳出从分监区至监区、监狱少部分人搜集狱情的狭隘圈子,各岗位民警全员参与,如基层值带班民警、门卫民警、接见监听民警、监区机关民警、特警大队民警等,必须多渠道、多途径、多方法搜集异常狱情信息。各类罪犯如互监组成员、耳目、满刑罪犯、监督岗、小组罪犯等,发现异常情况要随时向民警报告,民警要及时处置。监区、分监区对于当天的异常情况,必须通过便捷适当的方式反馈至监狱,重要信息监狱民警必须参与调查、分析、处置。

6. 在管理层面上,必须牢固树立落实意识

每次的狱情分析会议分析的都是一些老问题,不是什么新的、复杂的问题,如罪犯私藏现金及监内违禁品、打架斗殴、罪犯接见管理等问题,在少数单位仍然是一而再,再而三,反复发生,说明少数单位的领导不力,思想认识不到位,管理不到位,落实不到位。由于工作不到位,有些很小的问题就可能积累成大的问题,酿成大的事故。因此,必须进一步转变工作作风,加大落实力度,突出重点,标本兼治。

7. 在专项治理上,必须牢固树立全局意识

分析狱情和解决实际问题紧密相结合,开展专项整治,坚持以狱情分析为基础,组织开展专项整治活动,突出一个重点,解决一个问题,要站在全局的高度,从中发现带有普遍性、代表性的问题,开展专项整治,集中解决一些带倾向性的问题。每次的狱情分析会都要集中研究分析一些突出问题,既可以互相学习,又可以解决思想认识问题,还可以解决一些方式、方法问题。

8. 在组织领导上,必须牢固树立服务意识

狱情分析质量的高低,与各级领导的重视、关注、支持程度密切相关。狱情分析质量高不高,狱侦工作职能发挥得好不好,与领导重视、支持与否有着直接的关系。因此,必须提高各级领导的认识,切实增强为基层服务,为监管安全服务的意识,使各级主要负责人能自觉地拿出主要精力来抓狱情分析工作,并直接参与具体的狱情调研分析活动,指导或撰写调研报告,努力提高狱情分析的质量。

(摘自刘金华:《改革和完善监狱狱情分析会议制度》,《新时期狱内侦查问题研究》,中国市场出版社2010年版。内容有删减。)

五、狱内侦查情报的运用

(一)一般性问题,分情况处置

1. 对反映的罪犯违纪问题,应当立即组织力量进行查证,并对查证属实的,兑现惩处。

2. 对反映的罪犯思想动态方面的问题,应当查找原因,采取对策。

3. 对反映的干警执法方面的问题,应当及时向分监区、监狱领导反馈。

4. 对罪犯反映的其他方面的问题,如伙食、监管设施、合理化建议等,应及时向有关主管部门进行反映,协调进行解决。

(二)案件线索,认真查证

狱侦部门获取的线索,往往是比较粗糙,零星片断,残缺不全的,有的有人无事,有的有事无人,有的只是些表面现象,不能说明问题的本质,并包含着真假两种可能性,所涉及的对象也可能犯罪也可能没有犯罪。因此,对任何一件有价值的线索材料,都必须严肃认真地进行查证核实。

查证核实线索,有的需要从查人开始,有的需要从查事开始,有的需要对线索来源的可靠程度进行核实查证,有的需要对证据进行初步的搜集、审查、判断。每个线索的查证步骤和方法,应视线索的具体情况而定。在查证过程中,不能时断时续,应积极主动,抓住不放,一查到底。特别是对一些重要疑难线索,要知难而进,找出调查方向,寻根究底,务求弄个水落石出。

线索的审查主要包括:其一,审查案件线索的来源渠道。其二,审查线索材料自身的可靠性,分析所揭露的犯罪事实是否符合犯罪规律,是否合情合理,材料内容前后有无矛盾,材料所反映的问题与客观事实之间有无矛盾,以此来确定案件线索的真伪。

（三）对预谋案件,及时侦查

预谋案件的显著特点,一是有较为明确的犯罪意图,即主观上有作案的动机,并对实施某一犯罪进行了周密审慎的构思,或与某同伙或与准备争取发展的对象共同进行过犯罪策划或透露过犯罪意图。二是有为了实施犯罪目的而进行的预备行为,如准备作案地点准备侵害（犯）客体的情况等。例如:预谋犯罪分子为实施杀人而准备凶器,选择侵害目标及作案时间、地点;为实施逃脱而准备攀登、挖洞和绝缘断电工具,窥测脱逃路线,选择脱逃方法和时机以及准备服装、现金等。凡是有组织的预谋犯罪集团一般都有密谋策划过程,为将犯罪意图变为共同犯罪行为,必须进行密谋策划,商讨对策,制订方案。三是都有选择作案目标的过程,为使犯罪目的得逞,往往还对所选择的目标进行实地观察甚至进行作案实验,即犯罪预习。

预谋案件与既遂案件相比,具有较深的隐蔽性和狡诈性的特点。既遂案件,由于犯罪过程已全部实施,犯罪行为结果也已暴露,因而知情者较多;而预谋案件的作案动机目的尚未暴露,后果尚未发生,加之犯罪分子,特别是阴险狡黠的罪犯,为了达到犯罪目的,对预谋阶段的预备行为和阴谋活动方式极其隐蔽诡秘,以物色、发展对象、策划犯罪阴谋、研究犯罪手段、制定作案方法、准备作案工具到踩点试验的每一步骤,都是秘密进行的,因而一般知情者甚少,这也是预谋案件的显著特点。预谋案件的侦查,一般是从具体的犯罪嫌疑人出发,查清其犯罪事实,获取证据,证实犯罪。侦查预谋案件的基本方法是对特定的犯罪嫌疑分子实施调查控制,其中尤其以秘密力量监控为主,查清嫌疑的依据,发现他们企图进行的阴谋破坏或正在策划的犯罪活动。预谋案件的侦破关键是审查线索来源,运用秘密力量贴靠,查清犯罪事实,获取犯罪证据。所以,从某种意义上说,预谋案件的侦查主要是利用秘密力量开展内线侦查。

六、狱内侦查情报的储存与检索

（一）狱内侦查情报的储存

狱内侦查情报的储存是指将搜集到的狱内侦查情报按照一定的方法和规则进行分类、登记、加工,并使用标准化的情报检索语言,对狱内侦查情报的内容特征和外部特征进行规范化控制和表述,最后以某种载体的形式储存到狱内侦查情报系统之中的过程。储存是继情报搜集工作之后又一重要工序,直接关系到所搜集到的情报在使用时能否迅速、准确地检索出来,发挥其作用。狱内侦查情报储存的形式有纸介质储存、实物储存、声像储存、电子计算机储存和激光储存等。狱内侦查情报的储存应遵循的基本原则有:标准化原则;程序化原则;快速检索原则;便于情报扩充的原则;复查、验收原则。狱内侦查情报的储存方法,是对情报资料合理的组织存放,也是建立检索工具、为情报资源的查找提供检索的方法。常用的方法有:分类组织法、主题词法、索引组织法等。

（二）狱内侦查情报的检索

狱内侦查情报的检索是指在已经存储的狱内侦查情报资料中,查找符合特定需要的情报资料的过程。检索的实质就是把查询的情报的特征与储存的情报的特征进行比对,将二者相一致或比较一致的情报索取出来,以供使用。狱内侦查情报用户检索的情报需求涉及人员情报、事实情报、数据情报和痕迹、物证情报等。狱内侦查情报检索的方法有:单项条件检索、多项条件检索、扩充扫描式检索、模糊条件检索、滚动式检索。狱内侦查情报检索的具体步骤如下:

1. 明确检索意图、分析检索条件。向情报用户了解案情,分析出情报用户检索的意图和需要解决的问题。

2. 确定检索途径,选择检索用词。一般来说,比较稳定、可靠的检索条件都可以作为检索的途径,尤其是能反映个体特征的检索条件可以作为主要的检索途径,根据检索条件,确定与之匹配的检索词。

3. 形成检索方案。根据情报用户提供检索条件的多少和相互关系及诸条件的真实可靠程度的不同情况,考虑实施什么样的检索方法,分几个层次,层次间如何衔接安排,同时确定取舍范围等,逐一研究后形成初步的检索实施方案。

4. 进行比对查找。根据已确定的检索途径、检索用词与已储存的情报进行比对、查找的实际操作过程,即用检索条件与储存项目内容的标识作比较决定取舍的过程。

阅读延伸 *YueDuYanShen*

狱内侦查情报资料存储规范与检索的类型

1. 存储规范

存储规范包括标准化、有序化、程序化、检索便捷和便于对情报资料增、删、改。

(1)标准化

狱内侦查情报存储标准化,是指对信息的加工整理必须遵循一定的标准,并使之符合标准的要求。这些要求包括代码标准化、著录格式标准化、标引语言规范化、有关情报加工规范化的国家标准和公安部颁布的标准。

(2)有序化

有序化,是指信息资料的有规律、有次序的排序。它包含两层含义:一是进行同类集合,即把内容特征或外表特征相同的集合在一起,如案件集合、作案手段集合、工具痕迹集合、指纹集合等;二是有次序地排列,如按数码大小次序排列,或按字母次序排列。以上两种含义的有机结合,就是情报资料的有序化。具体来说,就是把所搜集到的大量无序的信息资料,按照一定的规则进行整理、分类、编目、制作索引,并按序排列存放,使得信息资料被组织成一个科学的系统结构。

(3)程序化

程序化,是指存储工作的秩序和步骤形成共同遵守的常规制度。因为存储工作是一项技术性、可操作性很强的工作,必须有计划、有秩序、按步骤地进行。比如手工存储,一般要经过物资准备(卡表、存储柜等),确定检索方式、方法,对各种卡表编号后,按序分别存入有标注的存储柜内、模拟检索等一系列连贯的工作过程。计算机存储要经过确定存机项目,设计数据库结构,编写输入程序和对情报资料进行录入操作,模拟检索;模拟检索无误后,把原件按编号重新放入卡片柜内等一系列连续的过程。无论采用何种方式存储,都要有秩序、有步骤、有条不紊地进行,否则就会发生混乱,直接影响存储工作的质量和检索的效果。

（4）检索便捷

搜集狱内又犯罪情报资料的最终目的是为监狱工作尤其是狱内侦查工作提供检索服务。便于检索，是情报资料存储的根本出发点和归宿。存储工作质量的高低是以它能否以最快的速度、最方便的方式将有针对性、有价值的情报检索出来提供给情报用户来衡量的。因此，在整个存储工作过程中所进行的分类、编目、制作索引、有序存放等各个环节都要围绕着实现快速检索这个目标去运筹和运行。

（5）便于对情报资料增、删、改

对所获得的信息资料要及时存储，对存储后获得的新内容要及时补充，情况发生变化的要及时修正，过时的或已作废的要及时剔除，以保证所存储的信息资料处于新、全、准的状态，增强其生命力和实用价值。因此，在设计存储结构时，要留有一定的冗余量，使其具有一定的扩充能力。选择设备时，要考虑设备的容量及未来的更新转化等。

另外，要注意对情报资料的保全（即要求不损坏、不丢失和保密）以及存储设备的维护，这也是应当坚持的原则之一。

2. 检索的类型

情报检索是为了满足情报用户的需要应运而生的一种情报服务手段。狱内侦查情报检索有四种类型：

（1）人员情报检索

人员情报检索即以具体的人为检索对象的查找过程。如查找人的姓名、别名、绰号、职业、籍贯、住址、体貌特征等。

（2）事实情报检索

事实情报检索即以具体案件的事实资料为检索对象的查找过程。如查找某一案件的发案时间和地点、作案工具、作案手段以及其他有关的卡表等。

（3）数据情报检索

数据情报检索即以有关事实的专门数据为检索对象的查找过程。凡是查找某种数据，如查找有关人的年龄、身高、足长与历年案件立案、破案统计数字等，都属于数据情报检索。

（4）痕迹、物证检索

痕迹、物证检索即以痕迹、物证为检索对象的查找过程。如查又犯罪嫌疑人的步幅、工具痕迹、足印、指印等痕迹，查被盗的物品、作案工具、现场遗留物品等。

案例评析 AnLiPingXi

小纸条暗藏惊天大案

1. 案情简介

2002年2月1日的早上，广东B监狱四监区管教民警曾某，值晚班的他本可以在早上7点钟交班回家休息，恰逢监狱正在开展创建活动，接班的民警要参加监区组织的训练，于是他推迟下班，顶替下一班民警把监区的服刑罪犯带到习艺区安排习艺劳动。他像往常一样在习艺区劳动现场例行巡查。当巡查到在押犯王某（信息员）的位置时，发现他的行为与往常不一样，于是停下脚步注意观察。

"当时，我的第一感觉就是王某肯定有事情！"曾某说。因为按照惯例，习艺劳动安排下去后,罪犯都会低头忙自己的工活,整个习艺区是非常安静的。但王某当时神色异常,干活心不在焉,偶尔还偏头张望,眼神中充满慌乱。于是,曾有意俯下身子,装作检查习艺成品的质量,看王究竟有什么事。"就在这时,我看到他慌乱地将一小块牛皮纸丢到了身后的物料箱里。"曾说,为了不引起在场其他服刑罪犯的注意,他利用起身之机顺手捡起这块牛皮纸,放进衣服口袋里,然后离开了王的位置。回到值班室后,曾立即展开这张牛皮纸条,发现上面歪歪扭扭地写着一行字:"有人找我要逃跑,我还没有证据,他正在注意我,我想把他谈的话想办法记录下来。"看到纸条上的这行字,曾意识到事关重大,当即将王带到值班室谈话,在初步核实同监区服刑罪犯梁某、林某拉拢其脱逃的情况后,曾立即向监区领导和机关报告了案情。

2. 侦查过程

监狱在经过一个半月的艰苦侦查后,一桩涉及 6 名服刑人员集体预谋杀警越狱的重大案件得于告破。

侦破:施计谋巧破心理防线。"罪犯具有反侦查能力和较强的观察能力。"广东 B 监狱领导组织了监狱的侦查科、狱政科和案件所在的四监区民警成立了"0201"专案组。由于王某的检举报告举动已被主犯梁某察觉,监狱当天就把王举报的梁某和林某进行隔离审查,并于次日在监区举行预谋脱逃罪犯坦白、检举动员大会。会后受政策震慑,另一服刑罪犯徐某主动向监狱坦白梁拉拢他参与预谋杀警越狱的事实。但是,因狡猾的梁早已与其他罪犯订立了"攻守同盟",案件侦破一度陷入困境。"0201"专案组为此调整了审讯策略和侦查重点,加强了政策攻心和说服教育,同时采取隔离审讯、制造"同盟"一方已交代问题的假象,逐个击破罪犯的心理防线,最终,林、梁在当年 3 月中旬相继作了交代。"攻守同盟"被破解,同案犯饶某、胡某也接着浮出水面。至此,以罪犯梁某为首的 6 人预谋集体杀警越狱案全线告破。

预谋:重刑犯策划攻守同盟。后据审讯查明,主犯梁某于 1999 年因犯故意伤害罪被法院判处死缓,2000 年入监到 2002 年初预谋越狱,在监狱服刑未满 2 年。因感到刑期长、改造辛苦、日子难过,梁某于 2001 年 4、5 月间便产生了越狱的念头。狡猾的梁观察到监狱当时正新建习艺区、教学楼、医院等建筑,基建工地场地大、工具材料多,正好可以充分利用,于是便萌生了借基建之机越狱的想法。在预谋越狱时,梁感到一个人势单力薄,难于实现企图,遂先后拉拢了林、王、徐、饶、胡等 5 名在押的重刑犯参与越狱。"刑期这么长,怎么办?我有办法早点出去","逃跑你敢不敢做?抓住了大不了一死"。梁采取"一对一"秘密交谈的方法,对被拉拢人员进行教唆煽动。在密谋杀警越狱方案时,具有一定反侦查能力的梁还与他们事先订立"攻守同盟"。2002 年 1 月底,在定下越狱的决心后,梁等人便利用看病、出收工等机会,对监狱围墙、武警哨兵活动规律、警察执行监管制度的情况进行观察,认准监狱基建即将完工之际,工地有棚架攀爬和建材可利用,密谋尽快实施越狱。

方案:杀值班罪犯再杀警察。梁等人制定了多套实施方案。

方案一:在 2002 年 2 月 5 日之前的某天,利用晚上习艺劳动之机,参与越狱的罪犯在晚上开工时,以装病请假或故意不出工等方式全部留仓,在 19 时民警点完名后,以请监督岗罪犯吃东西为由,将留仓的所有监督岗罪犯一个挨一个叫进监仓楼制服、杀害。然后以有事向值班民警报告为由,先后进入民警值班室,按预先分工,以 3 名罪犯对付一名民警方式,采用捆绑、重物击头或用电将民警制服、杀害。然后由两名罪犯身着警服冒充民警,带领其他参与杀警越狱罪犯混出监区大门。

方案二:如 2 月 5 日之前未能实施越狱就在春节期间再商定实施越狱时间,具体时间为凌晨两至四点间,人最熟睡之时。梁等人拟从车间衣车上拆卸硬物先行夹带回仓,由一起住在六组的梁、饶、徐、胡先撬开该小组门锁,出小组后伺机杀害楼内监督岗罪犯,再将其他小组的林、王两名罪犯放出,然后撬开监仓楼层门锁,再利用过塑相片或其他工具撬开民警值班室,以3名罪犯对付1名民警的方式,不管死活制服民警,然后由2名罪犯身着警服冒充民警,带领其他参与越狱的罪犯混出监区大门,或者直接爬出监区大门。

梁等人还计划在多个地点实施越狱,包括监狱伙房楼顶、生活区教学楼基建工地、生产区新厂房基建工地。梁还提出,可以利用车间劳动用的剪刀、布条,实施越狱前先行挟带回监仓,以作杀害民警的凶器,到狱内基建仓库或基建工地内寻找绳索、电线、钢筋、竹木等可用之物,做成攀爬工具。梁越狱脱逃的方案可谓缜密周详,然而,王的临阵举报,让这个"同盟"不攻自破,其罪恶阴谋尚未来得及实施便被消灭于萌芽状态。

3. 经验与探讨

(1)用信任换来弃暗投明。"我觉得罪犯王某之所以最终选择举报,一方面是慑于监狱严密的防护,另一方面还是因为他对自己的改造有一定的信心。"民警曾说,当时,王因罪入狱尚不久,监狱民警曾多次找他谈心说教,鼓励其积极表现争取立功减刑。王一直保持有认罪服法、积极改造的良好表现。"因为信任,所以他选择在我值班的时候投纸条举报,这种信任,也是基于监狱制度的公平公正。"曾说,是监狱公正的奖励和严厉的处罚,让王选择弃暗投明,举报同案。

(2)"细节决定成败,细节也成就辉煌。"广东省监狱管理局领导说,B监狱杀警越狱预谋案因为有值班民警强烈的责任心和高度的警惕性,及时发现罪犯的异常行为,才避免了一起类似"内蒙古杀警越狱"恶性案件的发生。

(3)结合本案的经验,谈谈监狱建立侦查情报的必要性。

实训项目 *XiangMuShiXun*

实训项目一:狱内侦查情报存储

(一)实训目的

理解和掌握侦查情报存储的工作程序和具体规范要求,并能在实际工作中加以运用。

(二)实训说明

请认真阅读下面给出的案例,并结合案例归纳总结侦查情报存储应遵守的基本原则和方法。

(三)实训内容

【案例】 服刑人员梁某,男,29岁,广东省台山市人,因犯抢劫罪,被判刑10年,1998年12月入监。梁某入监后,立即照相、捺印指纹,监狱按照刑事犯罪情报资料建档的种类和要求,制作了梁某的情报资料并储存起来。2002年年底,当梁某从驻监长方师傅口中得知其姐被人杀害的消息后,心中顿时燃起仇恨的烈火,发誓要为其姐姐报仇。2003年1月10日凌晨6时10分左右,梁某尾随送完早餐后离开的手扶拖拉机溜到监管区大门口。当值班麦警官给手扶拖拉机放行时,梁某乘着夜色从手扶拖拉机右侧跑出大门,趁手扶拖拉机尚未停稳接受检查之时立即跳过第二道高约1.5米的电动伸缩门,迅速向新监舍施工工地方向逃跑。梁某逃离大门几十米后回头见没人追来,便爬上工地的排栅越过新围墙,穿过肇开公路(江门监狱至鹤山市宅梧镇路段)钻进打靶山谷继续逃窜。由于储存了梁某的犯罪情报资料,警方便根据资料中储存的梁某的照片、指纹、体貌特征,立即向有关单位发出通缉,在梁某逃跑后17小时,就将他缉捕归案。

实训项目二:狱内侦查情报检索

(一)实训目的
理解和掌握侦查情报检索的工作程序和具体规范要求,并能在实际工作中加以运用。

(二)实训说明
请认真阅读下面给出的案例,并结合案例归纳总结侦查情报检索应遵守的方法。

(三)实训内容
【案例】 1987年6月30日22时,浙江省德清县油车乡姚某向衢州市柯城公安分局报案称,他被一个自称余进雄的人以帮助买化肥为名骗走现金5600元,并提供以下信息:自称余进雄的人,男,30多岁,身高不到1.60米,头上有一个疤,持有开化县农山供销社经营部介绍信。经刑警队调查,开化县农山供销社无此人。

情报资料人员根据已知的"身高1.60米以下,年龄30～40岁,头上有疤"这三个条件作为检索途径,很快查出三个人符合上述条件,其中余贤水嫌疑重大。余贤水,男,1957年生(即发案时30岁),身高1.57米,有冒充他人进行诈骗的前科记录。余贤水遂被列为重大犯罪嫌疑分子。经传讯余贤水,他交代了诈骗犯罪事实,并返回赃款5000元。同时,他还交代了1987年所犯的20余起诈骗案。

实训项目三:狱内情报评估

(一)实训目的
理解和掌握"4×4"情报信息评估系统的具体标准,并能在实际工作中加以运用。

(二)实训说明
请认真阅读下面给出的系列情报信息,并利用"4×4"情报信息评价系统的代码分别对情报信息来源的可靠性和内容的有效性进行评价,在情报信息后的括号内写出评价代码。

(三)实训内容
1.请对该条信息来源的可靠性进行评估

该情报信息的提供者是一名狱内耳目,他以前一直向警方提供可靠的情报信息,信息的内容是在某监区近来有人密谋组织脱逃。　　　　　　　　　　　　　　　(　　)

2.请对以下三条情报信息的有效性进行评估

(1)情报信息提供者向警方保证说他在某监区的203监舍亲眼见到了违禁品,但侦查人员对于该情况没有亲自去证实。　　　　　　　　　　　　　　　　　　(　　)

(2)情报信息提供者向警方透露在某监区的203监舍有违禁品,这个情报信息是他听别人说的,其他情报也从侧面印证了这一消息。　　　　　　　　　　　　(　　)

(3)情报信息提供者向警方透露在某监区的203监舍正在使用违禁品,但没有亲眼见到违禁品,其他渠道的情报信息也没有对此信息有相关的支持。　　　　　(　　)

3.请对以下情报信息来源的可靠性进行评估

侦查员与物建中的耳目张某见面,张某还没有经过相应的考验,其为监狱机关工作的动机还不太清楚。张某在与侦查员的交谈中提到一个名为王某的服刑人员,此人与某市黑社会组织有联系,张某说王某想为侦查员提供一些某市黑社会组织的情况。　　(　　)

4.请继续对以下几条情报信息的有效性进行评估

(1)张某告诉侦查员,他将与王某一起参加狱内犯罪团伙的一次会议,并且知道会议的大概内容,但说不清楚这次会议的地点。　　　　　　　　　　　　　　　　(　　)

(2)张某告诉侦查员他已经参加了会议,准确说出了会议的具体地点,而且在会议上他见到一个他以前的同伙李某,其他的参加会议的人员他都不认识。　　　　　　(　　)

(3)根据张某提供的情报信息,该狱内又犯罪团伙经过监狱人民警察侦查取证已经被打掉,组织成员都被处理,证明了他提供的情报的正确性。同时,张某又向侦查员提供了一个消息,这个消息是他从一名狱内服刑人员那儿听说的,侦查人员从其他渠道获取的情报信息证实了这条消息。　　　　　　　　　　　　　　　　　　　　　　　　　(　　)

5.请对以下情报信息来源的可靠性进行评估

陈某是某监狱机关物建的耳目,但他已经有很长时间没有为监狱机关提供过信息了。最近,陈某提供给侦查员一条情报信息,在这之前陈某很少提供有效的情报信息,提供的情报信息大多没能通过侦查员的核查。　　　　　　　　　　　　　　　　　　(　　)

6.请对以下情报信息内容的有效性进行评估

(1)某日,陈某对侦查员说他听说有一个叫黄某的服刑人员正在策划越狱。(　　)

(2)这条涉及黄某的情报信息被监狱机关获取的另一条情报信息所印证。接着陈某又告诉了侦查员黄某的整个越狱计划,黄某正准备近期越狱的物品,有些物品黄某的妻子已经为他准备好。这些情况都是由黄某亲口告诉陈某的。　　　　　　　　　　　　(　　)

(3)经搜查,越狱的物品在黄某的妻子住所被发现。陈某又告诉侦查员有一个叫李某的服刑人员将与黄某一起越狱,这个情报信息是陈某从黄某的另一个同伙那里得到的。
　　　　　　　　　　　　　　　　　　　　　　　　　　　　　　　　　(　　)

思考题 SiKaoTi

1.简述狱内侦查情报的概念。

2.狱内侦查情报分为哪几类?

3.狱内侦查情报有哪些特点?

4.狱内侦查情报搜集的要求是什么?

5.狱内侦查情报搜集的方法有哪些?

6.狱内侦查情报传递的方式与要求是什么?

7.简述狱内侦查情报分析的特点。

8.简述狱内侦查情报分析的任务。

9.简述狱内侦查情报分析的内容。

10.简述狱内侦查情报的运用。

11.简述狱内侦查情报的储存与检索。

第七章　狱内耳目建设

知识目标 *ZhiShiMuBiao*

- 了解狱内耳目的概念、种类;
- 了解狱内耳目应具备的条件;
- 了解狱内耳目建立的方法和步骤;
- 了解狱内耳目管理、使用的方法和要求。

能力目标 *NengLiMuBiao*

- 能掌握狱内耳目概念的含义及特点;
- 能熟知狱内耳目应具备的条件与种类;
- 能熟练掌握狱内耳目建立的方法和步骤;
- 能正确把握狱内耳目管理、使用的方法和要求。

本章引例 *BenZhangYinLi*

2000年5月12日下午,浙江C监狱三监区狱内耳目报告:罪犯赵某有脱逃迹象。接报后,狱侦科及时分析:罪犯赵某,在看守所曾两次组织逃跑,入监后屡犯监规,表现较差,密谋逃跑的可能性极大。经查明狱内耳目报告的情况基本属实。狱侦科研究决定:(1)将该控制耳目作为专案耳目,利用赵某的信任,进一步摸清情况,掌握动态;(2)选派两名赵某周围的罪犯暗中包夹监控赵某,逐日汇报赵某的一言一行。通过上述安排,很快就收到包夹罪犯的报告,赵某开账支出反常,购买过罐头、饼干等食品;平时不重视卫生,学习不发言,劳动消极,出收工途中东张西望。专案耳目也先后两次报告赵某向他催要线路图和再次相约他尽快行动。根据上述情况狱侦人员决定:(1)按赵某要求,专案耳目绘制路线图一式两份,经狱侦人员审视后,交给赵某;(2)查赵某在半月内开账130余元清单;(3)及时采取措施,严格监管防范,同时分别向武警和其他管教民警通报此情,教育干警加强敌情观念,提高警惕。随着侦查工作的逐步深入,案情渐渐明朗,破案条件也基本成熟。5月16日,召开专门会议,研究决定:(1)迅速以清监方式,获取证据,突击审讯;(2)加强内管、干警值班,密切注意犯人动态,防止其同伙狗急跳墙;(3)设计保护专案耳目的方案。5月16日21时10分,按照会议决定分头进行,对赵某进行全面清查,从其生活柜内,夹克衫夹层袖口处查获路线方向图一张及其他物品。获取罪证后,立即对赵某进行了突击审讯,以追查大量购买食物用品和私藏线路图为审讯主线,开展政策攻心,迫使赵某供认:"我们几个人抢了一个人,掏得几块钱,就判了五年刑,想不通,在看守所武警又打断我肋骨,在这里生活过不惯,产生了想逃跑的思想,因我路不熟,又约了××,请他帮我画路线图,准备了两个逃跑方案:一个是趁傍晚收工时装病,走在队列后面蹲下来,待队列走后,留下一名民警询问时行凶脱逃;另一个是准备干掉监督岗,从监狱洗澡堂处翻越围墙脱逃。逃跑出去后,不回家,也不走亲戚,找个老板跟人家干干,然后打听看守所打我那武警的地址,把他全家干掉。"至此,全案真相大白,成功破获一起预谋行凶脱逃案件。

第一节　狱内耳目概述

一、狱内耳目的概念

《狱内侦查工作规定》第十七条规定:"狱内耳目是监狱从在押罪犯中建立和使用的秘密力量,是在干警的直接管理下搜集、掌握罪犯思想动态和重新犯罪活动线索,获取罪证,侦查破案的专门手段之一,是狱内侦查工作的一项重要业务建设。"为了确保监狱的安全,维护正常的改造秩序,预防和打击在押犯中的犯罪活动,国家赋予监狱享有狱内的侦查权力,狱内侦查部门可以对侦查对象使用各种公开的强制性侦查措施,如公开搜查、使用戒具、采取隔离审查等措施,也可以采用必要的隐蔽手段开展侦查,如隐蔽的电子监视、监听等监控措施,建设和使用狱内耳目这一隐蔽力量,这是极重要的隐蔽侦查手段之一,目的是掌握狱内罪犯的动态,发现和揭露狱内犯罪活动,预防和打击在押犯的预谋或实施狱内又犯罪活动。

二、狱内耳目的作用

监狱安全是监狱各项工作的基础,是实现刑罚执行的目的的前提条件。从监狱的职能来看,必须保障监狱的安全与稳定。在肯定监狱安全工作成绩的同时,也要清醒地看到,监狱的监管安全工作不可能做到百无一失,特别是当前涉黑、涉枪、涉暴罪犯比例的增多、智能化犯罪的增多和监狱在押犯构成呈复杂化态势,狱情、犯情和敌情越来越复杂化。大力加强"三情"调研工作,切实落实各项监控防范措施。监管安全工作要重点突出预防为主、防患未然的指导思想。要充分发挥狱内耳目工作的主动进攻的作用,加强狱内耳目建设,提高信息搜集有效性和针对性,保证安全防范措施及时到位。对于顽危罪犯、重点罪犯和重要案犯等,要密切掌握其思想动态,将其动向纳入日常监管工作视线中,严防罪犯脱管失控,建立和使用狱内耳目,通过他们提供狱情、犯情和敌情,坚决把各类事故苗头消灭在萌芽之中,把各种又犯罪案件侦破在预谋之中。

(一)有利于第一时间发现狱情、犯情、敌情,掌握第一手情报

当前监狱在押犯结构复杂,民警的警力、精力有限,工作压力较大,加上民警的个人素质和技能参差不齐,利用狱内耳目协助民警搜集"三情"、查获事故苗头、制止犯罪行为是当前监狱工作安全的一个重要途径。狱内耳目一般都是安插在狱内又犯罪嫌疑人的身边,比较容易接近侦查对象,有利于24小时监控又犯罪嫌疑人。罪犯耳目长期与罪犯生活在一起,他们能随时向狱侦民警提供准确的又犯罪对象的言行动态,使狱侦人员能及时掌握第一手情报,对狱情、犯情和敌情作出准确判断。同时狱内耳目与又犯罪嫌疑人直接接触,有打入该犯罪团伙或者犯罪集团内部的有利条件,从而便于套出其犯罪意图和原因,发现其犯罪预谋和动机。

(二)及时查获事故苗头、制止又犯罪活动,将各类监管安全事故消灭在萌芽之中

狱内耳目一旦发现敌情或者事故苗头,能够使民警及时地制止罪犯又犯罪活动,消灭事

故苗头,及时挽回损失和避免造成不必要的监管安全事故。而且如果狱内耳目力量安排得当,像打架斗殴和故意(过失)伤害事件就能够第一时间制止,自伤自残和企图自杀事件能够及时发现及时抢救,有犯罪意图和动机的能够及时发现并消灭在萌芽之中,减少监管安全事故的发生,从而保证监狱的安全与稳定。

(三)及时发现监管安全漏洞,进一步完善监管安全措施

狱内耳目能够站在罪犯或被监管者的角度来搜集狱情,在监控、监管对象和目标过程的动向并发现监管上的薄弱环节以及监管设施上的安全隐患,有利于监狱及时消除监管隐患,自查自纠、及时整改,巩固和加强监管设施,堵塞监管安全漏洞,确保监管安全工作。

三、狱内耳目的分类及其任务

《狱内侦查工作规定》第十八条规定:狱内耳目分两种:一是专案耳目;二是控制耳目。

(一)专案耳目

专案耳目是专门就某一个狱内又犯罪案件而物建和使用的狱内耳目,用于侦查具体的案件或又犯罪嫌疑罪犯的。这类狱内耳目因案而建,他们的具体任务是侦查预谋和已经发生的各类案件,打入犯罪团伙内部或贴近侦查对象,监视、控制和了解其活动的情况、犯罪事实和犯罪意图,为破案提供证据或线索。专案耳目有利于狱内又犯罪案件侦破工作的顺利进行。

(二)控制耳目

控制耳目以控制和防范狱内又犯罪为目的,按照一定的需要和布局而物建和使用的狱内耳目,是对危险分子、要害部位和罪犯活动的公共场所进行控制的。他们的具体任务是使用在罪犯中,特别是在恶习较深的累犯、惯犯和其他各类危险性质罪犯及重点、重要案犯当中,在监狱的要害部位,罪犯活动场所和易发案而又不被人注意的地方,搜集掌握敌情,发现犯罪迹象,发现、核查和获取罪证,监视、控制危险分子的活动。控制耳目有利于对特定的罪犯、事件、部位和罪犯群体等监控。

"狱内耳目"是监狱内部使用的专用名词,不得向耳目本人宣布,监狱民警在日常工作中应使用编号、代号、代码、化名。

第二节　狱内耳目的选建

一、狱内耳目建立的原则

狱内耳目建立是一项政策性、策略性、专业性很强的业务工作,往往会遇到难以预料的情况和问题,如果使用或处置不当,效果往往会适得其反,给侦查工作造成重大损失。因此,狱内耳目建设应在遵循狱内侦查基本原则的同时,遵循建立耳目的具体原则。根据《狱内侦查工作规定》第十九条规定,狱内耳目应根据工作的需要与可能,坚持积极稳妥和隐蔽精干的原则,有领导、有计划地物色和建立。专案耳目的物建和使用,应根据专案侦查的需要,严格审慎地进行。控制耳目的布建,应统一规则,合理布局,形成网络;其数量一般可占在押犯人数的百分之三至五。在未成年罪犯中不得物建和使用耳目。

（一）需要与可能的原则

需要与可能，是狱内耳目建设的基本原则，是不能偏废的两个方面。既不能因需要而盲目乱建，也不能只考虑可能而不顾需要，无所作为。

所谓需要，即实际需要、保证质量、能够管理，就是狱内隐蔽斗争的需要，是调查狱内敌情动态的需要，是预防和打击狱内犯罪活动的需要。所谓可能，即情报价值、情报能力、可靠系数，就是指开展狱内耳目建设的主客观条件是否成熟。主观条件是指狱内侦查人员的政策水平、业务能力方面能否适应领导和管理使用狱内耳目的需要；客观条件是指在押犯中有无适合选建条件的对象。

这一原则的正确性已被耳目工作恢复以来所起的作用所证明。要掌握狱内敌情，做到耳聪目明，先发制敌，防患于未然，就必须建立起一支精干的耳目队伍，以公开和隐蔽相结合，应对狱内各类罪犯的各种破坏监管安全和秩序的行为；同时，通过教育改造，大多数罪犯是知罪悔过，愿意弃旧从新的，其中还有相当一部分愿意靠拢政府，要求立功赎罪。只要认真抓好狱内侦查人员的素质和技能培养，抓好狱内耳目队伍建设，狱内耳目就能真正发挥作用，成为狱侦部门的有效信息情报途径，打击和预防狱内又犯罪的有力武器。

（二）积极稳妥、隐蔽精干的原则

积极稳妥，隐蔽精干也是狱内耳目建设的基本原则。

积极稳妥，是指狱内耳目建设中，既要解放思想，排除余悸，大胆放手地建立和使用狱内耳目，又要严格掌握政策，慎重从事。这是因为在实际工作中，完全符合狱内耳目条件的罪犯毕竟是很少的，对那些基本符合狱内耳目条件的不能消极地等待其自己具备条件，而是要积极地培养、教育使其逐渐符合条件；对那些尚不具备条件的，不能急于发展，而是要坚持按照条件严格审查，经过试用考核后，方可建立。坚持在法治的框架内开展狱内耳目工作，如罪犯的人权保护、狱内耳目的活动范围等。

隐蔽精干是指在狱内耳目建设中，要树立长期经营的思想，建立起一支精明强干、能征善战、富有战斗力和进攻性、适合隐蔽斗争需要的狱内耳目队伍。队伍是否有战斗力，关键在于建设狱内耳目能不能坚持隐蔽精干的原则。而要做到隐蔽精干，一方面要保守狱内耳目工作的秘密，使狱内耳目的活动在秘密的状态下进行；另一方面要注意质量，防虚假、防报复、防两面，坚持少而精，严格把握好狱内耳目的条件；不断加强教育培养，不断提高狱内耳目的素质。

（三）统一规划、合理布局的原则

狱内耳目建设是狱侦部门一项重要的业务建设，必须统一规划，合理布局，这也是狱内耳目物建的基本要求。不守原则，毫无目的，大哄大建，大撤大换，想建就建，想撤就撤，不仅容易暴露狱内耳目机密，随意建立的狱内耳目也难起到积极作用。因此，监狱应根据本单位的实际情况，按照需要与可能的原则，本着先重点后一般，先急后缓，有层次，有步骤地开展狱内耳目建设。建设规划和布局既要守口把关，又要成网成线；既要保证质量，又要有足够的数量，其数量一般可占到押犯人数的百分之三至五，没有足够的数量是难以形成网络并有效地控制重点罪犯和要害部位的。

狱内耳目布局要重点突出。布建狱内耳目的重点一般布建在监狱的要害部位，如统计室、报道室、储藏室、化验室、机修室、库房、配电房、锅炉房和重要机器设备及重要水利设施等；布建在公共活动场所或流动性较大、易发案而又难以控制的部位，如图书阅览室、教室、电视室、浴室、医院、伙房、餐厅、球场、厕所等；布建在重控犯和危险罪犯（如惯犯、累犯、新犯、老年犯、病残犯、"三无"犯、"三假"犯、重刑犯、漏罪犯、邪教犯、特殊工种或技能犯和受到处罚罪犯及有精神病、家庭变故、行凶报复、逃跑、破坏等可能的罪犯)周围;布建在已经发生的各类案件中的重大嫌疑罪犯周围。

（四）保守秘密的原则

保守秘密是开展狱内耳目工作的基本要求。狱内耳目工作是一项隐蔽工作,所以首先要时刻注意安全,而安全的前提要求就是注意严格保密,确保身份的秘密和工作的秘密,是保持耳目隐蔽性和发挥其作用的根本条件。在狱内耳目建设中,应建立严格的保密制度。狱内耳目的名称只能在狱侦部门内部使用,不准对外使用。对狱内耳目单独个别吸收,单线领导,专人负责,不准让狱内耳目发展狱内耳目、狱内耳目领导狱内耳目,也不能让狱内耳目之间发生横向联系,更不能把狱内耳目编成小组集体活动或让狱内耳目集体登记、集体宣誓。狱侦部门内部也要把狱内耳目的知密面缩得越小越好,负责狱内耳目的狱侦人员不能向无关人员谈论狱内耳目工作情况,狱侦人员之间不准随便谈论自己所领导和使用的狱内耳目。与狱内耳目接头要讲究方法,狱内耳目本人平时也要以普通罪犯的身份接受改造,不能表现特殊,如过分积极和落后都容易暴露身份。

二、狱内耳目的条件

根据《狱内侦查工作规定》第二十条规定,狱内耳目的条件是能发现敌情,或者能够接近侦查对象;有一定活动能力和观察识别能力;基本认罪,能为我所用;能保守秘密。

（一）能发现敌情,接近侦查对象

建立狱内耳目的目的,就是为了发现、控制和揭露犯罪。要达到这一目的,首先就要了解罪犯,而要了解罪犯,就必须接近罪犯。如果不具备发现敌情的能力和经验,不具备同侦查对象接触和交往的条件,就无法取得其信任,无法获取犯罪线索和犯罪证据。在狱内这一特定环境中,具备这一条件的罪犯,主要是从犯罪团伙中"拉出来"的犯罪成员,又犯罪罪犯正在争取或可能争取的罪犯,具备犯罪活动所需要的某些特长的罪犯,以及和侦查对象原有某种交往关系的罪犯。

（二）有一定的活动能力和观察识别能力

有一定的活动能力和观察识别能力是狱内耳目的智能条件。主要表现在狱内耳目工作能力方面,如果狱内耳目的智慧和能力还不如侦查对象,就很难战胜对手,获取情报。尤其是专案狱内耳目,智能条件更为重要。狱内耳目活动能力强,就能主动进攻,在内线侦查中进得去、出得来,遇到紧急情况能巧妙周旋、灵活处置。如果狱内耳目具备一定的文化知识、社会经验、观察能力、判断能力、应变能力和较强的记忆能力、思维能力、社交能力以及一定的自制能力,并在罪犯中有一定的活动和影响力,就容易接近侦查对象,取得其信任,套取情报,或打入犯罪团伙内部,弄清内幕,获取罪证。

（三）基本认罪,愿为我工作

如果本身罪行未交代清楚,尚未认罪服法,对政府抱有对立情绪,不认真接受改造,没有悔过自新和立功赎罪要求的罪犯,是无法控制使用的。只有交代清原犯罪行为,基本认罪服法,愿意靠拢政府,积极接受改造,才能被教育争取,控制使用。

（四）能保守秘密

保守秘密即罪犯对自己的身份、任务能够守口如瓶,而不张扬。这是完成耳目任务的必要条件。

选择耳目的四个要件是紧密联系、缺一不可的。每个耳目对象的确定,必须要求同时具备以上四个条件。如果不具备这些条件,就根本谈不上控制使用,狱内耳目有可能成为两面狱内耳目,或者提供虚假信息,或泄露秘密,造成工作被动,甚至与又犯罪罪犯狼狈为奸,共同犯罪。如果只考虑安全可靠,不注意工作能力和接敌条件,狱内耳目则不能顺利或无法完成交给的任务,甚至成为又犯罪罪犯利用的工具。

三、建立狱内耳目的方法和步骤

建立狱内耳目如果不按照一定的方法和步骤进行,就会前功尽弃,甚至违法。建立狱内耳目一般采取暗中观察、物色对象、思想教育、政治争取、利用"把柄"、纵向和横向考察试用等不同方法秘密建立,并按以下步骤进行:选择对象、培养教育、试用考核、履行手续、宣布纪律。

(一)选择对象

根据实际需要,按照上述选择狱内耳目的途径,物色一批对象,在全面调查了解其家庭情况、社会关系、个人历史、性格特点、犯罪性质、改造表现、活动能力等情况的基础上,对照狱内耳目的条件,逐个进行分析研究,从吸收的目的性、对象的可靠性、完成任务的可能性和适应性等方面进行审查,从中选定基本符合条件,适合隐蔽斗争需要的狱内耳目培养对象。狱内耳目培养对象的选择范围和数量,可以适当扩大,使培养对象的数量大于实际需要,以便取优舍劣。

(二)培养教育

狱内耳目对象确定后,狱内侦查人员必须对其进行一段时间的培养教育。不然就很难保证狱内耳目的质量。在对狱内耳目对象进行教育时,要注意教育艺术和方法,注意视察其表现,考察其能力,以便进一步确认其是否具备狱内耳目条件。教育内容要根据狱内耳目对象的不同情况和现实思想状况因人而异,主要是形势、政策、前途和认罪悔罪教育。一般是从认罪悔罪教育开始,观察了解其对自己所犯罪行的认识态度和对同组罪犯改造表现的看法,从中考察其是否忠诚老实以及观察思考问题的能力,通过有目的、有计划地教育培养,使狱内耳目对象逐渐认识到积极靠拢政府、阻止狱内又犯罪行为是自身改恶从善的具体表现,是立功赎罪的具体行动。只有当狱内耳目对象能真诚地靠拢政府,主动及时反映情况,方可考虑将其发展建立为狱内耳目。

(三)试用考核

狱内耳目对象经过培养教育基本成熟后,一般要经过一段时间的试用考核,才能正式建为狱内耳目。考核的内容和形式根据具体对象而定。考核的办法主要是通过布置一定的任务,让其去完成,然后听取汇报,根据其汇报的情况再查对核实。可以向狱内耳目对象布置某一件已查实的事件要求其去了解,进行印证考核,如向狱内耳目对象布置其了解罪犯的一般动态或某一具体对象的一般问题;如了解某一罪犯对原犯罪行的认识,对改造前途、对形势和政策的看法等,并要求其将了解的情况及时向狱侦人员汇报。可以将狱内耳目对象反映的情况通过其他狱内耳目或其他狱侦手段来印证其反映情况的真实程度。也可以通过审讯违纪或又犯罪嫌疑罪犯及技术监控等设施来暗中考察狱内耳目对象的工作表现及能力。如果其汇报的情况,经过查证基本属实就可以继续布置一般的或某一专项调查任务,试用考核的时间不宜过短,一般以不少于一个季度为宜。经过多次的试用考核,如果证明其基本符合条件,可正式建为狱内耳目;如果发现其活动能力尚差,但忠实可靠,反映情况真实,应继续培养教育；如尚无把握，可连续试用，深入考核；如果借机报复、弄虚作假、两面三刀、背我向敌，欺骗民警，应立即停止试用考核；对无培养前途和试用价值的，可在不暴露意图的情况下予以放弃。但对停止试用考核，予以放弃的对象，要加强监管和正面教育，警惕和防止其起反作用。

（四）履行手续

对经过教育，试用考核，符合狱内耳目条件的对象，可以有计划地个别吸收。吸收狱内耳目程序是由直接负责物色发展耳目的狱侦人员填写《狱内耳目建立、使用审批表》逐级呈报主管领导审查批准，同时建立狱内耳目个人和工作档案。专案狱内耳目经狱侦部门审核后，报请批准立案的领导审批。建立狱内耳目必须严格履行审批手续，那种长期试用或只用不建的做法是违反狱内耳目建立原则的。同时，应该注意的是，建立狱内耳目所履行的手续，只是狱侦部门内部掌握，在建立时，狱内耳目自身不履行任何手续，"狱内耳目"名称不准向狱内耳目宣布，不准给狱内耳目任何名义，更不准将内部审批程序告诉狱内耳目，只是在正式建立后，由直接负责领导使用狱内耳目的狱侦人员向其宣布领导的民警，规定联络的暗号和用语，接头方法和应遵守的纪律。

（五）宣布纪律

为了有效地控制狱内耳目的活动，保证狱内耳目工作顺利进行，对已批准建立的狱内耳目，必须向其宣布应遵守的纪律，令其严格遵守，不得违反。纪律的内容主要是服从命令，严守秘密，不准向任何人暴露其协助民警维护监狱秩序的身份和意图；如实反映情况，不得伪造、谎报事实情况，不准挟嫌报复诬陷；除因特殊需要，经领导批准，可参与一些辅助性的活动外，狱内耳目不准参与作案，更不能引诱、教唆别人犯罪；不准借机报复和弄虚作假、阴阳两面及在狱内称王称霸。纪律宣布后，领导和使用狱内耳目的狱侦人员应在工作中经常考察狱内耳目遵守纪律的情况，发现问题及时教育处理，从而使狱内耳目养成遵守纪律的自觉性。

阅读延伸 YueDuYanShen

狱内耳目建设探索与思考

针对当前罪犯只讲权利，不讲义务，眼中只有自身的利益，有分加、有好处、对自己有利的就去做；没分加、没好处、对自己没利的事就不做；有的甚至为了私利不择手段、不计后果，在这样一种背景和氛围中，让罪犯靠拢政府，互相监督，积极地去搜集犯情信息难度很大。加上奖励措施的不完善，激励手段缺乏，使许多监狱物色建立狱内耳目困难，狱内耳目质量不高，民警积极性不高（队伍不稳、待遇不高、激励措施不完善等），使得狱内耳目的建设只求数量不求质量，达不到狱内耳目建设的要求和目的。根据这种状况，主要从三个方面入手：

1. 采取公开与隐蔽相结合的方式、实与虚相结合的手段，提高狱内耳目的质量。

（1）建立隐蔽的狱内耳目、半隐蔽半公开的狱内信息员、公开的杂务犯三个层次的狱内信息网。狱内信息员是从事务性和杂务性的罪犯及一部分表现较好的罪犯中物建，并且杂务犯是明文规定要求协助民警的犯人组长等，狱内耳目秘密监控，狱内信息员和杂务犯半公开或公开地搜集重大违规、监控不安全因素等。

（2）在每组、每线、每个重点部位和重控人员等布置一名狱内耳目或狱内信息员。一个小组、一条流水线、要害部位、重点对象、地域性犯群等均布置一名狱内耳目或狱内信息员，狱内信息员可以补狱内耳目不足之数。以点连线，以线成网。

（3）每位民警有一至两名狱内耳目，每个基层单位在完成比例要求同时，打造两至三名高质量的狱内耳目。在保证数量、完成指标的基础上，每一个基层单位要确确实实地下力气去培养两至三名高质量的狱内耳目，布置在最危险的目标处。

（4）加强对狱内耳目的培养和培训。狱内耳目物建后还需要使用民警在工作过程中不断地培养和培训，给予其获取情报的方法和手段上的指导。关心狱内耳目的个人和家庭情况，帮助解决其实际困难，如对家庭困难、小孩上学困难等的狱内耳目和狱内信息员给予困难补助，定期寄去学费等，对于工作积极，能为我所用的，但账上无钱或"三无犯"的部分狱内耳目和狱内信息员，给予一定的困难补助，从情感上或物质上激励，充分用好特情奖励、特情困难补助费等专项经费，发挥经费的积极作用。

2. 开展犯情信息评估和奖励，广开情报信息之门，切实做到敌动我知，防患于未然。

为了进一步发挥狱内侦查工作在监管改造工作中的重要作用，拓展狱内信息渠道及情报网络，丰富狱内侦查及手段，充分调动一切力量，对各类犯情信息通过日常记载、每月汇总、每季度召开一次"犯情信息评估委员会会议"的形式，予以评估定级，按级奖励。

（1）犯情信息：监狱民警通过各种有效手段获取的有利于确保监管安全的信息；监狱服刑人员掌握或了解到的有利于维护监内秩序稳定的信息，包括狱内耳目和狱内信息员汇报的情报、信息；其他人员掌握并反映的信息。

（2）信息评估：按照确保监内秩序稳定及监管安全的原则，对已掌握的信息进行归纳、整合、筛选、分析、评定的过程。

（3）犯情信息等级的确定：信息按照真实度、紧急度、危险性的不同，确定为三个等级。一是重大信息：行为即将发生，危险性大；犯罪行为不会马上发生，但危险性大。主要是指，掌握罪犯有脱逃、自杀、行凶预谋，罪犯哄监闹事预谋，经查证属实的。二是重要信息：行为已经发生，仍具潜在危险性；行为不会马上发生，可能危险性大。主要是指，检举罪犯有自伤自残行为，严重报复行为，掌握罪犯有脱逃、自杀、行凶苗头，经查证属实的。三是一般信息：行为即将发生，且影响监内秩序的；行为不会马上发生，但有一定潜在危险性。主要是指，掌握罪犯私藏违禁品，有余罪、漏罪或其他严重影响监内秩序的行为，查证属实的。

（4）综合运用谈话、会见监听、亲情电话监听、信件检查、狱内耳目和狱内信息员汇报、他犯反映、日常言行观察、警官信箱等多种信息采集渠道，可能导致罪犯自杀、脱逃、凶杀等事件的状态是信息采集的重点。

（5）犯情信息的奖励按照"谁获取谁得奖"的原则，适当把握幅度，对获取并提供真正犯情信息的个人进行奖励。对提供信息的民警、罪犯或其他人员（武警、保安、职工、师傅、家属等）进行信息的评估、认定，并予以相应的经济奖励。信息提供者在接到"犯情信息认定通知书"后，对认定结果有异议的，可在接到通知书之日起 3 天内，向"犯情信息评估委员会"提出书面复核要求，"犯情信息评估委员会"从接到书面复核要求之日起 7 日内，组织重新评估。信息被评定等级后，根据相应奖励办法，办理相关的奖励手续。对民警和其他人员的奖励直接奖励现金。对罪犯的经济奖励视情予以物品或现金奖励，现金奖励打入罪犯个人账户，并告知其本人。我们的理念，是无论是什么人，只要提供有利于监管安全的情报、信息，就按质论价，花钱买情报，达到花钱买平安、花钱保平安的目的。

3. 加强对狱内耳目专管民警业务技能的培训，不断提高业务素质和能力，是做好狱内耳目建设工作成败的关键。

狱内耳目建设工作的成败取决于狱内耳目专管民警的自身素质和业务能力,这就要求我们从事这项工作的狱政民警要具有:

(1)务本求实的精神。这是基本工作作风要求,实质是防浮夸和浮躁,"实"字当头,杜绝一切弄虚作假。

(2)政策纪律的观念。这是基本政治素质要求,对此项工作不能松懈和马虎,杜绝随意性和盲目性,加强保密和保护工作。

(3)驾驭指挥的能力。这是主要业务素质,一是掌握狱内耳目情况和心理活动的能力:狱侦民警想要支配狱内耳目的心理活动,就要花大力气了解狱内耳目的思想状况、心理素质、行为习惯、活动能力、表现情况,进行心理分析、活动能力和个性气质测定。二是指挥控制狱内耳目的能力:设计能力,即网络化安排和设计,考察、接头、保护、排除障碍设计;物色能力,即筛选、调查、谈话、考察、考核、发现;培训能力,即利用一切机会和条件培养狱内耳目的心理素质、反应能力、活动方式;使用能力,即帮助接近对象、指导搜集信息、部署和指挥活动;洞察能力,即观察力、分辨率、整体态势和个体趋势、判断可能性和真实性;管理能力,即组织管理、活动管理、资料管理的能力。

总之,民警是调控工作的关键,只有提高民警自身素质和业务能力,才能使狱内耳目的工作发挥较大的作用。

(摘自张炜:《狱内耳目建设探索与思考》,《新时期狱内侦查问题研究》,中国市场出版社2010年版。内容有删减。)

第三节　狱内耳目的使用

一、专人负责,单线领导

所谓专人负责、单线领导是指每个狱内耳目只能由一名狱侦人员负责,从选择、建立、领导和使用实行纵向领导。狱内耳目也只允许与领导和使用他的狱侦人员联络。这是由狱内耳目的性质、特点决定的,不允许搞多头领导,否则极易暴露狱内耳目的身份;不允许由狱内耳目发展和领导狱内耳目;不允许狱内耳目之间发生横向联系。监区应知道所属分监区的狱内耳目情况,但不宜直接使用分监区所建立的狱内耳目。狱侦部门要全面掌握各监区、分监区的狱内耳目情况,对全监耳目要统一规划,合理布局。女性狱内耳目必须由女性狱侦人员领导使用,不准使用女性狱内耳目侦查男性罪犯,也不准使用男性狱内耳目侦查女性罪犯。

二、精心指挥,量力使用

所谓精心指挥是指负责狱内耳目工作的狱侦人员,从对狱内耳目布置交代任务开始到完成任务时止的全过程都要精心地给予帮助和指导,在布置任务时,要教给具体的方法,提出具体的要求,绝不能放任自流。在听取狱内耳目汇报时,要充分肯定取得的成绩,同时指出存在的问题,讲明改正的方法。对狱内耳目主动提出的意见和建议,认为可行的则表示认可,也可和狱内耳目一起研究,这样研究的结果一般是比较切实可行的。对狱内耳目反映的情况,要认真分析研究反复核对,切不可当面随便表态或作结论。

所谓量力使用是指在给狱内耳目布置任务、提出要求时,应考虑狱内耳目的自身条件。要充分发挥狱内耳目的一事之长、一时之长、一技之长,交给其力所能及的任务,切不可要求过高,否则狱内耳目就可能为完成任务而不择手段,暴露我方的意图,也可能为应付差事捏造假情报、假信息欺骗民警,有时甚至因害怕完不成任务而不愿为我工作。对于每一个狱内耳目都应量力而行,尤其是专案狱内耳目更应该精心指挥,量力使用。

三、经常教育,严格监督

经常教育是指对狱内耳目的教育必须是经常性的,一是因为狱内耳目本身就是在押罪犯,需要改造和教育;二是因为狱内耳目常处阴暗面,接触的消极、落后因素多,存在着随时随地有被传染、被拉拢的可能;三是这种教育不等同于一般性的教育,要根据狱内耳目的具体情况、所担任的具体任务以及有可能出现的思想问题,有针对地进行教育。

严格监督是指狱内耳目本身来自罪犯这一特殊群体,思想状况比较复杂,不可否认的是个别狱内耳目消极因素较多,甚至还善于耍两面派,表面上向我,暗地里通风报信、借机陷害他人、破坏监管秩序等,因此,要把他们的活动置于监督之下,对狱内耳目汇报的材料,不可全信,要多方面查证核实。

四、掩护耳目,保守秘密

掩护狱内耳目是指从选择、建立到使用甚至撤销,都要把狱内耳目的身份掩护好。在狱内耳目接近侦查对象时,取信于敌打入犯罪团伙内部时,实施破案及案件的诉讼过程中等,都要制定周密的掩护狱内耳目的方法。在破案时,最好把狱内耳目一并关押,要让主犯知道其罪行的暴露不是由狱内耳目造成的。在案件的诉讼过程中,要把狱内耳目汇报的材料变成同案犯的坦白、揭发材料,或公开搜查所获得的证据。狱内耳目一般不出庭作证,必须出庭作证的,要经监狱主管狱侦工作的领导批准,并做好狱内耳目的思想工作以检举人或坦白、自首的同案犯的身份出庭作证,同时要教育狱内耳目严守秘密。

保守秘密是指狱内耳目工作要保守秘密,不仅狱内耳目要遵守,领导和使用狱内耳目的狱侦人员也要遵守。狱侦部门内部也应注意保密,狱内耳目只限有关人员知道,无关人员不得过问。

五、赏罚严明,适时整顿

赏罚严明是指在使用狱内耳目的过程中,有的狱内耳目表现积极,成绩突出;有的狱内耳目工作一般或不起作用;有的狱内耳目甚至有违法犯罪行为。对于狱内耳目的功过是非要赏罚分明,才能充分调动狱内耳目的工作积极性。

适时整顿是指为了保证狱内耳目队伍的质量,对狱内耳目必须适时加以整顿,对不起作用的,要坚决予以撤换;对于有价值但本人有思想包袱的,要进行耐心教育,消除顾虑,丢掉包袱,争取为我所用;对有工作能力,因狱侦人员领导、使用不力而没有发挥作用的,要加强领导或更换使用狱内耳目的狱侦人员;对因工作方法不当或其他原因而暴露身份的狱内耳目如仍有使用价值,可调到其他分监区或监区继续使用;对于停止使用的狱内耳目,必须向其宣布纪律,不许乱说,否则追究其责任。

正确使用狱内耳目,使其在维护监管安全中起到更大的作用

当前的监管环境相对薄弱,监管安全形势较为严峻。掌握好耳目的使用方法,能够尽最大的潜能激发耳目在维护监管安全中的作用。由于狱内耳目本身是罪犯,就是属于被改造的对象,在使用的过程中,有其固有的局限性。在实践中曾经存在耳目给犯罪分子通风报信的、提供虚假狱情的、不尽心履职的、做"双面"耳目、成为牢头狱霸等情况。这就要求我们不断探索和创新耳目的使用方法,使其在维护监管安全工作中起到更大的作用。

1.耳目的选用要严格把握选定条件和严格履行审批手续,并设立民警专职管理。

要严格掌握耳目的选用条件,一是能发现敌情,接近侦查对象;二是有一定的活动能力和观察识别能力;三是基本认罪,愿为我工作;四是能保守秘密。能不能选出一个好的耳目,对于今后搜集信息起关键性作用。

选定的耳目要严格履行审批手续,并严格把握选定耳目的数量占在押犯总数的比例不超过3%~5%。耳目的管理,应当由专职民警担任,耳目的物色、确立、使用、考核、撤换都要由专职民警"一揽子"管到底。只有这样才能保持耳目工作延续性,促进耳目工作的进一步发展。

2.耳目的考核奖惩要制度化、规范化,防止民警滥用权力,滋生腐败。

在实践工作中,耳目的考核是实行单独考核;耳目的奖励只向罪犯本人宣布,是进行保密的;所有的操作都是由专职管理民警来进行的。因而对于耳目的考核和奖惩的不公开化,很容易导致专职管理民警在考核和奖惩时的随意性,民警容易利用手中的权力,随意给耳目加分、给高档次的奖励。这样的话,就很容易导致民警滥用职权,收受贿赂,滋生腐败。因而对于耳目的考核和奖惩要制度化、规范化,分管改造的大中队副职领导,要对专职管理民警进行监督,对考核和奖惩要进行过问,同时狱侦部门对耳目的考核奖惩要定期进行抽样检查,防止违规操作和暗箱操作。只有这样才能促进专职民警规范操作,防止民警滥用权力,滋生腐败。

3.耳目使用要"疑人不用,用人不疑",同时做好耳目的保密教育工作,防止泄密。

罪犯愿意做耳目是对我们工作的最大支持,因为他们做这项工作本身就存在很大的风险,一旦其被确立为耳目,就要给其充分的信任,放开手脚让其开展工作,这就是"用人不疑"。对于不适合担任耳目的人,坚决不用,因为耳目是一项非常重要的工作,一旦用人不当,会造成泄密,可能会造成很大的监管隐患,这就是"疑人不用"。掌握这个原则,需要狱侦民警花很大的精力去甄别。

耳目的工作都是秘密进行的,罪犯中一旦有人发现其真实身份,耳目就没有他存在的意义,这对于资源是一个非常大的损失。同时耳目如果被发现,其进行的工作内容被泄密,就会打草惊蛇,就会使接下来的工作很难开展。这就要求专职管理民警在耳目选定时就要对其进行保密教育工作,使其认识到一旦身份暴露、秘密被泄露,可能造成的危害。同时要向其宣布保密纪律,明确保密责任意识,明确泄密的惩罚制度,只有这样才能促使其做好保密工作,防止泄密。同时干警也要注意保密工作,对于耳目信息的了解可以通过个别谈话的形式,采取与多名罪犯谈话了解,以达到混淆罪犯视线,从而有利于保护耳目,防止走漏消息,有利于狱情的搜集。

4.对于耳目的调整、处置要果断,有违法违规行为坚决严惩,防止滋生牢头狱霸。

在考核中发现耳目罪犯有违反纪律,重大违纪违规行为或者不能发挥作用,不再适合担任耳目的,处置要果断,行动要迅速,切不可优柔寡断、举措不定。对撤换下的耳目罪犯最好能变换改造环境。对于耳目违规违法行为,应依照相关法律法规追究其行政、刑事责任,防止耳目仗着狱内侦查人员的信任而监规纪律散漫,从而减少耳目的违规违法行为,维护耳目纪律,树立良好的风气,保证监管改造秩序的正常进行。有些耳目可能会利用自身的特殊身份和警官的信任,为自己牟私利,在监区里敲诈勒索,作威作福,欺上瞒下等行为,成为牢头狱霸。耳目如果有不符合常规的举动,或者汇报的内容与狱侦人员所了解的情况有较大的出入。对于该耳目,不能打草惊蛇,要严格监控。在条件允许的情况下,可以另外安排耳目来监控该耳目。用耳目是要让他们为我们所用,而不是让他们"以权谋私、称王称霸",那样的话会滋生牢头狱霸的土壤,就发挥不了维护监管安全所应起的作用,反而成为监管安全的隐患。

狱内耳目工作是一个既重要又复杂的工作,有其特殊性,也有其不稳定性。它要求我们要有高度的敏感性,牢牢掌握、把握耳目的使用方法,并在实践中不断去探索和完善。在狱情、犯情的信息搜集、反馈、查证、处理中要搜集及时,反馈迅速,查证准确,处理严格。这样才能准确掌握狱情动态,及时清除安全隐患,才能充分发挥狱内耳目在维护监管安全中起到最大的作用,确保监狱的监管安全稳定。

(摘自邱荣辉:《如何充分发挥狱内耳目在维护监管安全工作中的作用》,《新时期狱内侦查问题研究》,中国市场出版社2010年版。内容有删减。)

第四节　狱内耳目的管理

一、狱内耳目的教育

(一)一般性的思想教育

对狱内耳目的思想教育要经常进行。通过教育,提高他们对搜集罪犯信息和监控重要对象的目的和意义的认识,弄清此项任务与自身改造的关系,真正领悟同狱内又犯罪行为作斗争是体现和证明自己认罪悔改的行为,不仅有利于维护狱内正常的秩序,而且有利于加快自身改造的步伐。对狱内耳目的思想教育应着重于澄清耳目的一些错误认识,打消其思想上的不纯动机和消极因素,使其明白任何投机的动机,都是反改造的行为,对自己的服刑改造是不利的。思想教育要避免一般说教,要针对狱内耳目的不同心理和暴露的问题进行教育,特别是要注意解除其怕罪犯报复的心理,让其相信,只要听从指挥,严格保守秘密,不仅能更好地为监狱工作,而且自身安全也完全有保障。

(二)保密守纪教育

狱内耳目接触阴暗群中的阴暗面,是在特殊环境对特殊对象的特殊工作,要求狱内耳目在日常改造和完成任务中,保守秘密,遵守纪律。通过保密守纪教育,使其自觉地听从指挥,保守秘密,更好地发挥作用。保密守纪教育要明确具体,要具体指出狱内耳目在搜集信息和监控目标中应遵守哪些纪律,保守哪些秘密,为什么要遵守这些纪律,保守这些秘密,在完成任务中应掌握哪些方法,注意哪些问题才能保守机密。在领导和使用狱内耳目的过程中,要经常地对其保密守纪的情况进行检查,发现漏洞,及时补救。

（三）工作态度教育

在具体工作中,有些狱内耳目自视身份特殊,在改造中提出一些非分的要求,特别是在提供过一些有价值的情报后,讨价还价,以致影响其自身的改造,有些狱内耳目急于"立功赎罪",唯恐无事可做,或把一些鸡毛蒜皮的小事故作神秘汇报,或制造一些假情况来献殷勤,甚至一面策划他犯搞不法活动,另一面向狱侦人员报告。因此,要经常地进行工作态度教育,使其忠诚老实、态度端正、严肃认真地为监狱工作。在教育时,要求狱内耳目不能只报喜不报忧,汇报时不能参有主观猜测,或故弄玄虚,特别是要求其不能隐瞒在执行任务时留下的漏洞,以免酿成大祸。

（四）业务教育

业务教育是提高狱内耳目素质的重要措施。主要是教育狱内耳目如何贴靠侦查对象?如何取信于敌打进犯罪团伙获取证据?如何在犯群的日常表现中分辨反常情况,抓准敌情动态?如何控制侦查对象,使其不至于逃跑等狱内又犯罪活动?如何避开他犯传递情报及在突发或紧急状况时怎样与使用民警接头联系?如何应付突然事故的发生等?业务教育主要是通过对狱内耳目布置任务或指导时同时进行,在布置任务时,要交代清楚完成任务的方法;在听取汇报时,指出其执行或完成任务中的优缺点,以及发扬优点,克服、改正缺点的方法等。业务教育要掌握分寸,要根据狱内耳目的不同特点和不同任务,与其进行的任务无关的方法不能传授。业务教育要不断进行,循序渐进,切忌急于求成,否则,可能造成对狱内耳目失去控制,给侦查工作带来不必要甚至是无法挽回的损失。

二、狱内耳目的考核

为了全面掌握狱内耳目的思想和工作情况,不断提高狱内耳目队伍建设,对狱内耳目必须边使用边考核,发现问题及时处理。通过定期或不定期地考核,对表现好的狱内耳目要加强培养教育,更好地发挥其作用;对表现不好的狱内耳目,要及时教育、整顿;对可疑的狱内耳目,要及时进行审查或清理。

（一）考核的内容

考核的内容主要包括改造表现、认罪态度、保密守纪情况、工作积极性、活动能力、反映情况的可靠程度和情报价值以及狱内耳目的立功表现等方面。

（二）考核的方法

对狱内耳目的考核应从总结工作入手,由狱侦人员直接负责,秘密进行,不能让狱内耳目和其他罪犯知道,具体考核方法如下:

1. 正面考核。利用狱侦人员和狱内耳目接触,从接头谈话中正面考核。通过观察其工作热情,了解其对狱内发生问题的认识,是否按时、及时汇报等来考察其思想动态、工作态度、可靠程度、活动能力、守纪情况等。

2. 侧面调查。主要是向狱内耳目所在监区民警了解其平时表现,分析掌握思想动态,或通过罪犯中的积极分子、组长了解狱内耳目的自身改造表现,防止其阳奉阴违,称王称霸。

3. 复线内查。就是通过狱内耳目考核狱内耳目。可以让两个狱内耳目互相监视,相互反映对方的情况,也可以让一个狱内耳目去监视另一个狱内耳目,对那些已经怀疑不可靠的狱内耳目,可以安排其他狱内耳目暗中监视了解其活动情况。复线内查时,不可向派出考察的狱内耳目暴露被考察狱内耳目的身份和派出的真实意图,以防相互自我暴露,串通一气,共同作案。

4.情报印证。这种方法是把狱侦部门已掌握的情报布置狱内耳目去查证,或把狱内耳目各自提供的情报,进行对照印证,鉴别真伪,以了解其工作能力和可靠程度。

5.审讯对证。通过对案犯的审讯,进一步核实狱内耳目所反映的情况,这也是考查审核狱内耳目的一种方法。

6.技术监控。运用监听、监视等技术设备,监视狱内耳目的活动,随时掌握其平时的改造表现和执行任务的情况。

对狱内耳目的考核有明、暗两条线。明线即公开考核,狱内耳目要和其他罪犯一样按照《百分考核细则》的规定进行日考核、周记载、月评议活动。暗线是由负责对狱内耳目管理使用的民警对其搜集信息、监控目标具体表现单独的考核。

对狱内耳目的考核不仅是对其进行奖罚的依据,而且对于狱侦人员控制狱内耳目活动,掌握狱内耳目的各种动向,甄别狱内耳目所提供情报的真伪和效能都有非常重要的作用。为此,狱侦人员要经常进行,又要严格依法办事,考虑到狱内耳目工作的特殊性,在具体考核中也不能脱离实际,而应具体问题具体解决。

三、狱内耳目的奖惩

对狱内耳目的功过应及时地给予恰当的奖惩,这对调动狱内耳目的积极性,加强狱内耳目队伍建设有着重要意义。

(一)奖励的条件

凡是具有下列情形之一的狱内耳目,应分别给予表扬、记功、物质奖励或依法减刑、假释:

1.打入犯罪团伙内部,积极开展侦查,摸清犯罪团伙的情况,获得犯罪证据,对破案有功的;

2.在贴靠侦查对象过程中,套取了真实情报,获得犯罪证据的;

3.积极主动搜集情报信息,发现重大线索,查获重要罪犯的;

4.遇有罪犯行凶、逃跑、伤害等,或罪犯强制狱内耳目共同犯罪等紧急情况时,能机智灵活,采取有效措施,处理得当,防止后果发生,较好完成任务的;

5.一贯积极主动搜集情报信息,有效监控目标对象,服从指挥,遵守纪律,有一定成绩的。

(二)惩罚的条件

凡具有下列情形之一,应视情节轻重,分别给予批评、警告、记过、清理或依法惩处:

1.阳奉阴违,谎报情况,欺骗民警的;

2.假公济私,招摇撞骗的;

3.背我向敌,包庇罪犯或违法犯罪的;

4.捏造事实,陷害他人,打击报复,称王称霸的;

5.违反纪律,擅自行动,暴露秘密,对侦查工作造成损失的;

6.诱人犯罪或策划犯罪的;

7.勾结又犯罪罪犯,制造假象,企图将侦查工作引入歧途的。

对狱内耳目的奖惩一律秘密进行。无论是奖励还是惩罚,都要做到事实清楚、合情合理并及时进行。对被清理和依法惩处的狱内耳目,一般应调离本分监区或监区。

（三）狱内耳目的撤销

对身份暴露,不能继续做狱内耳目工作或长期失去作用,不适合做狱内耳目的,应予以撤销。

1. 对这些因身份暴露被撤销的狱内耳目,要慎重,合情合理,不伤感情,要讲究方式方法,以免产生其他副作用。

2. 对那些长期失去作用,其自己也深感无能为力的狱内耳目,可讲明情况,断绝与其的联系。

3. 对那些过去曾起到作用,但现在失去符合的条件,起不到作用的狱内耳目,可减少接头次数,逐渐疏远,断绝关系。

4. 对愿意为监狱工作,但由于领导和使用不当而暴露身份的狱内耳目,尽可能不撤销,在加强教育,改进方法,适当调整后,一般可继续使用。

对被撤销的狱内耳目,要做好善后工作,加强保密教育和采取保密措施,防止其在以后的服刑改造中起反作用。

狱内耳目的撤销,由负责建立、领导和使用的狱侦人员,填写报告表,报请分管领导逐级批准。撤销狱内耳目的批准权限与建立耳目的批准权限相同。

四、狱内耳目档案与经费管理

（一）狱内耳目档案管理

狱内耳目档案是狱内耳目建设中的一项重要工作,加强这方面的管理工作,对提高狱侦人员建立、领导和使用耳目的水平有重要作用。

狱内耳目要逐人建立档案,一人一卷,耳目档案分为两种:

1. 个人档案。个人档案的内容包括:原案判决或判决书抄件;耳目的改造表现、功过记录、奖惩决定;建立、撤销耳目的审批手续;耳目立功赎罪,自愿为政府工作的申请书或保证书;耳目的化名、代号、编号;考核耳目的记录等。

2. 工作档案。耳目工作档案内容包括:耳目送交的书面情报、报告及狱侦人员对这些材料的考核结论、处理意见;耳目口头报告的记录;狱侦人员对耳目所作指示的记录等。

（二）狱内耳目经费管理

狱内耳目经费是开展狱内耳目工作的物质保证,因此国家从财政上拨给监狱的事业费中就有狱内耳目专项费用,并列为狱内耳目经费专项开支。

狱内耳目不同于狱外耳目,狱内耳目是正在服刑的罪犯,因此无须给予工作报酬和因为工作而减少的经济收入补贴。狱内耳目经费主要用于:

1. 奖励费。这是对工作成绩显著和在侦查破案中有立功表现的狱内耳目给予物质奖励所支付的经费。

2. 活动费。这是狱内耳目在和侦查对象周旋过程中用以购买食品等交际物品所需的费用开支。

3. 生活补助费。狱内耳目为了侦查工作的需要,往往影响劳动奖励和其他待遇,有时为了需要还要戴戒具或关禁闭,有的狱内耳目家庭生活困难,以至影响身体健康和服刑改造。为此,对这类狱内耳目必须给予一定的生活补助费,用以购买些生活必须用品和食品、营养品等。

4.抚恤医疗费。此项费用是用于因狱内侦查工作负伤、致残或死亡的狱内耳目,对于负伤和致残的,除公费治疗外,还应给予营养补助。其中终身残废失去劳动能力,待其到刑满出狱后还应给予长期补助以维持其生活;狱内耳目因公死亡的可参照1979年财政部、民政部《关于调整军人、机关工作人员、参战民兵民工牺牲抚恤金标准的通知》精神,给予一次性的抚恤费。

案例评析 *AnLiPingXi*

服刑人员武某密谋挖洞脱逃案

1.案情简介

2001年1月30日,G监狱五监区服刑人员聂某(狱内耳目)趁看病之机向该区分管监管改造工作的黄副监区长口头报告:服刑人员武某近期多次拉拢自己,企图利用刑满出监服刑人员李某作外应,密谋策划从监舍围墙外再次挖地洞脱逃。

2.案情分析

监区将情况立即上报监狱,监狱领导高度重视并连夜组织有关业务科室召开个案分析会,对情报的真伪进行了认真的分析讨论。与会同志一致认为,服刑人员武某系该监1996年"10·7"集体挖地洞脱逃大案的策划者、首犯,自从脱逃捕回被加刑后,仇视政府的心理日益加剧,经常抗拒改造,多次受监狱关禁闭处罚,由于刑期长、年龄大,对改造前途早已失去信心。现临近春节,思乡心切,他极有可能狗急跳墙,"重操旧业",拼死一搏。

3.侦查部署

鉴于案情重大、紧迫,个案分析会后,监狱迅速成立了以分管监管改造工作的副监狱长任组长、侦查科及监区有关民警为成员的专案小组,立即展开了调查。由于掌握的线索还十分有限,专案组结合实际拟定了初步的侦破思路和方向:一是想方设法单独接触聂某,巩固其为我所用的作用,严密监视武某的一举一动;二是深入掌握案情的具体细节及涉案的其他人员,特别是与武某交往密切的服刑人员,做到一个不漏;三是利用与其有接触的人员,物建专案狱内耳目搜集一切可以搜集的证据,为破案打下坚实的基础;四是针对武某狡诈、具有一定反侦察能力的特点,在严格保密的基础上,采用"先剥笋壳清外围,最后突审中心开花"的策略来达到破案目的。

为避免打草惊蛇,一切都按计划静悄悄地进行着……2月16日,离服刑人员李某刑满出监还有两天,专案组以狱内正常调动为由将其调到二监区予以隔离并进行了讯问,经过苦口婆心的教育,李某供出武某要其出监后赶快联系其妹妹来探监,而后再趁机将手机等违禁品混带入监舍,便以里应外合的又犯罪事实。考虑到李某刑满时间已到,专案组未对其再进行留置盘查。2月18日,专案组以民警医生替聂某看病的身份,在五监区医务所与聂某秘密进行了接触,接触中得知:武某在2000年4月、10月找过服刑人员郑某,失败后才在年初物色拉拢服刑人员李某。根据这一事实,专案组分析认为李某经教育出监后不会再来监狱与武某联系,更不会替武某继续实施犯罪,经过一段时间之后,武某一定还会物色其他目标来实施其罪恶的逃脱计划。

2001年5月20日,聂某再次秘密汇报:"近一个月来,武某频繁接触将于5月22日即将刑满出狱的服刑人员梁某。18日晚两人还利用放风之机在监舍一树下假装乘凉低声细语密谈了近一小时,望警官注意。"

专案组获悉情报后迅速作出了妥善安排。5月22日，正当梁某兴高采烈、暗自庆幸地走出高强电网下的监狱大门时，就被专案组请到了监区办公室聆听"出监教育"。迫于压力和良知，梁某终于承认了武某近一个月来拉拢他的事实，并交代了18日晚武某与其密谈的全部内容。原来，武某看到先前物色的李某出狱后久无音讯，便已意识到计划失败。于是，他迫不及待地再次使出诈骗伎俩骗得梁某的信任，他要梁某出狱后找人帮其在监舍外挖地洞实施逃脱计划。上述事实，梁某供认不讳，并表示敢与武某当堂对质，以示自己的真诚悔改之意。

在掌握了大量证据、事实的基础上，专案组认为侦破此案的时机已经成熟，是该收网的时候了，于是5月22日晚果断对武某实行隔离。审讯之初，武某气焰极为嚣张，态度十分恶劣，反而以民警有意整他为由，提出要写控告材料来威胁监狱民警。但当看到密谋的"线人"梁某出现在自己面前时，知道事情已败露，他再也控制不了自己的双腿，一下子就瘫在了地上。通过强大的政策攻心，其顽固抵抗的思想和心理防线顷刻崩溃，知道自己所干的一切逃不过民警的"法眼"，终于老实交代了预谋逃脱的全部事实经过，具体如下：

"第一次逃脱捕回被加刑后，我的内心极度不平衡，逃脱的欲望始终没有放弃。于是，我不断观察自己所处监狱的环境，觉得要想成功逃脱仍然还是要靠里应外合挖地洞。因此设计了具体的实施方案：先以出监后给巨额钱款为诱饵，物色一名将要刑满的服刑人员，拉拢后告诉其自己的想法，并诱使其出监后到社会上雇请2个亡命之徒，假扮成当地农民，从关押监区伙房围墙后以房顶上的避雷针作参照物挖地洞至自己所住的监舍床铺底下。吸取第一次逃脱未及时离开监狱区域而被重新捕获的教训，此次逃脱计划中，我还特意要求外界必须在河对岸公路上准备好接应的车辆。从逃脱意念产生之初，为达到自己的罪恶目的，我先后共拉拢物色过服刑人员7人，谁知道终究还是竹篮子打水一场空……"

思考题 SiKaoTi

1. 简述狱内耳目的概念及种类。
2. 简述狱内耳目的种类。
3. 简述狱内耳目的作用。
4. 简述狱内耳目建立的原则。
5. 简述狱内耳目应具备的条件。
6. 简述狱内耳目建立的方法和步骤。
7. 简述狱内耳目使用的方法。
8. 简述狱内耳目管理的教育的内容。
9. 简述狱内耳目考核的内容和方法。

第八章　狱内案件侦查讯问

知识目标 *ZhiShiMuBiao*

- 了解狱内案件侦查讯问犯罪嫌疑人的概念;
- 了解讯问犯罪嫌疑人的任务和要求;
- 了解狱内案件侦查讯问犯罪嫌疑人的内容和方法;
- 了解狱内案件侦查讯问犯罪嫌疑人的技巧和要求。

能力目标 *NengLiMuBiao*

- 能掌握狱内案件侦查讯问犯罪嫌疑人概念的含义及任务;
- 能熟练掌握狱内案件侦查讯问犯罪嫌疑人的内容和方法;
- 能正确实施对犯罪嫌疑人讯问的技巧、证据使用的原则及要求;
- 能及时把握犯罪嫌疑人的思想动态并随时调整讯问策略。

本章引例 *BenZhangYinLi*

在押犯唐某杀人案

2000 年 2 月 21 日,四川 H 监狱狱侦科接到报案,监狱材料保管员江某死于监狱材料保管室的平柜里。根据现场勘查和法医检验,确定系他杀,死亡原因为机械性损伤致窒息死亡,死亡时间距检验前 25 小时左右,即 2 月 20 日 3 时左右。综合上述情况及现场调查情况,确认平常与江某有往来且有脱逃嫌疑的罪犯唐某有重大杀人嫌疑。

当日下午监狱抽调有经验的狱侦人员,对唐某进行了突击讯问。

讯问之初,唐某对杀害江某一事百般狡辩,拒不供认。侦查人员针对唐某的具体情况适时调整了讯问策略:一是加强讯问力度,利用时间空间增强讯问氛围;二是加强说服教育力度,政策攻心;三是适时出示现场勘查获取的部分证据,特别是具有人身识别意义的证据,经过十余小时的讯问,唐某的精神防线全面崩溃,不得不供认自己因要求江某帮助脱逃不成而将其杀害的犯罪事实。

该案能在较短时间内侦破,主要经验:一是安排周密,各项措施得力;二是现场勘验仔细、现场访问及时、尸体检验认真,发挥了技术手段的作用;三是案情分析到位,重大嫌疑人确定准确;四是侦查讯问策略、证据使用、方法运用得当。

第一节　侦查讯问概述

一、侦查讯问的概念

侦查讯问，是指侦查机关为了查明是否犯罪和犯罪情节轻重，依法对犯罪嫌疑人进行面对面的提问和追讯，以获取真实供述或者辩解的侦查活动。

狱内侦查中的讯问是指狱内侦查人员为了查明在服刑期间的罪犯是否实施了又犯罪行为或查明案件真实情况，搜集证据，依照有关规定和要求对犯罪嫌疑人进行正面审查的一种侦查行为。侦查讯问是狱内侦查程序的一个重要阶段，一是从立案到破案的侦查阶段，二是从侦查破案到侦查终结的讯问阶段。讯问既是侦查工作的继续和发展，又是对前期侦查工作的检验，二者紧密衔接，缺一不可。

二、侦查讯问的特征

(一)讯问目的的对抗性

人是理性的，理性的人在具体策略选择时的目的是使自己的利益最大化。即"两害相权取其轻，两利相权取其重"。侦查讯问的对抗性是由讯问双方的地位所决定的。犯罪嫌疑人作为极端个人对监狱秩序的严重破坏，与运用法律武器维护监狱秩序的狱内侦查人员的根本利益的冲突和对立，决定了特定审讯环境中围绕口供突破，揭露证实犯罪与隐藏隐匿犯罪的攻防目的的对抗性。在侦查讯问中，无罪嫌疑人不存在目的对抗，他不需要隐瞒什么，搞清问题对其有利，这是其与侦讯机关共同的目的指向，是侦查讯问的例外。侦查讯问的常态，是有罪嫌疑人对事实证据的隐瞒，搞清问题对其不利，讯问的最终结果关系到犯罪嫌疑人的前途和命运，因此在讯问过程中，犯罪嫌疑人为了逃避法律的惩罚，往往是千方百计干扰破坏讯问，或矢口否认、或编造谎言、或避重就轻，利益冲突带来侦查讯问目的的冲突。由于口供是嫌疑人的最后一道防线，侦查讯问始终是围绕查明案情、获取证据的目的展开和进行的，具有极强的功能指向性。

(二)讯问行为的互动性

侦查讯问是一种面对面交锋，双方的不合作博弈，从"对策"的产生和功能看，其不仅是一个侦讯单方策略决定问题，更是侦讯双方相互制约、相互作用的一种策略抉择问题。在讯与供这一基本矛盾中，侦查人员是侦查讯问的主动方，但绝不始终是决定侦查讯问矛盾发展态势的主要方面和决定因素。审讯双方作为侦查讯问情势基本要素，在整个讯问活动中，都处于"察言观色"的敏感状态，提问和应答的语言、语气、表情以及细微的肢体动作都会给对方以强烈刺激信号，从而影响其心理状态、行为方式和应对策略。侦查讯问过程，就是一个讯问双方，针锋相对、见招拆招、行为互动的决策过程。成功的侦查讯问，源于侦查讯问"威慑相容"基本关系格局上的良性呼应，源于在犯罪嫌疑人供述障碍和供述动机这对基本矛盾冲突中的知、情、意的信息流引导的良性循环。从某种意义上讲，不成功的侦查讯问，特别是刑讯逼供行为的实质就是审讯人员与审讯对象关系恶化的结果。

（三）讯问信息的非对称性

信息非对称，是以人们获取信息能力的不对称为基础的，侦查讯问中的信息非对称，是指审讯信息的两个不对称：一是有罪嫌疑人掌握的犯罪信息与侦讯机关掌握的犯罪信息不对称；二是侦讯机关应对谋略信息与有罪嫌疑人应对谋略信息掌握的不对称。信息是决策的前提，不同的信息及不同的信息拥有量直接影响甚至决定决策的结果。因此，侦查讯问过程实际上就是审讯人员与有罪嫌疑人之间关于有罪信息拥有的博弈。在这个过程中信息非对称有两个基本发展态势：一是制造信息不对称。在信息博弈过程中，双方都尽量隐匿自己的信息而捕捉对方的信息，审讯人员出于谋略理性往往会夸大其掌握的犯罪信息，有罪嫌疑人出于利害理性往往对审讯人员声称的充分证据心存狐疑。二是克服信息不对称。随着侦查工作不断推进，讯问信息非对称状态中的非对称犯罪信息和审讯策略信息，有可能逐渐演变为审讯双方或一方对对方信息掌握的基本对称。其中，当审讯人员对有罪信息掌握的基本对称，而有罪嫌疑人对侦讯机关审讯谋略信息因侦讯机关对犯罪信息的掌握更不对称时，这就是侦查讯问主动权。

（四）讯问的谋略性

犯罪嫌疑人是一个有罪人和无罪人融为一体的集合概念。解决供与不供，口供真假，以厘清案件事实、证实真正犯罪人是一个现象到本质乃至假象到本质的不合作博弈过程，支撑这个博弈成败的基础和关键是智力谋略而非肉体暴行。讯问谋略是侦查讯问的计策和方略，其目的是以最少的人力、时间和物质消耗，快速突破有罪嫌疑人的供述障碍，使其作出如实交代，获得最佳的讯问效果。讯问谋略，是以"诡道"为本质特征，以信息不对称为基础，以引导有罪嫌疑人认识偏差、行动失误作出口供的计谋和策略。侦查讯问谋略是对侦查讯问手段起支配作用的计谋，以程序正义为基础，受国家政策法律和社会道德底线的约束。

三、侦查讯问的任务

（一）准确、及时地查明案件的全部事实

案件的全部事实包括：与案件有关的人、物、时间、地点、手段（方法）、情节、目的、动机、后果等，这是构成任何一个案件不可缺少的因素。在前期狱内案件侦查工作中，虽已搜集了一定的证据，但由于客观条件的限制，无法获取充分的证据，已获取的证据材料也有待进一步核实，因而无法揭示案件的全部事实真相。这就需要在已经取得的侦查成果的基础上，充分利用又犯罪嫌疑人人身自由进一步受到限制和采取讯问与调查相结合的公开侦查措施，通过讯问工作查清犯罪嫌疑人实施犯罪行为时的主观心理状态，进一步搜集证据，组织完善证据体系，全面揭示案件的事实真相。

（二）追查同案嫌疑人，发现其他犯罪线索

不少刑事案件，特别是重大、特大刑事案件，往往是多人共同犯罪，甚至还是有组织的犯罪集团所为。所以，讯问时应当追讯被讯问人是否还有未被捕获的同案犯或了解他人的犯罪活动，以便不失时机地追查，将其及时捕获归案。同时，在讯问中不能就案论案，而要注意发现其他犯罪线索。无论是被讯问人主动提供的还是无意间吐露的犯罪线索都不能轻信或忽视，应当及时地予以查证，作出适当的处理。

在经过侦查破获的案件中，有的隐藏较深的又犯罪嫌疑人除了被侦查部门掌握的又犯罪事实外，还有多次又犯罪活动没被发现；有的又犯罪嫌疑人除了自己的又犯罪行为外，与社会上其他犯罪组织或个人有一定的联系，知道其他犯罪团伙或个人的犯罪活动线索。对于上述各种案件情况,在侦查破案时,由于各种条件的限制,往往没有被发现或者无法查清,还需要在讯问工作中来完成。

（三）保障无又犯罪的人,不再受到刑事追究

刑事犯罪错综复杂,一些人出于各种动机,无中生有、歪曲事实真相的情况并不少见。追究又犯罪和保障无辜,是讯问工作任务不可分割的两个方面。在讯问工作中,虽然经过侦查已有证据证明有又犯罪事实,并且经过严格的审查程序,对又犯罪嫌疑人采取了强制措施,但是由于主客观条件的局限,工作中也难免会出现偏差和失误。因此,在案件事实真相未彻底查明之前,又犯罪嫌疑人仍然存在着有新罪和无新罪两种可能性。

为了保障没有又犯罪的人不受新的刑事追究,讯问工作中要认真审查核实侦查阶段已获取的证据材料,仔细甄别,注意发现矛盾;在讯问中,既要听取又犯罪嫌疑人的有新罪供述,又要听取犯罪嫌疑无新罪辩解;在调查中,既要搜集又犯罪嫌疑人有新罪的证据,又要注意搜集犯罪嫌疑人无新罪、罪轻的证据;要切实保障又犯罪嫌疑人依法享有委托律师提供法律帮助的权利。

（四）对又犯罪嫌疑人进行认罪服法、改恶从善的教育

在讯问工作中对又犯罪嫌疑人进行有针对性的认罪服法和改恶从善的教育,不仅有利于又犯罪嫌疑人如实供述罪行,为起诉、审判工作的顺利进行创造条件,而且也会为他们的继续改造奠定一定的基础。在讯问工作中对又犯罪嫌疑人进行认罪服法、改恶从善的教育,应针对狱侦工作时限短的实际,针对不同的对象,进行有的放矢的教育。

（五）搜集又犯罪资料,研究又犯罪规律

监狱要掌握同狱内又犯罪作斗争的主动权,就必须掌握丰富和鲜活的又犯罪资料,准确把握又犯罪的特点和规律。在讯问阶段提前掌握每一起案件的全部情况,以及具备公开讯问的有利条件,这十分有利于这项工作的开展。搜集又犯罪资料,研究又犯罪活动规律,要采取不同的方法:一是可以把一个时期发生的案件集中起来加以综合、分析、探讨又犯罪的原因和条件,为领导机关决策,为有关职能部门制定打击和预防又犯罪的对策提供依据;二是集中研究某一类案件,找出又犯罪分子作案的特点和规律,为调整和改进对策措施、堵塞漏洞,提出合理建议;三是对特定类型的又犯罪嫌疑人进行研究、摸索和总结讯问又犯罪嫌疑人的方法,提高办案人员同又犯罪作斗争的能力。

四、侦查讯问的原则

（一）程序规制原则

刑事诉讼人权保障的重点是犯罪嫌疑人、被告人的个体人权。侦查讯问是刑事诉讼中一项由公权力主导的侦查措施,因其直接攻防对抗性而更具损害犯罪嫌疑人权利的极大可能性。要强化犯罪嫌疑人、被告人的无罪推定诉讼主体观念,严格规制讯问程序,坚持讯问主体合法,讯问时间和地点合法,讯问方式手段合法,严禁以暴力或暴力相威胁获取口供。同步录音录像制度是通过高科技手段规制侦查讯问程序的刚性措施,越来越多的国家开始要求按照一定的程式将讯问结果固定下来,否则,不能作为反对犯罪嫌疑人的证据。侦查讯问作为侦查措施的基础环节,不仅要能问穿、问清、问明白,更要问得合法、问得文明、问得规范。

（二）禁止先行讯问原则

首先,能避免损害犯罪嫌疑人的名誉。第二,避免增加侦查的阻力。过早地惊动犯罪嫌

疑人,反而增加侦查的困难。第三,侦查人员常以讯问后会引起犯罪嫌疑人逃跑为理由羁押犯罪嫌疑人,从而导致羁押的滥用,同时滋长侦查人员先羁押后再搜集证据的不当侦查行为。第四,侦查人员无法对犯罪嫌疑人的供述作出辨别,势必会按照犯罪嫌疑人供述的线索展开侦查,从而带来因口供不实而造成的麻烦,或殃及无辜和侦查工作的徒劳,等等。因此禁止先行讯问是各国刑事诉讼中有关侦查讯问的最普遍原则之一。

（三）禁止刑讯逼供原则

《刑事诉讼法》第五十条规定:审判人员、检察人员、侦查人员必须依照法定程序,搜集能够证实犯罪嫌疑人、被告人有罪或者无罪、犯罪情节轻重的各种证据。严禁刑讯逼供和以威胁、引诱、欺骗以及其他非法方法搜集证据,不得强迫任何人证实自己有罪。必须保证一切与案件有关或者了解案情的公民,有客观地充分地提供证据的条件,除特殊情况外,可以吸收他们协助调查。刑讯必然造成这样一个奇怪的后果:"无辜者处于比罪犯更坏的境地"。"无辜者只有倒霉,罪犯则能占便宜。""无辜者被屈打成招为罪犯,这种事真是不胜枚举。"因此,狱内侦查人员必须充分认识逼供的违法性和危害性,不断提高自己的法律、业务水平,文明依法办案,确保案件得到公平公正的处理。

（四）重证据,不轻信口供原则

《刑事诉讼法》第五十三条规定:对一切案件的判处都要重证据,重调查研究,不轻信口供。只有被告人供述,没有其他证据的,不能认定被告人有罪和处以刑罚;没有被告人供述,证据确实、充分的,可以认定被告人有罪和处以刑罚。第五十四条规定:采用刑讯逼供等非法方法搜集的犯罪嫌疑人、被告人供述和采用暴力、威胁等非法方法搜集的证人证言、被害人陈述,应当予以排除。搜集物证、书证不符合法定程序,可能严重影响司法公正的,应当予以补正或者作出合理解释;不能补正或者作出合理解释的,对该证据应当予以排除。对单独用来定案的口供,必须有其他证据足以补强口供的自愿性和可靠性。

（五）公开、秘密结合原则

我国传统的侦查讯问基本上都是在秘密的状态下实施,不仅不对公众公开,而且也不允许律师参与,修正后的刑诉法虽然在公开性上迈出了一大步,即允许律师可以在犯罪嫌疑人被第一次讯问后为犯罪嫌疑人提供法律帮助,但是律师参与不彻底和受阻碍,充分反映了公密结合原则在我国侦查讯问中没有得到较好的贯彻。允许律师在讯问时在场,进一步提高侦查讯问程序的公开性应当是我国侦查讯问的发展趋势。

第二节　侦查讯问的组织实施

一、讯问又犯罪嫌疑人的要求

（一）对侦查讯问人员的要求

根据《刑事诉讼法》第一百一十六条规定,讯问犯罪嫌疑人必须由人民检察院或者公安机关的侦查人员负责进行。讯问的时候,侦查人员不得少于二人。讯问的主体必须是具有侦查资格的侦查机关的侦查人员进行,其他任何机关、个人都无权讯问犯罪嫌疑人。法律这样规定的原因,一是可以分工合作,一人讯问,另一人记录,有利于提高讯问效率;二是可以互相配合,商量对策,提高讯问质量;三是可以互相监督,既可以防止违法乱纪行为发生,也可以防止又犯罪嫌疑人诬陷或翻供;四是可以防止又犯罪嫌疑人行凶报复、自杀等意外事件发生。

　　(二)对侦查讯问程序的要求

　　1.侦查人员在开始讯问又犯罪嫌疑人时,不能先入为主,未审先定,带着任何框框让又犯罪嫌疑人陈述。侦查讯问人员应当充分保障又犯罪嫌疑人行使供述和辩解的权利。如果又犯罪嫌疑人承认具有又犯罪行为,侦查人员就应让他详细陈述又犯罪的目的、动机、手段、经过、后果,以及罪轻罪重的情节;若否认其有又犯罪行为,侦查人员要悉心听取他的申诉事实和理由。然后,就又犯罪嫌疑人供述或辩解中不清楚、不全面、隐瞒或者前后矛盾的地方向他提出问题。只有按照此程序要求,才能保证讯问工作的客观公正性。

　　又犯罪嫌疑人对于侦查人员的提问,应当如实回答,但对与案件无关问题有拒绝回答的权利。法律这样规定是为了使侦查人员紧紧围绕有关又犯罪的问题进行讯问,以利讯问工作顺利进行,同时也是为了保护又犯罪嫌疑人的合法权益不受侵犯。

　　2.讯问又犯罪嫌疑人,侦查人员应当制作笔录,笔录要如实反映讯问的情况。每次讯问结束后,要让又犯罪嫌疑人阅读讯问笔录;对没有阅读能力的,应当向他宣读。如果记录有遗漏或差错,又犯罪嫌疑人可以提出补充或者改正。又犯罪嫌疑人认为无误后应在笔录上逐页签名或者盖章;如拒绝签名或盖章应在笔录上注明。侦查人员也应在笔录上签名。若又犯罪嫌疑人要求自行书写供述,应当准许;必要的时候,侦查人员也可以要他亲笔书写供词。讯问时,也可根据需要同步录音、录像。

　　3.侦查人员必须依据法定程序搜集能够证实又犯罪嫌疑人有新罪或者无新罪、又犯罪情节轻重的各种证据。因此,侦查人员在讯问过程中应当严格遵循各项法定的程序讯问,否则会导致程序违法,影响取得证据的效力。这就要求侦查人员在获取又犯罪嫌疑人供述和辩解时,严禁刑讯逼供和以其他非法方法搜集证据。

二、做好侦查讯问的准备工作

　　讯问又犯罪嫌疑人,是一场十分尖锐的、复杂的和面对面的斗争。因此,在讯问前,必须做好准备。有了准备,就可以掌握斗争的主动权,及时有力地揭露又犯罪,制服又犯罪嫌疑人,使讯问活动能分清轻重缓急且有条不紊地进行。如果不做好甚至没有任何准备,只凭临时随机应变,讯问中就抓不住要害,难以制服又犯罪嫌疑人,甚至被又犯罪嫌疑人牵着鼻子走,暴露讯问的意图和掌握的证据,给讯问造成人为的困难。做好讯问前的准备,是保证讯问又犯罪嫌疑人取得胜利的重要条件。

　　(一)合理配置侦查讯问力量

　　1.考虑案件的性质和复杂程度。侦查人员由于办案经历和兴趣的不同,在审理不同类型案件上的优势也不同。因此,在指派讯问人员时,就要考虑到这一因素。对那些复杂案件,要由有经验的侦查人员办理。这样,才能收到事半功倍的效果。

　　2.考虑又犯罪嫌疑人的个性特点。讯问是一种特殊的人与人之间的交往,如果讯问人员与又犯罪嫌疑人在气质、性格和能力等主要个性特点上相距较大,则不易在对话中胜过对手。这就要求本着"兵对兵"、"将对将"的原则选定讯问人员,并使其在个性特点上既能符合又犯罪嫌疑人的特点,又能在总体上超过和战胜对手,以达到控制讯问的节奏、把握讯问的进程的目的。

3.考虑又犯罪嫌疑人的语言、籍贯、年龄、职业、受教育程度等特殊性。如果又犯罪嫌疑人使用某地域的方言，最好选派能使用这种方言或同一籍贯的讯问人员，这样有利于增强又犯罪嫌疑人对讯问人员的认同感。讯问聋、哑又犯罪嫌疑人，应当有翻译人员参加，聘请的翻译人员必须是与本案没有利害关系的人。

4.考虑又犯罪嫌疑人的性别。讯问女性又犯罪嫌疑人，最好由女侦查人员进行，不允许男侦查人员单独讯问女性又犯罪嫌疑人。

（二）全面熟悉和研究案件材料

前期侦查阶段所获取的证据材料和所作出的决定是讯问又犯罪嫌疑人的基础。讯问人员在讯问前应通过审阅案卷和必要的调查，全面熟悉和研究案件材料，弄清案件的现状和存在的问题。明确讯问和调查的方向，为确定讯问策略和方法提供依据。

1.要熟悉又犯罪嫌疑人的个人情况。又犯罪嫌疑人的个人情况包括：姓名、别名、化名、绰号、年龄、籍贯、住址、民族、文化程度、家庭情况、社会关系、社会经历、原有罪行以及与此案中其他人的相互关系等。熟悉这些情况，往往能影响讯问的效果。

2.要掌握又犯罪嫌疑人被关押禁闭的根据。即要掌握又犯罪嫌疑人的又犯罪事实，先要熟悉案件从案发到破案的基本情况，通过对案件的宏观认识，分析案件的来源、侦查过程，破案经过是否自然、合乎实际，然后再重点研究又犯罪嫌疑人犯了哪些罪行，所有犯罪行为的具体情节，每条罪行是否都有证据证明，根据又犯罪构成要件，分析哪些情节清楚了，哪些还不清楚，拟定出应该查明的问题。

3.要熟悉案件的证据材料。首先，要熟悉前期侦查获得了哪些证据，这些证据都是怎样获得的，是否符合法律手续，并判断其可靠程度。其次，要审查罪行和证据材料是否一致，核对各证据之间是否有矛盾，查明矛盾的原因。还要弄清需要进一步搜集哪些证据，从何处搜集。最后，要明确哪些证据可以在讯问中使用，哪些证据不能在讯问中使用。

4.要注意案件可能发展的方向和新的线索。从研究又犯罪嫌疑人的作案手段、一贯表现等材料中，分析又犯罪嫌疑人狱内又犯罪是一次还是多次，比对曾发生的未破案件，看有无要并案侦查的案件；分析案件是一人又犯罪还是团伙又犯罪，哪些同案犯已经归案，哪些还没有归案，他们在又犯罪团伙中所处的地位和所起的作用，他们之间有过哪些矛盾和争斗；还要注意发现教唆犯。

全面熟悉和研究案件材料，是对案件的第一印象，带有启动性特点，对以后讯问的影响是深刻的。因此，在阅卷和调查中要特别注意的问题主要有：其一，对案件的全部材料和物证都要认真审查和深入研究；其二，力求以第一手材料作出判断；其三，要明确讯问中可能出现的专门性问题。

（三）分析又犯罪嫌疑人的心理状态

了解又犯罪嫌疑人的心理状态，正确把握讯问嫌疑人的有利条件和不利因素。

又犯罪嫌疑人供述的心理障碍是指影响又犯罪嫌疑人作出真实、完全供述的消极心理活动。又犯罪嫌疑人在讯问过程中心理活动是比较复杂的。各种各样的心理活动和情绪、情感交织在一起，错综复杂，矛盾重重。由于总的心理倾向是"趋利避害"，企图逃避法律的惩罚。讯问实践表明，支配又犯罪嫌疑人抗拒行为的心理主要有畏罪、侥幸、抵触、悲观这四种。这些心理现象产生的原因不同，在讯问中的表现各异。因此，有效地把握和消除这些供述心理障碍，对于推动讯问工作的进展有着重要意义。

1.畏罪心理。畏罪心理是指又犯罪嫌疑人害怕罪行被揭露而受到刑罚处罚的一种心理,是有新罪的又犯罪嫌疑人普遍存在的最基本的心理障碍。这种心理是罪责感的压力和法律的威慑力量对又犯罪嫌疑人的心理刺激而产生的,其实质是一种又犯罪嫌疑人对刑罚处罚的恐惧感。

(1)畏罪心理在讯问中的表现。

逃避:即赖罪顽抗,幻想用硬抗逃避惩罚,在罪责问题上反应敏感,通常在交代了一些无关紧要的问题后就发誓说交代清楚了,但当追讯到实质性问题时又闪烁其词。一些又犯罪嫌疑人为掩盖其畏罪心理则故作坦然,在关键情节上言辞谨慎,斟字酌句,努力克制其内心的恐惧,也有的采取极端的做法对抗讯问。

恐慌:在侦查人员的据理追问下,又犯罪嫌疑人思维上出现紊乱,甚至丧失自我控制能力,供出部分实情。但多呈现出答非所问,语无伦次、吞吞吐吐,也有的东拉西扯,盲目而随意地对待讯问,或对新罪行一概否认。

戒备:对侦查人员的一切讯问活动都抱有戒心,甚至对侦查人员的每一句问话都用心琢磨、疑神疑鬼、不立即回答,常以试探、搪塞、推诿等手法抵赖罪行。

(2)畏罪心理对讯问的影响。一方面,又犯罪嫌疑人为了逃避惩罚,千方百计地掩盖和隐瞒又犯罪事实真相,给讯问(查明案情活动)造成障碍,这对讯问工作很不利。另一方面,如果没有这种压力,或者压力不大,又犯罪嫌疑人就会对讯问采取一种无所谓的态度,正是由于有罪责感的压力,又犯罪嫌疑人都会因畏惧抗拒行为所带来的严厉惩罚,走上坦白争取从宽处理之路,这又是对讯问工作有利的一面。

(3)畏罪心理的矫正方法。针对畏罪心理对讯问工作的影响,侦查人员可以用调压的方式来淡化和消除畏罪心理对讯问工作的不利影响,强化其对讯问工作的有利影响。

2.侥幸心理。侥幸心理是又犯罪嫌疑人自认为可以逃避罪责的一种自信感。

(1)侥幸心理产生的原因。又犯罪嫌疑人的侥幸心理,不是在被讯问后才产生的,一般在形成又犯罪动机或者又犯罪时就已经存在。又犯罪嫌疑人在侦查讯问中的侥幸心理,是其又犯罪侥幸心理的继续和演化。它形成的原因有:自恃作案手段高明,行动诡秘,没有留下痕迹,只要不供认就不能定案治罪;盲目相信攻守同盟,蔑视监狱的侦破能力或自认为有对付讯问的能力;过去有过又犯罪行为,却侥幸逃过责任追究,对此有直接或间接的经验;等等。

(2)侥幸心理的类型。盲目型自信类型的又犯罪嫌疑人是凭主观臆断,轻信可以隐瞒罪行,采取自欺欺人的态度,企图以这种盲目的安全感替代内心的恐惧。这种侥幸心理波动性大,容易被消除。分析选择型自信类型的又犯罪嫌疑人侥幸心理较为客观,是全面地分析罪行和案情之后形成的。他们认为监狱没有足够的证据,或者认为能够逃避追究其罪责,尤其是又犯罪嫌疑人在入狱前就已经过公、检、法的多次讯问,反讯问经验比较多,认为只要不供,就可能逃避法律惩罚。这种侥幸心理比较稳固,不易被消除。

(3)侥幸心理在讯问中的表现。侥幸心理一经产生,便成为支持又犯罪嫌疑人对抗讯问的精神支柱。使他们敢于大胆地对付讯问,掩盖又犯罪事实。

(4)侥幸心理的矫正方法。一是可以根据侥幸心理的成因,针对侥幸心理的弱点,加强心理攻势,通俗易懂地说明案件事实是不以任何人的主观意志为转移的,而且任何客观事物都是可知的,向又犯罪嫌疑人阐明监狱查清案件事实的决心和信心,以坚定的意志力瓦解又犯罪嫌疑人的侥幸心理;二是可以采用制造错觉的方法加重又犯罪嫌疑人的猜疑心理,使其认为监狱已经掌握其又犯罪的证据;三是可以直接出示证据来瓦解又犯罪嫌疑人的侥幸心理。

3.抵触心理。抵触心理是对抗讯问、逃避惩罚的心理反应。在讯问的初级阶段,几乎所有的又犯罪嫌疑人都不同程度地存在着抵触心理。有一部分到讯问中期则达到对抗高峰,极少数还要持续表现在整个讯问阶段。

(1)抵触心理产生的原因。产生抵触心理的原因主要有:强烈的反社会意识。这种意识使又犯罪嫌疑人是非颠倒、丧失理智;有罪不知罪,愚昧无知;一些又犯罪嫌疑人认为自己的行为不是犯罪或者有一定的道理;侦查人员的违法行为或过激言行,损害了又犯罪嫌疑人的人格和自尊心等。

(2)抵触心理在讯问中的表现。冲动型的抵触行为:抵触心理使得一些又犯罪嫌疑人的情绪冲动、抑制力差、行为暴躁、缺乏理智,甚至不顾法律的威严和抗拒行为所造成的后果。

冷漠型的抵触行为:抵触心理也使一些又犯罪嫌疑人的情绪受到压抑,反应冷漠,对问话答非所问或不予理睬,甚至沉默不语等。

(3)抵触心理的矫正对策。抵触心理使又犯罪嫌疑人与讯问人员在讯问中发生冲突,往往使讯问陷入僵局。因此,讯问人员面对讯问僵局,态度要沉着冷静,不能感情用事。要注意并查明产生抵触的原因,采取有效方法,缓解抵触情绪。

4.悲观心理。悲观心理是又犯罪嫌疑人自知罪行将被揭露,面对法律的严惩而对自己的前途未来丧失了信心的一种心理。

(1)产生悲观心理的原因。第一,害怕又被判处重刑,恐惧漫长的监狱生活,产生绝望感。第二,缺乏正确的人生观,无法摆脱和解决一些现实问题,导致丧失生活的情趣或希望。第三,原来的又犯罪欲望和需求得到满足,或又犯罪心理定型化,不思悔改,而无法摆脱现实处境,发展到极端对立的程度。

(2)悲观心理在讯问中的表现。悲观心理是又犯罪嫌疑人最严重的一种供述心理障碍,因为在悲观心理的强烈冲击和压迫下,又犯罪嫌疑人心理稳定性发生急剧变化,毁灭了又犯罪嫌疑人的任何欲望,使其生理和心理极端反常,不能控制自己的行为。

(3)悲观心理的矫正对策。悲观心理的出现只是暂时现象,一旦审讯情况发生变化,悲观心理依然可以恢复到稳定平衡状态,关键是讯问人员要有极大的耐心,唤起又犯罪嫌疑人对人生的留恋和对新生的向往,激发争取光明前途的信心。悲观心理实际上是畏罪心理的极端化,因此,畏罪心理的矫正方法也适用于对悲观心理的矫正。

(四)制定讯问计划

讯问计划是在熟悉和研究案件材料,初步分析又犯罪嫌疑人心理状态的基础上制定的。对讯问计划的制订有一定的要求,具体应根据案件和准备时间而定,是否写出书面计划,要视案情和讯问的重要性而定。讯问不复杂的案件,可不编制文字计划。对需要紧急讯问的案件,由于受到时间的限制,只要对需要查明的情况及其顺序有个轮廓的了解就可以了,使用什么证据和使用证据的方法,可以在讯问过程中根据情况酌定。对重大和疑难的案件,必须制定书面计划。对制定的讯问计划,不论口头的,还是书面的,都需经过领导批准。讯问计划不是一成不变的,它要在实践中接受检验,根据讯问和调查情况的发展变化,不断修改和调整。每次讯问前还要作出具体安排。讯问计划制定以后,要全面检查一下讯问的准备情况。

讯问计划一般包括:

1.案件的简要情况。又犯罪嫌疑人的个人情况,有哪些又犯罪事实,有哪些认定的依据,还有哪些有疑问的问题。

2.讯问的目的和要求。要查明哪些又犯罪事实,是否要并案审查,又犯罪嫌疑人应供述到什么程度,如何保护秘密侦查手段和检举人等。

3.讯问的步骤、重点和采取的策略和方法。步骤是指对又犯罪嫌疑人的又犯罪事实,先讯问哪些,再讯问哪些,对证据的使用如何选择等。重点是指讯问的主要目标和突破口。策略和方法是指讯问人员解决这些问题的行动方式。

4.调查取证的要求和讯问与调查的安排。

5.讯问与狱政管理、监狱教育等部门的工作如何协作配合。

6.讯问中紧急情况的处理办法。

(五)侦查讯问的一般步骤

1.讯问又犯罪嫌疑人的基本情况。对又犯罪嫌疑人的基本情况,不管在前期侦查阶段是否问过,在第一次讯问时都要讯问。讯问上述情况的目的是通过面对面考查又犯罪嫌疑人的学识、技能、阅历、表达能力、智力水平、个性特点、心理状况、对罪行所抱的态度、防守能力以及有无反审讯经验等,帮助我们分析和判断案情,也有助于创造正常的讯问气氛。

2.告知又犯罪嫌疑人享有的诉讼权利和履行的诉讼义务。在问清又犯罪嫌疑人的基本情况以后,讯问人员应告知又犯罪嫌疑人已被指控的新罪行以及享有的诉讼权利。同时要告诫又犯罪嫌疑人:根据法律规定,又犯罪嫌疑人对讯问人员的提问,应如实回答,不得隐瞒和伪供。这样做的作用是:一是能体现出监狱掌握有事实和证据的态势,有利于端正又犯罪嫌疑人态度。在其心理上造成一定威慑力量,就有可能使其放弃作虚假陈述的念头,因为有的人一旦说了假话,以后再叫他改正过来是很困难的。二是保护又犯罪嫌疑人诉讼权利的一种有力措施。

3.听取又犯罪嫌疑人有罪的供述和无罪的辩解。通过简短、明确的提问,让又犯罪嫌疑人作有新罪的供述或无新罪的辩解。在犯罪嫌疑人进行供述或辩解时,侦查人员必须仔细地听,不但要认真听取其有新罪的事实,也要耐心地听取其无新罪或罪轻的情节,一般不要随便打断又犯罪嫌疑人的陈述,要让他把话说完。这样做既有利于发现其虚假口供上的矛盾,也有利于选择适当的时机进行有理有据的批驳。

4.进行有计划的提问。在听完犯罪嫌疑人的陈述后,讯问人员即可按照既定的讯问计划、讯问提纲、预先确定的突破口,或者根据又犯罪嫌疑人陈述中暴露出的矛盾,采取相应的方式和方法.向又犯罪嫌疑人进行实质性的提问,同时讲清政策、指明出路,给其造成一种不讲真话混不过去的气氛,促使又犯罪嫌疑人及早在全部或主要问题上作出交代。

5.结束讯问。讯问结束时,按照《刑事诉讼法》第九十五条规定,应将讯问笔录交又犯罪嫌疑人核对,对没有阅读能力的,应当向他宣读;如果记录有遗漏或者差错,可以允许他提出更正或者补充,并捺指印;又犯罪嫌疑人承认笔录没有错误后,应当在末页写明"此笔录我已看过(或已向我宣读过),和我说的相符",并在讯问笔录上逐页签名或者捺指印,侦查人员也应当在笔录上签名。

结束讯问时,还应向又犯罪嫌疑人明确提出问题,责令其继续反省,为下次讯问打好基础。

三、讯问笔录的制作

讯问笔录是依照法律程序,将侦查人员的提问和又犯罪嫌疑人的供述和辩解以及讯问的行为和进程,用文字记录的形式制作的一种具有法律效力的诉讼法律文书。

（一）讯问笔录的作用

讯问笔录是进行刑事诉讼活动必不可少的法律文书,讯问笔录的作用表现在讯问笔录是考察又犯罪嫌疑人认罪态度,并对其依法处理的重要依据。讯问笔录记载着侦查人员的提问和又犯罪嫌疑人所作的供述和辩解,以及侦查人员使用证据的情况和又犯罪嫌疑人反映的情况。真实、合法的讯问笔录,记录了又犯罪嫌疑人供述的过程和认罪的态度,是确认又犯罪嫌疑人有无新罪、罪轻或罪重的重要依据。讯问笔录也是总结讯问经验和教训的重要材料。讯问工作有成功也有失误。不论是成功的经验,还是失败的教训,都必然从讯问笔录上反映出来。因此,如果认真加以总结,对提高讯问水平、保证讯问的效果有着重要意义。讯问笔录还是研究又犯罪活动规律,制定预防又犯罪对策以及进行法制宣传的重要参考资料。

（二）讯问笔录的制作要求

1. 内容要准确、完整,不失原意。所谓准确,就是要求讯问笔录应准确、真实、客观地反映讯问又犯罪嫌疑人的全部活动情况,要将回答的内容、重要的体态表情等准确记载或者描述清楚。特别是对侦查人员出示证据的方式方法、揭示的内容、又犯罪嫌疑人供述和辩解以及关系定罪量刑的案件事实和情节等如实记录,要尽可能记录又犯罪嫌疑人的原话,以便真实地反映客观事实。要注意语言在音、形、义三方面上的准确性。对涉及案件的人名、地名、组织名称、专用名词等,要准确无误地记录,不应记错或随意更改。特别是姓名,一定要问清,记准是哪几个字,这样侦查人员才能看懂,不发生歧义。

所谓完整,就是要求讯问笔录要完整地反映事物的全貌。记录一句话,应该是一句完整的话;记录一件事,应该是有头有尾、清清楚楚;记录每一条罪行,应该记清楚又犯罪行为实施的时间、地点、手段、情节、动机、目的、后果,而不能丢三落四,记此失彼。此外,讯问无声语言的情况在笔录中也要有所反映。

所谓不失原意,就是要求讯问笔录要将侦查人员的提问和又犯罪嫌疑人的回答原意记录下来,不能凭主观臆断随意取舍,任意夸大、缩小或改变原意。实践表明,侦查人员若将又犯罪嫌疑人的供述一字不少地记录下来,既无必要也不可能。因为又犯罪嫌疑人的回答并不是每一个字,每一句话都是关键、要害,有时回答甚至重复、啰嗦、偏离主题,这就需要侦查人员按其原意加以归纳概括。

2. 要文理通顺,字迹清晰。讯问笔录具有法律的严肃性。又犯罪嫌疑人口供是用文字固定在笔录中的,这就要求讯问笔录必须符合语法规律,文字用语明白易懂,使人看后能够正确领悟,不拖泥带水,一问一答,条理分明。另外,字迹要规范、端正,不能潦草难辨;否则,会增加理解上的困难,降低甚至失去诉讼价值。

3. 制作讯问笔录应与讯问活动同步进行。讯问笔录一般不能采取事后追讯、补记的办法来制作,更不能按事先拟好的讯问提纲整理笔录。

又犯罪嫌疑人请示自行书写供词时应当允许,必要时也可以要求他亲笔书写供词。又犯罪嫌疑人的亲笔供词同讯问笔录一样,是具有法律效力的文件。又犯罪嫌疑人亲笔供词写好后,应当在每页下方签名、捺指印,并在末页上注明时间。侦查人员收到亲笔供词后,应当在首页右上方写明"于某年某月某日收到"并签名。

4. 便于长期保存。讯问笔录是一种重要的诉讼文书,它将作为案件材料装入诉讼卷长期保存备查,因此,制作讯问笔录时,必须用统一规格的讯问笔录专用纸,不能随便用其他规格的纸张代替。为便于辨认和长期保存,制作笔录时只能用钢笔或毛笔书写,不能用铅笔或圆珠笔书写。

（三）制作讯问笔录的方法

1.讯问笔录的结构。讯问笔录由首部、正文和尾部三部分组成。首部包括文书的名称，即"讯问笔录"标题，在标题后面的括号内写明讯问的次数，标题下面写明讯问开始和结束的具体时间、讯问地点、侦查和记录员的姓名、又犯罪嫌疑人的姓名。

正文是制作讯问笔录的重点。初讯时要问清又犯罪嫌疑人的姓名（含别名、曾用名、化名）、出生年月日、民族、出生地、原职业、文化程度、家庭情况、社会经历、何罪入狱、所在监区等情况，然后再问清记明与又犯罪有关的情况。在续讯中若上述问题查清则可以不必再问，在讯问中应重点记录又犯罪嫌疑人的又犯罪时间、地点、原因、动机、目的、手段、情节和后果，以及与又犯罪有关的人和事等。

讯问笔录经又犯罪嫌疑人核对后，要由其署明意见，并签名或捺指印。如果又犯罪嫌疑人拒绝签名或捺指印的，侦查人员要在笔录上注明。

2.制作讯问笔录的方法。首先要熟悉案情和讯问计划。讯问前，记录员必须通过各种方法全面熟悉案件情况及侦查员制定的讯问计划。这样可以坚定做好笔录的信心，使之从容不迫地面对讯问，有条不紊地做好笔录；并且能做到心中有数，记录时把握节奏，抓住重点，而不至于有答必录，处处受制于对方。其次要审讯予以配合，集中精力，快速记录。审讯者和记录员是一个办案集体，两者既要分工，又要互相配合。为了配合记录员笔录，审讯者应有计划、有步骤地提问，力争做到语言精练、吐字清楚，把握节奏，适当照顾记录速度。对于重要情节，审讯者可以采取变换提问角度让又犯罪嫌疑人重述，或者审讯者概括复述等办法，确保记录员完整无误地将其记录在案。最后讯问要突出重点，抓住关键。讯问笔录要求尽可能详尽，但并不是说要机械地逐字逐句地记录又犯罪嫌疑人所说的和表露的一切，而是抓住重点、关键，即涉及案件定罪的事实和又犯罪活动的关键情节。一般就又犯罪嫌疑人的每一项罪行来说有又犯罪事实的组成要素，即又犯罪的时间、地点、当事人（包括又犯罪嫌疑人、被害人或被害单位、知情人、关系人、同案人等）、经过（包括预谋、作案时和作案后的情节）、手段、后果（包括危害程度、财物损失、人员伤亡等）以及动机、目的等；证明又犯罪事实组成要素的证据；供述中的矛盾点；又犯罪嫌疑人的辩解和更正；又犯罪嫌疑人供述中涉及的有侦查价值的线索，即又犯罪嫌疑人供述的与案件有一定关系的人和物的线索或者其他有侦查价值的线索等几个方面。记录时，一定要抓住这些关键性问题，繁简适当，主次分明，做好笔录。

第三节　侦查讯问的策略和方法

一、侦查讯问的策略

（一）侦查讯问策略的概念和特征

侦查讯问策略的概念：侦查讯问策略是指讯问人员为了实现一定的讯问目标，在法律允许的范围内，根据具体的讯问条件，运用有关科学原理和实践经验所制定的科学有效的计策和谋略。特征有：

1.合法性。侦查讯问是一种诉讼性质的侦查活动，法律对侦查讯问的程序、方法作出了严格的规定。因此,侦查讯问中采用的策略必须符合法律的要求。同时,侦查讯问策略还应当符合社会主义道德标准,不得利用欺骗、谎言和无法实现的许诺,不得对又犯罪嫌疑人引供、诱供。

2.科学性。侦查讯问策略具有规律性、客观性,是依据有关科学原理,在总结侦查讯问实践经验的基础上提炼出来的。

3.隐蔽性。任何一个侦查讯问策略都应是绝对隐蔽的,使又犯罪嫌疑人在不知不觉中按照计谋的客观性就范。侦查讯问策略一旦暴露了真实意图,就失去了其应有的意义。

4.综合性。侦查讯问策略具有一定的结构。我们可以把侦查讯问策略看作是讯问最佳的组织工作,它是对完成讯问目标应采取什么样讯问活动的一种筹划或意图。实现讯问策略目的需要依赖于正确的讯问方法和提问方法。

5.灵活性。侦查讯问策略具有一定的机动性和可选择性。应根据不同性质的案件、不同的又犯罪嫌疑人和不同的讯问情况机动灵活地选用相应的讯问策略。

(二)侦查讯问策略的种类

1.攻心型侦查讯问策略。主要包括思想攻心和政策法律攻心两个方面。思想攻心是最常用的解决又犯罪嫌疑人认识问题、观念问题、情感问题的讯问策略。它主要通过强化讯问力度,适当加快讯问频率和宣讲国家的政治、经济等形势来完成。政策法律攻心就是运用党的有关刑事政策和法律规定的感召力和震慑力,去影响又犯罪嫌疑人的心理。攻心型策略要根据讯问的具体情境,有节奏地调整讯问的气氛,既不能从头到尾只有平和的规劝,不给适当压力,也不能一味施加压力,不作启发诱导。宽和严交替使用,才能达到攻心的目的。

2.震慑型侦查讯问策略。就是在侦查讯问中,讯问人员发出能产生强烈效应和刺激的信息,使又犯罪嫌疑人慑于国家专政机关的威力,深感自己不是对手,无力与国家法律相抗衡,从而削弱或消除对抗的意志,如实交代罪行。也可从其他因素入手,使又犯罪嫌疑人预感自已已无别的退路,只有认罪一条路可以走,不得不供述罪行。

3.调动型侦查讯问策略。就是通过一定的语言、行为和气氛的影响,调动又犯罪嫌疑人的情绪、情感和认识,使又犯罪嫌疑人形成罪行已经被掌握的错误认识,从而如实供述罪行。

4.利用型侦查讯问策略。就是利用又犯罪嫌疑人的某一弱点或共同又犯罪中的某一又犯罪嫌疑人,有针对性地进行追讯,迫使又犯罪嫌疑人供认罪行。

5.重点突破的侦查讯问策略。就是指对某些案件或案件中的某些问题,侦查讯问人员在主要犯罪事实或关键情节上掌握的证据材料确实、充分和有力,在又犯罪嫌疑人拒不供认或犹豫不决、吞吞吐吐的情况下,发挥证据的威力,直接向又犯罪嫌疑人点出问题的要害,追讯其又犯罪事实,迫使其不得不作出正面回答,待打开缺口,突破案情,然后再追讯案件的其他细节,使又犯罪嫌疑人坦白交代全部罪行的一种讯问策略。

6.迂回渐进的侦查讯问策略。迂回渐进,是指对某些案件或案件中的某些问题,侦查讯问人员掌握的证据材料很少,或对证据材料的可靠性尚有疑问,或是一时摸不清又犯罪嫌疑人对其罪行所持的态度,在这种情况下,采取由浅入深、由表及里、侧面迂回、因势利导和循序渐进的发问,待接近讯问目标,完成"包围圈",造成兵临城下,堵死退路后发起攻势,一举突破又犯罪嫌疑人防线,获取又犯罪嫌疑人口供的一种讯问策略。

二、侦查讯问的方法

(一)说服教育

说服教育是指侦查人员在讯问中通过法律、政策、形势、前途和道德教育,促使又犯罪嫌疑人弄清是非界限和权衡利弊得失,达到转变思想、消除对立、如实供述罪行的目的的一种讯问方法。

说服教育是讯问中广泛使用的一种方法,不仅对每一个又犯罪嫌疑人的讯问都要使用,而且还要贯穿讯问活动的始终。说服教育能否产生效果,决定于又犯罪嫌疑人是否愿意接受侦查人员所讲的道理,侦查人员说服教育是否有针对性,以及侦查人员说服教育所采取的态度和方法是否正确。这些因素是互相关联的,不论缺少哪一个,都不会达到说服教育目的。

1.说服教育要掌握时机。说服教育要贯穿讯问过程的始终,并不是说进行说服教育时不需要考虑时机,而是要在讯问过程中不失时机地开展说服教育。

2.说服教育要情理交融。说服教育的根本在以理服人,以情动人,做到情理交融。

3.说服教育要恰如其分。要说服又犯罪嫌疑人,让他按照侦查人员的意思去思考问题,陈述事实,就要在阐述道理和指明方向时,不能言过其实,违背政策精神;讲从宽从严都不能脱离又犯罪嫌疑人的又犯罪事实,不能脱离刑法规定的量刑幅度。不能为了要增加又犯罪嫌疑人的思想压力,故意把又犯罪性质、影响说得很重;也不能为了要缓解又犯罪嫌疑人的思想压力,又故意把又犯罪性质、影响说得很轻。

4.说服教育要有的放矢。要说服教育又犯罪嫌疑人,就必须透彻地了解又犯罪嫌疑人并据此确定说服教育的目标,选择适当的说服教育内容,采取最有效的说服教育方法。消除又犯罪嫌疑人的抗拒心理。

5.说服教育要讲究方法。说服教育的内容非常广泛,主要有法制教育、政策教育、形势教育、前途教育、道德教育等。事实说明,一个善于说服教育的侦查人员,不仅对不同的内容有不同的表述方法,就是对同一内容,因具体对象不同,所采用的方法也各不相同。

6.说服教育要政策兑现。对于又犯罪嫌疑人在侦查中的表现,应如实写在《起诉意见书》中,作为法院审判时从宽或从严的一个依据。

(二)使用证据

使用证据是指侦查人员在侦查讯问中有计划、有步骤地使用已获取的证据揭露又犯罪嫌疑人的狡辩和虚假的供述,打消其抗拒的心理,促使又犯罪嫌疑人如实供述罪行的最有效的讯问方法。

在侦查讯问中,侦查人员和又犯罪嫌疑人之间的较量,基本上是围绕着证据进行的。又犯罪嫌疑人也懂得,证据是认定罪行的唯一依据,一旦侦查人员掌握了确实可靠的证据,又犯罪嫌疑人的罪行就会被确定无疑。因此,又犯罪嫌疑人在讯问中十分关注并设法想知道侦查人员掌握证据的情况。当侦查人员拿出确实的证据时,作虚假供述的又犯罪嫌疑人就会认为他的罪行已经暴露了,抵赖已经没有意义了。随着讯问中不断地使用证据,这种信念也不断增强,又犯罪嫌疑人逐渐认识到,继续拒不认罪是毫无好处的,于是只好招认。

在侦查讯问中正确使用证据的要求:一是使用证据要有充分的准备。使用证据前,做好充分准备,才能发挥证据的威力。二是使用证据要选择好时机。使用证据必须选择有利时机,才会收到较好的讯问效果。三是使用证据要讲究方法。讯问中使用证据的方法是很多的。常用的方法有：直接使用、间接使用、连续使用、点滴使用、暗示使用等。四是使用证据要留有余地。为减少暴露讯问的意图，推动以后讯问的顺利进行，使用证据时要留有余地。五是使用证据要作详细笔录。侦查人员出示了什么证据，采取了什么形式出示的，出示前后是怎样提问的，又犯罪嫌疑人是如何回答的，有哪些明显的外部表现，都要在讯问笔录上写明。这样做，主要是为了能对口供的真实性作出正确的判断。

（三）利用矛盾

利用矛盾是指侦查人员在讯问中利用又犯罪嫌疑人因编造谎言使口供出现的矛盾和同案犯之间在利害关系上的矛盾，戳穿又犯罪嫌疑人的谎言和狡辩，离间同案犯之间的关系，打消其抗拒的心理，促使又犯罪嫌疑人如实供述罪行的讯问方法。

1. 利用又犯罪嫌疑人口供中的矛盾。又犯罪嫌疑人为了掩盖罪行、推卸罪责、逃避惩罚，常常采取歪曲事实、虚构情节、编造假口供的办法对抗讯问。这就不可避免地要在其口供中出现种种矛盾。及时发现又犯罪嫌疑人口供中的矛盾，不仅可以有效地揭露又犯罪嫌疑人的狡辩和欺骗，还有助于排除疑点，发现新的又犯罪事实和线索。

2. 利用同案犯之间在利害关系上的矛盾。又犯罪团伙的成员，在本质上都是一些极端的利己主义者。他们基于各种不同的动机，勾结在一起，当他们被采取强制措施后，由于案件的结果直接关系到每一个人，就都把希望寄托在攻守同盟和"哥们儿义气"上，一致对付讯问。随着审理的深入发展，当他们感到个人利益和团伙利益不能兼顾时，这种对抗力量就会逐渐减弱，他们中的大多数就会转为靠揭发同伙来换取对自己的宽大处理，会十分担心同伙抢先交代问题，这就势必产生新的矛盾，同时也加剧了原有的矛盾。

同案犯之间在利害关系上的矛盾是客观存在的。侦查人员要通过各种可能的渠道，了解又犯罪嫌疑人在又犯罪团伙中的地位，在又犯罪活动中的作用，又犯罪的原因、人生经历、个性特点以及与同案犯之间的利害关系，并把他们之间各种矛盾和争斗的材料都搜集起来，针对不同的对象进行使用，达到分化瓦解、各个击破的目的。

（四）犯罪心理测试技术

犯罪心理测试技术，又称"测谎技术"，是指测试人员通过生理反应测试仪器，测试人的呼吸、血压、脉搏、皮肤电阻、脑电、次声波等多项心理反应生物指标，以此来判断人的心理变化。犯罪心理测试技术是将现代心理科学和神经生物学、生物电子学及其他科学的最新成果应用到犯罪心理研究领域的结果。

又犯罪嫌疑人在心理上对又犯罪事实异常敏感。当测试人员根据案情编制测试问题，通过语言、实物模型或图片等形式向被测试人提问，又犯罪事实的记忆痕迹就会立即在嫌疑人大脑中显现出来。大脑的这种变化必然会引进情绪中枢的心理生物反应，一般难以受到人的意识的调控，因此，这种反应被心理测试仪器准确地记录下来。测试人员根据又犯罪心理测试仪上显示的生物变化参数，对照测试问题，分析被测人的心理状态，进而判断被测人是否说谎。

阅读延伸 YueDuYanShen

讯问中证据使用的要求

使用证据（包括证据材料）是指审讯人员在讯问过程中，向犯罪嫌疑人出示、宣读或者暗示证据材料或其他与案件有关的事实、情节的讯问方法。在讯问过程中，审讯人员如果能根据讯问的目的,选择有利的时机,获取案件事实真相。因此,使用证据是侦查、预审人员在讯问活动中经常使用的一种审讯方法。

1. 使用证据的要求

(1)不能暴露侦查技术和侦查工作机密。在使用证据时,对获取证据的来源要进行认真的审查,如果是通过技侦手段获取的和可能暴露侦查工作秘密的证据一般不要在讯问中使用。如果一定要用,要请示有关领导批准后才能使用,在使用时要以不暴露侦查技术手段为原则,有些可以在转化为公开的合法证据后再使用。

(2)重要证据不能轻易使用。在讯问过程中,不能把对认定案件事实起决定作用的重要证据随便向犯罪嫌疑人出示。要让犯罪嫌疑人通过审讯人员的讯问,使他感觉到侦查机关掌握了他犯罪的重要证据。但是,掌握了什么证据,不能让犯罪嫌疑人轻易知晓,使他总有一种悬念,产生一种内在的压力,总以为有把柄在审讯人员手中,这样审讯人员就能牢牢掌握讯问的主动权,迫使犯罪嫌疑人交代犯罪事实。

(3)不宜将全案的所有证据在讯问中全部出示。讯问中要特别注意不能把全案的证据都出示,这样容易给犯罪嫌疑人提供翻供的机会,影响证据的证明效力,也容易暴露我方的底细。如果审讯人员认定犯罪嫌疑人犯罪事实的证据充分确实,即使犯罪嫌疑人不承认,也可以认定犯罪嫌疑人有罪,没有出示的必要。

(4)不得用假证骗取犯罪嫌疑人的口供。有的审讯人员为了取得犯罪嫌疑人的口供,用虚假的证据来骗取犯罪嫌疑人的口供。这种方法是一种引供、诱供的行为,是不符合法律规定的,也是产生冤假错案的一个主要原因。这里讲假证,是指审讯人员明知不是本案的证据,或者不是证据,而当证据来使用。

(5)注意保护提供证据的人。取证难的主要原因是证人怕打击报复而不愿作证或不敢作证。因此,在讯问中出示证据时,一定要注意方式、方法,尽量不要让犯罪嫌疑人或者其家属知道证据是谁提供的。

2. 使用证据的时机

在讯问中使用证据一定要选择有利时机,才能达到预期的目的。如果掌握不好使用证据的时机,不仅达不到出示证据的目的,反而暴露讯问的意图,增加犯罪嫌疑人的抗审和侥幸心理。

在什么时机使用,主要根据犯罪嫌疑人的具体情况和审讯人员的主观灵感来决定,在一般情况下,下列时机使用证据比较容易达到预期目的:

(1)犯罪嫌疑人抗审拒供思想产生动摇的时候。

(2)犯罪嫌疑人侥幸心理严重时。

(3)犯罪嫌疑人翻供时。

(4)犯罪嫌疑人伪供时。

(5)讯问出现僵局时。

(6)案情已经取得一定进展时。

(7)当犯罪嫌疑人的口供之间以及口供与其他证据出现矛盾,不能自圆其说时。

以上几种使用证据的时机,要灵活掌握。若能在讯问和使用证据能够有机地结合起来,可推进讯问活动逐步向纵深发展。

3. 使用证据的方法

(1)明示(或称直接出示证据)。明示是指审讯人员直截了当地向犯罪嫌疑人说明证据的内容或特征,或者向犯罪嫌疑人出示有关的实物证据(包括实物证据照片),或者向犯罪嫌疑人播放证明案件事实的录音、录像。如向犯罪嫌疑人宣读同案犯的口供或者笔录,将证人证言材料、犯罪嫌疑人的亲笔供词给犯罪嫌疑人看,向犯罪嫌疑人出示现场照片或提取的各种痕迹物品,赃物罪证等。

(2)暗示。暗示是指审讯人员在讯问中不直接出示证据,而向犯罪嫌疑人露一点案中的某一个情节或者有意向犯罪嫌疑人暴露与案件有关的证据或证据材料,审讯人员与犯罪嫌疑人相互之间心照不宣,迫使犯罪嫌疑人供认犯罪事实。常用的暗示法有:

①语言暗示法。就是审讯人员用隐含、比喻、双关等语言,说出与案件事实或证据相关的内容或情节,表明侦查机关已经掌握了案件有关事实情节或获取了有关证据,迫使犯罪嫌疑人交代罪行。

②实物暗示法。就是审讯人员将搜集到的赃物、作案工具等物证或者与案件有关的其他物品,放到一定的位置,让犯罪嫌疑人看到,使犯罪嫌疑人产生一定的心理压力,逐渐由抗审心理向交罪心理转化。

③证人、被害人、同案犯暗示法。就是审讯人员既采取适当的形式或技巧,让犯罪嫌疑人看到能证实案件事实或者证明犯罪嫌疑人犯罪行为的证人、被害人、而彻底消除犯罪嫌疑人的侥幸心理。

(3)明、暗结合。明、暗结合是指审讯人员既采用明示又使用暗示的方法出示证据。明、暗结合使用证据的方法对犯罪嫌疑人震慑大,效果比较明显,能一鼓作气地推动讯问工作向前进展,突破犯罪嫌疑人的心理防线,攻下犯罪嫌疑人的口供。明、暗结合使用证据可以根据案件事实、犯罪嫌疑人的心理特点以及审讯人员掌握证据的情况,灵活运用。

(4)虚、实并举。虚、实并举使用证据,是指审讯人员把抽象的、笼统的(虚的)证据材料或案件事实与明确的、具体的(实的)证据材料结合起来使用,动摇犯罪嫌疑人侥幸抗审的心理。有的犯罪嫌疑人,特别是惯犯、累犯、流窜犯罪的犯罪嫌疑人,为了试探摸底,了解审讯人员掌握证据的情况,在讯问过程中,往往采取真真假假、虚虚实实、真中有假、假中带真、以假乱真的办法,来对付审讯,企图打乱审讯人员的讯问计划,把讯问和调查活动引入歧途。审讯人员就应针锋相对,也可采取虚,实并举、虚中有实、实中带虚的方法使用证据材料,迷惑犯罪嫌疑人,打消犯罪嫌疑人的反讯问企图,使犯罪嫌疑人感到审讯人员已掌握了他的罪证,迫使犯罪嫌疑人交代犯罪事实。

采取上述方法出示证据材料,应注意两点:

一是出示的证据材料不能让犯罪嫌疑人看出任何破绽,特别是使用抽象、笼统的证据材料,一定要作技术处理,把容易暴露审讯人员审讯意图和底细的去掉,不能让犯罪嫌疑人知道事实真相。

二是要出示证据的材料和方法要符合法律的规定,防止出现引供、诱供的情况。要在法律允许的范围内,巧妙地使用证据,做到顺理成章,顺其自然,不致有引供、诱供之嫌。

三、第一次讯问及突破口的选择

(一)第一次讯问

1.第一次讯问的概念。第一次讯问,也叫初讯,是指狱内侦查人员受理案件后,在法定时限内同犯罪嫌疑人进行的第一次面对面的交锋。按照刑事诉讼法的规定,被告人或犯罪嫌疑人被采取强制措施后,必须在二十四小时以内对其进行第一次讯问。

做好第一次讯问可以及时发现错误,避免没有又犯罪的人受到不应有的处罚,甚至被错误地追究刑事责任;有利于及时突破又犯罪嫌疑人的口供。对经过缜密侦查,有证据证明有新罪行的又犯罪嫌疑人,可以利用其刚刚被采取措施,思想处于惊慌混乱,还不了解侦查人员掌握案情和证据情况,来不及周密考虑如何对付讯问的有利时机,促其尽早作出供述。可以为侦查案件指明方向,并为进一步完善讯问计划提供依据。通过第一次讯问可以核实前阶段侦查工作的情况并提供线索,为后阶段侦查工作指明方向。同时,通过直接观察,掌握又犯罪嫌疑人的应讯心理状态、性格特点、认罪态度、反讯问经验等,及时完善已制定的讯问计划,使之更加切实可行。

2.第一次讯问的方法。第一次讯问在侦查活动中具有特殊性。讯问双方进行正面交锋,都希望达到自己的目的。一方要了解对方,运用讯问对策,尽快促使其如实供述;另一方则要试探摸底,建立反讯问体系,以逃避或减轻处罚。因此,在第一次讯问中,侦查人员要根据又犯罪嫌疑人的不同情况,采用有效的方法。

(1)又犯罪嫌疑人想争取从宽处理而交代问题,或作案目的已达到,心理得到了满足,别无他求。对这类又犯罪嫌疑人,侦查人员要详细讯问和记录又犯罪嫌疑人供述的事实,根据又犯罪构成要件的要求深追,查明又犯罪的具体情节,力求弄清只有作案人才知道的又犯罪事实,并及时做好查证工作。特别是对讯问前没有掌握的关键情节,讯问后要及时查证,巩固已有的口供。

如果又犯罪嫌疑人供述是为了掩盖其罪行或同伙,对这类又犯罪嫌疑人既要查清已交代的罪行,同时要分析其供述的原因,结合已掌握的证据材料,对又犯罪嫌疑人的供述进行审查,还有可能是为了试探摸底,了解侦查人员情况等。

(2)又犯罪嫌疑人否认被指控的罪行,为自己进行辩解。有的是又犯罪嫌疑人确实没有犯新罪或罪行没指控的严重。这类犯罪嫌疑人一般都能提出一些事实依据为自己进行辩护。侦查人员要认真听取其辩解,做好记录并及时查证核实,迅速作出恰当处理。更多的是又犯罪嫌疑人采用反讯问伎俩进行狡辩、真伪混供,寻机翻供。对这类又犯罪嫌疑人,侦查人员要冷静从事,不要堵塞言路,给他制造僵局的机会。要采用有效对策,诱其暴露,寻找时机运用证据对其进行揭露批驳。

(3)又犯罪嫌疑人态度顽固,进行公开对抗或沉默不语。又犯罪嫌疑人在讯问中心理障碍较为严重,有侥幸心理的又犯罪嫌疑人自认为又犯罪事实没有暴露,侦查人员没有掌握证据,而以软拖硬;有些又犯罪嫌疑人罪行重大,畏罪心理严重,顾虑较多而不能供述。对这类又犯罪嫌疑人,侦查人员要沉着应战,头脑冷静,不能因又犯罪嫌疑人拒不供述,案情一时难以突破而感情用事。要认真研究其心理,准确判明其拒供的原因,及时调整对策,将其心理障碍消除或削弱,创造时机进行突审。

3.第一次讯问应当注意的问题。

(1)第一次讯问应当做到问题集中,指向明确,不可把摊子铺得过大,什么问题都问,什么问题都没有突破。

(2)第一次讯问中除用简练明了的语言宣讲政策、法律外,讯问人员要少讲多听,尽量让又犯罪嫌疑人多说,以便获得更多的信息。

(3)第一次讯问要尽量少使用证据,如果需要使用,必须把握住使用证据的时机和技巧,切不可盲目使用。

(4)第一次讯问中,对又犯罪嫌疑人所作的有新罪供述或无新罪辩解,无论我们是否掌握,都让他把话说完,再进行提问。在听取又犯罪嫌疑人有新罪的供述时,讯问人员应做到不露声色,决不可表现出满意或者失望的情绪,或者给又犯罪嫌疑人某种暗示,影响口供的客观性。

(二)讯问突破口的选择

讯问突破口,是指对查清全案具有关键意义而又易于攻破的某个案件事实或共同又犯罪中的某个又犯罪嫌疑人。

在讯问中寻找突破口,是冲突性讯问过程中普遍采用的方法。对于那些不认罪和不如实供述的又犯罪嫌疑人,要使他们从不认罪转变为认罪,从不供述转变为供认罪行,关键是要把突破口找准。就是说,要从哪一个问题入手开展讯问才能奏效。确定突破口并不是我们讯问要达到的最后目标,而是使它起到讯问最后目标的"跳板"作用。一旦跃过,就可能迅速攻破又犯罪嫌疑人的防线,取得势如破竹的效果。

1.讯问突破口的条件。讯问突破口不是讯问人员随意设计的,它不仅要源于案件之中,而且还要具备一定的条件。侦查讯问中,通常是从两方面去选择突破口的,一是从又犯罪嫌疑人又犯罪事实或个性特点中选择,二是从同案犯中去选择。

一个案件由许多事实组成,一个事实又由许多情节构成,一名又犯罪嫌疑人往往有多项又犯罪事实。选择哪个事实和情节作为突破口容易突破案情,能够把讯问活动引向纵深发展,这应根据已知的又犯罪事实和情节所具备的条件去选定,这些条件通常是:其一,以证据作为物质基础,这是讯问突破口的首要条件;其二,具有比较明显或公开暴露的又犯罪事实和情节;其三,又犯罪嫌疑人没有防备或防备较为薄弱的事实和情节;其四,又犯罪嫌疑人为掩盖罪行而暴露出的矛盾;其五,激发又犯罪嫌疑人"良知"的事实;其六,能由点到面突破全案的事实和情节。

从共犯成员中选择讯问突破口,应具备以下条件:对该又犯罪嫌疑人的又犯罪证据掌握得较为确实、充分;被胁迫参加又犯罪的;在又犯罪的泥潭陷得不深、意志动摇脆弱,或者有悔改和主动交代愿望的;反讯问经验较少的;与主犯或其他案犯关系不够融洽,甚至有利害冲突的;对全案案情或者对主犯情况了解较多的。

选择重点突破的又犯罪嫌疑人,应从实际出发,不要求完全具备上述的条件。重点突破的又犯罪嫌疑人确定后,还要按照选择讯问突破口的条件,从又犯罪事实选定讯问突破口开展讯问。

2.选择讯问突破口的方法。

(1)确定讯问的顺序。讯问人员受理案件后,经过初步调查,要提出尚未弄清或尚未完全弄清的问题。然后,确定需要通过讯问又犯罪嫌疑人能解决的问题。再对这些问题进行全面分析,把握解决问题的关键所在,排列出解决问题的先后顺序。如果提出的问题不够明确,或关键证据把握不准,而现有的案件材料又不能提供更多的信息,在这种情况下,可以通过初讯来加以补充。

在确定解决问题的顺序时,应把下列两个问题考虑进去:对存在现实危险性的问题,要首先排除;对不同性质的案件,先行攻破的问题也不相同。

(2)选择讯问突破口。需要通过讯问解决的问题确定之后,接着就是选择讯问突破口。一般说来,一个案件或案件的某一问题,能选为突破口的事实是很多的。所以,就要把这样的事实统统提出来。然后,要对提出的讯问突破口,进行比对、筛选,把最接近讯问突破口条件的和获胜把握最大的留下来使用。

在选择讯问突破口时,要准备几个讯问突破口。由于又犯罪嫌疑人常使用反讯问的伎俩,或者讯问突破口与要解决的问题距离过大,因此,仅靠一次突破往往不一定成功。这就需要准备几个讯问突破口,以发挥连贯突破或策应作用。

在选择讯问突破口时从同案犯中选择突破对象,要结合全案斗争策略通盘考虑。要考虑如何有效地对又犯罪团伙分化瓦解和有利于在同案犯中穿插讯问,及时调查,扩大战果等。

3.校正讯问突破口。确定的讯问突破口,具有相对稳定性,不应轻易变动。但是,在实施时可能因种种原因,使用的讯问突破口未能实现预想的效果,这就需要及时校正。校正时,要把失误的原因搞清楚,分析选择的讯问突破口是否符合条件,运用的策略和方法是否正确,讯问人员的能力是否适应。当几次调整讯问突破口,讯问仍无进展时,就要适时停止讯问,重新对案件进行分析,在此基础上再次进行选择。

阅读延伸 *YueDuYanShen*

不同情形下对又犯罪嫌疑人的第一次侦查讯问

又犯罪嫌疑人到案接受讯问的情形可以分为又犯罪嫌疑人被监狱机关查获和又犯罪嫌疑人自己投案自首。被监狱机关查获的又犯罪嫌疑人中,有经过监狱机关立案侦查的,有未经立案侦查而在犯罪现场抓获的,有未经侦查偶然在其身上或住处发现重大犯罪嫌疑物品而抓获的。这些情形,对第一次讯问的结果影响很大,不可忽视。

1.对经立案侦查查获的又犯罪嫌疑人的第一次讯问

监狱机关经过立案侦查,掌握了又犯罪嫌疑人犯罪的重要证据,但是,由于没有经过正面接触,还不能完全肯定又犯罪嫌疑人就是本案真正的犯罪人。而犯罪人作案后,自知有罪,大多数在第一次讯问中都采取对抗态度。他们对抗讯问的态度可以归结为:佯装自己是无辜的,甚至喊冤叫屈,对讯问人员进行反诘,索要证据;假装糊涂,东拉西扯,不正面回答问题,意在投石问路;沉默不语,看讯问人员反应。因此,第一次讯问既是讯问人员与犯罪嫌疑人之间互相摸底、互相试探的一场较量,也是追讯与反追讯的一场尖锐激烈的斗争。对这类又犯罪嫌疑人进行第一次讯问,方法有以下几种:

(1)压制嚣张气焰。对犯罪不知罪、不认罪、不服罪,明目张胆对抗讯问的又犯罪嫌疑人,要限制和制止其嚣张气焰。具体办法有:一是针锋相对,用真理和正义适时揭露其对抗讯问的非真理、非正义性,阐明坚持对抗必将受到从严惩处的严重性和危险性。然后敦促其权衡利弊,改变错误立场、观点,收敛对抗,尽快选择"坦白从宽"之路,如实作出供述。二是后发制人,让对抗讯问的又犯罪嫌疑人充分表演,同时将其拙劣的言行全面完整地记录下来,然后选择适当的时机予以有力的揭露和批驳,置其于理屈词穷的境地,迫使其放弃对抗。

(2)打掉幻想。对企图对抗蒙混过关的有罪嫌疑人,首先要运用辩证唯物主义原理揭露他们唯心主义的思想方法。说明真的就是真的,假的就是假的。事实胜于雄辩,再诡秘的行为也会被人发现,更何况犯罪总会留下各种痕迹。其次要运用案中涉及的科学知识和科学原理说明在现代科技高度发达的年代,许多犯罪问题都可以用现代科技手段解决,任何伪装都可以被识破,以此打破他们的幻想。

(3)循序渐进。针对又犯罪嫌疑人的戒备心理,以有连贯性、系统性、逻辑性的一系列问题向又犯罪嫌疑人提问,步步为营,稳扎稳打。前一问题为后一问题作准备,后一问题为前一问题作补充，使又犯罪嫌疑人如实回答了前一问题，再回答后一问题就处于被动状态，如对后一问题再如实回答，以后的问题就非如实供述不可。如果又犯罪嫌疑人前后供述自相矛盾，讯问人员就可以抓住矛盾，结合具体案情适时再提出反问或质问，最终迫使又犯罪嫌疑人如实供述。

（4）及时点破一些问题。利用又犯罪嫌疑人心虚理亏，既想侥幸逃避又害怕重罚的心理，有意就某些相关事实或情节提醒、点破，使他们认识到罪行隐瞒不住，顽抗没有好下场，从而放弃对抗，走坦白从宽之路。

2. 对在犯罪现场抓获的又犯罪嫌疑人的第一次讯问

这类又犯罪嫌疑人，大多数因为在犯罪现场被抓获，人赃俱获，或证据俱全，自知狡辩已失去客观基础，但他们在证据面前极力抵赖，以顽固的态度对抗讯问。他们一方面企图以顽抗逃避惩罚；另一方面以顽抗自我安慰，寻求精神上的满足，减轻心理压力。他们对抗讯问态度是：笼统地承认犯罪，但不如实交代具体情节；把罪责推给同伙；把犯罪说成是被害人造成的；一问三不知，闭口不谈。对付这些又犯罪嫌疑人，第一次讯问的方法有：

（1）及时、就地讯问。要趁又犯罪嫌疑人刚被抓获，惊魂未定，赃证俱全的有利时机，当即就地讯问现行犯罪事实。讯问时，要加快讯问节奏，加剧他们的恐惧情绪，使他们忙中出错，露出破绽，授我以柄。在抓住把柄后，揭露破绽，置他们于无可辩驳的境地，不让他们有喘息的机会。力争第一次讯问就把现行犯罪的主要事实和情节讯问清楚。

（2）用法律、政策攻心，指出明路。运用法律、政策陈明利害，以转变又犯罪嫌疑人的思想。具体做法有：一是运用宽、严案例进行教育，使他们看到前途和出路，认识到像他们这样的人，宽能宽到什么程度，严会严得如何；二是严肃揭露批判他们的态度，使他们明白受惩罚的轻、重，除了犯罪事实外，对待讯问态度的好、坏是个重要的筹码，促使他们在利害得失上作出正确的选择。

（3）预防反悔翻供。由于在犯罪现场抓获，这类犯罪嫌疑人在第一次讯问就能供述犯罪事实的可能性较大，但过后各种不良思想的影响下也有出现反复、反悔翻供的可能。为此，在犯罪嫌疑人供述现行犯罪事实后，要巩固其认罪思想，防止其翻供。

3. 对在身上或住处发现犯罪嫌疑物品的第一次讯问

这类又犯罪嫌疑人多是一些"二进宫"、"三进宫"的顽危犯。监狱机关查获他们，其实是一场遭遇战。他们普遍感到如果罪行暴露，一切都完了，但又认为，只要自己死硬不说，监狱机关也查不清他们的罪行。因此，在受讯问时，他们或是用事先编造的一套骗人花招，掩盖事实，或是赌咒发誓、鸣冤叫屈。第一次讯问时，对付他们的办法有：

（1）制造错觉，乘虚而入。这类又犯罪嫌疑人大多数对讯问已有防备，防御严密，企图以狡辩抵赖蒙混过关，为了不致讯问陷入僵局，讯问时要避实就虚，制造宽松的气氛，把需要讯问的问题用自由交谈的方式对又犯罪嫌疑人进行讯问，使他们误认为讯问人员并不是在讯问他们，而是在聊天，只要其神情自若的对答，监狱机关也就不会再去追问别的东西，令其以为他们的问题可以隐瞒过去。待他们放松戒备回答了讯问人员需要证实的细枝末节后，讯问人员就可以对不清楚的问题继续讯问或开展调查，或对他们的谎言进行揭露和质问，最终迫使他们如实供述。

（2）表明侦查案件的决心，摧垮顽抗的侥幸心理。这类又犯罪嫌疑人往往盲目相信自己的骗人花招能掩盖他们的犯罪事实真相，因而施展种种反讯问伎俩。为此，要明确向他们摆明，查清他们的嫌疑问题是法律赋予监狱机关的权利和职责，监狱机关查获他们是有法有据的。使他们意识到,他们的问题如何解决、他们对问题是否如实供述是个重要的因素,顽固抵赖占不到便宜,从而使之放弃对抗。

(3)运用证据,后发制人。在对又犯罪嫌疑人的人身和携带的物品进行搜查和对他们周围的人进行调查,掌握了比较充分的证据,而又犯罪嫌疑人却拒不如实供述,仍然负隅顽抗时,可有意识地让其表演下去,任其申述无罪或罪轻的种种理由,然后出示有关证据,对他们的谎言和狡辩予以揭露和批驳,打击他们顽抗的意志。

(4)情义感化,促其醒悟。以严肃诚恳的态度对待又犯罪嫌疑人,尊重其人格。恰如其分的情感感化,能使这些又犯罪嫌疑人相信讯问人员的善意,改变对抗的态度。首先,对他们的目前处境表示一定程度的同情,对他们在生活中遇到的一些实际困难表示关切,对他们千方百计寻求自我保护的做法表示一定程度的理解。其次,向他们挑明,要想摆脱目前的窘境,最好的办法就是如实交代问题,编造谎言、顽固抵赖,绝对不会得逞,只能得到相反的结果。这样给予疏导,能促使其转变思想态度,如实作出供述。

(5)抓住嫌疑问题穷追不舍。责令又犯罪嫌疑人对嫌疑问题,或可疑物品的来源、去路一一作出交代,不交代清楚绝不罢休。

4.对投案自首的又犯罪嫌疑人的第一次讯问

犯罪后能投案自首的人,不管其动机如何,都希望获得从宽处理。对这类犯罪嫌疑人进行第一次讯问的方法是:

(1)从正面直接讯问又犯罪嫌疑人投案自首的动机。

(2)阐明对待投案自首的法律、政策。要针对又犯罪嫌疑人投案动机和具体案情,详细宣讲处理投案自首的法律、政策,明确告诫他:真正的投案自首,应该是完全彻底地坦白交代自己的犯罪事实,不能有任何欺诈和隐瞒;否则,不以投案自首论处。

(3)详细讯问犯罪事实。要让投案自首的又犯罪嫌疑人详尽供述所有犯罪事实和情节,不放过任何疑点和不清楚的地方。

(4)教育又犯罪嫌疑人检举犯罪线索。在讯问投案自首动机和犯罪事实以后,要教育、动员投案自首的又犯罪嫌疑人检举揭发他所知道的其他犯罪线索,争取立功赎罪。

(5)宣布投案自首后的纪律。向投案自首的又犯罪嫌疑人宣讲投案自首后必须遵守的法律和纪律,并提出具体的要求。

第四节　对证据材料的审查判断

一、审查判断证据材料的概念和意义

(一)审查判断证据材料的概念

审查判断证据材料是指侦查人员对搜集到的证据材料进行分析研究,鉴别其真伪,确定其是否具有证明力,并依据全部证据对案件事实作出结论的诉讼活动。审查判断证据材料实质上是一个认识过程,是对已经搜集到的客观证据事实法律化的过程。

(二)审查判断证据材料的意义

1.审查判断证据材料是正确认定案件事实的关键环节。审查判断证据材料是对错综复杂的证据材料去伪存真的过程。由于受主客观条件的种种局限,所搜集到的证据材料,并不都是真实可靠的,也并不都与案件存在客观联系。这就需要侦查人员对所搜集到的证据材料进行严格的审查判断,以确定证据是否具有证明力,这样才能正确地认定案件事实。

2.审查判断证据材料为进一步搜集证据提供了方向。在侦查活动中,搜集证据和审查判断证据材料是密切联系、相互交叉进行的,并贯穿于整个侦查过程的始终。侦查人员要运用证据认定犯罪,从受理案件伊始,除了必须及时、全面地搜集证据外,还必须对搜集到的证据材料及时地审查判断,以便确定证据材料是否确实、充分。如果发现证据材料不确实或不够充分,就要进一步搜集证据。可见,搜集证据是审查判断证据材料的前提和基础,审查判断证据材料又为进一步搜集证据提供了方向。

二、审查判断证据材料的一般性方法

(一)分别审查判断证据材料

分别审查判断证据材料是指以证据应具备的三个特征为内容,依据案件发生、发展和变化的客观规律和具体案情,逐一地对每个证据进行分析研究,以确定证据是否真实、完备,以及证明力的有无和大小。

1.审查证据的来源。审查证据来源包括查明来源是否可靠和合法。证据的来源是否可靠,通常指证据有无确切来源,只有来源于客观存在的事实,才有可能成为证明案件事实情况的证据;来历不明的物品、痕迹及道听途说的言论等,均不能作为证据。证据的来源不仅要真实,而且要合法。违反程序搜集证据,是造成虚假证据的重要原因之一,因此,在审查判断证据材料过程中,必须注意审查关于搜集、固定、保全证据的手段和程序是否合法,特别是注意有无刑讯逼供或其他非法搜集证据的行为。

2.审查证据的内容。审查证据的内容实质上是判断证据是否具备客观性和关联性两个特征。证据的内容是证据证明作用的具体表现。在实践中,一是要审查证据所反映的内容与待证的案件事实是否存在着内在联系,有什么样的联系,能证明案件中的什么问题;二是审查证据的内容是否完整、清楚,有无矛盾,是否合乎情理;三是要注意审查证据的内容与其表现的形式是否协调一致,形式与内容是不可分割的统一整体,如果形式与内容之间不协调一致,证据内容的准确度往往就会有问题。

3.审查证据的形成条件。审查证据的形成条件主要包括以下三个方面:一是审查证据形成的客观条件。证据形成的客观条件主要是指证据事实发生与形成时的外部自然条件,如光线、距离、温度、风向、雨雪等,通过对这些证据形成时客观条件的分析,可以对证据的可靠性作出判断。二是审查证据形成的主观条件。证据形成的主观条件主要是指证据形成时有关人员的目的、动机,与案件的关系、知识、能力水平等。三是审查与证据形成没有直接联系的事实。如规章制度、风俗人情、科普常识、历史事件等,在某种条件下,这些事实可以用来判断证据的真实性。

4.审查证据是否符合法定的形式。我国刑事诉讼法明确规定了刑事证据的形式,每一种证据的格式、项目、内容、要求等也都由有关的法律、法规作出了具体的规范,如果证据不符合法律、法规的形式要求,如其中项目记录不全,或缺少了有关人员的签名和指印,就会影响这种证据的真实性和法律效力。

(二)综合审查判断证据材料

综合审查判断证据材料是指在对单个证据进行分别审查判断的基础上,按照一定的规则,把全案的证据相互之间和证据与案件事实之间联系起来进行综合分析,对全案证据的确实充分性作出判断的一种证明活动。经过分别审查判断证据材料,只能对单个证据的确实性进行初步的确认,要真正确定定案证据是否确实,尤其是要确定认定案件事实的证据是否充分,还必须对全案证据进行综合审查判断。

1.对证据确定性的审查判断。主要采用对全案具有可比性的证据进行比对印证的方法。具体做法有二:一是横向比对审查法,就是将全案中证明同一案件事实的各种证据进行比对,看它们所反映的内容是否协调一致,与多数证据存在矛盾或不相一致的证据一般是不可靠的;对那些与其他证据有矛盾,而又具有自身合理性的证据,可采取鉴定、辨认等方法,进一步确认其可靠性。二是纵向比对审查法,就是将同一人对同一案件事实在不同时间和地点所提供的证词进行前后比对,看证据所反映的内容是否前后一致,如果前后矛盾,说明该言词证据存在的问题,要慎重对待,需要进一步采取侦查实验、质证等方法使矛盾得到排除或合理的解释。

2.对全案证据充分性的审查判断。主要采用分析推理的方法。具体做法有三:一是对全案证据的整体全面性进行审查。就是把经查证属实的证据与案件事实的各个待证对象之间进行对应,看每个待证对象是否都已得到了充分的证明。二是对全案证据的一致性进行审查。就是审查全部定案的证据之间能否相互印证、协调一致;全案证据与案情之间的联系是否合理,矛盾是否均能得到合理的解释。三是对全案结论的确定性进行审查。就是审查全案现有的证据是否已经形成了链条;然后依据这些证据依次进行推导,看得出的结论是否具有唯一性和排他性。

(三)不同种类证据的审查判断

不同种类的证据具有不同的特点,对证据的审查判断除了遵循一般的规律和方法外,还应当根据各种证据的不同特点,采用不同的审查判断方法。

1.对物证的审查判断。物证是以其存在形态、外部特征和属性来证明案件的,客观稳定性较好。但同时又由于其存在形式的多样性,容易受外界影响和自身会随外界条件变化的特点,具有被伪造、调换等可能。对物证的审查判断一是审查物证的来源是否可靠;二是审查搜集物证的程序是否合法;三是审查物证的外形、特征和属性,有无因为自然或人为的原因发生变化;四是审查物证与案件事实有无事实的联系。

2.对书证的审查判断。书证是通过文字符号或图画所表达的思想内容来证明案件真实情况的。对书证审查判断一是审查书证的产生或制作过程是否合法;二是审查书证的获取过程和保管情况是否规范;三是审查书证的内容是否制作人意思的真实表达;四是审查书证与案件事实有无联系;五是对书证本身所属的类型进行审查。

3.对证人证言的审查判断。证人证言是证人就自己所知道的案件情况向侦查人员所作的陈述。对证人证言的审查判断一是审查证人的资格;二是审查证人证言的形成过程;三是审查证人证言的来源;四是审查证人有无作伪证的可能;五是审查证人证言本身以及证言与其他证据之间有无矛盾。

4.对被害人陈述的审查判断。被害人陈述是被害人就自己所知道的案件情况向侦查人员所作的陈述。对被害人陈述的审查判断一是审查被害人陈述的来源;二是审查被害人与又犯罪嫌疑人的关系;三是审查被害人的作证能力。

5.对又犯罪嫌疑人供述和辩解的审查判断。又犯罪嫌疑人供述和辩解是又犯罪嫌疑人就案件发生的情况向侦查人员所作的供述和辩解。对又犯罪嫌疑人供述和辩解的审查判断一是审查又犯罪嫌疑人供述和辩解是否合理,有无矛盾;二是审查又犯罪嫌疑人供述和辩解的动机和条件;三是审查又犯罪嫌疑人的供述和辩解的过程和方法,主要是审查办案人员有无违反法定程序;四是将又犯罪嫌疑人供述和辩解与同案的物证、被害人陈述等其他证据进行比对分析,看供述与其他证据证明方向是否一致。

6.对鉴定结论的审查判断。鉴定结论是证据的一种。在诉讼中运用专门知识或技能,对某些专门性问题进行检验、分析后所作出的科学判断,称为鉴定。进行这种鉴定活动的人,称为鉴定人。鉴定人对案件中需要解决的专门性问题进行鉴定后作出的结论,称为鉴定结论。一是审查鉴定人是否符合法律要求,是否经过司法机关按法定程序聘请或指派,是否具有解决案件中某个专门性问题的知识、能力和资格,是否与案件当事人及其近亲属或案件的处理结果有利害关系;二是审查送检材料是否符合鉴定要求,是否真实可靠,是否达到鉴定技术条件所必需的数量条件;三是审查鉴定的方法是否科学,使用的技术设备和相关条件是否具备了进行正确鉴定的必要条件。四是将鉴定结论与其他证据进行比对分析,审查其结论同其他证据有无矛盾。

7.对勘验、检查笔录的审查判断。勘验检查笔录是司法机关公务人员对案件有关的场所、物品、资料、尸体等进行勘验、检查所制作的书面记录。它包括在勘验、检查过程中发现的,与案件有关的一切事实情况的文字记录,而且还包括绘制现场图样、拍摄现场照片等附件。一是审查勘验、检查活动及其笔录的制作是否依法进行;二是审查勘验、检查笔录的内容是否全面、准确;三是审查勘验、检查笔录的内容是否真实;四是了解勘验、检查的时间和笔录形成的过程;五是审查制作勘验、检查笔录人员的资格、业务水平和工作态度。

8.对视听资料的审查判断。视听资料是以录音磁带、录像带、电影胶片或电子计算机相关设备存储的作为证明案件事实的音响、活动影像和图形,统称为"视听资料"。一是审查视听资料的制作是否合法;二是审查视听资料的制作设备和方法是否完好和科学;三是审查视听资料的内容有无矛盾,与案件事实有无联系;四是审查视听资料有无伪造或篡改。

阅读延伸 *YueDuYanShen*

信息化审讯室——讯问过程网上直播,投诉翻供减少、杜绝刑讯逼供

在科技发展日新月异的形势下,公安机关的信息化讯问室应运而生,实属必然。这个代表未来发展方向的信息化讯问室,不久前在江苏省南京市公安局栖霞分局尧化门派出所建成并投入使用。江苏省公安厅厅长孙文德在实地察看后,称其实现了"几代警察梦想"。这个讯问室究竟有什么神奇之处呢?

数据随案同步移交。这个讯问室位于相对封闭的办案区内,讯问时,非办案人员不得入内。室内的硬件设施,包括房屋的长、宽、高、墙面包装、桌椅摆放等,都严格按照标准执行。与一般讯问室不同,它安装了先进的同步录音录像和监控装置,音、视频数据实时存储,同步刻录备份,这些数据无法更改和编辑。案件移交检察院时,审讯内容连同刻录的光盘同步移交。

在讯问室一侧墙上,紧挨着摄像头悬挂着时钟,实时显示讯问室内的时间、温度、湿度,准确地反映讯问环境。讯问室内还设有相对隐蔽的报警装置,紧急情况下可迅速报警。而整个硬件投入为4.3万元,其价值可见一斑。

办案民警为记者做了现场演示:打开电脑,进入远程监控系统,登录后,屏幕上立即弹出

一个类似于 QQ 的文字对话框,继续往下操作,会出现多个视频通道,点击显示图像画面,多角度、全方位反映讯问室内的情况。两个主视频指向讯问民警和被讯问人员,实行双画面显示。

民警介绍,不仅音、视频资料可以异地同步调阅,笔录数据也可以异地同步调取。而存入系统的历史数据,则可以通过系统软件控制,随时进行查询。"相当于网络视频直播,只要能链接江苏警务'大平台',得到授权,登录系统后就可以同步观看讯问室内的审讯情况。目的就是用直播的方式,让讯问活动透明化,经得起阳光的照耀。"记者了解到,这样一个科技含量极高的讯问室的落成,凝聚着江苏省、市、区三级公安机关的心血,而最初的目的是为了防止刑讯逼供,促进执法规范化。但当讯问室与江苏省公安厅刚建成的警务"大平台"实现了对接后,讯问室的功能如虎添翼。"以一个团体的智慧对付单个犯罪嫌疑人,在智力上我们占绝对优势。"视频直播互动,可以为讯问活动提供强有力的智力支撑。特别是对重大案件犯罪嫌疑人审问时,从派出所、分局领导到省市公安机关领导、专家就可以通过网络实时观看审讯情况,并通过文字对讲工具与审讯民警互动交流,提出针对性的指导意见。

此外,警务"大平台"还可为讯问活动提供源源不断的信息支撑,让走向死角的审讯峰回路转。如犯罪嫌疑人高某在新村小区内盗窃落网后,带至信息化讯问室审查,但拒不承认作案,警方一时找不到突破口。而在网络的另一头,后台指挥员在观看后迅速研究了审查策略,首先指挥一路侦查员调阅事发地周边监控录像,图像显示当晚一个黑影翻越围墙,潜入案发小区;再将高某的信息输入"大平台",通过检索发现,高某曾使用同一手段盗窃两台笔记本电脑,且 3 个月内,在南京有 8 次旅馆住宿信息和 157 次上网记录。而落网前,高某居住在辖区一家旅馆。指挥员随即指令另一路侦查员与旅馆联系,侦查员在其遗留在旅馆的行李包内发现钱包、手机和数枚纪念币,再经"大平台"查询证实均为被盗物品。在铁证面前,高某不得不交代入室盗窃案件 7 起、案值 5 万余元的犯罪事实。

信息化审讯室建成后,给一线办案带来的执法理念转变,办案民警有深刻体会。民警普遍认为至少发生了四点变化:审讯之前列提纲;进室前整理警容;戒掉了口头禅;苦学法律知识。"讯问现场直播,有点像主持人的角色,很多人在看着我们。所以,警容警貌必须良好,讯问不能信口开河,对嫌疑人绝不能动粗,不文明的口头禅必须戒掉。还有,嫌疑人经常会问我们一些法律问题,如果答不上来,也会丢丑。"

而在案件移交检察院时,审讯内容将刻成光盘同步移交,这也促使民警必须提高责任心,确保讯问质量和笔录质量。"这简直是一场'地震'。""投诉少了,嫌疑人翻供也明显减少了。提升了基层派出所规范化执法的层次,让办案民警不再担忧嫌疑人的'反复无常',也不必为遭到'刑讯逼供'指责而大伤脑筋"。

案例评析 AnLiPingXi

抓捕湖南"越狱大盗"刘某

1. 案情简介

刘某(男,1971 年出生,湖南衡东县人)1988 年就因盗窃罪被湖南桃江县法院判处有期徒刑 6 年。刑满释放后,于 1999 年 10 月又因盗窃罪被广东省江门市法院判处无期徒刑,2002 年,被减刑为有期徒刑 19 年。2004 年 8 月保外就医 1 年后超保未归。2007 年 9 月因非法持有枪支罪被湖南长沙市雨花区法院判处有期徒刑 1 年 6 个月,与原判余刑合并执行有期徒刑 18 年,湖南省赤山监狱收监。2008 年越狱脱逃,脱逃后,因盗窃又被警方抓获,2009 年 1 月湖南江市法院以脱逃罪与原判盗窃罪余刑合并判处有期徒刑 20 年,送往湖南省德山监狱收监。2009 年 11 月 15 日 7 时 50 分,在湖南省德山监狱劳务分厂内,刘某趁看守人员不注意溜出劳务分厂,脱掉囚服,利用草丛中的木梯攀登上监狱围墙,敲掉墙顶砖块,从被敲开的墙顶空隙中钻出密布着 6 千伏高压电网的围墙,从德山监狱逃脱。

2. 追捕过程

案发后,狱警、武警和当地公安迅速展开抓捕,在所有主干道设卡堵截,对每一辆过往车辆,民警都会拦下检查,并仔细查验车上可疑人员的身份。狱警发现,刘逃出监狱后,在附近的农家偷了一件棉衣、一部手机和部分钱物,搭乘一辆摩托车逃窜。警方分析:当时的气温已经降至零下 1 度,阴沉的天气夹杂着雨雪,天寒地冻,逃犯不会逃得太远,但是恶劣的气候条件没有阻挡警方追捕逃犯的步伐。德山监狱周边的农村、公路以及村道口都有民警值守,此外还有大量民警冒雪在附近展开拉网式排查。结合此前刘犯就有脱逃越狱的前科,并发出协查通报,悬赏 5 万元缉拿。

逃亡之后的刘某,没有回湖南,而是逃往湖北、江西等地。逃亡期间,刘某重新做起了"职业大盗"。因为怕别人怀疑自己的身份,每到一处,刘某就学习当地方言。2010 年年初,刘某逃窜到了南昌。在那里,他租住了三套房子,可谓是"狡兔三窟"。每隔一段时间,他都会换到另一套租住的房子里住。为了隐藏身份,刘某很少与外人接触。唯一与他接触较长时间的,只有他在南昌找的情人以及同伙刘强。刘某伙同刘强靠盗窃换取日常生活所需。2010 年 8 月,刘某感觉手头"拮据",于是,他找到同伙刘强开始商量起新的盗窃计划。最后,两人把目标锁定在距离南昌只有 200 多公里、位于安庆市的一家药材公司。经过几天的踩点,9 月 1 日凌晨,刘某与同伙刘强驾驶黑色别克轿车,窜至上海医药公司安庆分公司围墙外,刘强望风,刘某躲过监控,翻墙进入该公司院内,用工具剪断公司药品仓库窗户的防盗网,钻窗进入仓库,盗走诺和灵、诺和锐、丹参滴丸等贵重药品,价值约 47 万元,搬上轿车逃离,后卖得赃款 30 余万元。安庆警方通过查询后发现,这样的盗窃案并不是首例。在安徽的其他地市,也发生了多起医药仓库被盗案件,其作案手法与安庆的这起案子如出一辙。盗窃案发生两个多月之后,办案民警在江西南昌市发现了重要线索。2010 年 11 月 18 日傍晚,在当地警方的配合下,办案民警在南昌市一个城中村的农贸市场里,找到了一辆可疑车辆,当时车上坐着两名犯罪嫌疑人。于是警方马上实施了抓捕行动,根据指纹信息,民警意外发现嫌疑人竟然正是从湖南德山监狱越狱脱逃的罪犯刘某。

3. 深思与探讨

一个正在监狱服刑的重刑犯,两年内竟然两次从监狱里越狱脱逃。11 月 3 日上午,这个震惊全国的越狱大盗、公安部 B 级通缉犯刘某,由安庆市中级人民法院在怀宁县开庭审理,检察机关当庭指控刘某犯下了盗窃罪和脱逃罪。由此揭示了这个"越狱大盗"的犯罪轨迹:1988 年,年仅 17 岁的刘某因盗窃罪被法院判处有期徒刑 6 年,在服刑期间,刘某一直很后悔,曾向母亲写了好几份悔过书。1992 年,刘某出狱后利用自己会开锁的技能,在广东干起盗窃汽车的"营生",很快又一次落入法网。1999 年,因为偷了三辆面包车和两辆吉普车,涉案价值巨大,刘某被广东省江门法院判处无期徒刑。2002 年,经广东省高级法院裁定,刘某的无期徒刑被减刑为有期徒刑 19 年。刘某开始寻找逃跑的机会。2003 年,刘某从湖南郴州监狱转入益阳赤山监狱服刑。在赤山监狱,刘某开始了自己的"逃跑"计划。装病"绝食"半年多,身高 1.76 米的他体重只有 80 斤,瘦得皮包骨头。不久,他以患有胃癌、慢性肝炎、胆囊炎等疾病为理由,申请了保外就医,获准 1 年后,刘某一去不复返。2007 年 9 月因非法持有枪支罪被湖南长沙市雨花区法院判处有期徒刑 1 年 6 个月,与原判余刑合并执行有期徒刑 18 年,被赤山监狱收监继续执行。经过长时间的观察、准备,刘某终于找到了可以逃出去的机会。2008 年 2 月 1 日上午 9 点左右,大批犯人的亲属来到赤山监狱探监。那天,他事前设法来到服刑监区里的医院,然后在一个病房内换好衣服,趁狱警不注意,混进参加完亲情同餐的亲属队伍溜出监狱。

逃出监狱之后,很快又开始四处流窜盗窃。2008 年 6 月份,刘某在常德澧县,被当地警方抓获,又一次落入法网。这一次,刘某犯盗窃罪、越狱罪等,数罪并罚,被法院判处执行有期徒刑 20 年。2008 年 8 月,刘某被赤山监狱收押,后来被转移到德山监狱。然而,没有人能想到,这个时候的刘某,又开始筹划新的越狱计划。2009 年 11 月 15 日,刘某所在的监区开始生产劳动。趁狱警不备,刘某从监狱东面 4.5 米高的围墙上翻墙逃脱,当时,围墙上密布着 6 千伏的高压电线,一旦触电就会丧命。

4.记者对话刘某

面对记者的采访,刘某一直显出一种漫不经心的状态。

问:你为什么要一次又一次地越狱?

答:我也不知道啊,反正在牢里很无聊,太闷了,越狱只因想出来玩玩,透透气。

问:看你身体很结实,是否真的患了胃癌?

答:哈哈,我要是得了癌症还能活到今天?

问:那你是如何获得保外就医的?

答:刑期太长,我就总想着出来,后来想到了装病。我咬紧牙关,半年近乎绝食。我身高 1.76 米,体重降到只有 80 斤,瘦得只剩皮包骨头了,监狱以为我真病得不轻。

问:后来两次越狱你是如何做到的? 你有什么过人的本事?

答:也没什么特殊的本事,只是出现了好机会。

问:你对自己的所作所为后悔吗?

答:以前后悔过,现在没什么后悔的,自己做的事只要感觉愉快就行。

问:这次被判刑入狱,会不会还想越狱逃跑?

刘某思索了片刻,语出惊人答道:"有梦想就会有快乐。"

问:你家里人知道你现在的情况吗?

答:我孩子才四岁,现在跟着他妈妈,不希望孩子长大后知道我做的这些事。

问:如果你刑满出狱后还会干坏事吗?

答:我出狱的时候已经老了,可能 60 多岁了,已经变好了,即使想做坏事也做不了了。

实训项目一:侦查讯问方法

(一)实训目的

理解和掌握侦查讯问的方法和策略,并能在实际工作中加以运用。

(二)实训说明

请认真阅读下面给出的案例,分析具体运用了哪些侦查讯问方法。

(三)实训内容

【案例】

犯罪嫌疑人傅某,大学文化水平,高级工程师,系政府机关退职人员。

1990年元月至10月期间,他以开办某大型养殖场,有大量基建项目发包为名,诈骗30余家建筑单位工程质保金156万元。接到报案后,侦查人员首先查清了两个问题:其一,养殖场及其基建项目根本不存在;其二,156万元质保金被傅某等人大肆挥霍、挪用。在此基础上讯问了犯罪嫌疑人傅某。

问:傅某,你因涉嫌诈骗,必须依法接受讯问。

答:我愿意接受讯问,但没有诈骗。

问:你的养殖场经哪个部门批准成立?在哪个部门登记注册?

答:经A部门批准成立,在B工商局注册。

问:纯属虚构。(出示有关部门的证明材料)

答:养殖场没立项、没注册。我错了。

问:在这种情况下就收取质保金,这是什么行为?

答:违法行为。

问:工程质保金是为了保证工程质量而收取的专用金,你却用与支付住酒店、娱乐、餐饮的开支,这是什么行为?(出示查账凭证)

答:我犯法了。

问:综上所述,你虚构事实,收取别人的工程质保金,肆意挥霍、浪费、挪用,已构成诈骗罪嫌疑。(属于诈骗犯罪行为)

答:我认罪。

在这次讯问中,审讯人员没有迂回,没有掩饰,由表及里,由浅入深,达到了预期目的,在仅百余字的笔录中,傅某虽有狡辩抵赖,但还是供认了自己的犯罪事实。

实训项目二:讯问、制作讯问笔录

(一)实训目的

理解和掌握侦查讯问笔录的规范要求,并能在实际工作中加以运用。

(二)实训说明

三人一组,确定一人为讯问人员,一人记录,一人为被讯问人。

(三)实训内容

认真阅读以下案例,拟制讯问提纲,进行讯问、制作笔录练习。

【案例】

2001年11月,浙江省G监狱三监区民警在工作中发现分监区罪犯零用金明细账存有涂改现象,且与监狱狱内供应站账目不符,金额短缺较大,经初步排查后,锁定分监区生活统计犯沈某(男,1972年2月5日出生,汉族,高中文化,浙江省舟山人,因犯故意杀人罪,被省高级人民法院判处死刑,缓期两年执行)有重大犯罪嫌疑。2002年2月1日,监狱及时成立了专案小组,对罪犯沈某隔离审查,并与2月5日立案,8月15日结案。具体采取了以下措施:一是及时封存该分监区罪犯的账务报表,组织财务专业技术人员对罪犯沈某担任生活统计期间制作的账目进行清查和核查,发现其通过对他犯汇款不入账、少入账,或截留其他罪犯冷饮费等款项,或在他购物项目上多扣款,或涂改罪犯现金明细账等手段骗取财物的事实;二是搜集相关证人证言,询问罪犯徐某、陈某、谢某等7人,了解沈犯日常生活消费情况后,搜集罪犯沈某亲笔所写的借条(有些事案情败露后出具的借条),证实罪犯沈某存在私自涂改他犯月末存款额、擅自借款等行为。询问罪犯王某、陈某,提取分监区转账凭证,证实其因调换监区,存在应入账面款项未入账的情况;三是对零用金分管民警刘某、张某、刘某3人进行询问,证实罪犯沈某在服刑期间担任分监区改积会主任兼生活统计,后因发现其做假账而停止其职务。

罪犯沈某在审查初期仍抱有较大的侥幸心理,自认为通过做假账、向同犯拆借等手段已经把账目"抹平",不愿主动交代具体犯罪事实。经多次审讯后,直至8月,在相关物证、人证面前,罪犯沈某陆续交代了以下违法事实:罪犯沈某利用其改积会主任兼生活统计之便利,在进行罪犯现金收入登记、扣划账及负责供应站物资领取与发放期间,从狱内供应站虚报冒领香烟、食品等物资供个人挥霍。同时为掩盖事实,又采取涂改他犯个人未存款余额、在罪犯所有的款项上多扣款,收入不入账或少入账及向他借款等方法,企图将账目扎平。

其主要行为:

一是2000年1月—12月,通过做假账,侵占分监区罪犯资金,在他犯账户上多扣书报、小炒、技术培训、购物等费用,累计占有差额2669.86元;二是2000年10月,由于价格差错,监狱向该分监区退回火腿肠等货款406.5元等,被沈犯私下扣留未上账;三是明知无偿还能力,以"借款"名义占有罪犯徐、谢、张、占、沈、陈等人会见款、汇款等款项,共计7900元。四是2001年11月,分监区罪犯零用金账目移交钱,沈犯擅自将罪犯王某、陈某2001年11月29日从四监区一分监区转入款共计8000元不予上账,占为已有。

思考题 *SiKaoTi*

1. 简述狱内案件侦查讯问犯罪嫌疑人的概念和任务。
2. 简述狱内案件侦查讯问犯罪嫌疑人的内容和方法。
3. 简述对犯罪嫌疑人讯问的技巧、证据使用的原则及要求。
4. 简述犯罪嫌疑人的思想动态及讯问的策略。
5. 简述第一次讯问犯罪嫌疑人的步骤。
6. 简述讯问犯罪嫌疑人笔录的制作及要求。

第九章　狱内犯罪防控

知识目标 ZhiShiMuBiao

- 了解狱内犯罪防控的概念、原则和要求；
- 了解对危险分子及其他重点分子的控制预防；
- 了解对要害部位和重要现场的控制；
- 了解对狱内预谋犯罪案件的调查控制。

能力目标 NengLiMuBiao

- 能掌握狱内犯罪防控概念、原则的含义及要求；
- 能熟练掌握对危险分子及其他重点分子控制预防的内容和方法；
- 能正确实施对要害部位和重要现场控制的方法及要求；
- 能及时发现对狱内预谋犯罪案件的调查控制。

本章引例 BenZhangYinLi

服刑犯王某，2000年因抢劫罪被投入某监狱服刑改造，原判刑期20年。服刑期间，王某被其当地公安机关查获隐瞒了余罪，收到加刑惩处，刑期改判为死缓。突如其来的打击，让王某一时难以承受，他选择了铤而走险——脱逃。后因行迹败露，王某再次收到监狱的行政处罚。一连串的打击，加重了王某的心理负担，他对改造彻底丧失了信心，多次向监狱提出调监改造的请求。针对王犯及其不稳定的改造思想动态，民警李某没有急着开展教育攻势。他利用自己每天巡查的间隙，转到王某的劳动岗点、监房，有事没事地找王犯聊几句。取得了王犯的信任后，李某与分监区的民警们认真分析了王犯的思想症结，制定了周密的转化方案。王犯性格偏执，他帮助王犯缓解与同犯的关系；王犯在改造中出现了点滴闪光表现，他及时督促分监区民警给予表扬。王犯逐渐从失落的阴影中走了出来。2004年春节前夕，看着同犯们都在忙着准备过节的物品，王犯因无人会见，改造情绪又受到了影响。除夕前晚，李某提着水果、饮料等物品，来到王犯的分监区，一直陪他谈了四个多钟头。人非草木，孰能无情。在李某的耐心教育下，王犯改造信心倍增，目前已获监狱三级减刑奖励，2006年还获得省监狱管理局授予的"服刑改造积极分子"称号。

第一节　狱内犯罪防控概述

狱内犯罪防控，是指狱内侦查部门在其他部门的配合下，为防止和减少服刑犯狱内又犯罪的发生所采取的一系列积极防范措施和主动进攻手段。

一、狱内犯罪防控的目的

监狱对犯罪的控制预防有着明确的指向,那就是控制预防服刑犯在监狱内的又犯罪活动。又犯罪对监狱正常的监管秩序造成严重破坏,对服刑改造罪犯的人身安全造成严重的威胁,对于改造罪犯的工作带来严重的负面影响,对监狱人民警察及其他工作人员的人身安全和国家的财产安全也有严重威胁,所以,监狱要动用一切力量控制和防范罪犯在监狱内的犯罪活动。

二、狱内犯罪防控的内容

监狱安全,是监狱工作的一个基本问题。没有一个安全的环境,就不可能保证监管改造、教育改造和劳动改造等各项监狱职能活动的顺利进行。监狱的安全防范的内容十分丰富,包括防范狱内又犯罪、防范狱外不法分子对监狱的侵袭和破坏,防范突发的自然灾害和意外事故等多个方面。与其他内容相比,又犯罪对监狱安全的损害比较突出,因此成为监狱安全防范的重点内容。

三、狱内犯罪防控的作用

狱内犯罪防控,要求尽早发现、尽快制止又犯罪活动的发生,就是说监狱必须在又犯罪活动造成实际损害之前实施有效的控制和防范。要做到这一点,监狱必须调动一切可以调动的力量、使用一切可以使用的手段,进行综合的防范和控制,因此说,又犯罪是一项系统性非常强的监狱安全工作。在监狱对又犯罪的控制预防系统中,监狱的各个相关部门,各个押犯单位,监狱工作的各个方面,都负有与其职责相适应的安全任务。在这个系统中,狱内案件侦查起着不可或缺的重要作用,狱内案件侦查部门和狱内案件侦查人员,运用其特有的手段和方法,参与对又犯罪的控制预防。在监狱控制预防系统中,狱内案件侦查的作用重要体现在,通过狱内案件侦查部门特有的信息搜集渠道,搜集狱内又犯罪的动向和苗头;主持并组织狱内犯情和案情的调研;运用自己掌握和使用的力量对重点人员和要害部位实施控制;在狱内又犯罪案件发生时,尽早介入,参与临场处置,尽量减少损失。

四、狱内犯罪防控的原则

(一)全员参与与分工负责相结合

所谓全员参与,是说监狱的各个职能部门、各个押犯单位及各个不同岗位的人民警察都有保证监狱安全的义务或责任。在日常工作中,特别需要强调的是,不管什么岗位的人民警察,在发现与监狱安全有关的信息、苗头或异常情况时,都有义务将信息迅速传递给狱内案件侦查部门或监狱领导;在监狱发生又犯罪案件时,都要按照监狱的部署参与临场处置。所谓分工负责,是指在监狱对又犯罪的控制预防工作中,各个部门和单位有着自己的职责,并行使相应职权。监狱又犯罪控制预防中有一些是法律或规章特别授权的内容,只能由有明确授权的部门、单位或人员行使,未经授权的其他部门、单位或人员是不能行使的。而这些职权突出体现在狱内案件侦查权方面。因此,在强调全员参与的同时,也必须强调分工负责,强调职权原则,特别是又犯罪控制预防中的狱内案件侦查权,必须由监狱的狱内案件侦查部门和狱内案件侦查人员行使。

(二)监管控制与教育改造相结合

监管控制是狱政管理部门和狱内案件侦查部门为了防范狱内又犯罪而对罪犯的活动现

场、要害部位和危险分子实施的监督和控制,是又犯罪控制预防的主要内容之一。在监控过程中,要充分发挥教育改造的作用。又犯罪控制预防中的教育主要有以下内容:第一,对全体罪犯进行守法和前途教育,使大多数罪犯增强守法观念,明确改造目标,树立积极改造信念。第二,对全体罪犯进行安全教育和引导,使罪犯认识到监狱安全与自身的安全密切相关,从而主动配合监狱的安全防范工作。第三,对于罪犯中积极主动提供又犯罪线索和情报的,或者是主动制止又犯罪活动,选择典型进行大力表彰,通过引导激励,在罪犯中形成主动与又犯罪作斗争的积极氛围。第四,参与对危险分子的排查和控制,特别是做好对危险分子的转化工作。第五,在又犯罪案件发生时,参与临场处置,对又犯罪嫌疑人进行疏导教育,促使其停止危害行为。

（三）公开监管与隐蔽控制相结合

公开监管包括人民武装警察部队对监区、作业区的武装警戒,还包括监狱对监区、作业区的内部监管,如公开进行的清监、点名、查铺、人身检查、物品检查等监管活动。在公开监管的同时,监狱还要采取一系列的隐蔽控制工作。隐蔽控制与公开监管结合起来,可以增加监狱的安全系数。

（四）直接管理与技术监控相结合

在对狱内犯罪防控中,需要特别强调人民警察对罪犯的直接管理,将罪犯在狱内各个场所的活动置于监狱人民警察的掌握之中,及时发现罪犯违法犯罪的各种苗头、动向和异常情况,并当即处理罪犯中发生的问题。在对罪犯实施直接管理的过程中,还要注意各种监控技术的使用,包括实时监控录像系统、隐蔽和公开的监听装置、通讯联络系统、自动报警系统、隔离防护装置以及各种专用设备。监控技术的使用,可以在一定程度上弥补直接管理中的不足,可以更加迅速地发现各种异常情况,特别是狱内又犯罪的各种苗头,增强对要害部位的控制力度,发挥监控技术在制止又犯罪活动中的积极作用,从而提高监狱安全系数。

（五）全面监控与重点防范相结合

监狱安全工作是一个系统工程,监狱有必要而且有可能对所有服刑罪犯、所有活动场所实施有效的全面监控,其主要内容是:第一,建立严密的罪犯组织形式,特别是建立有利于相互监督、相互促进积极改造的罪犯小组;第二,全面实现定位管理,固定每一个罪犯的铺位、固定其劳动岗位、固定其学习座位、固定其在队列中的位置,对其活动范围实施不间断的控制;第三,全面执行清监、查铺、点名等监管制度;第四,全面搜集罪犯的思想动态,对所有罪犯的服刑改造表现进行摸底排队。

在全面监控的同时,还要实施重点防范。监狱对又犯罪的防范重点是,有迹象表明可能实施又犯罪活动的罪犯,可能出现又犯罪活动的场所、部位和时段,以及处在准备阶段或已经实施但还没有得逞的犯罪活动。

第二节　狱内危险分子的控制预防

一、狱内危险分子的概念

危险分子,是指在监狱内服刑的罪犯中试图或有可能实施又犯罪行为的人员,包括存在某种危险倾向的罪犯,可能试图实施狱内犯罪的罪犯,有重大犯罪嫌疑却无充分证据证明的罪犯,在监管工作中通常将这类罪犯称为危险分子。这里要明确几个问题:

(一)危险分子具有实施又犯罪行为的可能性

所谓危险分子可以有三种情况,一是具备实施狱内又犯罪行为的现实可能性和危险性;二是已经实施了狱内又犯罪的某些预备行为;三是查证属实正在预谋或计划狱内又犯罪的罪犯。无论哪种情况,其危险性都是现实存在的,只是危险性的表现程度不同。

(二)危险分子可能实施的又犯罪行为

这里所说的危险分子,不是可能实施或者正在实施一般的违反监规纪律的罪犯,而是可能实施犯罪行为的罪犯。罪犯在监狱内可能实施的又犯罪行为主要是指脱逃、行凶、破坏、盗窃、暴乱等行为。在监狱工作实践中,对于有自杀危险的罪犯也列为防范对象。

(三)危险分子既可以个体出现,也可以群体方式出现

危险分子,既有可能以个体的形式出现,一般是准备单人作案,又可能以群体方式存在。以群体方式存在的危险分子,一种是结成作案团伙,通常是三至五人左右,一种是聚众作案,突出表现为众多罪犯聚集在一起,发生严重的骚乱、暴乱、强占监狱、杀害警察、聚众越狱等。这种形式的危险分子当中,一般有主谋分子和骨干分子,其准备时间长,其危害性相当大,是监狱防范的重点。

二、狱内危险分子的特点

(一)存在的客观性

无论社会治安好坏还是监管条件优劣,危险分子总是存在,或是说当今中外各国没有不存在危险分子的监狱。

(二)存在的模糊性

危险分子存在于犯群之中,在管理和防范中排查出来的危险分子,由于他还没有实施犯罪,所以他与其他罪犯之间并没有明确的界限,这个特性很容易导致人们思想麻痹。例如,一些危险性较大的罪犯由于外部条件不具备,直至刑满释放都无法实施犯罪行为,但这并不等于危险不存在。

(三)危害的不确定性

危险分子具有危险性,但在实施犯罪的种类、实施犯罪的时间、地点以及危害程度是不确定的。特别是那些没有被纳入侦查视线的人员危害更大。

(四)存在的长期性

只要监狱存在,狱内危险分子就会存在。所以,发现和控制具有某种危险倾向的罪犯是狱内侦查的一项战略任务,是确保监狱安全不可松懈的措施。

三、对危险分子的排查

(一)排查危险分子的含义与意义

1.排查危险分子是对罪犯摸底排队的主要工作。摸底排队,是狱内案件侦查中经常采用的工作方法,一是在狱内发生犯罪案件以后,为查找犯罪嫌疑人而采取的侦破措施;二是在狱内发生犯罪案件之前,为防范狱内犯罪,而对所有罪犯进行调查摸底并进行分类排队的工作。

2.排查危险分子是做好安全防范的第一步。在狱内案件侦查工作中,要实现对重点人

的有效控制与防范,首先就要把隐匿在服刑罪犯当中的具有危险倾向的分子,通过摸底排队而使其显现出来。排查危险分子是对人防范的第一步,也是最重要的一步。只有排查出危险分子,才能具体落实对危险分子的控制与转化。

(二)排查危险分子工作的特点

1.事前性。排查危险分子,目的是为了更好地防范狱内犯罪行为的发生,排查工作是以人为中心开展的,针对的是有可能进行犯罪活动的罪犯。所以从时间上讲,这项工作是在罪犯的危险行为发生之前进行的。也正是这样一个特点,使得这项工作在预防又犯罪的活动中占据重要地位。

2.进攻性。排查危险分子,是进攻性的、主动性的工作,这一点与狱内案件的侦破工作不同。侦破工作是在案件发生之后进行的,"有案破案"是其特点,具有被动性。排查危险分子是在案件发生之前进行的,"无案防案"是其特点,具有主动性。

3.隐蔽性。排查危险分子,为的是使监狱人民警察对所管的罪犯有一个清醒的认识,对于危险分子做到心中有数,有备无患。这项工作是秘密进行的,不向罪犯公布。在这一点上,与监狱对罪犯实行的"计分考核"、"记事考核"等公开的考核是不同的。

4.综合性。排查危险分子,是在事前进行的,是在没有危险行为之前进行的,因而,这项工作的难度很大。单独的一种办法或较少的几种办法难以准确地排查出真正的危险分子。因此必须综合使用多种办法,才能提高排查工作的准确性。排查危险分子,还要综合分析来自各个不同方面的情报,并由从事监管和侦查工作的人民警察一起进行。

(三)排查危险分子工作的要求

排查危险分子的要求是准确、及时。所谓准确,一方面是要把具有危险性的罪犯无一遗漏地排查出来,把他们都列入监狱人民警察的视线;另一方面也要力求避免将没有危险性的罪犯当成危险分子加以控制,否则会造成人力、物力等方面的浪费。所谓及时,是指在罪犯实施危险行为之前,就要将其列为重点监控对象。狱内案件,大部分有一个长期的准备过程,容易在案发前被识破;也有一部分案件,其准备时间可能很短,加上作案人行为较为隐蔽,致使在其实施犯罪行为之前,监狱人民警察没有丝毫察觉。但是必须看到,大部分案件并非突发事件,而是有一个发展过程的。从作案人的作案动机的形成、作案工具的准备、作案机会的寻找到案件的发生都有一定的时间,其间也会暴露各种蛛丝马迹。问题是在实际工作中对这些因素没有及时察觉,没有及时排查出这些危险分子。所以说,及时发现潜在的作案人,及时将其纳入监控视线内,对于减少突发事件的发生有着重要意义。

(四)排查危险分子的方法

对于危险分子的排查,可以从罪犯的作案要素人手。罪犯又犯罪的作案要素有作案动机、作案能力和作案条件。

1.作案动机。所谓作案动机,实际上就是罪犯内心确定要采取犯罪手段满足自己某一方面或者某些方面需要的心理活动,是促使罪犯采取又犯罪行为的内心起因和内在的驱动力。这是故意犯罪必备的要素。罪犯在狱内又犯罪的动机一旦形成,则非常容易发生案件。罪犯的又犯罪的动机,是深存于罪犯内心的,如何发现罪犯的作案动机,是排查危险分子的难点,也是排查危险分子的关键。

(1)从罪犯的内在需求研究罪犯的作案动机。研究罪犯的需要结构,对于排查危险分子具有重要意义。一般来说,罪犯作案的动机是在内在的需求与外部因素的共同作用下形成的。罪犯的需求,是动机产生的基础。当罪犯的需求得不到满足时,罪犯就会采取一定的措施来使自己的需求得以满足。在正常的手段达不到要求时，就会决定采取违法甚至犯罪手段。例如，有的罪犯感觉适应不了监狱的服刑生活，其生理方面的需求得不到满足，从而萌生犯罪动机，特别是产生逃跑的念头。又如，罪犯在服刑期间同样有与他人交往方面的需求，有爱的需求、友谊的需求和自尊的需求。当罪犯感觉到处处受到其他罪犯的排挤、奚落，受到监狱管理人员的训斥、虐待，家庭成员长期不与自己联系，受到家庭的冷落，罪犯的社会需求得不到满足，则可能产生各种违法甚至犯罪的想法。

在排查危险分子的工作中，要研究罪犯感觉到哪些需求没有得到满足。由于罪犯个性、经历、观念的不同，在同样的处遇条件下，有的罪犯没有不满足的感觉，而有的罪犯则可能感觉不满足。例如，对同一劳动工种，有的罪犯比较适应，而有的罪犯就感到非常不适应；对同样的伙食条件，有的罪犯感到吃得很好，有的罪犯就感到吃得很不好。因此，研究罪犯的需求结构，必须从罪犯个体的实际情况出发，具体问题具体分析。

在排查危险分子的工作中，还要研究罪犯为满足某一需求而可能采取的方法和手段。罪犯在自己的需求没有得到满足时，必然要采取相应的方法和手段，但这些手段和方法不一定是违法或者犯罪手段。有的罪犯可能采取合法的、正确的手段来满足自己的需求，如在不满意监狱伙食的时候，通过调整自己的预期目标的方式即降低自己的需求标准来消除自己的不满；在井下劳动的罪犯通过一段时间的实践，逐步适应了井下的劳动，等等。只有那些试图采取违法甚至犯罪手段来满足自己需求的罪犯，才是危险分子，才是监狱防范的对象。因此，在研究罪犯的需求结构时，必须研究罪犯为满足需求而可能采取的方法和手段。

在排查危险分子的工作中，对罪犯的需求结构及满足需求的方法的研究，可以采用观察、分析等多种方法。由于罪犯的需求结构发生问题时，罪犯的不满必然通过一定的方式表现出来，就是通常讲的罪犯有一些不满情绪。这些不满情绪可以通过分析罪犯的言行来察觉。当察觉到罪犯的不满情绪时，监狱人民警察要保持高度的警觉，继续观察和分析这些罪犯可能采取的行动，对于其中可能采取犯罪的行为的，列为危险分子来加以控制。对于没有危险性的罪犯的不满情绪，则要通过个别教育的方式加以解决。

(2) 从罪犯作案动机的外部促成因素考虑罪犯是否有危险。罪犯的作案动机的形成，是由于罪犯的需求没有得到满足，来自于罪犯的不满的个人感受。但是，造成罪犯不满感受的，还有一些外部的促成因素。外部促成因素有来自监狱及监狱人民警察的管理方面的，有来自监狱群体方面的，也有来自罪犯家庭和社会关系方面的。

第一，监狱正常和正当的监管行为。监狱为正确执行刑罚、落实刑罚内容而对罪犯进行正常和正当的监禁和管理行为，对罪犯人身自由的剥夺和对罪犯一些权利的限制，由此造成罪犯的痛苦感。这种痛苦感是刑罚带来的必然结果。而服刑罪犯对这种剥夺、限制造成的痛苦一般是不愿意接受的。由此，造成了监狱的监管行为与罪犯的需求结构之间的矛盾，也就是说，监狱的监管行为与罪犯的需求结构之间的矛盾是必然的。这种矛盾在一定的条件下会激化，表现为各种形式的冲突，这种冲突实际上是罪犯在对抗监狱正常的监管，扰乱监管程序，破坏监管纪律。其中最严重的冲突则是罪犯的又犯罪行为。

第二，监狱管理中的失误或错误。监狱及监狱人民警察工作当中的失误、错误，也可以促使罪犯作案动机的产生。工作中的失误和错误突出表现为不尊重罪犯人格、对罪犯进行体罚和虐待、偏听偏信、简单粗暴地处理罪犯问题等。对于罪犯来说，虽然他们是刑罚的受体，接受刑罚的惩罚，但是他们也有作为人的尊严，其人格不受侮辱。如果没有充分地尊重罪犯的人格，对罪犯进行体罚、虐待、侮辱，致使罪犯自尊的需要得不到满足，在人格尊严受到严重损害的情况下,有些罪犯铤而走险,由此也引发了一些恶性案件。

第三,罪犯的正式组织。在罪犯的正式组织中,罪犯的小组是最基层的单位,有时罪犯之间的冲突也可能发生在罪犯的小组中,如有的罪犯感到罪犯小组长或者其他罪犯处处与自己过不去,自己在罪犯的正式组织中处于被排挤、被虐待的地位,而正常的手段如向主管的人民警察反映情况不能解决问题、请求调离等要求不被批准,由此而准备采取非正常的手段,其中最严重的则是准备采取犯罪行为。

第四,罪犯的非正式组织。非正式组织是以感情为纽带,以心理相容为基础自然形成的一种人群集合体。它虽然没有一定的组织形式,没有成文的规范与准则,但它的存在对其成员,对正式组织都有着不可忽视的影响和作用。罪犯的非正式组织按性质划分,有积极型、中间型、消极型和破坏型。具有危险性的罪犯非正式组织,主要是指破坏型的组织。这种破坏性的非正式组织,通常称其为作案团伙,有时是几个罪犯纠集在一起进行破坏或犯罪活动,有时则聚众闹事,暴发大规模的恶性事件。在排查危险分子的工作中,要特别注意排查这种以群体形式出现的危险分子。还有一种情况值得注意,就是在罪犯的非正式组织当中,也可能发生各种冲突,特别是对于被罪犯非正式组织认定为"反叛者"的罪犯,(这些所谓的"反叛者",既可能是向监狱管理人员反映了罪犯非正式组织的情况,也可能是投向了其他的罪犯非正式组织),其他的非正式组织的成员,可能采取一定的制裁措施,由此也可能引发犯罪案件。

第五,罪犯家庭和社会关系。罪犯的家庭发生重大变故,如罪犯的配偶、父母、子女、兄弟姐妹等得重病或者去世,罪犯的配偶提出与罪犯离婚等,也是引发罪犯作案动机的一个因素。罪犯在来自家庭和社会关系方面的强烈刺激下,可能产生种种不正确的想法,从而也可能引发犯罪动机。

(3)利用罪犯的外在表现发现罪犯作案动机。罪犯动机形成后,会有种种外在的表现,利用这些表现,可以帮助我们分析罪犯是否有危险及危险程度。罪犯动机的外露,一般表现为一定的言行。在监狱人民警察与罪犯谈话中,在罪犯与其他罪犯的交谈中,罪犯写给亲属或其他人的信件中,在罪犯与亲属或监护人的会见中,都可能流露出作案的动机。罪犯的作案动机还可以表现为一定的行为,如表示愤怒、绝望的表情等。

2.作案能力。作案能力,是罪犯本身所具有的各种作案的技能,罪犯如果具备了一定能力,能促使作案成功,如果不具备作案能力,则在某些情况下也会成为作案成功的障碍。作案能力可分为一般作案能力和特殊作案能力。

一般作案能力,是普通人所具备的不需要练习、学习就能掌握的一些技能。在分析罪犯的作案能力时,不能忽视一般的作案能力,否则会影响排查危险分子的工作的准确性。特别是在外部条件具备的情况下,具有一般作案能力的罪犯也会作出令人吃惊的案件。

特殊作案能力,是满足一些特殊案件需要的能力。特殊作案能力在排查危险分子当中具有特殊的作用。特殊作案能力,大多是由罪犯本身所具备的一些特殊技能转化的,如有的罪犯会开车、会刻字、会表演等。也有的罪犯在动机形成后,为了使自己具备作案能力,而进行各种准备,学习和提高自己某一方面的能力。

在排查危险分子的工作中,分析特殊的作案能力有一定的意义。其一,将具备一定的特殊能力的罪犯作为重点对象来审查。罪犯的特殊作案能力在一般情况下应作为肯定性因素处理。即对于具有特殊作案能力的罪犯时刻注意,列为防范的重点对象。其二,及时发现罪犯为提高和掌握作案能力而作出的各种举动。其三,当我们将罪犯的作案能力作为否定性因素使用时,一定要小心谨慎。因为某一罪犯虽然不具备某些特殊技能,但其本身却具备一般的作案能力。况且,我们所掌握的罪犯的特殊能力可能不完全。可能有遗漏,因此不宜作否定性因素。也就是说,不能认为罪犯没有作案能力,而将其排除在危险分子之外了,不能因此而否定其危险性。

3.作案条件。一般说来,罪犯作案动机形成后,在罪犯的作案能力具备的情况下,如果作案条件也同时具备,就会发生犯罪案件。作案条件,主要有作案机会和作案工具。

罪犯在作案动机形成后,就会特别注意寻找作案的机会。所谓作案的机会,是罪犯作案得逞的时间和空间条件。在监狱管理实践中,容易促成罪犯作案得逞的机会与时空管理上的一些漏洞有关,如生活、学习、劳动三大现场管理不严的时间和空间。作案工具,是罪犯作案的必备条件。有的是直接利用劳动工具,有的是利用生产劳动中的危险物品,也有的是将生活用品改装后用于作案。

特别值得注意的是,一些罪犯为了使作案得逞,为了寻求作案的条件,往往做出各种伪装,骗取人民警察的信任,利用宽管的机会作案。因此,在排查危险分子的工作中,不能仅看罪犯的计分考核的结果。在排查危险分子的工作中,对于罪犯的作案要素要进行综合系统的分析。罪犯的各个作案要素之间有着相互影响的关系。例如,在罪犯作案动机形成后,就会千方百计地寻找作案机会,甚至制造作案条件。而罪犯在作案条件具备的情况下,也会萌生作案动机。

(五)排查的程序和要求

排查危险分子,有着严格的程序和要求。排查危险分子的工作一般是与罪犯分类工作同时进行的,统称为"摸底排队"。就是依据罪犯的认罪服法程度、改造表现、危险性大小等进行综合性考查、分析研究后,将罪犯分为积极、一般、落后和危险四类,依次可称为一类、二类、三类和四类。其中,四类犯就是危险分子。

对罪犯的摸底排队与对罪犯的考核有联系也有区别。都属于监狱的管理措施,都由监狱人民警察实施,都是为揭示罪犯的改造表现。两者的主要区别在于:摸底排队是一种隐蔽的管理措施,其主要的作用是为真实反映罪犯的思想动态,属于定性分析方法,它不仅要看罪犯的现实表现,还要结合罪犯的经历、案情、社会关系等因素,为的是做到心中有数,从而进一步有针对性地对不同类别的罪犯采取不同的管理措施,对排查出的危险分子则采取相应的防范措施。就我国监狱的实际工作看,对罪犯的考核是公开的管理措施,目的是为了调动罪犯服刑改造的积极性,发挥管理的激励和引导作用。而考核的主要方法——计分考核法,则是定量分析的方法,主要是考查罪犯的现实表现。应当说,摸底排队与考核这两种方法,各有各的功能,各有各的不足。实践充分证明,摸底排队不能代替考核,考核也不能代替摸底排队。特别是在监狱的安全工作中,监狱人民警察不能只看罪犯在计分考核中的分数多少,不能片面地认为,得分高的罪犯就没有危险。罪犯的得分,只是其现实的行为表现量化的结果,而罪犯思想深处的一些东西是不能量化的,诱发罪犯作案动机的一些内在和外在的因素更是计分考核无法体现的,也就是说,计分考核的测量存在着一定的盲点。因此,摸底排队对于监狱安全工作来说,是必不可少的。只有将这两种方法结合起来,做到公开与隐蔽相结合,定量与定性相结合,并将两者的结果相互印证,才能真正掌握一个罪犯的真实的思想动态和改造表现。

排查危险分子的工作程序是,各基层单位经过分类排队,对于认为应当划定危险分子的,要填写"危险分子审批表",经基层单位领导研究并签署意见后,报狱政管理或狱内案件侦查部门审查，报监狱主管领导审批。

对已确定的危险分子，要建立危险分子档案。其中包括危险分子审批表、监管控制措施、罪犯交代材料、与危险分子谈话记录及考核的罪犯日常表现、奖惩材料等。对此类档案要定期进行分析研究，召集有关业务科室、基层单位的有关人员会议，对罪犯的危险性质、危险程度进行"会诊"、认定，继而修订管教措施。对于已消除危险或有明显转变的，要及时填写"撤销危险分子审批表"，经监狱或基层单位主管领导审批后，将该犯转为一般罪犯进行管理，并将此表装入危险分子档案内妥善保管。

三、狱内危险分子的控制

监狱对于排查出的危险分子，应当根据危险分子的实际情况采取相应的控制措施。一般来说，监狱可以采取人民警察直接控制与运用罪犯当中的积极力量实施控制相结合、公开控制与隐蔽控制相结合、防御性控制与进攻性控制相结合、对单个危险分子的控制与对群体型危险分子的控制相结合等多种方法实现对危险分子的有效控制。

（一）人民警察直接控制与运用罪犯当中的积极力量实施控制

对于排查出的危险分子，监狱可以采取由人民警察对危险分子实施直接控制的方法，这种方法的基本要求是：第一，对排查出的危险分子指定人民警察专门负责，即负责对这个危险分子的管理、教育与转化，通常称其为"三包"，即由人民警察包管包教包转化。对于一般性危险分子，可以指定一名直接管理罪犯的人民警察实行三包；对于危险性大的罪犯，则可由监狱主管领导、狱政管理部门领导、罪犯基层单位领导及工作人员分层负责管理、教育与转化。第二，对于排查出的危险分子，除了指定人民警察"三包"外，直接接触罪犯的人民警察要时刻注意危险分子的举动，发现异常表现，马上与负责人员沟通情况，在情况紧急时，则必须即时采取防范措施。第三，对于排查出的危险分子，凡是有条件获取罪犯有关信息的人民警察，如检查罪犯信件的人民警察、负责罪犯会见监听的人民警察等，都要将在工作中获取的罪犯的信息及时传递给负责人员，以便负责人员掌握危险分子的各方面的信息，从而分析罪犯的危险程度，制定相应的控制措施。在监狱实际工作中，人民警察对危险分子的直接控制是实现监狱安全的最有效的保障。参与罪犯监管和教育的人民警察一定要有全局意识，从不同的工作角度参与对危险分子的控制，实现监狱人民警察全员预防的目标。实践证明，凡是全员预防意识强的单位，罪犯信息的搜集及反馈的渠道畅通、信息处理及时有力的单位，其安全就有保障。

在监狱人民警察对危险分子直接控制的过程中，有选择地运用罪犯当中的积极力量参与对危险分子的控制也是一种行之有效的辅助方法。这一做法的主要内容是：选择现实表现好、责任感比较强、有一定的观察和识别能力的几名罪犯，与危险分子编排在一个小组，实现对危险分子的"包夹"。一般情况下，是由二至三名积极分子包夹一个危险分子。参与包夹的罪犯，要时刻与危险分子在一起，在时间和空间上不留空当，随时控制危险分子的活动，发现问题马上向人民警察报告。

（二）隐蔽控制与公开控制

对危险分子的控制可以采取隐蔽控制与公开控制相结合的方法进行。隐蔽控制，是指运用秘密手段实现对危险分子的控制。所谓秘密手段，一是指运用隐蔽的控制力量，二是指运用隐蔽的电子监控手段。

监狱使用的隐蔽控制力量，既可以控制监狱的重要部位，也可以用于对重点罪犯特别是危险分子的控制。监狱对危险分子还可以采用秘密的电子监控手段实施控制。用于对危险分子的电子监控主要是监听、监视和报警设施的运用。对于危险分子所在的监舍、严管队或者禁闭室，可以安装监听或者监视装置，在危险分子可能作案的区域则可以利用报警设施加以控制。

对危险分子的公开控制，是对于有明显危险举动的罪犯，其危险行为已经公开化，可以采取公开控制的方法。主要做法是将罪犯的危险性向罪犯所在的基层单位的全体罪犯公布，动员全体犯人对危险分子时时处处加以注意，对于制止其危险行为有积极作用的罪犯则给予奖励，调动其他犯人的积极性。这种方法特别适用于有自杀危险的危险分子。

（三）防御性控制与进攻性控制

防御性控制一般包括通过作案工具和危险物品的控制、活动空间的控制等方法。罪犯作案的工具，大部分是平时的劳动器具，因此，不准罪犯擅自将劳动工具带入生活区域。发生在罪犯劳动现场的案件，不太容易在工具方面对所有罪犯实行控制，我们可以做到的是，对排查出的危险分子，即使安排劳动，也要对劳动的工具进行必要的选择，对于危险程度高的罪犯则严格控制其劳动工具。在罪犯的生活区，狱内警卫人员要把好工具控制的几个环节：一是进入罪犯生活区时的检查，对进入罪犯生活区的罪犯，狱内警卫人员要对其人身和所携带的物品进行严格检查，发现有劳动工具或者危险物品，一律扣留；二是进行清监检查，即定期和不定期地对罪犯的生活区进行清理检查，发现有工具或者危险物品及时处理。危险分子是清监检查的重点对象。对危险分子的防御性控制还有对危险分子的活动及活动范围的控制。监狱对危险分子严格实行"四固定"，即固定其铺位、固定其劳动岗位、固定其在队列中的位置、固定其活动范围。对于有危险的罪犯的控制还体现在劳动项目、劳动岗位和活动范围等方面，实行"五不准"，不准脱离联号，不准安排其从事狱外劳动，不准从事零星分散的劳动，不准安排在重点要害部位劳动，不准随意调动。

进攻性的控制，指对危险分子实施严管和禁闭。严管和禁闭是监狱主动出击，与危险分子正面交锋，是监狱对危险分子实施控制的一种强制性手段。对于有现实危险，采取其他方法不能消除其危险性时，将罪犯关押于严管队或者禁闭室，一方面利用严管队和禁闭室严密的隔离设施对危险分子实施控制，另一方面，在严管和禁闭期间，人民警察要对危险分子进行有效的教育、疏导和转化工作。在其危险行为消失后，要及时解除严管或者禁闭。

（四）个体控制与群体控制

对于单个危险分子的控制，相对来讲容易一些，可以采取上述几种方法；对于群体型危险分子则相对困难一些。而群体型危险分子一旦作案，则会给监狱的正常秩序和安全带来更大的威胁。因此，监狱必须以更大的努力强化对群体型危险分子的控制。

对群体形式出现的危险分子，要控制重点人物、分化瓦解，解脱大多数。群体型的危险分子当中，一般情况下有为首分子，为首的危险分子起着策划、发动犯罪行为的作用；危险分子当中，也有积极分子，在为首分子的策划、煽动下，积极参与群体犯罪行动。对于为首的积极分子，监狱要在准确排查的基础上，采取措施揭露其危险行为，将他们列为严密防范的对象，必要时，实施严管或者关押禁闭；对于其他的可能参与犯罪的一般罪犯，则以教育为主，对于认清错误，表示悔改的，及时加以解脱。

监狱对在控制群体型危险分子的工作，还要注意分析可能诱发骚乱、暴乱、聚众越狱的外部因素，并以有效的工作加以消除。对群体型危险分子的控制，必须强调及早发现，及时采取措施，将事态控制在萌芽阶段。

四、狱内危险分子的转化

控制是为了使罪犯不能作案,转化则是为了使罪犯不想作案,即消除其作案动机。对危险分子的转化,是监狱监管改造工作的重要部分,在实际工作中,其转化率是显示监管改造工作质量的一个具体指标,对危险分子的转化工作,一是要坚持强制与教育相结合的原则,二是具体问题具体分析,找出罪犯危险性的症结,对症下药。在监狱工作中,做好对危险分子的转化,要注意下面几项工作:

(一)研究罪犯的需求结构,弄清罪犯作案的心理起因

罪犯作案的动机,产生于罪犯的需求,因而要研究危险分子的需求结构,弄清产生危险行为倾向的心理起因。一般来讲,罪犯采取危险行为的心理有悲观绝望、渴望自由、发泄不满、报复社会等。

(二)引导罪犯采取正常和正当的手段满足自己的需求

在弄清危险分子的心理起因的基础上,要引导他们采取正常和正当的手段满足自己的需求。对于悲观绝望的罪犯,要进行前途教育,给罪犯指明只要有悔罪表现,就会有前途;对于渴望自由的罪犯,指明努力方向,使他们认识到,渴望自由本身是可以理解的,但只有积极改造才是早日获得自由的唯一正确的途径;对于发泄不满、报复社会的罪犯,关键是使其切实认清自己的犯罪行为给社会、给家庭带来的危害,引导罪犯从自身因素找导致犯罪的原因,认清所受刑事惩罚是罪有应得,从而打消报复念头。

(三)分析并消除引发罪犯作案动机的外部因素

对于因对法院的审判不满而引发作案动机的罪犯,监狱要认真分析案情,听取罪犯本人的意见。如果认为判决或者裁定是正确的,则要给罪犯讲清道理,特别是进行传授法律知识使其能够认罪服法;如果认为对罪犯的判决或者裁定确实存在错误,则可以通过行使法律赋予监狱的复查权利,就判决或者裁定中的错误,提请人民检察院或者人民法院处理。在转化危险分子的过程中,要注意保障罪犯的法定权利,特别是要切实保障罪犯的申诉权利。

对于因监狱的监管行为而引发作案动机的罪犯,转化的重点在于提高罪犯对监管生活的适应能力,在安排劳动时也要注意循序渐进,使罪犯对服刑生活有一个适应过程。如果是由于监管工作的各种失误或者错误引发罪犯作案动机,则要坚持实事求是的原则,以适当的方式纠正工作中的失误或者错误。不能对工作中的失误或者错误视而不见,更不能人为地激化矛盾,将罪犯逼到绝路上去。

对于因在罪犯正式组织中受到排挤或者歧视而产生作案动机的,可以通过对罪犯群体的教育来努力消除罪犯间的排挤或者歧视;对于常说的"牢头狱霸",则要坚决打击;对于确实不能适应罪犯正式组织的罪犯,也可利用调换单位或者岗位来解决。对于因受到其他罪犯的教唆和传习而产生作案动机的罪犯,则可以调换单位;对于已经形成的不良团伙,则要予以拆散,并对为首、骨干分子强化控制。

对于因罪犯家庭和社会方面的一些因素引发罪犯作案动机的,监狱主要是通过做罪犯亲属的工作,帮助罪犯切实解决家庭和社会方面的困难,以使罪犯打消作案念头,安心服刑改造。

在监狱侦查工作实践中,对人的控制预防除了危险分子,还有其他重点分子。其他重点分子是指以下几种情况:一是监狱认为应当列为调查防范对象的涉毒、涉黑罪犯;二是经监狱确认已经转化的危险分子,自确认转化之日起尚未满一年的罪犯;三是心理测试显示由严

重心理障碍的罪犯;四是其他列入调查防范对象的罪犯。

　　重点分子的认定,由监区(分监区)在狱情、犯情分析会上确定,同时报监狱侦查部门备案。重点分子由监区(分监区)负责落实监管控制措施。

　　总之,对危险分子和其他重点分子的转化,必须坚持强制与教育相结合,通过管教结合等手段进行。对危险分子和其他重点分子的转化的成功率,是监狱监管工作质量的一个具体标志。

> **阅读延伸** *YueDuYanShen*

46 起罪犯脱逃案件的教训与反思

　　防止罪犯脱逃是监狱工作的头等大事,是确保监管安全的重中之重,各级领导历来高度重视,采取了一系列超常规措施,取得了一定成绩。但是,监狱狱情形势异常严峻,防脱逃的任务十分艰巨。从罪犯脱逃的特点、原因、方式、时间、征兆、时机等十个方面进行了剖析,并对防范对策提出看法,以期达到从中吸取教训、举一反三、警醒启示的目的。

　　1. 对 46 起脱逃案件的分析

　　(1)从脱逃罪犯的刑期上分析。在 46 起脱逃案件的 67 名罪犯中,被判处死刑缓期执行的有 9 人,占 13.4%;被判处无期徒刑的 13 人,占 19.4%;16～20 年有期徒刑的 9 人,占 13.4%;10～15 年有期徒刑的 19 人,占 28.3%;6～10 年有期徒刑的 9 人,占 13.4%;1～5 年有期徒刑的 7 人,占 10.4%;1 年以下有期徒刑的 1 人,占 1.4%。从刑期分析上看,10 年以上重刑犯脱逃人数达 50 人,占 74.6%,比例很高,这说明 10 年以上重刑犯是防范的重点。

　　(2)从脱逃罪犯的年龄上分析。在这 46 起脱逃案件的 67 名罪犯中,20 岁以下的 1 人,占 1.4%;20～30 岁的 45 人,占 67.2%;31～40 岁 19 人,占 28.4%;41～45 岁的 2 人,占 3.0%。这说明 20～40 岁年龄段的罪犯脱逃的居多,占 67 人中的 64 人,占脱逃人数的 95.5%。因此,这个年龄段的罪犯是防范的重点。

　　(3)从罪犯脱逃的方式上分析。在这 46 起脱逃案件中,在狱外劳动时脱逃 10 起,占 21.7%;外诊时脱逃 2 起,占 4.3%;外宿时脱逃 1 起,占 2.2%;翻越围墙脱逃 13 起,占 28.3%;挖围墙脱逃 1 起,占 2.2%;盗窃夺取警服脱逃 6 起,占 13.1%;化装穿便服脱逃 3 起,占 6.5%;藏匿车内脱逃 5 起,占 10.9%;暴力冲突脱逃 2 起,占 4.4%;锯断下水道钢筋防护网脱逃 1 起,占 2.2%;脱离监管脱逃 2 起,占 4.4%。从以上统计分析可以看出罪犯脱逃的方式,一是多种多样,罪犯利用外劳、外宿、外诊机会脱逃和翻越围墙脱逃比例较高,分别占 28.3%;二是罪犯脱逃方式越来越危险,有的甚至开着大吊车强行冲出监狱脱逃;三是罪犯脱逃方式越来越狡猾,越来越隐蔽;四是利用交通工具和化装脱逃是防范的重点。

　　(4)从罪犯脱逃的时间上分析。在这 46 起脱逃案件中,从季节上分析,春季脱逃 14 起,占 30.4%;夏季脱逃 17 起,占 37.6%;秋季脱逃 6 起,占 13.0%;冬季脱逃 9 起,占 19.6%。从一周时间上分析,周一至周五脱逃 26 起,占 56.5%;节假日脱逃 20 起,占 43.5%,其中周六、周日脱逃 17 起,占 37.5%,长假脱逃 3 起,占 6.5%。从一天时间上分析,8:00—12:00 脱逃 8 起,占 17.4%;12:00—18:00 脱逃 11 起,占 24.1%;18:00—24:00 脱逃 14 起,占 30.4%;24:00—次日 8:00 脱逃 13 起,占 28.3%。从统计分析上可以看出:一是春季和夏季是罪犯脱逃的高峰季节,占 68%;二是双休日、节假日罪犯脱逃比例高,占 43.5%。这说明罪犯在研究我们的民警,特别是民警值班情况,双休日、节假日警力相对较少,是薄弱环节,是防范的重点时间；三是 18:00 至次日 8:00 期间罪犯脱逃比例高,占 58.7%,夜晚是防范罪犯脱逃的重点时段,需要重点防范。

(5)从罪犯脱逃的人数上分析。在 46 起脱逃案件中,单个脱逃 32 起,占 69.5%;2 人合伙脱逃 10 起,占 21.7%;3 人集体脱逃 1 起,占 2.1%;4 人集体脱逃 3 起,占 6.5%。这说明罪犯单独脱逃所占比例很高,2 人合伙脱逃次之。

(6)从脱逃罪犯的犯罪类型上分析。在这 46 起脱逃案件的 67 名罪犯中,单一罪名的 49 人,占 73.1%;两项罪名以上的 18 人,占 26.9%。罪名中有抢劫罪的 29 人;故意伤害罪的 5 人;绑架罪的 4 人;强奸罪的 6 人;非法制造、抢劫枪支弹药罪 1 人;盗窃罪的 22 人;复制、贩卖淫秽物品罪的 1 人;虚开增值税发票罪的 1 人;涉毒犯罪的 7 人。从统计分析可以看出,一是暴力犯罪脱逃的人数多,比例高;二是盗窃犯罪脱逃的比例也较高;三是涉毒犯罪的和强奸犯罪的罪犯脱逃的可能性大。

(7)从罪犯脱逃的特点上分析。从 46 起脱逃案件分析看,罪犯脱逃有 4 个特点:一是脱逃行为的隐蔽性。罪犯脱逃一般是秘密进行的,预谋、准备、脱逃都在秘密状态下进行,具有很大的隐蔽性。二是脱逃行为的智能性。罪犯为了达到脱逃的目的,总是想方设法。三是脱逃行为的危险性。罪犯脱逃是以威胁监管安全稳定为侵害客体的,为了脱逃,有的罪犯劫持人质;有的抢夺机动车辆;有的甚至杀害民警和武警,具有很大的危险性。46 起脱逃案件中,被罪犯杀害的民警 5 人、武警战士 1 人、群众 1 人、罪犯 1 人。

2.吸取教训,切实做好监狱防逃工作

46 起脱逃案件,上百条血的教训,值得我们反思,举一反三,警钟长鸣。在新形势下,要进一步规范监狱内部管理,切实做好防逃工作,才能确保监狱的持续安全稳定。

(1)必须牢固树立政治意识、首位意识、主业意识、大局意识、监管安全无小事意识等五个意识,构筑牢固的思想防线。《监狱法》规定,监狱是国家的刑罚执行机关,依照刑法和刑事诉讼法的规定,对被判处死刑缓期两年执行、无期徒刑、有期徒刑的罪犯在监狱内执行刑罚。监狱的主业是执行刑罚,提高教育改造质量;监狱的首要政治任务是确保监狱持续安全稳定;监狱的首要标准是降低刑释人员的重新违法犯罪率。监狱长是监管安全的第一责任人,这个思想和观念必须始终坚持。

(2)必须进一步完善和落实各项管理制度,提高执行力,构筑牢固的制度防线。认真落实各项监管制度,是确保监管安全的根本保障。因此,一是要建立完善制度体系。要立足当前,着眼长远,从制度建设入手,着力构建监狱内部规范化管理的长效机制,建立管理对象全覆盖、管理程序全覆盖、责任体系全覆盖的制度体系。

(3)必须进一步强化"以人为本"的理念,构筑牢固的人防防线。确保监狱的安全稳定,人防是关键,物防是基础,技防是手段,心防是根本。但在影响监管安全的诸多因素中,人防是确保监管安全的决定性力量,是影响和制约监管改造质量的首要因素。因此,必须紧紧抓住民警这一关键因素,采取行之有效的措施,切实加强民警队伍建设,提高民警队伍素质,把好人防关。

(4)必须进一步加强与公安机关、武警部队、通信等单位的联系,争取支持与配合,构筑牢固的社会防线。

(5)必须进一步加强教育改造工作,落实首要标准,构筑牢固的教育防线。落实首要标准就是降低刑释人员的重新犯罪率,要科学整合管理、教育、劳动、心理矫治四大手段,不断深化细化教育人改造人的工作,控制罪犯的脱逃意念。

(6)必须进一步建立和完善对罪犯的心理防范工作,构筑牢固的心理防线。俗话说"攻城为下,攻心为上",预防罪犯脱逃,"心防"是根本,只有从根本控制罪犯的脱逃意念,才能起到有效防范的作用。"心防"顾名思义就是心理防线,是监狱民警系统地运用心理学知识、技能和方法,通过心理测试、心理咨询、心理危机干预、心理治疗等措施,调节罪犯情绪,矫正不正常认知方式,消除其不良心理,完善其人格的一种活动。

(摘自刘金华:《46起罪犯脱逃案件的教训与反思》,《新时期狱内侦查问题研究》,中国市场出版社2010年版,内容略有删减。)

第三节 狱内要害部位和重要场所的控制

一、狱内要害部位的控制

(一)狱内要害部位的概念

监狱的要害部位,是指重要的监管警戒设施和需要重点防卫的部位。通常包括监门、围墙、岗楼、警戒地带、禁闭室、罪犯家属会见室、监内警察值班室、重要生产设备、物资库房等。

对监狱要害部位进行控制具有重要意义。一是狱内要害部位的安全是监狱安全的关键之一,保障了狱内要害部位的安全就掌握了监狱安全的主动权。二是狱内要害部位既是监狱关注的重点,也是预谋又犯罪的首要目标,所以在控制中一方面要预防要害部位本身的安全隐患,另一方面要发现线索,为专案侦查提供线索。

(二)狱内要害部位的特点

1.对监狱安全的敏感性。对监狱安全的敏感性是指狱内要害部位事关监狱安全的大局,一旦出现问题会给监狱内部造成严重后果。如引起在押罪犯的情绪波动、停工停产甚至是民警或罪犯的人身伤亡,有时还将对社会产生较大的影响。

2.随机的脆弱性。监狱机关对狱内的要害部位都按照上级机关要求进行重点保护,从总体上看这些要害部位都是安全的。但这些要害部位又存在着随机的脆弱性,即在某个时刻可能会出现防护短暂的失效或防护警力不足以压制又犯罪的破坏力量等现象。这种随机的脆弱性是客观存在的。

3.控制的艰巨性。监狱要害部位是罪犯脱逃犯罪的必经之路或其他犯罪行为的首选目标,要害部位的控制是长期的,任务是艰巨的,需要付出艰苦的努力。要从纵向和横向去研究狱内犯罪的历史和动态,做出长久的战略规划用于指导现实的防范控制。并能根据本单位的实际情况,及时总结经验教训,不断制定完善具体的防控措施。

(三)狱内要害部位的防控方法

1.值班守护。监狱在要害部位要建立值班守护制度,以保证要害部位的安全。

(1)外围警戒设施的值班守护。监门是监区与监外的重要通道,是监狱控制的要害部位之一。监门一般要配备武装警察和内看守人员,以加强对监门的控制力量。监门的值班人员负责对出入监区人员和车辆的检查验证,对监门内外一定区域进行管理,防止罪犯混出监狱,防止罪犯冲出监狱,防止外来人员对监狱的冲击。

围墙、岗楼和警戒地带一般由武装警察部队的执勤人员守护,对岗楼派出固定哨,对围墙和警戒地带派出流动哨。执勤人员的主要任务是防止罪犯擅自进入警戒地带、接近围墙，防止和制止外来人员对监狱的侵袭。

（2）重要监管设施的值班守护。禁闭室、罪犯家属会见室、监内警察值班室、监管设施，由监狱人民警察值班守护。禁闭室由内看守人员负责，昼夜轮流值班，值班实行双人制，不允许单人执行公务。由于罪犯家属会见室一般是一边在监内，一边通向监外，罪犯可由此混出监狱甚至冲出监狱，因此也是一个防护的要害部位。罪犯家属会见室需要加大管理力度，除了专职管理人员外，必要时可以增加监管人员。监内的人民警察值班室也要严加防护，防止受到罪犯的冲击。

（3）其他要害部位的防护。监狱的重要物资库房、变电室（所）、锅炉房等部位，也要安排人民警察或工人值班，不允许依靠罪犯管理。

2.巡查。即巡逻检查。组织适当的警力进行巡查是控制要害部位的重要措施之一。监狱的狱内案件侦查、狱政管理部门，要安排人民警察对要害部位进行不间断的巡查。巡查的时间要随机，时长时短，范围既要全面，又要有重点，还要有针对性。巡查的路线宜采用乱线巡查的方式，即每次巡查不是沿着一条确定的路线进行。这样，不会使罪犯摸清巡查规律，难以伺机作案。

3.检查和清查。要害部位的检查和清查，主要是通过对各种警戒、监管和其他设施的检查，防止各种设施因人为的原因引起的破坏。清查由值班守护人员随时进行，发现异常，立即向有关部门报告。狱政管理、狱内案件侦查部门负责组织警力对要害部位进行定期和不定期的检查和清查。

警戒设施检查和清查的重点是，监门的横杆、护栏的完好情况，照明情况，通讯是否通畅，报警设施是否正常，警戒线、停车线是否正常；狱墙的坚固程度，有无可利于攀登之处，有无砖石松落，狱墙下是否堆积杂物，狱墙附近是否有棍棒、绳索等可疑物品，有无被挖掘破坏的痕迹；电网及报警设施是否保持完好，能否发挥正常作用，有无绝缘物品；警戒地带是否做到无杂物、无障碍、视野开阔，防护网是否完好，有无罪犯私自靠近警戒地带的痕迹，等等。监管设施清查的重点是，禁闭室门、窗是否可靠，是否安全；室内有无铁钉、绳索、棍棒、刀片等危险物品和违禁物品；监内人民警察值班室的防护装置是否坚固可靠；报警设备和通讯设备是否运作正常；其他要害部位是否达到安全规范的要求。

4.电子技术监控。电子技术监控在监狱管理中的运用越来越广泛，作用也越来越明显，监控技术是指运用现代监控设备，对相关的人、场所进行监视、监听和控制，并对所发现的异常情况进行报警提示的现代技术手段。现代监控技术主要包括监视、监听技术、入侵探测报警器、数字视频监控系统等。

电视监控技术是将闭路电视技术应用于监控的一种现代化技术防范手段，监视是电视监控系统中的接收装置，是将所接收到的视频信号和音频信号还原为声音和图像并在显示屏上显示出来的装置。监听系统是安装于特定场所，用以秘密获取相关语音信息并进行记录的技术设备。监听系统主要运用于监舍、车间、禁闭室、会见室等狱内特定场所，以获取相关的声音信息，从中发现重要情报线索资料，为狱内犯罪侦查提供有力支持。监听系统主要由侦听器和录音设备两大部分组成。监控报警器是运用现代监控设备，对相关的人、场所进行监视和控制并对所发现的异常情况进行报警提示的现代技术手段。

二、狱内重要场所的控制

狱内重要场所是指监狱机关在履行法定职责过程中组织罪犯活动的场所。包括罪犯劳动场所、生活场所、学习场所等。这些重要场所具有集中性、组织性和任务性的特点。集中性是指较多数量的罪犯在同一时间范围内处在同一有限空间,而民警数量较少。组织性是指罪犯是按照管辖设置的班组进行活动的,并由警察现场管理。任务性是指场所内的活动是有明确的要求和目标,都要为实现任务目标而努力。这些特点使得罪犯在场所内拥有一定的自由活动空间,就有必要采取措施加强对这些重要场所的控制。

(一)罪犯劳动场所的控制

1.罪犯劳动场所的特点。罪犯劳动场所除具有其他重要场所的共同特点外,还具有自己的特点:一是危险性。危险性是指劳动场所是生产设备集中、劳动工具集中的场所,一些重要设备本身就是需要保护的要害部位,而各种各样的劳动工具都是锐器或钝器,都有一定的杀伤力。二是分散性。所谓分散性是指从整体来讲罪犯是集中的,但从场所内部在各自的岗位上却是分散的,罪犯会出现在一定时间范围内脱离控制视线。狱内又犯罪案件有很多都是发生在劳动场所的,另外,罪犯的劳动场所还有工业和农业、集体和零星、生产性和辅助性之区别。因此,控制罪犯劳动场所必须遵循全面、细致、有的放矢和全程的原则。

2.罪犯劳动场所控制环节和重点。

(1)出工、收工管理与控制。罪犯出工,必须由人民警察亲自带领。负责现场管理的人民警察,要亲自整队,清点人数,检查罪犯的着装及随身物品,布置具体劳动事宜。收工时,人民警察要清点人数、检查罪犯随身物品,进行简短的队前讲评,然后将罪犯带回监舍。

(2)劳动区域控制和定位管理。罪犯劳动现场执行罪犯定岗定位和定活动区域的管理制度。首先是限定罪犯的活动区域。一般是按照监区、分监区的建制,划定各单位罪犯的活动区域,固定地段、固定场地,实行封闭式区域控制。其次是固定罪犯劳动岗位。监区、分监区对每一个罪犯的劳动岗位予以固定,劳动时要求罪犯必须坚守岗位,不准随意离开指定岗位活动。

(3)生产工具及危险物品的管理与控制。对罪犯生产现场的生产工具,要实行严格控制,做到统一保管、统一发放、统一回收,严禁罪犯私藏工具,严禁罪犯将生产工具带人监舍。罪犯劳动现场的易燃、易爆、剧毒物品要分类存放,加封加锁,指定人民警察或者工人管理,剧毒物品仓库必须坚固、严密。

(4)对外人员和车辆的检查与控制。监狱内的罪犯生产区实行封闭式管理,未经允许的外来人员和车辆不得入内。因工作需要必须进入现场的外来人员,要按规定办理手续,并由监狱工作人员带领方可进入生产区。外来人员在生产现场的活动也必须遵守有关规定,不得随意接触罪犯,更不准为罪犯捎带物品、书信。运送货物的外来机动车辆,经批准后方可进入生产车间或者仓库区,进入监区后,车头必须朝里;驾驶员离开车辆时,必须拔出点火钥匙,摇上玻璃,锁好车门;驶出监区前,必须接受严格的检查。其他车辆(含非机动车辆),未经监狱首长批准并经门卫严格检查.不得进入罪犯生产区。

(5)零散劳动现场的控制。监狱生产中的零星、分散的劳动项目,尽可能使用罪犯以外的人员,如工人、临时工等,确因人员紧张,必须使用罪犯的,应做好管理和控制工作。首先,对从事零星、分散劳动的罪犯,必须指定人民警察专人管理,专人负责。其次,严格控制零星、分散劳动罪犯的人数。零星、分散劳动的罪犯,监狱要控制人数,平时控制在5%以内,农忙季节不得超过10％。第三,严格选用零星、分散的罪犯。条件是认罪服法,服从管教,情绪稳定。累犯、诈骗犯、流窜犯、团伙首犯、主犯,有脱逃、报复、自杀、行凶、破坏迹象的罪犯,家庭有重大变故或者无家可归的罪犯,有脱逃史的罪犯,不宜从事零星分散劳动。第四,严格控制零星分散劳动罪犯的活动。对他们不准安排单独作业,不准单独住宿;明确划定活动范围,规定行走路线;实行定期调换制。狱内案件侦查部门,应掌握各个监区的零散劳动罪犯的使用情况,根据本部门的情报,对于可能出现安全问题的,要马上与监区沟通,撤换零散劳动罪犯,并对其实施有效控制。

(6)监外常设作业现场的控制。罪犯狱外劳动,这里是指农业、林业单位,罪犯在监狱围墙外,但仍属于监狱常设的监管区域劳动。由于大部分监狱不太可能把农田和林场都划入监狱围墙之内,所以罪犯要经常到围墙外的农田或者林场去劳动,这种场所也属于监狱的监管区域。监狱对监外作业现场必须实施有效控制。首先,监狱有关部门及人民警察要预先勘察现场,确定警戒线或者其他警戒标志,分析现场当中不利于监管的客观因素,制定具体的防范措施。其次,罪犯监外作业现场由人民警察亲自带班,带班实行双人制,即至少有两名以上警察同时在现场指挥,以保证安全,严禁单独执行任务。负责监外作业现场管理的人民警察佩带警具、望远镜。作业现场较偏远的,要携带对讲机或者其他通讯工具,以便与监狱本部联系。第三,监狱常设监管区域内的围墙外作业现场,由看押部队负责外围警戒。第四,按照条件做好监外作业罪犯的选用。狱内案件侦查部门要将监外劳动现场作为预防工作的重点,参与对这种现场的控制。对于不宜从事监外劳动的罪犯,狱内案件侦查部门要通知有关单位纠正;通过实地巡查,发现监外作业现场存在安全隐患,必须立即提出纠正意见,以保证劳动场所的安全。

(二)罪犯生活场所的控制

1.罪犯生活场所特点。罪犯生活场所是指罪犯饮食起居的场所,主要指监舍。罪犯生活场所除具有其他重要场所的共同特点外,还具有自己的特点:一是民警无法实施全时段管理。监舍是罪犯就寝、处理个人事物的主要场所,虽然就寝后由内管值班,但相对于原管辖管理就可能存在时间上的空白。二是罪犯高度集中和较为分散并存。罪犯收工后全部在监舍活动,处理个人事物、收看电视、读书或做其他事情。另外,有的罪犯轮休、病休也会留在监舍,很容易发生问题。三是容易出现管理死角。罪犯虽然是集体生活,但生活所需,即使正常所需涉及面也很复杂,所以监舍容易形成死角。

2.罪犯生活场所控制环节和重点。

(1)罪犯出入监舍的登记检查。对出入监舍的罪犯由人民警察认真进行登记检查。

(2)点名、查铺和巡逻。每晚就寝前要由值班的人民警察亲自点名;就寝后,同样由人民警察进行查铺。夜间由狱内看守对监舍进行巡逻监视。夜间巡逻至少要二人同行。

(3)人身、物品检查和清监。对罪犯人身的检查,是安全检查工作的一个重要环节,也是安全防范的重点内容。无论是危险品、违禁物品和控制物品,还是各种作案工具,大都是通过罪犯人身进行携带,或者由罪犯自身加以藏匿。因此,进行人身检查可以对罪犯实施有效的控制,对罪犯的人身检查必须由监狱人民警察亲自实施。

对罪犯的物品检查,主要是防止罪犯把危险品、违禁物品、控制物品带入监舍。狱内的又犯罪活动大部分是借助一定的作案工具进行的,危险物品、违禁物品、控制物品是罪犯实施犯罪的物质条件,是危及监管场所安全和秩序的主要因素,必须通过安全检查,清除这些物品。物品检查的重点是,检查监舍内有无易燃、易爆、剧毒和放射性物品,有无凶器、棍棒、绳索、绝缘手套、绝缘鞋靴等危险物品；检查监舍内有无反动、淫秽书刊或者有碍改造的书籍；检查监舍内有无罪犯私藏现金及其他非生活必需品。

清监是及时清除监舍内危险物品、违禁物品和控制物品的有效措施；通过清监，也可以发现罪犯中的各种敌情动态。值班人民警察应对监舍随时检查，对罪犯实行严密的监督和控制。

（4）对值班人民警察管理活动的检查、监督。为维护罪犯起居现场的正常秩序，必须由值班的人民警察对罪犯的起居现场实行直接管理并严格遵守安全操作规程。在人民警察直接领导下，也可以使用罪犯值班员协助人民警察维护秩序，但是不准由罪犯值班员代行人民警察职责。罪犯就寝前的晚点名、就寝后的查铺必须由人民警察亲自实施。值班人民警察必须严格执行交接班的有关规定。监狱的狱内案件侦查、狱政管理部门对在罪犯生活现场值班的人民警察的管理活动随时巡查监督。发现值班人民警察有违反安全操作规程、擅自离岗、脱岗等问题，或者发现有安全隐患，必须当即照章处理。

（三）罪犯学习场所的控制

1.罪犯学习场所特点。罪犯学习场所是指罪犯文化教育、技术教育的教室。除具有其他重要场所的共同特点外，还具有自己的特点：一是联组联号落实困难。对罪犯进行文化教育、技术教育必须按年级和专业编班，这样一来就打破原有管理系统使罪犯暂处在新的管理系统，联组联号难以落实。二是罪犯参与教学活动。在文化教育和技术教育中既有民警也有外聘的专家或具有专业技术特长的罪犯担任教学任务，管理必然会面对这些新的关系状态。三是信息流动速度加快。在教学班使得不同监区的罪犯有了接触交流的机会，扩大了人际交往范围，加快了狱内信息流动速度，这种变化既有积极作用也会产生消极影响。

2.罪犯学习场所控制环节和重点。

（1）课堂管理。严肃课堂纪律是控制罪犯学习场所的基本方法。应当让罪犯懂得课堂是学习的场所，禁止在课堂上私下交谈，禁止讨论、交流学习以外内容。在民警管理的基础上使用表现好的罪犯配合管理，加以控制。

（2）科学安排教室座位。凡是能按照原管辖单位编班的则按原管辖单位编班，如果不能原管辖单位编班的就集中安排座位。

（3）把罪犯学习表现列入考核。鼓励罪犯学习的积极性，尽量减少消极因素的影响。

阅读延伸 YueDuYanShen

突出预防控制　确保监狱的安全稳定

监狱的安全稳定是监狱改革发展和一切工作的基础。狱内侦查工作正是监狱安全稳定的有力保障。从狱内侦查工作的实际来看，只要我们扎实做好预防控制工作，多数狱内案件是可以做到"防患于未然"的。因此，要确保系统的安全稳定，我们就要在坚持狱侦工作"预防为主，防破结合，及时发现，迅速破案"十六字方针的前提下，突出预防控制，切实加强和规范狱内侦查工作。

1.突出预防控制，切实加强和规范狱内侦查工作

（1）有利于保障监狱的安全稳定。狱内侦查工作的任务一是预防控制，二是侦破案件，它是监狱对狱内又犯罪进行防控和打击的有力手段。突出预防控制，加强和规范狱内侦查工作，将大大降低监狱的发案率，保障监狱的安全稳定，为监狱监管改造工作创造一个良好的运行环境。

（2）有利于强化监狱工作的主业意识。作为刑罚执行机关，监狱的"主业"就是"惩罚和改造罪犯"。近年来，监狱体制改革工作逐步开展，监狱经费保障水平逐步提高，更好地履行刑罚执行职能已经成为监狱工作者的共识。强有力的狱内侦查工作，将更好地服务于以强化刑罚执行、确保监狱安全稳定、提高改造质量为中心的监狱工作。

（3）有利于推进监狱工作的"三化"建设。监狱工作的"三化"建设，是监狱工作规范运行的方向。狱内侦查工作作为监狱工作的重要组成部分，强化和规范狱内侦查工作也是大力推进监狱工作"三化"建设的有力举措。

（4）有利于适应监狱现实工作的迫切需要。目前，我国犯罪率还处于一个较高的水平，监狱押犯中团伙犯、暴力犯、两次以上判刑的罪犯比例逐年增加，罪犯改造难度和监管安全压力不断加大。因此，加强和规范狱内侦查工作，预防和控制狱内又犯罪是十分必要的。

（5）有利于提升侦查工作的地位。狱内又犯罪案件是监管改造工作的大敌，它破坏了正常的改造秩序，极大地危害着监狱的安全稳定。狱内侦查工作处于防控、打击狱内又犯罪，维护监狱安全稳定的最前沿，因此，规范有力的狱内侦查工作在监狱工作中处于更加重要的地位。

2. 切实加强狱侦工作的预防和控制职能，夯实监管安全工作的基础

加强和规范狱内侦查工作，主要包括加强狱内又犯罪的预防和控制，加强狱内案件的侦破，加强狱侦技术的掌握和使用。在这三部分中，加强狱内又犯罪的预防和控制更具有基础性、前瞻性和战略性。因此，要从以下几个方面入手，切实加强狱内侦查工作的预防和控制职能，确保监狱的安全稳定。

（1）抓好狱内情报信息工作。情报信息工作是搞好狱内侦查工作的前提和基础，要想做好狱内又犯罪的预防和控制，必须做好情报信息工作，做好"耳聪目明"。要进一步完善以犯情调研为基础，以耳目建设为重点的情报信息系统。首先基层警察都要做好犯情调研工作，这是监狱警察的职责，也是狱内侦查情报信息来源的基础。其次要布建高质量的耳目网络，使重点人、重点时段、重点场所不出现空挡，利用耳目来了解警察掌握不到的信息，并加以为我所用。

（2）抓好对危险分子和重点分子的控制。所谓危险分子是指：可能实施危险行为的罪犯；正在实施危险行为的罪犯；已经实施了危险行为的罪犯。对第一种情况，重点在于防范；第二种情况，重点在于临场处置；第三种情况，重点在于立案侦破。所谓重点分子是指：应当列为防范对象的涉毒、涉黑、涉枪等罪犯；危险分子已转化，但未满一年的；有严重心理障碍的罪犯；其他列入防范对象的罪犯。

对危险分子和重点分子的预防和控制，重点要抓好四项工作：一是抓好排查，重点分析作案动机、作案能力和外部条件。二是抓好控制，一要实施警察直接控制，做到包管、包教、包转化；二要落实包夹制度。三是抓防御性控制，控制工具、危险物品、活动空间。四是对危险分子和重点分子实行严管和禁闭。

（3）抓好对要害部位的控制。要害部位包括监门、围墙、岗楼、警戒地带、禁闭室、会见室、警察值班室、重要物资库房等。控制的方法有：扼守，既对要害部位实行站岗、值班、守护；巡查，既组织警察进行不间断巡回检查；清查，既对要害部位进行定期或不定期的检查；依靠完善的监控系统；及时进行设施维护。

（4）抓好对重要现场的控制，抓好生活现场的控制，要严格实行四项制度：一是出入监舍的登记、检查制度；二是警察亲自点名查铺和巡逻制度；三是人身物品检查和清监制度；四是对警察管理活动的监督制度。抓好劳动现场的控制。要严格执行四个规定：一是出工必须有警察带领，收工清点人数、检查随身物品；二是合理划分劳动区域，实行定位管理；三是对劳动工具统一保管、发放、回收，防止罪犯私带劳动工具入监；四是不得安排危险罪犯从事零散劳动。抓好对外来人员和车辆的控制。外来人员和车辆非经允许不得进入监区和生产区；经批准进入监区和生产区的车辆必须车头朝里；驾驶员离开车辆必须取出钥匙，锁好车门；离开时必须严格检查。

（5）抓好对狱内突发事件的预防。狱内突发事件是指：暴狱、脱逃、自杀、凶杀、罪犯闹监或集体绝食；社会不法分子围攻、冲击监狱或劫夺罪犯等。针对这些危害性、破坏性大的突发事件，要做好四项工作：一要研究突发事件的规律，突发事件往往是罪犯的主观因素和监狱工作缺陷的客观因素两者同时存在的，掌握了这个规律，就抓住了防控突发事件的根本。二要建立处置突发事件的领导机构和队伍。三要制定好处置突发事件的预案，明确责任和处置程序及方法，落实后勤保障。四要认真做好基础工作，掌握敌情，落实方法措施，加强对危险人和重点人的控制。

（6）抓好监控技术建设。要逐步加大投入，不断完善监控技术设施，主要包括：警戒系统、监视系统、监听系统和测谎、心理测试、安检技术设备等。

（7）构建思想预防控制体系。一方面要抓好对监狱警察的思想教育，强化警察的专政意识和防范意识，始终将确保监管安全作为监狱工作的基础，构筑起监狱警察的思想预防控制防线。另一方面要抓好对服刑罪犯的教育，强化罪犯的遵纪守法意识和自觉改造意识，构筑起服刑罪犯的思想预防控制防线。

（摘自陈焕奎：《突出预防控制　切实加强和规范狱内侦查工作　确保监狱的安全稳定》，http://www.360doc.com/content/11/1213/11/2775069-171883636.shtml）

第四节　狱内预谋犯罪案件的调查控制

一、狱内预谋犯罪案件的概念

狱内预谋犯罪案件，是指在监狱内服刑的罪犯，为了实施又犯罪，处于准备工具、制造条件阶段的案件。我国《刑法》第二十二条规定："为了犯罪，准备工具、制造条件的，是犯罪预备。"这里讲的是在监狱内由服刑罪犯实施的犯罪预备。一般说来，一个完整的犯罪过程，要经由一个从犯意形成、犯罪预备、着手实行到完成犯罪的发展过程。犯罪预备是犯罪过程的一个起始阶段。在实际工作中，习惯上有时也把这一类案件称为"预谋案件"。严格说来，预谋案件是犯罪预备的一种情况，指在实施犯罪前制定犯罪计划的行为，并不能以此替代所有的犯罪预备，所以本节依据刑法的规定，将这一类案件统称为狱内预谋犯罪案件。狱内预谋犯罪案件是指以下两种情况：

（一）服刑罪犯为又犯罪准备工具

所谓准备犯罪工具，是指服刑罪犯准备实施又犯罪所需要的一切物品。例如，准备脱逃使用的各种工具、杀人伤害用的刀具等。在监狱的特殊环境下，监狱对于罪犯能够接触到的物品,实施严格管理,但就算这样,服刑罪犯准备犯罪工具的方法还是多种多样的,概括起来有几种情况:一是自己制造犯罪工具,即缺少某种犯罪工具而自己动手制造这种工具;二是变造犯罪工具,即已有的工具不适合某种犯罪的需要而对其加工改造,使之适应于犯罪的需要;三是寻找犯罪工具,即缺少某种犯罪工具而采用各种方法寻找这种工具;四是直接利用劳动工具,即在监狱劳动现场,直接利用劳动时所使用的各种工具作为犯罪工具;五是通过狱外人员向监区转递犯罪工具;六是通过私自携带将犯罪工具带入监区。

(二)服刑罪犯为又犯罪制造条件

所谓为又犯罪制造条件,是指准备工具以外的其他各种准备活动。从广义上讲,准备工具也是制造条件的一种,所以准备工具也是最常见的预备行为,但是除了准备工具以外,服刑罪犯为了犯罪制造条件的行为还有以下几种情况:制定犯罪计划,进行犯罪预谋活动;为脱逃打探监狱周边情况;为报复管理人员打探其家庭情况;邀约纠集共同作案人;准备脱逃时使用的便服和脱逃后使用的现金;追踪被害人或者守候被害人到来、排除实施犯罪的障碍;提高作案能力的各种准备等。

二、狱内预谋犯罪案件调查控制的意义

狱内预谋犯罪案件的调查控制,是指监狱在发现、调查和控制处于犯罪预备阶段的狱内案件过程中所采取的一系列防范工作。这项控制预防工作的意义在于:

(一)狱内预谋犯罪案件的调查和控制是整个狱内案件侦查工作的重中之重

我国的狱内案件侦查工作,历来将查获处于预备阶段的又犯罪案件列为工作的重点,力争将又犯罪案件控制在犯罪预备阶段,并在实践中积累了丰富的经验。这样做完全符合"预防为主,防破结合;及时发现,迅速破案"的狱内案件侦查工作方针的要求。狱内侦查担负着预防和侦破狱内案件的两项重要职能,而对于狱内预谋犯罪案件调查和控制,则正处在防范与侦破的结合点上,既包含着预防的内容,又包含着侦破的内容。从防范的角度看,狱内犯罪预备是具备犯意的服刑罪犯开始为实施犯罪准备工具,制造条件,是狱内刑事案件发生的起始阶段,但是犯罪行为尚未实际实施,实际危害尚未造成。监狱要在这个阶段及时发现并进行有效控制,以此来阻止犯罪行为,避免危害的产生。从侦破的角度看,在监狱制止犯罪预备活动之后,狱内案件侦查部门要根据规定,立案侦查,查明案情,依法追究预备犯的刑事责任。

(二)狱内预谋犯罪案件的调查和控制是又犯罪控制预防的要点之一

狱内又犯罪案件的控制预防与危险分子的排查、控制和要害部位的控制一起,构成我国监狱对又犯罪控制预防的三个实施要点,可以理解为对事、对人和对物的控制预防。应当说,这三项内容既有密切的联系,但也有一定的区别。对人的控制预防侧重于犯意控制;对物的控制侧重于作案条件的控制;对事的控制则侧重于行为控制,是对着手实施犯罪预备活动的控制。三个方面有共同的目标,在实施中也是相互结合在一起使用,互为补充,相互协调,共同构成又犯罪的控制预防的严密防线。在罪犯产生犯意的情况下,实施人身控制,并促其转化,力求使其消除犯意;对要害部位和重要场所的控制,则是通过对作案外部条件的控制,达到使试图作案的人,没有作案的机会和条件,而不能实施犯罪行为。案件的控制和防范则是在罪犯产生犯意并准备工具和制造条件时,及时发现,并予以制止。

(三)狱内预谋犯罪案件的调查和控制突出体现狱内案件侦查的特色

我国监狱狱内案件侦查工作的特色之一,在于加大了防范力度,对犯罪活动实施全过程控制预防和处置,从而实现侦查活动的重心前移。将狱内又犯罪控制在犯罪预备阶段,则是

突出体现了狱内案件侦查的这一特色,体现狱内案件侦查在监狱安全防范中的价值取向。通过这项工作,建立起一道安全屏障,避免由于又犯罪的发生而带来的危害和损失,同时对处在犯罪预备阶段的服刑罪犯本人也是一个很好的保护,通过制止其犯罪的实施,可以减轻其刑事责任,通过对其的控制和转化,体现对他们的挽救。

三、狱内预谋犯罪案件的调查与控制要点

(一)及早发现,及早布控

狱内预谋犯罪案件,行为人的主观犯罪意图已经形成,并开始了实施犯罪行为的各种准备活动,一旦时机成熟,很可能付诸实施,酿成严重的后果。因此,监狱必须对处在预备阶段的犯罪行为,做到及早发现,只有这样才能对案件的发展和行为人进行有效的控制。

及早发现,是指监狱的狱内案件侦查部门和有关单位及人民警察,通过各种途径发现日常管理中的异常情况,并从中筛选出可疑线索,从而作出是否为犯罪预备活动的基本判断。及早发现,可以采用从物到人、从事到人和从人到事等多种手段。从物到人,是从发现可疑物品入手,查找行为人。可疑物品主要是被人带入监区的各种控制物品,经过变造的可疑物品,被人藏匿的物品等。从事到人,主要是从有可能是为犯罪制造条件的各种异常举动开始调查,从而确定怀疑对象。从人到事,是指从已经确定的危险分子入手,调查其是否有进行犯罪预备的行为。及早发现,需要广泛而可靠的各种情报来源,需要对不同方面的情报进行综合分析和判断。

及早布控,是指在及早发现的基础上,迅速调动各种控制力量,对有可能出现问题的场所、部位加强控制,对已发现的可疑物品进行控制,也可以采用秘密守候的办法,等行为人来取可疑物品时,对其进行人身控制。

(二)把握特点,掌握重点

监狱内发生的各种预谋犯罪案件,都有其自身的特点和规律,只有掌握每一种案件的特点和规律,才可以对其实施科学的防范。同时,监狱还应当根据自身的特点,将监狱内容易发生、危害比较大的案件如脱逃越狱、杀人伤害等列为重点,加强防范。

(三)查清案情,依法处理

我国《刑法》第二十二条第二款规定:"对于预备犯,可以比照既遂犯从轻、减轻处罚或者免除处罚。"犯罪预备行为虽然尚未直接侵害犯罪客体,但已经使犯罪客体面临即将实现的现实危险,因而同样具有社会危害性。因此,犯罪预备行为同样具有可处罚性。同时考虑到犯罪预备行为毕竟尚未着手实行犯罪,还没有实际造成社会危害,所以可以比照既遂犯从轻、减轻处罚或者免除处罚。因此,监狱对于已经发现并制止了的犯罪预备行为,要依法立案,并作为一种狱内又犯罪的案件进行侦查。侦查中,一是注意掌握预备犯的构成条件,即已经实施犯罪预备行为,其行为在犯罪预备阶段因为自身以外的原因停止;二是要证实行为人准备工具或制造条件的行为与其为了犯罪目的之间的关系。侦查终结后,作出相应的处理。

案例评析 *AnLiPingXi*

罪犯预谋杀害民警案

1. 案情简介

2000 年 5 月 9 日凌晨 5 时许,D 监狱内一个人影匆匆地来到织造车间后面,放下一包

东西，马上离去，这时监管分队值班罪犯葛某发现这一可疑情形，马上将这包东西从垃圾堆中破脸盆下拿了出来，打开一看，原来是两把匕首，葛某立即向监狱民警汇报。经分析，认为这两把匕首可能隐藏着一起狱内重大预谋案件。监狱领导当即决定成立了侦查专班，负责全面侦破工作。

2. 侦查过程

根据值班犯人葛某发现的时间、地点分析推测，摸排中发现有两条重要线索集中到一大队织造中队罪犯宋某身上：一是宋犯曾在车间材料房的砂轮上打制过类似物件；二是宋犯当日凌晨请假外出 15 分钟。

侦查专班当机立断，立即将宋犯禁闭，经过对宋一个多小时的讯问，宋犯终于承认那两把匕首是自己早上藏的，是用来杀害同队罪犯张某、周某等人的。同时又发现另一重要线索，材料室罪犯洪某向民警交出宋犯 9 日早上交给其保管的三根钢管。从外围调查情况来看，宋犯与张、周等犯人没有利害的尖锐矛盾，缺乏杀人动机。从宋犯改造表现看，该犯曾脱逃一次，捕回后仍未死心，始终伺机逃跑。从查获的凶器数量来看，二把匕首，三根钢管，显然不可能是一名案犯，极大可能隐藏着更多更深不可告人的秘密。结合狱侦科平时掌握罪犯宋某、刘某与入监不久的罪犯张某接触频繁的事实，综合分析，经过十几小时的讯问，晚 10 点 30 分，宋犯迫于法律的威严，交代了自己伙同罪犯张、刘两人自 2 月以来密谋策划，磨制刀具、钢管，预谋偷盗警服，杀害干警暴力结伙脱逃的经过。同时，罪犯宋还交代，为毁灭罪证，将一把未查获的匕首，用布包包上扔到围墙外，侦查专班即派民警到围墙外寻找，由于相隔时间已有十几个小时，故在围墙外侧没有找到匕首，仅拾到一块带油的布头，经宋辨认，确系宋所用。

罪犯张某因盗窃、脱逃罪被判处死缓投入某监狱改造，高墙电网，严厉的纪律约束，枯燥的生活，与自己往日花天酒地的生活形成了强烈的反差。张犯发誓，要早日结束这种苦日子。不久，张犯就打听到同队罪犯宋某有脱逃的经历，便积极主动与其接近。

2 月底的一天，张犯主动找宋犯谈话，炫耀自己 1989 年在 B 市收审所采用暴力手段，强行脱逃的"成功经验"，并提出要宋犯与其一起逃跑，当他建议先准备一下工具，从围墙上翻过去，宋犯立即表示反对，宋说："这几年里，没有一个人能从这上面跑出去的，这方法不行。"张犯说："还有通向围墙外的地方吗？"宋犯马上说："接见室。"于是两人初步确定逃跑的出口为接见室通道。不久宋犯又介绍同队罪犯刘与张认识，张叮嘱两人不要再结交其他罪犯，以免走漏风声。

一天早上，罪犯张被宋、刘两犯叫到接见室旁的晒衣场，刘犯拿出自己绘制的接见室内景图对张犯说："接见室里有 3 个女的，一个男的，我们就从这里冲出去。"张说："男的，女的都无所谓，只要劫持一名民警作人质，保证能成功。"几天后，张犯又召集宋、刘两犯在一起说："据我这几天观察，来往接见的人太多，不太保险，万一我们做事时（指劫持民警），有汉子帮忙（指犯人帮助民警），我们就难办了，你们再观察，我也看看。"再隔几日，张和宋在车间厕所见面，张告诉宋："从二道门走，比较安全，这几天发现进出二道门的人员较多，成分复杂，值班民警容易麻痹，我们再搞套警服，伪装一下，做几把刀预防万一，逃出去的可能性至少有五成把握，接见室人太多，不可能了。"

当天下班后，宋按照张的安排告诉了刘，设法配制中队民警值班室的钥匙，为偷警服做准备。次日上班，宋四处寻找做刀的材料，待宋找到钢板后，很快在车间砂轮机上打成了第一把匕首，并送给张看，张说："就是要这样，最好还要带槽子，那样容易放血。"待第二把刀做好后,刘又拿给张看。宋在材料室的砂轮上连续打制二把匕首后,怕引起同犯的警觉,于是拿着香烟跟罪犯余某说:"你帮我打一把匕首,我给你几包香烟。"余犯唯利是图,也不问原因,立即打制成一把匕首,换了几包烟。三把匕首制作完成后,宋根据张的要求藏在自己随时都能拿到的地方,但经常性的清监,使宋感到不安,随后将匕首转移到保管室和监舍前下水道藏匿。最后决定藏在无人去的垃圾堆中。与此同时,张自感形势越来越严峻。张已听到其他罪犯在背后议论他们三人的关系,加上民警经常找自己谈话,担心暴露只是迟早的事。张告诉刘,"抓紧时间偷警服,另想办法,搞点502胶水制作三个假发套。"张对宋说:"最好每人都拿一把刀和一个铁棍。"因宋嫌铁棍太重,行凶不方便,自作主张,在车间里锯了三根钢管。

5月初,张又告诉宋、刘两犯:"抓紧时间,近日家里有人来接见,有钱了,选择个下雨天走(脱逃),行动时,先悄悄靠近二道门,由穿着警服的我和宋冲出去搞掉武警哨兵,因为武警有枪,刘负责干掉值班民警,然后冲出监狱,先靠接见的钱混几天,待风声过后,在出去干大事,过好日子。"5月9日上午,宋在转移凶器时,被值班犯人发现,由于及时侦查,一起预谋已久的结伙暴力杀人脱逃案告破,避免了重大流血事件发生。

3. 反思与探讨

1.少数重刑犯对前途悲观失望,盲动性大。"5·9"案件的首犯张系死缓,主犯宋为无期犯,两犯此次预谋脱逃能一拍即合,均因二人刑期长,对前途感到渺茫,思想上和行动上不计后果。综观张、宋、刘三犯平时表现及"5·9"案件的预谋过程,不难发现三犯恶习较深,企图暴力越狱,拼个鱼死网破,逃脱人民的惩罚。

2.对危险分子摸排不准。对首犯张某虽经几次摸排,但未被列为危险犯,暴露出我们在对危险分子摸排工作中尚存不深、不细、不准的问题。由于民警认识不足,互监小组不落实,没有发挥作用,有的形同虚设。这起预谋案件中,自始至终三犯所在的互监小组均没有向民警反映情况。再者车间库房劳动工具材料管理不严。宋犯先后打制了两把匕首,从偷料到打制皆无人发现,说明车间民警带班不到位,检查、督促不认真,仓库重地也无专人保管,领料、用料缺详细记录。

针对"5·9"案件所暴露出的问题,在反思的同时,狠抓制度的落实,消除隐患。

1.深入摸排,严密防范。我们在危险分子摸排中,建立逐级分析制度,先由中队摸排上报,再由狱侦科会同有关科室进一步分析,力争摸准、摸透,并建立详细的危险分子档案,以确保危险分子牢牢掌握在我们手中,做到敌思我知,敌动我制。

2.建立总值班室,充实接见室民警力量。"5·9"案件中,案犯企图冲二道门或接见室脱逃,暴露出在这两个要害部门我们警力不足的问题。因此监狱经过认真考虑,建立了监狱总值班室,职能科室男性民警轮流值班,并协助监狱领导及时检查各单位值班情况;在接见室警力配备上,尽量配备一些业务能力及责任心都较强的男性民警,节假日业务科室抽派人员加强值班,从而防患于未然。

3.严格车间及仓库的管理制度。保证民警到岗到位,并认真检查、督促;严禁犯人随意出入;对仓库材料、砂轮机,安排专人保管,负责并建立严格的领料、用料制度。

4.严格清监及巡逻,充分发挥监管大队作用。采取定时与不定时巡逻相结合的方法,及时发现问题,消除隐患;不定期地进行清监,使犯群中可能存在的现金及凶器无处可藏,以达到敲山震虎,让犯人自我暴露之目的。

5.运用隐蔽斗争的力量,选建、使用好各层次的耳目。尽可能发挥其作用,充分调动他们提供的积极性,加大狱情分析的力度和广度,建立各级狱情报告制度,切实将一切可以的行迹纳入我们的视线,确保监狱的安全。

案例评析 *AnLiPingXi*

罪犯挖墙脱逃未遂案

1. 案情简介

2000年5月4日,夜黑如漆,细雨霏霏。凌晨1时许,H监狱狱政科值班室突然接到二道门值班民警的电话报告:在押犯李某、朱某、周某3名罪犯在北大墙挖洞结伙脱逃。案情就是命令,时间就是胜利。狱政科当即向监狱领导报告,并组织民警围捕,很快抓获了脱逃罪犯朱某。李某、周某不知下落。

经过仔细勘察,发现墙外洞口处有一串赤脚脚印,系一人形成,随即判定脱逃得逞仅一名,尚有一名隐藏在监区内。据此情况,监狱组织了所有大队、中队民警、机关工作人员和武警官兵对全监区进行地毯式清查,从水沟到房顶、鱼塘到窑厂,每块地、每个角落都不放过。经过近60个小时的搜查,11日上午11时许,终于在监狱大礼堂处发现了隐藏的罪犯周某,并将其捕获。监狱通过对2名捕获罪犯审讯得知,这3名罪犯结伙脱逃是早有预谋并经过精心策划的。早在4月份,李犯就多次拉拢朱、周两犯,商量走"捷径",早点回到社会上。通过细致观察,他们发现北大门围墙内大伙房施工处,堆积物多,杂草深,地形复杂,便于隐蔽,就选择在这里挖墙洞越狱。李专门制定了脱逃方案,并准备了脱逃工具,有錾子、撬杠、钢锯条等。他们担心脱逃时被岗楼武警发现,为此李、朱两犯在脱逃前一个星期的深夜进行试探,潜到施工工地,故意扔木板,制造声响,看能否引起岗楼武警战士的注意,结果武警战士并不在意。

一切准备就绪,只待合适时机。7月9日晚约11时许,李犯看到值班人员已经睡熟,就从监房卫生间的摇头窗钻出监舍,窜到大围墙北面事先选定的地点挖洞,但因惊恐、疲惫加上小雨不停,洞挖得很慢,李犯又返回监舍叫朱一起来挖。李犯在监舍外向朱犯招招手,朱犯立即从值班室的窗户爬出来,两人一起来到北大墙下挖洞。约一个小时,洞快挖通时,朱犯又返回监舍,在监舍外用小泥块将睡在监舍大厅内的周犯砸醒,叫周犯一起行动,并带上李的衣服、鞋子和私藏的30元现金。

周犯小心翼翼地拿起李犯的物品,也从卫生间的摇头窗翻出来,窜到挖洞地点,李犯自己望风,叫周、朱二犯挖洞。这时,他们都听到了值班人员呼喊自己的名字,发现民警开始搜寻,就拼命挖,经过半小时,围墙终于挖开一个洞。洞挖开了还没有来得及逃跑,工地值班员发现了朱,边喊边跑过来,揪住了朱犯,李犯则从洞中钻出墙外逃走了,周犯来不及脱逃就躲藏起来。

2. 反思与探讨

(1)中队民警思想的麻痹是酿成这起案件的主要原因。三名罪犯结伙脱逃的预谋时间长达3个多月,频繁接触、密谋方案、准备工具、窥测地点、测试周围警戒程度等,尽管行动十分诡秘,只要稍有警惕之心,总会发现反常现象、总有蛛丝马迹可寻。然而该队民警竟毫无察觉,直到当晚已发现罪犯脱逃了监区,仍抱着侥幸心理,不及时向监狱领导报告,给了罪犯以可乘之机,这些民警的思想麻痹到了一定程度。

（2）监管制度不落实。一些本来行之有效的监控措施，如三人互监小组、狱内耳目监控、值班人员看管、清监搜查违禁物品等制度和措施，由于民警的思想麻痹已统统失去了作用，使3名罪犯的反常活动，无人监督、无人过问，来去自如。

（3）组织围捕方案不科学。不是先分段严格布控外围，由外向内搜索，而是由中队向外扩展搜寻，值班人员又大声呼喊逃犯名字，从一定程度上，加速了罪犯脱逃的行动。

思考题 SiKaoTi

1.简述狱内犯罪防控的概念、原则。

2.简述对危险分子及其他重点分子控制预防的方法及要求。

3.简述对要害部位和重要现场控制的方法及要求。

4.简述对狱内预谋犯罪案件的调查控制要点。

第十章　危害监管型案件的侦查

知识目标 ZhiShiMuBiao

- 了解脱逃、组织越狱、暴动越狱、破坏监管改造秩序案件的类型和特点；
- 了解脱逃、组织越狱、暴动越狱、破坏监管改造秩序案件防控的重点；
- 了解脱逃、组织越狱、暴动越狱、破坏监管改造秩序案件侦查的方法；
- 了解脱逃、组织越狱、暴动越狱、破坏监管改造秩序案件侦查措施与手段运用的要求。

能力目标 NengLiMuBiao

- 能掌握脱逃、组织越狱、暴动越狱、破坏监管改造秩序案件的类型和特点；
- 能熟练掌握对脱逃、组织越狱、暴动越狱、破坏监管改造秩序案件控制预防的方法；
- 能正确实施对脱逃、组织越狱、暴动越狱、破坏监管改造秩序案件侦查的方法及要求；
- 能正确运用各种侦查措施与手段。

本章引例 BenZhangYinLi

7名重刑犯变身"警官"和"维修工"大摇大摆地走出牢房

德克萨斯州肯尼迪县的"约翰 B—小康纳利州监狱"堪称全美戒备最森严的监狱。然而，这里却发生了一起 7 名重刑犯大白天集体越狱，掳走 21 支警用枪支、数百发子弹的咄咄怪事。这使得美国民众大感恐慌，美国媒体更是将其称为"跨世纪美国第一大集体武装越狱案"。

2000 年 12 月 13 日下午 13 时 30 分，肯尼迪县的 8 名水暖管道维修工在 2 名全副武装的监狱警官的陪同下来到一间重刑犯牢房。虽说这间牢房里关押着 7 名犯有暴力强奸、武装抢劫、虐待儿童等重罪的囚犯，但这 7 人的表现一向尚好，平时也从来没有发生过什么事，所以当监狱警官接到这 7 人称他们牢房里的暖气片跑水、下水道堵塞的报告后并没有多想，按规定派 2 名警官陪着从地方请来的水暖管道工到牢房里进行维修。当 2 名警官打开牢房门的时候，7 名囚犯中规中矩地站在各自的床前，脸上还带着讨好的微笑，这让 2 名警官的警惕性又降低了不少。

就在 2 名警官转身把水暖管道维修工让进门的一刹那，7 名囚犯突然扑向猝不及防的警官和工人们，眨眼之间就把他们捆得跟肉粽子似的，并用不干胶封住了他们的嘴。囚犯们手脚麻利地剥下警官的警服和工人的工作服，抄起警官的步话机，又从其中一名警官的内衣裤袋里搜走了一辆监狱卡车的钥匙，这才把被剥得赤条条的警官和工人塞进牢房的厕所里反锁了起来。摇身变成了"警官"和"维修工"的 7 名囚犯大摇大摆地走出了重刑犯牢房。几分钟后，7 名囚犯已经来到了监狱的后门。他们三言两语就让一名警卫相信了他们的话，还真把他们当成上级派人来维修瞭望塔的工人了。这名警卫毫无戒心地打开了通往监狱外面的第一道大门。还没有等他反应过来,打头的两个大汉一下子就制服了这名警卫,不等他喊出声来嘴就被不干胶贴得严严实实。7名因犯如法炮制,让正在瞭望塔上武装值班的另一名警官相信他们是到塔上安装设备的工人,然后一下子就制服了他。因犯们把两名上了大当的警官捆在一起,然后下了他们的枪和子弹,又搜出了瞭望塔武器间的钥匙。当因犯们打开武器间的时候,他们简直有点不敢相信自己的眼睛:满满一柜子的武器!他们毫不客气地把21支警用枪支、数百发子弹搬了个精光!这时,武装到牙齿的"警官"和"维修工"们才心满意足地发动那辆监狱卡车一溜烟开出了监狱后门,直朝20里外的肯尼迪县驶去。

大惊失色的德克萨斯州警方当天紧急调动了近千名全副武装的警察开始堵截追捕这7名越狱逃犯。骑警沿着逃犯可能逃走的方向猛追,高速公路巡警在通往外省的所有高速公路入口设置障碍,空中警察驾驶直升机在林间牧场和草地上空来回盘旋,警犬在监狱四周的林地里使劲地嗅着逃犯的踪迹,狱警们则把步行搜索的范围扩大到距离监狱40里外的一家牧场,然而,他们什么也没有发现,甚至连一个疑点都没有发现,7名越狱因犯就像是蒸发了一样。直到下午4点钟,才有人报告说在肯尼迪县城"沃尔·马特"全国超市连锁店的停车场内发现了被因犯开走的那辆监狱卡车,但车上除了一张纸条和几件维修工的工作服外,没有留下任何可以看出逃犯踪迹的线索。

这7名逃犯越狱后居然没有作鸟兽散,而是出于某种可怕的阴谋结成一个可怕的团伙,继续作案:12月15日,7名逃犯从休斯敦一家无线电通讯站偷走了数台全美警察通用的频率扫描仪和警用步话机。这些警用通讯工具在此后的抢劫杀人案中扮演了非常重要的作用,因为警用频率扫描仪使他们可以随时监视警察通讯情况,了解警力调动和部署的情况,而警用步话机既可以当成他们装警察扮保安的真实道具,又可以在作案的时候当成相互通风报信的通讯工具。

12月24日,7名逃犯洗劫了达拉斯欧文县著名的奥斯曼体育用品商店。这天,刚刚把一张小球桌搬上顾客小货车的17岁的店员托尼·科罗拉多正准备让商店关门打烊的时候,一位同伴过来告诉他说,有警察找他谈谈。科罗拉多毫无疑心地向三名警察走去,因为一天前有人刚刚从商店停车场偷走了好几件圣诞礼物,所以科罗拉多当然以为是警察找他了解案情了。店里头站着三名身着合身制服的警察,看不出有什么不对之处。三位警察让科罗拉多领着看一看店里的监视录像带,好研究一下最近都有谁来过这家商店。就在科罗拉多专门盯着录像看的时候,其中一名警官突然大声喝道:"通通把手举起来!"另外两名警官转眼就把科罗拉多捆了起来,用枪托猛砸他的后脑和背,并一脚把他踢翻在地,显然是杀鸡给大家看。接着,店外又冲进两名警官,他们一起把所有的店员都绑起来,关进厕所,然后洗劫了店里的7万美元现金。此后,他们听到外面传来好几声枪响,后来才知道是一名叫霍金斯的警官被他们打死了。整个抢劫连杀人只持续了10分钟,然后他们就逃走了。在逃离奥斯曼体育用品连锁店前,他们从中弹身亡的霍金斯身上夺走了所配的警用手枪,并且取掉了店里的保安录像带。最可怕的是,7名逃犯从这家体育用品店又抢走了25件武器和更多的子弹,从而形成一个拥有46支警用枪械和数千发子弹的暴力恐怖团伙。

第一节　脱逃案件的侦查

一、脱逃案件的概念

脱逃案件是指在押罪犯在服刑期间为逃避惩罚和改造,逃离监管场所,非法获得人身自由的案件。

《刑法》第三百一十六条规定"依法被关押的罪犯、被告人、犯罪嫌疑人脱逃的,处五年以下有期徒刑或者拘役。"脱逃行为所侵犯的客体,是国家监管机关的监押管理秩序,对于犯罪嫌疑人、被告人和罪犯进行拘留、逮捕、羁押和监管,是司法机关依照法定条件和程序施加于他们的法律强制措施,是保护人民,维护社会秩序,预防犯罪的必要手段,也是保障司法机关正常活动的必要环节。接受司法机关依法羁押、监管是犯罪嫌疑人、被告人和罪犯必须遵守的规定,违反这种规定而脱逃,就是破坏监管秩序,妨害司法机关的正常活动。脱逃行为的客观方面必须同时由三个因素构成:一是脱逃行为。指行为人被司法机关依法剥夺人身自由之后,为非法获取自由而实施的逃离监管场所的行为。二是时间状态。脱逃行为必须发生在行为人被司法机关依法采取了拘留、逮捕等强制措施或被审判机关依法判处了拘役、徒刑等刑罚处罚的状态之中。三是空间范围。脱逃行为必须发生在司法机关借以实现其刑事强制措施和刑法处罚决定的看守所和监狱等强制监禁场所,或者在执行上述法律决定的押解途中。

罪犯从监狱的脱逃,与犯罪嫌疑人从看守所脱逃,被施以刑事、民事、行政强制措施的人从拘留场所脱逃有许多相同点,但由于罪犯身份同上述主体不同,所以在脱逃心理、脱逃方式、案件侦破方面有许多不同点。

二、脱逃案件的类型

罪犯脱逃的类型是相对的,有一种脱逃方式,就会有另一种与之相对应的方式存在。脱逃案件有以下几对类型:

(一)暴力性脱逃和非暴力性脱逃

暴力性脱逃行为,是指使用暴力或以暴力相威胁而实施的脱逃行为。在正常的监管环境和条件下,罪犯决意并实施脱逃犯罪,大多会以"使用暴力"作为其先决条件。就脱逃行为而言,其行为本身往往已经潜伏和蕴藏了暴力性质。一般而言,脱逃行为中的暴力方式可以分为:一是暴力手段,包括强制限制人身自由,故意致人重伤或死亡等行为;二是胁迫手段。

非暴力性脱逃行为,是指犯罪人在实施脱逃行为时没有采取暴力或以暴力相威胁的方法。主要表现:一是隐蔽性脱逃与公然脱逃。二是乘人不备脱逃与强行挣脱逃跑。三是室外伺机脱逃与破坏监狱设备或戒具脱逃。四是只身空拳脱逃与携带凶器脱逃。

(二)预谋型和随机型

预谋型脱逃的罪犯大多恶习较深,留恋过去自由享乐的生活,对监狱环境很不适应,强烈希望逃离监狱。但在条件不具备时,罪犯并不付诸行动,只是窥探情况,等待时机,一旦条件具备了,就果断采取脱逃行动。为了脱逃成功,他们采取了许多伪装,如积极劳动,骗取信任,也做了脱逃的准备,如私藏现金,暗中积攒食物,将便衣穿在囚衣里面等。预谋犯是脱逃危险最大的罪犯。监狱防范的严密程度,与他们犯罪动机的活跃程度成正比。这类罪犯在历次排查中,都被列为"危险犯",是控防的重点。

随机犯也叫"情境犯",他们没有明确的脱逃思想和坚定的脱逃意志,慑于监狱的防范和惩罚,本不打算脱逃,偶遇特殊刺激,如家庭重大变故,其他罪犯的拉拢,或为了躲避其他罪犯的欺辱,处于诱发逃脱的环境,在管理失控的情况下,乘机脱逃。这种脱逃事先没有准备,当事人犯意不是很坚定。环境的影响对其脱逃行为的发生有重要作用。

(三)冲撞型和隐蔽型

冲撞型也叫公开型,即罪犯公开冲出警戒线脱逃的行为。如在农业劳动现场作业的罪犯,不顾看押武警的警告,强行冲出警戒线,钻进庄稼地逃逸。工业劳动的罪犯,光天化日之下,乘警卫疏忽之机,冲出大门逃跑。还有罪犯在上工、收工的途中,突然脱离队伍逃走。

隐蔽型脱逃,是采用夜间翻墙、掏洞等方式逃离现场。还有野外劳动溜号,隐藏在劳动现场,乘黑夜逃跑,藏在机动车下、垃圾车下混出监狱等。随着监狱管理的日益严格、规范,高科技防范手段的运用,冲撞型脱逃成功的概率越来越小,大多数罪犯脱逃都采用隐蔽的手段。

(四)单人型与结伴型

单人型脱逃是最典型的脱逃案件。实际工作中,大部分罪犯脱逃都是以单人形式出现的。逃犯以流窜犯、盗窃犯、诈骗犯、惯累犯居多,年轻力壮,盲目性大,偶发性强,逃跑前没有明显的行为表现。在实际工作中常见某外役劳动的罪犯失踪多日,又自己走回监狱,或被人民警察认出又收监执行的罪犯,他们都声称是"迷路"后无法回监。而判断其到底是迷路还是脱逃,主要从其过去的犯罪经历和近期的思想动态来判断。实践中,确有少数迷路罪犯。但大多数情况是,一些头脑简单的青年犯,在一时激情的支配下逃跑,在逃跑的时间、线路、地点等方面缺乏预谋,逃跑的物质、精神准备也不充分,临时起意,有机会就跑。不少人出逃后遇到巨大困难和挫折后,又产生后悔心理,自己回到监狱。

结伴脱逃是二人相约逃离监狱。结伴脱逃是一种特殊的脱逃方式,它不同于单人脱逃,但由于人数少,又不属于集体脱逃或组织越狱。从发生、发展的趋向看,更接近于单人脱逃的情况。二人结伴脱逃一般是同案、同乡的罪犯,或者原先不相识,入狱后结识的同一地区、案情相近、感情上比较投缘的罪犯。他们有相似的价值观念和生活方式,在交往中逐渐认同脱逃思想,逃跑前有充分的思想准备和物质准备,筹划过脱逃的时机、路线和地点,有明确的去向和目的。结伴逃跑中,双方相互打气、相互支持,能克服恐惧和困难,成功的概率较大。脱逃成功后,结伴同行已无必要,一般都是自动分手。这种脱逃是一种合谋的脱逃,脱逃成功是借助二人的合力,破坏性大,反侦查的能力强,因而破获难度比单个脱逃案件大。

三、罪犯脱逃的特点

(一)脱逃行为的隐蔽性

随着现代科技的迅速发展,闭路电视、自动报警系统等先进警戒仪器的广泛应用,警戒设施和防控能力得到空前加强。各监狱在防止和控制狱内脱逃案件发生上都积累了经验,制定了行之有效的措施,如设立内看守,二十四小时不脱管,干部直接管理,三到现场,四固定等,堵塞了漏洞。这种动态的防控系统,使脱逃成功的概率大大降低。在现代监管条件下,多层防范体系的设置,使冲撞脱逃失去了现实条件,因此,罪犯脱逃大多以隐蔽方式进行。

（二）脱逃发生的时机性

1.在脱逃季节的选择上，大多选择每年的夏、秋两季。七、八、九三个月，常是罪犯脱逃的高峰。因为这个季节气候宜人，便于野外生存；同时，是植物和庄稼的生长旺盛期，罪犯便于在青纱帐中藏身；此外，罪犯还能方便地利用农作物充饥。

2.在脱逃时间的选择上，罪犯大多选择在节假日期间。因为节假日期间，人民警察大多在家休息，监管力量相对薄弱，可供逃跑的机会增多；此外，一天中出工、收工时人多、混乱，罪犯容易趁乱脱逃。特别是傍晚收工时，人员流动大，特别混乱，经过一天的劳动，人民警察很劳累，对罪犯的注意力相对减弱，罪犯就会乘机脱逃。

3.利用意外事件。首先是当自然界出现大雨、大雪、大雾、奇寒天气时，罪犯脱逃率增加。因为在这样恶劣的天气下，给警戒和观察造成很大的困难，视线不清，视野不广，很难听到异常声响和动静，电网、监视器等设备有时会因自然力而短路，断电，失灵，罪犯利用自然界的掩护而脱逃。此外，监狱突然停电、停水，监狱内发生罪犯或人民警察的意外事故，人员混乱时，罪犯也可能乘乱出逃。

（三）脱逃行为的智能性

随着我国经济的发展和现代化的进程，犯罪现象也呈升级状态，与此相联系，狱内罪犯的反改造活动也呈智能化状态。罪犯脱逃行为的智能性主要表现在：

1.改变脱逃策略。由过去简单的、对抗政府的脱逃，变为转变策略，先赢得管教人员信任，然后利用有利条件进行脱逃。不少罪犯将市场经济的"交换"意识运用到警察与罪犯的人际关系当中，伪装积极，骗取警察信任；或者投其所好，施以贿赂，取得警察好感，骗得从事外役劳动或担任监督岗等职务，然后利用岗位职务的便利条件脱逃。

2.脱逃行为诡秘。罪犯入监后，戒备心理和防卫意识强烈，为了脱逃的成功，在很长时间内就着手准备，在日常表现中无异于他人，甚至有积极的改造表现，脱逃意念很少外露，在其脱逃后，常使人感到意外。

3.发现、利用和创造脱逃的机会。目前，罪犯很少有那种不顾客观环境，一意孤行，情绪性的脱逃。在逃跑前，一般都有长时间的观察、分析和预谋，选择最有利的时机出逃。从事农业劳动的罪犯，大多选择最有利的季节脱逃；从事工业劳动的罪犯，大多选择监控最薄弱的时段和地点进行脱逃。罪犯对警戒设施、监控制度、民警交接班规律，作息时间、看守活动规律了解得比较细致，脱逃的时机选择比较准。管理的漏洞和工作的松懈，都有可能使罪犯有机可乘，铤而走险。

4.利用化装或通讯技术脱逃。现已发现一些罪犯化装脱逃。即乘监狱外来人员入监活动之机，化装成采购员、司机、妇女、民警而混出监狱，利用现代通讯工具与狱外亲友、同伙取得联系，里应外合脱逃，脱逃的成功概率增大。

5.罪犯利用其狱外亲属对人民警察"攻关"，金钱贿赂，许诺交换条件。少数意志薄弱的人民警察故意在排班和工作安排上为罪犯脱逃创造条件，提供机会。有极少数民警私放罪犯或与罪犯共同脱逃。

（四）脱逃行为的突发性

市场经济条件下，必然产生一些具有极端个人主义人生观的罪犯，这类罪犯投改后，极端不适应监管条件下失去自由的生活，采取逃避和对抗的态度。其中一些青少年犯，知识贫乏，精神空虚，没有正当职业，家庭责任感和社会责任感极低，在社会上放荡不羁，目无法纪。入监服刑后对抗管教，无所顾忌，胆大妄为，脱逃意向明显，只要一有机会，就会付诸行为。

有些罪犯多次脱逃,多次被抓回,仍不思悔改。这部分罪犯成为监管场所现实的危险因素,必须保持高度的警惕和戒备。

四、脱逃案件的防控

对狱内案件的防控工作是整个狱内案件侦查工作的一部分。因此,在指导思想上,要改变就安全论安全的思维方法和考评办法。将安全视为整体工作的安全,依靠全员做好防控工作,而不能把安全与其他工作,特别是改造工作割裂开来,否则,防控工作就成了无源之水。

对狱内案件的防控工作,要坚持"急则治标,缓则治本,标本兼治,以本为主"的原则。"治本"是解决"不想犯"的问题,即从根本上解决罪犯意图再犯的思想问题,自愿地、彻底地放弃再犯的念头。"治标"是解决"不敢犯"、"不能犯"的问题。当罪犯处于可能又犯罪的紧急时刻,狱内案件侦查人员通过采取专门防范措施,晓以利害,使罪犯慑于司法机关的威力不敢轻举妄动,暂时打消作案念头,延缓案件的爆发时间。

监狱安全工作是一项基础性工作,必须常抓不懈,这是治本的方面。另一方面,又要密切注意罪犯群体的动向,集中控制和治理罪犯中的重大案发倾向,防止案件的发生。发生脱逃案件,必须具备两个因素:从主观因素看,要有脱逃的意图;从客观因素看,要有作案的条件。控制罪犯脱逃,应从两个方面入手:

(一)控制脱逃的意念

从理论上讲,监狱剥夺了罪犯的人身自由,因此,每个罪犯都具有逃离监狱的倾向。而实际上,并不是每个罪犯都会产生脱逃的意念,产生了脱逃意念的罪犯,也并不是长年累月,每天二十四小时都想逃跑。罪犯总是在特定的时空,在特殊事件的刺激下产生犯意,付诸行动。这样,罪犯的脱逃是有规律可循的。从实践出发,罪犯面临下列敏感事件时,容易发生脱逃行为。

1. 对监狱生活严重不适应。尤以罪犯不能适应劳动最为常见。罪犯在参加劳动的适应期脱逃得较多,劳动强度增大时脱逃较多,是一般规律。此外,没有劳动习惯、贪图享受的流窜犯,其脱逃动机也经常处在活跃状态。

2. 家庭发生变故时。对于许多罪犯来讲,家庭的亲属是罪犯坚持改造的精神支柱。当家庭发生变故时,罪犯会产生巨大的情绪波动,出现反常行为。如,妻子提出离婚,罪犯急于回去说清楚,或报复女方;父母病重或亡故,罪犯不顾一切地想去探望。还有的罪犯在失去最后的亲人后,无法安心改造,试图用脱逃自我解脱。

3. 申诉被驳回时。许多罪犯的脱逃,都有不认罪服法的思想背景。有些罪犯脱逃的直接起因,是其申诉多次被驳回,没有任何结果。罪犯在极度的失望中铤而走险,脱离监狱环境,试图"自己讨回公道"。

4. 罪犯受伤和病重时。受伤和病重,特别是疾病久治不愈,使人的心理变得非常脆弱,服刑中的罪犯就更感到加倍的痛苦。有些罪犯不相信监狱机关提供的医疗条件,害怕病死在监狱,为了治病而脱逃。

5. 被他犯欺压时。在改造风气不好的单位,罪犯之间的相互欺压现象长期存在。有些罪犯不堪忍受牢头狱霸的打骂、凌辱,用脱逃解脱;还有的是和监狱内罪犯的恶势力结仇,或还不起赌债,害怕报复而脱逃。

6. 发生其他罪犯脱逃时。罪犯脱逃,特别是有些罪犯脱逃成功时,会在罪犯群体中产生强烈的示范效应,激活了许多罪犯的脱逃动机,可能引发连续脱逃的现象。

上述六种情况下,某些罪犯的脱逃动机处于激活状态,脱逃危险发生的概率最大。负责狱内案件侦查的监狱人民警察一要善于捕捉信息,及时发现上述情况;二是采取相应的严格控制措施防止脱逃;三是加强针对性的思想工作,弱化和打消罪犯的脱逃意念。

在防控对象的选择上,应以下列罪犯为重点:年轻力壮的罪犯;性格鲁莽的罪犯;刑期长、罪行重的罪犯;流窜犯;累、惯犯;失去家庭、亲人感情依托的单身罪犯;有较强的混世生存技能的罪犯。发现罪犯有反常行为和脱逃迹象时,要及时谈话和审讯,迫其交代脱逃计划,化解危险因素。

(二)控制脱逃的条件

罪犯脱逃行为总是在产生犯意后,又遇到管理漏洞等适宜的条件和机会时而发生。控制监狱物防、人防环境,对防止脱逃行为的发生有直接的作用。

1. 物防。物防是利用监狱的物质条件,防止罪犯脱逃。包括两个方面:一方面,高墙电网,监控设施力求达到司法部规定的要求,使犯罪分子跑不了;另一方面,要将先进的科学技术引入防控设施中,以应对罪犯不断提升的脱逃技能,使罪犯不敢跑。

2. 人防。人防是发挥监狱人民警察在防逃工作中的智慧和能力,消除罪犯脱逃的一切漏洞,使罪犯没有机会逃跑。包括两个方面:一方面,要抓制度的落实,人员到位,监控到位,认真负责,不留死角和空当,使罪犯无缝可钻;另一方面,要利用监狱内的隐蔽力量,搜集罪犯脱逃的动向信息,将事故扼杀在萌芽状态。在实际工作中,绝大多数罪犯脱逃案件都在犯罪预备和刚刚开始时被破获。狱内案件侦查人员在事先已获悉了罪犯的脱逃信息后,要及时采取应对措施,消除事故隐患。

3. 特别环境的防控。如上所述,罪犯在不适应劳动、家庭变故,申诉不成等特殊情况下,容易引发脱逃行为。此外,国内外形势发生重大变化,国家政策调整,社会发生动乱,狱内秩序不好等特殊时期,罪犯潜伏的脱逃动机被激活,监狱应格外加强防逃工作,避免事故的发生。

五、脱逃案件的侦查

(一)现场勘查,获取证据

脱逃案件发生后,狱内案件侦查部门在采取紧急措施的同时,应及时对脱逃案件现场进行勘查,确定脱逃案件是否发生。如果发生,就要尽快确定罪犯逃跑的方向和逃跑的方式。在现场勘查中要注意:

1. 对罪犯逃离的现场和路线进行勘查。罪犯要逃离监狱,总要克服监管设施的障碍,通过一定的线路离开监狱。不管罪犯采取何种方式逃离现场,都有一定的规律可循。罪犯采用的脱逃方式一般有以下四种:

(1)破坏监管设施潜逃。主要是打开、撬开、砸开戒具、铁窗、门锁;挖墙、挖洞,拆毁房屋顶棚,开辟出逃通道。

(2)攀越监墙,利用梯子、绳索、架子等工具,攀上、越过监墙,或者利用穿越监墙上空的高压电线,人工索道,自己制作滑钩,滑过监墙脱逃。

(3)在劳动现场乘人不备,隐藏于地洞、窑洞、草堆之中,待收工无人后脱逃。

(4)隐藏在机动车中、车下混出监狱,或是化装后在不被人辨认的情况下,混出监狱。

在确定了罪犯属于哪一种方式的脱逃后,就可以围绕罪犯的活动过程,画出一条脱逃的路线。在罪犯脱逃的路线上,常常是留下犯罪痕迹、物证较多之处,因此,必须进行认真的勘查。根据罪犯逃离的方位,罪犯逃离的方式和借助的地形、地物,在现场和周围要仔细寻找留下的脚印、手印、攀爬、划擦痕迹,破坏工具等犯罪痕迹和物证。如果罪犯隐藏在工地脱逃或隐藏在机动车下脱逃,则要向当时的带班民警、值班干部和武警了解情况,借以判明逃犯可能在什么时间潜入现场或潜藏车下,哪些是易于隐藏的处所和出逃的出口,机动车为何单位所有,车号多少,去向如何,从而为下一步的侦查工作打好基础。

2.对罪犯的个人物品进行勘查。勘查失踪罪犯遗留的个人物品是侦破狱内脱逃案件的独有内容,有着特殊的意义。勘查中主要搞清罪犯原来的衣服、鞋袜、药品、个人食品,私藏现金等是否翻动、移位,是否短少,如果出现异常的翻动和短少,就是脱逃的信号。在勘查时要辅以调查了解,着重搞清以下问题:

(1)罪犯衣物、食物的短少是野外劳动、晚上加班的需要,还是罪犯私自带出。在野外劳动的情况下,可能出现罪犯迷路或走错方向的情况,通过对物品的分析,可以判断是罪犯脱逃还是意外事故。

(2)寻找短少物品的走向。如果是罪犯在监狱送给他人,要查清这种赠送是什么性质,是正常赠送,还是物物交换、为脱逃准备食物和资金。

(3)了解该罪犯在失踪前是否有处理个人物品的行为。如果该罪犯具有较多的出卖、赠送个人物品的行为,一般可以看做是脱逃的先兆。

(4)罪犯带走衣物的状态。如果是和其他罪犯一样,将衣物正常携带至现场,适时穿用,则属于正常使用;如果某犯不论天气变化与否,每天将便衣穿在囚服内,则可以断定该罪犯的失踪是脱逃。

3.对周围现场的勘查。罪犯出逃后,第一个要解决的问题,就是生存问题。而生存问题中最重要的,则是解决食物问题。实践中,许多罪犯都有盗窃监狱伙房食品、周围居民食品和饲养的家禽、家畜的行为,逃犯在盗窃中慌不择路,饥不择食,可能留下大量的痕迹和物证。此外,罪犯在野外以农作物充饥,也会留下作物被盗、吃剩的残渣、脚印、躺卧痕迹等,这些痕迹和物证对判断是否发生了脱逃案件,逃犯是谁,脱逃人数多少,罪犯逃跑的方向等,具有重要意义。

4.检查台账。主要是检查罪犯脱逃之日的排班、值班记录,异常情况和意外事件处理记录等。重点检查记录的真实性,查清是事发当时记录还是事后补记,是真实记录还是虚假记载。弄清当时有多少民警值班,他们各自的岗位分布情况,罪犯出逃时人员是否在岗,怎样发现罪犯出逃,有哪些警戒和阻止措施,是否有效,从而判定罪犯是在何种情况下脱逃的。这些物证、书证对于分清罪犯是个人简单脱逃,还是利用民警失职脱逃,还是民警私放罪犯有着重要意义。而确定了脱逃的性质和过程,又能为下一步的侦查指明方向。

(二)深入侦查,破获案件

从罪犯开始采取行动到脱逃行为的最后完成,要经历一定的时间。侦查与取证的过程中,要遵循脱逃行为发生发展的规律进行,做到有条不紊。

1.选择侦查途径。在已确认某罪犯脱逃后,就要分析是属于什么情况的脱逃,即是个人简单脱逃,还是利用民警失职脱逃,或是民警私放罪犯。侦查途径力求宽一些,调查范围力求广一些。

(1)在追缉堵截中发现线索。罪犯脱逃后,侦查工作的第一步就是迅速布控和追逃。要沿着逃犯逃跑的方向、路线进行追踪缉捕,同时在车站、码头、交通要道设卡拦截,并电告外地公安机关协助,在逃犯可能经过的地段盘查,查缉逃犯。有些逃犯就是在追缉堵截中被直接抓获的。有些罪犯虽然没有被直接抓获,但在躲避追捕的过程中,又会在相关地带留下新的、更多的物证和痕迹,为追捕工作提供新的、动态的线索。

(2)从现场勘查中发现线索。首先是狱内现场,即从罪犯脱逃时留下的痕迹和物证,分析确定罪犯脱逃的途径,使用的工具,脱逃的心理状况,是不是受伤了,伤情如何。其次是脱逃途径和狱外现场的勘查,从中发现是否带有现金,现金多少,在狱外有无接应或落脚的社会关系。

(3)从周围群众的陈述中发现线索。主要是:是否发现穿着与形迹可疑的人,近来有无外地来此地的打工人员,有无证件,从而发现罪犯的脱逃路线,将那些隐瞒身份,在当地居住或在建筑工地、煤矿内打工的逃犯抓获。

(4)从罪犯群体中发现线索。罪犯出逃前,不管怎样隐藏,总有逃跑的蛛丝马迹,这些都会为其他罪犯所觉查。在日常交往中,通过谈话,罪犯之间也能知道一些对方的社会关系。关系特别好的罪犯,还会把自己的脱逃意图、将来去向告诉他犯。这些信息是抓获逃犯的宝贵资料。

(5)从罪犯档案中发现线索。这是监狱在侦查重新犯罪方面独有的优势。通过查阅罪犯档案,可以在很短的时间内掌握罪犯的思想动态,了解其社会关系,为制定布控方案服务。

(6)从罪犯亲友中发现线索。在实践中,许多逃犯的被抓获,都与罪犯亲友的配合工作分不开。罪犯出逃后,虽然不敢回家,但要解决生存问题,又必然离不开家庭。除少数依靠继续犯罪、参加黑社会生存的罪犯外,大多数逃犯都要和家庭取得联系,侦查人员如果做通了亲属的工作,对抓获逃犯帮助很大。

(7)从逃犯遗留物中发现线索。主要是仔细检查、分析罪犯的日记、信件,从中分析罪犯是否有逃跑的念头,何时、何故产生脱逃念头。信件中是否有隐语、暗号,从而判断罪犯是单独外逃还是内外勾结脱逃,其脱逃去向如何。以此为依据,从逃犯的社会关系打开缺口,将逃犯抓获。

2.调查取证。脱逃案件的取证措施存在于脱逃案发后,追捕逃犯的每一个环节,是一个较长的过程,需要做好以下工作:

(1)搜查。发生罪犯脱逃案件后,应立即以罪犯逃离的地点为中心,做拉网式搜查;如果能够确定罪犯逃跑的方向,则应以罪犯逃跑的路线为中心,展开线性搜查。在搜查中力求多发现罪犯留下的痕迹和物证,以确定罪犯是否来过此地,停留多长时间,是否有过盗窃、抢劫作案,罪犯体力和精神状况如何。对于可疑人员不要放过,因为有时会发生异地脱逃罪犯到达本地的情况。这时就要进行人身搜查,以期查出可以证明逃犯身份的证据。如果嫌疑人拿不出证件又没有其他证明,并拒不说出真实姓名和住址,可以依法带回,予以拘留,直到搞清真实身份为止。

(2)辨认。罪犯脱逃后,监狱机关要尽可能快地将罪犯的照片洗印出来,交追捕人员和当地居民辨认。罪犯逃往外地后,应尽快将罪犯照片传往当地公安机关和其他协作机关,请他们帮助辨认和抓获。当发现犯罪嫌疑人时,可以马上组织辨认,辨认对象可以是照片,或是嫌疑人本人。但不论采用哪一种辨认方法,都要秘密进行,将辨认对象混杂在众多的其他同类客体中,让当事人辨认,以求科学和准确。当事人不止一人时,要分开单独辨认,以防他们互相商量和影响,失去辨认的客观性。侦查人员不发表任何带有倾向性、诱导性的言论,让当事人自由辨认,以防出现偏差。

(3)鉴定。脱逃案件发生后,狱内刑事技术人员要及时赶到罪犯脱逃现场,对罪犯出逃时留下的痕迹、物证进行鉴定,分析是否为逃犯所留,何时所留,以此确定案件的侦查方向。逃犯被抓捕归案后,要及时审讯,让其交代脱逃的全过程,以从中发现疑点,进一步扩大战果。在实践中,有些罪犯是在其他罪犯的掩护下脱逃,有些是内外勾结脱逃,有些是民警私放罪犯,逃犯在交代问题时,往往避重就轻,或将他人隐藏起来,想自己一个人把案子扛下来。科学的鉴定,可以否定罪犯的谎言。如罪犯供认是扒在机动车底下出逃的,经过鉴定没有可能,只好交代了是由司机将其藏在工具箱里混出监狱的事实。有些情况下,还要做侦查实验,以检验逃犯供述的真实性。

(4)询问。抓捕脱逃罪犯,离不开人民群众的支持。许多逃犯都是在人民群众的帮助下才抓获的。在追捕逃犯的整个过程中,都伴随着询问。主要向知情群众询问:最近有无可疑人员进出本地,其性别、年龄、口音、体貌、衣着有何特征,何时经过何地,做了什么事,神色、举止如何,从中发现逃犯的行踪。

【案例】

重刑犯借看病之机脱逃

2010年6月1日上午,甘肃A监狱民警吴某、刘某和姚某三人押解罪犯程某(男,29岁,江西省都昌县人,2004年,程伙同他人在兰州制造了令人震惊的"6·14"持枪抢劫冬虫夏草大案。2007年被人民法院以抢劫罪、盗窃罪判处无期徒刑)在兰州市人民医院碎石中心治病。因检查需要给程犯解除了手铐,程犯在检查完上厕所之际,避开看押狱警视线,用事先准备好的工具打开脚镣,从厕所窗户跳到楼外一片平房的屋顶上逃跑。

程犯脱逃之后,兰州市政法系统立即召开紧急会议,安排部署对程犯的抓捕工作,警方在市区各大公共场所、车站、路口四处张贴了逃犯的协查通报,并在沿线路口设卡堵截。在协查通报中,警方称对提供有效线索者奖励2万元,将其抓捕者奖励5万元。

据了解,程犯跳窗跑到街上后,即乘出租车到古浪后乘班车于当日下午5时许到兰州。之后,乘车经定西、宝鸡、西安,于6月4日下午2时许到达江西又乘车到家乡江西都昌县。在都昌停留数日,于6月15日离开家乡,先后亡命上海、湖北、广东等地找人筹钱,准备逃往国外。同年7月25日下午3时许,其在邵东县廉桥镇一招待所被当地公安机关抓获。兰州市中级人民法院一审以脱逃罪判处程有期徒刑4年;与前判抢劫罪、盗窃罪尚未执行的刑罚有期徒刑18年7个月26天,合并为有期徒刑22年7个月26天,并处没收个人全部财产,决定执行有期徒刑20年,并处没收个人全部财产。

第二节　组织越狱案件的侦查

一、组织越狱案件的概念

组织越狱案件是指依法被关押的罪犯,在为首分子的策划、组织、指挥下,有组织地采用非暴力的手段从监狱集体逃跑的案件。组织越狱案件是罪犯逃跑案件中的一种,与单个罪犯的脱逃相比,这种脱逃是以集体行动的方式出现的;与暴动越狱案相比,前者是采用公开的暴力手段的越狱行为,后者是采用秘密手段的越狱行为。组织越狱是有组织的犯罪,比单个罪犯的脱逃危害更大,历来是打击的重点。

组织越狱行为侵犯的客体是司法机关对在押人员的正常监管秩序,具体是指监管机关对被监管人行驶羁押、看管、教育、改造等职能活动的正常秩序。组织越狱案件是我国监狱中很少发生的案件。但是,随着犯罪的升级,有组织犯罪的增多,狱内罪犯组织越狱案件也呈现逐渐增多的态势。所以,有效防范和打击组织越狱案件,具有十分重要的现实意义。

在实际工作中,也有少数案件是狱内狱外相互勾结,在狱外犯罪分子帮助下越狱的案件。如果是以狱外的犯罪分子为主,纠集多人,有组织、有计划地持械劫夺在押罪犯的,则定性为劫夺罪犯案件,属于社会上犯罪的情况,由公安机关负责侦查。

组织越狱案件的成员,按其在组织越狱活动中所起作用的不同,可分为首要分子、一般成员、被裹胁者等。组织越狱案件的发生,通常是在首要分子的策划、组织、指挥下,进行周密的准备和分工,选择一定的方式方法,集体逃离监管场所。

二、组织越狱案件的类型

罪犯组织越狱脱逃的情况很复杂,将各种组织越狱行为按不同的性质进行分类,能增强认识的条理性,加快破案的效率。组织越狱的罪犯,作为一个团伙,主要有以下类型:

(一)成熟型

成熟型(又称紧密型)组织越狱团伙,是狱内犯罪集团中的一种,其特殊性在于,是罪犯在改造过程中逐渐形成的稳定团伙,有明确的首领、活动方向,内部有较严密的组织纪律和人员分工,专门从事越狱的犯罪活动。由其组织和活动性质决定,这类团伙从事的是我国刑法规定的必要共同犯罪、有预谋的共同犯罪、复杂的共同犯罪、有组织的共同犯罪。这种类型的犯罪,无论是从危害程度上看还是从影响范围上看,都是狱内监管场所侦查和打击的重点。

(二)松散型

松散型(又称半紧密型)是由一些案情相同、脾气爱好相近的罪犯,在日常交往中逐渐形成的一种团伙。在被改造和日常闲聊中,他们彼此发泄对改造机关、对管教人员的不满,共同表达抗拒改造和意欲脱离监狱环境,但没有一致的意向和明确的方案,共同犯罪的故意潜伏下来。当监狱发生某种意外事件,给脱逃带来机会时,罪犯的共犯意识就被激活,可能在很短的时间内达成一致,采取集体脱逃的行为。

松散型脱逃团伙大多由其他团伙临时演化而来。如罪犯因同乡、同案结成的地缘团伙,因搭伙吃饭、互相照顾而形成的伙食团伙,因对抗管教人员形成的抗改团伙等。也有罪犯班组长、牢头狱霸靠其个人影响力临时形成的犯罪团伙。团伙的特点在于其一直处在变化之中,人员与监狱机关的对抗性强弱不一,易于分化瓦解。

(三)随机型

随机型越狱行为是原本没有越狱的预谋和组织,偶遇特殊情境的刺激,在首要分子的宣传煽动下,罪犯集体跟随首要分子一起越狱的行为。也有的是在野外劳动中发生意外事件,如警卫人员脱岗,或首要分子抢夺枪支,杀害看守人员时。首要分子带头逃跑,其他罪犯在其示范作用下,也一块逃走的情形,都属于随机型的集体脱逃行为。随机型脱逃犯罪,属于无预谋的共同犯罪、简单的共同犯罪、一般的共同犯罪。因犯罪成员没有脱逃的预谋和准备,慌不择路,技能不高,较容易侦破。

三、组织越狱案件的特点

(一)预谋性

对于大多数组织越狱案件而言,事先都有较长时间的预谋。他们事先通谋,物色拉拢同伙,策划逃跑的时间、地点、路线,窥视越狱的路径,准备逃跑的经费、衣物、工具,密谋脱离监管警戒,逃避追捕的策略。他们一般有明显的分工,有的是首要分子,有的是骨干分子,有的是教唆者,有的是帮助者,有的是一般成员。预谋的过程,实际上是对一般成员的教唆、示范过程,使一般成员学到新的犯罪伎俩。相同条件下,由于多人参加预谋,其脱逃方案趋于周密,其方案实施后,比单人脱逃的成功概率要大。因此,侦破团伙成员的越狱案件,其难度要比侦破单个罪犯脱逃案件难度大得多。

(二)危害性

组织越狱案件是一种共同犯罪,有多名罪犯参加。其破坏能量危害性不仅在于人数比单人犯罪多,还在于人员共振产生的"相乘效应"。即单个罪犯产生了脱逃意念和动机后,因惧怕失败和承担责任而不敢采取行动,而一旦加入越狱团伙后,借助团伙的力量可以达到犯罪目的。集体一块活动时,由于互相打气、责任扩散心理的作用,罪犯可以无所顾忌,发挥出平时所没有的破坏能量。所以,组织越狱的危害性远远大于单个罪犯的脱逃。

(三)复杂性

越狱团伙,都是由不同生活经历和个性的罪犯构成,这种成员上的差异性导致组织越狱案件各方面的复杂性。从犯罪成员看,既有多次受过处理,屡教不改、劣迹斑斑的累惯犯,也有不谙世故的青年初犯;从加入团伙的过程看,有的是死心塌地的,形成越狱脱逃的核心,有的是被首要分子拉拢、诱导甚至裹胁的外围成员;从脱逃动机上看,有的罪犯反社会心理强烈,犯罪意识强烈,恶习深重,犯意坚定,不思悔改,脱逃后会疯狂地报复社会;而有的成员仅仅是因为家庭变故,或不能适应监狱的环境,希望得到解脱。

组织越狱案件构成因素的多样性,既给案件的分析、侦破带来困难,但同时也为案件的侦破提供了更多的突破口。侦查人员利用越狱团伙成员的差异性,分化瓦解,各个击破,最后破获全案,就是对这一特点的成功利用。

四、组织越狱案件的防控

组织越狱罪犯和一般脱逃案件罪犯都有逃离监狱的动机和目的,不同之处在:一是集体脱逃行为,具有集团性,预谋时间长,内部分工协作,犯罪性质严重;二是此种犯罪的罪犯聚众肇事,对抗司法机关,他们的主观恶性更大,反社会意识更强,人身危险性突出,危害严重。鉴于此,防控组织越狱犯罪,要突出以下要点:

(一)发展隐蔽力量,及早获得信息

组织越狱犯罪预谋一旦形成后,就处于作案的活跃状态,客观条件一旦成熟,罪犯马上发动犯罪。狱内案件侦查人员对此类犯罪的防控,也处于动态之中。及时获得罪犯方面的信息非常重要,晚一步导致案发,早一步就能防患于未然。罪犯合谋时,往往脱离监狱人民警察的视野,利用隐蔽力量进行监控,就有格外重要的意义。

(二)做好排查工作,务求不留后患

组织越狱案件是一种非常复杂的案件,参加的罪犯成分复杂,各自的地位、作用都不相同,相互之间联系的紧密程度也不一样。对于及时发现的越狱团伙,要进行全面深入的审

查,务求挖出所有参与者和知情者,不留隐患。对团伙成员采用拆散的方法,分配到其他监狱、监区、罪犯班组,进行包夹、控制,促其转变态度,放弃犯罪。

（三）在运动中查清团伙,各个击破

防控组织越狱犯罪是一场运动战,不可能毕其功于一役。一般地说,不管何种罪犯团伙或者罪犯非正式群体,其活动都应在人民警察视线所及和控制之下。越狱团伙常常与其他团伙相似,较难区分,不少越狱团伙就是由其他团伙转化而来。所以,鉴别、控制、瓦解罪犯团伙是防控组织越狱案件的基础性工作。在了解罪犯团伙的性质和分化瓦解罪犯团伙的工作中,谈话、审讯应本着先易后难的原则,遵循以下顺序:先外围成员,再核心成员;先年轻罪犯,再年长罪犯;先初犯,后累惯犯;先一般罪犯,后重点罪犯。这样才能顺利获得信息和证据,攻克团伙。

五、组织越狱案件的侦查

（一）勘察现场,搜集物证

1. 中心现场勘查。对组织越狱案件中心现场的勘查,除按照罪犯脱逃现场勘查要求,完成既定任务外,还要突出两个重点:

（1）要在勘查中搞清是普通的组织越狱案件,还是暴力越狱案件。二者区分的标志是在越狱中是否使用暴力。在勘查中,如果认定罪犯越狱时没有对管教人员和其他罪犯使用暴力,只是为了逃出监狱,对民警有冲撞、推搡行为,挣脱后即中止与民警的人身接触,可以认定为一般越狱;如果对民警有殴打、伤害行为,则应定为暴力越狱。如果罪犯仅仅利用一般的劳动工具,对监管设施造成一定的破坏,其动机完全是为了打开脱逃通道,则可以认定为一般越狱;如果罪犯多人使用工具或动用施工机械,大面积捣毁监舍,推倒监墙,行为有明显的宣泄性和示威性,则应当认定为暴力越狱案件。

（2）在现场勘查中要注意人的移动及人在现场的情况。组织越狱案件发案后只有两种可能:一种是参加的罪犯全部出逃,还有一种是只有部分罪犯出逃,另一部分未及出逃。如能及时发现这些未能出逃的罪犯,进行审讯,则对抓获出逃罪犯很有帮助。在现场勘查中,要注意将与逃犯关系密切的所有罪犯列入排查对象,看他们发案前后有无异常表现,身体上有无伤痕,有无从越狱现场黏附、携带的微量物质,综合各种因素予以认定。

2. 周围现场勘查。组织越狱案件远比一般脱逃案件复杂,牵涉的人物比较多,经常出现“案中案”的情况,即案犯为了排除障碍,实现脱逃目的,往往要贿赂民警或值班的罪犯,对不与他们配合、想要揭发他们的罪犯,则采取限制自由或杀人灭口的方式排除障碍。这样,在组织越狱之时或之前,罪犯就已实施了绑架、杀人犯罪。在现场勘查中,发现某罪犯不是脱逃集团的成员,而又在发案中失踪了,就应当考虑可能被案犯杀害或绑架了。要以中心现场为圆心,向外旋转辐射,在较广的范围内查找该罪犯的尸体或捆绑、藏匿地点。

3. 逃犯遗留物品的勘查。除了解罪犯脱逃的思想基础外,对组织越狱罪犯物品的勘查还有特殊的意义。首先,对罪犯遗留物品的勘查,可以推知罪犯脱逃前所做准备的情况;其次,通过日记、纸条等信息载体,可以知道各逃犯在团伙中的地位、任务,最后,通过罪犯遗留赃物的情况,可以顺带侦破以前的盗窃、侵占等积案。

（二）深入侦查,获取线索

组织越狱案件的侦查途径、取证措施与一般脱逃案件基本相同,只是由于组织越狱案件参加的人较多,在案发中和案发后有较多的人际互动,侦查中要注意和利用这些互动,寻找更多的破案线索。

1.组织越狱案件的侦查途径。相对于单个罪犯脱逃,组织越狱案件会留下更多的痕迹和物证,该案的知情人也较多,所以,侦查途径相应地增多。除上一节叙述的各种侦查途径外,还要抓住以下要点:

(1)在运动中获取破案线索。与单个罪犯的脱逃不同,组织越狱一旦成功,就不可能停息下来,不像单个罪犯寻找到一个落脚点,就能长期隐藏下来。所以,组织越狱案件发生后,就要穷追不舍,在运动中取证,在追击中破案。实际工作中,由于组织越狱脱逃人数多,不便隐藏,无法借助交通工具,目标容易暴露。发案后不久,侦查机关即能发现其活动方向和活动范围,很快全部抓获或大部将其抓获。在运动中获取信息和抓获逃犯,贵在一个"快"字,这是与追捕单个罪犯的不同点。

(2)在案件的叠加中获取线索。与单个罪犯脱逃相比,组织越狱的罪犯逃到社会上后,其犯罪的概率大大提高。这是因为罪犯要首先解决吃饭和生存问题,罪犯的身份使其很难从正当渠道得到满足,只有通过盗窃、抢劫等犯罪活动满足自己的需要。从调查统计看,参与组织越狱的罪犯,其过去所犯之罪以盗窃、诈骗、强奸、杀人、破坏社会管理秩序为最多,都是藐视社会规范的犯罪。再加上逃犯大多以青年罪犯为主体,他们缺少自制,受原始冲动驱使,很难忍受饥寒交迫的生活,犯罪就不可避免。侦查人员要和当地公安机关保持密切的联系,接到盗案、抢案的通报后,及时和公安机关联系,符合条件的,马上并案侦查,以此提高破案的效率。

(3)在罪犯的分化中获取线索。由组织越狱案件构成因素的多样性决定,罪犯脱逃团伙不是铁板一块,在外界条件的作用下,很快会发生分化。实际中,罪犯出逃成功后,其继续逃亡时,可能有两种情况:一种是罪犯继续保持团伙,共同逃跑;另一种是团伙分裂,各奔东西,而以后一种情况为多见。即使是前一种情况,由于罪犯损人利己的本性所决定,罪犯之间也存在着貌合神离、钩心斗角的情况,经不起困难和挫折的考验。侦查机关只要抓住了一名逃犯,就有可能了解其他逃犯的许多情况,经过做工作,可能成为我们的秘密力量,协助我们工作,将大大加快案件侦破的速度。

2.组织越狱案件的取证措施。组织越狱案件的取证措施,在基本方面和一般罪犯脱逃的取证措施一样,只是调查和取证的面更宽一些。

(1)现场物证与痕迹的取得。虽然侦破各种案件都要首先固定现场的物证和痕迹,但在群体犯罪的情况下,这样做的意义更为重大。组织越狱案件发生后,由于有多人参加,非常混乱,很难确定谁带头提议、带头逃跑、带头劫持和伤害、带头破坏监管设施,而这一切对于侦破案件和给罪犯定罪量刑,又是非常重要的。所以,侦查人员要有强烈的保护现场和保存物证的意识,努力把物证和痕迹固定下来。要仔细检出脚印和手印,以此推断谁是首要分子和骨干分子。过硬的证据,对后期的审讯、判决意义重大。

(2)询问与讯问。询问的对象是在监全体罪犯,尤其是与逃犯有某种联系的罪犯。通过他们的陈述,了解罪犯脱逃团伙形成的时间,案发前的反常表现,团伙内各个罪犯之间的关系,罪犯逃跑的大致方向,逃犯的个人情况和能力、弱点等,这些信息对确定侦查方案是有一定意义的。对于未能出逃的嫌疑人,要及时讯问,利用科学的预审讯问技术,要其说出实情,不仅为当前的破案提供条件,也为将来的审判打好坚实基础。找出脱逃未遂的团伙成员,本身就是破案的一部分。

(3)相互印证落实证据。在多名成员共同越狱被抓回后,罪犯们为了减轻自己的罪责,往往对自己的罪行避重就轻,将责任推给他人,有的甚至诬陷他人。这时,侦查人员必须保持清醒的头脑,不要一味让逃犯讲述的故事牵着走。对已抓获逃犯的口供,要认真地进行审查,与其他证据相比较,印证其真实程度。这种取证有相当大的难度,只有具备丰富的审讯经验,经过大量的分析、判断,才能得出正确的结论。

【案例】

"华北第一杀手"王彦青组织越狱案

号称"华北第一杀手"的王彦青(山西晋中人)1989年因盗窃入狱,撬保险柜比别人用钥匙开锁还快。按当时他涉案金额判死刑也绰绰有余。听说是国家安全部门专门下来了解他撬保险柜的水平后做了指示:不杀,先放在监狱里。王彦青刚进号子时,当时的"狱头"武双喜让他服水土。王彦青不服,一通拳脚后他还站在门口,武双喜倒下了。头铺大怒,一个眼色,号子里其他几人全扑了上去。又一通拳脚过后,王彦青还站在门口,其他人全倒下了。头铺马上搬开自己的铺盖卷,把王的放到头铺位置上。王彦青成了"狱头"后,武双喜对其忠心耿耿。二人一起被送至A监狱服刑,被分在同一个车间干活。王、武二人对同车间的犯人或利诱或威逼,邀他们一起越狱。当时全监狱只有车间这儿地面还是黄土,其他全已被水泥硬化。王彦青算好方向后组织人从车间开始偷偷挖洞。每天收工回监舍时,每人口袋里装满挖洞出来的土,回去后倒进厕所。

挖洞工作持续了近三个月终于完成。一日深夜他们十几个人集体成功越狱。王彦青越狱以后,袭击警察抢夺枪支,一路南下流窜作案,杀死27人,每次作案都是一枪毙命,数次在警方的包围中枪战逃脱。公安部先后六次通缉他,动用大量警力,最后在湖南郴州其情妇处将其捕获。

第三节　暴动越狱案件的侦查

一、暴动越狱案件的概念

暴动越狱案件是指依法被关押的罪犯在首要分子的策划、组织、指挥下,多人聚集在一起使用枪械、棍棒等武器或者其他武力方式对抗监管机关的方法,组织越狱逃跑的案件。

暴动越狱行为侵犯的客体是国家监管机关的正常监管秩序。暴动越狱案件客观方面表现为暴动越狱的行为。暴动越狱罪是共同犯罪,必须由2人以上共同故意实施才能构成。暴动越狱案件是与一般脱逃案件、组织越狱案件不同的是,这类案件由众多罪犯参加,因而与单独一人脱逃的一般脱逃案件区别开来;因为采取暴力手段达到目的,因而与没有暴力色彩,以隐蔽脱逃为特征的组织越狱案件区别开来。

这类案件与其他类似案件相比,其最大的特点是采取暴动行为强行逃离监狱。最常见的暴动越狱案件,是从事野外农业劳动的罪犯,故意制造事端,创造机会,乘机夺下看押武警的枪支,然后杀死武警,集体逃跑。此外,在从事工业劳动的监狱,也出现过先控制值班罪犯,再绑架值班人民警察作人质,冲出监狱的情况;也有杀害值班人民警察和罪犯,不顾武警警告,强行冲出监狱的情况,暴动越狱杀人毁物,集体脱逃,影响恶劣,是最严重的一种脱逃犯罪,应列为防控和侦破的重点。

二、暴动越狱案件的类型

暴动越狱案件的外在表现都是运用暴力手段,强行冲出监狱的行为,但其发生的原因各不相同,以首要分子和骨干分子的动机为分类标准,可以分为以下几种类型:

(一)求生型

即外部环境恶劣导致这种暴动团伙的产生。如一段时间内劳动强度过大,罪犯长期得不到休息;或管教人员管得太严,罪犯业余时间太少,生活条件太差,产生了强烈的逆反心理。偶遇强烈刺激,如当众被管理人员辱骂、殴打,罪犯在不能承受的时候,就可能暴发案件。

(二)享乐型

即一些身体很好、文化较高的罪犯,不愿过清淡如水的监狱服刑生活,在管教设施有力的阻止下,产生了强烈的挫折心理和对抗心理,他们组成暴动越狱团伙,试图非法获得自由,恢复享乐生活。

(三)恶习型

即一些以犯罪为常业的累惯犯,多次受到司法机关的处理而不甘心自己的失败,反改造、反侦查技能逐渐升级.以暴动越狱作为与司法机关斗争的一种形式,试图东山再起。

(四)宣泄型

即一些反社会心理强烈,自视智商很高的罪犯,受到司法机关的打击和监狱民警的批评后,怀恨在心,寻求报复,暴动越狱成为其泄恨报复的一种工具。在实施犯罪中,带有明显的情绪特征,公然使用暴力,肆无忌惮地毁物伤人,甚至大开杀戒,疯狂报复有过节的民警和罪犯。

三、暴动越狱案件的特点

暴动越狱案件作为共同犯罪的一种形式,在主要方面和组织越狱案件是一样的。但由于其成员的反社会心理强烈,采用暴力手段实现犯罪目的,所以,又有一些内在和外在的特点。

(一)组织的紧密性

暴动越狱团伙是典型的狱内犯罪集团,其成立和活动宗旨,就是为了从事犯罪活动,不管其成员的成分和心理活动有何不同,但在这一点上是一致的。其组织的首领。大多由生活经验丰富、犯罪意向坚决、抗改能力较强、自然影响力较大的罪犯担任。发展成员具有一定的标准和要求,团伙内有一定的纪律和活动章程,成员的地位与分工明确,首领对成员控制较严,对外交往含而不露,行为诡秘,其暴动意图不易为人觉察,是监狱场所安全的最大隐患。

(二)行为的疯狂性

参加暴动越狱是严重的犯罪行为。出于自我保护的需要,大多数罪犯都不会铤而走险,以身试法。其参加成员大多为劣迹斑斑的累惯犯,从过去的犯罪经历看,不管是否涉及暴力犯罪的罪名,其犯罪行为都具有明显的暴力倾向。在这类罪犯的人生信念中,"弱肉强食"、"拳头即真理"已经成为他们的生活信条,在从事犯罪行为时,胆大妄为,无所顾忌。如果在监狱场所受到抵制,感到挫折,其对抗心理就会滋长起来,在越狱犯罪时就会疯狂发泄,滥杀无辜,只要有碍其行为目标的,都采用极端手段予以处置。对团伙内意志不坚定者背叛者也决不手软。暴动越狱行为一般都造成严重后果和恶劣影响。

（三）动机的多样性

暴动越狱案件不同于组织越狱案件的另一个特点，是它的活动目的不仅仅是为了脱离监狱环境，非法获得自由。在实践中，案犯往往追求多种目标，这些目标都需要在社会上实现，而暴动越狱只是实现这些目的的一种手段或一个步骤。罪犯选择暴动越狱的极端手段，而不选择一般脱逃，是因为这种方式更有力量，成功的概率更高。侦查中要注意这种特性，一旦案发，往往就是案中有案，多数暴动越狱案件案发前，罪犯就有杀害、捆绑值班警察、罪犯的秘密行动；冲出监狱后，许多罪犯会从事烧、杀、抢、掠的更严重的刑事犯罪，直到被击毙或被抓获。实践中，大多数暴狱案件都被及时平息了，但罪行暴露后，罪犯们困兽犹斗，在监狱内控制罪犯群体，封闭通道，继续杀人，捣毁监舍，放火烧毁设施，直到被司法机关强攻击毙、捕获，或者自杀身亡。说明了这种犯罪的恶性程度很高。

四、暴动越狱案件的侦查

暴动越狱案件和组织越狱案件在发案原因、作案动机、表现形式等许多方面有相同之处。对暴动越狱案件的侦查在适用于组织越狱案件的措施外。还应注重以下几点：

（一）排查隐患，控制现场

参与暴动越狱的罪犯，除具备脱逃罪犯、组织越狱罪犯的一般心理外，还具有以下心理特点：反社会意识强，对抗心理重；性格上有暴力倾向，经常采取暴力行为；迷信武力，恃强凌弱，具有藐视政府权威的社会意识；报复心强，与司法机关和监狱民警具有直接的矛盾冲突，在越狱过程中丧心病狂，肆意毁物伤人，不计后果。针对上述特点，排查有暴力越狱倾向的罪犯，控制有犯罪隐患的现场。

1. 排查重控对象。参与暴动越狱的，总是极少数有特殊生活背景的顽危罪犯，控制这部分罪犯的犯意，就抓住了矛盾的主要方面。暴动越狱团伙是紧密型的犯罪团伙，因为暴狱成功与否对团伙成员利害关系重大，其首领在发展成员时都有特殊的要求，普通罪犯一般不在考虑之列，只有具有犯意坚决、心黑手狠、不计后果特点的罪犯才能成为发展对象。这些罪犯对内协调，纪律严格，行动具有很大的诡秘性，其越狱企图往往不被一般罪犯知晓。狱侦人员正确地排查出重控对象，才能使防控工作落在实处。

2. 建立狱内安全阀机制。从社会心理学的角度看，暴动越狱行为是顽危罪犯与监狱机关矛盾不可调和的产物，是罪犯对压力的一种极端应对方式，是罪犯负面情绪长期积累后的总爆发。因此，监狱建立起安全阀机制，释放罪犯压力，化解对抗心理，是消除犯意的治本方面。具体地讲，一是疏通渠道，允许罪犯表达自己的意志，进行平等对话；二是进行心理疏导，及时弱化负面情绪；三是创设合法的罪犯乐于接受的形式，给罪犯以表现的机会，释放其能量；四是帮助罪犯解决实际问题，感化罪犯。改善罪犯处遇，实行"人性化"管理，软化罪犯。

3. 控制犯罪的物质条件。主要是控制罪犯为暴动越狱准备的工具和凶器。要通过经常性的清监，搜查劳动对象，发现罪犯藏匿的刀具、绳索、炸药、燃油、现金、服装等物。将这些犯罪工具收缴，不但破坏了罪犯的犯罪计划，而且作为犯罪的证据，对破获该案有很大帮助。狱内案件侦查人员可能顺藤摸瓜，挖出犯罪团伙。

4. 现场管理，不留死角。暴动越狱是在较长时间里实行的组建团伙、酝酿犯意、制订方案、付诸实施的系列活动。这中间每一步都有罪犯之间的接头和联络。实践表明，许多暴动越狱案件中,罪犯都钻了民警管理不严的空子。因此,当班警察必须严格按照规定的要求,深入罪犯劳动、生活、学习的三大现场,不给罪犯聚合、商议的机会。利用隐蔽力量,及时发现罪犯背后的串连、勾结活动,不使其长期存在,酿成灾祸。

5.控制核心人物。无论是长期预谋的暴动越狱,还是随机聚合的暴动越狱,在罪犯群体中,总有一两个核心人物,对其他罪犯发生控制作用。一般地说,凡是背离监狱管理要求的罪犯聚合或者个别罪犯对罪犯群体的实际控制,都有图谋不轨的嫌疑,在适宜的条件下,很容易演化为犯罪团伙。因此,做好顽危犯的转化工作,只要发现某个罪犯控制其他罪犯,就应该努力打击或消解他的势力。在情况紧急或失去控制的情况下,可以将之单独隔离,调动处理,在新的环境中,由其他进步罪犯包夹起来,不使其形成对抗政府、制造事端的气候。

(二)勘查现场,搜集物证

暴动越狱案件不是单纯的脱逃案件,其造成的破坏是多方面的,有许多案件还是案中有案,需要并案侦查,所以,其现场勘查的面要广泛一些,对物证和痕迹要作深入的分析。

1.以搜集暴力犯罪的物证、痕迹为重点。暴动越狱案件的侦查比较复杂,在开始时,往往是按一般的组织越狱案件侦查,而一旦发现尸体或暴力破坏现场时,才确定为暴动越狱案件。因为两种案件的性质差别很大,对将来的侦查过程和定罪量刑意义重大,所以,要格外注意搜集能够证明发生了暴力案件的物证和痕迹,抓住侦破案件的重点。

另外,在暴动越狱案件中,罪犯之间往往有明确的分工,并不是每个罪犯都从事杀人、纵火的暴力犯罪。这样,在现场勘查中就力求细致一些,尽可能采集到能反映个性特征的脚印、指纹和其他物证,为科学定案提供依据。

2.多种技术人员的协同作战。在暴动越狱情况下,特别是大规模暴动越狱的情况下,由于牵涉的人多,杀人、纵火、伤害、脱逃等各种案件并发,所以要汇集各方面的专家,分头行动,做好各种鉴定和证据的搜集,这是其他案件所没有的情况。

3.在运动中完成勘验任务。暴动越狱案件不同于其他案件的另一个特点是持续时间较长。每攻破罪犯的一道防线或捕获一个罪犯,就完成了一项破案任务,而现场勘查工作也就随之跟进一步。随着案件一件件告破,勘查工作就形成一个完整的链条,最后得出科学结论。侦查人员要连续作战,不失时机,防止破案链条的断裂。

(三)深入侦查,获取证据

暴动越狱案件的侦破过程,是一连串破案工作的有机结合。这种特性必然反映在此类案件的侦查途径和取证措施上。

1.暴动越狱案件的侦查途径。暴动越狱案件的侦破要动用多种侦查方法,这些方法之间都有先后顺序的排列。

(1)消除安全隐患。对暴动越狱案件的侦查,其调查取证总是和消除隐患同时进行的,或者说,在消除各种险情的前提下,再开展全面的勘查工作。因为暴动越狱是严重的暴力犯罪,案犯既然着手实施犯罪,就会无所顾忌,滥杀无辜,在对现场情况没有摸清的情况下,不能贸然进入。另外,罪犯往往使用放火、爆炸、投毒等方式进行攻击和破坏,在现场环境中,危险因素颇多,所以在勘查时要格外小心,待危险确已消除后,方可进入。

(2)询问现场罪犯。暴动越狱是公开地、大规模地使用暴力。罪犯为了作案成功,往往威逼、裹胁其他罪犯参加,这样就有不少罪犯了解案犯作案的内情。另外,大多数罪犯或多或少地看到、听到当时发案的情形。暴动越狱案件侦破的一个难点,是参与的人员多,现场混乱,不容易确认主要犯罪的行为者是谁,过后也很难取得有力的物证。这时,旁观罪犯的口供就是难得的、非常有利的证据。侦查人员在询问现场罪犯时要注意,询问要及时,最好是案发后马上到现场,防止时过境迁,罪犯发生遗忘;询问对象的面要尽可能宽一些,防止对象太少,材料不足,发生认识上的偏差。

(3)讯问逃犯。讯问逃犯是侦破暴动越狱案件的一项常用的、非常有力的破案方法。大多数暴动越狱案件,各个案犯都是在不同的时间被抓获。抓获一个逃犯,就获得了一个案件的突破口,要利用审讯的威力,迫其交代团伙的犯罪意图、活动规律、现在去向,可以提高工作的针对性和科学性,大大加快破案的步伐。

2.暴动越狱案件的取证措施。暴动越狱案件的取证措施与组织越狱在做法上基本上相同。所不同的是,暴动越狱案件是狱内最严重的犯罪案件,案件的首要分子或骨干分子常常自杀身亡,或者在攻入监舍时被武警击毙,这样,就少了一份来自原始现场的口供,给证据的最后认定带来困难。有鉴于此,侦查人员在取证中还要注意:

(1)防止案犯的责任推诿。凡有案犯死亡的暴动越狱案件,其他案犯在讯问中往往把自己的罪责推给已死罪犯。所以,对案犯的口供要作全面的、细致的审查。首先是将多名案犯单独问话时的口供进行比对,从中发现矛盾,剔除罪犯的虚假陈述;其次,要对该犯进行多次讯问,将多次讯问的笔录进行比对,从中发现矛盾;其三,对于发现的矛盾和疑点,要运用侦查策略,通过提审罪犯,驳斥谎言,恢复事物的本来面目。

(2)向参战人员了解案情。暴狱案发后,案件现场被封闭,群众无法了解案发事实。监狱内案犯为了防止罪犯群体妨碍其目标实现,往往将众多罪犯赶到狭小的监舍内控制起来,大多数罪犯也很难提供主要案犯活动的内容。与罪犯直接交火、搏斗的指战员,可以弥补这方面信息的不足。侦查人员应当尽量在案发现场搜集这方面的信息,或者在平暴后马上向有关人员展开询问,以获得准确有力的证明材料。

【案例】

罪犯罗某、汪某等预谋暴动越狱案

2009 年 2 月 27 日上午 7:50 许,浙江 H 监狱八监区副分监区长接到罪犯耳目张某汇报称:"26 日晚罪犯陈某问他,死缓期间犯罪是否会枪毙?"在得到"会枪毙"的肯定回答后,又问"如果知道其他罪犯有重大违法行为,自己不参与不汇报是否会有事?"得到此情报后,监区决定采取内紧外松的措施,安排罪犯耳目张某加强对罪犯陈某的监督并进一步搜集有关信息。13:40 许,罪犯陈某两个堂姐妹来监会见,由于是非会见日无法会见,民警在向她们解释今天不能会见时,两堂姐妹显得很焦虑和着急,说"如果等到下月不知会发生什么事"。凭借着职业敏感性,民警将此情况作了逐级汇报。14:30 许,监狱副监狱长安排狱政、狱侦等部门负责人与罪犯陈某两堂姐妹进行沟通,从而了解到"里面有一批犯人很坏"等信息;便立即安排该罪犯会见,并通过现场监听掌握有关信息。该罪犯会见结束后在回监舍的途中,主动向民警汇报罪犯罗某(男,1982 年生,初中文化,2006 年 7 月因犯盗窃罪、销售赃物罪被判处有期徒刑 15 年 6 个月)、汪某(男,1981 年生,初中文化,2004 年 7 月因犯抢劫、盗窃、故意伤害罪被判处有期徒刑 19 年)拉拢他企图脱逃的情况。15:45 许,狱政、狱侦部门安排该分监区以出工名义将罪犯陈某带至提审室,由狱政、狱侦支队负责人找其谈话了解情况并根据其态度确定为专案耳目,布置其进一步了解以罪犯罗某为主的企图脱逃人员的组成、脱逃方案、脱逃工具等任务。16:00 许,监狱在分析研究后,决定:一是同意落实专案耳目。二是组织现场勘察。三是特别加强外来人员和车辆的管理。17:00 许,监狱向省局狱政处报告案件情况。18:45许,在清查罪犯罗和汪某的劳动岗位区域后,发现在罪犯罗劳动用的缝纫机底架钢管内隐蔽藏有两把锋利的钢刺。20:00许,省局领导、监狱领导陆续赶赴监狱深入现场查看,召开紧急会议研究对策,成立"02·27"案件专案组,至3月2日19:00许,案件侦破。经专案组侦查,查明罪犯罗某因亲属有几次未得到会见及对家人的牵挂,自2008年初以来逐步形成脱逃预谋,自2009年2月开始进入准备阶段。为寻找帮凶,该犯主要以试探性方式联系和麻痹同犯,计划在2009年5月前劫持1~2名民警或外来师傅作为人质,驾驶该分监区(生产厂房)附近九监区三分监区运输大货车强行冲监越狱,企图脱逃;如果劫持人质时生产区无外来运货汽车,则挟持人质出监狱大门后再挟持汽车脱逃。2009年2月上旬该犯利用木凳子上的细钢筋及生产上用的砂皮,用双面胶粘在缝纫机的转盘上对细钢筋进行打磨,制成两把锋利的钢刺隐蔽放置在缝纫机底架钢管内。处理结果:2009年4月14日,浙江省杭州市江干区人民法院依据《刑法》第三百一十七条第二款规定,判处罪犯罗某犯暴动越狱罪判处有期徒刑8年,合并执行有期徒刑18年;罪犯汪某犯暴动越狱罪判处有期徒刑5年,合并执行有期徒刑20年。

【案例】

陆某、罗某暴力劫狱案

1997年2月25日下午至27日,某铁路运输中级法院刑事审判庭在本院法庭公开开庭审理罪犯陆某、罗某等6人盗窃、贩卖毒品一案。在庭审期间,李某、罗某、周某、刘某、陆某、黄某、覃某、谢某、梁某、郑某等人先后到法庭旁听或在法庭外逗留。26日上午,陆、罗深知自己的罪行严重,为逃避法律的严惩企图自杀,遂将写有自杀所需毒品的纸条放在一支香烟内仍给刘某,刘某得到纸条后又将纸条交给陆某,陆某即按纸条的内容购回海洛因1克、针筒1支等物品,后因无法递送而未果。

27日上午,陆在法庭外候审,李某伺机靠近陆,当听到陆说"跑"后,即与黄某商谋,尔后黄某便对法庭附近的地形、环境进行了踩点,并将踩点的情况告诉李某。此时,陆某又对李某和刘某轻声暗示和用手比划,要李某找周某要枪,李某领会陆的意思,便与刘某开摩托车到周某家找周某要枪,上午休庭时,陆又向李某作出要手铐钥匙的手势,李某领会后,交代覃某去联系配手铐钥匙。覃某便与谢某开摩托车到柳州市鹅山菜市场车缝门市部修锁店找到杨某帮配手铐钥匙,休庭后,李某、周某、刘某、陆某等人聚集在红光路口的一个米粉摊里进行商谋,并作了具体安排,周某负责提供枪支、弹药,并负责将陆带到东兴后出境到越南;刘某负责查看地形和开摩托车在"面条巷"附近接应;李某到法庭继续观察情况。下午13时许,周某回到家中,将陆原交其藏在家中的两支"五四"式军用手枪及子弹若干发取出,藏在腰间两侧,然后返回公检法大门外找到李某,由李某用传呼机与刘某联系,使周某与刘某在"面条巷"路口会合后,周某便将身上携带的装有子弹的其中一支"五四"式军用手枪交给刘某,而周则持另一支装有子弹的"五四"式军用手枪到柳铁东站大门口,随时准备接应陆。

下午15时左右,李某与覃某再次到杨某处取走用自行车钢丝配制的一个"钩钩"(开手铐钥匙),交给李某和覃某。李某、覃某返回法庭后将手铐钥匙交给黄某,黄某则将手铐钥匙放进男厕所内,准备供陆某用于开手铐逃跑。

下午16时许,法庭审理结束,各被告人留在法庭内看笔录、签字。陆借小便之机上厕所,在厕所内未找到钥匙和枪,逃跑未遂。出厕所后面带怨气,并不断重复周某的绰号,当时正在庭外观察情况的黄某怕被李某等人责备,便带梁某到厕所内查看了其放置的钥匙,并将钥匙取出后交给了谢某。尔后被告人郑某与黄某分别开摩托车赶到"面条巷"附近,向等候在此的李某、周某、刘某等人通报陆进出厕所、想见周某等情况。周某听说陆要见他,即叫覃某开摩托车搭其到法庭见了陆,然后又返回"面条巷"附近等候。覃某送周某到"面条巷"后,又开车返回法院追问谢某是否将钥匙放进厕所,谢某将钥匙已交给罗某放入男厕的情况告诉覃某后,二人又开摩托车赶到"面条巷"通报再次送钥匙的情况。周某、刘某仍在柳铁东站大门口等候接应,李某则回到法庭。

下午 17 时许,陆再次对李某暗示要找周某要枪,李某立即赶到柳铁东站大门口找到周某,从周某身上取走一支"五四"式军用手枪,并将枪带到法庭附近交给罗某,罗某得枪后,立即将手枪放入法庭旁的男厕所内第一个蹲位用瓦盖住。罗某出厕所后向李、陆作了暗示,李某即匆匆忙忙地离开了法庭。17 时 30 分左右,陆、罗再次提出上厕所,在厕所内,陆将手从手铐中脱出,取出事先藏在厕所内已上了膛的"五四"式军用手枪一支,对准押解的法警唐某开了一枪,致唐某受伤倒地,尔后陆、罗二人翻过厕所围墙逃跑。罗在逃跑中,被闻讯而来的公安干警擒获,陆携枪逃窜,28 日 19 时许逃到范某家,范到柳州市工贸大厦购买了一个假发套,供陆逃跑时化装用。3 月 2 日,范按陆的要求,开汽车将陆送到覃某家,要覃帮联系诊所医治陆在逃跑时骨折的右脚,此时被公安机关抓获,其余人也于 2 月 27 日至 3 月 21 日被公安机关抓获归案。法警唐某受伤后被及时送医院抢救脱险,经法医鉴定是枪伤造成肠穿孔,属重伤。

第四节　破坏监管改造秩序案件的侦查

《刑法》第三百一十五条规定:"依法被关押的罪犯,有下列破坏监管秩序行为之一,情节严重的,处三年以下有期徒刑:(1)殴打监管人员的;(2)组织其他被监管人破坏监管秩序的;(3)聚众闹事,扰乱正常监管秩序的;(4)殴打、体罚或者指使他人殴打、体罚其他被监管人的。"

一、破坏监管改造秩序案件的侦查

(一)破坏监管改造秩序案件的概念

破坏监管改造秩序案件,是指依法被关押的罪犯殴打监管人员,或者组织其他被监管人员破坏监管秩序,或者聚众闹事扰乱正常秩序,或者殴打、体罚或者指使他人殴打、体罚其他被监管人员情节严重的案件。在破坏监管改造秩序案件中,聚众破坏监管改造秩序案件危害较大,影响范围广,因此聚众破坏监管改造秩序案件的侦查是我们工作的重点。

(二)破坏监管改造秩序案件的特点

1.主体的特定性。《刑法》第三百一十五条规定,破坏监管改造秩序案件的犯罪主体是"依法被关押的罪犯",根据这一规定,本罪的犯罪主体是特殊主体。具有两个构成特征:一是主体的身份特征,必须是罪犯;二是主体的状态特征,是指具有罪犯身份的人,必须是在被依法关押的状态之下,二者必须同时具备,缺一不可。一般来说,只有被关押的罪犯才能受到监所管理法规的约束,他们违反监规实施破坏监管秩序的行为才能侵害监管秩序这一犯罪客体。没有被关押的罪犯不受监管秩序的约束,因而也就谈不上破坏、扰乱监管秩序。

2.危害的严重性。聚众破坏监管改造秩序案件为多人参与,他们公然违反监规监纪,严重影响监管改造和正常生产生活的进行。有的整个监狱罪犯闹监,集体对抗,持续时间多达数日,危害很大。如果不迅速查处,或处理不当,甚至会演化为暴动、杀人、暴动越狱等恶性案件。

3.事前的预谋性。聚众破坏监管改造秩序案件发生前,罪犯往往已经结成较紧密的团伙关系。他们或因同乡关系形成群体组合,或因畏惧而被迫依附某一核心人物或群体形成团伙组合,案件成员中的"急先锋"往往并非主犯。聚众破坏监管改造秩序案件属于团伙犯罪,组织、策划、指挥的主犯往往老奸巨猾,并不亲自出马。起哄闹事、充当急先锋的,多数是对法律制裁不满、敌视心理严重、流氓恶习深、江湖义气重、胆大妄为、偏执冲动的青年罪犯,他们往往受主犯的唆使、煽动,有一定的盲目性。或基于情趣、思想一致或相似形成群体组合等。

4.地点和方式的复杂性。聚众破坏监管改造秩序案件多发生在监舍、生产场所、集会会场、监狱民警办公室等处。在监舍内牢头狱霸为了树立自己在罪犯中的威信,殴打、体罚或指使他人殴打、体罚其他罪犯;在其他场所,他们聚集罪犯起哄闹事,围攻、要挟监狱民警,抗拒出工,绝食,甚至辱骂、殴打监狱警察,砸坏狱内设施等。

(三)破坏监管改造秩序案件的防范

聚众破坏监管改造秩序案件的防范关键是严密掌握敌情动态,将案件消灭在萌芽状态。掌握敌情动态的方法,除了安插适当数量的秘密力量,打入破坏监管改造分子团伙内部掌握其进行活动的具体内容外,还要特别注意运用监狱行之有效的掌握普通犯情的常规方法,对通过秘密力量或其他渠道反映上来的情况,监狱要认真调查,一旦发现破坏监管改造秩序的苗头,应当立即查处,将案件消灭在萌芽状态。

(四)破坏监管改造秩序案件的侦查

聚众破坏监管改造秩序案件侦查的总原则是:一经发现必须严密控制,在加强警戒的条件下,采取边平息、边调查、边破案的方法,迅速控制事态的发展,查清内幕,及时打击,分别处理。

1.迅速控制事态发展,防止事态扩大。案发后要迅速调集监狱警察控制局势发展,监狱领导要亲临现场指导,通过各种途径和方法,揭露少数罪犯的阴谋诡计。对聚众闹监的首要分子、积极参加者,尤其是破坏监狱设施的犯罪分子,要采用果断措施,予以处置;对于一般参加闹事者、起哄者,要开展政治攻势,讲究策略方法,分化瓦解,教育争取多数;对于其他狱内罪犯,加强思想教育,安定情绪,迅速恢复正常的学习、生活活动,恢复生产、生活秩序。同时,要防止尚未暴露出来的幕后人物继续活动,毁灭证据,越狱逃跑。

2.积极调查,挖出幕后指挥者。在平息闹监、骚乱事件的过程中和事态基本控制之后,要积极开展调查工作,发动罪犯检举揭发,尽快查明情况,搜集、审查证据。聚众破坏监管改造秩序的犯罪行为,往往涉及罪犯较多,影响较大,知道情况的罪犯也较多,侦查时要以牵涉到知情的罪犯为对象,发动他们提供证据线索,用大量的证人和被害人陈述查清主要犯罪事实。与此同时,还要注意搜集被犯罪行为毁坏的财物、犯罪工具,提取有关痕迹、物证。聚众破坏监管改造秩序案件,有组织者、实施者、附和者、胁从者等不同层次的同案犯,侦查时对已经暴露的对象,要隔离审讯,瓦解其体系,摧毁整个组织。幕后操纵者没有暴露的,要调查、审讯、侦破同时进行,查清骨干分子的犯罪事实,摧毁整个组织,决不使一个幕后操纵者漏网。

3.区别不同情况,分别处理。聚众破坏监管改造秩序案件,由于人数较多,牵涉面大,处理时应注意分别不同情况进行处理。对于聚众破坏监管改造秩序案件中的组织者、策划者、积极参与者、鼓动者和现行破坏行为的罪犯,要坚决予以打击。对于不明真相者或者胁从者、临场起哄者,主要进行政策、法律教育,讲明利害,帮助其消除思想顾虑,帮助监狱人民警察查明事实。

二、破坏监狱设施案件的侦查

(一)破坏监狱设施案件的概念

狱内破坏监狱设施案件,是指在押罪犯故意破坏或毁坏监狱的监管、改造、生活、生产等设施,造成严重后果的案件。常见的如破坏监狱设施案、破坏生产案等,其中重点是破坏生产案件。破坏监狱设施案件不仅严重威胁监狱的安全,破坏改造秩序,而且对监狱的正常生产造成很不利的影响。因此,是性质比较恶劣的一类犯罪案件。

(二)破坏监狱设施案件的特点

1.罪犯事先多有准备。犯罪分子为了达到其破坏监狱设施从而破坏生产、改造、监管和生活秩序的目的,事先多作了充分的准备,对犯罪目标,犯罪手段、方法,作案的时间、地点,以及如何逃避打击、反侦查、反讯问等都作了思想上和行为上的准备。

2.侵犯目标和破坏手段多样。狱内发生的破坏监狱设施案件,侵犯目标和犯罪手段也是多种多样的,即可以是毁坏机器设备、生产设施,也可以是破坏电源、水源、食品库。有的故意违章操作,改变工程工艺技术规程。同时在犯罪目的上既有纯粹干扰监管正常秩序的,也有为其他犯罪准备条件的,因此情况比较复杂。

3.案件现场易遭破坏,变动较大。由于抢救人员财产、排险等活动的影响,人员往来较多,现场易遭破坏,给侦查破案带来困难。

4.许多案件性质不易确定。在破坏案件中,破坏生产案和责任事故案尤其不易分清。案件发生后,犯罪现场上所表现出来的是犯罪的结果,而许多破坏案件与责任事故案件的现场状况十分相似,在现场勘查时,由于客观条件的限制,不能明确案件的具体性质。

(三)破坏监狱设施案件的侦查

1.破坏监狱设施案件的现场勘查。狱内破坏案件一般都应有原始的破坏现场,但由于犯罪的手段不同,案件的发现方式不同,有的现场可能比较隐蔽,有的现场比较暴露,而有些发案现场和破坏的原始现场可能不在一处。原始现场变动较大。无论对何种情况,都应对现场进行细致的勘查。通过现场勘查,查明破坏造成的后果及危害情况,发现搜集破坏痕迹和罪犯在现场上的遗留物,以及手印、脚印等。有的现场在危害尚未完全消失时,应首先消除隐患,排除险情,在一定范围内停止生产,封锁现场,启动监内技术监控设备及备用监控力量,稳定局面,同时组织力量进行勘查。进入现场后,首先应坚持由远及近、由外向内、逐步推进的勘查步骤,然后集中勘查被破坏的中心部位和破坏对象。对关键部位、来去路线、周围环境及其他有关破坏目标,要反复勘查,认真记录、拍照,对细微的破坏痕迹,要认真勘查,仔细发现和提取。在实地勘验时应会同相关方面的专家或专业人员共同勘查,分析案情。同时对现场值班人员及操作人员进行询问,查明案件发生的时间、经过等。

2.分析判断案情。在现场勘查的基础上,要认真结合现场访问的情况来分析判断案情。

(1)要判定案件性质。判定案件性质是案件侦查的前提条件。由于许多破坏案件和责任事故容易混淆,因而在破坏案件中对案件性质的认定显得更加重要。如果把案件统称为事故的话,那么事故可分为三类,即破坏事故、意外事故、责任事故。而以上三种性质的事故的判定主要在于确定行为人对事故发生的主观因素。对案件性质的认定可以通过以下方法进行:

一是分析行为人对案件情况的陈述,判断其主观心态。案件发生后,所有与案件有关的人员都应陈述清楚自己在案件发生时的心理状态,在案件中的具体行为和所起的作用,自己的职责范围和操作要求,通过这些陈述内容可以分析和印证行为人的主观状况,从而为认定案件性质提供佐证。

二是分析现场上的痕迹物证,通过物证来证明案件性质。现场上的痕迹、物证,能从不同的方面和角度来反映行为人案发时所处的位置,所做的行为,通过分析现场上的痕迹、物证,可以鉴别案件的性质。

三是运用侦查实验来判明案件的性质。案件发生前的某一种现象以及某一行为能力能否发生,通过现场侦查实验即可判定,有时被询问对象把破坏行为说成责任事故时,通过侦查实验即可戳穿其谎言。

(2)要判断发案时间。根据现场询问情况、现场遗留痕迹和周围环境,判断发案时间。确定了发案时间,对于摸排嫌疑对象,确定嫌疑分子,具有重要意义。

(3)要判断作案的手段、方法和犯罪人数。根据现场遗留物品、破坏工具和现场遗留的破坏痕迹、手印、脚印,判断犯罪分子是采用什么手段、方法进行破坏的,犯罪分子的人数有多少,并进而描绘出犯罪分子的人身形象、个人生理特征、职业专长等,以利确定侦查范围。

3.深入调查摸底,及时取证,确定嫌疑分子。

(1)深入调查摸底,多层次、多渠道发现线索。根据对案情的分析判断和确定的侦查方向,深入进行调查摸底,排查嫌疑对象。如查阅罪犯档案和事故档案,分析日常掌握积累的材料和线索;在民警、工人、犯人中进行广泛调查,深入访问,摸底排队;对与嫌疑对象共同操作、熟悉情况、了解生产过程的上下工序的犯人,要详查细排,多方调查询问;从嫌疑分子日常暴露的言行中,了解私下不满、扬言报复等情况;对涉嫌社会上的人员,或因破坏造成不符合质量而流入社会或盗卖运送到社会上的设备部件,要与社会公安机关、有关部门密切结合,严密控制,调查处理,查缴赃物、罪证。

(2)组织技术鉴定。在勘查现场和调查摸底中,发现、提取的破坏痕迹、物证、有关工艺技术资料等,要及时送请有关技术部门分析鉴定,有的要组织辨认,以获取具有法律效力的证据。

(3)采取相关措施。对重大嫌疑分子及时审讯,获取口供,迫使其交清问题;对其人身、监房和有关场所进行搜查,以获取罪证。对有连续作案的罪犯,要部署和落实公开和秘密的管理、控制措施。必要时可观察守候,张网以待,密切掌握动态,既有利于彻底揭露、证实犯罪,也防止造成新的破坏事故。

【案例】

罪犯杨某破坏监管秩序案

罪犯杨某(男,1970年生,浙江温州人,1987年9月因盗窃罪被判处有期徒刑1年,1989年又因抢劫罪判处有期徒刑4年,并在服刑期间于1991年10月故意伤害罪加处有期徒刑1年6个月,1998年7月再次犯聚众斗殴罪被判处有期徒刑3年6个月,投入浙江某监狱服刑)在服刑期间犯有:(1)2000年4月,杨犯在厂房内因机床罪犯姜某在勾铁刨花时有铁屑溅到其身上,就操起一根约二米的铁管朝姜犯打去,被身旁几个人及时拉开,未造成严重后果。(2)2000年7月,杨犯在厂区厕所门口抽烟,借口经过的罪犯俞某踩了他一脚,上前打了俞犯两拳,并用右膝盖猛顶俞犯下腹部,被边上的犯人及时拉开,制止了杨犯的暴力行为。(3)2000年8月,杨犯在监舍水池边洗澡时将水冲溅到在洗饭盒的犯人徐某身上,杨犯反而借口徐犯骂他二,猛击徐犯一拳,因徐犯赶紧躲开去报告警官才未遭其继续殴打。(4)2000年10月2日,杨犯在监舍小操场内看杂志,因犯人徐某经过时无意中碰了杨犯翘起的二郎腿一下,杨犯就冲上去打了徐犯一拳,在旁边犯人劝阻下才使杨犯的暴力未能继续。(5)2001年5月7日晚,杨犯在监区大课堂上课时,因后排五分监区的犯人季某无意中碰了他凳子一下,杨犯站起身来回身朝季犯头部打了二三拳,被罪犯教员拉出课堂,经监区管教股民警教育后,杨犯被安排单独坐在最前排继续上课,约几分钟后杨犯再一次起身离开座位向教室后面走,走到季犯身边朝季犯头部打了一拳,被罪犯教员等几名罪犯扭住,送到监区教育室。

此外,杨犯在投入改造1年10个月时间内,因不服管理,装病卖傻,抗拒劳动,哄监闹事,散布反改造言论,冲击监区大门,绝食和捏造事实毁谤民警等,分别于1999年9月戴拷3天,1999年11月监狱特别严管(即一级严管),2000年12月戴镣,2000年12月监狱一级严管,2001年5月戴镣,2000年5月禁闭10天等处罚。2001年8月,余杭区人民法院对扬某犯破坏监管秩序罪判处有期徒刑1年3个月。

案例评析 *AnLiPingXi*

罪犯集体脱逃案件

1.案情简介

2000年6月4日21时许,A监狱在押犯杨某、华某、吴某三犯从所在监狱一中队东侧大门进入操场、翻越监舍区东面小围墙,携带事先准备的2根长4m、直径5cm的竹竿和2个钢筋钩以及车轮内胎剪成的皮条等作案工具,窜至七大队生产区北围墙3号哨所岗楼,将钢筋钩用内胎皮条捆扎在竹竿上,钩住电网瓷瓶,从岗楼于瓷瓶间30cm间缝隙处翻越围墙脱逃。

2.紧急部署

(1)脱逃案件发生的当夜,组织民警和武警在该监狱所在地区的各交通要道设卡堵截。

(2)立即通报地、市公安机关,请行署公安处派警犬搜索追击。

(3)组织民警和武警在火车站、汽车站守候堵截以及沿三犯可能前往的逃跑路线、方向进行搜索。

(4)及时印制协查通报送往各县和逃犯原籍公安机关以及公路交通等部门。

(5)在市公安机关协助配合下,日夜对该市重点私人旅社、录像放映点进行检查。

(6)根据对3犯脱逃后可能去向分析,派民警赴南京、上海等地布网查缉。

(7)根据对3犯脱逃后可能去向的分析,派民警赴江苏徐州、河南固始、江西九江等地守候查缉。

(8)利用罪犯原籍公安机关力量加强对罪犯家庭及亲友的监控,逢年过节组织力量到罪犯原籍查缉。

三犯脱逃后立即分散逃窜,罪犯华某于当夜逃回合肥,不敢久留。2月20日流窜到安庆市仍继续危害社会,持刀劫车,在潜山驾车脱逃时,撞到树上,致使一辆价值 9 万元的夏利出租车被撞毁,华犯因此被公安机关抓获。罪犯吴某脱逃后如丧家之犬,在全国十几个省市打工并流浪,于 2001 年 10 月在合肥市郊杏花村某鱼塘草棚中被该监狱干警抓获归案。

3. 反思与探讨

(1)民警工作责任心差,造成罪犯脱管失控。脱逃案件发生的当晚,监狱所在中队当班民警 6:30 上岗,按照职责,本应等放完电视、点名、查铺、锁好中队大门后方可离开,但 7:30 当班民警擅离岗位;该中队指导员 7:15 进入生产区浴池洗澡,澡后于 8:15 进监,在监内无当班民警的情况下,不加过问,离监返家;该中队队长于 6:20 进监;7:45 在当班民警不在岗的情况下,既未查问原因,又不加以找回,也离监返家;当班监管队巡逻人员 8:25 上岗,不履行巡逻查监职责,反而在犯人学校与犯人同看电视至 9:30。由于上述同志擅离岗位或未履行职责,直接造成了犯人的脱管失控,给三犯逃脱以可乘之机。

(2)值班罪犯脱岗。脱逃案发生当晚,该中队值班的两名罪犯私自调换值班位置,值班时不坚守岗位,到中队活动室看电视,对中队大门未尽看管之职,致使三犯顺利通过中队大门。

(3)监管设施和外警工作存在漏洞。脱逃案发当晚,围墙电网电压虽升至 8500 伏,但三犯利用电网瓷瓶与岗楼墙壁之间存有 30cm 无电空隙而脱逃。从外警工作看,监狱与武警驻监中队签订的《执勤看押协议》中规定,七大队夜间上 4 个哨位,但由于警力不足,部队未按协议上岗。仅上 2 个哨位,3 号楼岗楼一直未上哨,所以三犯毫无顾忌地从 3 号哨边脱逃。

(4)民警思想麻痹,敌情观念淡薄,对已经察觉到的问题和苗头,反应不敏感,处理不果断,措施不得力。在此之前,该中队民警察觉杨某、吴某、钟某、粟某的团伙问题,对团伙的性质也作了基本的分析,其中就有脱逃问题。同年 8 月,狱政科将团伙之一的钟某调离该大队,后又提出将杨某和二大队一罪犯对调,但由于大、中队对杨可能产生的危险认识不足,以"内部消化"为由而未同意,大队虽签发将杨调至三中队的调令但未落实。对于杨、吴、粟三犯的团伙问题,该中队本应引起重视,加以控制,但由于通过批评处理后,杨、吴两犯表面上有所转变,中队干部便被其表面假象所蒙蔽,失去了应有的警惕,未采取有力的控制措施。

(5)狱政管理制度落实不到位。一是一些违禁品被带入监区,如吴犯脱逃时携带的尖嘴钳、电笔,华犯带入的班车内胎等。二是生产区可被犯人利用作脱逃工具等物随处可见。

(6)对罪犯的思想行动把握不准。因人施教的转化工作不深不细。该中队的敌情调查工作不深入,对华犯参与到杨、吴两犯团伙中一无所知,将华、杨编在同一互监组中,华犯担任互监组长及小组考评员,吴犯被中队指导员选建为耳目,三犯脱逃思想由来已久,但在近两年的改造中,这种思想一直未得以消除,反映出教育转化工作不力。

4. 防范对策

罪犯集体脱逃案件发生后,为了吸取教训,改进工作,中队、大队、监狱层层召开了分析会,认真分析,查找原因,对查出的隐患和漏洞采取了以下防范对策:

(1)监狱党委进一步提高对加强监管改造工作的认识。牢固树立监管安全是监狱工作重中之重的观念。采取具体措施,切实加强对监管改造工作的领导。一是党委成员无论分工如何,都要抽出一定的精力过问改造工作,每季召开一次党委会,专门研究和解决监管改造工作中的重大问题,尽快形成主要领导亲自抓,分管领导具体抓,上上下下人人参与,各部门齐抓共管的新格局;二是从人、财、物上大力支持监管改造工作,在管教民警的任免、调动问题上,政工部门要尽可能与狱政部门多通气,征求他们的意见;三是充分发挥狱政部门的职能作用,赋予他们根据情况决定监内调犯的权力。

(2)将案件中暴露出的问题一一列举出来,梳成辫子,提出措施。在此基础上,召开全监狱民警大会进行通报;会后组织民警讨论,并展开"查思想,找漏洞,定措施,抓落实"活动,对民警进行"增强敌情观念、增强忧患意识、增强工作责任心、增强组织纪律性"的"四增强"教育,真正做到警钟长鸣,常抓不懈。

(3)大力加强狱侦工作,认真做好敌情调查和分析。要把埋藏在犯人思想中的深层次东西挖出来,在分析上要学会从一般看本质,切实贯彻落实省局下发的《耳目工作细则》和《危险分子管理细则》,突出狱侦工作在发现敌情、分析敌情、防范和打击狱内犯罪方面的特殊作用。

(4)坚持从严治警,严格管理民警队伍。要尽快形成民警岗位职责的考核,奖罚制度,把民警的组织纪律性、工作责任心、工作实绩与奖金挂起钩来,切实改变民警队伍的散漫状况,同时要抓民警业务培训,增强素质,提高执法水平。

案例评析 AnLiPingXi

兴国县暴动越狱案

1. 案情简介

2007年6月30日,犯罪嫌疑人危某(因涉嫌犯贩卖毒品罪被羁押在兴国县公安局看守所九号监室)意识到自己可能被判重刑,遂产生越狱脱逃的念头。2007年10月17日,危与同监室的马某、张某、刘某商议,并提出捆绑看守民警抢得钥匙开门脱逃,三人均表示同意。后危某将该方案告知同监室其他在押人犯,并对越狱逃跑进行了计划和分工。

10月29日,马、张、危等8人被关押在10号监室,在他们旁边的9号间是扎塑料玫瑰花的工作间和材料间。当晚,其他号子的犯人八九点就完成扎花任务,收监休息。

民警刘某在24时接班后,发现这8名犯人还在9号间工作,刘就催促他们快点做完。在押犯危在里面回应:"2/3还没做,我们抓紧点。"按照程序,犯人完成任务后,外劳犯赖某需打开工作间的封门,让他们走进材料间。清完数后,再打开材料间的铁门,带他们通过走廊,走进10号间休息。30日1时20分,赖向刘报告,犯人说做完了。"清数,收监!"刘命令。赖进入材料间,点数后报告说完成。旋即又报告,"里面有一个人喊头痛"。原本并不在意的刘在听到赖第二次报告有犯人头痛的时候,打算进入材料间。"当时真担心他有病。"刘说,材料间他们一般是不进去的,特别是晚上。但看守所犯人病倒很常见,所以当时并无疑心。

赖随刘一同进入了材料间。在材料间,刘看到李某瘫在地上,头靠着墙,大声呻吟。刘打算走过去查看李的病情。刚刚靠近李,突然,马某跳起,用臂弯锁住刘的脖子,5人将刘牢牢摁住,另3人捆住外劳犯赖。"很痛,但我说不出话来。"刘说,面前刚刚还瘫在地上的李也突然起身,抱住他的左腿,右腿同时被另一犯人牢牢抱住。正伴装整理纸花的两名犯人也一起冲上,一边一个抓住他的双手。5人牢牢摁住刘,用扎花用的透明胶带封住他的口鼻,并用布条绑住其手脚,双眼随后也被布条蒙上。赖脑袋被一个蛇皮袋罩住后,同样被捆住。刘被捆绑后,逃犯从他身上搜出了监区铁门的钥匙以及700多元现金。随后,刘听到了逃犯搬塑料花的声音。

8名逃犯分成3组,每人扛上一捆塑料玫瑰花,分批走出材料间。该看守所有里外两道围墙,加上材料间和办公楼的铁门,共有4道铁门。突破了材料间的铁门,逃犯需要穿过草坪,到达对面内墙的铁门。刘介绍,这道铁门晚上也上锁,但是没有人看守。突破了内围墙的铁门,下一道是外围墙铁门。看守所外区由武警戒备,有战士在岗楼站岗及巡逻。

在兴国县看守所,在押犯定期把加工好的塑料玫瑰花扎制成花束,由外劳犯运出监区。因此,这8个人的举动并没有引起武警的警觉。打开外围墙的铁门,剩下最后一道门是看守所干警办公楼,刘事后介绍说:"这道铁门一般都不锁。"就这样,8名逃犯通过看似把守森严的看守所,从容地走出了监狱大门。过了10分钟,赖终于挣开了绳子,扯掉头上的蛇皮袋,随后,又去撕开了封在刘嘴上的胶带,并剪开刘身上的布条。

"我手脚一松,就冲到外面的草坪上。"刘说,他对着岗楼上的武警不停地挥手,高喊,"犯人跑了,赶快拉警报。"之后,刘跑进监控室,拨通了"110"。

2. 缉捕过程

8名在押犯捆绑、打伤看守狱警后集体越狱,被逐级上报到省、市公安局和公安部。按照紧急处置预案,制定了抓捕方案。全县政法干警和武警数百名官兵及10多条警犬参与围捕逃犯,当晚,通缉令开始印刷,并迅速张贴到各路口要道。

也许逃犯自己都没想到会如此轻松地重获自由,出来后他们分道扬镳,但是脱逃不久,就陆续有6人被抓到。其中李某、杨某、刘某3人第一天被抓获,至第二天,又有危某、刘某、万某3人被抓获。据警方透露,第一天被抓获的3人,并没有逃出多远,在距离看守所几公里远的埠头乡一带即被抓获归案。据称,其中一名逃犯,似乎并不急于逃出追捕圈,而是躲在了埠头的一个稻草堆内呼呼大睡,不久就被警方发现。11月7日,另一名在逃犯张某也在广东惠州市落网。这样,逃脱的8人已经有7人被抓捕归案,一人在逃。

3. 反思与探讨

8名在押犯捆绑、打伤看守狱警后集体越狱,这样的恶性事件是有史以来第一次,在全省乃至全国造成了重大的影响,究其原因,一是狱情掌握不及时,缺乏沟通;二是管理上的漏洞;再是值班干警疏忽大意。据知情人士介绍,集体越狱早有预谋,这次越狱的8名逃犯,带头组织的是危和马二人,其中,危因非法持有毒品,于10月8日被兴国县法院判处有期徒刑15年,10月29日,也就是越狱的前一天,法院下达了执行通知书。马犯特大抢劫案,赣州市检察院于10月8日向赣州市法院提起公诉,马自知没有几天他就会等来法院的判决,并且肯定是重刑。事实上,这次越狱事件,二人预谋已有几个月且制定"谎称头痛袭击狱警,暴力越狱"的计划,可警方却没有掌握任何信息。管理不严、存在漏洞,兴国县看守所的前任所长陈某在任时,就有人反映看守所的管理不严,出现过不按规定将在押人员私放出所的事件。直到有一次,一名在押人员谎称家中有事,陈某擅自将他放了出去,结果没几天,此人在外再次犯罪被抓,事情败露后,陈某被免职。9月中旬的一天,看守所分管9、10号监室的民警向在任所长汇报,危看病时想逃跑。之后,所长找危谈话,让他老实一些,但没有向全所民警通报这一情况,没有采取防范措施,认为危只是想看病,没想过他会越狱。看守所发生越狱,看起来是因为干警疏忽大意导致的一个意外事件,但这个意外里面又存在着必然。导致越狱发生的根本原因就是看守所管理不善,干警不按规定值班、允许拖延劳动时间、在押人员不穿囚服、外劳人员随便出入监区等问题都是长期存在的。

实训项目 *XiangMuShiXun*

实训项目一：脱逃案件处置与侦查

（一）实训目的

理解和掌握脱逃案件的处置、侦查的步骤和规范要求，并能在实际工作中加以运用。

（二）实训说明

请认真阅读下面给出的案例，结合案例提出相应的处置方案。

（三）实训内容

【案例】

2000年10月7日凌晨，C监狱一大队服刑人员杨某、武某、张某、温某、李谋等5人在各自的监舍里佯装入睡，焦急地等着时间过去。2点15—30分，5名服刑人员按事先预谋商定的时间、地点，先后集中于中队"小煲房"内，2点40分，他们按照早已密谋好的顺序和分工，张某第一个进入他们用五个月时间挖出的一条从"小煲房"内通往狱外的地道，将为了防止过早暴露而特意在地道出口处预留的约40厘米厚的洞口挖穿，5人先后爬出地道，最后用木板和泥土将地道口覆盖，又用杂草将出口加以伪装，然后按事先约定的地点，集中于大队菜地，一起向后山茶园方向逃窜。

当5人逃到茶园拐弯处时，温某认为5人在一起目标太大，便独自一人下山逃窜。其他4人因与会开车的温某走散，无法实施他们事先商定的到公路上劫持车辆逃跑的方案，只好下山后改为向北逃窜。

实训项目二：暴力越狱案件处置与侦查

（一）实训目的

理解和掌握暴力越狱案件的处置、侦查的步骤和规范要求，并能在实际工作中加以运用。

（二）实训说明

请认真阅读下面给出的案例，结合案例提出相应的处置方案。

（三）实训内容

【案例】

2008年3月12日22时许，被告人谢某（又名海某，男，1980年8月12日出生于河北省永清县，汉族，初中文化，原籍河北省永清县半截河村农民。2006年3月30日因犯抢劫罪、绑架罪，被河北省廊坊市广阳区人民法院判处有期徒刑18年）在狱内第七监区干活时，假借上厕所之机，从该车间工艺室窗户跳出逃至第十二监区存放吊车的仓库，用事先自制的撬锁工具撬开车库门锁，驾驶一辆吊车高速驶向监狱南门，连续撞开监狱防爆门、A门、B门及围墙后，驾车逃离监狱。

在脱逃过程中，被告人谢某驾车将值班狱警高某撞致轻微伤，吊车也因撞击导致刹车失灵、方向跑偏。被告人谢逃离监狱后，驾车在军校街便道上连续撞击四辆汽车并横穿军校街冲入军校广场草坪，谢随即弃车逃跑。监狱三道大门及围墙损失价值人民币80101元，吊车损失价值人民币17320元，被撞四辆汽车损失价值人民币305267元，以上公私财产损失价值人民币共计402688元。谢越狱潜逃后，引起了各级领导高度重视和社会各界的极大关注。该市公安局迅即成立了专案组，调集警力对逃犯可能逃匿的去向和部位，组织追捕、设卡盘查,发动群众,张贴协查通报,在新闻媒体发布逃犯信息,悬赏缉拿逃犯。经过连续6天的昼夜奋战,在廊坊、张家口警方的有力配合下,于3月18日6时,在张家口将谢成功抓获。

思考题 SiKaoTi

　　1.简述脱逃案件的概念、类型和特点。

　　2.简述组织越狱案件的概念、类型和特点。

　　3.简述暴力越狱案件的概念、类型和特点。

　　4.简述破坏监管秩序案件的概念、类型和特点。

　　5.简述脱逃案件案件防控的重点及要求。

　　6.简述组织越狱案件防控的重点及要求。

　　7.简述暴力越狱案件防控的重点及要求。

　　8.简述破坏监管秩序案件防控的重点及要求。

　　9.简述脱逃案件案件侦查的方法。

　　10.简述组织越狱案件的侦查的方法。

　　11.简述暴力越狱案件侦查的方法。

　　12.简述破坏监管秩序案件侦查的方法。

第十一章　狱内暴力型案件侦查

知识目标 ZhiShiMuBiao

- 了解狱内杀人案件、伤害案件的概念和特点;
- 了解狱内杀人案件、伤害案件防控的重点;
- 了解狱内杀人案件、伤害案件侦查的方法;
- 了解狱内杀人案件、伤害案件侦查措施与手段运用的要求。

能力目标 NengLiMuBiao

- 能掌握狱内杀人案件、伤害案件的概念和特点;
- 能熟练掌握对狱内杀人案件、伤害案件控制预防的内容和方法;
- 能正确实施对狱内杀人案件、伤害案件侦查的方法及要求;
- 能正确运用杀人案件、伤害案件侦查措施与手段。

本章引例 BenZhangYinLi

罪犯王某故意伤害案

2000年9月29日下午,浙江省G监狱三监区罪犯王某(男,汉族,1972年10月出生,高中文化,温州市人,1992年9月被法院以盗窃罪判处有期徒刑5年6个月,1996年11月2日刑释;1998年12月法院又以抢劫罪判处有期徒刑10年,剥夺政治权利2年,并处罚金7000元,系累犯,1999年1月13日投入浙江省G监狱服刑)在监区劳动中见罪犯张某(48岁,文盲,失火罪,判刑1年6个月)手脚慢,便对张某警告说:"任务完不成,回去收拾你。"18时20分许,在劳务厂区劳动的罪犯收工站队的时候,罪犯王某叫罪犯张某背一包"三产"材料(约二三十公斤重)跟在队伍后面,罪犯张某背不动,罪犯王某就朝罪犯张某胸口踢了一脚,将其踢倒在地爬不起来。后经罪犯组长方某等人挽扶至监房门口,王犯才自己进了监房。回到监舍后,罪犯组长方叫张某吃饭,张某吃不下。19时左右,八组罪犯开始上楼在寝室里做劳务。不久,罪犯王某走进八组寝室开始教训罪犯张某,先叫其弯腰、立壁,该犯吃不消,罪犯王某就采取打巴掌、拳打脚踢的方式殴打罪犯张某,在将罪犯张某踢翻在地后,罪犯王某还不罢休,用脚在其胸腹部等处乱踩,致使罪犯张某两边肋骨多处骨折,内脏破裂出血。19时30分许,小组其他罪犯发现罪犯张某不行了,随即将其抬到监区医务室抢救,经诊断系呼吸系统衰竭死亡。

案件发生后,罪犯王某试图与关系要好的罪犯进行串供,叫大家一口咬定罪犯张某是洗澡时不慎摔死的,想以此来逃避法律的制裁,但相关人员口供之间的矛盾,加上尸检的结果,最后罪犯王某不得不交代了自己的罪行。2000年12月27日衢州市中级人民法院以罪犯王某犯故意伤害罪判处无期徒刑。

第一节　狱内杀人案件的侦查

一、狱内杀人案件的概念

狱内杀人案件,是指狱内在押服刑罪犯出于抗拒改造、报复、脱逃等动机,使用各种方法故意非法剥夺他人生命的案件。狱内杀人案件侵犯的客体是他人的生命权,主体首先必须有剥夺他人生命的行为。狱内杀人案件一般发生于监狱内部,在罪犯参加外役劳动的情况下,也可能向监外延伸,但杀人的背景和主体仍然在监内。狱内杀人案件的犯罪主体全都是在押罪犯。狱内杀人是比较常见的、性质严重的狱内又犯罪行为,历来是狱内案件侦查工作防范和打击的重点。

二、狱内杀人案件的特点

狱内杀人案件除具有社会上杀人案件的特点,如有尸体可查,有酝酿、预谋过程,双方当事人有对抗性矛盾等之外,还有在监狱环境下作案时表现出的一些特点:

(一)案发起因简单

监狱内生活的,均为同性别的罪犯,所以不可能发生情杀案件。虽然也有为争同性恋伙伴杀人的案例,但在我国极少发生。监狱内罪犯不准持有现金,伙房、库房内也没有可供盗窃、携带的大宗财物,所以财杀也极少发生,多半是仇杀和为义气杀人。监狱内每个罪犯所拥有的社会资源和发展机会远远少于一般社会成员,生活圈子狭小,生存竞争残酷、激烈。罪犯群体的文化素质又远低于社会成员,缺少与人为善的品德、礼貌谦让的风气和协商解决纠纷的习惯,所以,低级的武力争斗多见。其杀人动机直接来源于罪犯改造生活中的争斗,比较容易观察、认识和把握。罪犯狱内杀人最常见的起因是罪犯间发生了不可调和的严重冲突,为解决冲突,报复杀人或在激情状态下杀人。也有不少罪犯杀人是为了实现脱逃的目的,排除脱逃的障碍,符合结合犯的特征。监狱内的罪犯过着一种集体生活,活动空间又非常狭小,所以,罪犯之间的矛盾比较容易暴露,在调查询问中,比较容易找到杀人动机,排查出重大嫌疑人。

(二)作案主体集中

在实践中,从事杀人行为的凶犯,多为刑期长、年纪轻,原来属于暴力犯罪类的罪犯。因为刑期长,很容易丧失生活的信心,自暴自弃,偶遇刺激,就可能采取极端行为。因为年轻,对事物的认识往往偏激,情绪极不稳定,容易失去理智。原属暴力型的罪犯,在个性上具有暴力倾向,在监狱环境里,很容易出现暴力伤害行为。由以上特点决定,罪犯一旦实施杀人行为,在犯罪方式和犯罪手段上就表现出很强的情绪性、报复性,有些罪犯失去理性,见人就杀,酿成系列杀人案。

(三)痕迹物证较多

在狱内杀人案件中,由于犯罪主体和被害者的身份均为同监的罪犯,狱侦机关很容易查明其身份和犯罪动机。摸排对象一般范围较窄,因为作案现场一般不能超越监狱控制的特定空间,一旦发案,很快就会被发现。罪犯在劳动现场或监房行凶后,除了农业单位外,一般没有外运尸体、挖坑掩埋的条件,案犯也很难逃离作案现场。这样,狱内杀人案件的侦查,较之社会上同类案件的侦查具有许多有利的条件:案件现场易于发现,作案时间易于判明,被害人身份容易查清,作案人易于排查,侦查工作的范围和方向易于划定。

（四）作案水平较低

罪犯的作案能力是在犯罪经历中逐步锻炼和养成的。由于罪犯投入改造后,失去了犯罪的环境和条件,其犯罪能力无以增长。罪犯杀人经过周密计划,能够逃脱惩罚的极少,大多属于激情杀人,随机性很大,作案只能选择一般凶器或劳动工具,作案智力成分少,易于侦破。

（五）作案后有反常举动

罪犯作案成功后,往往有"后怕"的心理反应。罪犯知道杀人要判死刑,内心压力较大,在案发后不长的时间内,罪犯的这种心态尤为突出。一些作案仓促,在现场留下痕迹和物证的罪犯,内心会发生恐慌:一方面害怕罪行暴露;另一方面又忍不住想知道案件侦破的情况,向人打探消息。案犯杀人后还会出现一些反常的行为,如平时不爱干净的罪犯突然换洗衣物,打扫室内外卫生,平时穿的鞋、袜、衣物被隐藏,而谎称丢失;身体突然受伤,而谎称不小心外伤。有的罪犯还托病不出,要求调换劳动岗位,以躲避犯罪现场,缓解心理压力。如果是团伙作案,相关罪犯会四处打探风声,频繁秘密聚会,订立攻守同盟等。

三、狱内杀人案件的侦查

狱内杀人案件的起因,均为人际关系的纠葛。在客观条件上,存在监狱民警失察,不能及时发现和化解矛盾,罪犯因此有了杀人的现实条件。因此,对狱内杀人案件的侦查防控,要把握以下要点:

（一）排查隐患,严密防控

狱内杀人案件的类型单一,多为激情杀人和报复杀人。虽然有预谋杀人和激情状况下杀人之分,但其发生原因,均为双方发生了不可调和的矛盾,矛盾带来的烦恼,超出了罪犯的忍耐程度。因此,在日常的监管中,要有敏锐的观察力,及时发现问题,排查犯罪嫌疑,加强防控措施的落实,发现罪犯间的矛盾冲突,适时介入,有力地化解和消除这些矛盾,控制好局面及时调处纠纷,将纷争和争斗解决在萌芽状态。

1.有一定权力的罪犯。有些表现较好的罪犯,常常被用来协助管教人员工作,手中握有一定权力。一旦失去监督,就会被滥用。特别是如果这样的罪犯故意刁难、整治、欺压某个罪犯,积怨成仇,矛盾激化,容易产生凶杀事件。鉴于此,严密监督这些罪犯,使之不能滥用权力,胡作非为,是消解矛盾、预防案件的重要方面。

2.脱管的罪犯群体。在管束条件松弛的情况下,罪犯危险性就会放大,造成严重后果。在通常情况下,单个罪犯不敢从事暴力行为,在人民警察的管束下,这种行为也没有表现的机会。而在脱管的情况下,没有了外部约束,又少了内部约束,罪犯的野蛮、残忍的一面就会表现出来。有时某罪犯仅仅是对集体有一点过错,罪犯们就会在扭曲心态的支配下一涌而上,拳脚相加,严重时将人打死。所以,加强人民警察的责任心,坚决不脱管,可以避免许多罪犯互殴事件的发生。

3.报复心重的罪犯。生活在人群中,产生矛盾在所难免。罪犯这种消极群体产生矛盾的情况就更多。有些心胸狭窄的罪犯不能正确对待他人和自己,对别人哪怕是一点不经意的冒犯也不能忍受,耿耿于怀,图谋报复。这类罪犯平时没有反常举动,杀人行为往往突然暴发,使人难以防范。因此,在防控工作中,要特别注意那些双方结怨很深、时间很长的罪犯,还有那些长期受他犯欺侮而无法解脱的罪犯。这类罪犯平时言语不多,没有朋友,喜欢生闷气,说话缺少人情味,在激怒情况下,可能采取极端行为。

4.争强好斗的罪犯。有些罪犯过去在社会上就喜欢结交朋友、树立山头、划分地盘,和别人争斗不休。投入改造后,在罪犯群体中好勇斗狠,以让他人服了自己为荣。在狱内各种帮伙的斗殴中冲锋陷阵,失手将人打死。

罪犯产生了报复、杀害他人的动机后,在客观条件的刺激下,不分场合,随时都可能付诸行动。因此,防控狱内杀人的着力点在人而不在物。要努力排查出所有具有杀人倾向的罪犯,在做思想工作,弱化其情绪强度的同时,如果化解矛盾不成,就要将矛盾的双方隔离开来,以减轻报复、行凶的冲动;对于争强好胜、攻击性强的罪犯,要安排适宜的岗位和职务,让其能量正常发挥,还要严密监控,采用不间断的紧盯办法,使其杀人的行动不具备土壤而不能实施。

(二)勘查现场,搜集物证

勘查现场,是侦破狱内杀人案件的首要环节。狱内杀人案件大多具有作案现场可供勘查。多数杀人案件的侦破,都是从勘查杀人现场开始。现场勘查所要解决的问题是:了解此案发生、发现的时间、地点,现场最初状况;查明死者的基本情况;判明案发现场是否正常,有无伪装,认定尸体所在地点是第一现场还是第二现场;查明致死原因、死亡时间、死亡过程,损伤状况和伤痕分布特点,致伤工具种类;发现和提取现场遗留的血迹、痕迹、物品,并作出初步判断。现场勘查的重点是:

1.尸体检验。尸体检验的要点是:仔细观察和研究尸体所处的位置、姿势、四肢状态,尸体所在位置与现场上痕迹、物品的关系,有无挣扎搏斗痕迹。检查死者的衣着、穿着顺序是否反常,衣服上有无破损、血迹、斑痕,纽扣和口袋有无撕扯迹象,衣袋内的物品、鞋的特征及附着物。检验尸体现象,如尸体冷却状况,尸体僵硬的部位及强度,尸斑出现的部位、颜色、浓度和消失状况,尸体有无腐败现象发生及腐败的程度。检验尸体外部的伤痕,如死者损伤的部位,创伤的方向、形状、长短、深浅、宽窄,创伤的数量、颜色等。发现和提取尸体上的附着物,尤其要注意尸体的隐蔽部位有无异物附着,死者手上和指甲缝内有无因搏斗而抓有凶犯的衣物碎片、纽扣、毛发,皮肤碎屑等物。如经过尸体外表检验尚不能判明死因和死亡性质时,还应按照有关规定,由法医进行尸体解剖检验。

2.搜寻、分析现场血迹。由监管环境的条件所限,狱内杀人大多采用物理的、直接的暴力手段,所以,大多数案件都有血迹可查。室内现场可在墙壁、地面、被褥、凶器、漱洗用具以及凶手接触、移动过的物品上寻找血迹。如果发现案犯对血迹作过擦洗处理,则可进行深入检查。寻找室外命案现场的血迹,应注意尸体附近的石头、花草、树叶等物的表面。对于已经认定的重大嫌疑人,应注意从其衣帽、鞋袜、头发、四肢上发现血迹。勘查现场血迹,要注意研究现场血迹的分布状况、血痕类型、血流量、血痕颜色等特点,注意发现血迹与尸体伤痕、血迹分布与死者死亡过程有无不相吻合的矛盾。

3.勘验痕迹和物品。要尽一切可能寻找致伤工具。可以从尸体附近的草丛、菜地、农田、水洼等处发现致伤工具。对工具上的黏附物要仔细研究,妥善提取与保存。对于现场上不是死者所有的衣物,应当认真研究其特点,研究其磨损部位、新旧程度以及附着的斑痕。对现场遗留的其他物品,每一件都要认真观察,判断和案件有无关系。现场上遗留的手印、脚印、工具痕迹、打击痕迹等,都要分析其形成的原因和时间,判明其与事件的关系,并对其特点作出详细记录。

4.研究现场反常现象。罪犯杀人后，为了逃脱罪责，常制造假现场，隐藏真相，将他杀伪装成自杀，或杀人后藏尸、焚尸。由于这些行为违反常理，现场上必然出现一些反常现象。如尸体被烧焦，但死者呼吸道内无异物；尸体沉入水中，但肺内没有发现水藻，没有溺死征象，反而发现生前的致命伤痕等。

（三）深入侦查，发现线索

侦查途径是指在查获犯罪分子的侦查活动中，应首先从何处入手。侦查杀人案件的途径很多，主要有：由事到人的侦查途径；由人到事的侦查途径；由物到人的侦查途径；由人到人的侦查途径。正确选择侦查途径，可以从案件性质、被害人的交往关系、杀人凶器、罪犯杀人后出现的特征等多方面进行选择。侦查人员在分析案件的基础上选择其中最主要的方面作为主攻方向，以求较快地发现线索。

1.从调查杀人现场的痕迹物品入手开展侦查。杀人案件的基本特点之一，是现场遗留的痕迹、物品较多。这些痕迹和物品与犯罪人、犯罪案件一般都有一定的内在联系。调查痕迹、物品是获取杀人线索的重要途径。不论何种性质的杀人案件，只要现场上留有痕迹和物品，都要以此为起点开始侦查。侦查的主要措施是调查访问，秘密辨认，技术鉴定，查对犯罪情报档案等。

2.从因果关系入手开展侦查。多数杀人案件中，案犯与被害者之间都有激烈的矛盾和冲突，这种矛盾和冲突，一般发展过程较长，多数在外界表露，有的达到了水火不相容的境地。有的罪犯向亲朋好友表明报复、杀人的意念，有的甚至公开扬言要杀某人。狱内罪犯交往的面很窄，罪犯们朝夕相处，矛盾和对立很难隐瞒，选择因果关系为突破口，常能收到事半功倍的效果。

3.从调查赃物入手开展侦查。以赃物为突破口，实行"以物找人"的侦查路径是行之有效的。除此之外，不管何种狱内杀人案件，凶犯在杀人后，顺手夺去被害人值钱的财物，也是很常见的。只要发动熟悉死者的周围人员广泛辨认，常能找到有价值的破案线索。

4.从摸底排队入手发现嫌疑线索。有些案件不具备上述三个方面的有利条件，或者虽然有上述三方面的有利条件，但经过侦查仍未发现嫌疑人的线索，即可在划定的侦查范围之内，进行大面积的摸底排队。摸底排队是发现嫌疑线索的基本方法。摸底排队要以罪犯应具备的条件为基础，与调查访问相结合，既要全面细致，又要掌握重点。

通过上述方法排查出一些嫌疑对象。对这些嫌疑对象要及时地、逐个地进行审查，以缩小嫌疑对象的圈子，为同一认定准备条件。审查的方式以侧面调查为主，必要时可以从正面进行审查。

（四）获取证据，及时破案

随着侦查工作的深入进行，案情逐渐明朗，具备犯罪条件的嫌疑人，便成了重点嫌疑对象。这时，实现嫌疑对象和案犯的同一认定，就成了最后的任务。实现同一认定的根据，是获取了足够的杀人犯罪的证据。获取杀人证据可以采取询问证人、搜查、辨认、鉴定、询问等常规侦查措施，必要时还可运用隐蔽侦查手段。采用哪种手段，要根据案件的具体特点和嫌疑人的具体情况而定。

1.杀人凶器的提取和运用。一般地说，在诸多物证中，杀人凶器是最为重要的证据。一方面，它能最直接地证明罪犯与凶器、与作案的关系；另一方面，无论凶器归属于谁，怎样用于作案，藏匿和丢弃于何处，都要求侦查员查清和找到，这样才能将案件办成铁案。所以，凶器历来是重点寻找和运用的最重要的物证。

2.血迹的提取和运用。在杀人案件中,血迹是独特的、能够证明案情真相的证据。实践中,许多杀人案件都是因为对嫌疑人身上的血迹与死者血液的类型作同一认定而使案件告破。在审查重点嫌疑人时,可运用物理学和化学的方法对其衣物、身体、随身物品和住所发现和提取的可疑血迹,及时化验,确定是否人血及血型和种属,认定其与死者的血型是否相同。有条件的,还可进行 DNA 检验。

3.痕迹的提取和运用。在获得了罪犯遗留在现场的手印、脚印后,可以统一安排嫌疑罪犯,取其手印、脚印样本,与现场痕迹进行比对。对于罪犯留下的各种现场遗留物,各种作案工具和材料,以及各种微体物证,应通过组织罪犯辨认或物证技术鉴定查明其出处,寻找其与重点嫌疑人的联系。

在物检、痕检、固定证据的同时,还要注意取得人证、书证,实现多种证据的互相印证。进一步核实其杀人犯罪的其他条件是否具备,如杀人的时间、空间条件,罪犯的人身条件,杀人动机以及与被害人之间的因果联系等。通过各种证据的相互印证,组成证据锁链,最后对凶犯实现同一认定。

在主要犯罪事实已经查清并已获得确凿证据时,即应及时破案。通过将作案的罪犯关入禁闭,然后借助讯问,扩大战果。进一步查清杀人犯罪的全部过程和凶器、血衣、赃物等物证的隐蔽处所,并根据其供述,挖掘新的罪证。

【案例】 2009 年 2 月 7 日上午,河南 A 监狱三监区三分监区警察赵某、副分监区长刘某、管教干事王某及民警徐某带领 105 名罪犯在三分监区服装加工车间进行劳动,其中赵某负责生产劳动现场及外协人员(外来产品加工技术人员)和产品质量的管理。9 时 40 分,警察徐某在车间西头清点罪犯,赵在车间中间正常执勤,这时罪犯曹某将机位前操作板上的剪刀从栓系铁链上用力掰脱,突然窜到赵身后,欲向赵行凶。同组罪犯周某发现后大声呵斥:"曹某,你想干啥?"说话间,罪犯曹持剪刀向赵后颈部猛刺下去,听到喊声的赵在扭头的同时被刺中后颈部左侧,赵迅即站起后与曹犯搏斗,他用左手挡抓曹犯所持凶器,被曹犯划伤左手掌,外协人员看到这种情景十分恐惧,慌忙起身向车间西头跑去,被堆放的衣物绊倒。而这时,赵用手死死地抓着曹犯,怕伤及外协人员,穷凶极恶的曹犯又举起剪刀向赵的左面颊部、右下巴部、头顶部猛刺。突如其来的变故,相邻罪犯闪某不及多想,迅速冲上去从后边抱住曹犯后腰,搏斗中,在车间西头值勤的警察徐某迅速赶到,迎向罪犯起脚将曹犯踹倒在地,并在罪犯杨某、梁某等人的协助下合力将其制服,夺下了行凶的剪刀。监区内值班警察边某听到车间内遭杂声后迅速按下了报警器,监区立即启动应急预案,防暴队员及时到达事发现场,控制局面,稳定秩序,并及时将受伤警察赵某送往医疗室救治。

第二节　狱内伤害案件的侦查

一、狱内伤害案件的概念

狱内伤害案件是指狱内罪犯故意损害他人身体健康,触犯刑事法律的案件。所谓损害身体健康,既可以表现为对人体组织完整性的破坏,如砍掉一只手,砸断一条腿等,也可表现为对人体器官正常活动机能的破坏,如有手不能拿东西,有脚不能走路等。狱内伤害案件的构成,必须是伤害他人的身体健康。如果不是损害他人的身体健康,而是故意损害自己身体健康的,则不构成犯罪,不用立案。在监管场所内,罪犯由于人际纠葛,发生彼此的攻击行为,是罪犯改造中常见的现象。如果罪犯之间的攻击超出了一定的限度,就构成狱内伤害案件。狱内伤害案件是一种恶性暴力案件,对监狱安全构成相当大的威胁,是狱内侦查重点防范和打击的主要对象。

二、狱内伤害案件的类型

狱内伤害案件,都是常见多发的案件。根据不同的标准,可以对狱内伤害案件作不同的分类。

(一)袭警案与互殴案

袭警案是指罪犯为实现脱逃、报复、劫持人质等目的,伤害人民警察身体健康的行为。互殴案是指罪犯之间互相殴打、伤害的案件。在这种分类中,袭警案的性质严重,政府对案件侦破的重视程度高。

(二)预谋案和激情案

预谋案是案犯与他人发生人际纠葛后。怀恨在心,经过精心策划,有目标、有准备地实施犯罪行为,犯罪结果往往就是案犯事先设定的目标,具有明显的预定性。激情伤害案是指案犯事先没有明确的打算,有时甚至和某罪犯无冤无仇或根本不认识,偶遇某种冲突,在强烈的情绪背景的作用下,不加限制地发作起来,造成毁物伤人的恶性案件。一般来说,预谋案件的案犯是有准备地犯罪,侦破难度大。而激情类伤害案件,罪犯的注意力只在情感的发泄,留下的痕迹、物证较多,不少案犯作案后感到后悔,询问时也能如实交代犯罪的经过。

(三)直接加害案和间接加害案

直接加害案,是指案犯与被害人之间有直接的身体接触和冲突,案犯的犯罪行为直接作用于对方人体,如打伤、砸伤、刺伤等。间接加害案是指作案人自己不直接出面,而是利用器物、机械、他人甚至动物达到伤害对方的目的。由于监狱环境的特殊限制,狱内以直接加害案为多见。

(四)作为方式和不作为方式

作为方式是作案人采取积极的行为侵犯他人的身体健康;不作为方式是指应履行某种积极行为的义务而不履行,以致对他人身体造成伤害的行为。在狱内伤害案件中,大部分侵害行为都是作为方式。不作为方式主要表现在某些负有特定义务的罪犯,该制止不制止、该抢救不抢救,致使他人遭到自然力或动物的伤害。

(五)工具犯和徒手犯

根据案犯实施侵害行为时是否借助工具,可将故意伤害案犯分为工具犯和徒手犯。工具犯是罪犯侵害他人时使用劳动工具、凶器或自然物;徒手犯是仅用拳、掌、脚等攻击他人。一般来说,使用工具者大都是预谋犯,工具在伤害结果的发生上起着重要作用。工具犯造成的危害结果一般比徒手犯大。

三、狱内伤害案件的特点

狱内伤害案件在发案、侦破上与社会上的普通伤害案件有许多共同之处,但在伤害起因方面没有社会上的多样、复杂,大多产生于罪犯的人际关系纠葛。把握这种人际关系纠葛的

规律,就抓住了狱内伤害案件的要点。狱内伤害案件的特点是:

(一)案件的频发性

罪犯群体是暴力倾向严重、伤害攻击行为频发的群体,除显性的暴力犯罪者外,其他罪犯大都有不同程度的暴力倾向。投入改造后,由于罪犯素质不高,缺少高尚需要,不能相互谦让,物质欲望强烈,为争夺生存空间和有限的生活资源,争吵不休,相互倾轧,这种争斗激烈到一定程度,就演化为伤害行为。"靠武力解决问题"是不少罪犯的生活信条。因而,罪犯之间因琐事争吵、打斗的发生频率远多于社会。

(二)伤害的客观性

狱内伤害案件,无论犯罪行为采取什么样的手段,都会留下各种创伤。罪犯被判刑改造,是其人生的一大转折,环境的巨大改变,迫使其进行反思。畏惧法律,这是每个罪犯必然产生的心理反应,区别在于深浅程度不同,真正不畏法律、顽固地自行其是的人是极少数。因此,罪犯之间因为生活琐事,为了一点很小的利益,在心情烦躁背景下,身体强壮的欺负身体瘦弱的,有团伙的欺负势单力孤的,脾气暴躁的欺负性格懦弱的。冲突的结果,往往是以弱势的一方忍让,强势的一方占上风告终,其行为大多是罪犯可以承受的一般的打骂行为。但如果超出了被辱罪犯的忍耐限度,则可能发生杀人、重伤的恶性事件。

(三)伤害的突发性

罪犯年龄构成上以青年为最多,因而在群体内部缺乏相互容忍、谦让的氛围,罪犯极易因小事冲动,暴发激情。在性格上,有些罪犯是自负和自卑的结合体,非常注意别人对他的态度,追求畸形的精神满足。别人对他一点点微不足道的冒犯,就可能使其产生自尊心受辱的强烈反应,马上会恼羞成怒,大打出手。一些性格暴躁的罪犯,在受到监狱民警批评,遇到生活挫折的情况下,在公开场合不敢发作,回到监舍便不加克制,将愤怒迁移到别的罪犯身上。罪犯中结成小团伙是常见的现象,许多罪犯江湖义气浓重,往往是一人出手,几人帮忙,出现数人伤害一个人的现象,秘密殴打,长期欺侮。

(四)因果关系的明显性

监狱内只关押罪犯一种人,入狱后全体罪犯过着大体相近的生活。人员集中,地域狭小,封闭性强。这样,罪犯之间的纠纷都在众人眼光之下,罪犯伤害无论是出于发泄还是报复,其伤害动机马上会有许多人给予证明。所以,狱内伤害案件发生后,犯罪动机容易寻找,破案过程相对简单。

(五)案情的隐蔽性

有许多罪犯被他犯伤害后,不敢报案,有时监狱民警向其了解情况,有些罪犯还极力否定被殴伤事实,谎称意外致伤。除非伤害事实无法掩盖,一般罪犯都不报案。许多轻伤案件都是由别的罪犯提供线索而告破的。造成这种状况的原因,是一些势单力孤的罪犯害怕报案后,不仅加害者受不到处理,而且会招致更疯狂的报复。这样,许多小案就被隐藏下来,积累起来,它往往是最后酿成大案、血案的基础和条件。

四、狱内伤害案件的侦查

狱内伤害案件的起因、发生条件、发展过程几乎和狱内杀人案件完全一样,都是罪犯间因人际关系纠葛而图谋报复,在管理松懈的情况下得以案发。实践中,一人对另一人行凶,罪犯之间的互殴,单从表面很难认定动机是什么,行为的性质是什么。对一个侵害行为,法院可能有故意杀人、故意伤害、杀人未遂、故意伤害致死的多种认定。所以,上述狱内杀人案件的侦查防控内容。完全可用于狱内伤害案件的侦查防控上。

（一）排查隐患，加强防控

鉴于伤害案件的发生特点，在排查防控上应当突出以下要点：

1.要将防范伤害作为一项基础性工作。在监狱里，伤害事件多见，而杀人案件极少发生。一些伤人罪犯最后被判处极刑，还是以"故意伤害致死"结案。伤害，特别是没有触犯刑律的轻微伤害，往往能被人们包容，在罪犯这种消极群体里，表现得就更突出。一些罪犯组长的殴打行为，往往以"为了工作，只是方法不当"而轻易放过去，不予追究。事实上，所有杀人案件都是有许多伤害事件作为其发生的背景的。所以，监狱人民警察加深对弱势罪犯生活的介入，坚持不懈地抑制罪犯间的伤害行为，是防止杀人、伤害案件发生的根本方面。

2.对加害者采取特别的管教措施。许多伤害案件的发生不是偶然的，往往是一个罪犯长期欺压另一个罪犯，在事发前已对此罪犯进行过多次凌辱和殴打，只是没有达到重伤的地步。加害事件发生后，加害者的许多违法行为也随之暴露。他们的势力所及，构成了狱内各种犯罪产生的温床。对这类罪犯要给以必要的处分，必要时严管，进行强化矫正教育。

在监狱，牢头狱霸总是极少数，但他们的言行造成了恶劣的示范效应，破坏了改造氛围。所以，坚决打击牢头狱霸，对净化改造环境，防止狱内案件的发生，有着特别重要的意义。

（二）勘察现场，搜集物证

狱内伤害案件的现场勘查，通常以被害人所在地为中心，对现场的每一个部位和物体，以及现场周围环境和犯罪嫌疑人进入现场的路线等进行全面的勘查，并注意现场有无各种反常现象。勘查现场，既是发现和提取物证的手段，也是审查和证实被害人陈述的过程。狱内伤害案件现场勘查的重点是：

1.现场痕迹。狱内伤害案件常常是在隐蔽场所，在罪犯一对一的情况下发生。双方可能都强调起因在对方，是对方先动手，自己是自卫。这时，对现场痕迹的分析，对于印证双方陈述的真伪有重要意义。对狱内伤害案件现场勘查，应尽可能在被害人的指认下进行。在许多情况下，没有被害人的合作，要确定案发现场、发现痕迹和物证是很困难的。双方如果有虚假的陈述，在指认和勘查中就可能被暴露出来。室内伤害案件现场，往往可见器物家具被冲撞移位的痕迹，有些物体翻倒，有些物品散落，上面有破损现象，留有血迹、打击痕迹等。室外现场可见地面有被踩踏的不规则脚印，有时还能发现膝、肘关节形成的凹陷痕迹，动态血迹等。

2.凶器及遗留物。在罪犯使用工具伤害他人时，现场往往遗留棍棒、石块、铁器、工具等物品，也可能留下厮打过程中掉落的纽扣、手套和罪犯个人随身携带的物品。如果是案犯预约被害人到伤害现场，那么，还有双方站立、坐卧等停留痕迹，罪犯吸剩的烟头等遗留物。这些遗留物和案犯的人身紧密相连，提取时要小心谨慎，防止污染，并妥善包装运送，以保护检验条件。

3.搜查。狱内发生伤害案件，特别是狱内重大伤害案件，罪犯在作案前大都有预谋，作案中使用各种凶器和物品，实施伤害时带有明显的情绪性。作案后为了逃避打击，案犯一般都要设法将凶器隐藏起来。一些罪犯在作案前就精心选择了隐藏凶器的地点。但是，罪犯是失去人身自由的人，活动范围有限，不可能远距离处理凶器，所以，要以案发现场为中心向外辐射，进行细致的搜查，总能将凶器找出。案犯通常将凶器丢弃和藏匿在厕所的粪池、水井、各种原材料堆内，或埋入地下、藏在房屋的顶棚上，等等。

（三）深入侦查，发现线索

狱内伤害案件的侦查，按加害人暴露程度的不同，狱内伤害案件可分为两种类型：一种是案犯与被害人是熟识的，被害人指控加害人，加害人对伤害行为也予承认，这时所要查清的问题是伤害的具体起因，谁先动手，身体受伤的具体情况，从而核实报案，获取证据；另一种是案犯使用秘密手段伤害他人，如在背后袭击他人。此时，工作的重点是勘查现场，展开调查，为进一步侦查，确定作案人提供条件。

1. 从被害人的陈述中发现线索。伤害案件是因果关系很明显的案件，大多出于泄愤、报复动机。所以，侦查的第一步应从与被害人有过节的罪犯中进行排查，以找出加害者。值得注意的是，罪犯群体是一种监禁状态下的特殊群体，对各种事物反应敏感、强烈，有时，一个罪犯对另一个罪犯的不经意的偶然的冒犯，就可能使对方感到奇耻大辱，不能容忍，产生杀心。所以，嫌疑对象的范围要尽可能宽一些。

2. 从现场遗留物和丢失物中发现线索。现场遗留物，特别是案犯遗留的随身物品，唾液、烟头，都是重要的物证。所以在伤害案件中，凡有被害人物品丢失的，都要将其作为一条破案的线索。侦查中要了解被害人有无财物丢失，何种财物丢失，丢失的财物上有无标记或暗号，曾有谁留意或索要过该物。然后以嫌疑人为重点，进行清监和搜查，通过查找丢失物品查出作案人。

3. 从身上出现可疑伤痕的罪犯中发现线索。大多数伤害案件，被害人都有不同程度的抵抗和反击。这样，就可能在案犯身上造成伤痕。案发后，对身上出现可疑伤痕的罪犯进行排查，那些不能作出合理解释的罪犯就是重大嫌疑人。必要时可以做侦查实验，让被害人重演当时情形，以进一步印证。

4. 发动罪犯提供线索。在运用以上途径均无法破案的情况下，可以向全监罪犯公布案情，发动罪犯提供线索。有时，被害人因惧怕而不敢说出加害者时，也可以采取这种方法。一般说来，监狱人员集中，范围狭小，这种方法具有可行性。同时，在实践中，许多案犯得逞后，把作案之事告诉其他罪犯，有的还在公开场合炫耀，知道此事的罪犯较多，容易破案。另外，监狱实行严格的管束，两个罪犯独处的机会较少，罪犯可资利用的死角也很少，所以，罪犯伤害他人时，或两人进入现场时，很可能有其他罪犯看见，这些罪犯的陈述，就是有力的旁证。

（四）获取证据，及时破案

狱内伤害案件的发生原因和表现形式复杂多样，因而在取证措施上也有不同的侧重点。

1. 询问取证。如果案件发生后，被害人及时报案，案犯逃离现场时间不久，狱内案件侦查人员可以马上组织追缉，抓获加害人，进行讯问和检查，这时案犯还没有应付突审的思想准备，来不及处理财物和伤痕，疑点和罪证很多，很容易侦破。监狱内的案犯作案后一般无法脱离监狱环境，所以这种侦查取证往往是行之有效的。

2. 刑事鉴定。伤害案件发生后，无论是为了破案，还是为了以后案件的处理，都要对被害人的受伤情况进行鉴定。在鉴定中着重弄清以下问题：伤痕的形状、受伤的时间、致伤工具、伤口附着物的属性、来自何处等。

3. 搜查取证。在监狱发生伤害案件的情况下，应当围绕中心现场，进行深入、细致、彻底的搜查，在搜查中发现致伤的凶器、劳动工具和其他器物，嫌疑人身上、物品上遗留的血迹；嫌疑人人身和物品上黏附的来自作案现场的微量物质，以及来自受害人的个人财物。

4. 调查取证。这里的关系人是指团伙伤害或多人伤害一人时，参与伤害的人和知悉伤害内幕的人。对这类人的取证要注意：一是及时，不要给作案人建立攻守同盟的机会，增加破案的难度；二是要分别控制，单独讯问，利用侦查技术，分化瓦解。对于其他证人的取证，要注意区分是亲耳听案犯说的，还是听别人说的。要尽可能穷尽一切知悉案情的罪犯，将众多的证词作比对，去伪存真，使判断更加接近事实。

阅读延伸 *YueDu YanShen*

狱内故意伤害案件的预防和对策

狱内故意伤害案件属于监狱安全类突发事件之一。实施的主体是罪犯，故意伤害的对象主要是罪犯、民警和外来人员，且主观表现为故意。面对这个特殊的环境下和罪犯这一特殊主体，预防及对策主要有：

1. 加强民警的直接管理，减少发生故意伤害的空间。合理分布警力，确保管理不留死角，加强重点时段和重点部位的巡查，特别是对重点人员予以重点关注。加强民警"三大现场"的管理意识。在现场管理中制度落实要到位、管理措施要跟上、管理力度要加强，要破除陈旧观念，不能凭经验办事。

2. 加强罪犯的犯情排摸，减少引发故意的矛盾。在平时的管理和教育中要有敏锐性，要适时地搜集信息，及时掌握犯情。要经常排摸事务犯与事务犯之间的矛盾、事务犯与组员之间的矛盾、组员与组员之间的矛盾，做到及时发现、及时化解。可以通过事务犯轮岗、调动劳动岗位等方法，尽量避免有矛盾罪犯之间的接触。

3. 加强工具的管理防控，减少发生故意伤害的程度。严格执行劳动工具管理规定，落实劳动工具"六个统一"制度，明确责任，减少或减轻后果及程度。对可能成为故意伤害工具的物品予以综合管理，特别是对劳动工具、危险物品的管理，进行专人负责，从根本上杜绝劳动工具、危险物品成为凶器的可能。对于其他可能成为故意伤害工具的物品进行清查，在不影响其用途的情况下尽量替换成危害性小的物品，对确实不能替换的予以登记，重点关注，专人管理。

4. 营造良好的改造气氛，提高罪犯的自控能力。大多数暴力型罪犯脾气暴躁，自控能力差，因此监狱应积极组织犯罪开展如监区文化、名师工程政治教育、技能大比武等形式多样的活动，形成良好的改造范围和精神环境，转移罪犯的视线，从整体面上引导罪犯保持良好的心态，以积极的态度面对挫折，学会正确的宣泄方法。

5. 加大防范力度。认真做好犯情分析，多方位地了解犯情，做好重点人员的包夹控制工作，本着化解小矛盾解决大问题的原则，及时公正地处理好罪犯之间的小矛盾、小事件，发现苗头，迅速控制，以避免事态的扩大。同时要充分发挥狱内耳目、信息员的作用，加大对耳目、信息员的考核力度，并经常性地对狱内耳目、信息员进行谈话教育、工作布置、技能培训等，确保信息的时效性，将矛盾解决在萌芽状态。

6. 加大打击强度。对于狱内发生故意伤害案件，要严查严办，加大打击强度，利用监狱"公判大会"、"现身说法"等方法威慑罪犯违规违纪。

7. 加大感化热度。针对暴力型罪犯所具有的情感特征，特别注重管束方法，尤其在处理问题时，应实事求是，或采取冷处理的办法，尽量避免与罪犯正面冲突，防止激发矛盾，诱发事故。在管束中应严格依法办事，按政策办事，充分体现管理的教育感化作用，以促进罪犯改造。

8.加大管控严度。开展民警对罪犯"一对一"包管包教的"双包"活动,严格落实控制措施,落实劳动现场"定岗定级定人"、在生活现场"定床定铺定人"和学习现场"定桌定位定人""三位"要求,及时掌控顽危犯的位置和包夹情况,确保监管安全。加强对犯罪三联号制度的教育,平时强调三联号制度,并加强检查,对违反三联号制度的罪犯进行严惩,使罪犯从思想上重视三联号制度,使之成为一项常抓不懈的工作。

9.加大矫治密度。民警的个别谈话教育要有针对性,特别是新犯、重点罪犯、有情绪变化的罪犯,要及时进行谈话教育,了解情况,疏导情绪,必要时应当寻求心理咨询师的帮助。要深入细致地研究罪犯的心理状况,加强罪犯心理测试应用和心理矫治作用,建立一整套针对监狱的罪犯心理状况评估体系、罪犯心理健康教育体系、罪犯心理咨询体系、罪犯心理危机干预体系。

10.加大处置速度。狠抓硬件建设,增强监控能力,做到及时发现,及时固定证据,及时处置。平时要注重对突发事件的演习,加强对突发事件的处置能力。发生罪犯故意伤害案件时,要及时制止、迅速控制,立即将受害人送医治疗,及时进行伤势鉴定。同时,对案发现场要马上进行证据的固定,对事件经过要多方地谨慎调查,妥善做好善后工作。

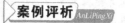
案例评析 AnLiPingXi

呼市二监罪犯袭警案

1. 案情简介

2009年10月17日下午1点30分左右,内蒙古呼和浩特第二监狱四名重刑犯杀害一名民警、捆绑一名民警、抢夺一套警服后连闯四道关卡,在监狱大门口劫持一辆出租车出逃。案发后,中共中央政治局常委、中央政法委书记周永康同志作出重要批示,司法部迅速派出工作组赶赴事发单位,内蒙古出动大批警力、直升机等进行追捕。10月20日上午,四名逃犯中三名罪犯被抓获,一名被击毙。

2. 案件影响

这起案件造成的政治影响、社会影响十分广泛,创下监狱系统多项第一:

中央领导同志第一次对罪犯杀警脱逃案作出批示;

中央电视台第一次向全国播送监狱罪犯脱逃消息及追捕情况;

内蒙古自治区公安、武警等第一次大规模集中7300余名警力、动用直升机实施追捕;

新华网、人民网、凤凰网及凤凰卫视等媒体第一次以专题形式对此案进行了全方位、全过程的持续追踪报道,并对监狱管理工作的漏洞提出质疑。

3. 案件特点

从整个案件的预谋、实施、追捕、抓获过程看,具有以下特点:

(1)事前准备充分。四名罪犯入监时间都不长,年龄都在30岁以下,但密谋脱逃时间却长达一年之久,他们从打探监狱日常管理漏洞、民警值班方式、警力配置数量到确定作案时间、地点、方式、逃跑路线,从打制刀具、编造理由迷惑民警、捆绑民警、杀害民警到夺取警服、刺伤门卫、劫持出租车脱逃、逃避抓捕、负隅顽抗等无不显示出精心策划、周密预谋、有备而行的特征,无不显示出对监狱各种情况的熟悉与了解。相比之下,管教民警却一直被蒙在鼓里,毫不知情。

　　(2)脱逃时间、地点选择恰当。四名暴徒选择在 10 月 17 日中午作案,显然是极为熟悉监狱情况,经过精心选择的。因为当天正值国庆六十周年大庆之后的第一个星期六,又是中午空挡时间,多数民警在休息,监狱只有少数民警值班,监内警力相比平时更为薄弱,形成的管理空挡较多,有利于实施犯罪脱逃,即使万一被发现,监狱集结警力也需要较长时间,不能迅速处置和实施追捕。在地点选择上,他们选择在偏僻的车间仓库捆绑控制一名值班民警并残忍杀害另一名值班民警,其中一名罪犯穿上警服冒充民警带领三名罪犯顺利闯过四道监门。由此可见,四名罪犯对监狱民警值班规律、门卫管理情况了解十分透彻,对监狱警力薄弱时段、管理薄弱部位等情况了如指掌,作案时间及地点的选择极具针对性,正好也抓住监狱管理和防范的软肋,不惜铤而走险,结果犯下惊天大案。

　　(3)脱逃手段智能、凶残。这起案件不是简单的一人作案而是四人一起作案,各有分工,相互协作,其破坏能量更大、防范更难,危害后果更加严重。作案时,他们将智取与强攻相结合,一方面制造合理借口将一民警骗到仓库进行捆绑,其中一名罪犯穿上警服冒充民警带领另外三名同伙以造成看起来像民警带民工进出的假象,紧跟一名民警混出一道门,用卡刷开二道门,又利用鹰眼系统的时间间隔混出第三道门,出逃后劫持一辆出租车谎称追逃,并让司机配合,逃亡路上也没有再实施犯罪等,都显示出作案手段的智能型、周密性和反侦查性。另一方面,这四名罪犯又显示出极其残忍的特性,为达到脱逃目的,不择手段、不惜一切代价、丧心病狂、疯狂作案,如将民警兰某捅了 54 刀致其死亡,将另一民警捆绑控制,在第四道门脱逃遇阻后便用刀将一门卫值班工人捅伤,在脱逃的穷途末路劫持一辆农用三轮车和一名女人质负隅顽抗等,无不显示出其暴力性、凶残性、疯狂性的特征,无不表明他们完完全全是一伙穷凶极恶的亡命之徒,其罪行令人发指!

　　(4)作案对象特定。这四名罪犯为排除脱逃障碍、达到脱逃目的,把侵害矛头直接指向了担负管理和教育任务的基层一线值班民警,通过杀害、捆绑等极其残忍的暴力袭警方式劫夺警服和工作卡,最终实现罪恶目的。这充分说明在监狱体制改革全面铺开、布局调整深入推进、押犯结构日趋复杂、硬件设施明显改善、管理水平不断提高的新形势下,原有脱逃方式如翻围墙、挖地洞、钻下水道、通过外诊、外劳脱逃等方式已被切断,罪犯挖空心思地在民警身上打主意,寻找突破口。

　　(5)脱逃罪犯呈现年轻、暴力。这四名罪犯均为 80 后,年龄最大的 28 岁,最小的 21 岁,入监时间都不长,但刑期重,其中两名死缓犯、两名无期犯。由于年轻体壮,身体素质好,单纯从体力上看四人合在一起对付两个民警绝对没有任何问题;由于罪重刑长,所以他们不惜以身试法,铤而走险。从犯罪类型上分析,四名罪犯都是因抢劫、盗窃犯罪而被判重刑,而抢劫犯罪的暴力性、凶残性与盗窃犯罪的隐蔽性、灵活性、伪装性相结合,使这起脱逃案件明显具有新、奇、特、残的特征,这些特征与四名罪犯的年龄及犯罪类型是密切相关的。

4. 案件教训

　　这起案件的教训极为深刻,主要有:

　　(1)民警警惕性不高。发案单位为内蒙古第一所部级现代化文明监狱,硬件设施、管理水平、监管条件都比较好,但是为什么没有避免案件发生呢?思想麻痹大意是最主要原因:正是因为获部级现代化文明监狱称号,监管条件明显改善,从监狱主要领导到基层一线民警普遍滋生麻痹松懈和盲目乐观情绪,总认为设施这么先进、防范这么严密不会发生问题,工作中过分依赖物防、技防,忽视人防、侦防、心防的作用,这也可以从事发后部分监狱工作人员及媒体评价"该监罪犯插翅难逃"、"犯人不可能脱逃出去"等看出来,结果是超出所有人特别是监狱领导和一线民警的意外,酿成惊天大案。

(2)狱情信息不灵。从媒体报道的案件细节看,四名罪犯预谋脱逃时间长达一年,事发前半个月又加快密谋策划的步伐,但是在这么长时间内所在单位及民警没有掌握丝毫线索,根本不知道危险已经悄悄降临,根本不知道哪名罪犯可能出现问题、根本不知道在什么时间、地点出问题、出何种问题,安全防范工作缺乏前瞻性、预见性、针对性和主动性,造成整体防范工作的被动,可见狱情不明、信息不灵达到什么程度,也可见平时的狱内耳目、狱情分析都是流于形式。

(3)监管制度不落实。三名罪犯穿上监狱开运动会时穿的运动服,两名罪犯手中持有打制的刀具,四名罪犯脱离互监组长时间无人报告,这些都暴露出互监、清监、搜身、现场管理、监门管理等监管制度不落实、日常管理不到位问题,安全漏洞排查整改形同虚设,为案件发生埋下隐患。

(4)空挡时间警力不足。双休日及早中晚空挡时间监内警力薄弱,管理空挡较多,很容易造成脱管漏管,为四名罪犯的从容作案提供了可乘之机。

(5)对当前罪犯脱逃行为研究不够。目前监内以80后为主体的年轻犯、暴力犯大量增加,很多民警对这部分罪犯反改造伎俩的敢为性、伪装性、隐蔽性、狡诈性、凶残性、两面性缺乏清醒认识和深入研究,民警的思维方式和看问题的角度还停留在老习惯、老经验的层面,满足于现状,麻痹大意、盲目乐观,这是导致发案的思想认识根源。

(6)民警的自我保护意识不强。在监管条件大幅改善、先进门禁系统、监控系统投入使用的情况下,相当一部分民警总认为不会出问题,总是抱有侥幸心理,自我防范意识不强,对罪犯精心编造出来的种种理由和借口更是缺乏识别能力,不知不觉落入穷凶极恶罪犯设下的陷阱之中。

(7)监门管理不严。门禁系统只认卡不认人、鹰眼系统时间间隔长、监门关闭速度慢、前三道门值班民警未起任何作用、最后一道门安排三名工人值守等均存在不同程度的管理和防范漏洞,看似严密,实则有空子可钻。这些隐患和漏洞早被觊觎已久的罪犯窥伺并制定了周密的应对方案,却被监狱和民警忽视了。

(8)应急处置能力弱。事发后,该监启动应急预案慢,没有立即派车追赶,丧失了最佳处置时机。

5.案件启示

前车之覆,后车之鉴;前事不忘,后事之师。这起特大案件给我们以深刻的启示。

(1)必须牢固树立监管安全首位意识。监狱作为国家的刑罚执行机关和专政机关的根本属性决定狱内改造与反改造、脱逃与反脱逃、袭警与反袭警矛盾和斗争的长期性、尖锐性和复杂性,必须充分认识极少数不思悔改罪犯的狡诈性、凶残性和敢为性,时刻保持警惕、注意自我保护,始终绷紧监管安全这根弦,无论什么时候、无论什么条件下都不能麻痹懈怠、盲目乐观。尤其是在当前监狱布局调整深入推进、监管硬件设施日趋完善、规范管理水平不断提高的大背景下,千万不能认为硬件设施改善、物防水平提高、监控系统先进就万事大吉了,片面依赖物防、技防,这是十分危险的,当戒!

(2)必须严格执行各项监管安全制度。监管安全制度是长期监管工作实践经验的总结,也是无数的监管案件和血的教训换来的,只有不折不扣地执行到位、落实到位,监管安全工作才有保障。加大制度建设、规范管理、日常督查的力度,这是确保监狱长治久安的治本之策,克服在制度执行过程中存在的"怕麻烦""怕监督"和侥幸心理,切实把互监、搜身、劳动工具管理、门卫等管理制度和要求落实到位,不断提高执行力,筑牢监管安全的制度防线。

(3)必须见微知著、提高狱情发现能力。狱情不明、信息不灵是监管安全工作的大忌。只有狱情明、信息灵,安全防范工作才有预见性、针对性和主动性,否则一切防范措施都无从谈起,做活狱情这着棋则监管安全工作全盘棋活。因此,要十分注意利用隐蔽和公开管理手段广泛搜集狱情,特别是要围绕防逃、防自杀、防行凶等课题,提高深层次狱情的发现能力,要通过现象看本质、举一反三。做好监管安全隐患的持续排查整改,做到早发现、早报告、早处置、早防范,掌握安全工作主动权。

(4)必须加强重点人、重点部位、重危物品、重点时段、重点环节管理。这"五重"是狱政管理的薄弱环节,也是安全防范工作的重中之重。本案件的发生就是该监在"五重"管理上出现问题集中表现,教训极为深刻。因此,重点人、重点部位、重危物品、重点时段、重点环节普遍存在,安全防范难度相当大,一定要坚定信心,克服畏难思想,突出重点,采取措施加强针对性管理,确保"五重"安全。

(5)必须加强演练,提高处突水平。"凡事豫则立,不豫则废"。监狱要经常开展处置脱逃、劫持人质等突发事件演练,锻炼民警的快速反应和应急处置能力,检查监狱内部各部门、监狱与驻监武警、公安机关的协同作战能力,做到招之即来、来之能战、战之能胜,确保监狱长治久安。

这起案件对司法行政系统特别是监狱管理部门的冲击和影响是巨大的,必将在四个方面起到促进作用。一是促进社会各界对监狱工作的高度关注。司法部为此专门召开了加强监狱劳教所管理工作会议,出台了《关于进一步加强监狱安全管理工作的规定》,与武警总部联合下发了《关于加强监门管理的通知》。二是促进广大监狱工作者特别是领导层的深入思考。广大监狱工作者必须适应新形势、新任务和新要求,认真研究当前狱情的新变化、新特点、新动向,积极思考解决上述问题的办法,确保监狱长治久安。三是促使全国监狱及基层一线民警吸取教训。提醒在一线工作的民警必须时刻保持警惕,强化敌情意识、忧患意识、责任意识和防范意识,处在"火山口上"、"炸药库中"必须慎之又慎,注意自我保护,千万不可掉以轻心。四是促使监狱进一步健全和完善安全防范机制及相关措施。真正做到科学认识罪犯、科学分析狱情、科学组织管理,掌握安全防范主动权等。

实训项目 XiangMuShiXun

实训项目一:狱内杀人案件处置与侦查

(一)实训目的

理解和掌握狱内杀人案件的处置、侦查的步骤和规范要求,并能在实际工作中加以运用。

(二)实训说明

请认真阅读下面给出的案例,结合案例提出相应的处置方案。

(三)实训内容

【案例】

2006年11月10日晚8时许,辽宁省B监狱罪犯曾某(男,27岁,票据诈骗罪,原判死缓,2000年11月减为无期徒刑)在劳动车间的样板室内与罪犯孔某吃饭时发生争执,曾犯操起劳动用的铁锤连续击打孔犯头部,致孔犯死亡。曾犯随后到二楼的干警值班室,以要求谈话为由,将分监区长王某骗至样板室内,用铁锤将王打昏后又将氢氧化钾(生产原料)注入王的体内致王死亡。随后,曾犯溜至监区外的僻静处换上王的警服,并利用王的手机边走边佯装打电话。审至监狱大门,在用王的考勤卡划开监狱自动门时,被监狱看守室值班干警发现并予以拦截,曾犯夺路而逃,三名值班干警奋力追赶,将逃出大门200多米并上了出租车的曾犯抓获。

实训项目二:狱内伤害案件处置与侦查

(一)实训目的

理解和掌握狱内伤害案件的处置、侦查的步骤和规范要求,并能在实际工作中加以运用。

(二)实训说明

请认真阅读下面给出的案例,结合案例提出相应的处置方案。

(三)实训内容

【案例】

2004年7月16日,浙江省C监狱五监区罪犯陈某(男,汉族,1966年5月28日出生,初中文化,江苏省盐城市人,曾因于1985年6月被人民法院以脱逃罪判处有期徒刑5年,1993年3月又被人民法院以流氓罪判处有期徒刑1年6个月,2000年7月又被遂昌县人民法院以诈骗罪判处有期徒刑1年2个月,缓刑2年,2002年8月被遂昌县人民法院又以销售赃物罪判处有期徒刑2年,2002年8月再次被遂昌县人民法院以销售赃物罪判处有期徒刑3年,系累犯)因生活琐事与在押罪犯王某发生争吵,被五监区罪犯周某劝阻,当时,陈犯用手指着王犯说:"你等着,到时候要弄死你……"为此,陈犯受到民警处理。同年7月20日晚在本分监区罪犯减刑、假释听证会上未听到自己的名字,认为近期发生的一系列事情均与罪犯王某有关,便怀恨在心,遂起报复之恶念。2004年7月23日下午14时陈犯随大班出工后,走到本分监区劳务车间东南角粘衬机房,见该机上有一把上链铁制剪刀(黑色,约19cm长),便将该剪刀反剪断链条后藏于后裤腰内,经车间的北侧安全通道走到西南角坐了约两分钟后未见王犯,便起身上厕所(因该犯患有肝腹水等疾病经常不劳动),约14时15分许,当陈犯从厕所出来时,见王犯朝北站在西面倒数第二排同监罪犯唐某的机位右侧,就拔出剪刀冲向王,趁其不备用右手反持剪刀朝王背部猛捅两剪刀,在王转身倒地过程中,陈犯朝其胸部又捅了两剪刀,在陈犯欲再次行凶时被同监罪犯推开。之后手持剪刀的陈犯退回厕所门口,并扬言:"你们不要进来,要么我自杀,要么我捅了你们……"陈犯手中的剪刀被闻讯赶到的副监区长徐某夺下,并将其控制隔离,王随后被送往该市人民医院抢救。经鉴定:王胸部、脊髓损伤分别构成重伤。

思考题 SiKaoTi

1. 简述狱内杀人案件的概念、类型和特点。
2. 简述狱内伤害案件的概念、类型和特点。
3. 简述狱内杀人案件防控的重点及要求。
4. 简述狱内伤害案件防控的重点及要求。
5. 简述狱内杀人案件侦查的方法。
6. 简述狱内伤害案件侦查的方法。

第十二章　狱内财产型案件的侦查

>**知识目标**ZhiShiMuBiao

- 了解狱内盗窃、诈骗、涉毒案件的概念和特点；
- 了解狱内盗窃、诈骗、涉毒案件防控的重点；
- 了解狱内盗窃、诈骗、涉毒案件侦查的方法；
- 了解盗窃、诈骗、涉毒案件侦查措施与手段运用的要求。

>**能力目标**NengLiMuBiao

- 能掌握狱内盗窃、诈骗、涉毒案件的特点；
- 能熟练掌握对狱内盗窃、诈骗、涉毒案件控制预防的方法；
- 能正确实施对狱内盗窃、诈骗、涉毒案件侦查的方法及要求；
- 能正确运用各种侦查措施与手段。

>**本章引例**BenZhangYinLi

罪犯翁某敲诈勒索案

2009 年 3 月 18 日,浙江 A 监狱收到该县公安局某镇派出所传真的一封敲诈勒索信和被勒索人陈某报案及询问笔录,写勒索信的是正在该监狱服刑的罪犯翁某(男,汉族,1963 年 7 月出生,初中文化,德清县人。因犯盗窃罪,于 2008 年 7 月被法院判处有期徒刑 2 年,并处罚金人民币 5000 元)。监狱随即立案侦查,经侦查查明:罪犯翁某与同案犯徐某犯盗窃案,其中有 2 起是盗窃仔猪。第一次窃得仔猪 11 只,谎称是抵债抵来的,卖给了同村的养猪户陈某,得赃款 1600 元钱。第二次又窃得仔猪 17 只,又要卖给陈,陈觉得又是抵债不可能,怀疑仔猪是偷来的,不但拒绝收购还到村委会告发了翁等。翁和同案犯徐某当日被公安机关抓获,后被判了刑,投入监狱服刑。翁认为陈某收购过他们盗窃来的仔猪(赃物),应是同案犯,自己没有供出他,反而被其告发,判了 2 年徒刑,觉得很亏,由此怀恨在心并萌发让其赔偿自己坐牢的生活费的念头。此后曾在其女儿来监会见时让女儿带口信给陈某,让陈来探监,但陈某一直没来,因此萌发了给陈写勒索信的念头。2009 年 3 月 7 日,该犯让同组罪犯范某帮其代笔,写了一封勒索信。信中称要让陈赔偿 2 年的生活费,且不能少于 3 万元,9 月份刑满释放后 10 天内交钱,到时不给,后果自负,决不罢休。威胁要让陈某身体残废,后悔下辈子。3 月 9 日,该信由刑满释放犯刘某带出邮寄,邮寄到德清县某镇齐星村,3 月 17 日,该信由村村委主任转交给陈某。陈发现是向自己敲诈 3 万元钱的恐吓信,心里非常害怕,精神恐惧,陈的妻子更是害怕得连饭都吃不下。后在村干部的陪同下到派出所报了案。罪犯翁被法院以敲诈勒索罪,判处有期徒刑 2 年,与前罪尚未执行的有期徒刑 9 个月,并处罚金人民币 5000 元,决定执行有期徒刑 2 年 3 个月。

第一节　狱内盗窃案件的侦查

一、狱内盗窃案件的概念

狱内盗窃案件是盗窃案件的一种,是在押罪犯以非法占有为目的,秘密窃取监狱财产或其他犯人私人物品,数额较大,或者在狱内多次行窃,达到应当追究刑事责任标准的案件。与社会上一般犯罪分子的盗窃行为相比,狱内盗窃案件具有许多特殊性。从主体上看,犯罪人是被判刑罚并在监狱内执行的罪犯,其犯罪行为是一种狱内又犯罪的表现;从作案的时空上看,案件被局限在监管改造场所;从发生频率上看,由于监管改造场所的严密控制,发生频率较小,并且发案频率与管理的宽严程度相关。狱内盗窃对象多是同监罪犯保管使用的财产和狱内的公共财物。狱内盗窃案件不仅直接侵犯公私财产,而且扰乱监管改造场所的秩序,恶化改造氛围,影响罪犯的改造情绪,因此预防和侦破狱内盗窃案件,是一项应当常抓不懈的工作。了解狱内盗窃案件的特点,是正确制定侦查方案的依据。

二、狱内盗窃案件的特点

(一)痕迹的明显性

狱内盗窃案件中,大多数案件现场都有可供勘查的条件,现场多遗留有明显的破坏痕迹,尤其是入室盗窃案件,由于犯罪人欲盗窃的财物,一般都存放在室内的箱柜之中,犯罪人要盗窃这些财物,常常必须破坏两层障碍物,一是破坏房屋的门窗、墙壁、房顶等进入室内;二是破坏存放财物的箱柜、抽屉、保险柜等,以便获取财物。犯罪人在实施犯罪过程中,必然会在接触、破坏现场障碍物时,留下犯罪工具的痕迹,而这些破坏工具痕迹大多数能反映出犯罪工具的外形特征。对于现场发现的破坏工具的痕迹,通过检验鉴定可确定犯罪工具的种类,并有助于案件的分析判断,确定正确的侦查方向和侦查范围,以犯罪工具为线索,开展调查摸底,发现犯罪线索。

犯罪人在实施盗窃的过程中,也不可避免地要与现场上的客体物接触,留下与犯罪有关的痕迹物证,如手印、脚印、犯罪人的随身物品等。这些遗留在现场上的痕迹物品,对分析判断案情,刻画犯罪人条件,发现和确定犯罪嫌疑人,揭露和证实犯罪提供了重要的依据。尽管监狱又犯罪的罪犯多有犯罪的经验和各种反侦查的手法,企图掩盖和销毁作案时遗留在现场上与犯罪有关的痕迹物证,逃避侦查打击,但是,犯罪人由于受到现场条件的限制,常常难以将现场的痕迹全部消除。因此,认真细致地勘查盗窃案件的现场,采取高科技手段,提高现场采证率,可为侦破盗窃案件提供线索和证据。

(二)赃物的可控性

有赃物可查,是盗窃案件的一个重要特点,也是侦破盗窃案件有利的条件之一。赃物既是侦查盗窃案件、发现案件嫌疑人的重要线索,也是认定犯罪的有力证据。盗窃案件中,赃物与犯罪人之间存在一定的联系,反映出犯罪人与赃物之间的关系。狱内罪犯窃取财物后,不像狱外犯罪人可以随便的自用或轻易倒手卖掉,必须对其改造后隐藏,待时机成熟后再自用或转手倒卖。因此,在罪犯对赃物改造、隐藏或倒手时,总会露出蛛丝马迹,会被人觉察。

侦查人员通过调查、检查、搜查和控制赃物等措施会发现赃物,通过事主或管理人员对赃物的辨认,揭露证实犯罪。

（三）手法的习惯性

盗窃案件中的犯罪成员以惯犯居多,特别是在监狱内的盗窃案件,多数属于盗窃惯犯所为。由于惯犯长期实施盗窃犯罪活动,因而在多次的盗窃活动中犯罪人形成了一套比较固定的习惯性手法,并且具有各自的作案手法特征。犯罪人在选择盗窃的手段方法时,大多会根据自己的职业、技能、社会经历、自身特点以及在犯罪过程中积累的犯罪经验寻找适合自己的作案手段方法,以保证盗窃犯罪的成功。犯罪人的习惯性手法一旦形成,一般不会轻易改变。这些定型的习惯性作案手法会在实施犯罪的过程中反映出来。研究犯罪人的作案手法的习惯性,有助于判明犯罪人是偶犯还是惯犯。在分析研究犯罪人作案手法时,应当注意犯罪人的习惯手段是会发展变化的,犯罪人会随作案次数和环境的改变进行作案手法的改变,并逐渐发展为老练、精明。案件侦查中,一旦判明是惯犯作案,就可以根据犯罪人作案的习惯性手法,从罪犯的犯罪档案材料中去发现犯罪人的线索。

（四）手段的隐蔽性

为了达到窃取公私财物的目的,罪犯作案时,经常要避开事主和他人的注意。有的假装生病,骗取医生和警察的同意,利用病休,在监舍里偷盗;有的乘同监罪犯集合之际行窃,将赃物藏于衣内,带出监舍,暗地盗卖;有的千方百计找借口,中途回监舍,窃取财物,或转手,或私藏;有的利用监狱集中培训、开会、举办文体活动等机会,与罪犯监督员勾结,里应外合,偷窃物品;有的与监狱职工勾结,窃取生产的成品或生产设备上的贵重零部件,带出监狱变卖。

（五）目标的准确性

狱内盗窃作案的目标虽不像狱外盗窃目标那样的广泛,但就狱内特殊环境所具有的财物来看,仍然具有多样性的特点,即只要是能够使用或经变卖后能够换钱的财物都可能成为狱内盗窃的目标。具体来讲,从罪犯的生活、吃穿、学习用品到生产原材料,从机器设备的零部件、生产工具到监狱生产的产品,都可能成为罪犯的盗窃对象。尽管狱内盗窃有众多的作案目标,但罪犯盗窃财物的数量一般不会很大。这是因为罪犯本身的局限性和监狱内部对盗窃的预防控制相对较严所致。在监狱内,罪犯由于其行为受到制约,因而作案范围也受到限制。由于罪犯熟悉监狱内部情况,盗窃的又多是本人接触、保管的公私财物,或是同监舍罪犯保管的私人财物,因此,罪犯进入现场后,多直奔作案目标,行动迅速,作案时间短,作案目标准确。

狱内盗窃与狱内其他案件比较。盗窃罪是秘密进行的犯罪,其侵害的客体是他人的财物,其犯罪手段是秘密的、隐蔽的,相对而言,社会危害性小,社会对其有一定的容忍度;而杀人、越狱、暴动、斗殴等犯罪是公然进行的暴力犯罪,其侵害的客体是他人的生命、健康、监狱改造秩序,危害极大,是社会无法容忍的,历来是狱内案件侦查机关打击的狱内犯罪的重点。从这个基本点出发,狱内盗窃案与狱内其他案件相比,还具有多发性、顽固性、易感性、隐蔽性等特点。

三、狱内盗窃案件的类型

罪犯在狱内盗窃公私财物,由于受狱内环境限制和罪犯人身自由度的限制,在作案动机、犯罪手段和表现形式上,与社会上犯罪分子的盗窃行为有很大的不同。具体的类型主要有:

（一）普通盗窃案和重大盗窃案

根据案件的性质，狱内盗窃案件可分为普通盗窃案和重大盗窃案。普通盗窃案的作案者，大多是为满足生理需要和物质需要，盗窃对象以食品、衣物等生活用品为主，数额较小。重大盗窃案的作案者，除满足生理需要外，还有许多社会需要，盗窃对象多为生产资料和监狱的大宗财物，数额较大，造成恶劣影响。

（二）隐性盗窃案和显性盗窃案

根据案件的表现形式，狱内盗窃可分的隐性盗窃和显性盗窃。隐性盗窃案的发生具有突出的随机性和持续性。而一旦罪犯具备了盗窃的方便条件，罪犯则实施盗窃行为。罪犯在实施盗窃时，往往是利用了自己在劳动中所处的岗位和方便的条件。一是利用管理监狱财产盗窃，如监房的值班人员、负责领料和领工具的人员、负责犯人库房管理的人员，以及看工地、看菜地、看工具的人员实施盗窃，属于监守自盗的性质。二是利用使用监狱财产时盗窃，多见于外役或混岗劳动时，使用机器、设备和工具的罪犯，擅自将监狱财产低价卖给周围居民的情况。三是利用加工监狱产品时盗窃。最常见的是伙房和食品车间工作的罪犯，偷吃、偷拿公家食品，一旦得手，即时消费，很少留下痕迹和证据；从事工农业生产劳动的罪犯私藏、偷带生产原料，卖物得款的行为。隐性盗窃案件大多属于"顺手牵羊"型的盗窃，因其每次盗窃数额较小，各种类型的罪犯都可能发生此种行为，比较隐蔽，行动迅速，故一般不易引起注意。

显性盗窃案的发生具有突出的定势性与习惯性。罪犯在原有恶习和强烈物欲的驱使下，不论客观条件是否允许，顽固地实施盗窃行为，实现占有目的，能够排除阻力和困难，大多是恶习较深、犯罪经历较长的惯犯。

（三）内盗案、外盗案和混合盗窃案

根据参加盗窃主体的类型，可将狱内盗窃分为内盗、外盗、混合盗窃三种类型。内盗案主要是狱内实施的盗窃监狱财产或罪犯个人财物的行为，是各种盗窃中数量最多的一种。外盗案是从事外役劳动或混岗劳动的罪犯，盗窃外单位及其人员财产、周围居民财产的行为，也包括社会上的人员和混岗劳动的工人，盗窃监狱财产的行为。混合型盗窃案是罪犯和监内、监外非罪犯身份的人员合谋盗窃监狱财产的行为。由于监狱环境的限制，罪犯在监狱内很难盗得现金，监狱单调的财产种类，也很难满足罪犯多样化的需求。这样，先盗窃，后转换就成了一些罪犯的必然选择。这在一定程度上促进了内外勾结型盗窃案件的发生。最常见的情况是由罪犯盗窃监狱的物资和材料，然后由可以自由出入监狱的人将物品带出监外，变卖、销赃后，将赃款和罪犯所需的物品带进监内，交给罪犯。参与盗窃的人员，可能是外来业务人员、狱内刑满释放后的就业人员、职工及其家属、少数管理人员等。此类案件犯罪人员和犯罪过程复杂，不易调查取证，办案阻力较大，不容易彻底破获。

（四）单独盗窃案和复合盗窃案

这是根据犯罪动机和犯罪个数、犯罪结果的不同而作的分类。单独盗窃案是指单个罪犯仅为满足物质欲望而实施的盗窃。复合型盗窃是指罪犯为了满足其赌博、脱逃、报复、结伙等需要而实施的盗窃行为，盗窃是一些罪犯维护其奢侈生活方式的一种手段。有时多个罪犯共同盗窃，在盗窃中一些案犯临机起意，从事除盗窃外的其他犯罪行为。单犯型盗窃案件对周围人群生活的影响不是很大，而复合型盗窃案可能仅仅是其他重大、暴力案件中的一部分，是其他严重犯罪的先期表现形式。

四、狱内盗窃案件的侦查

（一）排查隐患，加强控制

狱内盗窃犯罪行为之所以在狱内较为常见，与其预防控制难度大是密切相关的。从客观上说，狱内关押的盗窃罪犯都是恶习比较深的人，而盗窃犯罪的行为习惯又具有特别的顽固性，在他们得到彻底矫治之前，都可能再度表现出来。再者，罪犯接触公私财物的机会不可能杜绝，而且各种监督防范措施也很难做到万无一失。所以，要使狱内的盗窃犯罪行为得到预防、减少和控制，从总体上讲，必须标本兼治，重在治本。

1. 加强教育，提高认识。非分的物质欲望和畸形的占有观念是盗窃犯罪人的思想根源。针对这一特点，监狱在进行日常政治教育时，应以狱内盗窃的典型案例为例，努力在教育的广度和深度上下工夫，分析狱内盗窃对监管场所、对罪犯本人的危害，指明盗窃是不思悔改、抗拒改造的违法犯罪行为。教育罪犯要遵守国家法律和监规纪律，教育他们通过正当渠道满足自己的物质需要，着重解决劳动观、荣辱观问题。

2. 加强监督、防范、约束。罪犯进行盗窃的目标是公私财物，如果能对财物加以必要的控制，减少罪犯接触这些财物的机会，也就能够实现预防犯罪的目的。

（1）对生产现场实施有效监控。监狱民警要对罪犯的生产现场实施有效监控，对产品的各道工序都要进行验收，不留可乘之机，防止罪犯的偷盗行为。

（2）要严格控制零星、分散劳动的罪犯。对从事零星、分散劳动的罪犯，除严格掌握条件外，还要严格限制时间，监狱民警要对其行为保持监控状态，并可随时抽查，不留空隙。

（3）要约束罪犯与外来人员的接触。既然一些罪犯的盗窃行为是在与外界人员的交往接触中完成的，那么要严格把握与外来人员接触机会的罪犯人选，并固定接触地点、规定有关时间，还可以同时安排监督维护组成员开展监督。

3. 突出重点，使用隐蔽力量。并非所有的盗窃犯罪行为都能被监狱民警亲自掌握及时防范，所以还必须开展隐蔽斗争，做到犯动我知，防患于未然。对盗窃犯罪行为趋向比较大的罪犯，除应实施一般的监控外，还应专门安插隐蔽力量进行随时的监督控制，一旦实施行为就能及时掌握，抓获罪犯。对查出的罪犯公开处理，视其情节、态度与罪行，及时给以惩罚。这样就既打击、教育了盗窃行为人，实现了特殊预防，又震慑挽救了部分可能进行盗窃的罪犯，收到一般预防的效果。

4. 逐步创造条件，减少犯罪因素。引发狱内盗窃犯罪的原因可谓多种多样。一部分罪犯，特别是那些来自农村，家中生活困难、无力给予他经济帮助的罪犯，在同生活较好的罪犯的经济交往中，自感境地寒酸，无法支持，于是采取非法手段——盗窃，以所窃财物来平衡失重的心理。要避免这种情形发生，监狱一方面要注意搞好生活卫生工作，保证罪犯的衣食供应，促使罪犯安心改造；另一方面，要教育罪犯不要在生活上互相攀比，限制一部分罪犯的高消费行为，培养罪犯自强不息的精神和对盗窃犯罪行为的厌恶感，走用劳动重塑自我的道路。

（二）勘查现场，搜集物证

1. 罪犯的进出口和破坏处所的勘验。罪犯为了窃取财物总要破坏障碍物，进入存有财物的处所。得手后，又要沿原路或重新破坏障碍物逃离现场。在这些通道上，一般都留有较多的痕迹物证。勘查时，要注意罪犯留下的手印、脚印、工具痕迹及遗留物品。破坏门窗进入的，要认真勘验门窗上破坏工具的痕迹及有关部位的手印。破坏门锁进入的，要认真勘验破坏痕迹及门锁、拉手上的手印。用钥匙开锁进入的,应注意观察是原配钥匙还是选配钥匙开的。挖洞进入的,应注意勘查洞的大小、形状、方向、挖洞的工具及挖出土迹的新鲜程度。事先隐藏潜入的,应认真勘查躲藏地点的遗留物及手印、脚印。

2. 被盗财物保管处所的勘验。被盗财物和保管处所是罪犯实施犯罪行为的中心部位。勘验时,要研究罪犯犯罪时可能做的动作,可能触摸、翻动的物品和部位,并注意发现和提取这些客体物上的手印、脚印、工具痕迹及遗留物品。

3. 现场周围环境的勘验。现场周围环境往往与中心部位紧密相关。行窃前,罪犯要进行踩点,窥测目标,观察周围的地形、地物;了解事主、看管人的活动规律;行窃后,罪犯要携赃隐藏,逃离犯罪现场,由于监内犯罪活动范围的限制,罪犯匿赃地距离现场中心部位一般不会太远。勘查时,要认真寻找罪犯踩点、窥测、逗留、匿赃地,发现留于这些处所的手印、脚印、分泌物、遗留物及赃物;来去路线上的犯罪工具、掉落物。有条件的应进行步法追踪和警犬追踪,为确定侦查方向、缩小侦查范围、发现犯罪提供条件。

(三)现场访问,获取线索

1. 对事主、看管人的访问。主要问清何时、何地、何种情况下,发现物品被盗;被盗物品的形状、数量、重量、体积、价值、用途、型号、新旧程度、色泽和特征;被盗物品的存放位置,存放、生产的时间,何时尚在;发现被盗时,有无其他罪犯在场,情绪有无显著变化;发案前是否有人借故了解物品的用途、价值及出手途径;事主、看管人怀疑是何人所为,根据是什么,发案前现场附近有无窥视、张望、形迹可疑的人。

2. 对犯人小组长及监督岗的访问。主要问清:发案时间前后,是否有人匆匆来去现场,携带何物;是否有人借故离开劳动、生活、学习现场,离开有多久;发案后,有哪些罪犯表现反常,形迹可疑;罪犯可能将赃物隐匿何处。

3. 对内看守及值班警察的访问。主要问清,发案前后,有哪些罪犯在劳动、学习等集体活动时,借故请假离开,离开时间的长短;有哪些犯罪人在集合点名时迟到或迫不及待早走;事主、看管人平时的为人、思想品德、改造态度;与事主、看管人往来的罪犯及社会关系如何,有无监守自盗及内外勾结盗窃的可能。

(四)分析案情,确定性质

1. 案件性质分析。盗窃案件的情况比较复杂,盗窃目标也比较广泛,因此盗窃案件的性质也有一定的区别。首先,应根据被盗财物的情况,确定犯罪分子的动机,从而判断是一般经济性盗窃还是有一定的其他犯罪目的,如盗窃绳索为脱逃作准备等。根据财物被盗情况和现场勘查的结果,判明是内盗、外盗还是内外勾结盗窃。如果从现场情况反映出罪犯对现场环境和财物存放情况比较熟悉,作案时机的选择比较恰当,现场破坏情况不显著或破坏情况与被盗财物的存放情况不一致,有明显的伪造痕迹,那么一般可以判定为内盗;如果盗窃目标不准确,现场凌乱,破坏严重,有时贵重物品没有被盗取,可以判定是外盗;如果现场情况反映由案犯对出入路线、财物存放情况和现场环境有一定的了解,但又不十分熟悉,一般可判断为内外勾结盗窃。盗窃案件的性质判断比较复杂,仅凭现场勘查情况判断是比较困难的,应结合现场周围的环境、被盗财物的存放情况和知晓范围等综合分析,才能作出比较准确的判断。

2. 作案时间分析。对盗窃案件作案时间的准确判断,是划定侦查范围,发现和确定犯罪嫌疑人的重要依据。对盗窃案件作案时间的判断,可以从以下几个方面进行综合分析:发现财物被盗的时间;最后看见财物的时间;现场上痕迹的新鲜程度及痕迹的变化情况;现场周围人群听见现场的异常响动、看到现场及其附近可疑人员和可疑迹象的时间;犯罪人实施盗窃犯罪过程所必须花费的时间;现场环境和现场人员工作、流动和生活的规律,排除不可能作案的时间等。

3.作案人数分析。对作案人数的分析,主要应根据罪犯遗留在现场的指纹、脚印的多少和被盗财物的情况以及其他痕迹的状况,结合罪犯运赃方法综合进行考虑。首先,如果现场发现了多种不同的脚印或手印,在排除事主、无关人员的脚印、手印后,则数人作案的可能性大,可再依据鞋印的大小不同,花纹类型特征各异以及手印纹线特征的差异,进一步判明犯罪人的具体人数。其次,根据犯罪人遗留在现场上的破坏工具痕迹判断犯罪人数。如果犯罪现场上有使用多种工具、采取不同方法破坏障碍物的情况,并且现场上有多种破坏工具痕迹存在,多为数人作案。另外,还可以根据现场被盗物品的情况、现场周围的人群提供的相关情况进行分析判断。

4.作案手段分析。犯罪人实施盗窃的手段、方法常常能够反映出犯罪人对现场的熟悉程度、犯罪习惯动作、犯罪人是否是惯犯等情况。也是监狱侦查人员对罪犯档案进行查找相同作案手法的依据。判断盗窃手段、方法的依据主要是现场上的有关痕迹物品。首先,对案犯进入现场的方法进行分析。案犯进入现场的方式是多样的。根据入口情况,分析入口的选择部位是否恰当,入口是否隐蔽,入口与现场环境的关系。其次,分析案犯在实施盗窃犯罪的过程中使用了何种作案工具,主要是依据现场上遗留的破坏工具痕迹。还要分析案犯使用什么手段方法实施盗窃,使用的方法是否熟练,是否具有习惯特性。现场有无变造、伪造痕迹等。

5.体貌特征分析。案犯体貌特征是划定侦查范围、确定嫌疑对象的重要依据之一。体貌特征主要指身高、体形、性别、年龄以及一些明显的生理缺陷等,这些都可以从现场情况、现场遗留的痕迹等方面反映出来。如根据现场出入口的大小,足迹、手印的大小,步幅的长短等,可以分析判断犯罪分子的身高、体态等;根据足迹的受力情况、成趟足迹的分布情况,可以分析判断案犯的胖瘦、行动姿势及负重情况;根据被盗的物品的体积、重量,可以判断案犯的体力情况。

(五)深入侦查,破获案件

1.选择侦查途径。狱内盗窃案件发生后,根据现场勘查和调查访问获取的材料和对案件的分析判断,采取有效的侦查措施和侦查手段,开展侦查工作。

(1)从作案条件入手侦查。根据分析判断的作案时间、作案地点、作案手段、作案过程、罪犯条件,初步确定的侦查方向、范围,迅速组织力量,深入到基层监管单位中去,开展侦查,排查在作案时间内单独活动或脱管的罪犯;到过犯罪现场或有条件、有机会接触被盗物品的罪犯;档案登记的作案手段与本案作案手段相同或相似的罪犯;其体貌特征和其他个人特点与刻画的罪犯条件接近的罪犯;案前案后表现反常或身上突然藏有不明钱物的罪犯。并及时发动罪犯提供案发前后的疑人疑事。对摸排出来的疑人疑事,逐一进行查证核实,综合分析研究,确定重大嫌疑人,获取犯罪证据,证实犯罪人。

(2)从控制赃物入手侦查。有赃可查是侦查盗窃案件的有利条件。在狱内控制赃物的销售、转移、隐藏等活动,更是发现、查缉狱内盗窃案件的有效措施。

(3)从辨认现场遗留物、犯罪工具入手侦查。罪犯在作案时神经处于高度紧张状态,往往丢三落四,会不自觉地将随身携带的物品、犯罪工具遗落于现场或来去路线上。这些物品与工具又多是罪犯生活、劳动中经常用到的或被周围人察知的。因此,将这些物品、工具交由管理人员、重点范围的罪犯辨认,多能发现重大嫌疑人的踪迹。

(4)从比对指印入手侦查。在现场提取的罪犯的指印,只要条件好、质量高,即可查对嫌疑人的指印档案,进行比对,为认定嫌疑人提供依据。

2.发动罪犯,摸底排队。狱内盗窃案件的摸底排队一般可以下几方面为依据:具备作案思想基础和作案动机的;具备作案时间和接触现场条件的;具有类似现场遗留物和现场痕迹条件的;具有明显的经济支出可疑或销售、使用过类似被盗财物的。具体的排查方法:一是全面排查,即在侦查范围内逐人进行排查。此种排查方法适用于侦查范围比较小的盗窃案件;二是线索排查,即对侦查中反映出来的可疑线索逐件查证核实,排除与案件无关的人和事,筛选重点可疑线索,以确定嫌疑人;三是重点排查,即对侦查中暴露出来的重点嫌疑人进行内查外调,配合公开和秘密的侦查手段的运用,以发现犯罪证据。

3.查对罪犯档案材料,发现案犯。由于狱内盗窃案件的作案分子,多数为屡犯、惯犯。他们不思悔过,多次作案,都受过打击处理,而监狱对罪犯的犯罪材料一般都有保存,如罪犯的指纹、脚印、犯罪手段方法和惯用的作案工具等。侦查人员应充分利用这些情报资料来发现和揭露其犯罪活动。如在犯罪现场发现和提取了案犯的指纹、脚印就可以查对罪犯档案资料中的指纹、脚印,从中发现和证实犯罪分子;再如在现场勘查中发现了犯罪分子特定的作案手段和作案工具,也可以通过查阅犯罪情报资料中具有相同作案方法和工具的人,从中确定重点嫌疑人。

4.控制赃物。有赃物可查是狱内盗窃案件的一个重要特点。犯罪人一旦实施盗窃得逞后,一般都会采取不同的方式对赃物进行处理。因此,控制赃物是侦破狱内盗窃案件的重要手段。控制赃物的主要渠道有:

(1)指挥隐蔽力量贴靠。对在现场暴露不明显,又未查获赃物的案件,可指挥得力隐蔽力量贴靠摸排出来的重大嫌疑人,并以外线手段策应,拉近他们的距离,套取罪犯作案情况及匿赃地点。及时对匿赃地点进行监视,等罪犯转移、转手、销赃时,人赃俱获。

(2)全面清监,促其暴露。以进行卫生、安全检查、清库为名进行清监检查,促其暴露,也可事先通知,促使盗窃罪犯坐立不安,急于转移、销售赃物。严密监视嫌疑对象,发现可疑迹象,立即秘密跟踪,待其取赃时,人赃俱获。如罪犯隐藏较深,故作镇静,可组织人力,对罪犯可能接触的仓库、煤堆、垃圾堆、煤窑洞、车间、地下室、工具箱、牲畜圈棚、渠道、新翻的土地进行全面认真的搜查、检查。发现赃物后,以此为线索,开展深入侦查,查获犯罪人。

(3)堵塞罪犯将赃物转移监外的渠道。首先,应加强对出入监区车辆随乘人员的检查,防止罪犯与司乘人员勾结,将赃物匿于车辆隐蔽部位或交与司乘人员带出监外。其次,要对外役犯及被接见罪犯的人身、随身物品进行搜查、检查,防止罪犯将赃物带出监外销售或交给监外人员。再次,要严格纪律,控制罪犯串监、串队和接触监内可疑人员;防止罪犯擅离劳动场所,与过往行人及有关群众接触。在控制与查赃过程中,应特别注意识别改拼、伪装的赃物。防止罪犯利用监内设备、工具等将赃物改头换面,化整为零,蒙混过关而传出监外。

5.守候抓获现行犯罪人。对于狱内连续发生的盗窃案件,在多发地区侦查人员可以布置警力巡逻盘查或对重点部位进行监控守候。对于系列盗窃案件,根据案发时间规律、地点规律,结合气候、环境、作案目标的因素,选择适当的时间、区域或地点,进行巡逻工作和秘密的监控工作,一旦犯罪人再次实施盗窃犯罪时,即时将其抓获。

6.使用隐蔽力量,开展秘密侦查。狱内盗窃案件的侦查中,侦查人员可以根据案件侦查的需要来使用隐蔽力量,广泛搜集情报;对有关场所和人员进行暗中控制,发现盗窃分子对赃物的使用、转手和销售活动；对重点嫌疑对象贴近监控，秘密侦查，获取证据。

7.讯问犯罪嫌疑人，破获案件。案犯的口供是证明案件的直接证据之一，无论案件怎样侦破，最后主要依据什么定案，侦查人员都要尽可能作案犯的思想工作，取得他的配合，使其说出实情，这样才能将其他证据串连起来，形成一个圆满的证据链条，重现犯罪经过，增强证据的可信度。另外，对于结伙犯罪的情况，侦查人员应根据其在犯罪团伙中的具体情况，采取正确的讯问对策，寻找突破口，查破案件，扩大破案战果。对于多次盗窃的案犯，审讯时一定要审清其盗窃的次数、数额和作案的过程，并且要善于从其所提供的作案时间、地点和情节之间，以及从其身上及住处搜出的赃物与所供不符之处，或几个同案犯供词之间的矛盾中发现问题，达到深挖余罪的目的。

【案例】

罪犯张某盗窃电机案

2008年5月9日10时许，浙江省C监狱三分监区值班民警接到罪犯报告：上午倒掉的垃圾中发现两台电机。民警当即到垃圾场查看，发现是两台新电机，价值2000余元。狱内侦查支队随即开展侦查，通过对清理垃圾罪犯和与本厂职工及外来人员接触较多的罪犯排查，发动服刑人员提供线索，最后将罪犯张某（男，1959年6月出生，汉族，小学文化，浙江省临安市人，因盗窃罪被杭州市人民法院判处无期徒刑，1997年8月投入浙江省C监狱服刑）确定为重大嫌疑人。经侦查查明：罪犯张某与外来装垃圾人员陈某勾结，于2008年4月14日在三监区上夜班之机，分两次从该处窃得AYB－12型三相电泵4台（共计价值人民币1020元）；4月中下旬的一天，利用晚上上班之机，趁他人不注意，用包装班的平板车装运的方法从数控班窃得混合式步进电机4台（共计价值人民币4000元）；5月5日晚，利用加班之机，再次用包装班的平板车装运的方法从数控班窃得110ST－M06050H型电机、110ST－M04030H型电机各1台（共计价值人民币2650元）。张犯窃得电机后将其混入垃圾内，由外来装运垃圾人员陈某运出监外销赃。至案发时止，除被及时发现的2台电机外，其余均已被陈某销赃。

罪犯张某被法院以盗窃罪，判处有期徒刑1年6个月，并处罚金人民币4000元；与前罪未执行完毕的有期徒刑7年1个月7天，剥夺政治权利8年；决定执行有期徒刑8年6个月，剥夺政治权利8年，并处罚金人民币4000元。

第二节 狱内诈骗案件的侦查

一、狱内诈骗案件的概念

狱内诈骗案件是指在押罪犯，在服刑改造期间，以非法占有为目的，用虚构事实和隐瞒真相的方法，骗取公私财物的案件。诈骗案件的犯罪人在主观上存在着非法占有公私财物的故意，其侵害的客体是公私财物的所有权，诈骗的对象是公私财物包括其他财产性利益。犯罪人客观上采取了虚构事实或隐瞒真相的方法，致使被害人产生错觉而"自愿"交出财物。所谓"虚构事实"，是指犯罪人故意编造客观上不存在的虚假情况，骗取被害人的信任。所谓

"隐瞒真相",是指犯罪人掩盖客观存在的某种事实,使被害人产生错觉,信以为真,将财物"自愿"地交给犯罪人。

从狱内发生的刑事案件来看,诈骗犯罪占有相当比例,它是狱内常发性案件之一。狱内诈骗犯罪具有较大的社会危害性。它不仅牵涉狱内,也牵涉到狱外,侵犯了国家、集体和公民个人的合法财产,扰乱了监管改造秩序。因此,为维护正常的监管改造秩序,保护国家、集体和公民个人的合法财产不受非法侵犯,对狱内诈骗犯罪必须依法予以制裁。

二、狱内诈骗犯罪行为的特点

(一)行为方式的诡秘性

罪犯处于严格的管制之下,其人身自由受到限制,不可能像在社会上那样,有行动自由,这便决定了他们行骗方式必须隐蔽,加之行骗行为具有较大的冒险性,稍有不慎,露出明显的"马脚",便有遭到打击与制裁的危险,因而在实施行骗之前,他必须作些较为周密的安排与考虑。首先,取得监狱管理人员的信任。为此,在改造中伪装积极,讨好监狱管理人员,观察、了解监狱管理人员的需要并投其所好,骗取好感。其次,物色好行骗对象,察言观色,把握他们的所思所想,然后投其所好,以便一拍即合。为使狱内诈骗行为更为诡秘、隐蔽,罪犯在狱内实施诈骗犯罪行为时,围绕诈取财物的目的,往往结合使用数种行骗手段,这些手段交互使用,更能迷惑受害对象,加速犯罪进程,向罪犯所希望的方向发展,使被害人更加"愿意"将自己的财物交给罪犯。

(二)主体的相对确定性

狱内诈骗犯罪的主体只能是正在狱内服刑改造的罪犯。所谓相对确定性,是指在狱内进行诈骗活动的罪犯主要来自于如下两类人员:一是原判就是诈骗犯罪的罪犯。近些年来,随着对外开放,对内搞活经济,侵犯财产犯罪特别是诈骗犯罪案件不断增多,入监服刑改造的诈骗犯罪分子也相应多起来。从已发生的狱内诈骗犯罪案件来看,犯罪者多为服刑前就是因在社会上进行诈骗犯罪活动而判刑入狱的,具有诈骗活动的劣迹、经验,且服刑后恶习不改,一遇不良诱因,便重操旧业,在狱内继续诈骗。这类罪犯以满足自己的私欲为核心,胆大妄为并具习惯性。服刑期间,他们善于编造谎言,自吹自擂,利用他们能言善辩的口才,神通广大的手腕,诚实的外表,骗取他人信任,然后利用这种信任为其行骗服务。二是那些在狱内自由度相对较大的人员,如从事零星分散劳动人员、杂务人员等,由于他们的活动时空范围大,接触他人的面较广,机会较多,因而,他们一旦瞄准目标、对象,便实施诈骗。他们千方百计以各种假象掩盖其真实意图,应变性较强。狱内诈骗犯罪大部分为上述两类人员所为,但并不排斥和否认其他类型罪犯成为狱内诈骗犯罪的主体。因为在狱内,由于种种原因,诸如通过诈骗犯罪分子的恶习传播、交叉感染等,原判为其他犯罪类型的人员,也可能利用传习来的伎俩在狱内实施诈骗犯罪活动。因此,狱内诈骗犯罪主体具有相对的确定性。但无论怎样,其主体身份是同一的,即都是在监狱内服刑改造的罪犯。狱内诈骗犯罪主体不像社会上诈骗犯罪主体那样,构成成分复杂。社会上诈骗犯罪行为的主体,不仅表现为一般不务正业的人员,有正当职业,有一定身份和地位的人也实施诈骗犯罪行为,而且还表现为由自然人诈骗发展到法人诈骗,他们分布城乡各个领域。由于主体的不尽相同,使得狱内诈骗与狱外诈骗犯罪所表现出的情节、后果也不完全一样,如社会上诈骗犯罪案件所诈骗的数额往往比狱内诈骗的巨大等。狱内诈骗犯罪活动侵害的对象以服刑罪犯为主,驻地周围群众、少数管理人员、工人及外单位常来监狱的办事人员有时也成为这类犯罪的侵害对象。

（三）手段方式的多样性

随着社会政治、经济形势的发展、变化，诈骗犯罪分子的诈骗手段也日趋多样化，就狱内诈骗来说，其表现形式主要有：一是以帮忙减刑为名行骗。狱内诈骗犯罪与社会上的诈骗犯罪一样，在行骗之时，往往采取虚构事实和隐瞒真相的方法，使受骗者信以为真，从而"自愿"将财物交给犯罪分子。有的虚构自己是某高干子弟、亲戚，有靠山，门路广，投他人所需所好，暗中寻觅、物色行骗对象。一般情况下，罪犯在服刑改造期间，最普遍最强烈的愿望、需要就是能够获取减刑或假释，以便早日出狱。诈骗犯罪分子便抓住这种心理需求，有意接近"猎物"，然后紧紧围绕能够帮助减刑这一中心，编造谎言。这样，一些文化水平低、识别能力差的罪犯往往就范，听信花言巧语，从而受骗被害。二是以介绍恋爱对象为名行骗。罪犯群体中，青年罪犯居多，相当部分罪犯入狱前未曾谈过恋爱或即使谈了恋爱，有的也因被判刑入狱而中断恋爱关系。罪犯与社会上其他公民一样，尽管判刑入狱，其需要结构中仍然不乏爱的需求，有的罪犯这种需求还相当强，诈骗犯罪分子抓住一些人希望找对象的心理，进行诈骗活动。一些文化水平低，缺乏判断能力而爱的需求强烈者便由此上当受骗。诈骗分子以介绍自己的亲朋好友中的女性给他犯做恋人骗取他犯钱财。三是以帮他犯出狱后安排工作、找出路为名行骗。监狱内的罪犯，特别是那些即将刑满出狱的罪犯，出狱后的安置是他们最为关心的问题之一。狱内犯罪分子抓住他犯思虑自己前途的心理，便在他犯面前，鼓吹自己有关系，有后台靠山，以帮助出狱后安排工作、就业为名，大肆行骗。

（四）受害者的"配合"性

狱内诈骗犯罪的目的的实现，都有被害人"自愿"交出钱财的"配合"行为，离开了被害人的"配合"，狱内诈骗犯罪就不会得逞。狱内诈骗者为了达到骗取财物的目的，总是想方设法投诈骗对象所好，用各种方法，使对方信以为真，深信不疑，从而将财物按犯罪者的旨意交给犯罪分子。在此过程中，若对方识破诈骗分子诈骗伎俩早，不将或不再将财物交给犯罪分子，从而也就不会遭受或少遭受实际损失；若诈骗对象认识能力低下，未能及时识破犯罪伎俩或在犯罪活动中醒悟的时间迟缓，那么犯罪分子的犯罪目的就得以实现，诈骗活动持续的时间就较长，被害者"主动"交给犯罪者的财物就多，其遭受的损失也就大。

三、狱内诈骗案件的侦查

对狱内诈骗犯罪案件的侦破工作相对于社会上同类案件来说要容易一些。由于狱内特殊环境和罪犯特定人身状态所决定，加之案件当事者双方又经过数次正面接触，当事者双方可能存在某种或某些关系，如同乡关系，同队或被安排从事某项工种而彼此能够接近，所以，一旦诈骗犯罪事实暴露或被害者告发，犯罪分子是谁，一般不需要经过侦查技术手段就可以判明。因此，侦查的主要任务是严密控制、搜集证据，证实犯罪。

（一）加强教育，严密控制

罪犯狱内行骗犯罪活动，当事者双方各有所需，各有所图。作为行骗者，其行骗的目的是为了诈取钱财，因而他的行为方式诡秘多端，总是千方百计掩人耳目，避免犯罪行为暴露。而作为被害者，将自己的愿望、要求寄希望于诈骗犯罪分子，相信其谎言，且不能及时醒悟，不能主动揭露诈骗犯罪分子的犯罪活动，因而，对狱内诈骗犯罪活动的预防控制就显得尤为迫切和必要。

1. 加强罪犯教育，提高罪犯的识别能力。从诈骗方法、手段来看，狱内诈骗犯罪可归于"智能型"犯罪范畴。为顺利实现诈骗财物的目的，诈骗犯罪分子在实施犯罪行为前，都得经过细致考虑、周密安排。他自己深知。要是考虑欠妥欠周,虚构得不像,隐瞒得不严密,不仅容易为人识破,骗不到财物,还将会受到严厉的制裁。所以,为达到既诈骗钱财,又能掩盖罪行的目的,他总是要挖空心思,紧紧围绕行骗活动而设计自己的行骗犯罪方案,而所有这些都需要有一定的智能基础,都需要经过精细的构思。从某种意义上说,并非任何人都可以实施这种犯罪行为。有的人刚编造好谎言行骗,钱财还没有骗到手,便被对方揭露、识破,这种人不具备实施诈骗犯罪的智能条件。既然实施诈骗犯罪的基本条件是犯罪人能说会道,会耍小聪明,那么监狱就应教育服刑罪犯,要提高警惕,注意分析判断话的真假。只要对诈骗犯罪分子虚构的事实稍加思考、分析就不难发现其中之"诈",发现其中的漏洞。因此,防范狱内诈骗犯罪活动,必须清除罪犯的愚昧思想,加强罪犯法制观念,提高文化知识水平,以增强罪犯的识别判断能力,减少、杜绝狱内诈骗犯罪发生。

2. 帮助罪犯及其家属树立正确的罪刑观、是非观。从狱内已发生的诈骗犯罪活动来看,受骗的罪犯大都是畏惧改造,害怕劳动,没有作出现实的改造业绩,却总是幻想早一日出狱,幻想减刑。一些罪犯亲属也抱着同样的心理。正因如此,他们成了诈骗犯罪者诈骗的对象。为了预防狱内诈骗犯罪,监狱必须对罪犯进行认罪服法与前途教育,结合狱内诈骗事件,向他们讲明,要想早日出狱,必须以积极的态度投入到改造实践之中,脚踏实地,丢弃幻想,作出悔改或立功的现实表现,从而获得肯定评价,受到减刑、假释的奖励,这才是明智的选择。若想在改造中"投机取巧","抄近路",不仅达不到愿望,相反会给他人利用,上当受骗。

3. 严格依法办事,加强监控工作。搞好监控工作,严格管理,特别是对罪犯的通信、会见制度方面,监狱要做好罪犯在信件检查和会见监督工作,同时防止罪犯找人捎寄信件和私藏现金。从已发生狱内诈骗犯罪案件来看,诈骗犯罪分子之所以能够骗取他犯及其家属数额较大的钱物,就是因为罪犯通过通信、会见等各种渠道,与家里沟通情况,得到钱物,交给犯罪分子。因此,监狱必须在通信、会见及罪犯财物管理工作上下工夫,落实各项监控措施。

(二)详细询问被害人

1. 详细询问被害人。诈骗犯罪案件不像凶杀等案件那样,它一般没有可供勘查的现场,而诈骗犯为得逞犯罪,都要与被害人有较长时间的正面接触或交往,被害人对诈骗犯人身及其如何诈骗都有了解或掌握一些情况,所以,接到关于诈骗犯罪的检举、告发后,首先要详细询问被害人,根据被害人的陈述来了解诈骗犯罪的基本情况和活动过程。

(1)询问被骗经过。包括何时何地,何种情况下与罪犯接触相识,是违规串队还是经他人介绍,介绍者是谁,交往的时间多久,是在什么情况下受骗上当的等。

(2)询问当事者在相互接触过程中交谈的内容和涉及的情况。比如罪犯向被害者吹嘘自己家庭身世和个人境遇等。目的在于揭露、证实诈骗犯罪分子的诈骗犯罪事实。

(3)询问被骗财物的情况,包括财物的名称、数量、型号、特征和记号、产地、产期、新旧程度、价值等,有哪些特征标记,以及有无见证人等。

(三)调取有关的诈骗书证、物证

由于行骗罪犯处于监狱这一特殊环境,活动自由受到限制约束,因而其行骗方式往往采用当面虚构事实或者暗中找人捎信、传信、通信等方式隐瞒事实真相,达到诈骗钱财的目的,这样,在被害者及其家属手中,往往有证明诈骗犯罪事实的信函、电报以及被害者被骗走的财物购买发票、货单、汇款底单等。认真做好调取有关书证、物证的工作,就能为侦破全案打下坚实的基础。

（四）控制、搜查赃款赃物

诈骗得逞，诈骗犯获得赃物后，往往会使用、转移赃款赃物或销赃。因此，通过对案犯的吃、住、劳动等活动的控制，发现其使用和转移赃款赃物的情况；也可以通过清监或搜查犯罪嫌疑人来发现赃款赃物，固定诈骗的重要物证。

（五）讯问诈骗犯罪嫌疑人

通过对诈骗犯罪嫌疑人的讯问，印证被害人陈述的真伪，复核犯罪事实和犯罪证据；同时还可以通过讯问，追查赃款赃物的去向。

此外，在揭露、证实诈骗犯罪分子犯罪事实的过程中，还可以通过犯罪分子周围的罪犯，调查、了解与案件有关的情况，比如犯罪分子吃、喝等消费活动是否有反常情况；是否与他犯吐露过与其诈骗犯罪活动有关的言论，还可以通过受害者周围的有关人员了解被骗财物的一些事实。

【案例】

谭某在监狱服刑期间骗取财物近 30 万元

2009 年 7 月正在湖南省 E 监狱服刑的谭某（男，生于 1981 年，曾两次犯抢劫罪被判入狱）通过各种手段，搞到一部手机，有了手机后，他便打起了网上追逃人员"军仔"亲友的主意。为了不被发现，谭使用手机总是小心翼翼的。他先以"军仔"朋友的身份，给"军仔"的女朋友小娟打电话，谎称"军仔"因赌博，已被公安机关抓获，让她到监狱找谭帮忙可以放人，信以为真的小娟第二天便来到谭所在的监狱，在会见室，谭称自己在派出所"有人"，只要他出面，"军仔"就能顺利出来。小娟将 5000 元现金交给了谭。3 天后，谭又给小娟打电话，称钱不够，需再给 1 万元，小娟照办了。又过了几天，小娟仍没有盼到"军仔"的音讯，谭再次以钱不够为由，又骗得 1 万元。此后，谭分别以"军仔"减刑需要交罚金、"军仔"在监狱打牌赌博、"军仔"在监狱出事准备出逃等理由，从小娟及其亲友处骗取 20 余万元。为了获取小娟及其亲友的信任，谭冒充当地某信用社主任，打电话给小娟的亲友，称"军仔"在信用社有 60 万元的存款，只是暂时取不出来，请小娟等人不要有顾虑，可放心将钱通过谭借给"军仔"。小娟及其亲友通过夹带、抛投等方式，将钱源源不断地送到监狱中的谭手里。谭拿到这些钱后，一部分给妻子用于日常开支，另一部分转移到监狱外，另作他用。案发后茶陵县人民法院以诈骗罪，判处谭某有期徒刑 5 年 6 个月，并将犯罪所得赃款返回给相关受害人。

第三节　狱内涉毒案件的侦查

改革开放以来，受国际毒潮的影响，我国毒品问题迅速蔓延，毒品犯罪日益猖獗。开展禁毒斗争，依法严厉打击毒品犯罪，已成为当前社会的一项突出任务。毒品在社会上的蔓延和泛滥，使得监狱也受到毒品的严重威胁和侵害。狱内涉毒案件屡屡发生，甚至愈演愈烈，严重影响着监狱的安全。狱内罪犯吸毒、贩毒，不仅有损罪犯的身心健康，同时给罪犯亲属在经济上和精神上造成巨大的压力和痛苦，严重破坏了正常的监管改造秩序，损害了监狱作为国家执法机关的威信和声誉。

一、狱内涉毒案件的特点

(一)涉毒人员多有贩毒、吸毒史

由于社会对毒品犯罪的严厉打击,监狱涉毒在押犯的数量持续增长。监外的毒品违法犯罪分子就把贩毒、吸毒目光瞄准监狱,监内在押的涉毒犯出于生理和心理的需要也必须通过各种途径和手段向监外寻找毒源,这样就形成了毒品犯罪的交易双方。因此监狱涉毒犯罪案件的主体通常入狱前多有贩毒、吸毒史。首先,对于吸毒者来讲,吸毒容易戒毒难。彻底戒毒必须经过脱毒治疗、康复治疗和巩固治疗三个阶段。据调查,大多数涉毒犯捕前都有吸毒史,并大多经过强制戒毒,即脱毒治疗。投改后,由于没有经过康复和巩固阶段治疗,生理上还有嗜延症,如失眠、便秘、关节疼痛、易伤风感冒等,精神上对毒品有心瘾,集中表现为人格障碍、情感脆弱、自卑、焦虑、抑郁、整天精神恍惚、悲观厌世等。特别是过去反复吸食毒品的瘾君子时有毒瘾发作,毒瘾发作时,他们往往不择手段想得到毒品。其次,对于贩毒犯来讲,由于狱内贩毒有丰富的利润,成功一次,吸的、喝的、吃的全有了,明知监狱检查严,打击重,在利益的驱使下,仍然铤而走险,贩毒吸毒。另外,有些狱内涉毒案件的主体入狱前没有吸毒史,由于文化层次低、免疫能力差或利欲熏心,入狱后才进行吸毒、贩毒。

(二)战机性强,取证难度大

狱内涉毒犯罪案件具有很大的隐蔽性,一般只在犯罪行为过程的某一环节上有一定程度的体现。如毒品犯同吸毒者的接触,多是人毒分离,一手交钱,一手交货,或定时定点联络。在毒品的交易过程中,经过某一特定的空间仅是一瞬间的事,检查中稍一疏忽,即逃离现场,因此战机性特强。在同毒品犯罪作斗争中,需紧紧抓住阵地控制这一重要环节;在交易过程中,抓住现场取证这一关键环节。

(三)毒品来源渠道多

毒品进入监狱主要有五条途径:一是新收押的毒品犯在入监时将毒品带入监狱;二是个别犯罪家属接见时将毒品传递给罪犯,让罪犯自食或贩卖;三是罪犯入监前的同伙或同案犯通过邮寄包裹夹带毒品;四是社会上与监狱有生产经营业务的人员利用送料、拉货与罪犯接触的机会将毒品卖给罪犯;五是监狱个别素质较差的人员违反规定,有意或者无意,将毒品带入狱内。

(四)犯罪手段隐蔽、狡猾

由于进监物品查禁严格,监狱内的检查制度严密,管理力度大,使得狱内涉毒犯罪的犯罪手段呈现隐蔽、狡猾的特点。罪犯利用监狱在管理上的漏洞和疏忽使涉毒犯罪手段不断更新,藏匿隐秘。犯罪分子利用接见、同居的机会接受毒品,刑释人员向监狱投扔毒品,外役、外工、外劳等罪犯和外来人员向狱内捎带毒品,甚至和黑社会联系进行贩毒。

二、狱内涉毒案件的侦查

(一)广泛搜集情报,开辟涉毒犯罪线索来源

广泛开辟毒品犯罪线索来源是侦查狱内毒品案件首要的基本环节,主要途径有:

1.建立缉毒隐蔽力量,发现毒品犯罪线索。狱内侦查部门发现毒品犯罪线索应当重点在毒品犯罪分子易于涉足、活动的重点部位和人群中建立毒隐蔽力量,注意从中发现:有类似毒品形态、颜色、种类特征的物品;有关毒品的谈话;表情、面容有似吸食、注射毒品症状的人;电话、信函、便条反映毒品犯罪的线索情况;形迹可疑的人;盛装物品可疑情况;黑

话、俚语交谈,讨价还价的可疑罪犯情况;闲谈中,谈及毒品吸食、注射后的心理、生理感受的人。

2.结合侦破其他刑事案件,挖掘涉毒案件线索。现代狱内犯罪活动,其犯罪行为手段往往不是单一的,吸毒、贩毒、盗窃、诈骗、放火、抢劫等犯罪往往交织在一起。而毒品犯罪活动本身也可能导致多种犯罪,因此,在侦破其他犯罪案件时,应注意发现涉毒案件线索。

3.注意在公安业务中发现狱内涉毒案件线索。狱内涉毒案件的毒品大都来源于狱外的贩毒人员及罪犯亲属。因此,狱内涉毒案件往往与公安机关侦办的毒品案件有千丝万缕的联系。狱内侦查人员应加强与公安禁毒机关的联系,从中发现涉毒案件的线索。

4.发动在押犯检举、揭发涉毒犯罪人。狱内侦查部门要做好对在押犯的宣传发动工作,激发其同毒品犯罪作斗争的积极性,对在押犯的检举、揭发情况应及时查证,并做好对检举揭发的保密、安全工作。

5.注意在日常工作中发现线索。监狱民警在日常的管理、生活中,对周围人员的谈话内容,应随时注意,对涉及可疑的谈话内容应认真分析判断,发现毒品案件线索。

(二)审查情报线索

对涉毒犯罪情况线索进行审查,实质上是对毒品案件的立案根据进行审查。审查的途径应依据具体的线索而有所不同,主要包括:对线索来源进行审查;对提供线索情报的人员进行审查;搜集毒品样本,进行真伪鉴定;审讯在押犯,印证线索材料等。

(三)设计侦查方案

狱内毒品案件的侦查与其他刑事案件的区别在于人毒俱获。因此,在侦查时,应在认真分析案情的基础上,周密地设计侦查方案。毒品案件案情分析的主要内容包括:对犯罪规模的分析判断;对交易时间、地点的分析判断;犯罪手段的分析判断;对犯罪范围的分析判断;对可能出现突发事件的预测;对犯罪头目的刻画;对犯罪路线进行推测。

设计侦查方案时,一要对侦查中可能出现的意外情况详加分析,各种因素都应考虑周到;二要合理地调动部署警力;三要多设预案。针对侦查中出现的新情况,应有较大的灵活性。

(四)监视涉毒犯罪嫌疑人

在破案时机没有完全成熟时,必须对犯罪嫌疑人进行监视控制。具体方法有:利用隐蔽力量进行监控;在监视控制过程中预防犯罪或抓获现行;摸清毒品的来源渠道及其同伙;了解掌握毒品吸食人员,挖掘更多的毒品犯罪线索;防止毒品犯罪嫌疑人毁灭证据;搜集更多的犯罪证据,为及早破案提供条件。

(五)对涉毒犯罪嫌疑人进行突审

查清涉毒犯罪事实后,应立即对犯罪嫌疑人进行审讯:一是为证实涉毒犯罪活动的事实;二是了解和查清毒品犯罪活动的全部事实经过;三是发现和扩大毒品犯罪案件线索来源,了解毒品犯罪的新方向;四是搜集毒品犯罪证据。

(六)获取证据,破获全案

涉毒犯罪诡秘狡诈,深藏不露,侦破中难于获取犯罪证据,从侦破实践经验看,一般可以从以下几个方面获取证据:在审查情报线索过程中获取证据;使用监控手段获取证据;开展秘密侦查获取证据;利用技术手段截取犯罪情报;审讯犯罪嫌疑人,相机获取证据;通过对戒毒所有关戒毒人员的询问取得旁证材料。

【案例】

罪犯龚某贩卖毒品案

2006年7月7日,某市公安局禁毒支队就浙江省B监狱罪犯徐某检举监外贩毒案件(2006年4月)的线索来源提审了罪犯徐某和龚某(男,汉族,1971年10月4日出生,初中文化,浙江天台县人,因贩卖毒品罪、运输毒品罪、诈骗罪,判有期徒刑14年),同时市局禁毒支队向监狱反馈了罪犯龚某藏有手机并可能有报"假案"或者说通过手机指挥监外人员贩毒(禁毒支队抓获了一名毒贩,但发现其携带的毒品含量极低,且存在对有关情况不明等疑点)的有关情况。对此,监狱高度重视,立即采取相应措施,将两名罪犯予以隔离审查,并成立由监狱领导为组长,狱侦、狱政支队民警为组员的专案组,协同市公安局禁毒支队对案件进行侦查。

经侦查查明:罪犯徐某自2005年7月20日入监以来,一直想通过举报他人犯罪行为来达到立功减刑的目的,但一直苦于没有线索。2006年3月在与同监罪犯龚某一次聊天时谈论到立功减刑的事,龚自称能搞到有关贩毒的线索(龚犯曾有两次因检举他人贩毒而受到减刑奖励)可以提供给徐犯,并由徐犯以个人名义检举,徐犯则要向其支付一笔费用和报酬。两犯可谓是臭味相投,一拍即合。随后龚犯从三监区王某(2006年7月3日刑满释放)处借得手机,并由罪犯王某帮其想办法买来手机卡,通过手机联络和发短信方式与外界联系并进行操控。一方面授意其同学杨某从上海购买海洛因并寻找一"马仔"将毒品带至该市贩卖;另一方面又授意其亲戚李某届时"协助"公安机关抓获该"马仔"以促成罪犯徐某的"立功"。2006年5月11日,在罪犯龚某的授意下,其同学杨某及亲戚李某等人依计实施了上述行为,公安机关人赃俱获,缴获海洛因200余克。罪犯徐某则通过其堂兄黄某和朋友夏某先后三次将共计10万元人民币汇到罪犯龚某指定的银行账户。6月13日,罪犯龚某在得知"事情"已经办成后为防劣迹败露,即将手机销毁。9月14日,该市公安局禁毒支队认为罪犯龚某通过手机联络及发送短信的方式,指使犯罪嫌疑人杨某将毒品海洛因200余克贩卖给李某,其行为已构成贩卖毒品罪。2007年6月法院以贩卖毒品罪判处罪犯龚某无期徒刑。

这是一起由在押犯在监狱一手策划和导演的遥控社会人员贩毒犯罪,然后让其他在押犯检举立功,其从中牟利的严重贩毒案件。在戒备森严的监狱发生如此案件,是不可思议又确实发生了的,最后当然是罪犯搬起石头砸自己的脚,受到了应有的处罚,但监狱管理上所暴露出的问题也是发人深省的。

案例评析 *AnLiPingXi*

D监狱贩毒吸毒案

1.案情简介

2010年12月31日,D监狱破获一起狱内贩毒吸毒案件,涉案罪犯郝某(男,1972年生,1992年因盗窃被桐柏县人民法院判处有期徒刑5年6个月,1994年在桐柏县看守所羁押期间因流氓罪加刑3年,1999年因故意伤害罪被判处无期徒刑,剥夺政治权利终身。2003年经河南省高级人民法院减为有期徒刑20年,剥夺政治权利8年。2009年经洛阳市中级人民法院减刑1年3个月),2010年11月中旬,通过同监区服刑人员、有贩卖毒品前科的宋某联系到狱外安徽籍贩毒人员段某,他们在电话中商定:段以每克750元的价格卖给郝一包毒品和一包底料。2010年12月中旬的一天下午,郝找到监区值班警察王某,谎称女友为自己过生日送了点生活用品,放在建华超市内,请求王某帮忙带进监区。王某是监狱负责生产原料进出口的,可以带料、送料,来车以后带车进去,便借此机会出狱将烧鸡和其他生活物品放到运送外加工原料的货车上带进监狱交与郝。郝拿到毒品后,将毒品分装为50多个小包,分别以每包50~100元的价格通过现金交易、交换香烟以及让罪犯家属往田某银行卡上汇钱等方式卖给了乔某、张某、张某、董某、卢某等服刑人员吸食。

2.侦查过程

2010年12月20号,D监狱狱内侦查科接到报告,发现监狱内两名有吸毒史的罪犯近期行为异常,随即开展侦查。2010年12月31日,D监狱狱内侦查科从在押罪犯张某身上查获可疑白纸包棕色粉末两小包,其他的都被吸食,无法查实具体数量。经鉴定,其中含有海洛因成分。根据我国法律规定,只要是贩卖毒品,不论多少克,一律判刑,不满10克,3年以下有期徒刑,拘役或者管制并处罚金。经进一步侦查确定,毒品来源都与郝有关,2011年1月5日,郝因涉嫌贩卖毒品罪被隔离审查,同月12日,在押犯宋某因涉嫌贩卖毒品被隔离审查,到1月22日,田某(郝女友)因涉嫌贩卖、运输毒品罪被刑事拘留,同年2月28日被依法逮捕,在案件调查过程中,发现有监狱警察涉案。随后,王某被停职接受调查,移交检察院。5月13日王某被洛阳市栾川县公安局刑事拘留7天,后取保候审,8月9号判决,是滥用职权罪,免予刑事处罚,撤职、降级、留党察看2年,取消警察资格。

3.反思与探讨

针对案件暴露出的问题,D监狱迅速采取紧急整改措施:一是在全监狱开展以清查违禁物品为重点的监管安全整顿活动,强化警察教育、门卫、接见、通讯等制度落实,消除安全隐患。二是深入开展规范化管理活动,规范监狱警察的执法行为,规范各项监狱管理制度,提高监狱管理水平。三是在全体警察中开展纪律作风整顿活动,加强警务督察,在全狱警察中开展"以案说法"警示教育活动,由涉案警察王某在全体警察职工大会上针对自身违法违纪问题现身说法,使全体警察受到一次深刻的教育。

(1)高墙电网、层层把关的监狱为何会让毒品轻易流入?

(2)把毒品藏进烧鸡中蒙混过关,这一手段并不高明,然而事实是,这批毒品一路畅通无阻,到了在押犯郝某手中,管理上有什么漏洞?

(3)服刑犯人可以与外界毒贩"商定"购买毒品价格,可以在监狱内贩毒、吸毒,而且狱警也在或有意或无意地为犯人传递毒品,监狱管理规范上如何加强?

(4)结合本案侦查实践,谈谈你对狱内贩毒案件侦查的理解?

实训项目 *XiangMuShiXun*

实训项目一:狱内盗窃案件处置与侦查

(一)实训目的

理解和掌握盗窃案件处置与侦查的步骤和规范要求,并能在实际工作中加以运用。

(二)实训说明

请认真阅读下面给出的案例,结合案例提出相应的侦查方案。

(三)实训内容

【案例】 2011年6月17日,河南G监狱三监区服刑罪犯刘某的个人购物卡神秘丢失,购物卡的现金被很快消费殆尽,接报案后,狱侦科民警对现场进行了勘查,对有关人员进行了访问,经过监狱民警侦查,曾犯盗窃罪现在三监区服刑犯翟某(男,1979年10月11日出生,因犯抢劫罪于2008年10月13日被濮阳市华龙区人民法院判处有期徒刑3年6个月,并处罚金1000元)有重大嫌疑,经隔离审查讯问,翟交代了作案过程:6月17日20时许趁三监区5号监室无人之机,从服刑人员刘某的囚服上衣口袋里将其个人消费购物卡(内存余额1732元)盗走,把一张余额几元的消费购物卡放到刘的衣兜里。后于同月20日、21日多次让服刑人员刘某、蒋某、王某到监狱罪犯物品供应站购物消费1539元。案发后,追回900元。

实训项目二:狱内诈骗案件处置与侦查

(一)实训目的

理解和掌握诈骗案件处置与侦查的步骤和规范要求,并能在实际工作中加以运用。

(二)实训说明

请认真阅读下面给出的案例,结合案例提出相应的侦查方案。

(三)实训内容

【案例】 2009年2月17日,H监狱监察室接到匿名举报,称该监狱第十监区的服刑人员舒某藏有手机,并打着能帮人减刑的幌子,索取狱友钱财。驻狱监察室随即会同监狱狱侦部门展开调查。侦查发现:2008年12月10日,身为犯人组长的舒某为骗取钱财,在与刚入监的罪犯唐某闲谈时谎称自己有关系,能帮助其多减一点刑,但要花钱。几天后,唐来监狱探视,唐某将此事告诉母亲。经儿子再三恳求,唐母答应先给一点钱看看再说。第二天,唐母往指定账户上存入人民币1000元。此后,舒某多次利用私藏的手机,与唐母电话和短信联系寄物汇款等事宜,诈骗对方钱财。2009年1月6日,应舒某要求,唐母给舒某寄了两条价值800余元的香烟。春节前,舒某告诉唐某过节要活动,需1万元"活动费"。于是,爱子心切的唐母将1万元人民币存入舒某指定账户。至此,舒某共骗取钱物共计人民币11800余元。经过审讯,舒某交代了犯罪行为。

▶思考题 SiKaoTi

1. 简述狱内盗窃案的概念、类型和特点。
2. 简述狱内诈骗案件的概念和特点。
3. 简述狱内涉毒案件的概念和特点。
4. 简述狱内盗窃案件防控的重点及要求。
5. 简述狱内诈骗案件防控的重点及要求。
6. 简述狱内涉毒案件防控的重点及要求。
7. 简述狱内盗窃案件侦查的方法。
8. 简述狱内诈骗案件侦查的方法。
9. 简述狱内涉毒案件侦查的方法。

第十三章　危害公共安全型案件的侦查

知识目标 *ZhiShiMuBiao*

- 了解狱内放火、投毒、爆炸案件的概念和特点；
- 了解狱内放火、投毒、爆炸案件防控的重点；
- 了解狱内放火、投毒、爆炸案件侦查的方法；
- 了解狱内放火、投毒、爆炸案件侦查措施与手段运用的要求。

能力目标 *NengLiMuBiao*

- 能掌握狱内放火、投毒、爆炸案件的概念和特点；
- 能熟练掌握对狱内放火、投毒、爆炸案件控制预防的内容和方法；
- 能正确实施对狱内放火、投毒、爆炸案件侦查的方法及要求；
- 能正确运用各种侦查措施与手段。

本章引例 *BenZhangYinLi*

英国福特监狱暴动纵火案

2011年1月1日凌晨，英国福特一所开放式监狱，因囚犯不愿接受酒精测试，狱警一直追着他们，试图让他们接受测试。从而引发在押人犯暴动，大约40名囚犯砸碎窗户，烧毁火警报警器，纵火焚烧监狱，5座监狱内建筑夜晚开始燃烧，另外3座建筑1日中午起火。一间邮件收发室、一间斯诺克台球房、一间花式桌球房和一间健身房损毁。健身房及其周边两座建筑损毁严重，屋顶受热扭曲变形。监狱工作人员被迫撤退。暴动发生后，警察、消防队赶往福特监狱增援。大约140名其他监狱的狱警被派往福特监狱，平息骚乱。暴动没有造成人员伤亡。

福特监狱是一座开放式监狱，建于20世纪60年代，用于关押剩余刑期不超过2年的囚犯，最多可容纳557人。开放式监狱在欧洲并不罕见。这种监狱意在不影响刑罚执行的条件下，借助取消监狱围墙、铁栅栏和手铐等形式，减少对囚犯自由的限制，增加对囚犯的信任，缩短囚犯与正常社会的距离。但英国监狱监管机构认为，福特监狱监控录像设备过时，人手不足，致使毒品、烈酒和移动电话得以从监狱外流入囚犯手中。2006年，包括3名杀人犯在内的70名囚犯从福特监狱成功越狱。狱警协会副秘书长弗里曼说，烈酒盛行在福特监狱不是新问题。"这个忧虑产生许久了，"弗里曼说，"我们发现了40个空酒瓶，这是个大问题。"另外，弗里曼认为，囚犯分类不当也是导致监狱新年暴动的原因之一。

第一节　狱内放火案件的侦查

一、狱内放火案件的概念

狱内放火案件是指在押罪犯为了达到一定的目的,故意放火烧毁狱内财物,危害监狱安全的案件。狱内放火案件不仅严重影响监狱的安全,破坏监管改造的秩序,而且给监狱经济造成直接的损失,因此应严厉予以打击。

二、狱内放火案件的特点

(一)犯罪多有预谋

罪犯为了达到放火目的,一般都有预谋。如事先选定目标,策划犯罪的手段、方法,选择作案的时间、地点,准备犯罪工具,寻找易燃、易爆物品及相关材料等。

(二)犯罪手段多样

针对多种多样的犯罪目标,犯罪分子会采取多样的犯罪手段。破坏结果往往需要进行仔细研究和科学鉴定,才能区分罪与非罪,即是否是刑事犯罪案件。

(三)放火现场易遭破坏,变动较大

狱内破坏案件的现场,由于抢救人员、财产,灭火、排险等活动,往往受到严重破坏,给现场勘查造成很大困难,甚至使案件性质无法确定。

三、狱内放火案件的防范

防范狱内放火案件,首先要强化和落实包夹制度,尽量减少在押罪犯单独活动的机会,使又犯罪分子没有纵火机会;其次要加强对易燃、易爆物品及相关材料的管理,在存放易燃、易爆物品及相关材料的仓库和其他场所要有专人看守;另外要加强秘密力量,对有预谋放火犯罪活动的做到早发现、早控制,对其犯罪目标、手段、方法,选择作案的时间、地点,准备犯罪工具等情况要早了解,把狱内放火案件消灭在预谋阶段。

四、狱内放火案件的现场勘查

放火案件大多是在扑灭火险后,通过勘查清理现场,调查访问群众,在追查起火原因时而确定案件性质立案侦查的。因此,认真勘查现场是侦破放火案件的首要环节。因放火案件现场遭受破坏比较严重,对这类现场的勘查具有一定的难度。在放火案件现场勘查中,要做好以下几项工作:

(一)检验现场出入口

对放火案件现场勘查的第一步,就是对现场中所有能进出现场的部位必须逐一认真地勘验检查,以确定火灾发生时的状态,是否有人由此出入,寻找确定可能的人员进出现场的部位,发现进出现场的痕迹,判断进出现场的门、窗以及其他可能部位,注意犯罪分子遗留的各种有关物品。同时要注意这些痕迹和物品在现场中的位置、距离、方向和状态。

(二)确定起火点

起火点就是现场上的可燃物体最先开始燃烧的地点。无论是放火,事故起火,还是自然

起火,现场上都存在起火点。准确地查明起火点,是勘查放火案件现场中最需要解决的一个问题。通过查明起火点,不仅可以查明起火原因,为确定放火案件性质提供依据,而且是发现和提取放火残留物和有关痕迹物证的重要部位。对放火案件,起火点就是物体被犯罪分子点燃的地点。起火点有时是一处,也可能是两三处。能否准确地确定起火点,直接关系到能否正确判断起火原因和发现放火遗留的痕迹物证,对确定放火案件性质和侦查破案关系重大。确定起火点的方法有:

1.根据见证人提供的最早发现起火的地点进行勘验检查。发现起火的证人可能是一人或数人。要把见证人提供的情况,综合起来进行分析。

2.巡视火场,推断起火点。巡视火场,寻找起火现场上物体燃烧最严重的地方,根据物体燃烧程度推断起火点。一般情况下,同一类或同种性质的可燃物燃烧时间越长,燃烧的程度就严重。但燃烧严重的部位或地点,不一定都是起火点。要根据火场上各种物品的燃烧情况,进行具体分析,不能一概而论。

3.从烟痕寻找起火点。勘验检查时,要注意寻找和发现烟熏痕迹的走向,从烟痕逆端寻找起火点。

（三）查明起火时间

放火时间是犯罪分子利用各种手段去点燃可燃物质的时间。起火时间是客体被点燃后发生燃烧的时间。由于放火的手段或可燃物质的性质不同,物质燃烧的速度有快慢之差,犯罪分子预谋破坏的客体物质发生燃烧的时间也有早有晚。从放火到物体被点燃再到人们发现起火这中间存在着时间差。多数是在放火物质被点燃以后的一段时间后,才被发现。这些情况给确定放火或起火时间带来困难。因此要认真勘验起火点,细致研究物体燃烧情况,分析推断起火时间,必要时可以进行现场实验。

（四）寻找可能的起火原因

放火案件现场最重要的问题是起火原因。有些现场情况简单,查明起火原因也比较容易。有些现场起火原因不明显,且破坏十分严重,情况十分复杂。只有经过大量反复细致的勘验和调查,搜集足够的证据,才能确定放火案件性质。对起火原因不明的现场要注意以下几个问题:

1.调查有无放火的可能。详细调查发生火情前后,现场内外有关情况,分析有无放火的可能。要查明发现火情的时间、经过,是否及时报告,报告的时间,火情发生前现场上来往人员情况,是否发现可疑的人、事物,发生火情的具体单位的内部人员情况等。

2.全面检查火源。全面检查可能引起火情的各种火源,分析有无自然原因或责任事故引起火灾的可能。要细致检查现场上的全部电路、开关、保险、光源有无漏电的可能,检查现场上存在的各种火源及有无把外部火源带入现场引起火灾的可能。

3.检查现场证据。检查现场上的进出口和起火点,搜集能证明起火原因的各种证据。如果分析可能是放火引起,就要搜集能证明放火的痕迹物证;如果不是放火,就要搜集能排除放火的证据。这项工作是确定放火案件性质的关键,必须反复细致进行。

（五）搜集痕迹物证

火场的物证包括两部分:一是形象物证,燃烧迹象等,用照相加以固定;二是引燃,助燃及其他遗留物等物证。这项工作就是在现场翻动、寻找痕迹物品。主要工作是查明情况,清理现场,复原烧前各物品的位置、顺序,清理现场物品,仔细地过筛查找痕迹物品,搜集、保存火场物证。对可能有证据意义的物品,都要用密封容器包装,然后落实哪些物品是现场原有的,哪些物品是救火时带入的,哪些物品是案犯留下的。

五、狱内放火案件的侦查方法

(一)访问知情人员,了解起火情况

放火案件的现场访问,应该在现场勘查的同时进行。在访问中,主要以放火案件发现人、报告人、救火人、值班人员、知情人员为被访问对象,搞清楚以下问题:是谁第一个发现起火的,是在什么时间、什么情况下发现的,当时火场的情况是怎样的;是哪些人最早赶到火场扑救的,最早救火的时间、部位,当时的火场情况;有哪些人参加了救火,救火的详细经过;放火案件发生前后,火场及其周围有哪些可疑迹象;放火案件发生前的值班情况,谁是最后离开现场的,当时现场的状态;现场是否有各种可燃或易燃物品,这些物品的情况如何;火场是仓库、车间还是其他部位。火场中有哪些可以引起火灾的因素,起火前的状态如何;值班人员表现如何,与哪些人有矛盾;案件发生后的反应如何,怀疑是谁放火,根据是什么。

(二)分析判断案情,确定案件性质

发现有以下情况的,应怀疑为放火案件:在火场的起火点处,发现有烧剩的火柴杆、棉花、烟头等引火物品的;在火场及其周围没有电源、火源、易燃易爆物品,没有失火和自然起火因素的;在火场中发现消防设备人为损坏的,或门窗大开的;在火场中发现有被盗迹象的;曾有人扬言要放火的;在火被扑灭后,在火场及其周围发现有与放火有关的可疑物品和痕迹的;有人想趁机脱逃的,或实施其他狱内犯罪的。

(三)研究因果关系,确定侦查方向

通过对案件的分析判断,确定是放火案件后,就要根据现场勘查的材料和访问材料,认真分析犯罪分子的放火动机和目的,是故意破坏放火,还是泄愤放火;是为了掩盖其他犯罪放火,还是为扰乱监管秩序放火。以便从因果关系入手,排查犯罪分子,正确地划定侦查范围和确定侦查对象。

(四)调查作案时间,摸排犯罪分子

放火案件的作案时间一般比较容易确定,在现场勘查中只要能准确确定犯罪分子的点燃方法,就完全可以推算。只要确定了作案时间,作案时间就可以成为确定或否定重点嫌疑人的重要依据。因为只有在作案时间段内到过现场的人,才可能亲手点火作案。而监狱中押犯有着严格的作息时间,在特定时间段内能够在现场的罪犯人数十分有限,这样完全可以把作案时间段内在现场附近的押犯作为重点嫌疑人。当查明重点嫌疑人具备作案时间后,再对其进行其他方面的调查,以便获取罪证。

(五)通过痕迹物品发现犯罪分子

放火案件的现场上经常遗留有犯罪分子使用的引火物、助燃物和其他随身携带物品,这些痕迹和物品只要确定是犯罪分子所留,就可成为排查犯罪分子很好的依据。通过对这些痕迹和物品的检验鉴定,并调查使用它们的人员,就可发现重点犯罪分子。

(六)运用侦查手段来获取犯罪证据

侦破狱内放火案件,虽说重点嫌疑人容易摸排到,但因现场破坏严重,难于取得充足的物证,使案件的侦破速度缓慢,有时强行讯问,往往容易陷入僵局。针对这种情况,可适时安排狱内信息员进行侦查。狱内信息员在侦破狱内放火案件中有以下两方面的作用:一是在重点嫌疑人不明白时可用以摸排,发现犯罪嫌疑人;二是重点嫌疑人摸排出来后可用于搜集重点嫌疑人的犯罪信息及证据。另外,也可以运用侦听、监控等技术手段来取证。

（七）进行审讯,查清案情

当重点嫌疑人确定以后,可以通过狱内审讯来查清案情。对作案情况只有犯罪分子本人最清楚它的整个过程。当搜集到相关证据后,可通过审讯来达到查清全案的目的,同时讯问笔录也可作为诉讼证据使用。

【案例】 2000 年 6 月 12 日,在某市监狱内服刑改造的杨某,为了发泄个人私愤,竟在监内防火。经查,杨某因盗窃罪在监狱服刑,期间违反监规,携带事先准备的一次性打火机,进入该监狱生产车间的一危险物品库房,将自己反锁在库房内,后将存放在库房的 30 余桶易燃化工物品中的两桶撬开,将易燃品洒在库房地上和自己身上。之后,手持打火机以自焚的方式威胁狱方。在劝说无效的情况下,监狱民警准备采取强制措施,杨闻声后即开始点火,危急时刻,监狱民警撞开库房门将其制服。杨某放火未成。经审理,法院以放火罪依法将其加刑 3 年。

第二节　狱内投毒案件的侦查

一、狱内投毒案件的概念

狱内投毒案件是狱内罪犯故意投放毒物,因此造成人员伤亡,危害监狱安全的犯罪案件。投毒案件在整个的刑事案件中所占比例不大,但一旦发生,危害就非常严重。狱内投毒案件的发生,多有明显的因果关系,投毒者均为不认罪、不服判、不接受改造或者在罪犯群体中有重大的人际纠葛者。罪犯投毒的目标均为泄私愤、图报复,除极个别针对个人的投毒外,绝大部分都是对集体食堂、公共饮用水投毒,造成对不特定对象的人群的重大伤害。罪犯投毒事先都有预谋和策划,毒物就地取材,或是生产原料,或是狱内特殊用途的药物。投毒行为隐蔽,罪犯投毒前经过多次观察、采点和试探,只有确认时机成熟了才会采取行动,犯罪行为在瞬间完成,被当场抓获的情况极少。投毒案件中,罪犯一旦得手,未被侦破,就会刺激罪犯实施下一次犯罪,呈现进行性和习惯性的犯罪特点。在侦破案件的过程中,要同时做好防范工作,消除隐患,加强监控,防止"二次投毒"事件的发生。

二、狱内投毒案件的特点

狱内罪犯投毒在起因、动机、手段上与社会上的投毒有许多相似之处,但狱内人际关系有其特殊性,罪犯投毒可以利用的条件、毒物也与社会上不同,因此,狱内投毒的案件有如下一些特点:

（一）一般有幸存者

狱内投毒的动机比较复杂,大多数是为了泄恨报复、扰乱改造秩序,罪犯往往以让监狱民警受处分,让其他罪犯遭受痛苦为目的,一般都是在仓促之中将毒物投入犯人食堂等公共场所中,一旦得逞,就会造成人员的大面积中毒。由于中毒人所吃食物多少不同,体质不同,就会出现中毒时间早晚不同,中毒程度深浅不同的差异,大多数情况下都会有幸存者;因为是集体用餐,中毒人员会马上发现,监狱很快会组织抢救,所以,相当多的案例中,并没有最后发生人员死亡的情况。幸存者对中毒过程的描述,为投毒案件的侦破提供了便利条件。

中毒人能提供大量案发前的情况,有些中毒人甚至能直接提供作案的嫌疑人。

(二)容易发生误报

近年来集体食堂,尤其是建设工地简易食堂就餐人员发生集体食物中毒的情况并不鲜见。中毒性质一般分为三种:第一,误用,如炊事员误将工业原料当做食盐放入饭菜中;第二,责任事故,如在炎热天气,饭菜已经变质的情况下。未经认真检查而供应给就餐人员,造成大面积中毒;第三,人为投毒。监狱是人员高度密集之地,也会出现以上情况。中毒事件刚发生时,侦查员很难马上断定中毒的性质,这样,就给下一步的方案制定带来困难。一般需要一定时间的调查、实验才能确定事件的性质。

(三)因果关系不明朗

狱内投毒大多属于"多因一果","多因多果"的情况。有不少案件的酿成,大多是当事人劳动能力或人际关系协调能力欠缺,遭到罪犯群体的唾弃和欺侮,找监狱民警解决问题,又被简单化处理,因而罪犯产生强烈的不平感和失望感,为求心理平衡,用投毒手段损害他人。许多投毒罪犯的直接动机并不是杀人,而是通过事故报复干部和其他犯人,扰乱改造秩序,改变自己的待遇和境况。

监狱是社会消极因素的聚集地,感到挫败,心怀不满,意欲报复和解脱的犯人并不是极个别现象,这样一来嫌疑人的范围就会扩大。再加上犯人食堂是公共场所,有许多罪犯可以出入其中,这样,排查犯罪嫌疑人,就比社会上困难。

(四)毒物的特定性

投毒行为的得逞,其基本条件就是要有毒物。而监狱出于安全的需要,无论是可能使人中毒的原料,还是其他有毒的物质,都实行严格的控制。罪犯通过正常渠道获取大量毒物的可能性极小。要想投毒,绝非易事,这就是监狱投毒案件少于社会上同类案件的一般原因。从我国监狱已经发生过的投毒案件看,其毒药来源主要是医用剧毒药物,工业用剧毒药物和农用剧毒药物;从毒物看,主要是罪犯采自自然的"一枝蒿"、草乌等草本毒物。这些毒药、毒物同社会上投毒药品花样繁多的情况相比,罪犯能够涉及的毒药、毒物的面比社会人员接触的面要狭窄得多。狱内涉及毒药、毒物的岗位,其管理人员都是经过专门选任的,其他罪犯极难有机会接触毒物。从这个意义上讲,排查可能接触毒药、毒物的人,以对毒药有相当知识的人作为破案的突破点,比社会上的面窄,调查的工作量相对较小。

三、狱内投毒案件的防范

防范狱内投毒案件的关键是加强对有毒物品的管理。对存在有毒物品的场所要严加控制。要严格对待医用剧毒药物、工业用剧毒药物和农用剧毒药物的使用,清除狱内有毒草本植物。要加强对食堂、水源等重要环节的监控,堵塞漏洞,以防出现集体中毒。另外,要加强秘密力量,对有预谋的投毒犯罪活动做到早发现、早控制,对其犯罪目标、手段、方法,选择作案的时间、地点,准备犯罪工具等情况要早了解,把狱内投毒案件消灭在预谋阶段。

四、狱内投毒案件现场勘查的重点

狱内投毒案件的侦查范围一般不大,但在侦查初期需要解决的问题很多。狱内侦查人员接到中毒或投毒报告后,要通过调查、勘验、尸检,分析判断案情,逐一解决下述问题:

(一)查明中毒结果

中毒结果是中毒事件存在的标志,包括中毒人数、死亡人数,中毒程度的轻重,毒死动植物的数量和价值,被毒物污染财产的范围等情况,这是侦查之初需要首先查明的问题。

（二）检验毒物属性

检验毒物属性就是要查明中毒事件中毒物的种类,这是侦查投毒案件的重要环节。毒物作为客体,是中毒事件构成的基本要素。毒物的种类不明,事件的性质就不好确定,追查投毒人就没有方向。在许多案件中,查明了毒物的种类,实际上就指明了谁是投毒嫌疑人,因为只有接触毒物条件的罪犯,才可能获得毒物。

查明毒物属性.主要依靠毒物化验。提取合格检材非常重要。检材一来自尸体;二来自现场物品,主要是与毒物有关的剩余物、盛装物和作案工具,可疑的瓶、杯、碗、盆、勺、锅、呕吐物,洗胃液,尿,粪,导管,抹布,饮料,药片,粉末,斑痕等。不仅要在中心现场搜索,还要特别注意在隐蔽处如纸篓、垃圾桶等处发现物证,因为许多犯罪分子作案后,为了掩盖罪证,都是将作案器具扔在现场之外。需要注意的是,有的毒物由于与其他化学成分掺杂,可能出现检验鉴定不准的情况,为了正确判定毒物的属性,在勘查时要伴以调查活动。

（三）了解中毒发生的经过

狱内案件侦查人员在现场勘验的同时,要对处于清醒状态、尚未死亡的被害人了解情况。时间越早,当事人记忆越清楚,其陈述的证据意义就越大。在了解中毒经过时,有的调查对象可能就是投毒作案人,所以在询问时要高度警惕,注意抓住疑点,作为案件的突破口。

1.中毒前被害人的活动。例如,吃了什么食物,是个人吃、少数人吃还是大家都吃了,中毒现场有无卫生防疫、杀虫灭鼠药物,是否有管理不严、混入食物的情况。

2.在什么时间、地点出现中毒症状,不同就餐时间的人各有什么表现,是否有平时正常,中毒事件发生时迟迟不打饭,只吃少量食物,中毒很浅或佯装中毒的情况。

3.中毒前有哪些犯人来过现场或有条件来到现场。

4.中毒的症状,死亡过程,是否抢救,何时、如何抢救,死者死亡前说过什么话等。

5.中毒后在现场的人的活动情况。

6.中毒现场有没有进行清理、打扫、变动。

（四）查明中毒原因

查明中毒原因要根据调查访问、现场勘查、尸体检验和毒物分析获得的材料。在排除误用、混入引起的意外中毒后,就可以判定是投毒。一般地说,只要从现场或尸体提取到的毒物来历不明,尽管不能确定何人所为,仍然可以定性为投毒。

（五）弄清中毒媒介的来源

在监狱集体中毒的情况下,不可能发生通常的用欺骗方式让受害人直接服用毒药的情况,都有一定的媒介,如混合在食物、饮料、防疫汤药中,引起集体中毒。毒物进入媒介的时间,有的是在案发现场,如案犯乘人不备,直接将毒药掺入做好的饭菜中;有些毒物进入媒介,可能发生在原料(如面粉、调料、蔬菜)的生产、加工、储存、运输、销售过程中。需要经过大量艰苦细致的调查工作,才能搞清毒物进入媒介的环节和时间。如果是之前阶段进入媒介,那么要马上向有关进货单位发出通知,防止毒害的扩散。

四、狱内投毒案件的侦查方法

狱内投毒案件的发生,背景比较复杂,作案者大多有长期的预谋,行为的隐蔽性强,侦破难度大。但各类案件均有一定的规律可循,在侦查时,要制订计划,选准突破点,增强工作的实效。

（一）狱内投毒案件的侦查途径

侦查途径主要是设计侦破的思路和突破点。多数狱内投毒案件不像狱内杀人案件那样需要大范围排查，采用多种措施。根据案件情况，可以选择以下几个方向，开展侦查活动。

1.围绕毒物来源调查。要在接触、使用、购买投毒所用毒物的人中，发现作案者。要调查此毒物原来有什么用途，从何处进货，哪些单位和个人拥有，进入监狱后其保管制度如何，实际执行如何，哪些罪犯有条件将毒物弄到手，哪些罪犯了解毒物的性能和使用方法。调查时，不仅要询问直接关系人，而且要发动全体罪犯提供线索。在实践中，投毒案犯入监前极少知道毒物知识，都是入监后打探所得。打探的对象，往往是过去从事过医务工作的人或浪迹江湖、见多识广的人。一些案犯在案发前甚至案发几年以前，就向他人打听毒物、毒药的作用，查阅监狱图书资料，有反常现象。一些隐蔽较深的案犯乘外出劳动之机采集"一枝蒿"、"草乌头"等有毒植物，或者乘看病取中草药时合法获得，然后用之作案，作案后难于发现和查获，所以，只能从案发前罪犯的反常举动调查。

2.从因果关系中排查。认定一起中毒事件的性质，侦查人员将承受很重的压力和责任，有时还有一定的风险。在证据不足，无法确定是意外中毒还是人为投毒的情况下，就要运用因果关系原理，以寻找犯罪动机为突破口，对罪犯群体进行排查，从中发现重大嫌疑人。狱内投毒以泄恨报复为常见动机，投毒罪犯与周围罪犯，特别是和管教干部有尖锐的对立和人际关系矛盾。投毒犯的性格大多内向，不合群，常受他犯欺侮。与狱外投毒不同的是，狱内投毒既有近因，也有远因。有些罪犯投毒的起因，是几年前监狱民警的一次严厉批评或处事不公，或者是受某个、某些犯人长期欺侮而不能再忍受。罪犯产生犯罪动机却一直没有作案，一是由于监管严密，无从下手；二是罪犯怕惩罚，还想忍。这种近因不明显的投毒，侦查的难度很大。

3.从时机条件上排查。这里的"时机条件"，就是有机会投毒的条件。狱内条件下作案人要投毒成功，并不是轻而易举的。大多都要寻找和选择一个机会把毒物投放到中毒媒介中去。在监狱，这种机会是不多的。所以，从有机会把毒物投到中毒媒介物的人中寻找投毒作案人，是侦破投毒案件的一条重要途径。监狱实行封闭式的管理，生活很有规律，罪犯人身自由度小，其时机条件也是有规律的。一般说来，早饭时投毒很少发生，因为早操后吃饭，紧接着出工，时间很紧，罪犯脱离集体很容易被发现，再则，早餐的媒介也不适宜投毒的成功。中午餐投毒的也较少。农业单位将饭送到地头，众目睽睽之下，无法下手；在监内就餐的罪犯，下班连着就餐，时间很紧凑，也不好下手。唯有晚餐罪犯容易得手。因为收工后总要留出一些收回工具、清理现场的工作，开饭前还有一段休整、冲澡时间。此时时间宽裕，人员流动量大，最易得手。就罪犯偷盗毒物的情况看，也大多选择在下午收工及其前后的时间段内，这个时间人员流动比较混乱，且人们的注意力都集中在整理自己事务，专等铃响走人，很容易放松对罪犯的警惕。

（二）狱内投毒案件的取证

狱内投毒案件一般都有一个预谋到实施的时间段，从搞到毒物到实施投毒再到毁灭罪证是一个过程，可能经过多个环节。从而决定了投毒案件需要多种取证措施并用，这样才能保证工作的有效性。

1.毒物的化学取证。毒物是重要的物证，毒物的认定，对侦查工作的定向也有重大意义。毒物的取证通过尸体解剖，提取现场可疑物品化验，特别是通过对食物和容器的化验，发现有无毒物。

2.调查取证。根据摸排名单,对列入嫌疑的罪犯进行细致的调查,包括罪犯档案调查,周围罪犯调查。调查事件的时间段可以前移,甚至一年前、几年前罪犯说过的话、做过的事也不要轻易放过。在那些获取不到物证的案件里,调查取证有特别重要的意义。

3.搜查毒物证据。投毒案件中,罪犯一般要将投毒的容器和工具带离现场,设法处理,由于监狱环境的限制性,要真正处理干净是很困难的。所以,如果在中心现场没有找到物证时,就要扩大搜索范围,找到罪犯丢弃的物证。

对嫌疑罪犯的人身搜查也是获得毒物证据的重要方面。一般地说,在嫌疑人的衣袋和随身物品里,都可以查到微量的毒物成分,在嫌疑人的指缝里,也会留下微量的毒物之类。

4.通过审讯获得口供。这种方法主要适用两种情况:一是对重大的犯罪嫌疑人,既缺少物证,案件又长时间未破时,突审犯罪嫌疑人,就可能发现新的线索;二是在获取了相当的证据后,将犯罪嫌疑人逮捕,进一步扩大战果,用口供印证前一段调查的事实和结论,如果非常吻合,就可结案。

【案例】 2012年4月27日晚秘鲁首都利马的圣豪尔赫监狱,犯人在食用了监狱提供的通心粉汤后,58名犯人集体中毒,陆续出现呕吐、出血、口吐白沫、人事不知等严重中毒现象。化验结果显示,这些有毒食物不是因为普通食物变质导致的,而是其中含有经过调配的有毒物质。但由于抢救及时,大部分中毒者脱离生命危险。秘鲁警方怀疑有人故意投毒,而原因可能是狱中帮派纷争,或是专门针对某一重要案犯下手。

第三节 狱内爆炸案件的侦查

一、狱内爆炸案件概念

狱内爆炸案件,是指在监狱内关押的服刑人员故意使用爆炸物品或引爆器材,以爆炸的方式进行狱内破坏活动,危害监狱公共安全或致人伤亡的一种具有严重暴力性的狱内犯罪案件。

二、狱内爆炸案件的特点

(一)暴露迅速,发现及时,时空要素较为明确

爆炸案件不像其他案件,从暴露到发现需要一个过程,甚至需要较长时间才能发现。爆炸案件通常会伴有巨大的声响和强烈的震动,或者发生火灾,所以一般都可以在案发第一时间发现案件。因此,何时爆炸、何处爆炸、何人被炸,消息会很快传遍整个监狱。另外,爆炸发生时,目击者及第一时间赶到的人员对爆炸发出的声音、光亮、颜色、烟雾、气味以及爆炸后现场状况等,都有一定的了解,并会留下深刻的印象,这对于开展调查工作极为有利。由于案件发生的时间、地点等要素是明确的,就有利于狱侦人员及时对现场进行保护、保存与犯罪有关的证据。

(二)犯罪人熟悉和掌握爆破知识,有接触或获得爆炸物品的条件

在实践中的爆炸大多是炸药爆炸,即犯罪行为人自制的"土炸弹",这就说明犯罪人要实施爆炸,首先必须掌握将各种材料组装成一个爆炸装置的知识技能。如果不了解炸药性能,

不懂得爆炸装置,不会使用引爆技术,要想进行爆炸犯罪是不可能的。不仅如此,犯罪人还必须具备接触和取得爆炸物(雷管、炸药)的条件。有的本人就是炸药保管员,也有的窃取或购置获得爆炸物品,还有的作案人可以利用监狱工厂内的化工原料自己配置火药,等等。不管怎样,爆炸物品绝不能像砖头、石块那样比较容易找到,总是要受一定条件的限制,不是人人都能获得。另外,犯罪人的爆破技能与其正在从事或曾经从事过的职业、专业,知识结构和个人爱好有着密切关系。所以,作案人具有使用爆炸物品的技能和取得爆炸物品的条件成为爆炸案件突出的特点,这为狱侦人员确定侦查范围,调查发现犯罪分子提供了有利的条件。

(三)作案前有较长的准备时间,预谋性强

作案人在实施爆炸犯罪之前,大多都有充分的预谋策划和周密的行动准备过程。例如,筹备炸药、雷管、导火线等爆炸物品,制造引爆装置,潜入作案现场踩点,选择作案时机等。共同犯罪的还要策划分工,力求与被害人同归于尽的,爆炸前还会对自己的后事作出某种安排。作案人的这些表现虽然多是在隐蔽的情况下进行的,但总会暴露出蛛丝马迹,这些都是狱侦人员进行回溯推理和施以倒查的依据,也是开展调查、获得破案线索必须经由的途径。

(四)犯罪动机突出,因果关系明显

犯罪分子之所以选择破坏性大,危害严重的爆炸手段进行杀人,必然事出有因。作案人产生这种犯罪动机的原因是多方面的,犯罪人出于极端的利己主义和狭隘的复仇情绪,爆炸犯罪的动机是多种多样的,有的是发泄对社会的不满,把破坏的矛头直接指向监狱,指向所有服刑人员,具有强烈的反社会心理或者变态的人格;有的是忍受不了狱内其他服刑人员的长期侮辱,为了报复而实施爆炸犯罪;还有的是由于民警处事不公,希望以这种极端的方式找到平衡点而实施爆炸犯罪;等等,作案动机都比较复杂。正因如此,爆炸案件大多有较明显的因果联系。

(五)爆炸现场破坏严重

爆炸现场在爆炸产生的震动和冲击波的作用下,现场的物体会被炸碎、熔化、抛掷、破裂等。这种破坏在很大程度上掩盖了犯罪人留下的痕迹和有关物证。由于救人,灭火、转移易燃易爆物品、排除其他险情、服刑人员围观等,也使现场遭到破坏,给搜集犯罪痕迹、物证带来一定难度。但是作案人员使用的爆炸物品不能完全毁尽,总会或多或少、或大或小散落在现场周围或被掩埋、隐蔽在废墟中。只要狱侦人员反复勘察、细心筛选,就会从杂乱的现场中找到物证,如引爆装置等。还可以取回爆炸物的粉尘和现场泥土,通过物证分析,为推理爆炸物的种类和作案人应具备的条件提供依据。

(六)现场留有爆炸特有的物证较多

爆炸特有的物证包括爆炸残留物、爆炸抛出物、爆炸破坏痕迹等。以上爆炸痕迹物品经发现提取后,可以作为分析爆炸物的种类、数量和来源,分析犯罪人的爆炸知识和爆炸技能等情况的重要依据。

三、狱内爆炸案件的侦查

(一)搞好案件的现场勘查工作

爆炸案件发生后,最早赶到现场的监狱民警必须立即拉响监狱警报,使整个监狱处于高度的戒备状态,防止个别服刑人员趁机图谋不轨,进行其他的狱内犯罪活动,如脱逃、越狱、煽动闹事、袭警等。所以应立即派出警力,疏散服刑人员,将服刑人员全部撤离现场,再划定现场保护区和警戒线,对现场进行封锁和充分保护。根据案情采取紧急措施,如抢救伤员、排除现场隐患,及时通报案情等。

1.爆炸案件的现场勘查

(1)确定和勘查爆炸中心点。爆炸中心点,简称炸点,是指安置爆炸物并引起爆炸,形成集中明显破碎痕迹的部位。确定炸点主要依据爆炸抛出物、爆炸残留物和爆炸痕迹分布的方位,炸点的形状,爆炸物作用的角度,再结合现场环境、现场位置等因素进行综合分析推断。确定炸点后,除进行发现提取工作以外,还应对炸点进行技术测量和记录,要对炸坑的形状、直径大小和深度进行测量;对炸点附近物体的缺口、孔洞的形状、离爆炸点中心的距离进行记录和测量;对炸点附近物体分布、地面状况、墙面厚度、材料、毁坏程度、尸体或尸块、血迹的位置、形态进行测量和记录;对炸坑的具体位置、悬空爆炸点距地面和其他固定物体的三维距离进行测量和记录;对压缩区或粉碎区的大小进行测量和记录,对炸点的物质结构及炸点的烟痕、气味、残留物等要勘验记录。

(2)勘验爆炸残留物、爆炸抛出物。对爆炸残留物、爆炸抛出物的发现和提取可以从炸点开始,呈螺旋状或放射状向外搜索勘查,也可以分段分片搜索勘查。对于爆炸残留物、爆炸抛出物的发现、提取、搜集、固定和保存,必须遵循爆炸理论的爆炸抛出物及残留物分布的客观规律,只有这样才能提高对爆炸物证的辩证率、提取率和利用率。

(3)勘验爆炸痕迹。对于爆炸痕迹要先观察分析,再拍照固定,然后按程序测绘、记录和反复测量。爆炸可以形成以下几种痕迹类型:一是爆炸起始作用痕迹,是直接接触炸药的爆炸冲击作用形成的痕迹;二是爆炸抛掷作用痕迹,是爆炸产生物和冲击波共同作用的痕迹;三是破碎穿孔痕迹,是爆炸气体产生物直接作用于纺织物介质上形成的网状穿孔痕迹;四是冲击波作用痕迹,在冲击波峰值的超压作用下形成的破坏痕迹就是冲击波痕迹,冲击波痕迹无高温作用痕迹。

(4)检查爆炸伤。爆炸伤是指由爆炸力作用于人体而形成的各种损伤。人体在爆炸案件中形成的损伤可分为爆炸力直接作用伤和间接作用伤。通过对爆炸伤的勘验,要搞清几个问题:一是要判明爆炸案件的性质;二是判定炸伤与爆炸的关系,死伤者爆炸前的状态如何;三是要确定死伤者与爆炸案件的关系,确定死伤者中有无爆炸案件嫌疑人。

(5)发现提取其他物证。犯罪人在爆炸现场遗留的有关痕迹物品,虽然在爆炸中被严重破坏,但还是应该对炸点周围、现场的物体以及可能出入通道和来去路线进行认真勘查,尽量从中发现犯罪痕迹物证。

2.爆炸案件的现场访问

(1)访问爆炸现场的发现人、报告人及其他人员。详细询问了解爆炸时产生的声响、震动、火光、烟尘、气味等各种现象。

(2)访问现场受伤人员。应着重询问爆炸前后他们各自所处的位置,现场物品的变动情况,现场上出现的可疑人、可疑事。要逐个定位并将定位结果制作示意图,从中分析判断爆炸犯罪嫌疑人。

(3)访问被害人。对于以公私财产为爆炸侵害目标的,要询问了解爆炸发生的经过,以及爆炸前后的变化情况。例如,爆炸发生的时间、爆炸的位置、爆炸前现场的原始情况、各种物品的摆放位子、爆炸后的变化情况、现场有无易燃易爆物品。要询问爆炸时监狱内的日常生产工作情况,能否提供可疑线索等。

(4)对幸存者进行访问。了解死亡人员生前是否同谁有矛盾,谁有可能对死者进行报复;了解死者生前有无反常表现,有无流露不满情绪和报复心态;了解有无获取爆炸物的条件和安装使用爆炸物的知识、技能等。

(二)全面地分析案情

1.分析爆炸性质,是意外事件、责任事故还是属于爆炸性犯罪案件。分析中可以采取排除法,如果能够排除意外爆炸以及有人过失引爆的情况,就应该属于爆炸案件。

2.分析爆炸案件的时间,包括引爆时间和爆炸时间。分析的依据是:调查访问的材料,现场有导火索燃烧痕迹及导火索种类和长度,现场有无定时装置残留物等。

3.分析判断炸点位置,即爆炸装置设置和起爆的位置。分析的依据是:对现场爆炸物品的拼装和科学认定,对现场爆炸痕迹的科学检验结论以及调查访问材料。

4.分析爆炸类型,即属于化学爆炸还是物理爆炸,确定爆炸物的种类和数量。分析这一内容除了依据调查访问材料以外,还要依据对现场爆炸痕迹、爆炸残留物、爆炸抛出物用科学方法检验得出的结果,必要时要进行侦查实验

5.分析确定爆炸装置的种类和引爆方式。判断是火引爆还是电引爆,有无定时、延时、遥控引爆装置,并分析该引爆的技术含量。主要依据现场爆炸物证进行分析,并对关键痕迹物品进行科学检验或鉴定,必要时也可以进行侦查实验。

6.分析犯罪人的作案动机和目的,对动机、目的的分析主要根据案件犯罪人选择的侵害目标、作案部位、时机、引爆方式以及爆炸的威力等因素考虑。

7.分析判断犯罪分子的情况。也就是给犯罪人"画像"。要根据目击者和知情人员提供的情况来分析判断犯罪分子的基本情况,根据犯罪动机、目的可以进一步分析犯罪分子的思想动态,最近有无违反监规纪律的事件发生。

8.分析作案过程。在以上分析判断的基础上,对犯罪分子作案的全过程进行假想推断,包括爆炸的手段方法,实施爆炸整体行为的先后顺序,分析犯罪分子实施预谋的有关情况,分析犯罪分子作案后可能会实施哪些活动,如继续隐蔽起来或是自杀逃脱加刑,等等。

(三)深入开展调查摸底

1.排查依据

(1)有报复社会的思想基础或者有其他爆炸犯罪作案的动机的。

(2)具备安置、投放和引爆爆炸物的作案时间,有接触爆炸现场行为或条件的。

(3)有获取炸药、雷管等爆炸物条件,并且有装配爆炸装置的技术条件和技术能力的。

(4)有类似现场遗留物和现场痕迹条件的。

(5)具备案件分析所确定的其他犯罪条件的。

2.排查方法

(1)因为监狱内的服刑人员的作息时间都是固定的,所以采用定时、定位、定活动的方法开展全面排查,对于爆炸案件发生的时间里,有哪些服刑人员曾到过现场,是否在现场有过停留,是否有可疑的举动,在爆炸发生时是否暗自高兴等。

(2)根据现场提取的爆炸物证和其他证件,开展物证调查。追查爆炸物来源,根据爆炸物生产使用范围来排查嫌疑人;追查现场遗留物的来源,发现具备遗留物条件的嫌疑人;根据现场遗留的可疑指纹、足迹进行查对,发现侦查线索。

(3)以侦查中暴露出来的具备作案时间、作案动机、有关证据及反常表现的服刑人员为重点进行排查,以发现犯罪的证据。可以以公开或秘密的方式对犯罪嫌疑人的监舍等活动场所进行搜查或勘查,以发现与爆炸有关的痕迹物证。

（四）及时采取侦查措施

利用警犬进行爆炸物的搜寻和对有关爆炸物证的鉴别认定。发动所有服刑人员，广泛搜集案件线索。一些表现积极的，要求进步的服刑人员常常可以揭发犯罪嫌疑人在实施爆炸前后的一些可疑迹象。另外也可根据案件具体情况使用辨认、技侦、特情等取证措施手段，但在运用时，一定要注意保密，必须实施有效的措施手段来保护相关服刑人员的人身安全。

（五）对爆炸重点嫌疑人询问查证，证实其犯罪

获取爆炸案件重点嫌疑人的口供是取证工作的重要一环，在询问时要查清以下内容：作案的具体动机是什么；作案的具体时间，包括获取爆炸材料的时间、制作的时间、安放的时间、遥控引爆的时间；放置爆炸物的具体位置，当时周围还有什么物体；放置爆炸物前曾见过哪些人；获取、制作、安放爆炸物的过程，必要时让其示范；炸药的种类，用什么材料；整个爆炸案件是否还存在共犯，作案后的情况；有无知情人等。对这些所有的内容都讯问清楚后，就可以了解整个爆炸案件的详细过程，整个案件就水落石出了。

思考题 *SiKaoTi*

1. 简述狱内放火案件的概念和特点。
2. 简述狱内投毒案件的概念和特点。
3. 简述狱内爆炸案件的概念和特点。
4. 简述狱内放火案件防控的重点及要求。
5. 简述狱内放火案件侦查的方法。
6. 简述狱内投毒案件侦查的方法。

第十四章　狱内突发案件应急处置

知识目标 *ZhiShiMuBiao*

- 了解狱内突发案件的概念、类型和特点；
- 了解狱内突发案件应急处置预案的制定与演练；
- 了解狱内突发案件应急处置的原则及方法；
- 了解狱内突发案件应急处置的内容和要求。

能力目标 *NengLiMuBiao*

- 能掌握狱内突发案件的类型和特点；
- 能熟练掌握狱内突发案件应急处置预案的制定与演练；
- 能正确实施狱内突发案件应急处置的原则及方法；
- 能正确处置狱内各种突发案件。

本章引例 *BenZhangYinLi*

俄罗斯某监狱发生劫持人质案

2006年9月4日下午,俄罗斯某监狱发生骚乱。当地时间15时许,正是监狱犯人外出放风时间,3名危险的重刑犯趁负责看守的狱警不备,向他们发动了突然袭击,制服狱警之后,3名犯人脱下狱警的制服穿在身上,然后来到办公楼前,大摇大摆地进入这栋三层建筑。随后他们再次使用暴力手段,将监狱长及其副手和9名女民警在内的15名监狱工作人员扣为人质。事件发生后,监狱内一度非常混乱,他们控制了监狱长办公室,而且很坦然地打开电视,看新闻节目。为了平息事件,解救人质,莫斯科司法部门立即成立工作小组,一方面同劫持者进行谈判,了解他们此举动机的同时,劝说他们主动释放被劫持者;另一方面也部署特警人员,随时准备采取强攻行动。莫斯科检察长、俄联邦处罚执行局莫斯科分局代理局长以及俄联邦社会院下属的执法机关,司法改革工作监督委员会主席都来到现场"督战"。谈判人员很快就弄清了劫持事件的原因。原来,参与劫持行动的3名犯人都被指控犯有杀人罪,其中2人不久前被判处25年有期徒刑,另一人被判处9年有期徒刑,判处结果宣布之后,3人坚持认为法院审判不公。在为和平解决人质事件做最后努力的同时,警方紧锣密鼓地拟定好了强攻制伏劫持者的计划。在心理专家经过几个小时的谈判无果后,特警以迅雷不及掩耳之势发动强攻,仅用15秒就干净利落地完成了解救任务,整个过程中没有任何人受伤。解救行动只用了15秒,但是准备时间却长达3小时。

第一节　狱内突发事件概述

一、狱内突发事件的概念和特点

（一）狱内突发案件的概念

根据《中华人民共和国突发事件应对法》第 3 条规定,突发事件,是指突然发生,造成或者可能造成严重社会危害,需要采取应急处置措施予以应对的自然灾害、事故灾难、公共卫生事件和社会安全事件。

自然灾害是指由于自然异常变化造成的人员伤亡、财产损失、社会失稳、资源破坏等现象或一系列事件。包括洪捞、干旱灾害、台风、冰雹、雪、沙尘暴等气象灾害,火山、地震灾害,山体崩塌、滑坡、泥石流等地质灾害,风暴、海啸等海洋灾害,森林、草原火灾和重大生物灾害等灾害形态。事故灾难是具有灾难性后果的事故,是在人们生产、生活过程中发生的,直接由人的生产、生活活动引发的,违反人们意志的,迫使活动暂时或永久停止,并且造成大量的人员伤亡、经济损失或环境污染的意外事件。突发公共卫生事件是指已经发生或者可能发生的、对公众健康造成或者可能造成重大损失的传染病疫情和不明原因的群体性疫病,还有重大食物中毒和职业中毒,以及其他危害公共健康的突发公共事件。社会安全事件一般是重大刑事案件、重特大火灾事件、恐怖袭击事件、涉外突发事件、金融安全事件、规模较大的群体性事件、民族宗教突发群体事件、学校安全事件以及其他社会影响严重的突发性社会安全事件。

狱内突发事件,是指监狱内突然发生并造成或可能造成重大人员伤亡、重大财产损失和重大社会影响的罪犯脱逃、行凶、暴狱、非正常死亡等监管安全事故、重特大安全生产事故、公共卫生事件和自然灾害等事件。本章主要是对狱内突发案件的研究。

狱内突发案件,一般是指罪犯在监狱内故意制造和实施的危害监狱和他人安全的突发性案件。

（二）狱内突发案件的特点

1. 发生的突然性

突发性是狱内突发案件具有的最明显的一个特点。各类突发案件虽然由不同的主客观原因促使而成,但一个共同点是在表现形式上总是反映为瞬间性、突然性的爆发,令人难以预料,往往猝不及防。罪犯制造的突发案件大多数都有一定的预谋过程,也有少数属于临时起意制造的突发案件,但就整个案件的发生来说,其中必然包含了一个从量变到质变的过程,特殊的是这一变化的过程往往时间短促,苗头不易被察觉,或者虽然经过一定时间甚至长期的预谋和准备,但因信息不灵,监控失误或伪装巧妙、手段高明而未及时发觉而已。因此,不管制造突发案件的动机形成的时间长与短、快与慢,由于未能在案件发生之前预料觉察,都会使人产生一种仓促感、紧迫感和突发感。

2. 危害的严重性

狱内突发案件因其发生的突然性,监狱监管控制和防范上往往比较被动,加上制造突发案件的罪犯主观恶习深、报复性强烈、手段残暴，一旦爆发势必会给监狱乃至社会造成难以估量的严重后果。其主要表现为狱内突发案件对正常监管秩序的严重破坏，对监管设施的严重破坏，对监狱生产的严重侵害，对监狱人民警察、罪犯及其他有关人员生命和财产安全的严重侵害等。

3.事态的扩张性

狱内突发案件一旦出现，在事态发展上往往会形成扩张性。事态在发展过程中逐渐出现危害结果由小至大，危害程度由轻到重，危害范围由内到外等恶性膨胀。实践中因监狱所处的地理位置比较偏僻、关押对象比较消极，狱内突发案件在事态发展上很难做到像社会上那样使各种突发案件得到及时处置。监控处置不及时得当，就会使事态恶性蔓延，造成更大的和新的危害。

4.处置的紧迫性

在监狱中，突发案件一旦发生，立刻面临案件后果处置问题。监狱对于各种突发性案件的处置是迫在眉睫、刻不容缓的，必须争分夺秒，力争将事态及早控制并迅速处理，以免因事态处置不及时而延误时机，导致或造成更加严重的后果。只有对案件处置快速反应，才能抓住战机、争取主动，使已发生的各种突发案件及时得到有效控制与处置。这种紧迫性是由案件发生的突发性、执法工作的严肃性等所决定的，从而有利于监狱安全，维护监管秩序，挽回不必要的损失，将危害结果降低到最低的限度。

二、狱内突发案件的种类

狱内突发案件的种类及其表现形式是多种多样的，根据监狱工作的实际和狱内突发案件的特点，一般可作如下分类：

1.根据狱内突发案件主体的种类及表现情况，可以分为个体型突发案件（如罪犯个体杀人、伤害、暴力越狱、纵火、自杀等）和群体型突发案件（如罪犯群体哄监闹事、暴狱、凶杀等）。

2.根据狱内突发案件的形成过程，可以分为预谋型突发案件（如罪犯预谋组织越狱、暴狱、故意杀人、伤害等）和诱发型突发案件（如因某些主客观因素的刺激诱使罪犯发生脱逃、凶杀、违规违纪等）。

3.根据狱内突发案件的指向对象，可以分为局部型突发案件（如单纯侵害监管工作的某一方面或某一客体等）和全局型突发案件（如侵害监管工作的各个方面或大多数客体等）。

在实践中，根据统计分析，监狱的突发案件主要有以下几类：

1.罪犯暴狱。罪犯行凶杀害或劫持监狱管理人员或其他人员，组织暴狱。

2.罪犯脱逃、越狱。包括罪犯单个或集体越狱脱逃。其中有的秘密挖洞、挖墙、搭梯架板、剪断电网脱逃；有的偷取职工、警察的服装证件蒙混脱逃；有的伪装病情，趁外出就医之机脱逃；有的趁停电或自然灾害事故发生之机脱逃；有的暴力强行脱逃等。

3.罪犯自杀。其中包括：罪犯自缢或用锐器划破动脉，撞击墙壁或铁栏杆，吞食异物或剧毒药物等致死、致伤、致残的。（罪犯自杀虽不构成刑事案件，但在实际工作中将其列为突发案件）

4.罪犯殴打其他罪犯造成死、伤、残的。

5.罪犯闹监骚乱或集体绝食等。

6.社会上不法分子或犯罪分子煽动群众围攻、冲击、骚乱监狱、劫持罪犯。

第二节　狱内应急预案的制定与演练

一、狱内应急预案的制定

预防和处置狱内突发案件,需要预先制定一套或几套经过反复研究和多次演练修改的应急工作预案。应急预案,是指监狱根据信息情报和对事件的预测所制定的应付紧急突发案件的工作计划和行动方案。预案是通过超前决策的方式来保证整个作战体系的快速反应。制定处置狱内突发案件的预备方案,有利于正确落实快速反应原则,是顺利实现有机协同的保证。多发性的突发案件要制定,不经常发生或没有发生过的突发案件也要制定预案。有了预案可以从思想上、组织上、措施上、战术上、装备上做好准备,一旦发案能够快速反应,科学、果断地决策,做到临场不乱,从容处置。

(一)应急预案的制定原则

1.需要和可能的原则。制定应急预案,必须从需要和可能出发。所谓需要,是指在监狱管理活动中需要一个秩序稳定的安全环境,而各种狱内突发案件却严重地妨碍和破坏了监狱的稳定,给正常的监狱改造管理带来了冲击和干扰,客观上需要监狱制定预防和处置各种狱内突发案件的有效方案。所谓可能,是指监狱机关在主观上,有力量、有办法、有经验、有能力制定出应付各种突发案件的工作预案来。当然,突发案件的处置仅仅依靠监狱自己的力量是远远不够的,还需要其他相关部门的协助。但一般情况下,监狱是能够制定出应急预案的。

2.从实际出发的原则。制订预案必须贯彻从实际出发、从实战出发的原则,决不能脱离实践、实战的要求。从实战出发的原则要求我们在制订应急预案时,尽可能把事件想象得复杂些,困难估计得大一些,对策方法想得周全些。使每轮参战人员明白自己应干什么,怎么做,避免临场手忙脚乱,鲁莽行事。

3.集中力量的原则。集中力量打歼灭战,就是说在制订应急预案时,在力量、设备的使用和部署上,不能过于分散;要保证重点区域、重点部位的安全和处置的妥当。

4.灵活和周密的原则。灵活和周密是指在制订应急预案时,要把各种情况想的周全、严密,在执行任务的过程中,又要因时因地因人灵活机动地处理。在制定预案时,对周围的环境、发生的时间以及天气状况,投入的警力,使用的警戒武器、通讯设备、后勤补给等,都要考虑周全。

(二)应急预案的种类和层次

预案的种类是根据狱内突发案件的不同情况、特点、性质和实际需要来划分的。每种突发案件又可以按不同标准划分为层次和级别不同的预案。各种预案之间有着密切的联系,彼此互相交叉又互相补充。因此,在划分预案的种类时,不可孤立地只考虑某一方面,而要考虑到相关的事件和可能发展演变为别的种类。

1.重大预案和一般预案。按突发案件危害程度和事件规模大小,可以把各种突发案件的预案分为重大和一般的两种预案,凡案件涉及监狱全局、危害严重、规模较大的突发案件预案,因为关系到监狱的各个部门,有时还涉及社会其他的相关部门,属于重大预案。这类预案的制定过程,要聘请有关部门的领导和专家参与。预案制定后,要经过领导或上级主管部门的批准,方可实施。如属于涉及局部或某部门范围、危害不严重、规模不大的案件预案,则按一般工作预案制定。这类工作预案,也要经过领导批准,然后由业务部门或综合指挥部门组织实施。

2.多套工作预案和分级工作预案。由于突发案件本身存在着复杂的情况,加之变化多端,所以,在制定预案时,不能只满足有一种或两种预案,还要研究制定多种处置突发案件的方法和策略,有多套预案。搞好各种预案的配套,才能遇变不慌,举措从容。至于分级工作预案,则是指监狱各级部门按总体方案,逐级分解落实的行动方案。

3.预防方案和临场处置方案。预防与处置有密切的联系。预防方案或者叫前期处置方案,通常是指案件在未发生或处于酝酿、萌芽阶段而加以预先防范的方案。由于这个前期阶段情况、特点不同,所以预防方案的制订,其侧重点和工作方式、处理办法均不同于案件已经发生和已经形成阶段。任何事物的发生发展都有一个过程,而且许多事物在发生初期,人们就能觉察到、感知到它。突发案件也是如此。针对这个特点,及时了解狱内各种动态,从中发现案件的苗头、诱因,研究把握其规律,判断其性质,因势利导,促使矛盾向缓和的方面发展,使问题得到解决或不至于造成严重的后果。当然在实际工作中,制定临场处置预案更重要更急需,而且较前期的情况更复杂,处置措施、需要的力量、现场的组织指挥难度更大。

(三)应急预案的内容和要求

每项应急预案的制定,都是在掌握大量信息情报,经过研究预测,并事先做好准备后,再动手拟订。狱内突发案件处置预案的具体内容和要求,一般应包括以下几方面:

1.确定目标。明确总的任务,要求解决的问题,把任务加以分解,指定有关部门分工负责,加强协作,共同实现任务。

2.统一领导,建立指挥中心。监狱要建立指挥中心,昼夜值班。有些重大的案件由监狱上级机关领导,设立总指挥部。由指挥中心负责现场的统一指挥,统一调动各警种力量,联合行动。预案要明确由上到下,特别是现场指挥要集中统一,各负其责,避免多头指挥与指挥不灵的现象。

3.力量部署。根据案件周围环境和地形地貌,安排部署警力。还需根据案件本身的情况分配任务,如控制、警戒和封锁现场;保卫重点要害部位;组织追缉堵截或者是负责执行各项强制措施等。总之,要求做到每个岗位有人负责,人人要明确自己的责任。

4.通讯联络。加强通讯联络,建立现场通讯制度,组织现场信息网络,是制定工作预案特别重要的内容,也是现场指挥联络的神经系统。高度灵敏的现场通讯联络和信息情报,对现场指挥与决策具有决定成败的重要作用。因此,必须采取一切能够搜集和传递信息情报的手段,利用一切可以利用的通讯联络工具,把现场瞬息万变的情况报告指挥中心,为领导指挥决策提供大量可靠的依据。

5.组织纪律。对执行任务,要依法办事,采取什么工作手段,在何种情况下使用警械、武器及非杀伤性武器等属于每个参战人员的行动,在制定预案时,要作为一项重要内容。对所有参战人员必须严格遵守的纪律和工作作风,要有具体详细的规定。必须严格服从命令,听从指挥,按指示行事,严禁临阵脱逃,擅离职守。

6.其他应当注意的事项。在处置突发案件的整个过程中,由于种种原因,难免要发生这样那样的事先无法预料的意外情况和突然变化。在制定预案时,也要尽可能的设想到和定出应急的处置措施,还有处置其他可能造成混乱的问题的措施等。同时草拟预案时,要尽量使其标题、框架、结构、要求、方法能够精练简要,防止冗长复杂含糊的内容,以便作为行动的指南。

二、应急预案的演练

(一)应急预案演练的目的和意义

各种重大和一般案件的预案制定之后,要下工夫抓紧预案的演练训练环节。事先的预案演练好坏,直接关系和影响到方案所定的目标、内容、策略措施能否付诸实现。没有参与全体人员的深刻理解和自觉积极的支持,任何好的方案都可能成为一纸空文,因此,必须使全体参与人员了解预案演练的基本目的是为了检验和提高监狱整体作战和处置突发案件的能力以及个人在整体目标中的地位和作用。

1.演练使全体参与人员认真学习、理解预案。特别是监狱各层领导骨干,要全面了解、切实掌握方案的精神实质和具体要求,并把自己担任的职责任务与总体目标融为一体。没有齐心协力,共同配合行动,预案注定要失败的。

2.演练可检验和提高领导控制局面的临场指挥的能力。每个突发案件,实质上都是一种非正常的局面和形势。参加指挥和处置突发案件的各级指挥员,必须具有敏锐的洞察事态、发现问题、驾驭矛盾、解决问题的能力,也就是设法控制局面的能力。这种能力要从临战指挥实践中取得。而预案演练正是为各级指挥员取得控制局势和临战指挥能力的最好办法。

3.演练可检验和提高整体协同作战和临场遇事决策的能力。突发案件的控制和处理,绝不是一个部门所能独立完成的,必须在监狱统一领导下组织好每个参与单位的协同配合。使每个阶段、各个环节紧密衔接、环环紧扣,按照总目标的要求,协调配合,各尽其责,最大限度地发挥参与单位和个人的作用。协同作战经验和临战决策的能力都要在实战和演习中摸索,尤其现场指挥的临战决策,由于随机性很大,不确定因素很多,决策常带有一定的风险。因此,更要求决策者要积极稳妥,切合实际,准确地进行指挥,既不可轻举盲动,随意决策,又要抓住战机,果断行使指挥权。

4.演练可检验和提高每个参与成员的独立作战和快速反应的能力。独立作战关键要看个人处理问题是否做到依法采取行动。快速反应,包括整体活动,参与单位和每个成员以及指挥决策等。对每个成员来讲,快速反应就是克服行动迟缓,遇事犹豫不决。临场处置案件,解决问题,行动上要求做到既讲速度又重效率,发现问题快,上报领导快,制定对策快。只有这样,才能在整体上控制事态的发展,迅速平息事件。

(二)几种主要的预案演练和修改

1.模拟演练。模拟演练是提高整体作战和处置突发案件能力的首要环节。模拟演练要着眼于处理实际问题的能力,着眼于训练出现复杂情况的应变能力。这种演练要从狱内突发案件的实际出发,明确演练就是为实战。模拟演练的基本要求是:真实、踏实和实用。不可摆花架式,也不能仅仅为了验证预案。

在演练中,要明确发现一个问题就能减少一个漏洞。演练时,还要注意以下原则:一是把一般演练与特殊训练结合起来。一般演练就是按预案的常规演习训练;特殊训练是指在遇到特殊情况,如恶劣天气、水灾、火灾等情况下的突发案件,如何处置。二是把基础训练和应用训练结合起来。基础训练包括有关法律法规、方案、政策、措施等的学习掌握;各种武器、警械的使用技能训练;擒拿格斗和排除各种障碍的训练等。应用训练主要指解决各种问题、排除困难能力的训练。总之,要克服在形式、内容、方法、都单一和简单的做法,提倡设置综合、复杂、全面的演练。

2.全面演练。所谓全面演练,是指监狱的突发案件的参与人员特别是专职处置人员,要对各种突发案件的预案以及突发性事件、重大灾害抢险、救护、人员物资的疏散、重要设备的保护、危险物品的排除等,均进行演练。针对狱内各种突发案件,有条件的都应有预案有演练。全面演练还包括参战人员的心理训练、理论训练等。

3.经常演练和预案的修改。狱内突发案件的预案,决不可只演练一两次就完事了。预案制定后的第一项任务,就是根据预案模拟演练、全面演练,从中发现问题和缺陷,反复修改和完善预案。任何一项预案即使制定的很好,也决不能不经反复修改而长期执行下去。由于突发案件的随机性很强,有的预案涉及的时间较长,随着时间的延长,预案需要修改的次数也会越多,内容也会有变化。监狱的情况随时间的变化,未来的情况难以预料,因此,应急预案必须坚持经常演练,经常修改完善。已经制定的预案,只能算处置突发案件的一个总体框架,是一项初线条的指导方案。

阅读延伸 YueDuYanShen

某省司法行政系统突发案件应急预案

1.总则

(1)目的及依据

为提高全省司法行政系统特别是监狱、劳教场所预防和处理突发案件的能力,保证突发案件应急工作快速、高效、稳妥、有序进行,避免或最大限度地减轻人员伤亡和国家财产损失,确保全省司法行政系统的安全稳定,依据相关法律法规和省委、省政府、司法部有关要求,制定本预案。

(2)适用范围

本预案适用于我省司法行政系统特别是监狱、劳教所、学校和国家司法考试工作中突然发生的,造成或有可能造成重大人员伤亡、重大财产损失和重大社会影响的下列突发案件:

①突发安全事件。(略)

②重大事故。(略)

③突发公共卫生事件。(略)

④自然灾害。(略)

(3)工作原则

①统一领导,分级负责。在省政府的统一领导下,省司法厅与省政府有关部门和相关市(区)人民政府密切配合,各负其责,各司其职,齐抓共管,形成工作合力。

②条块结合,属地管理。预防与控制工作实行条块结合、以块为主,各市(区)司法行政机关以及监狱、劳教场所在当地人民政府统一领导下,积极做好防控工作。

③预防为主,注重化解。认真做好处置突发案件的思想准备、预案准备、机制准备和工作准备,做到有备无患。

④分级响应,密切配合。结合突发案件的严重性、可控性、影响的区域范围等因素,分级响应级别,各方面密切配合。

⑤依法处置,避免激化。严格依据法律法规,结合本地本单位实际,采取切实可行的措

施、方式和方法处置突发案件。

⑥依靠科学,快速反应。应急工作应符合科学规律,确保规范性、科学性、全局性、前瞻性和可操作性,反应灵敏。

(4)预案的制定

全省各级司法行政机关特别是监狱、劳教系统各单位要根据有关法律法规和本预案,结合工作实际,分别制定相应的突发案件应急预案,建立全省司法行政系统突发案件应急预案体系。

2. 组织指挥体系及职责任务

(1)省司法厅应急指挥机构(略)

(2)全省司法行政系统应急工作领导小组办事机构(略)

(3)各地各单位应急指挥机构(略)

3. 监测预警和信息报告

(1)应急预警监测机制及信息报告程序(略)

(2)信息报告内容

①即时报告事项及内容

A. 即时报告事项:(略)

B. 即时报告内容:事件发生的时间、地点、单位、经过、原因、危害程度、发展趋势、应急处理措施及需要帮助解决的问题,应急指挥机构负责人联系方式等情况,并及时续报事态进展和处理情况,直到事情处理完毕。

②随时报告事项及内容

A. 自然灾害:已造成的人员伤亡和财产损失情况,灾情发展动态。

B. 突发安全事故。(略)

C. 公共卫生事件。(略)

D. 安全生产事故:人员伤亡和财产损失情况,可能产生的危害,初步推断的事故原因,已采取或拟采取的救援措施;其他需要报告的事项。

E. 事件处置过程中可能发生的其他意外情况。

(3)信息报告方式

各级司法行政机关应在接到紧急重要信息报告1小时内向司法厅报告。来不及报送详细情况的,可先进行初报,然后根据事态进展和处理情况随时续报。不能压报、延误,更不能迟报、漏报和瞒而不报。

(4)信息报告责任制(略)

4. 突发案件分级和应急响应(略)

5. 后期处置

(1)善后处置

按照有关规定做好善后处置工作,包括人员安置、补偿、灾后重建及对有关人员的奖惩等。

(2)社会救助

发生突发案件的监狱、劳教单位应确定专门机构和人员负责对社会救助机构的组织协调、资金和物资的管理与监督等。

（3）保险

发生突发案件的监狱、劳教单位根据工作需要和《中华人民共和国保险法》等有关法律法规的规定，做好应急人员保险投保和受灾人员保险索赔等工作。

（4）调查报告及处理意见

突发案件结束后，由各级突发案件应急指挥部办公室负责起草调查报告，总结经验教训，提出改进建议，报送上级机关。省监狱局、劳教局负责向司法厅上报有关报告。

6. 应急保障

（1）值班制度（略）

（2）应急支援与装备保障（略）

（3）专业、技术保障（略）

（4）应急队伍培训（略）

（5）日常演练（略）

（6）法制宣传与法律服务

全省各级司法行政机关要有针对性地开展法制宣传，提高处置突发案件工作的法制化水平。各级司法行政机关要组织公职律师、社会律师和公证员，提出法律建议，协助人民政府在处置突发案件中依法采取应急措施并科学决策。各级司法行政机关要发挥各级人民调解组织的作用，预防和化解因处置突发案件引发的矛盾纠纷。

7. 有关要求（略）

8. 奖励与责任追究

（1）奖励。依据《中华人民共和国警察法》和《中华人民共和国公务员法》，对在处置突发案件中表现突出的单位和个人，给予表彰奖励。

（2）处罚。对失职、渎职、违反安全制度而引发突发案件的行为，以及在处置突发案件中未依法履行职责造成相应后果的行为，按有关规定对责任人员给予行政处分；需要追究法律责任的，移送司法机关进行处理。

9. 附则

本预案由司法厅制定、解释，按程序报省政府和司法部备案，并根据形势的发展变化及时进行修订和完善。各市（区）司法局、警官职业学院、省监狱局、劳教局制定和修订的突发案件应急预案，报司法厅备案。

本预案自公布之日起实施。

2011 年 9 月 6 日

第三节 狱内突发案件应急处置工作

一、建立健全快速反应的常规应急处置体系

快速反应是处置狱内突发案件的基本原则之一。要做到快速反应，就要建立与之相适应的作战体系。

（一）建立集中统一指挥系统

应自上而下建立起各级指挥机构,省、市、自治区监狱管理局应建立指挥中心,负责对各监狱紧急情况或突发案件的指挥协调,必要时可派员直接参与指挥,并可根据需要抽调一定的力量到现场增援。各监狱场所应设立指挥部,负责对所辖范围突发案件的现场指挥,合理布置力量,及时解决处置过程中出现的各种问题。

（二）组建处置突发案件的专业队伍

为了有效地处置突发案件,监狱应建立防暴中队、小队等快速反应机构,由狱政部门直接领导,配备枪支、警具、通讯器材和防暴器材,平时严格训练,集中管理,随时待命,一旦需要可立即赶赴现场,采取行动控制局面。

鉴于防暴队肩负的特殊任务,必须进行相应的特殊训练。其训练的内容应包括身体训练、擒敌技能训练、各类武器操作训练、处置各类复杂情况的策略战术训练。在训练中应注意强调两点:一是既要注意技能型训练,更要注重战术意识、策略思想方面的训练,使经过训练后的防暴队员有勇有谋,不仅擅长打攻坚战,而且在施谋用策、心理攻势、临场谈判等方面都具有较高的素质;二是要注重一般技能的训练,更要注重特殊技能方面的训练。在队员个体训练上要有规范性的要求和高标准的衡量尺度,在整体结构上从招募时就要注意招收各种有特殊技能的队员,并进行培养和优化组合,使队员们各具特色,使防暴队员成为神枪手、排爆能手、登高能手、潜水能手和格斗擒敌能手。

（三）建立用以堵截的卡点网络

为了有效地实施堵截,必须抓好卡点网络的建设。建立用以堵截的卡点网络,主要是针对脱逃、暴狱案件中,有在押犯逃出监狱的突发案件。对于这类事件,要想迅速、及时地抓获脱逃犯,就必须合理地布建卡点网络。各监狱要从当地的地理环境、交通状况出发,针对该类突发案件的规律和特点,及时布建该地的卡点网络。每个卡点都应配备足够的力量昼夜备勤值班,同时还要配备一定的交通工具和通讯设备。整个卡点网络的布局要以能够有效控制案犯的出入为原则。

二、狱内突发案件应急处置的原则

处置狱内罪犯制造的突发案件应该遵循一定的原则。根据新形势下狱内突发案件的规律和特点,狱内突发案件应急处置的原则包括:

（一）统一指挥,协同作战

这是调整警方内部关系的重要原则,是指导监狱科学组织、调度、使用力量,以保证处置行动取得最佳效果。

1.统一指挥。统一指挥是指在处置突发案件时,由指挥部对整个处置工作进行统一的指挥。在监狱中,对突发案件的处置行动的具体指挥责任由监狱负责人集中统一行使。实行统一指挥的必要性在于,只有统一指挥才能保证其他处置原则、查控措施的顺利实施,突发案件突发性强、案件发展快,处置时指挥权分散,如号令不一就会使处置网络中的各个作战组难以步调一致。不仅不能尽快制服犯罪分子,甚至有可能造成人员伤亡等严重后果。另外,大量处置突发案件实践的经验教训证明,能否实行有效的统一指挥,往往是处置工作成功的关键因素。为了取得处置突发案件的成功,必须认真落实统一指挥原则,理顺指挥关系,克服多头指挥实际上又无人指挥等现象。

2.协同作战。这是监狱从处置突发案件任务的总目标出发。组织调度各种警力,各个部门,相互协调配合,形成整体功能的原则。突发案件的突发性、事态扩张性要求监狱各项工作都要执行整体协同作战的原则,有些突发案件(如暴力越狱脱逃)对协同作战的要求更突出一些。查缉脱逃罪犯仅靠一点一线的布置,一个部门孤军作战是很难奏效的,必须组织各警种、各部门协同作战,才能形成防范、控制、侦查、查缉的严密网络.使犯罪分子无隙可乘。组织协同作战不仅要注意监狱内部力量的协同,也要注意与有关部门的协同,还要注意措施的协同。所谓力量的协同,是指根据监狱各业务部门的职能特点,相互协调,发挥各部门的独特作用。既要有制敌的尖兵力量,又要有面上的查控人员,还要组织排险、救护、通讯、后勤保障队伍。所谓措施的协同,是指要善于运用查、控、追、堵、围等基本措施周密部署。

(二)快速反应,因案施策

这是指导处置措施与查缉行动的原则,是对警方作战行动的规范,以保证顺利完成处置的任务。

1.快速反应。快速反应就是要求监狱得到发生突发案件的情况报告后,能够正确果断地采取相应措施,迅速出击,及时制止犯罪、控制事态或捕获逃犯。这一要求有利于将突发案件控制在一定的范围内,防止扩大蔓延;有利于尽快采取针对性措施,将事态消灭于初期阶段,避免造成更大的危害。在处置中采取的各种措施和手段是优是劣,从某种意义上说不决定于其本身,而决定于实施的速度和时机。但是,快速反应不是盲目行动,它是以多种因素的有机结合为前提的,诸如决策的正确性、组织的有效性、参与人员的协同性、后勤的及时性等。应避免不看条件,不顾具体情况,盲目追求速战速决的急躁做法。

2.因案施策。因案施策要求在处置狱内突发案件时,要因案、因人、因时、因地采取针对性措施,精心策划,应用可行的战术和谋略,在尽可能防止或减少伤亡损失的基础上控制事态,制服犯罪分子。各案中的犯罪分子都有不同的经历、性格、特长、作案动机等。就某一罪犯来讲,他在预谋犯罪、实施犯罪、逃窜过程的不同阶段、不同情况下,心理活动抵抗程度也都在不断地变化着。处置时只有针对当时的具体情况采取相应对策,才能取得出奇制胜的最佳成果。

(三)确保安全,相机制服犯罪分子

确保安全,是指在应急处置时,应采取一切必要的措施和手段,保护监狱和人员的安全。突发案件的目的之一,就是为了维护监管场所的安全,保障人员的安全,保证国家和人民财产的安全。因此,在应急处置中,要按照减少损失,确保安全的要求,积极保护重点部位和重要财产;同时,要尽一切可能兼顾其他保护对象,努力把损害结果控制在最低限度。相机制服犯罪分子是要求在执行缉捕任务时,能够抓住战机或运用战术创造战机,安全、迅速地将犯罪分子捕获。

三、狱内突发案件现场处置的一般步骤方法

现场处置,一般划分为初期处置、中期处置和后期处置三个阶段。初期处置,中心任务是判断案情,实施预案;中期处置,中心任务是现场处置,制止犯罪;后期处置,中心任务是调查案件,善后处置。

(一)判断案情,实施预案

1.判断案情。监狱指挥人员获得发生突发案件的信息后,首先要核实案件信息来源,分析案件的情况。监狱对于各种突发案件必须作出快速反应。一般来讲,快速反应能力有以

下四个要素构成:一是及时、灵活、准确的案件信息来源和对信息的敏锐感觉;二是综合多种信息对案件状况作出正确的判断;三是制定充分可行的初步方案;四是处置队伍接受指令后能在最短时间内作出准确无误的快速反应。由以上可见,有关案件的信息是否及时、灵活、准确,是现场处置工作能否快速反应和及时推进的首要前提,要看到快速反应具有多方面的含义,不仅仅表现在快速到达现场一方面。现场处置指挥人员接到有关突发案件的信息后,切忌匆忙行动,而要在进行快速准备的同时,安排专人核实信息来源和可靠程度,打有准备之仗。现场指挥员对于无论哪个渠道发来的信息,都要尽可能的进行核实,使信息更加准确。案件核实的内容包括:最先提供情报的人的所见所闻及其基本情况;案件目前的状况;案件的主体、规模、类型、人员、情绪和行为状态;有无危害结果等。案件信息核实的方法:派员到现场实地观察了解;详尽询问提供信息的部门和个人;现场在技术监控的范围内,可以通过监控系统观察等。这些方法可以单项进行,也可多项进行。现场处置指挥人员要对核实前后的信息进行综合比较分析,提出有误的部分,存留准确的部分,判断其可靠程度,并据此及时调整正在进行中的各项快速准备工作。

2.快速准备。快速准备,使处置队伍处于最佳临战状态。现场处置快否,往往取决于准备工作进行得如何,快而无准备则欲速而不达。快速准备工作的基本要求是:迅速、充分、有条不紊。迅速,主要指各项准备要在极短的时间内多渠道高质量地完成;充分,是指现场处置需要准备的绝对不能遗漏;有条不紊,是指整个准备工作,都是以平时良好的训练为基础,按照规定的程序迅速而有序地进行。因此,指挥人员在赶赴现场前,主要抓两件事:一是核实信息及时作出反馈;二是发出指令快速进行准备。指挥员获得有关发生案件的信息后,在按照规定对信息进行核实并上报、下达、横向沟通的同时,应根据上级下达的指令和自己的职责。立即组织动员所属的人员,投入现场处置的快速准备阶段。快速准备,包括以下几个方面的内容:

(1)指挥员紧急会议。一是对突发案件的情况及其趋势作出分析判断,统一认识;二是明确上级指挥意图和自身的任务、分工;三是处置队伍的组合及如何动员作出决定;四是根据预案提出初步部署方案。

(2)进行组织动员。组织动员工作,既要激发其处置队伍的战斗热情,又要使大家冷静思考处置的难度与面临的问题,出谋献策。

(3)交通通讯工具、警械武器和饮食、医药、弹药、燃料等后勤保障准备。要求交通通讯工具和警械武器的性能必须保持良好的状态,随时可以投入使用。指挥人员对警械武器的情况一定要考虑周密,至于带什么武器和使用的时机、条件,必须明确具体,落实到人,重申警械武器使用规定和注意事项。

(4)机动力量的准备。现场处置的回旋余地,主要是依靠机动力量的使用去争夺,因此,任何时候,指挥人员都不能忽视机动力量的准备。机动人员要精干,有较强的应变能力,交通通讯工具要更具有机动、快速、灵敏的特点,任务要明确具体。

3.实施预案。监狱指挥员应根据突发案件的类型、规模、范围等情况,综合分析,确定实施何种预案,并根据案情及时按照预案迅速组织力量进入预定位置。鉴于狱内突发案件的规律,通常对警力的部署分为:

(1)现场处置警力。监狱指挥人员按照预案的要求组织人员进入现场。指挥员获得案件发生的信息后,为了争取主动,在快速准备的同时,可派先遣小分队由相应级别的指挥员率领先期赶赴现场。先遣小分队实际是现场处置指挥部的前沿指挥点,其作用是充分利用先期到达现场占据时空的优势,填补现场处置队伍由于进行准备所消耗的时间,并通过第一手现场信息的传递,紧密配合各项临战准备工作,使现场处置队伍到达现场后能更迅速、更准确、更有效地进入实战状态。现场警力根据现场案件发展的事态和现场处置的需要,利用执行职务的优势条件因地施策,及时抢占各种有利的地形。

(2)外围控制警力。外围控制警力主要任务是组织力量对现场的外围进行包围控制,防止案件规模的扩张,以及防止监狱外的犯罪分子冲击监狱,从而保障突发案件现场处置的安全进行。外围警力的部署根据预案和指挥人员的安排进行。

(3)狱内秩序稳定警力。监狱是罪犯高度集中的地方,具有较高的人群危险性。一旦狱内发生突发案件,将极大地影响狱内罪犯的心理,有些罪犯可能趁机制造新的犯罪案件,有些可能鼓动其他罪犯趁机逃跑等。总之,狱内突发案件对狱内的监管秩序会造成很大的影响,监狱指挥人员应根据预案下令狱内的秩序稳定警力组织实施罪犯的稳定工作,必要时停止罪犯的一切活动。

(4)案件侦查警力。案件侦查人员主要从事案件的现场勘查、现场保护及调查询问、讯问等任务,通常由熟悉案件调查的狱内案件侦查人员负责。案件侦查警力的部署应在保证突发案件处置的前提下进行。情况紧急时,可先将侦查工作推迟进行。还要注意初期的侦查工作应先服务于案件处置工作,如脱逃案件侦查时先要了解案犯情况及逃跑方向等。

(5)机动警力。现场处置突发案件必须留出一定的机动力量。这是因为涉及突发案件形成发展的相关因素甚多,往往由于某个因素受到强化或弱化,就会牵动整个案件急剧变化,或恶性或良性方面运转。机动力量与投入现场力量的比例,没有固定模式,一般应以一旦使用能够迅速抓住战机,实现快速突击和应急补救为前提来确定两者的比例关系。机动力量待命的位置,一般以隐蔽在现场附近能迅速进入现场为宜,必要时可设若干机动点,一旦需要从不同方向进入现场。

另外,还包括勤务保障警力部署,主要负责车辆、武器弹药等物品的供给。

(二)控制现场,制止犯罪

1.建立现场指挥部。建立现场指挥部的目的主要是使现场指挥员能够比较自如地按照现场处置的实际需要和初步部署方案,对指挥机构、现场处置队伍和各种交通通讯器材、武器及其他保障,进行科学细致的编组和配置,从而保证对现场处置队伍实施稳定的不间断的指挥,保证现场指挥与上级指挥的沟通,保证现场指挥与其他单位的协同配合。现场指挥部建立后,及时要办的事:一是立即通过现场联络员、派出分队、观察哨的联系,加强上级指挥意图、现场动态和处置队伍动向方面的信息交流;二是建立现场指挥通讯网;三是不断向上级指挥部报告工作加强联系;四是组织指挥处置队伍,实施各种处置措施。现场指挥部位置的选择。现场指挥部位置选择是否得当,不仅影响现场处置的形式、方法和警力的调动,而且对平息制止事件的战略全局也至关重要。一般选择的要求是:能够通观全局,视野开阔,便于指挥作战,便于展开工作和机动,利于警力的集中、疏散、转移、隐藏、稳定和安全,充分体现占据有利地形,造成对案件处置的主动、机动、灵活、多变的有利地位。在城市,可选择在面对案件现场四通八达的楼房等建筑物内;在农村,可设在能够控制要道路口的丘陵高地等地方。当然,在紧急情况下,来不及建立指挥部时,应以主要指挥部为核心形成高度机动精干的指挥点,主要指挥员在哪里,指挥点就设在哪里。

2.控制现场。控制现场,是现场处置队伍进入现场后,运用各种手段全面实施预案的具体步骤和方法。其目的是通过显示警力和震慑作用,将事件控制在原有的范围内,不使其蔓延扩大，并引导事件向缓和、平息方向发展。所以，控制现场，包括强制、非强制的多种多样的具体措施。如何运用，应视事件的性质、类型、规模、特点、发展状况、现场环境和警力状况等情况，因事施策。从处置事件的实践看，一般采取以下措施：

（1）设置警戒线，封锁现场。通过设置警戒线、路障等措施，尽可能封锁现场，包围和孤立犯罪人，切断其与外界和与冲击目标的接触。这样，一是可以控制案件现场的范围，不使之扩大；二是防止和减少犯罪人与外界的消极互动影响；三是使犯罪人与冲击目标隔离，为保护财产、生命安全和要害部位创立条件；四是使犯罪人陷入孤立、被监视的处境，产生畏惧心理，以便相机行事。

（2）开展正面宣传教育。运用车载或便携式扩音器材等宣传工具，或其他手段，讲明国家的有关法律政策，开展政治攻势，提出劝告或警告，进行疏导，分化瓦解，消除犯罪人的犯罪意识，引导其走上正确的认识轨道，逐步消除犯罪人的激情反应。宣传教育要针对性强。

（3）显示警力，充分发挥威慑、震慑作用。当某些案件尚未发展到特别严重的程度，宣传教育工作正在进行时，可将相当数量的警力开进现场或附近，陈兵耀武，也可在相应地区高频率调动警力，进行高密度的武装巡逻，形成强大的震慑力，使犯罪人群畏缩瓦解或不敢扩大事态。

（4）命令解散或强制驱散。对于集结罪犯人数不多的，可采取命令解散或强行驱散的方法。此方法的使用，一要按规定经领导的批准，二是要充分灵活运用法律，三是对可能出现的情况要充分估计并有相应的对策。强行驱散措施，经批准，可以使用高压水枪、水炮、催泪弹等。对个人引发的案件，应果断地将其带离现场。

（5）及时解救被劫持、围攻的人员。现场处置队伍封锁现场后，应快速有效的进入现场，将受罪犯劫持、围攻的人员解救出来。解救工作一般从三方面进行：一是采取恰当措施，缓和气氛，巧妙周旋，控制事态发展；二是积极做好强行解救的准备工作，一旦其他方法不能奏效，则进行强行解救；三是做好打击现场罪犯的准备，在解救中一旦遇到抵抗，相机进行打击。

另外，使用警械武器要依法进行。现场处置队伍控制现场，往往正值案件发展的初期或中期，事态较为混乱难以控制的时候。因此，当宣传教育等非强制性措施难以奏效，以及出现危害后果和犯罪行为，需要动用警械武器时，应严格按照批准使用的警械武器的种类、范围、程序和要求去使用警械武器。特别是使用枪支等杀伤性武器时，要切实遵照规定进行，不到万不得已，不轻易开枪，并千万注意不要误伤无辜。还要注意自我保护，尽量避免意外伤亡。现场处置队伍处置案件的全过程，可能遇到来自各方面的袭击和侵害，因此，要加强自我保护工作，在初期控制现场阶段尤其需要这样。现场指挥员在指挥过程中，都要考虑到人员、车辆和武器等器材的安全，安排必要的防护力量，采取必要的防范措施。要周密组织指挥警械武器的使用，防止搞乱自己的阵势，误伤自己的人员和无辜者，避免和减少公私财产的损失。

3.制止犯罪。有些狱内突发案件如暴狱案件，极易直接造成大量的人员伤亡、财产损失。因此，现场处置始终要把制止严重犯罪活动作为一项重要措施，否则，不仅现场不能控制，以后的调查取证、稳定事态、善后处置都难以推进。至于处置时机和方法的选择，则是处置策略的运用问题。制止犯罪活动的具体措施有：集中优势警力，力求一举成功。在判明情况的基础上，根据需要尽可能调集足够的警力，必要时报告上级增援，可视对象的多少采取包抄、分割、直接抓获等战术，接触和控制实施犯罪的罪犯。对不听劝阻，继续进行犯罪活动的。可以按照规定使用警械武器，并及时报告使用情况和处置后果。对实施犯罪后逃跑的，要组织追捕，并报告上级，在有关地区追缉堵截。

（三）维持秩序，调查案件，逐步平息事态的发展

1.维持秩序，保障监狱各种正常活动的进行。狱内突发案件发生后，其危害往往很快波及现场以外地区，造成连锁性消极反应。特别是暴狱案件，有时会向更大规模发展，冲破原来的活动形式和范围，造成监狱局部乃至全部秩序的混乱，各项正常活动无法正常进行。因此，现场处置队伍在有效控制现场后，要分出一部分警力及时转入维持监狱的秩序，这也是控制现场、稳定事态工作的延续。有多种警力参与现场处置工作的要抓好组织分工。一般由普通警察执行维持秩序的任务，防暴警察则执行控制现场的任务。

2.开展调查，摸清案件的全貌，逐步平息事态的发展。开展调查是为了全面掌握案件有关的情况，取得证据，以便向上级及有关部门进行报告，为后期的处置提供充分、确凿的证据。必须深入、细致、全面、客观如实地反映案件原来面目。因此，调查必须要严格按照通常调查研究要素的规范要求进行。现场调查和外部调查密切结合，互相沟通、印证。对于主要事实或基本事实，要尽量从现场内外获得多方面的材料。调查材料应形成一个能够比较清楚地反映案件始末的系统、完整的事实材料。调查工作应严格按照取证的要求进行。使调查取得的案件材料符合法律的要求。狱内突发案件的构成原因复杂，调查时，重在把握其基本内容及其要素：引起案件的直接因素和潜在因素是什么；事件的规模、类型和表现形式；事件的性质、危害等。在实施调查方法时，从直接观察和现场调查询问两个渠道入手；可从了解案件形成过程开始，联系引发案件的来龙去脉，由事到人或由人到事；有所侧重，重点放在危害的有关人、事和造成危害的手段、后果等；调查和取证紧密结合，不要遗漏。同时，要注意发挥监控技术等现代科技的作用。

狱内突发案件发生后，警方通过积极的控制，使事件现场完全处于警方的控制之下，现场工作向消除危害后果、恢复正常秩序阶段过度。突发案件的平息制止应具备三个条件：首先，案件引发的混乱状态已被消除。其次，案件的犯罪人已被抓获。犯罪人被警方抓获，从而终止危害行为，使案件的主体处于可控制的状态。最后，案件现场完全置于警方控制之下。警方只有将案件现场全面严密控制起来，才可能把现场处置工作推向善后处理阶段。

（四）积极做好善后工作

1.严格执行法律、政策，做好对人的处理工作。有的狱内突发案件，参与的罪犯多，涉及的面广，特别是暴力型的案件的犯罪主体，实施暴力与没有实施暴力的，前期主动参与的和随后卷入以及围观的，成员情况极其复杂，处理难度较大。现场处置人员应根据实际情况和上级命令，挑选政治素质好、熟悉法律政策和办案业务的监狱人民警察，会同有关部门，对参与或卷入事件的人严肃而慎重地分清不同层次的责任，区别对待，依法处理。切忌就事论事，简单粗糙。要使处理成为一次对罪犯深刻的法制教育，防止类似的案件发生。在查清突发案件情况的基础上，对案件的责任人进行严肃处理。在罪犯方面，对构成犯罪的，按照规定依法移送人民检察院审查起诉，追究其刑事责任；对其他人应视情节轻重，分别给予不同的处罚；在监狱人民警察方面，要确定案件责任者应负的责任，依照有关的规定作出恰当处理。

2.消除危害后果，恢复正常秩序。监狱发生突发案件，特别是重大的暴狱案件，往往会造成监狱部分工作、生产、生活等方面的秩序混乱，并可能波及整个监狱。因此，现场处置指

挥员在处置案件后期,应充分利用占据现场、熟悉情况的优势,在不违背上级总的指挥意图前提下,积极会同有关部门,抓住一切机会,消除和减少各种危害后果,也可以边控制局势,边平息、边消除危害后果和恢复正常秩序。具体方法有:

(1)各部门及时配合,尽快恢复正常秩序。恢复的重点应是直接危及和影响广大罪犯和监狱警察等切身利益和正常生活的秩序,开展这类工作,要向罪犯讲明道理,取得罪犯的理解和支持,防止引起新的混乱。在工作中,还应加强各个部门之间的配合,齐心协力的把监狱秩序恢复正常。

(2)对案件中造成的伤亡进行处理。在处置案件过程中,要结合对案件的调查进行必要的取证,向其本人或周围的人群了解伤亡的原因、经过等情况,逐人进行记录。要严格区分因实施犯罪行为受伤或致死与无辜受伤、致死的界限。对负有法律责任的伤者,应加强监护工作。尸体在查明情况作出结论前,要按照规定妥善保存。

(3)利用传播媒介加强宣传,稳定罪犯情绪。狱内突发案件在造成监狱秩序混乱、物质损失和人员伤亡的同时,还容易引起罪犯思想混乱和心理躁动,因此,消除罪犯由于突发案件造成的心理问题是后期处置的一项重要任务。现场处置人员要在上级统一指挥下,协同电台、电视台等有关部门,利用现代化的宣传工具及监狱内的宣传设备,做好正面宣传教育工作,公布案件的真相和调查处理情况,宣传国家的法律、政策,正面引导罪犯应当怎样做,稳定罪犯的情绪。

3.研究突发案件发生的规律,加强防范。发生突发案件后,监狱要进行登记,及时报告主管领导和上级业务部门。重大的突发案件要写出专题报告,逐级上报。登记要将突发案件发生的时间、地点,案件的责任情况,案件的主要经过、原因及处理情况如实详细填报。突发案件登记报告的目的是:使领导和上级业务主管部门了解案件发生的情况,积累材料,以便综合分析,找出突发案件发生的规律,制定突发案件的防范措施和对策,预防和减少突发案件的再次发生。

根据以往的经验,监狱发生突发案件往往是由于对潜在的案件隐患没有及时发现和排除而转化为事实的。案件隐患,包含两方面的内容,即:在押犯的危险因素与监管工作的缺陷和漏洞。在押犯的危险因素,是指在押犯在羁押后所必然产生的潜在的抗拒、逃跑、行凶、自杀等心理障碍及存在可能实施这些行为的危险性;监管工作中的缺陷和漏洞,主要是指监管人员的思想麻痹大意,工作不负责任,作风粗枝大叶,不严格执行监管法规,以及监狱设施条件、各项规章制度的缺陷等。在押犯的危险因素是发生突发案件的内在因素,而监管工作中的缺陷和漏洞,则是发生突发案件的外在因素。暂时没有在押犯的危险因素存在,即使监管工作有漏洞,也不会发生突发案件;相反,仅有在押犯的危险存在,而监管工作没有漏洞,也不会发生案件。只有两者同时存在,才能构成案件隐患。事实证明,监管工作漏洞存在越多激发案件隐患的次数就越多,发生突发案件的次数也就越多;监管工作漏洞存在的时间越长,激发案件隐患的可能性就越大,发生突发案件的可能性就越大,这就是案件隐患转化为案件的规律。掌握案件发生的规律,就抓住了预防案件的根本。监狱人民警察应根据监狱的实际情况,结合以往的突发案件的经验,运用案件隐患转化的规律来预防突发案件的发生。

监狱暴力犯罪应急处置方法

1. 迅速上报,启动处置暴力犯罪的预案

监狱人民警察在遇到暴力犯罪后,应立即报告上级领导或职能部门,并按处置暴力犯罪的预案进行及时处置,控制现场事态。暴力犯罪的预案启动包含的内容主要有:

(1)搜集情况,判明性质。在监狱处置暴力犯罪的活动中,首先及时掌握现场发生的犯罪活动情况,了解暴力犯罪的主体、类型、人员构成、行为态势。根据暴力犯罪情况,预测发展方向,积极准备。除民警自己处理的案件外,作为上级人员还应对下级汇报的情况进行判断,从实际情况出发,着眼于影响处置行动的各种因素及其可能的变化,采取定性、定量分析相结合的方法,进行分析,正确估计有利条件与不利因素的作用,判明工作中心和关键环节。

(2)优选预案、下达命令。评估优选处置预案,就是针对暴力犯罪的具体态势,对可能出现的问题和正在发生的情况进行评估和预测,制订多套行动计划预案,同时,确定一个主计划方案,其他作为应急预案。

(3)进入组织实施阶段。

2. 及时控制作案人,稳定现场事态

在暴力犯罪中,暴力犯罪的实施者是引起整个犯罪的起点,因此对犯罪人的现场控制是处置暴力犯罪的关键点。无论在暴力行凶、暴力越狱、暴力袭警犯罪中,及时控制犯罪人,可以去除整个活动的动力,使得现场的事态便于控制。否则,犯罪人如果脱离控制,一方面,可能使已经发生的案件继续恶化,如罪犯脱逃,罪犯行凶得逞,也可能使整个事件逐步蔓延,演变为劫持人质案件。另一方面,增大处置的难度。暴力犯罪的作案人不能及时控制,使得整个处置活动的危险因子没有消除,处置活动随时可能出现新变化,增加处置的变数和难度。控制暴力犯罪的作案人方法主要有:

(1)隔离暴力犯罪人。在暴力犯罪活动中,发生脱逃、伤害等案件时,由于罪犯难以得到适合的作案工具,也难以逃离现场,因此,现场民警采取适当方法及时隔离犯罪人,就可以起到控制现场的目的。特别在一些罪犯之间发生的暴力伤害案件中,民警及时地对双方进行隔离,有利于事态的控制,处理双方的矛盾。

(2)强制性约束。对暴力犯罪的犯罪分子,现场民警应及时加以控制。一般情况下,民警使用警械就可以对作案人进行约束性控制,包括使用手铐、警绳以及其他软性控制物品进行约束。在紧急控制作案人时,一是要警力有保障,最好两人以上,以防发生袭警和反抗的情况出现。二是紧急控制要注意方式方法,避免伤亡和战术错误。另外,可以发动罪犯对作案人进行约束和控制,一般认为罪犯是不应使用的,但在实践中合理地发动和使用罪犯可以解决现场的警力不足的问题,发动罪犯还可以使现场的整个出现敌弱我强的态势,便于及时控制作案人。

(3)使用武器进行控制。在暴力行凶、袭警、劫持人质案件发生之后,暴力犯罪的作案人处于极度的暴力危险状态,简单的强制约束可能难以发挥作用,或无法实施。这时,警方要适时准备使用武器进行控制。使用武器的目的是制止犯罪人的犯罪活动,除非在紧急情况和危及人的生命时,才可以考虑采用击毙犯罪人。使用武器控制犯罪人,要有合理的分工,在武器控制下抓捕,避免不必要的伤亡。武器的使用要考虑暴力犯罪的事态、犯罪人的状态、周围的罪犯和人员的密集程度等情况,综合各种情况和处置的紧迫性适时进行。

3.抢救被害人及其他受伤者

监狱暴力犯罪,往往会造成被害人和其他罪犯受伤或死亡,因此在监狱暴力犯罪的临场处置中,对受伤者的紧急救助极其重要。在暴力犯罪现场,监狱警察能否做到及时、正确和有效的现场急救,将直接关系到被害人的安危和善后。及时排除危及伤员生命的因素,正确有效地采取急救措施,能为伤员在医院的救治打下良好的基础,对降低致残率、死亡率,提高治愈率有着重要意义。在急救或护送时,如伤者神志尚能讲话,要及时询问伤者,了解有关情况。

在现场紧急救助时,要注意尽可能地防止毁灭其他痕迹、物证。对由此而引起的现场变动情况以及伤者的位置、姿势等,都要记清后向狱内侦查人员介绍。对被抢救的重伤人员,应询问有关案情的一些重要情况,并认真做好记录。对受伤的犯罪嫌疑人进行急救时要布置专人严密监视,以防止其发生行凶、自杀、毁灭罪证等意外情况。

4.控制现场,隔离其他罪犯

在暴力犯罪现场,如果处置不当,就会导致民警与罪犯的冲突,也可能使得暴力犯罪全面升级,导致整个现场失控的局面。控制现场的手段主要有:

(1)根据暴力犯罪的活动规模和监狱的具体情况,设置外围的警戒。通过在监狱的各个功能区域如生活区、劳动区等设置警戒线和警力,尽可能地封锁整个现场,及时控制暴力犯罪分子,孤立犯罪人,切断其与外界及其他罪犯的联系。这样,可以控制整个暴力事件的现场范围,不使之扩大蔓延,防止和减少暴力犯罪对其他罪犯的刺激,消除罪犯之间的消极互动。同时,也可避免在暴力越狱时,暴力犯罪分子与冲击目标的脱离,使暴力犯罪分子处于孤立和受监视的处境,为相机处置奠定基础。

(2)隔离其他罪犯。由于监狱关押的罪犯是一个危险群体,监狱内的暴力犯罪活动对罪犯来讲是一种严重的刺激因素,可以导致其他罪犯的不良反应。因此,应将其他罪犯与暴力犯罪分子分离。可视暴力犯罪发生的地点、规模和性质,分情况进行对罪犯的隔离。暴力犯罪发生在生活区的,可以将罪犯隔离在监舍之中;暴力犯罪发生在劳动现场的,可将罪犯有组织地疏散到指定区域,派专门力量看押。在群体性暴力犯罪中,应及时从外层向内层分离刚刚卷入或尚未卷入的罪犯,防止暴力升级,要边分离边控制看押。

(3)及时解救被困的人员。现场处置人员封锁现场,分离罪犯群体后,应快速地将被困的被害人和警察解救出来。在暴力犯罪中,常常伴随劫持、殴打等暴力的存在。一是边抓获暴力犯罪人边解救;二是可以采取恰当的措施,缓和气氛,巧妙周旋,排除可能刺激暴力犯罪人的外界因素,伺机解救;三是谈判解救,如果现场发生劫持、绑架等暴力犯罪活动时,需要进行谈判加以解决的,必须采取谈判解决。如果一味地采取强制解救,可能会增加冲突、激怒犯罪分子,造成人员伤亡。

5.妥善安排事后

暴力犯罪发生后,通过监狱警方的积极控制,使整个犯罪活动完全处于监狱警方的控制之下,现场工作开始向消除危害结果、恢复正常秩序阶段过渡。

(摘自孙延庆、徐为霞:《论监狱暴力犯罪案件应急处置》,《新时期狱内侦查问题研究》,中国市场出版社2010年版。)

第四节　几类狱内突发事件的应急处置方法

针对各种各样的狱内突发事件，监狱应认真执行狱内突发事件处置原则，严格遵循狱内案件侦查工作"预防为主、防破结合、及时发现、迅速破案"的方针，根据不同的情况采取不同的有针对性的措施。

一、对行凶事件的应急处置

行凶是指在押人殴打在押人或杀害看守警察、武警战士的犯罪行为。行凶往往和暴狱、脱逃案件同时发生。行凶案件一旦发生，必须采取以下紧急措施：

1. 控制现场、立即报警。狱内罪犯行凶案件一旦发生，监狱人民警察发现或接到报告后，应当立即赶赴现场，控制事态，并迅速向有关部门报警。摸清行凶的基本情况，调集警力，防范布控，封锁监门及相关要害部位，占据有利位置，将罪犯置于武装包围之中，快速有效控制行凶事件现场。

2. 严厉儆戒、逼其就范。监狱人民警察控制行凶现场后，应尽快查明事发原因、参与者、行凶手段、受害人情况等，并采取针对性的法律规劝，疏导攻心。如系团伙犯罪，应先分化瓦解，控制主谋，必要时以严厉的武装震慑逼其就范。

3. 相机制服、平息事态。面对各种行凶案件，监狱人民警察应及时搜集掌握犯罪分子和受害人的情况，如犯罪分子人数、行凶手段、受害人人数、伤亡情况、发案基本原因等。在确保监管场所人员生命安全的同时，驱散围观者，对犯罪分子既可正面口头、鸣枪警告，也可以避实就虚、迂回进攻，如受害人已死亡，可采取暴力手段立即制服罪犯。若受害人生命正遭威胁，则可采用非杀伤性武器（如催泪弹、麻醉弹等）制服罪犯，解救受害人，及时提取犯罪证据，依法处置犯罪分子。

二、对越狱脱逃事件的处置方法

1. 快速出击，紧急布控。一旦发生罪犯越狱脱逃事件，监狱人民警察应迅速行动，查明罪犯脱逃的原因、方式和去向，并由此采取及时有力措施。如快速占据监狱要害部位，检查落实监管安全制度，稳定在押罪犯，快速在交通要道设卡、有关部位搜查，力争及时将其控制在包围圈内。

2. 围追堵截，及时捕获。按照《监狱法》有关规定，监狱人民警察和公安机关、武警部队及其他有关部门应迅速沟通情况，调集优势兵力，联合作战，认真分析脱逃事件的起因经过，制订周密的追逃方案，成立专门组织，蹲点设卡，跟踪追击，力争即时捕获。如不能立即捕获，应将脱逃罪犯的姓名、罪名、籍贯、年龄、体貌特征，脱逃时间、方式、方向等情况通知有关部门并密切协助公安机关做好追捕工作。

3. 分别情况，妥善处置。对脱逃捕回的罪犯应视其脱逃及其他违法犯罪情况及时给以必要的处置。对脱逃未遂或即遂，脱逃手段是否恶劣、危害结果是否严重，时间长短，是否自动投案以及脱逃原因进行分析，区别情况，分别给以必要的行政和法律制裁，儆戒他犯。对检举、揭发、制止、抓捕逃犯有功人员给予表彰奖励，惩恶扬善，维护监管安全。

三、对哄监闹狱事件的处置方法

哄监闹狱是指在押罪犯,三名以上或一个监室、几个监室,甚至整个监区的人,串通起来喊话、起哄、吵闹,提出生活、伙食、医疗卫生、学习、劳动等方面的问题,要求予以解决。一旦发生哄监闹狱事件,监狱应立即采取措施,予以平息,防止事态蔓延扩大。

1. 首先宣布监规纪律,责令罪犯安静下来,回到铺位上坐好,把在押罪犯的情绪稳定下来。

2. 然后立即分别找闹事罪犯进行谈话,问明事情的缘由。谈话中监狱人民警察要冷静仔细倾听在押罪犯陈述的意见和要求,并做好在押罪犯的思想工作,缓和其对立情绪。

3. 认真研究罪犯的意见和要求,依法及时予以处理。如果罪犯的意见是正确的,其要求也是合理的,要按照有关规定予以解决或答复;如果罪犯的意见和要求虽然正确合理,但因某种原因一时不能兑现,也应解释清楚;如果罪犯的意见不正确,要求是无理的,应根据法律、法规的规定,讲明理由,使其理解,从而平息事态。

4. 查明哄监闹狱原因,严肃对待。如果罪犯哄监闹狱是因为监管工作失误引起的,监狱应认真检讨接受教训,切实改进工作,并对有关责任者进行严肃处理。对少数借故挑头或煽动闹事的罪犯,视情况可先调出该监室,依法予以处置。

四、对暴狱事件的处置方法

暴狱是指两名或两名以上的罪犯,相互勾结或纠集起来,有组织、有计划地采取暴力手段,破坏监狱设施,或杀害监狱人民警察、武警战士,企图逃跑或扣押人民警察作为人质达到无理要求的犯罪行为。一旦发生暴狱事件,监狱应采取以下应急处置方法:

1. 及时发现,迅速报警。监狱人民警察要忠于职守,深入罪犯学习、生活、劳动现场,时刻高度警惕,善于观察,捕捉狱内外异常迹象。充分利用现有的监管设施和隐蔽力量,做好顽固犯、惯犯、累犯的监管,不失控脱管,消除可能导致暴狱事件的隐患。发现罪犯有暴狱的企图时应及时向监狱主管部门报警,采取果断应急措施,抓住战机,掌握主动,防止罪犯暴狱事态的发生、发展。

2. 控制监区,武装震慑。接到报警后,监狱和武警看押部队迅速实施防暴方案。分工负责,组织力量,封锁监区大门及其要害部位,占据有利地形,在监狱外围形成包围阵势,武力控制,严密警戒震慑罪犯。对兵力部署情况,要通报上级和有关部门,以调集必要的警力增援。

3. 政策攻心,分化瓦解。在控制封锁监区,严密警戒布防的同时,应迅速开展政治攻势,对罪犯进行喊话,宣传政策,阐明首恶必办、胁从不问等法律政策,分化暴狱犯群力量,瓦解罪犯的反抗意志,促使其悬崖勒马缴械投降。对执迷不悟、负隅顽抗者,应严厉警告,强行阻止,必要时依法将其击毙或击伤,以震慑犯罪群体。

4. 突入现场,平息事态。在采取上述有力措施的同时,调选精兵强将组成防暴突击队,配备先进的警械、武器,选择有利的时机、有利的地形,突入现场,捕获暴狱的首犯,驱散控制其他参与罪犯,平息事态恶性发展。

五、对劫持人质事件的处置方法

劫持人质是指在押罪犯用暴力手段挟持人质,并以被劫持人的生命安全为要挟,以期实现某种非法目的的违法犯罪活动。劫持人质具有严重的危害性,不仅侵害了监狱正常的监管秩序,而且侵害了他人的生命安全,是一种性质严重,情节恶劣的犯罪行为。在处置劫持人质事件时,可采用以下方法:

1.保护人质,封锁现场。发生罪犯劫持人质事件时,应快速报警、出警占据有利地形,包围罪犯,控制罪犯。重点保护人质的安全,封锁现场,将罪犯与人质置于严密的监控之下,同时疏散其他无关人员,以免造成新的危害。

2.稳定罪犯,攻心斗智。在确保人质安全的前提下,应及时和罪犯进行谈判对话,了解罪犯劫持人质的目的、使用手段、人质安危状况,采取政策攻心和武力震慑相结合,使其产生心理压力,迫其归还人质。

3.武力奇袭,伺机制服。对执迷不悟、负隅顽抗、严重危及伤害人质的罪犯,应千方百计寻找机会分散罪犯的注意力,争取时间,稳住罪犯,制定周密的方案。正面佯攻,测面包围,必要时可以调集多名优秀射击手利用有利的位置,寻机射击,制服犯罪,救出人质。

 案例评析 AnLiPingXi

罪犯张某劫持人质案

1.案情简介

2000年8月1日上午7时40分,刚刚上班的A监狱张政委桌上的电话铃声骤然响起,张政委急忙拿起话筒,话筒里传来监狱五大队大队长王某的急骤的声音:"我大队一中队罪犯张某闯进车间保管室,持刀挟持女保管员,被民警发现,张犯以杀死人质为要挟,企图强行出逃,情况万分危急。"

2.处置过程

快速反应:案情就是命令。张政委立即启动狱内突发事件处置预案,带领狱政科、狱侦科、保卫科等部门的民警火速赶赴案发现场,询问案发情况,察看案发地点。按照预案要求,经初步碰头研究决定,一是及时清场,疏散围观工人和犯人,避免发生意外;二是立即向该市检察院、公安局、驻监武警部队通报案情,请求协助。

7时50分,检察、公安、武警人员赶到现场,立即组成现场指挥部,指派公安局曹副局长和该监狱政科范科长两同志为一线作战指挥员,为避免贻误战机,指挥部授予两人随即处置权。曹、范两同志思维敏捷,机智勇敢,抓住要害,经过缜密分析,迅速布置战斗。一是侦察地形。找来熟悉保管室内部情况的人员了解室内情况。二是组织突击队从外部包围保管室,防止罪犯劫持人质强行出逃。三是展开政治攻势,瓦解罪犯犯罪意识,赢得时间,寻机制敌,解救人质。

经侦查得知,罪犯张某,男,22岁,祖籍含山县,捕前系芜湖市啤酒厂劳动服务公司工人,1986年因扒窃被劳动教养2年,1990年又因盗窃罪判刑7年,在A监狱服刑,1992年9月因脱逃被加刑2年,1993年8月调A监狱五大队一中队改造。该大队保管室有2名女工担任保管员,昨日一名保管员因病休息,今日早上出工后,张犯见保管室只有1名保管员,顿生邪念,即身藏尖刀独自闯进来,当女工惊叫并反抗防卫时,手被尖刀划伤。当民警发现报告时,女工仰面躺在地上,骑在她身上的张犯,用锋利的尖刀架在女工的脖子上,并大喊:"谁也不许进来,谁进来我就杀死她!"

案发地点保管室为两间,内部相通,罪犯将人质劫持在里间拐角处,室内存有柴油、汽油、氟利昂等危险物品,四周无窗户,室内阴暗,枪击和强行突袭均无法确保人质安全,如果失败,极易导致凶犯铤而走险,杀死人质。为确保人质安全和反劫持方案成功,指挥部决定展开政治攻势,引"蛇"出洞。先后指派中队、大队领导与罪犯"对话",缓和事态,但罪犯不肯释放人质。

时间一分一秒地过去,人质在痛苦挣扎、惨叫,而张犯则在歇斯底里地狂笑、叫嚣。参战人员知道,穷凶极恶的困兽什么事情都会干出来的。门里门外形成了紧张对峙的阵势,指挥部决定主动进攻,指派前线指挥员狱政科长与罪犯谈条件,以满足罪犯的要求为诱饵,麻痹罪犯的思想。时针指向9点整,张犯经过激烈的思想斗争,深知自己被层层包围,再这样下去,反而对自己更加不利,倒不如"三十六计走为上",指挥部决定"将计就计",答应派车送他"回家"的要求,张犯也表态暂且保证人质安全,民警们暂时松了一口气。

智擒顽凶:最后的决战开始了,这也是现场指挥部与犯罪分子斗智斗勇的关键时刻,成败在此一举。

现场指挥员以找车、加油为借口与罪犯周旋,拖延时间并迅速制定了三套方案:(1)在罪犯劫持人质出门时下手;(2)出门下手不成,在登车时从背后突袭;(3)登车再无法下手,将车开到预定伏击圈,制造机械事故停车,埋伏射手毙敌。方案制定以后,对突击队员布置战斗任务,进行战前动员。现场指挥迅速布置战斗:一是命令突击队员进入指定位置,待机出击制敌;二是在车子上做文章,选择医院救护车为运载工具。因为救护车从尾部开门,撤除尾门支架,用1.5米长的竹竿作支架,并将车子开到出口处,造成车门和铁门不能全部开启,罪犯不便登车,利于突袭。出口铁门形成一个0.5m的狭窄通道,只容一人进出,利于凶犯和人质分离。

9时30分,一切准备工作就绪,指挥部发出命令,命令按第一套方案实施行动,埋伏在铁门两侧的突击队员随即进入临战状态,现场空气仿佛凝固了,几百双急切的目光投向出口处,人们屏住了呼吸。9时40分,张犯经过窥视,确认无可疑情况,将刀架在人质脖子上推开铁门,从狭窄通道慢慢向外移动,当架在人质脖子上的尖刀大部分外露时,埋伏在门侧的民警谢兵同志临危不惧,将个人的生死置之度外,以迅雷不及掩耳之势,猛扑过去,双手死死抓住锋利的双刃尖刀,另外3名突击队员也几乎同一瞬间一齐扑向罪犯和人质,迅速将人质与凶犯分离,人质安全脱险,罪犯张某被生擒。

正义与罪恶历经2小时的较量,以正义胜利而告终。人们悬着的心终于落了下来。

3.反思与探讨

在押犯张某劫持人质案件,在我省监狱系统是个首例。反劫持战斗的胜利,其成功之处在于:

(1)快速反应,周密部署。处置狱内突发的暴力案时间性很强,必须强调一个"快"字,这样才能变被动为主动。案发5分钟内,该监狱领导即带领民警赶到现场,认真考虑每一个环节,详细制定解救方案,周密部署解救工作,为安全解救人质奠定了基础。

(2)把握战机,正确决策。指挥部以不惜一切代价解救人质,擒获凶犯为原则,抓住稍纵即逝的战机,决胜于毫厘之间,用政治攻势缓和事态发展,掌握罪犯犯罪心理,以满足罪犯条件为诱饵,诱敌上钩。由于决策的正确,最终确保了反劫持战斗的胜利。

(3)挑选精兵强将,授予随机处置权,赢得战机。一是现场指挥部认真挑选思维敏捷、机智灵活、经验丰富的同志为一线作战指挥员,为防止作战情况有变,避免贻误战机,指挥部授予他们随即处置权。二是认真挑选突击队员。四名突击队员政治觉悟高,作风顽强,素质过硬,机智勇敢。

(4)多方配合,协作作战。一是同检察、公安、武警组成联合指挥部,集思广益,共同商讨处置方案。尤其是公安局的同志接触的案件多,临场经验丰富,他们直接参与了一线指挥和突击队的战斗,为夺取反劫持战斗的胜利提供了保证。二是从驻监武警调来警力实施警戒,维持现场秩序,避免发生不测。三是检察院工作人员进行现场执法监督、指导,保证每步行动的合法化,同时也为罪犯最后接受法律的严惩提供了依据。

(5)加强联络,信息畅通。为避免增加解救工作难度,指挥部决定不用对讲机联络,而是指派三名同志担任现场联络员,负责现场指挥部与一线指挥员之间的联络,及时搜集、传递,反馈信息和命令,为及时捕捉战机,作出正确的决策,起到了重要的作用。

案犯张某劫持人质案的发生在该监狱产生了强烈震动,引起了人们的深思。综观此案的发生过程,教训也是深刻的:

(1)新形势下狱内在押犯构成发生了新的变化,少数罪犯的狡诈性、欺骗性和凶残性,使旧的经验型管理模式已经不能适应监管改造工作新形势发展的需要。案犯张某虽多次劳改、劳教,并因逃脱而加刑,调监改造,但由于民警只看到了该犯在改造中能服从管理等表面现象,没有觉察到其深层次的强烈的反社会意识和犯罪意识,因而放松了管理和教育,导致酿成重大狱内暴力案件,给监狱工作提出了一个深刻的研究课题。

(2)随着改革开放的不断深入,资产阶级腐朽思想和生活方式从多个领域渗透进来,由于思想政治工作的严重弱化,社会治安综合治理的软化,监管工作的漏洞,导致泛滥一时的"黄水"通过多种渠道"流入"监内,严重地腐蚀了罪犯的思想,强化了罪犯的犯罪意识,削弱了教育效果,使极少数罪犯私欲膨胀,为达目的而不择手段。当突击队员安全解救了人质,生擒张犯,从其右手夺下尖刀,从其左袖口里搜出一本极其下流的淫秽刊物,这足以证明,一开始张犯是想实施奸淫,在女工反抗达不到目的时,才铤而走险,劫持人质,强行出逃。

(3)民警在工作中制度落实不严,敌情不明;罪犯之间互监小组不落实,有单独行动之机,罪犯与女工混岗等。

案例评析 *AnLiPingXi*

湘南监狱遭到洪水围困紧急处置案

1.事件简介

2006年7月15日凌晨1时33分,驻湘南监狱的武警2号哨兵张小亮、3号哨兵杨飞突然听到"轰"的一声闷响,两天来的持续降雨导致水流量激增,从高处冲下的泥沙、树枝等杂物使排水沟受堵,水流的剧烈冲击导致围墙倒塌30多米,洪水不断涌入监区。机警的哨兵立即按响了警报,围墙告急……

矿井告急,正在作业的200余名犯人还在井下……

监区告急,瞬间涨起了齐腰深的水,1200名犯人被瞬间的洪水围困……

家属告急,600余名监狱民警及职工家属区被洪水围困……

监狱制高点哨——全省位置最高的哨楼——红旗哨所告急,山体滑坡,哨楼危在旦夕……

监狱上方蓄水量达10余万立方米的夏塘水库有可能被冲垮……

2. 紧急处置

监狱长接到报告后，立即启动突发事件紧急处置预案，并将情况以最快的速度向省监狱局、武警湖南总队回报，请求紧急驰援。监狱民警和看守监狱的武警官兵按照监狱制定的突发事件紧急处置预案，分工负责，一部分民警和武警官兵迅速取枪带弹，冲入倾盆大雨中，团团围住垮塌的围墙，加强警戒，防止犯人脱逃。而矿井入井口主通道已被淹，洪水倾泻而入，犯人只剩下唯一的另一个出口可以逃生，武警一部迅速携枪带弹，既要防止犯人逃跑，又要冒险抢救犯人生命，而不到10分钟，100多名犯人安全出井时，洪水已迅速淹没唯一的出口，官兵快速赶到矿井通风口，从眼看就要全部淹没的矿井中拉出72名犯人。另一部分武警和监狱民警积极转移被困民警和职工、家属600余人。22时40分，支队长夏荣才、副支队长刘某佑会同省监狱管理局、湘南监狱等领导召开会议，考虑到连续大雨可能导致山洪再度暴发，监舍再度积水，可能造成垮塌，上游夏塘水库、工农水库开闸泄洪，将会导致监区大面积淹水情况，决定武警官兵、监狱民警密切配合，迅速将1200多名犯人转移到安全地带。

实训项目 *XiangMuShiXun*

劫持人质案件的现场应急处置

(一)实训目的

1. 掌握突发案件紧急处置的基本程序和方法。

2. 掌握如何现场处置劫持人质事件。

(二)实训内容

1. 根据监狱真实案例，设计案件情况。

2. 实施现场应急处置措施。

3. 谈判及人质的解救。

(三)实训方法

1. 以15~20人为一小组进行。

2. 实训结束后，每人交一份书面实训心得。

思考题 *SiKaoTi*

1. 简述狱内突发案件的类型和特点。

2. 简述狱内突发案件应急处置预案制定的格式与规范。

3. 简述狱内突发案件应急处置的原则及方法。

4. 尝试组织一次狱内突发案件处置演练。

附录一

中华人民共和国刑事诉讼法(节选)

(1979 年 7 月 1 日第五届全国人民代表大会第二次会议通过

根据 1996 年 3 月 17 日第八届全国人民代表大会第四次会议《关于修改〈中华人民共和国刑事诉讼法〉的决定》第一次修正

根据 2012 年 3 月 14 日第十一届全国人民代表大会第五次会议《关于修改〈中华人民共和国刑事诉讼法〉的决定》第二次修正)

第二章 侦 查

第一节 一般规定

第一百一十三条 公安机关对已经立案的刑事案件,应当进行侦查,搜集、调取犯罪嫌疑人有罪或者无罪、罪轻或者罪重的证据材料。对现行犯或者重大嫌疑分子可以依法先行拘留,对符合逮捕条件的犯罪嫌疑人,应当依法逮捕。

第一百一十四条 公安机关经过侦查,对有证据证明有犯罪事实的案件,应当进行预审,对搜集、调取的证据材料予以核实。

第一百一十五条 当事人和辩护人、诉讼代理人、利害关系人对于司法机关及其工作人员有下列行为之一的,有权向该机关申诉或者控告:

(一)采取强制措施法定期限届满,不予以释放、解除或者变更的;

(二)应当退还取保候审保证金不退还的;

(三)对与案件无关的财物采取查封、扣押、冻结措施的;

(四)应当解除查封、扣押、冻结不解除的;

(五)贪污、挪用、私分、调换、违反规定使用查封、扣押、冻结的财物的。

受理申诉或者控告的机关应当及时处理。对处理不服的,可以向同级人民检察院申诉;人民检察院直接受理的案件,可以向上一级人民检察院申诉。人民检察院对申诉应当及时进行审查,情况属实的,通知有关机关予以纠正。

第二节 讯问犯罪嫌疑人

第一百一十六条 讯问犯罪嫌疑人必须由人民检察院或者公安机关的侦查人员负责进行。讯问的时候,侦查人员不得少于二人。

犯罪嫌疑人被送交看守所羁押以后,侦查人员对其进行讯问,应当在看守所内进行。

第一百一十七条　对不需要逮捕、拘留的犯罪嫌疑人,可以传唤到犯罪嫌疑人所在市、县内的指定地点或者到他的住处进行讯问,但是应当出示人民检察院或者公安机关的证明文件。对在现场发现的犯罪嫌疑人,经出示工作证件,可以口头传唤,但应当在讯问笔录中注明。

传唤、拘传持续的时间不得超过十二小时;案情特别重大、复杂,需要采取拘留、逮捕措施的,传唤、拘传持续的时间不得超过二十四小时。

不得以连续传唤、拘传的形式变相拘禁犯罪嫌疑人。传唤、拘传犯罪嫌疑人,应当保证犯罪嫌疑人的饮食和必要的休息时间。

第一百一十八条　侦查人员在讯问犯罪嫌疑人的时候,应当首先讯问犯罪嫌疑人是否有犯罪行为,让他陈述有罪的情节或者无罪的辩解,然后向他提出问题。犯罪嫌疑人对侦查人员的提问,应当如实回答。但是对与本案无关的问题,有拒绝回答的权利。

侦查人员在讯问犯罪嫌疑人的时候,应当告知犯罪嫌疑人如实供述自己罪行可以从宽处理的法律规定。

第一百一十九条　讯问聋、哑的犯罪嫌疑人,应当有通晓聋、哑手势的人参加,并且将这种情况记明笔录。

第一百二十条　讯问笔录应当交犯罪嫌疑人核对,对于没有阅读能力的,应当向他宣读。如果记载有遗漏或者差错,犯罪嫌疑人可以提出补充或者改正。犯罪嫌疑人承认笔录没有错误后,应当签名或者盖章。侦查人员也应当在笔录上签名。犯罪嫌疑人请求自行书写供述的,应当准许。必要的时候,侦查人员也可以要犯罪嫌疑人亲笔书写供词。

第一百二十一条　侦查人员在讯问犯罪嫌疑人的时候,可以对讯问过程进行录音或者录像;对于可能判处无期徒刑、死刑的案件或者其他重大犯罪案件,应当对讯问过程进行录音或者录像。

录音或者录像应当全程进行,保持完整性。

第三节　询问证人

第一百二十二条　侦查人员询问证人,可以在现场进行,也可以到证人所在单位、住处或者证人提出的地点进行,在必要的时候,可以通知证人到人民检察院或者公安机关提供证言。在现场询问证人,应当出示工作证件,到证人所在单位、住处或者证人提出的地点询问证人,应当出示人民检察院或者公安机关的证明文件。

询问证人应当个别进行。

第一百二十三条　询问证人,应当告知他应当如实地提供证据、证言和有意作伪证或者隐匿罪证要负的法律责任。

第一百二十四条　本法第一百二十条的规定,也适用于询问证人。

第一百二十五条　询问被害人,适用本节各条规定。

第四节　勘验、检查

第一百二十六条　侦查人员对于与犯罪有关的场所、物品、人身、尸体应当进行勘验或者检查。在必要的时候,可以指派或者聘请具有专门知识的人,在侦查人员的主持下进行勘验、检查。

第一百二十七条 任何单位和个人,都有义务保护犯罪现场,并且立即通知公安机关派员勘验。

第一百二十八条 侦查人员执行勘验、检查,必须持有人民检察院或者公安机关的证明文件。

第一百二十九条 对于死因不明的尸体,公安机关有权决定解剖,并且通知死者家属到场。

第一百三十条 为了确定被害人、犯罪嫌疑人的某些特征、伤害情况或者生理状态,可以对人身进行检查,可以提取指纹信息,采集血液、尿液等生物样本。

犯罪嫌疑人如果拒绝检查,侦查人员认为必要的时候,可以强制检查。

检查妇女的身体,应当由女工作人员或者医师进行。

第一百三十一条 勘验、检查的情况应当写成笔录,由参加勘验、检查的人和见证人签名或者盖章。

第一百三十二条 人民检察院审查案件的时候,对公安机关的勘验、检查,认为需要复验、复查时,可以要求公安机关复验、复查,并且可以派检察人员参加。

第一百三十三条 为了查明案情,在必要的时候,经公安机关负责人批准,可以进行侦查实验。

侦查实验的情况应当写成笔录,由参加实验的人签名或者盖章。

侦查实验,禁止一切足以造成危险、侮辱人格或者有伤风化的行为。

第五节 搜 查

第一百三十四条 为了搜集犯罪证据、查获犯罪人,侦查人员可以对犯罪嫌疑人以及可能隐藏罪犯或者犯罪证据的人的身体、物品、住处和其他有关的地方进行搜查。

第一百三十五条 任何单位和个人,有义务按照人民检察院和公安机关的要求,交出可以证明犯罪嫌疑人有罪或者无罪的物证、书证、视听资料等证据。

第一百三十六条 进行搜查,必须向被搜查人出示搜查证。

在执行逮捕、拘留的时候,遇有紧急情况,不另用搜查证也可以进行搜查。

第一百三十七条 在搜查的时候,应当有被搜查人或者他的家属,邻居或者其他见证人在场。

搜查妇女的身体,应当由女工作人员进行。

第一百三十八条 搜查的情况应当写成笔录,由侦查人员和被搜查人或者他的家属,邻居或者其他见证人签名或者盖章。如果被搜查人或者他的家属在逃或者拒绝签名、盖章,应当在笔录上注明。

第六节 查封、扣押物证、书证

第一百三十九条 在侦查活动中发现的可用以证明犯罪嫌疑人有罪或者无罪的各种财物、文件,应当查封、扣押;与案件无关的财物、文件,不得查封、扣押。

对查封、扣押的财物、文件,要妥善保管或者封存,不得使用、调换或者损毁。

第一百四十条 对查封、扣押的财物、文件,应当会同在场见证人和被查封、扣押财物、文件持有人查点清楚,当场开列清单一式两份,由侦查人员、见证人和持有人签名或者盖章,一份交给持有人,另一份附卷备查。

第一百四十一条　侦查人员认为需要扣押犯罪嫌疑人的邮件、电报的时候,经公安机关或者人民检察院批准,即可通知邮电机关将有关的邮件、电报检交扣押。

不需要继续扣押的时候,应即通知邮电机关。

第一百四十二条　人民检察院、公安机关根据侦查犯罪的需要,可以依照规定查询、冻结犯罪嫌疑人的存款、汇款、债券、股票、基金份额等财产。有关单位和个人应当配合。

犯罪嫌疑人的存款、汇款、债券、股票、基金份额等财产已被冻结的,不得重复冻结。

第一百四十三条　对查封、扣押的财物、文件、邮件、电报或者冻结的存款、汇款、债券、股票、基金份额等财产,经查明确实与案件无关的,应当在三日以内解除查封、扣押、冻结,予以退还。

第七节　鉴　定

第一百四十四条　为了查明案情,需要解决案件中某些专门性问题的时候,应当指派、聘请有专门知识的人进行鉴定。

第一百四十五条　鉴定人进行鉴定后,应当写出鉴定意见,并且签名。

鉴定人故意作虚假鉴定的,应当承担法律责任。

第一百四十六条　侦查机关应当将用作证据的鉴定意见告知犯罪嫌疑人、被害人。如果犯罪嫌疑人、被害人提出申请,可以补充鉴定或者重新鉴定。

第一百四十七条　对犯罪嫌疑人作精神病鉴定的期间不计入办案期限。

第八节　技术侦查措施

第一百四十八条　公安机关在立案后,对于危害国家安全犯罪、恐怖活动犯罪、黑社会性质的组织犯罪、重大毒品犯罪或者其他严重危害社会的犯罪案件,根据侦查犯罪的需要,经过严格的批准手续,可以采取技术侦查措施。

人民检察院在立案后,对于重大的贪污、贿赂犯罪案件以及利用职权实施的严重侵犯公民人身权利的重大犯罪案件,根据侦查犯罪的需要,经过严格的批准手续,可以采取技术侦查措施,按照规定交有关机关执行。

追捕被通缉或者批准、决定逮捕的在逃的犯罪嫌疑人、被告人,经过批准,可以采取追捕所必需的技术侦查措施。

第一百四十九条　批准决定应当根据侦查犯罪的需要,确定采取技术侦查措施的种类和适用对象。批准决定自签发之日起三个月以内有效。对于不需要继续采取技术侦查措施的,应当及时解除;对于复杂、疑难案件,期限届满仍有必要继续采取技术侦查措施的,经过批准,有效期可以延长,每次不得超过三个月。

第一百五十条　采取技术侦查措施,必须严格按照批准的措施种类、适用对象和期限执行。

侦查人员对采取技术侦查措施过程中知悉的国家秘密、商业秘密和个人隐私,应当保密;对采取技术侦查措施获取的与案件无关的材料,必须及时销毁。

采取技术侦查措施获取的材料,只能用于对犯罪的侦查、起诉和审判,不得用于其他用途。

公安机关依法采取技术侦查措施,有关单位和个人应当配合,并对有关情况予以保密。

第一百五十一条　为了查明案情,在必要的时候,经公安机关负责人决定,可以由有关人员隐匿其身份实施侦查。但是,不得诱使他人犯罪,不得采用可能危害公共安全或者发生重大人身危险的方法。

对涉及给付毒品等违禁品或者财物的犯罪活动,公安机关根据侦查犯罪的需要,可以依照规定实施控制下交付。

第一百五十二条 依照本节规定采取侦查措施搜集的材料在刑事诉讼中可以作为证据使用。如果使用该证据可能危及有关人员的人身安全,或者可能产生其他严重后果的,应当采取不暴露有关人员身份、技术方法等保护措施,必要的时候,可以由审判人员在庭外对证据进行核实。

第九节 通 缉

第一百五十三条 应当逮捕的犯罪嫌疑人如果在逃,公安机关可以发布通缉令,采取有效措施,追捕归案。

各级公安机关在自己管辖的地区以内,可以直接发布通缉令;超出自己管辖的地区,应当报请有权决定的上级机关发布。

第十节 侦查终结

第一百五十四条 对犯罪嫌疑人逮捕后的侦查羁押期限不得超过二个月。案情复杂、期限届满不能终结的案件,可以经上一级人民检察院批准延长一个月。

第一百五十五条 因为特殊原因,在较长时间内不宜交付审判的特别重大复杂的案件,由最高人民检察院报请全国人民代表大会常务委员会批准延期审理。

第一百五十六条 下列案件在本法第一百五十四条规定的期限届满不能侦查终结的,经省、自治区、直辖市人民检察院批准或者决定,可以延长二个月:

(一)交通十分不便的边远地区的重大复杂案件;

(二)重大的犯罪集团案件;

(三)流窜作案的重大复杂案件;

(四)犯罪涉及面广,取证困难的重大复杂案件。

第一百五十七条 对犯罪嫌疑人可能判处十年有期徒刑以上刑罚,依照本法第一百五十六条规定延长期限届满,仍不能侦查终结的,经省、自治区、直辖市人民检察院批准或者决定,可以再延长二个月。

第一百五十八条 在侦查期间,发现犯罪嫌疑人另有重要罪行的,自发现之日起依照本法第一百五十四条的规定重新计算侦查羁押期限。

犯罪嫌疑人不讲真实姓名、住址,身份不明的,应当对其身份进行调查,侦查羁押期限自查清其身份之日起计算,但是不得停止对其犯罪行为的侦查取证。对于犯罪事实清楚,证据确实、充分,确实无法查明其身份的,也可以按其自报的姓名起诉、审判。

第一百五十九条 在案件侦查终结前,辩护律师提出要求的,侦查机关应当听取辩护律师的意见,并记录在案。辩护律师提出书面意见的,应当附卷。

第一百六十条 公安机关侦查终结的案件,应当做到犯罪事实清楚,证据确实、充分,并且写出起诉意见书,连同案卷材料、证据一并移送同级人民检察院审查决定;同时将案件移送情况告知犯罪嫌疑人及其辩护律师。

第一百六十一条 在侦查过程中,发现不应对犯罪嫌疑人追究刑事责任的,应当撤销案件；犯罪嫌疑人已被逮捕的，应当立即释放，发给释放证明，并且通知原批准逮捕的人民检察院。

附　则

第二百九十条　军队保卫部门对军队内部发生的刑事案件行使侦查权。

对罪犯在监狱内犯罪的案件由监狱进行侦查。

军队保卫部门、监狱办理刑事案件，适用本法的有关规定。

附录二

中华人民共和国监狱法(节选)

(1994 年 12 月 29 日第八届全国人民代表大会常务委员会第十一次会议通过)

第七节　对罪犯服刑期间犯罪的处理

第五十九条　罪犯在服刑期间故意犯罪的,依法从重处罚。

第六十条　对罪犯在监狱内犯罪的案件,由监狱进行侦查。侦查终结后,写出起诉意见书或者免予起诉意见书,连同案卷材料、证据一并移送人民检察院。

附录三

狱内侦查工作规定

第一章　总　则

第一条　为防范和打击狱内罪犯的犯罪活动,维护监狱的安全与稳定,依照中华人民共和国《刑法》、《刑事诉讼法》、《监狱法》等法律的有关规定,结合监狱狱内侦查工作的实际情况,制定本规定。

第二条　狱内侦查工作是监狱工作的重要组成部分,是监狱对在押罪犯重新犯罪活动进行防范和打击的一项专门工作,是保卫国家和人民生命财产安全、维护正常监管秩序、保障监狱安全的重要措施。

第三条　狱内侦查工作的主要任务,是在监狱党委和行政首长领导下,依靠全体监狱人民警察,运用隐蔽斗争与公开监管控制相结合的手段,开展调查研究,了解、掌握罪犯思想动态和行为动向,及时发现敌情线索;严密防范、控制罪犯中可能发生的暴狱、行凶、脱逃、纵火等各种预谋犯罪活动;查清犯罪嫌疑线索,侦查破获罪犯中已发生的各类案件;对重新犯罪嫌疑分子进行预审、结案;对侦查终结的案件依法移送人民检察院审查决定;依法深挖在押罪犯未交代的余罪及其他罪犯线索,及时转递给有关司法机关。

第四条　狱内侦查工作应当贯彻"预防为主、防破结合,及时发现、迅速破案"的方针。

第五条　监狱进行狱内侦查工作必须严格遵守国家的有关法律和法规,坚持实事求是,重证据,重调查研究,不轻信口供,严禁逼、供、信。

第六条　狱内侦查的主要对象是正在服刑改造的在押罪犯。对在押罪犯与监狱内部或狱外人员勾结罪犯的案件,主犯是监狱在押罪犯的,侦破工作以监狱为主,必要时,请当地公安机关协助;主犯是监狱内部或狱外人员的,监狱应配合当地公安机关侦破。对在押犯判决时没有被发现的罪行,由监狱将有关案卷材料移送人民检察院处理。对监狱在押罪犯与境内外敌对势力勾连的案件,监狱应配合国家安全机关进行侦查。

第七条　狱内发生的各类案件由监狱负责侦破,特大案件和涉及两个以上监狱的重大案件,由省(自治区、直辖市)监狱管理局负责指导和协调侦破,涉外案件和跨省(自治区、直辖市)的案件,由部监狱管理局负责指导和协调侦破。

第八条　加强狱内侦查工作的各项基础业务建设,建立健全狱内侦查工作的各项制度;建立危险分子、狱内耳目和案件侦查等专门档案资料,狱情的搜集和管理工作应当逐步实现规范化和科学化。

第九条　监狱应当提供和不断改善开展狱内侦查工作所必需的装备和器材,逐步装备现代化技术侦查手段、监控设施和防暴器材,努力提高狱内侦查工作的现代化水平。

第十条　狱内侦查工作经费的来源是:财政拨款中的专项补助;在罪犯劳动补偿中安排一部分。狱内侦查经费应单列科目,专款专用,主要用于狱内侦查装备的配备,狱内耳目经费以及对防范和打击狱内又犯罪活动,侦破案件有功人员的奖励。

第十一条　狱内侦查工作应接受人民检察院的法律监督;狱内侦查工作中遇到有关重大疑难技术问题,应当主动取得有关部门的协助。

第二章　犯情调研

第十二条　调查研究是狱内侦查工作的基础,是发现罪犯中各种破坏活动的基本方法之一,要经常化、制度化,并根据情况的变化及时调整调查和防范的重点。

第十三条　调查和防范的主要对象和部位是:

(一)有预谋逃跑、暴乱、凶杀、闹监、重大破坏或者其他犯罪嫌疑的;

(二)重要案犯、团伙犯罪的主犯和惯犯、累犯;

(三)经常纠集一起,行动诡秘,或有从事危害国家安全犯罪活动嫌疑的;

(四)与监狱内部或社会人员有勾结犯罪嫌疑的;

(五)生产上屡出事故,有破坏嫌疑的;

(六)与境内、外敌对势力或其他犯罪分子有联系的可疑分子;

(七)要害部位或零星分散劳动岗位;

(八)监狱认为应当列入调查和防范的其他罪犯或部位。

第十四条　调查的方法,应当依据调查对象和具体情况灵活掌握,采用一般与重点相结合,公开与秘密相结合,内部调查与外部调查相结合等方法进行。对调查的材料,应认真分析,对需要进一步查证的线索,应采取适当的方式或手段深入调查。

第十五条　监狱应当建立定期分析研究犯情动态和敌情动向的制度,分监区应当每周一次,监区半月一次,监狱每月一次,省(自治区、直辖市)监狱管理局每季度一次。遇有重要敌情,应随时研究,并根据敌情变化,及时采取相应的对策。

第十六条　对监狱的要害部位和重要场所,应加强控制和保卫。对在要害部位劳动的罪犯,除重点审查外,还应布建耳目加以控制,发现不安全因素,应立即做出妥善处理。对罪犯活动的公共场所,以及分散劳动点,除公开严格管理外,应布置隐蔽力量或采用技术侦查手段进行监控。在重大节日或活动期间,应加强各项监控措施。

第三章　耳目建设

第十七条　狱内耳目是监狱从在押罪犯中建立和使用的秘密力量,是在干警的直接管理下搜集、掌握罪犯思想动态和重新犯罪活动线索,获取罪证,侦查破案的专门手段之一,是狱内侦查工作的一项重要业务建设。

第十八条　狱内耳目分两种：

（一）专案耳目，用于侦破已发生的和预谋的各类案件，监视、控制和了解侦查对象的活动情况、犯罪意图和犯罪事实，为破案提供证据或搜集犯罪线索。

（二）控制耳目，主要用于罪犯中的落后层和不思悔改的罪犯、惯犯及其他危险分子中，还用于监狱的要害部位，罪犯活动的公共场所，搜集情报，掌握敌情，发现线索。

"耳目"是监狱内部使用的专用名词，不得向耳目本人宣布。

第十九条　狱内耳目应根据工作的需要与可能，坚持积极稳妥和隐蔽精干的原则，有领导、有计划地物色和建立。专案耳目的物建和使用，应根据专案侦查的需要，严格审慎地进行。控制耳目的布建，应统一规则，合理布局，形成网络；其数量一般可占在押犯人数的百分之三至五。在未成年罪犯中不得物建和使用耳目。

第二十条　狱内耳目的条件是：①能发现敌情，或者能够接近侦查对象；②有一定活动能力和观察识别能力；③基本认罪，能为我所用，能保守秘密。

第二十一条　对狱内耳目的建立和使用必须严格保守秘密，坚持个别吸收、单线领导、专人联系。耳目之间不得发生横向联系，不得用耳目领导耳目或耳目发展耳目。

第二十二条　对狱内耳目一律使用代号、编号。使用耳目报告的情况，应注意方式方法，保护情报来源。在案件审理中，禁止使用耳目与案犯对质。如果耳目身份暴露，应当及时采取有效的保护措施。

第二十三条　耳目的物色、建立按照统一的计划，由负责耳目工作的干警提出对象，填写《狱内耳目建立、使用审批表》（式样附后）上报。耳目经狱侦科审核后，报请监狱分管领导审批。

第二十四条　狱内耳目的撤销，由建立耳目的单位填写《撤销狱内耳目报告表》（式样附后），报监狱分管领导批准。

第二十五条　领导、使用狱内耳目是一项政策性、策略性、专业性很强的工作，应指定有一定政策水平和业务能力的干警负责。应密切掌握耳目的思想动态，经常进行针对性教育。对耳目布置任务要具体、明确，讲究策略。与耳目的接头地点、情报传递的方式，都应预先研究确定，并严守秘密。禁止利用耳目进行诱供、骗供。对耳目反映的情况应当采取适当的方式及时查证核实，严防受骗上当。

女耳目由女人民警察领导使用。

第二十六条　对狱内耳目必须宣布严格的纪律：

（一）服从命令，严守秘密，不得向任何人暴露为我工作的身份和意图；

（二）如实反映情况，不得伪造、谎报事实情况，不得挟嫌诬陷；

（三）因特殊需要，可参与一些经领导批准的活动，但不得参与作案和引诱、教唆他人犯罪；

（四）遵守监规，不得欺凌其他罪犯。

第二十七条　对耳目的表现应通过接头汇报、侧面调查、复线内查、情报印证、审讯对证、技术监控等方式，经常地进行考核。对工作有显著成绩的应给予表扬、记功以及其它奖励，或者依法提请减刑、假释；对不起作用或不适合做耳目的，应予以撤销；对违法乱纪或有重新犯罪活动的，应视情节轻重，分别给予警告、记过或依法惩处。

对耳目的奖惩一律不公开进行。

第二十八条 在狱内案件的诉讼过程中,应注意掩护耳目的身份。耳目一般不出庭作证,但可向法院提供可以做出公开解释的必要的证言。必须耳目出庭作证时,应经监狱分管领导批准,做好耳目本人的思想工作,以检举人或坦白、自首的同案人身份出庭,并教育耳目严守秘密。

第二十九条 对狱内耳目应逐人建立档案。档案内容包括建立、撤销耳目的审批手续,对耳目使用、考核记录,奖惩决定,耳目反映情况的处理结果,耳目工作成绩、过失记载等。

狱内耳目档案,由监狱的狱侦(侦政)科集中管理,专人负责,严格保密。

第四章 案件侦查

第三十条 狱内案件侦查,是监狱在同狱内重新犯罪活动的斗争中,以具体案件和具体对象为目标,采取侦查手段、技术手段和必要的措施,依法进行的专门调查工作。

第三十一条 狱内案件的立案应符合立案标准,严格执行审批手续。凡是符合立案标准的案件,都应立案侦查,不得采取"不破不立"的错误做法。

第三十二条 狱内侦查工作部门应当集中力量侦破危害国家安全、暴狱、凶杀、组织脱逃、纵火、投毒、重大盗窃等大案,也应认真破获一般案件,努力提高破案率。

第三十三条 在侦查重、特大案件中,监狱分管领导应亲自参与,组织力量,专案专办。应当抓住有利时机,迅速破案。一时破获不了的,应布置经常性的侦查和控制措施。对可能在政治、经济上造成重大影响和损失的案件,应力争破获在预谋或未遂阶段。

第三十四条 在侦查破案中,应当充分运用刑事科学技术手段,获取犯罪证据。对需要进行技术鉴定的证据,应当聘请有关部门的专家予以鉴定。

第三十五条 在侦查狱内案件中,对有证据证明有重新犯罪嫌疑的罪犯,应当立即采取措施,对案犯进行隔离审查,对重要案犯应单独关押,并立即实施预审工作。应当通过预审工作进一步核查案情,搜集证据,查清犯罪事实。预审工作应讲究讯问的策略和方法,做好笔录。

第三十六条 审理狱内案件中,对案犯单独关押的期限一般不超过二个月,案情复杂、期限届满不能终结的重大疑难案件,可以经省(自治区、直辖市)监狱管理局批准处长一个月。届时仍不能结案的,应采取其他措施。应当避免久侦不破,禁止以押代侦。

第三十七条 监狱侦查终结的案件,应当做到犯罪事实清楚,证据确凿、充分,并写出起诉意见书,连同案卷材料、证据一并移送人民检察院处理。

案件侦查终结时,应对侦查中扣押的全部物品进行清理,按规定分别予以处理。

第三十八条 狱内一般案件和重大案件的立案、结案或销案由监狱分管领导批准;特大案件立案、结案或销案由省(自治区、直辖市)监狱管理局分管领导批准。特大案件和部分有规定的重大案件,应报司法部监狱管理局备案。

第五章　组织机构和工作制度

第三十九条　各省(自治区、直辖市)监狱管理局和监狱领导应有专人分管狱内侦查工作,并设立狱内侦查工作专门机构,配备适量的狱内侦查干警。

第四十条　狱内侦查干警的基本条件:立场坚定,政治思想好;作风正派,秉公执法;机智勇敢,吃苦耐劳;钻研业务,爱岗敬业;身体健康,心理素质良好;具有一定实践经验、专业技能和文化水平。

狱内侦查干警必须严格遵守《人民警察法》和《监狱法》,熟悉国家有关法律、法规和政策,掌握狱内侦查工作和各项专业知识和技能,注重理论与实践相结合,努力提高自身的政治素质和业务素质。

第四十一条　监狱应保持专职狱内侦查干警的相对稳定,确需调动的,应征求省(自治区、直辖市)监狱管理局有关业务部门的意见。

第四十二条　省(自治区、直辖市)监狱管理局和监狱应当采取多种形式,对狱内侦查干警进行政策、法律和业务培训。

第四十三条　对积极预防犯罪或参与侦破重特大案件的有功人员,应给予奖励和表彰,并可以按照《人民警察警衔条例》的有关规定,提前晋升警衔。

对违法乱纪或玩忽职守,贻误战机,造成严重后果的干警,应视情节给予行政处分。

第四十四条　加强请示报告制度。监狱发生特大、重大案件或发现重大敌情应立即报告省(自治区、直辖市)监狱管理局;省(自治区、直辖市)监狱管理局应按有关规定迅速报告部监狱管理局。不准以任何理由避重就轻或隐瞒不报。

主要参考书目

1. 王泰主编:《狱内侦查学》,群众出版社,2004 年。

2. 孙延庆主编:《狱内侦查学》,中国检察出版社,2010 年。

3. 王亮主编:《狱内侦查实务》,暨南大学出版社,2011 年。

4. 龙学群主编:《新时期狱内侦查问题研究》,中国市场出版社,2010 年。

5. 武玉红主编:《监狱管理经典案例》,中国法制出版社,2011 年。

6. 瞿丰著:《侦查论》,中国人民公安大学出版社,2002 年。

7. 周兴国、李国军主编:《警察战术与训练教程》,中国人民公安大学出版社,2003 年。

8. 赵志飞主编:《警察临战学》,中国人民公安大学出版社,2006 年。

9. 高锋著:《反劫持谈判实战技巧》,中国人民公安大学出版社,2002 年。

10. 刘光明著:《侦查技术理论与应用》,中国人民公安大学出版社,2003 年。

11. 高良科、史殿国主编:《狱内案件侦查学》,警官教育出版社.1998 年。

12. 李永主编:《狱内案件侦查学》,法律出版社,1989 年。

13. 史殿国、高良科主编:《狱内案件侦查方略》,警官教育出版社,2000 年。

14. 杨殿升等编著:《刑事侦查学》,北京大学出版社,2002 年。

15. 徐立根主编:《侦查学》,中国人民公安大学出版社,1991 年。

16. 公安部教材编审委员会编:《刑事侦查学》,群众出版社,1999 年。

17. 郭晓彬主编:《刑事侦查学》,群众出版社,2002 年。

18. 任惠华主编:《侦查学原理》,法律出版社,2002 年。

19. 王大中主编:《犯罪现场勘查》,警官教育出版社,1999 年。

20. 欧焕章主编:《犯罪现场勘查学》,警官教育出版社,1995 年。

21. 管光承主编:《现场勘查》,法律出版社,2000 年。

22. 王怀旭主编:《侦查讯问研究与应用》,中国人民公安大学出版社,1998 年。

23. 许昆主编:《预审学教程》,中国人民公安大学出版社,2001 年。

24. 侯子宜主编:《侦查措施与策略教程》,群众出版社,2000 年。

25. 程军伟主编:《刑事侦查学》,中国政法大学出版社,2003 年。

26. 姚莉主编:《刑事诉讼法学》,中国法制出版社,2006 年。

27. 刘瑞榕主编:《犯罪侦查学》,厦门大学出版社,2007 年。

28. 徐为霞主编:《侦查学原理》,中国民主法制出版社,2007 年。